Michael Gannon · Schwarzer Mai

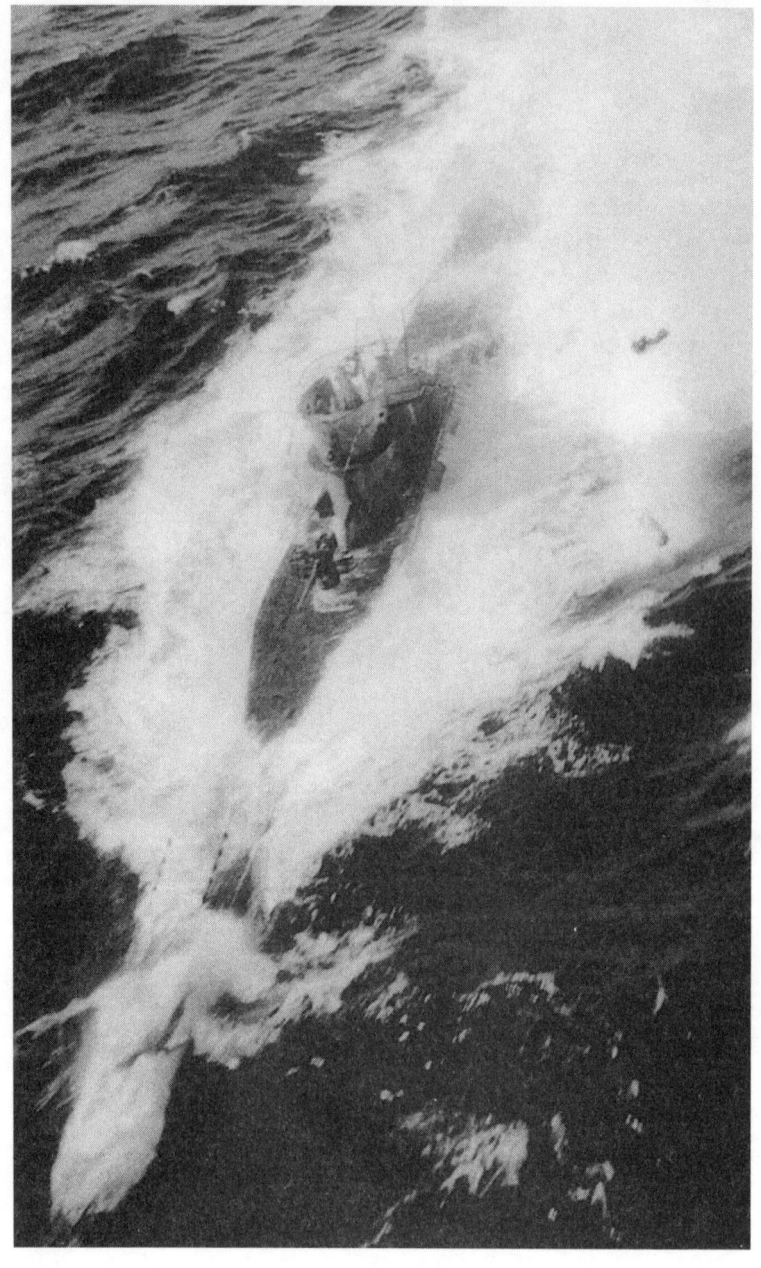

Michael Gannon

Schwarzer Mai

Die Entscheidung im U-Boot-Krieg

Aus dem Amerikanischen von
Horst Rehse

Ullstein

Die Deutsche Bibliothek – CIP-Einheitsaufnahme

Gannon, Michael:
Schwarzer Mai: die Entscheidung im U-Boot-Krieg/
Michael Gannon. Aus dem Amerikan. von Horst Rehse. –
Berlin: Ullstein, 1999
Einheitssacht.: Black May <dt.>
ISBN 3-550-06987-1

Titel der amerikanischen Originalausgabe
bei HarperCollins Publishers, New York:
Black May
© 1998 by Michael Gannon
Übersetzung © 1999 by Ullstein Buchverlage
GmbH & Co. KG, Berlin
Alle Rechte vorbehalten
Satz: KCS GmbH, Buchholz/Hamburg
Druck und Verarbeitung: Graphischer Großbetrieb
Pößneck GmbH, Pößneck
Printed in Germany 1999
ISBN 3 550 06987 1

Gedruck auf alterungsbeständigem Papier
mit chlorfrei gebleichtem Zellstoff

Für Buz Wyeth

Abbildung auf Seite 2

Am 22. Mai 1943 wird im Zentralatlantik U-569 von einem amerikanischen Trägerflugzeug des Typs TBF-1 Avenger mit vier Wasserbomben angegriffen. Zwei sind bereits auf dem Wasser aufgeschlagen, die anderen beiden sind rechts in der Luft zu erkennen. Durch die Explosionen schwer beschädigt, winkte die Besatzung als Zeichen dafür, daß sie sich ergab, mit einem weißen Laken. *National Archives and Records Administration*

Inhalt

Im Mai 1943 hatte sich das Blatt gewendet. Jeden Tag ging ein U-Boot verloren, manchmal traf es auch zwei. Am Monatsende waren es 41 geworden, und die Rede vom »schwarzen Mai« kam auf.

Kapitänleutnant »Ali« Cremer,
Stab des BdU in Berlin

Der Mai war ein sehr schwarzer Monat für die U-Boote. Wir versenkten wahrscheinlich durchschnittlich ein Boot pro Tag.

Britische Admiralität,
Monatlicher U-Jagd-Bericht

Wir waren in der Atlantikschlacht untergegangen.

Grossadmiral Karl Dönitz,
Oberbefehlshaber der Kriegsmarine

An den Leser

Dies Buch unternimmt nicht den Versuch, jeden alliierten Konvoi zu erfassen, der im Mai 1943 fuhr. Genausowenig beschreibt es jede Feindfahrt eines U-Boots, jeden Torpedoschuß gegen alliierte Schiffe beziehungsweise jeden Einsatz eines alliierten Überwasserschiffes gegen ein U-Boot oder jede Wasserbombe, die von Flugzeugen auf ein U-Boot geworfen wurde. Es konzentriert sich vielmehr auf die wesentlichen Ereignisse, die den »Schwarzen Mai« ausmachten und zu den beispiellosen U-Boot-Verlusten jenes Monats führten.

U-Boote werden in dieser deutschen Übersetzung in der sächlichen Form bezeichnet, andere Schiffe, wenn der Name genannt ist, in der weiblichen. Wie das bei der britischen Royal Navy üblich ist, werden Kommandanten von Geleitfahrzeugen mitunter nicht mit ihrem, sondern dem Namen des Schiffes genannt. Im deutschen Text werden die englischen Begriffe A/S *(Anti-Submarine)*, A.U. *(Anti-U-Boat Warfare)* und der amerikanische Begriff ASW *(Anti Submarine Warfare)* meist mit »U-Jagd« übersetzt, auch wenn die jeweilige Aktion defensiv war.

Die Berichte über die Ereignisse im Mai 1943 in diesem Buch sind sowohl chronologisch als auch thematisch geordnet, letzteres zumeist dann, wenn ein Gefecht getrennt von den anderen behandelt werden soll, wie zum Beispiel die alliierten Kampfmaßnahmen in der Biskaya, die von denen bei den Konvois getrennt dargestellt werden.

Für eventuelle Fehler in der Darstellung der Tatsachen oder ihrer Interpretation ist selbstverständlich nur der Autor selbst verantwortlich.

11

Prolog
Winter und Frühjahr 1943

Die Schlacht im Atlantik war der dominierende Faktor während des ganzen Krieges. Nicht einen einzigen Augenblick konnten wir vergessen, daß alles, was irgendwo anders geschah, an Land, auf See oder in der Luft, schlußendlich vom Ausgang dieser Schlacht abhing; und trotz aller anderen Schwierigkeiten beobachteten wir das wechselnde Glück auf diesem Kriegsschauplatz Tag für Tag mit Hoffnung und ängstlicher Sorge.

Winston S. Churchill

Der entscheidende Punkt beim Krieg gegen England liegt in dem Angriff auf die Handelsschiffahrt im Atlantik.

Karl Dönitz

Was auch immer durch die Anstrengungen des Heeres erreicht werden mag, die Marine und der Seekrieg werden in diesem Kriege den Ausschlag geben.

George Washington, 1781

In den ersten dunklen Stunden des ersten Tages des längsten Kampfes des Zweiten Weltkrieges – der Schlacht im Atlantik – waren 134 U-Boote der deutschen U-Boot-Waffe in See; davon standen 118 in ihren Einsatzgebieten im Nordatlantik oder waren auf dem Weg dorthin, 58 waren dort schon zu vier Rudeln zusammengefaßt. Die meisten von ihnen waren aus französischen Stützpunkten an der Biskaya ausgelaufen, der Rest aus Stützpunkten an der Ostsee, von wo aus sie nördlich um Schottland herumgefahren waren. Das war die größte Anzahl von U-Booten, die bis zu diesem Zeitpunkt des Krieges, dem 1. Mai 1943, jemals in See gewesen war. Die stahlgrauen Röhren verbreiteten ein ominöses Murmeln in den Tiefen des Ozeans. Es wirkte wie der Aufmarsch einer Streitmacht am Vorabend eines titanenhaften Ringens. Diesmal ging es um die Herrschaft über die atlantischen Verbindungswege. Die Feinde waren die britische Royal Navy und Royal Air Force (RAF), die von den Streitkräften der USA und Kanadas unterstützt wurden. Die meisten U-Boote hatten Befehl, Vorpostenstreifen quer zu den Routen zu bilden, auf denen von Kriegsschiffen geleitete Transatlantikkonvois von Frachtern und Tankern zwischen Nordamerika und den britischen Inseln verkehrten. Andere U-Boote hielten nach Nordsüdverkehr und Konvois in den Küstengewässern Ausschau. Sie lauerten auf Einzelfahrer an den Küsten Spaniens und Westafrikas und ebenso auf die alliierte Schifffahrt im Mittelmeer.

Bewaffnet mit modernen, todbringenden Torpedos, unterstanden die Boote dem Befehl von Großadmiral Dönitz, dem Oberbefehlshaber der Kriegsmarine und gleichzeitigen Befehlshaber der U-Boote (BdU): »Angreifen! Ran! Versenken!« Ihr Ziel war es, auf den transatlantischen Verbindungswegen britische und amerikanische Schiffe zu vernichten. Indem sie Nahrungsmittel, Kraftstoff, Waffen, Eisen und andere Metalle sowie sonstige Rohstoffe nach Großbritannien brachten, ermöglichten die Schiffe dem Land das Überleben und die weitere Teilnahme am Krieg. Damit hatten sie auch Teil an der Vorbereitung einer späteren Invasion des von Deutschland besetzten Europas über den Ärmelkanal hinweg. Als der April zu Ende ging und der Mai kam, wurden die alliierten Maßnahmen gegen die U-Boote von vielen in London und Washington, möglicherweise auch in Moskau, als die wichtigste Sache des gesamten Krieges angesehen: Vom Ausgang dieses Ringens hingen Erfolg oder Mißerfolg der alliierten Bemühungen auf allen anderen Kriegsschauplätzen ab. Für den Sieg in Westeuropa waren die Seewege über den Nordatlantik unentbehrlich. Über sie lief sowohl der Nachschub für die Sowjetunion als auch für Großbritannien (wenn auch die arktischen Konvois nach Murmansk und Archangelsk seit März wegen der immer schärfer werdenden Krise im Nordatlantik zeitweise eingestellt werden mußten). Die Alliierten waren überzeugt, daß der Sieg über Deutschland auch die Niederlage Japans sicherstellen würde, was umgekehrt nicht unbedingt der Fall wäre. Kurz gesagt, Admiral Dönitz und seine U-Boote führten einen Tonnagekrieg gegen den alliierten Handel, das heißt, ihr Ziel war es, mehr britische und amerikanische Handelsschiffstonnage zu versenken, als die Alliierten durch Neubauten ersetzen konnten. Dönitz und sein Stab errechneten 1940, daß seine Boote (zusammen mit Handelskreuzern, Flugzeugen und Minen, deren Erfolge nur einen geringen Prozentsatz am Ganzen ausmachten), um dieses Ziel zu erreichen, eine monatliche Versenkungsrate von 700 000 Bruttoregistertonnen (BRT) erzielen mußten. Wenn sie dies erreichten, würden die britischen Streitkräfte, die Industrie und die Zivilbevölkerung ausgehungert werden und zur Unterwerfung gezwungen sein. Nach Berechnungen der Briten hätten schon 600 000 BRT ausgereicht, um sie zum Nachgeben zu bringen. Aber bis zum April 1943 sah es nicht so aus, als ob Dönitz die Schlacht gewinnen würde, egal, welche der beiden Zahlen man als Maßstab anlegte. Im ersten Halbjahr 1942 hatten die U-Boote in schlecht verteidigten Gewässern vor der Küste der USA und im Golf von Mexiko operiert; die besten Monatsergebnisse waren im Mai mit 125 Schiffen mit 584 788 BRT (nur zehn Prozent davon aus Konvois) und im Juni mit 131 Schiffen mit 616 904 BRT (12 Prozent davon aus Konvois) erzielt worden. In Gewässern, in denen die Handelsschiffe überwiegend in Konvois unter dem Schutz von Kriegsschiffen und Flugzeugen fuhren, wurde das beste Ergebnis – das zugleich einen absoluten Rekord bedeutete – im November desselben Jahres erreicht, als 118 Schiffe mit beeindruckenden 743 321 BRT versenkt wurden. In den drei Monaten danach nahm die Versenkungsrate wieder ab.

In den ersten zwanzig Tagen des März 1943 hatten Dönitz' Haie jedoch einen neuen Freßanfall. Sie versenkten 72 Schiffe, 60 davon aus Konvois, die von der Royal Navy beschützt worden waren. Zwischen dem 16. und 20. Mai gingen bei Angriffen von drei Rudeln mit den Decknamen »Raubgraf« (acht Boote), »Stürmer« (achtzehn Boote) und »Dränger« (elf Boote) 22 Schiffe verloren. Zugleich operierten mehrere unabhängige Boote gegen dieselben drei ostwärts den Atlantik überquerenden Konvois, die von den Alliierten als SC.122, HX.229 und HX.229A bezeichnet wurden und insgesamt 125 Handelsschiffe umfaßten. Geschützt wurden sie von neun Zerstörern, drei Fregatten, sechs Geleitbooten, neun Korvetten sowie zeitweise von bis zu einundfünfzig Flugzeugen von RAF und Royal Canadian Air Force.[1] Deutsche Rundfunkmeldungen bezeichneten diese Kämpfe mit Blick auf Anzahl und Tonnage der als versenkt gemeldeten

Schiffe als »die größte Konvoischlacht aller Zeiten«. Gleichzeitig behaupteten sie, es sei nur ein deutsches U-Boot (U-384) verlorengegangen.[2] Die alliierten Tonnageverluste durch U-Boote zwischen dem 1. und dem 20. März betrugen 443 951 BRT. Wenn die Versenkungen für den Rest des Monats so weitergegangen wären – was sie nicht taten –, hätte die vernichtete Tonnage fast den Rekord des Novembers 1942 erreicht und die von den Briten errechnete Gefahrenschwelle überschritten. Das tatsächliche Ergebnis des März lag jedoch bei 590 234 BRT.[3] Hinzu kommt, daß im Frühjahr 1943 keine der beiden Zahlen ausgereicht hätte, um die tatsächlich erforderliche Versenkungsrate zu erzielen, denn die neunundneunzig Werften der USA waren in unerwarteter Weise produktiv geworden. Die Latte lag jetzt bei 1,3 Millionen BRT.

Dennoch hatten die Zahlen des März 1943 – insbesondere die Verluste des Konvois HX.229 (HX.229A war ungeschoren davongekommen) – eine Größenordnung erreicht, die in der britischen Admiralität die Alarmklingeln schrillen ließ. Wenn das Konvoisystem sich auch in zwei Weltkriegen als Eckpfeiler der britischen Schutzmaßnahmen für den Handel erwiesen hatte, so gab es jetzt zum ersten Mal Zweifler an diesem Vorgehen. »Es erschien denkbar, daß wir aufhören mußten, das Konvoisystem als eine effektive Vorgehensweise zur Verteidigung anzusehen«, überlegte man in der U-Boot-Bekämpfungsabteilung.[4] Die Admiralität soll in einer zugespitzten Formulierung zugegeben haben, daß »die Deutschen nie so dicht daran waren, den Handel zwischen der Neuen und Alten Welt zu unterbrechen, wie in den ersten zwanzig Tagen des März 1943«.[5] Stephen W. Roskill, der offizielle Historiker der Operationen der Royal Navy im Zweiten Weltkrieg, stellte 1956 fest: »Man kann immer noch nicht ohne ein Gefühl, das nicht weit von Entsetzen entfernt ist, an die Verluste denken, die wir damals erlitten.«[6]

Dem könnte man entgegenhalten, daß es keinen Anlaß für solche Äußerungen gab, da doch die amerikanischen Werften so rasant produzierten. Die Anzahl der von den Alliierten gebauten Schiffe hatte schon im vorhergehenden Herbst alles übertroffen, was die U-Boote versenkten. Außerdem gelangten 90 Prozent der Schiffe in von U-Booten angegriffenen Konvois sicher in ihre Häfen; selbst bei den schwer getroffenen Konvois SC.122 und HX.229 waren es noch 82

Prozent gewesen. In der Tat gab es, gut versteckt in dem Gewirr der Gänge der »Zitadelle«, einem Betonblock in der Nordwestecke des Sitzes der Admiralität, zwei relativ niedrige Reserveoffiziere, die optimistisch in die Zukunft blickten: Sie waren überzeugt, daß das Glück der U-Boote unausweichlich zu Ende gehen würde. Ein kurzer Blick auf die Schaubilder an den Wänden des U-Boot-Lagezimmers des Nachrichtendienstes der Admiralität reichte aus, um den Leiter des Lagezimmers, Temporary Commander Rodger Winn, und seinen Stellvertreter, Lieutenant Patrick Beesly, zu überzeugen, daß alle wichtigen Zahlen sich zugunsten Großbritanniens entwickelten: Schiffsverluste im Verhältnis zu Neubauten; U-Boot-Rudel im Verhältnis zu alliierten Geleitschutzfahrzeugen und Flugzeugen; U-Boot-Ausrüstung im Verhältnis zu neuen alliierten Waffen und Ortungsgeräten.[7]

Glaubt man der offiziellen Geschichtsschreibung, so scheint ihr verhaltener Optimismus jedoch nicht bis zur U-Boot-Bekämpfungsabteilung durchgedrungen zu sein. Dort konzentrierte man sich, so wird uns versichert, auf ganz andere Fakten, nämlich darauf, daß, erstens, die Deutschen über die größte Zahl von U-Booten verfügten, die es jemals im Atlantik gegeben hatte; daß, zweitens, der U-Boot-Bau immer noch die Verluste an U-Booten überstieg; daß, drittens, 84 Prozent der im März versenkten Schiffe in geschützten Konvois gefahren waren; daß, viertens, der Anteil der Schiffe, die aus einem Konvoi heraus versenkt worden waren, von 39 Prozent im zweiten Halbjahr 1942 auf erschreckende 75 Prozent im ersten Quartal 1943 gestiegen war.[8] Roskill gab der Sorge Ausdruck: »Was sollte die Admiralität machen, wenn das Konvoisystem nicht mehr wirksam war? Das wußte keiner; aber sie müssen es gefühlt haben, auch wenn es keiner zugab: Sie blickten der Niederlage ins Gesicht.«[9] Würden die U-Boote es schaffen, Britannien den Lebensfaden abzuschneiden und die Schlacht im Atlantik zu gewinnen – vielleicht sogar den Krieg?

Diese Ängste, die in der dreizehn Jahre später verfaßten offiziellen Geschichtsschreibung so stark zum Ausdruck gebracht werden, hat der Autor des vorliegenden Buchs in keinem der Dokumente aus der Zeit vom 20. März 1943 bis zum Januar 1944 entdecken können, auch nicht in den streng geheimen Protokollen des Ausschusses für die

Anti-U-Boot-Kriegführung des Kriegskabinetts, und dieser Ausschuß war das höchste Gremium, das sich mit diesen Fragen befaßte. Solche Sorgen erscheinen zumindest überzogen, vielleicht sogar irrational, falls sie tatsächlich, wie berichtet wird, von Angehörigen der Admiralität geäußert worden sind. Tatsächlich sprach der Erste Seelord, Admiral Dudley Pound, am 30. März in einem Dokument für den Anti-U-Boot-Ausschuß mit vorsichtigem Optimismus über die nächsten Monate. Zum einen wurde das schlechte Winterwetter, das so viele Handelsschiffe aus den Konvois zu Nachzüglern gemacht hatte und die Kurzwellenpeilungen der Marine sosehr erschwert hatte, deutlich besser. Zum zweiten waren beide vorhandene Unterstützungsgruppen – Zerstörer und weitere Kriegsschiffe, die zur Verstärkung besonders unter Druck geratener Geleitschutzkräfte eingesetzt werden konnten – und Geleitträger von Einsätzen im Mittelmeer und in den nordrussischen Gewässern abgezogen worden und wurden wieder auf die nordatlantischen Konvoirouten entsendet. Am wichtigsten aber war, drittens, daß eine größere Zahl von landgestützten Flugzeugen für atlantische Geleitschutzaufgaben frei war. Kurz, der Erste Seelord rang keineswegs verzweifelt die Hände.

Und Seine Lordschaft hätte noch hinzufügen können, daß 1942 auf jedes von den Alliierten versenkte U-Boot 45 000 Tonnen von U-Booten versenkter Handelsschiffsraum gekommen waren, während es in den ersten drei Monate des Jahres 1943 nur noch 28 000 Tonnen pro versenktem U-Boot waren. Außerdem waren im ersten Quartal 1943 270 Handelsschiffe mehr als im letzten Quartal der Vorjahres pünktlich und sicher in ihre Zielhäfen eingelaufen. Weiterhin waren im Februar mehr U-Boote (19) versenkt worden als in irgendeinem Monat zuvor; und selbst im so betrüblichen März hatten die Neubauten den versenkten Schiffsraum um 300 000 Tonnen übertroffen. Es sieht ganz so aus, als hätte die kritische Stimmung, die von manchen Mitarbeitern der Anti-U-Boot-Abteilung, von der offiziellen Geschichtsschreibung und von vielen anderen Historikern nach 1956 geäußert worden ist, nicht der Haltung der Admiralität entsprochen. Man kann dieses Vorurteil also getrost über Bord werfen.[10]

Auf die Frage, was die Admiralität hätte machen sollen, wenn das Konvoisystem seine Wirksamkeit verloren hätte, konnte die Antwort nur lauten: Es gab keine Alternative außer der Möglichkeit, die Schiffe als Einzelfahrer loszuschicken, und das hatte sich bereits als katastrophal erwiesen; nur Dönitz hätte mit einer solchen Lösung zufrieden sein können. Von Januar bis Juli 1942 waren fast 400 Einzelfahrer vor der Ostküste Amerikas und im Golf von Mexiko an die U-Boote verlorengegangen. Und auch im Zeitraum Oktober–Dezember 1942 waren noch 101 Einzelfahrer (einschließlich der Nachzügler hinter den Konvois) auf allen Schiffahrtsrouten verlorengegangen; in den Konvois waren es dagegen »nur« 87 Schiffe gewesen. Bei einer Gesamtauswertung der Atlantikschlacht von 1939 bis 1945 stellte sich später heraus, daß auf den neunzehn erfolgreichsten U-Boot-Feindfahrten des ganzen Krieges 79 Prozent der versenkten Schiffe Einzelfahrer gewesen waren.[11] Aber schon im Frühjahr 1943 dürfte klar gewesen sein, daß ein umfassender Übergang vom Konvoi- zum Einzelfahrersystem noch höhere Verluste nach sich gezogen hätte. Wie katastrophal dies gewesen wäre, hatte sich gezeigt, nachdem der Erste Seelord Dudley Pound dem arktischen Konvoi PQ.17 (von Island nach Murmansk) am 4. Juli 1942 den Befehl erteilt hatte: »Konvoi auflösen.« Von den 34 Schiffen des Konvois wurden 24 von deutschen U-Booten und Flugzeugen versenkt. Alles in allem fällt es schwer zu glauben, daß nüchterne Köpfe in den höheren Rängen der Admiralität ernsthaft daran gedacht haben, das Konvoisystem aufzugeben.

Sollten Ihre Lordschaften tatsächlich geschwankt haben, hätten es sie gewiß in dem Glauben an das Konvoisystem bestärkt – wenn sie es denn gewußt hätten –, daß der deutsche Marinestab in Berlin zu dieser Zeit bei seinen statistischen Analysen zu dem Ergebnis gekommen war, daß die Tonnageerfolge pro Boot und Seetag, wenngleich zufallsbedingt, seit dem letzten November einer klaren Abwärtstendenz folgten. In diesem Rekordmonat hatte das Ergebnis pro Boot und Tag 329 BRT betragen. Im Dezember waren es 139 BRT gewesen, im Januar 1943 dann 129, im Februar 148 und im März 230.[12] Wenn man von diesen Zahlen ausging, hätte die U-Boot-Waffe, um das neue Tonnageminimum von 1,3 Millionen BRT zu erreichen, nicht weniger als 433 U-Boote gleichzeitig auf See haben müssen. Das wären mehr als dreimal so viele gewesen, als damals wirklich vorhanden waren; und diese utopische Zahl zu erreichen, war völlig ausgeschlossen, denn die Bauleistung der deutschen Werften betrug maximal 19 Boote pro Monat, kaum mehr, als monatlich versenkt wurden.[13] Doch Dönitz kannte die Zahl von 1,3 Millionen BRT wahrscheinlich nicht; vom Marinenachrichtendienst erhielt er 1943 die Zahl 900 000 BRT als für den Sieg notwendige Versenkungsrate. Wie es aussah, konnte eine Versenkungsziffer von 1,3 Millionen BRT pro Monat nur durch eine erheblich erhöhte Versenkungsziffer pro Boot und Seetag oder aber durch einen Zusammenbruch der britischen Geleitschutzmaßnahmen erreicht werden. Beides war höchst unwahrscheinlich.

Es wies alles darauf hin, daß es im April zu einem entscheidenden Kräftemessen auf See kommen würde. Die britische Admiralität erwartete, daß die deutschen U-Boote, sobald sie nach den Belastungen im März in den Stützpunkten an der Biskaya repariert und versorgt worden waren, in noch größerer Stärke zu den Konvoirouten zurückkehren würden. Hatte es Mitte März schon schlecht ausgesehen, so versprach der April noch schlechter zu werden. Doch es kam anders. Die Versenkungserfolge der U-Boote fielen auf achtundvierzig Schiffe mit 276 517 BRT, 47 Prozent des Ergebnisses vom März. Und die Leistung pro U-Boot und Seetag wurde auf 127 BRT geschätzt; tatsächlich waren es nur 76 BRT.

Ein Grund war die geringere Anzahl von Booten auf den nordatlantischen Abfangstationen. Die Instandsetzungen in den Stützpunkten an der Biskaya hatten länger gedauert als erwartet.[14] Am 13. April waren nur dreiunddreißig Boote im Kampfeinsatz auf See, und nur ein Rudel mit dem Decknamen »Meise« wurde nordöstlich von Kap Race vor Neufundland gebildet. Im Kriegstagebuch (KTB) des BdU heißt es dazu am 16. April 1943:

Die Geleitzugschlachten im März haben zu einem erheblichen U-Boot-Aufbruch geführt. Es sind eine große Anzahl von Booten auf Rückmarsch wegen Brennstoff-Torpedoaufbruch und Beschädigungen. Diese so entstandene Lücke muß, wenn eine gleichmäßige, hohe monatliche Versenkungsziffer erreicht werden soll, mit möglichster Beschleunigung aufgefüllt werden. Es wurde daher am 6.4. befohlen, daß alle in der nächsten Zeit auslaufenden Boote Typ IX [große IXB- und IXC-Boote, die normalerweise nicht an Konvois eingesetzt werden] in den Nordatlantik gehen, um die zur Erfassung von Geleitzügen notwendigen U-Boot-Zahlen dort zu erreichen.[15]

Erst gegen Ende des Monats war die U-Boot-Waffe in der Lage, eine größere Anzahl von frisch ausgerüsteten Booten in die Einsatzgebiete zu entsenden und so die oben genannten Zahlen zu erreichen. Aber die Versenkungserfolge gingen noch aus einem anderen Grund zurück: Die Zahl der britischen Geleitfahrzeuge und Flugzeuge war im April deutlich gestiegen, und sie hatten ihre Wirksamkeit gesteigert. Im April griffen die U-Boote elf Konvois an und erzielten insgesamt 29 Versenkungen; hinzu kamen 12 versenkte Einzelfahrer. Doch die alliierten Geleitfahrzeuge, einschließlich der neuen Unterstützungsgruppen und zweier Geleitträger, vertrieben die deutschen Angreifer wiederholt von den Konvois und versenkten fünfzehn U-Boote, davon allein sieben in der letzten Woche des April. Zehn ostwärts und neun westwärts gehende Konvois (mit 234 beziehungsweise 182 Schiffen) erreichten ihre Zielhäfen, ohne von den U-Booten überhaupt angegriffen worden zu sein.

Zudem scheint es in diesem Monat ein schwer faßbares Nachlassen der Aggressivität der U-Boote gegeben zu haben. Vielleicht war es aber auch nur Zweckoptimismus im britischen Lagezimmer, wo man erstmals eine Beobachtung zum Ausdruck brachte, die in den folgenden Monaten häufiger in britischen Dokumenten auftauchte: »Im April kam es zum ersten Mal vor, daß die U-Boote Angriffe nicht mit Biß durchführten, auch wenn die Gesamtsituation eigentlich für sie günstig war.«[16] Commander Winn hatte diesen »mangelnden Biß« bei der Analyse der entschlüsselten Funksprüche zwischen U-Booten und Hauptquartier entdeckt, und zwar besonders dann, wenn von den alliierten Flugzeugen die Rede war, deren Zahl und Gefährlichkeit zugenommen hatten. »Wenn man den Funkverkehr der U-Boote in der letzten Zeit liest«, schrieb Winn, »gewinnt man den Eindruck, daß der Einsatzwillen der Besatzungen, die im Augenblick im Nordatlantik sind, niedrig und die allgemeine Kampfmoral brüchig ist.«[17]

Falls es tatsächlich eine gewisse Zurückhaltung bei den U-Boot-Kommandanten gab, ist es schwer nachzuvollziehen, warum dies auf mangelnden Kampfgeist zurückzuführen gewesen sein soll. In Berlin, wo Offiziere schmerzliche Statistiken studierten, mag gedämpfte Stimmung, ja sogar Mutlosigkeit geherrscht haben. Aber wenn der Kampfgeist der Royal Navy nach der ununterbrochenen Belastung

21

von dreieinhalbjährigen Konvoiverlusten nicht zerbrochen war, dann ist nicht einzusehen, warum der Kampfgeist der Offiziere und Mannschaften der U-Boote gelitten haben sollte, die kurz vor einem gewaltigen Erfolg im Seekrieg standen. Warum sollten sie den Mut verlieren? Nur weil sie ein paar Flugzeuge mehr sichteten oder weil sie die außergewöhnlichen Versenkungserfolge des Vormonats nicht wiederholen konnten? Außerdem sollte hinzugefügt werden, daß sie keine höheren U-Boot-Verluste (15) erlitten als im Vormonat. Vizeadmiral Horst von Schroeter, damals Oberleutnant zur See und als Kommandant von U-123 im April im Einsatz, sagte dem Autor im Dezember 1995, der Kampfgeist auf seinem Boot sei weiter gut gewesen, und als er in den Stützpunkt in Lorient zurückgekommen sei, hätte er auch auf den anderen Booten keine nennenswerte Abnahme des Einsatzwillens feststellen können. Gab es also die von Winn behauptete Niedergeschlagenheit gar nicht? Dazu von Schroeter:

Ich würde sagen, ja und nein, denn eine Menge unserer besten Freunde waren mit ihren Booten gesunken. Aber, andererseits, wir hatten unsere Pflicht zu tun. Wir waren in einem Krieg, in einem Weltkrieg; wir waren Soldaten, wir mußten unsere Pflicht tun. Ich könnte mir vorstellen, daß es auf unserer Seite bei den Kommandanten Zweifel gab, wegen der Verluste. Sie wußten nicht, was für Waffen der Feind alles hatte, deswegen waren sie vielleicht etwas zögernd, immer allzuviel Biß zu zeigen und sich gegen die Geleitfahrzeuge durchzusetzen. Aber Pessimismus in Unterhaltungen mit anderen Kommandanten in Lorient, an so was kann ich mich nicht erinnern, wir vermieden es auch, über solche Dinge zu reden.[18]

Wenn die Beobachtung des Lagezimmers in der britischen Admiralität richtig gewesen sein sollte, daß einige U-Boote zögerten, Ziele mit der erwarteten Initiative und dem nötigen Biß anzugreifen, dann war einer der wahrscheinlichen Gründe dafür ein Mangel an Kampferfahrung auf der Kommandoebene; die Verluste bei den U-Boot-Offizieren betrafen ja nicht nur den Kommandanten, sondern auch den Ersten und Zweiten Wachoffizier (IWO und IIWO), die selbst einmal Kommandant werden konnten. Der BdU sprach dies Problem in seinem KTB am 7. und noch einmal am 25. April an, als er zu dem vergeblichen Einsatz von neunzehn Booten der Gruppe Meise gegen den ostwärts laufenden Konvoi HX.234 am 21.-24. April Stellung nahm. Unter Hinweis auf die »stark wechselnden Sichtverhältnisse« südlich von Grönland führte er aus: »Die zum großen Teil neuen, aus der Heimat kommenden und noch unerfahrenen Kommandanten konnten mit diesen Verhältnissen noch nicht fertig werden.«[19] Doch obwohl alles dies die Einschätzung des britischen Lagezimmers relativiert, sah auch der BdU Anlaß dazu, die Kommandanten auf See wegen Mangels an »Krieger- und Kämpfergeist« zu ermahnen. Dieser erstaunliche Funkspruch vom 19. April, der von den Briten entschlüsselt wurde, war die Folge dessen, daß manche Kommandanten offenbar einem Gerücht Glauben schenkten, demzufolge die alliierten Geleitfahrzeuge an Bojen hängende Wasserbomben mit Zeitzündern ausbrachten:

Der Feind hat seine Verteidigungsmaßnahmen zu einem großen Teil auf ihre moralische Auswirkung hin abgestellt. Wer seinen natürlichen Krieger- und Kämpferinstinkt täuschen und verwirren läßt, hat keine nennenswerte Stärke mehr gegen die heutigen Verteidigungsmaßnahmen des Feindes. Er ist nicht mehr zum Angriff fähig, sondern fühlt sich überall gejagt und verfolgt.[20]

Aber was auch immer die Funksprüche vom April zu bedeuten haben mochten, das Pendel, das im März weit zugunsten Deutschlands ausgeschlagen hatte, war bis zum 30. April wieder in die Mitte zurückgeschwungen. Für Dönitz hätte die Prognose klar sein müssen: Die Tonnageschlacht war nicht zu gewinnen. Seit dem letzten Herbst hatten die Zahlen für die alliierten Handelsschiffsneubauten die Versenkungsziffern der U-Boote mit immer größer werdendem Abstand übertroffen, und ab Juli 1943 würde der beschleunigte Neubau auch noch die Erfolge aller anderen deutschen Kampfmittel wie Minen, Flugzeugbomben, Handelskreuzer und Schnellboote wettmachen.[21] Trotz der immer deutlicheren Anzeichen dafür, daß seine U-Boot-Waffe im Kampf zurücklag, und trotz der Tatsache, daß es kaum eine Chance gab aufzuholen, tat Dönitz weiterhin so, als sei der Tonnagekrieg weiterhin eine Strategie, mit der der Krieg zu gewinnen sei. So verlangte er am 11. April auf dem Obersalzberg von Adolf Hitler eine erhöhte Zuteilung von 30 000 Tonnen Stahl für die U-Boot-Werften, damit der Bau von U-Booten auf siebenundzwanzig Stück pro Monat gesteigert werden konnte. Hitler stimmte Dönitz zu, der folgendermaßen argumentiert hatte:

> Der Kampf der U-Boote ist schwer. Es ist auf der anderen Seite klar, daß es das Ziel des Tonnagekrieges sein muß, unter allen Umständen mehr zu versenken, als der Gegner nachbauen kann. Gelingt das nicht, so erfolgt zwar für den Gegner eine laufende, sehr große Vernichtung der Substanz, aber das allmähliche Ausbluten des Gegners hinsichtlich seiner Tonnage erfolgt nicht. Meine Sorge ist daher, daß der U-Boot-Krieg ein Fehlschlag wird, wenn es uns nicht gelingt, dieses Mehr zu versenken, was über der Neubaumöglichkeit des Gegners liegt.[22]

Da er die Tonnageschlacht weiterhin vertrat, mag Dönitz sehr wohl der Überzeugung gewesen sein, daß seine Boote und Besatzungen eine letzte, alles bisherige übertreffende Anstrengung machen konnten, um das Ausmaß der Schiffs- und Ladungsverluste der Alliierten unerträglich zu machen, auch wenn man nicht in der Lage war, den Vorsprung der Neubauzahlen einzuholen. Wenn eine solche Anstrengung gemacht und einen Monat durchgehalten wurde – man kann hier nur über Dönitz' Absichten und Erwartungen spekulieren –, vielleicht würde Großbritannien dann ja das Konvoisystem aufgeben und seinen Seehandel Einzelfahrern anvertrauen. Schenkt man gewissen Berichten aus der britischen Admiralität Glauben, waren diese Erwartungen nicht abwegig. Gegen eine solche ungeschützte Schiffahrt könnten die U-Boote dann leichter vorgehen und in aller Ruhe zuschlagen. War das die verzweifelte Hoffnung des Großadmirals? Würde er jetzt alle seine Boote zu einem letzten entscheidenden Schlag ansetzen? *Spes contra spem?*

Als wollte er die Richtigkeit des Glaubens an die Gewinnbarkeit der Tonnageschlacht beweisen, führte der dreiunddreißigjährige Kommandant von U-515, Kptlt. Werner Henke, in der Nacht vom 30. April auf den 1. Mai eine der erfolgreichsten Aktionen des gesamten U-Boot-Krieges aus. Er versenkte innerhalb von acht Stunden und vierzig Minuten sieben in einem geschützten Konvoi fahrende Schiffe mit insgesamt 43 255 BRT – vier davon torpedierte er innerhalb von nur sechseinhalb Minuten. Damit war ein neuer Maßstab für die Effektivität von U-Booten gesetzt, und vielleicht war das ja der Beginn der bewußten, alles bisherige übertreffenden Anstrengung. Wenn das, was Henke zum Auftakt des Mai geschafft hatte, von seinem Boot und anderen Booten wiederholt werden konnte, dann würde Dönitz bis Ende Mai seine 1,3 Millionen BRT in einem Monat haben.

1

Vorzeichen

Nicht nur muß jede Gelegenheit zum Angriff energisch ergriffen werden, sondern es wäre auch ein schwerer Fehler, von den Prinzipien abzuweichen, die den U-Boot-Besatzungen so intensiv und so häufig eingehämmert worden sind: »Geh auf deine Position vor dem Konvoi so schnell du kannst, greife an sobald du kannst, nutze deine Gelegenheiten sofort und so vollständig, wie du kannst.«
Karl Dönitz

Feindliche U-Boote werden auch von uns Engländern als »U-Boote« bezeichnet. Unser eigenes Wort »submarine« ist nur für alliierte Unterwasserfahrzeuge zu verwenden. »U-Boote« sind jene feigen Räuber, die unsere Schiffe versenken, dagegen sind »submarines« die mutigen und edlen Fahrzeuge, die ihre Schiffe versenken.
Winston Churchill

U-515 befand sich auf seiner dritten Feindfahrt, seit das Boot vom Langstrecken-Typ IXC die Deutsche Werft in Hamburg-Finkenwerder verlassen hatte und Werner Henke bei der Indienststellung am 21. Februar 1942 die Seekriegsflagge und seinen Kommandantenwimpel auf dem Turm aufgezogen hatte. Nach sechs Monaten Ausbildungs- und Einfahrzeit hatte das Boot die erste Feindfahrt angetreten, die zugleich Henkes erster Einsatz als Kommandant war. Vom 12. August bis 14. Oktober dauerte die Fahrt in den Südosten der Karibik vor Tobago und Trinidad; zehn alliierte Schiffe mit insgesamt 52 807 BRT wurden versenkt. Das war kein geringes Ergebnis, auch wenn man berücksichtigt, daß Henke im wesentlichen gegen Einzelfahrer in einem schwach verteidigten Seegebiet operierte. Nur eine Handvoll deutscher U-Boote konnte mit besseren Ergebnissen aufwarten, und auf amerikanischer Seite konnte sich nur ein einziges Boot, die *Tang* (auf einer Feindfahrt im Pazifik im Juni und Juli 1944), damit messen.[1]

Auf der zweiten Feindfahrt vom 7. November bis 6. Januar 1943 konnte U-515 in den Seegebieten vor Gibraltar und den Azoren nur zwei Schiffe versenken, darunter allerdings ein Depotschiff für Zerstörer der Royal Navy, HMS *Hecla* (10 850 BRT); das zweite war der Truppentransporter *Ceramic* (18 713 BRT). Die Anzahl der Toten, die es bei diesen Versenkungen gegeben hatte, war schrecklich: 279 von 847 Offizieren und Mannschaften beim ersten Schiff und alle bis auf einen einzigen von 656 Mann beim zweiten. Am 30. April 1943 war die dritte Feindfahrt von U-515, die am 21. Februar begonnen hatte, bereits eine der längsten des Krieges, und sie sollte noch länger werden. Zunächst hatte U-515 bei den Azoren und dann vor Dakar am Horn von Afrika operiert. Dabei schien das Boot auch auf dieser Feindfahrt, wie schon auf der zweiten, vom Pech verfolgt zu sein; nach neunundsechzig Tagen in See konnten nur zwei versenkte Handelsschiffe mit zusammen 10 657 BRT als Erfolge vorgewiesen werden, so daß U-515 auf nicht mehr als 154 BRT versenkter Tonnage pro Seetag kam.

Die erste Versenkung hatte am Abend des 4. März stattgefunden. U-515 stand nordwestlich der Azoren. Bei ruhiger See mit wenig Wind und guter Sicht entdeckte Henke einen großen Frachter, der als Einzelfahrer mit 15 Knoten auf Kurs 050° unterwegs war. Er hielt über Wasser auf das Ziel zu. Wie es weiterging, beschrieb er in seinem KTB:

Zweier Fächer aus den Rohren II und IV. Geschwindigkeit (der Torpedos) 14 Knoten, Entfernung 1200 Meter. Bug rechts, Peilung 80 Grad, Tiefe (der Torpedos) 5 Meter, Laufzeit 37 und 38 Sekunden. Zwei Treffer, mittschiffs und vorn, Dampfer sinkt aber nicht. Fangschuß aus achterem Rohr VI, Lauftiefe (des Torpedos, damit er unter dem Ziel durchläuft) 9 Meter, (Torpedozünder ausgerüstet) mit Pi 2 (Pistole-2: einem Zünder, der durch das Magnetfeld des Schiffes unter dem Kiel aktiviert wird), Laufzeit 36 Sekunden. Treffer am Heck Höhe Maschinenraum – kräftige Explosion. Dampfer sinkt langsam auf ebenem Kiel, sendet Funksignale. Noch ein Fangschuß, diesmal aus Rohr I. Lauftiefe 10 Meter mit

Pi-2, Laufzeit 25 Sekunden. Treffer vorn, große Explosion. Schiff sinkt nach etwa zehn Minuten. Es ist die *California Star* mit 8300 BRT, unterwegs von Neuseeland nach England mit Butter, Käse, Schmalz und Fleisch. Der Zweite Offizier wurde gefangengenommen. Kapitän und Erster Offizier sind wahrscheinlich mit dem Schiff untergegangen.[2]

Die *California Star*, die neben Lebensmitteln auch Stückgut geladen hatte, war ein britisches Motorschiff. Fünfzig der vierundsiebzig Männer an Bord kamen ums Leben. Die Versenkung geschah auf Breite 42°32' Nord und Länge 37°20' West. Am 21. März und am 1. April traf sich U-515 mit zwei heimkehrenden Booten, U-106 (Kptlt. Hermann Rasch) sowie U-67 (Kptlt. Günther Müller-Stockheim) und übernahm Kraftstoff, Verpflegung und Ersatzteile. Seinen zweiten Erfolg auf dieser Feindfahrt erzielte Henke sechsunddreißig Tage nach dem ersten, am 9. April. Es war nachts, das Boot stand vor Dakar. Das zweite Opfer, das französische Motorschiff *Bamako*, maß nur 2357 BRT, doch Henke schätzte es größer ein:

Angelaufen auf Frachter 3500 BRT. *2er Fächer Rohr V und VI.* Fahrt 8,5 sm., Tiefe 3 und 4 m, Bug rechts Lage 80, E = 800, Laufzeit 60 und 61 Sek. Treffer vorn 20 und hinten 10. Schiff kentert und sinkt sehr schnell. Bewacher wirft planlos Wabos. Nach Norden abgelaufen.[3]

Zwanzig von 37 Mann Besatzung und Passagieren fanden auf Position 14°57' N und 17°15' W ein nasses Grab.

Opfer des Krieges waren nicht allein Schiffe und Ladungen, sondern auch Menschen, und es war offensichtlich, daß die empfindlichen Körper der Menschen den wilden und tödlichen Instrumenten des Krieges, die in diesem Frühling auf der Suche nach Beute durch den Atlantik pflügten, nicht widerstehen konnten. In diesem Zusammenhang sollte erwähnt werden, daß die Geschichtsschreibung des Atlantikkrieges häufig einen grundlegenden Fehler aufweist, nämlich die Tendenz, sich auf die uniformierten Militärorganisationen, die Marinen und Luftwaffen, zu konzentrieren, die zivilen britischen, amerikanischen und anderen Seeleute der Handelsschiffe aber weitgehend außer acht läßt. Dabei waren sie diejenigen, die bei den U-Boot-Angriffen den größten Gefahren ausgesetzt waren und mit Abstand die größten Verluste erlitten haben.[4]

Ein Blick auf die Kriegsverluste der britischen Handelsschiffahrt macht dies klar: Von den rund 185 000 Seeleuten, die auf Frachtern, Tankern und Motorschiffen fuhren, verloren 32 952 (17 Prozent) ihr Leben. In der Royal Navy lag die Verlustquote »nur« bei 9,3, in der RAF bei 9 und in der British Army bei 6 Prozent. Zu den Verlusten unter den Handelsschiffsbesatzungen müssen noch die Toten der Geschützbedienungen hinzugezählt werden, die von der Royal Navy oder vom britischen Heer gestellt wurden. Allgemein wurden sie damals die DEMS-Leute genannt, da sie auf Defensively Equipped Merchant Ships, auf zur Verteidigung ausgerüsteten Handelsschiffen, dienten.

Henkes U-Boot war ein Atlantikboot vom Typ IXC, eine verbesserte Version der beiden Vorgängermodelle IXA und IXB, die in den späten dreißiger und in den vierziger Jahren nach Plänen gebaut worden waren, die sich an ein Boot aus dem Ersten Weltkrieg anlehnten, U-81. Ursprünglich waren die Typ IX-Boote als Führerboote geplant worden, von denen Gruppenkommandeure (Rudelführer) Operationen in See führen sollten, aber diese Idee wurde Ende 1940 aufgegeben. Außerdem sollten die Boote zu Aufklärungszwecken und zum Minenlegen genutzt werden, und schließlich waren sie als normale Angriffs-U-Boote für Langstreckeneinsätze vorgesehen. In dieser letzten Rolle haben die IXB- und IXC-Boote äußerst erfolgreiche Einsätze gegen die alliierte Schiffahrt in weit entfernten Seegebieten wie der Ostküste der Vereinigten Staaten, der Karibik und der westafrikanischen Küste durchgeführt.

Wegen ihrer großen Verdrängung (aufgetaucht 1120 Tonnen) und wegen des breiten, flachen Oberdecks erhielten die Boote vom Typ IX den Spitznamen »Seekuh«, nach dem bekannten dicken pflanzenfressenden Meeresbewohner. Der Typ IXC war 76,8 Meter lang – etwa sechs Meter länger als ein Jumbo Jet Boeing 747-400 – und 6,8 Meter breit. Der Tiefgang betrug aufgetaucht 4,7 Meter. Die Kraftstoffbunker (Tanks) faßten 208 Tonnen, die bei einer ökonomischen Geschwindigkeit von 12 Knoten für eine Überwasserfahrt von 11 000 Seemeilen reichten. (Der in kleinerer Zahl gebaute Vorgängertyp IXB hatte eine um 43 Tonnen geringere Kraftstoffkapazität und eine Fahrstrecke von 8700 Seemeilen.) Aufgetaucht wurde das Boot von zwei Dieselmotoren der Maschinenfabrik Augsburg-Nürnberg AG (MAN) mit je 2200 PS angetrieben (neun Zylinder, Viertakt, mit Turbolader, seewassergekühlt). Die Höchstgeschwindigkeit lag bei 18,3 Knoten.

Die U-Boote jener Zeiten legten den weitaus größten Teil ihrer Marschwege über Wasser zurück, was heutzutage viele Leser erstaunt. Das gleiche galt für die Angriffe: Unterwasserangriffe mit dem Angriffsperiskop waren eher die Ausnahme als die Regel. Das U-Boot von 1943 war in Wirklichkeit, da es nicht dauernd unter Wasser operieren konnte, eher ein tauchfähiges Schiff als ein echtes Unterwasserfahrzeug. Es schoß seine Torpedos wie ein Schnellboot ab, und es tauchte nur, um feindlichen Schiffen oder Flugzeugen auszuweichen, mitunter auch, um schlechtes Wetter zu umgehen oder einen gelegentlichen Unterwasserangriff am hellichten Tage zu machen. Getaucht konnte es maximal 7,3 Knoten laufen (bei U-515 wurde die Höchstfahrt unter Wasser mit 7,46 Knoten ermittelt), und das reduzierte die Manövrierfähigkeit und die Effektivität erheblich, ganz besonders bei Einsätzen an Konvois.[5]

Der Unterwasserantrieb bestand aus zwei E-Maschinen der Siemens-Schuckert-Werken AG von je 500 PS. Die elektrische Leistung kam aus Akkumulatoren mit einem Gesamtgewicht von 60 Tonnen, die unter den Flurplatten des Innenraums untergebracht waren. Bei der ökonomischen Unterwassergeschwindigkeit von vier Knoten waren die Batterien nach 64 Seemeilen erschöpft. Durch Ankuppeln der E-Maschinen an die Antriebsdiesel (die E-Maschinen liefen dann als Generatoren), konnten die Akkumulatoren wieder geladen werden, aber das war eine zeitraubende Prozedur, und das Boot mußte dazu auftauchen. Ein weiterer Energiespeicher war die Druckluft, die entweder durch dieselgetriebene Junkerskompressoren oder durch einen elektrischen Kompressor hergestellt wurde. Die Besatzung benutzte die Druckluft, um beim Auftauchen das Wasser aus den Ballast- und Tauchtanks zu drücken, um die Diesel anzulassen und um Torpedos abzuschießen, die mit Druckluft aus ihren Rohren geschoben wurden. Wie die Akkumulatoren wurden auch die Druckluftbehälter jedesmal beim Auftauchen neu aufgefüllt.

Das äußere Erscheinungsbild der IXC-Boote entsprach dem jedes anderen Boots oder Schiffs. Vorne ragte ein scharfer Steven hervor, der Rumpf war rundlich, das flache Oberdeck wurde durch einen Aufbau, in diesem Fall dem Turm, in zwei Hälften geteilt, und achtern lag das Heck. Die für das Auge sichtbare äußere Stahlhülle, die auch die Kraftstoffbunker und Ballasttanks umschloß, gab dem Rumpf die Form, die ihn für die Überwasserfahrt geeignet machte. Das Herz des U-Boots war aber von außen nicht sichtbar: der Druckkörper, ein langes, schmales zylindrisches Rohr, das aus hochfesten Stahlplatten von 18,5 Millimeter Stärke zusammengeschweißt war. Dieser Druckkörper, der beim Tauchen fünfzehn Atmosphären Wasserdruck aushalten konnte, beherbergte die Besatzung, die Maschinen, E-Motoren, Kompressoren, Steuereinrichtungen und Torpedos. Normalerweise bestand die Besatzung eines Boots vom Typ IX aus vier Offizieren und vierundvierzig Unteroffizieren und Mannschaften. Gelegentlich, besonders bei langen Einsätzen, wurde die Besatzung um ein oder zwei Offiziere oder zusätzliche Unteroffiziere und Mannschaften verstärkt, mitunter auch durch einen Kameramann oder einen Korrespondenten des offiziellen Pressedienstes, der Propaganda-Kompanie, oder einen Arzt. In solchen Fällen war beim Auslaufen das Innere des Boots, das durch die Verpflegungsvorräte und zusätzliche Torpedos sowieso schon überfüllt war, derartig vollgestopft, daß die Menschen sich kaum noch bewegen konnten.

Die Vorteile der Boote vom Typ IX lagen in der Kriegführung über große Entfernungen, und gegen Einzelfahrer und schwach verteidigte Konvois in weit entfernten Küstengewässern zeigten sie entsprechend gute Leistungen. Dort versenkten sie im Durchschnitt mehr Tonnage pro Boot als irgendein anderer Bootstyp im ganzen Krieg; auf der Liste der Boote mit den größten Versenkungserfolgen standen an dritter bis sechster Stelle Boote vom Typ IX. Aber auf den schwer bewachten transatlantischen Seeverbindungswegen, wo der seegehende Handel Großbritanniens in dichtgeschlossenen Konvoikolonnen transportiert wurde, die von Geleitfahrzeugen der Royal Navy gesichert wurden, hatten die Boote vom Typ IX ihre Schwächen. Zerstörer, Geleitboote, Fregatten und Korvetten sowie Flugzeuge von Land und ab März 1943 auch von Geleitträgern aus machten den U-Booten generell das Leben schwer. Doch die Boote vom Typ IX hatten ein paar besondere Probleme, die sie für Einsätze an solchen Konvois weniger geeignet machten als ein anderer U-Boottyp, der zu jener Zeit in dreimal so großer Zahl im Atlantik zum Einsatz kam, nämlich der Typ VII.

Wie sehr dieser letzte Typ von Dönitz und seinen Kommandanten geschätzt wurde, läßt sich daran erkennen, daß vor und im Krieg insgesamt 709 Boote des Typs VII (665 davon VIIC- oder VIIC/41-Boote) vom Stapel liefen, gegenüber insgesamt nur 159 Booten der Typen IXAs, IXBs, IXCs und IXC/40. Der Typ VIIC wurde in größeren Zahlen als jeder andere Bootstyp in der gesamten U-Boot-Geschichte gebaut. Das VIIC-Boot war wohl das beste Kampfsystem, das deutsche Ingenieure vor dem Typ XXI, der weiter unten beschrieben wird, entwickelt haben. Kleiner als der Typ IX, mit niedrigerer Silhouette, besserer Manövrierfähigkeit über und unter Wasser, konnte der windhundartige Typ VII schneller tauchen als die Boote vom Typ IX. Er konnte in 30 Sekunden auf 13 Meter Wassertiefe tauchen, wofür der Typ IX mindestens 35 Sekunden brauchte. Man hat errechnet, daß ein alliiertes U-Jagd-Flugzeug wie zum Beispiel ein B-24-Bomber in den fünf Sekunden, die der Typ VII schneller war, dem U-Boot bei einem Wasserbombenangriff über eine Drittelmeile näherkam.[6] Weiterhin konnten die Boote vom Typ VII unter Wasser besser eine genaue Tiefe halten, und wegen ihrer geringeren Größe waren sie für die britischen Ortungsgeräte schwerer zu entdecken.

Im März und April 1943 stellte der Stab des BdU fest, daß Boote vom Typ IX einen wesentlich höheren Anteil an den Gesamtverlusten durch Einwirkung alliierter Geleitfahrzeuge im Atlantik ausmachten als Boote des Typs VII. Das führte am 5. Mai zu der Entscheidung, aus »Frankreich auslaufende Boote Typ IXC in weit entfernt liegenden westlichen oder südlichen Op[erations].-Gebieten anzusetzen«.[7] Angesichts dessen wird deutlich, wie radikal der Schritt war, den der BdU unternahm, als er einen Monat zuvor, am 6. April, die Boote vom Typ IX anwies, in den Nordatlantik zu fahren, damit dort die notwendige Anzahl an Booten verfügbar war, um die Konvois abzufangen. Es wird auch klar, warum dieser Kräfteansatz sehr schnell wieder rückgängig gemacht werden mußte: Obwohl sie im April weniger als ein Viertel der im Atlantik eingesetzten Boote ausmachten, gingen doppelt so viele Boote vom Typ IX verloren als solche vom Typ VII

(8 zu 4).[8] Dönitz war vom Typ IX nie begeistert gewesen, und er hatte gegen die vom Stab des Oberbefehlshabers der Kriegsmarine vorgesehenen Bauzahlen nachdrücklich Einspruch erhoben. Während der Offensive vor der amerikanischen Küste vom Januar bis Juli 1942 mußte er jedoch dankbar gewesen sein, daß er so viele Boote dieses Typs hatte, denn zwei Drittel der in jenen Gewässern versenkten Handelsschiffstonnage gingen auf das Konto dieser Langstreckenboote.

Im Grunde genommen war der Druckkörper eines U-Boots eine Waffenplattform, also ein Mittel, mit dem man den Feind – manchmal offen, manchmal unbemerkt – einer beachtlichen Bedrohung aussetzen konnte. Ein Boot vom Typ IXC verfügte über zwei Geschütze an Oberdeck, vorn ein 10,5- und achtern ein 3,7-cm-Geschütz, und auf einer Plattform hinter dem Turm waren ein oder zwei 20-mm-Flak montiert. Doch obwohl einige Boote (insbesondere das IXB-Boot U-123) Schiffe nur mit Artilleriefeuer versenkten, war der Torpedo die Hauptbewaffnung des U-Boots im Zweiten Weltkrieg.[9] Ein IXC-Boot konnte zweiundzwanzig Torpedos tragen. Üblich waren bei einer Feindfahrt fünfzehn bis siebzehn Stück. Einige von ihnen wurden einsatzklar in den Torpedorohren gelagert; bei einem IXC-Boot waren das sechs Stück, vier im Bug und zwei achtern. Weitere Torpedos zum Nachladen wurden unter und über den Flurplatten oder in Ketten und Lagerschalen aufbewahrt; bis zum Verschuß mußten auch Kojen im vorderen und achteren Torpedoraum für sie Platz machen.

Zusätzlicher Lagerraum stand in sechs Behältern zur Verfügung, die sich unter einer Holzverkleidung zwischen dem Druckkörper und dem Oberdeck befanden. 1943 wurde dieser Platz jedoch kaum noch benutzt, weil es zu lange dauerte, bis die Besatzung den Torpedo durch die offene vordere Luke in das Boot gebracht hatte, und das Boot in dieser Zeit äußerst verwundbar war. Im April 1943 machte sich die Sorge breit, daß die Alliierten neue, stärkere Wasserbomben besäßen, worauf die vermehrten Fälle von beschädigten Oberdecksbehältern hindeuteten. Wenn diese Behälter rissen und sich mit Wasser füllten, so daß das Gewicht des Boots plötzlich zunahm und der Trimm aus der Balance geriet, konnte ein getauchtes Boot in äußerst gefährlicher Weise durchsacken. Aus diesem Grund, und auch weil die jetzt ständige Bedrohung aus der Luft die Boote davon abhielt, die

Torpedos aus den Behältern nachzuladen, befahl der BdU allen Booten, die sich damals auf das Auslaufen vorbereiteten, unabhängig vom Typ, die Behälter zurückzulassen.[10]

Technisch gesehen wurde der Torpedo beim Einsatz nicht aus dem Rohr »abgeschossen«, denn es wurde zum Vortrieb kein Explosivmittel gezündet. Vielmehr wurde das Rohr geflutet, das heißt, der Torpedo wurde »gestartet« oder »losgeschickt«, und zwar durch einen Schwall Druckluft mit einem Druck von etwa vierundzwanzig Atmosphären. Der normale Befehl dazu lautete: »*Los!*« In den KTB's der U-Boote wurde für den Einsatz eines Torpedos jedoch häufig das Wort »Schuß« benutzt, und der Bericht, den die Wachoffiziere (WO) jedesmal ausfüllen mußten, hieß »Schußmeldung«. Nach dem Start wurde der Torpedo zu einem selbständigen Unterwasserfahrzeug mit Steuerungssystem, Antrieb und Propellern sowie Seiten- und Höhenrudern, die den Sprengkopf gegen oder unter das feindliche Schiff zur selbst- und schiffzerstörenden Detonation steuerten. Sinn und Zweck des Torpedos war es, ein Loch in den Rumpf des Schiffes zu reißen, um es zum Sinken zu bringen. Die U-Boot-Männer nannten ihre Torpedos »Aale«. Henkes U-515 hatte zwei Sorten davon an Bord:

T-I, G7a, »Ato«:
Dieser Torpedo, die Standardbewaffnung während des Krieges und beliebt wegen seiner Zuverlässigkeit, wurde durch gasförmigen Dampf angetrieben, der durch die Verbrennung von Alkohol und Preßluft erzeugt wurde. Die Antriebsleistung wurde von einer Turbine auf einen sechsblättrigen Propeller geleitet. Die Geschwindigkeitseinstellungen ließen 30, 40 oder 44 Knoten zu, was dann 12,5, 7,5 oder 6 Kilometer Reichweite ergab. Die Lauftiefe unter der Wasseroberfläche konnte der schießende Offizier vorgeben. Bei Tageslicht hinterließ der G7a eine sichtbare Blasenspur von Verbrennungsgasen. Der mit 280 Kilogramm hochexplosiver Sprengmasse gefüllte Sprengkopf wurde durch eine Pi3-Pistole gezündet, die entweder durch den Aufschlag auf dem Rumpf des Schiffes oder durch das Magnetfeld unterhalb des Schiffes ausgelöst wurde. Die mit der Pi3 ausgerüsteten G7a neigten dazu, am Ende der Laufstrecke zu detonieren, wenn kein Ziel getroffen wurde. Das »G« stand für den Typ des Torpedos, die »7« für die Länge (7,16 m), das

»a« für den Alkohol-Luft-Antrieb. Der Durchmesser des G7a war mit 53,46 cm genauso groß wie der des britischen Whitehead-Torpedos.

T-III, G7e, »Eto«:

Dieser Torpedo wurde von einem 100 PS starken Elektromotor angetrieben, der seinen Strom aus Bleiakkus bezog und zwei gegenläufig rotierende zweiblättrige Propeller drehte. Der T-III, eine Weiterentwicklung des T-II, war im Frühjahr 1943 auf den U-Booten häufiger im Einsatz als der T-I oder G7a. Er hatte die gleichen äußeren Dimensionen wie der G7a und auch das gleiche Sprengkopfgewicht. Die Pi2-Pistole ermöglichte sowohl Aufschlag- als auch magnetische Zündung. Letztere war die bevorzugte Einstellung, denn dabei wurde nicht der größte Teil der Explosionsenergie in eine Detonationswassersäule an der Seite des Rumpfes umgesetzt, sondern die Hauptkraft ging nach oben gegen den Kiel des Schiffes; theoretisch sollte das Schiff mit einer einzigen Explosion zum Sinken gebracht werden. In der Praxis war es eher so wie bei den zwei Gnadenschüssen auf die *California Star*. Der grundsätzliche Vorteil des T-III war, daß er keine Blasenspur zog, die den Standort des U-Boots verriet. Die hauptsächlichen Nachteile bestanden darin, daß er recht langsam (nur 30 Knoten) war und eine kurze Reichweite (5 km) hatte, die er aber auch nur erreichte, wenn die Batterien vor dem Schuß auf 30°C vorgeheizt wurden. Darüber hinaus mußte der G7e – das »e« stand für Elektroantrieb – alle drei bis fünf Tage gewartet werden, um sein kompliziertes Innenleben, insbesondere den Antrieb, funktionsfähig zu erhalten.[11]

U-515 war noch nicht mit dem damals modernsten im Einsatz befindlichen Torpedo, dem Federapparatetorpedo (FAT), ausgerüstet. Diese Waffe, die auch Geleitzugtorpedo genannt wurde, war ein G7a (»Atofat«) oder G7e (»Etofat«), der mit einem Lenksystem ausgestattet war, das ihn für eine gewisse Strecke direkt auf eine Kolonne in einem Konvoi zulaufen ließ, bevor er eine Reihe von langen oder kurzen Schlägen beziehungsweise Schleifen nach rechts oder links ausführte; man hoffte, daß ein solcher Zickzackkurs zwischen den Kolonnen des

Konvois zu einem Zufallstreffer führen würde. Die FATs, von den Engländern »Curlies« (Locken) genannt, gehörten im Frühjahr 1943 noch nicht zur normalen Ausrüstung der Boote. U-515 erhielt erst auf der vierten Feindfahrt, die am 29. August begann, FATs. Auch mit einem weiteren neuen Torpedo, der im Februar und März zuerst verwandt worden war, wurde das Boot ausgerüstet, dem akustischen, für den Einsatz gegen Geleitfahrzeuge vorgesehenen T-V oder Zaunkönig. Der T-V war ein G7e, der auf die von den Schrauben der Geleitfahrzeuge abgegebenen Kavitationsgeräusche (24,5 KHz) zusteuerte, wenn diese zwischen 10 und 18 Knoten liefen. Im Frühjahr 1943 war diese Art von Torpedos auf den U-Booten noch seltener als die FATs. Ihre ersten Erfolge sollten die Zaunkönige im September 1943 erzielen.[12]

Die meisten Offiziere und Besatzungsmitglieder, die am Einsatz von Torpedos beteiligt waren, fuhren seit der Indienststellung von U-515 zusammen, was ungewöhnlich war, denn normalerweise wurden die Besatzungen nach etwa zwei Feindfahrten versetzt. Sie durchliefen dann Lehrgänge, um sich auf eine andere Tätigkeit oder einen höherwertigeren Einsatz vorzubereiten, und kamen danach auf andere Boote. Irgendwie hatte Kptlt. Henke diese Art Personalwechsel verhindert, so daß er zu einer Zeit, als das Durchschnittsalter der Mannschaften ein oder zwei Jahre niedriger lag, eine ungewöhnlich hohe Zahl erfahrener Zweiundzwanzigjähriger an Bord hatte.[13] Zudem hatte er bei der Indienststellung seines Boots einen Stamm von Unteroffizieren (dreiundzwanzig Jahre und älter) »geerbt«, die schon vorher Erfahrung auf Booten vom Typ IX gesammelt hatten.

Diese erfahrene Besatzung, die zumeist freiwillig zur U-Boot-Waffe gegangen war, zeichnete sich nicht nur, wie man annehmen darf, durch den Stolz auf die Zugehörigkeit zu einer elitären Waffengattung aus. Sie war zudem an der modernsten Technik ausgebildet, erhielt besondere Zulagen (einschließlich Sonderzuwendungen für Feindfahrten), bekam die beste Verpflegung, die in den deutschen Streitkräften damals zu finden war, wurde durch großzügige Urlaubsregelungen bevorzugt und konnte mit großer Sicherheit damit rechnen, mit Orden ausgezeichnet zu werden, einschließlich des Eisernen Kreuzes Erster und Zweiter Klasse. Eine weitere wichtige Motivation stellten die Versenkungserfolge des jeweiligen Kommandanten dar, die ein besonders anregender Faktor des U-Boot-Diensts waren. Dagegen traten viele negative Punkte in den Hintergrund, wie etwa geringe Beförderungschancen, wenn die Besatzung auf einem Boot zusammenblieb. Henkes manchmal sehr strenge disziplinarische Reaktion auf kleinere Verfehlungen, der unterschwellige Konflikt zwischen dem Leitenden Ingenieur und dem dienstältesten Maschinisten – all das machte wenig aus, wenn nur immer wieder Erfolge zu verzeichnen waren. Nachdem U-515 schlußendlich am 9. April 1944 Zerstörern der US Navy zum Opfer gefallen war, stellten die Amerikaner bei der Befragung der Überlebenden fest, daß der Kampfgeist auf U-515 selbst zu diesem Zeitpunkt, als die Atlantikschlacht für die Deutschen schon lange verloren war, immer noch hoch war.[14]

Der dreiunddreißigjährige Kommandant von Fünffünfzehn (U-515) war eine der rätselhaftesten Figuren der U-Boot-Waffe und ein vom Ärger verfolgter Offizier. Er war kaum der eindimensionale Typ eines Deutschen, sondern vielmehr eine Mischung aus widersprüchlichen Charakterzügen. Einerseits impulsiv, ja sogar heißblütig, war er im Dienst nüchtern und gelassen, und obwohl er selbst Schwierigkeiten mit der Disziplin der Marine hatte, zögerte er nicht, sie bei anderen mit Härte durchzusetzen. Von Natur aus offen und gesellig, wurde er von seinen Offizierskameraden dennoch als angeberischer Einzelgänger angesehen. Henke achtete den Nazistaat, der unter anderem auch diejenigen Deutschen bestrafte, welche die amerikanische Popmusik hörten; gleichzeitig mochte er Jazz und hatte eine beeindruckende Sammlung von Cole-Porter-Schallplatten. Er war einen Meter fünfundsiebzig groß und wog zirka achtzig Kilogramm. Gut aussehend, mit blauen Augen und immer gut angezogen, war er der »schöne Henke«.[15]

Von seinem Eintritt in die Marine als Offiziersanwärter im Jahr 1934 bis zum Ausbruch des Krieges war die Karriere des jungen Offiziers durch disziplinarische Probleme gehemmt worden. Diese Zeit verbrachte er, bis auf zwei Reisen auf dem Panzerschiff *Admiral Scheer*, die zusammen vierzehn Monate dauerten, vorwiegend in Landverwendungen. Im März 1940 wurde er an die U-Boot-Schule in Pillau in Ostpreußen versetzt. Auf der Reise dorthin machte er in Berlin bei einer Freundin eine Pause, mit der Folge, daß er zwei Tage zu spät ankam und ohne Genehmigung gefehlt hatte. Wenngleich der ungenehmigte Urlaub auf einem Mißverständnis beruht hatte, wurde er in einem Disziplinarverfahren verurteilt und in eine Strafkompanie versetzt. Später wurde ihm dann doch noch gestattet, die Ausbildung abzuschließen, und im November 1940 wurde er als IIWO auf das IXB-Boot U-124 versetzt, das im soeben besetzten Lorient an der französischen Atlantikküste stationiert war. Erst dort erfuhr er, daß ihm wegen seiner bisherigen Disziplinlosigkeiten die gesamte Dienstzeit aberkannt worden war und er wie ein frisch beförderter Leutnant behandelt wurde.

Auf vier Feindfahrten, während derer er zum IWO aufrückte, stellte Henke nicht nur seinen guten Ruf wieder her, sondern qualifizierte sich auch als ausgezeichneter Anwärter für die Kommandantenausbildung, die er im November 1941 in Danzig (heute Gdansk) begann. Nach zwei Monaten intensiver Ausbildung in den Dienstpflichten eines Kommandanten, Angriffsverfahren und neuester Torpedotechnik meldete sich Henke bei der Deutschen Werft in Hamburg-Finkenwerder, um den Dienst als Kommandant auf U-515 anzutreten und dessen Besatzung aufzustellen. Die Erfolge, die er auf den beiden ersten Feindfahrten als Kommandant mit dem neuen IXC-Boot erzielte, brachten ihm die rückwirkende Zuerkennung des vorher verlorenen Dienstalters und damit die Beförderung zum Kapitänleutnant. Darüber hinaus wurde ihm die höchste deutsche Auszeichnung, das Ritterkreuz des Eisernen Kreuzes, verliehen.[16] Er war der siebzehnte U-Boot-Offizier, der das begehrte Ritterkreuz erhielt.

Henke, seine Besatzung, sein Boot und auch seine Torpedos waren gut vorbereitet für die feuchte Äquatornacht vom 30. April auf den 1. Mai vor Westafrika.

Am 13. April lief Henke südostwärts an Portugiesisch Guinea (heute Guinea Bissau) vorbei auf eine Position südwestlich des belebten Hafens von Freetown in Sierra Leone, die er am 16. April erreichte. Vor Dakar hatte er außer der *Bamako* nichts gefunden. Neun Tage lang tat sich auch vor Freetown nichts, keinerlei Schiffsverkehr, weder nordwärts noch südwärts – eine echte »Saure-Gurken-Zeit«. Flugzeuge sichteten die Ausgucks auf der Brücke in dieser Zeit auch nicht. Dann, am 25. April, kamen zwei britische Short-Sunderland-

Flugboote der RAF in Sicht, und zwei Tage später sichteten die Ausgucks die Rauchfahne eines Handelsschiffs. Aber ein weiteres Flugboot, diesmal ein Catalina-Flugboot PBY-5 der RAF (in den USA konstruiert und gebaut), zwang das Boot zum Tauchen, und so fiel es hinter den Kontakt zurück. Mehr Glück, so wenigstens schien es, brachte der Morgen des 28. April. U-515 war getaucht, um einem eventuellen morgendlichen Luftaufklärer nicht aufzufallen. Das Gruppenhorchgerät (GHG), ein passives Unterwasser-Schallortungsgerät, meldete das Geräusch der Explosionen zweier Wasserbombeneinsätze und das »schwisch-schwisch-schwisch« von Kriegsschiffpropellern. Henke ging auf Periskoptiefe und entdeckte einen Kreuzer der *London*-Klasse, vier Zerstörer und zwei Passagierschiffe, von denen er annahm, daß sie mit Truppen beladen waren. Der Verband lief mit 12 Knoten auf Kurs 340° nach Nordwesten.

Da es Tag war, entschloß sich Henke zum Unterwasserangriff. Die Entfernung betrug 5000 Meter. Das war weit für die Etos, die keine Blasenbahnen zogen, aber Henke befahl einen Zweierfächer aus den vorderen Rohren I und IV, mit Lauftiefen von 3 und 5 Metern. Beide Aale gingen vorbei und detonierten am Ende ihrer Laufstrecke. Die Saure-Gurken-Zeit ging weiter. Am 29. machte U-515 die unangenehme Erfahrung, daß sich plötzlich aus einer dunklen Wolkendecke eine Catalina der RAF auf das Boot stürzte. Die 20-mm-Flak hinter dem Turm von U-515 zeigte, was sie konnte, und erzielte etwa zehn Treffer auf dem Flugboot. Das Flugzeug ließ fünf Wasserbomben achteraus von U-515 in für das Boot ungefährlicher Weise ins Wasser fallen. Danach – ALAARRMM! – tauchte das Boot, und das mußte es an dem Abend noch zweimal tun, als erneut suchende Catalinas vorbeikamen.[17]

Am 30. April verstrich die Zeit des Tageslichts ohne besondere Vorkommnisse. Den Vormittag verbrachte das Boot unter Wasser. Besatzungsmitglieder, die nicht schliefen, gingen ihren Pflichten nach; sie warteten die Etos, prüften, ob sich in den Batterien Chlorgas gebildet hatte, hörten Funkempfänger und Hydrophone ab, schmierten die Ventilstößel der Neun-Zylinder-MAN-Diesel, schrieben Berichte, lernten für bevorstehende Prüfungen, kochten Mittagessen oder rasierten sich – Henke war einer der wenigen Kommandanten, die keine Bärte zuließen. Keiner trug mehr als kurze Hosen, denn die tropischen Temperaturen im Boot hatten 37°C überschritten.

Um 1345 Uhr deutscher Sommerzeit (DSZ), die zwei Stunden vor der Greenwich Mean Time (GMT)* lag und das Zeitmaß für alle Boote war, egal wo sie auf See standen, blies U-515 die Tanks an und tauchte auf, um das übelriechende und mit giftigen Gasen angereicherte Innere des Boots zu lüften. Die Ausgucks suchten den Horizont nach Rauchwolken ab, aber es waren keine zu sehen. Nach fünfzehn Minuten kehrte das Boot auf seine Unterwasserlauschstation zurück, und dort blieb es bis 2041 Uhr, als Henke wieder auftauchen ließ, damit er und die Brückenwache im letzten Tageslicht noch einmal den Horizont absuchen konnten. Einundzwanzig Minuten später verhielt sich einer der Ausgucks wie ein Vorstehhund und rief: »Herr Kaleu!« – das war die Kurzform für Henkes Dienstgrad. Henke folgte dem zeigenden Finger des Ausgucks und sah durch sein 7x50-Fernglas von Carl Zeiss weit im Südosten in Richtung Küste, wo Himmel und Ozean sich trafen, verschwommene Rauchfahnen. Er schätzte, daß sie 15 Seemeilen entfernt waren, Peilung 145°. Langsam wurde das Bild schärfer, die Mastspitzen wurden sichtbar, dann Schornsteine und Brückenverkleidungen. Henke zählte vierzehn große, voll abgeladene Handelsschiffe in einem nordostwärts fahrenden Konvoi, durchschnittliche Tonnage 6 000-7 000 BRT. Wie es aussah, wurden sie von drei Zerstörern und fünf weiteren Geleitfahrzeugen beschützt.[18] Tatsächlich bestand der Konvoi, der die Bezeichnung TS.37 trug, aus achtzehn Handelsschiffen mit nur drei Geleitfahrzeugen, den kleinsten im gesamten Inventar der Royal Navy: der Korvette *Bellwort* und zwei Trawlern. Zu den fünf Kolonnen des Konvois hatte ursprünglich noch ein neunzehntes Schiff gehört, das jedoch zwei Tage zuvor den Konvoi verlassen hatte und allein, allerdings unter Geleitschutz eines dritten Trawlers, weitergefahren war.

Ziel des Konvois war Freetown. Er war am 26. April aus Takoradi an der Goldküste, dem heutigen Ghana, ausgelaufen. Auf der Route zwischen diesen beiden Häfen hatte es bisher wenige Verluste gegeben: Bei insgesamt 743 Überfahrten waren nur acht Schiffe verloren-

---

* Sofern nicht anders angegeben, erfolgen alle Zeitangaben in Greenwich Mean Time (GMT).

gegangen. Der Flaggoffizier der britischen Admiralität, dem der Bereich Westafrika unterstand und der sein Hauptquartier in Freetown hatte, hoffte, daß die Luftaufklärung durch die RAF entlang der Route zur Unterstützung der schwachen Geleitfahrzeuge der Royal Navy ausreichen und die U-Boote von Angriffen abhalten würde. Die für diesen Zweck zur Verfügung stehenden Flugzeuge waren ein Hudson-Geschwader (zu Bombern umgebaute amerikanische Lockheed-Passagierflugzeuge) sowie zwei Sunderland-Flugboot-Geschwader, die in Brathurst (Banjul, Gambia) stationiert waren, ein Catalina-Geschwader in Freetown und ein Halbgeschwader von Wellington-Bombern in Takoradi; einige Hudsons waren auch in Port-Etienne (Nouâdhibou, Mauretanien) und in Lagos (Nigeria) stationiert.

Bei den Geleitkräften zu Wasser und in der Luft ging jedoch zweierlei schief. Zum einen hatte der Führer des Geleits zwar einen Morsefunkspruch von Henkes Boot aufgefangen, aber diese Tatsache (den Inhalt des verschlüsselten Funkspruches konnte er nicht kennen) nicht sofort dem Hauptquartier des Flaggoffiziers mitgeteilt, was zur Folge hatte, daß drei in Freetown liegende Zerstörer nicht zur Unterstützung hinausgeschickt wurden; als sie dann ausliefen, war es zu spät. Zum anderen war das Flugzeug, das in der Abenddämmerung über dem Konvoi TS.37 patrouillieren sollte, um 1820 DSZ (1620 GMT) – zwei Stunden und einundfünfzig Minuten vor Beginn der Dämmerung – wegen heftiger Gewitterschauer gezwungen, zum Flugplatz zurückzufliegen. Aufgrund des weiterhin schlechten Wetters und des fehlenden Mondlichts strich die RAF auch den Einsatz eines zweiten Flugzeugs, das für den nächtlichen Geleitschutz über dem Konvoi vorgesehen war. Das Ergebnis war, daß der Konvoi TS.37 bei Anbruch der Nacht fast schutzlos dem Feind preisgegeben war.[19]

Die Nacht war schwarz, Blitze zuckten über den Horizont. Der Himmel war bedeckt, und es gab heftige Regenschauer, aber die Sicht war dennoch gut. Es wehte ein westlicher Wind mit Stärke 3-4 Beaufort, und die See war schwach bewegt mit leichter Dünung. Als Henke an die Arbeit ging, schickte das Radarwarngerät von U-515, der Funkmeßbeobachter (FuMB oder Metox nach der Pariser Firma, die das Gerät als erste gebaut hatte), einen schrillen Alarmton durch das Lautsprechersystem des Boots. Von einem oder mehreren der Geleitfahrzeuge aus, die noch nicht mit dem 10-cm-Radargerät ausgerüstet waren, das außerhalb des Empfangsbereichs des FuMB gewesen wäre, suchten Radarimpulse aus Meterwellen nach dem Feind. Henke setzte seinen Angriff trotzdem fort und erreichte nach zwei Stunden und vierundfünfzig Minuten das hintere Ende des Konvois.

Als er die Mitte des Konvois erreicht hatte, ohne entdeckt worden zu sein, bezog er dort Position, indem er nur noch minimale Fahrt lief, gerade genug, um das Boot steuern zu können, und legte U515 schräg zum Kurs des Konvois auf Nordostkurs. Der IWO, Oblt. Ernst Sauerberg, brachte die U-Boot-Zieloptik (UZO) auf die Brücke, ein Zielfernglas mit großen Okularen, und montierte sie auf die drehbare UZO-Halterung. Mit dieser 7x50-Optik, in die Gradierungen für Höhe und Seite eingeätzt waren, ermittelte er Peilung, Entfernung und Lage für einen Mehrfachschuß gegen zwei Schiffe in einer der Kolonnen achteraus. Diese Daten wurden an den von Siemens gebauten Vorhaltrechner übermittelt, der unten im Turm vom IIWO, Lt. Heinrich Niemeyer, bedient wurde. Unterdessen öffnete die Besatzung im achteren Torpedoraum die äußeren Abdeckungen der Rohre V und VI, um sie vor dem Schuß zu fluten.

Als der Rechner den Vorhalt ermittelt und an das Lenksystem der beiden achteren Torpedos übertragen hatte, wurde die vom IWO festgelegte Lauftiefe von fünf Metern durch die Torpedoraumbesatzung von Hand an den Torpedos eingestellt. Dann gab Henke Erlaubnis zum Schuß. Um 2256 Uhr befahl der IWO: »*Los!*«, und drückte auf den elektromechanischen Feuerknopf. PISSSCH! PISSSCH! Zweimal drückte ein Druckluftschwall (im Abstand von 1,2 Sekunden) einen Torpedo aus dem Rohr. 0,4 Sekunden nach dem Schuß wurden die Ruderblätter der Torpedos aktiviert. Anhand der Steuerwerte, die sie von eingebauten Kreiseln erhielten, begannen die Sprengkörper in Richtung Ziel zu steuern. Währenddessen zählte Henke auf seiner Stoppuhr die Sekunden mit, die seit dem Start vergangen waren. Die achtere Torpedoraumbesatzung ließ die überschüssige Druckluft nach innen entweichen, um Blasenbildung außen am Boot zu vermeiden, während in der Zentrale der Leitende Ingenieur (LI) zusätzliches Wasser in die achteren Zellen laufen ließ, um den Gewichtsverlust der zwei Aale auszugleichen. Der Horchgerätebediener meldete, daß beide Torpedos gerade und normal liefen; gleichzeitig begann der

42

IWO damit, das Zieldreieck für vier Zielschiffe voraus in den steuerbordseitigen Kolonnen des Konvois zu berechnen. Henkes KTB berichtet:

2256 ... *1. Schuß* Rohr V, *Frachter 6000 BRT.*, Bug links Lage 70. Laufzeit 58 Sek., Treffer mitte, sofort. gesunken.
   2. Schuß Rohr VI, *Tanker 7000 BRT.*, Bug links, Lage 60, Laufzeit 59 Sek., Treffer Achterkante Brücke Höhe Pumpenraum, Schiff knickt in der Mitte ein, setzt Lichter, Besatzung geht schnell in die Boote, sinkend beobachtet.

Eine Minute nach den ersten Schüssen hatten IWO und Vorhaltrechner eine trigonometrische Lösung für einen Torpedoschuß aus den Bugtorpedorohren gefunden. In Henkes KTB ist vermerkt:

3. Schuß Rohr I, *Frachter 6000 BRT.*, Bug links Lage 80, Laufzeit 52 Sek., Treffer mitte, sinkt schnell.

In den nächsten vier Minuten berechnete der IWO das Schußdreieck für drei weitere Schiffe:

4. Schuß Rohr IV, *Frachter 7000 BRT.*, Bug links Lage 80, Laufzeit 52 Sek., Treffer achtern, auseinandergeplatzt.
   5. Schuß Rohr II, *Frachter 5000 BRT.*, Laufzeit 60 Sek., Treffer mitte, sofort gesunken.
   6. Schuß Rohr III, *Frachter 6000 BRT.*, Laufzeit etwa 90 sek., Treffer auf 10 m Tiefe gehört. Sinken wird mit Sicherheit angenommen.

Weiße Signalraketen – »Bin von Torpedo getroffen« – schossen in die dunkle Nacht. Ihnen folgten strahlend helle Leuchtgranaten von den winzigen Geleitfahrzeugen, die versuchten, das über Wasser fahrende U-Boot zu finden. In dieser Beleuchtung entdeckten Henkes Ausgucks an Backbord ein kleines Geleitfahrzeug und einen »Zerstörer«. Dann sahen sie an Steuerbord einen zweiten »Zerstörer«, der direkt auf sie zuhielt. Henke befahl Alarmtauchen auf 170 Meter. Die nachfolgenden Wasserbomben – es kann nur die Korvette *Bellwort* gewesen sein, die sie geworfen hat – detonierten in einiger Entfernung. Im Horchraum von U-515 hörte der Mann am Horchgerät die krachenden Schotten der sinkenden Schiffe. Die Torpedoraumbesatzungen luden drei Etos nach.[20]

Henke irrte, als er feststellte, er habe sechs Treffer erzielt und fünf Schiffe sinken gesehen. Tatsächlich hatte er vier Treffer bei Schiffen in der Steuerbordkolonne des Konvois erzielt, die alle sanken. Als erstes war die *Kota Tjandi* getroffen worden, ein 7295 BRT großes holländisches Motorschiff in britischen Diensten, das von Haifa über die Tafelbucht und Tokoradi nach Freetown unterwegs war, von wo es nach Großbritannien hätte weiterfahren sollen. Der Frachter, der mit 7453 Tonnen Stückgut, Pottasche, Gummiabfällen und 1000 Tonnen Tee beladen war, wurde wie die drei anderen Schiffe an Backbord getroffen. Seine Besatzung war 91 Mann stark, zuzüglich acht Marine- und Heeresartilleristen; sechs Männer fanden den Tod.[21]

Das zweite Schiff, das an Steuerbord der *Kota Tjandi* fuhr, als es getroffen wurde, war der britische Frachter *Nagina* (6551 BRT), der ebenfalls mit Stückgut (4886 Tonnen) beladen war, unter anderem mit 2750 Tonnen Roheisen. Insgesamt waren 101 Mann an Bord, darunter acht Marine- und zwei Heeresartilleristen. Als nächster war der britische Dampfer *Bandar Shahpour* (5236 BRT) dran, der von Abadan über Mormugao und Takoradi nach Freetown und England unterwegs war und 6768 Tonnen Stückgut an Bord hatte – 3000 Tonnen Manganerz, Pflanzenöl, Gummi, Kopra und 2002 Säcke Post. Die Besatzung, einschließlich vier Marine- und vier Heeresartilleristen, bestand aus 62 Mann. Außerdem waren acht Passagiere an Bord: zwei Frauen, ein Kind und fünf Handelsschiffsoffiziere. Das letzte Opfer war das britische Motorschiff *Corabella* (5681 BRT) mit einer Ladung aus 8035 Tonnen Manganerz. Auf diesem Schiff befanden sich 48 Mann Besatzung, einschließlich sechs Marine- und zwei Heeresartilleristen, die wie ihre Kameraden auf den anderen Schiffen keinen einzigen Schuß abgegeben hatten. Die Treffer auf den vier Schiffen erfolgten innerhalb von sechseinhalb Minuten. Ihre Position war 07°15′ N, 13°49′ W oder ganz in der Nähe.[22]

Von den Kapitänen der *Nagina, Bandar Shahpour* und *Corabella* können wir erfahren, wie es den Besatzungen ihrer Schiffe erging (von dem Kapitän oder der Besatzung der *Kota Tjandi* liegt kein Bericht vor). Kapitän W. Bird sagte aus, daß die *Nagina* einen einzelnen Torpedo gesichtet habe, der von Backbord querab auf das Schiff zukam. Der Sprengkopf explodierte mit lautem Krachen, aber ohne Blitz, zwischen den Luken 1 und 2, etwa auf Höhe des Zwischendecks. Er warf eine große Wassersäule auf, die beim Zusammenstürzen die Vorderseite der Brücke beschädigte. Das Backbordrettungsboot Nr. 2 und ein Floß wurden durch die Explosion zerstört, ansonsten war in der dunklen Nacht kein großer Schaden zu erkennen. Das Schiff bekam sofort zehn Grad Schlagseite, und Kapitän Bird ließ die Maschinen stoppen. Da die Schlagseite weiter zunahm, befahl er drei Minuten nach dem Treffer: »Alle Mann von Bord!« Die fünf noch intakten Rettungsboote wurden zu Wasser gelassen, wobei eins kenterte. Außerdem wurden drei Flöße ausgesetzt. Kapitän Bird ging auf das letzte.

Sieben Minuten nach dem Torpedotreffer waren alle Mann von Bord, und von den Booten und Flößen aus sahen sie zu, wie die *Nagina* um 2113 Uhr GMT mit dem Bug voran unterging. Birds Floß war mit zehn Mann bereits überladen, und als drei weitere, im Wasser schwimmende Männer sich daran festhalten wollten, kenterte es. Die Überlebenden schafften es aber, das Floß wieder aufzurichten und eine Viertelstunde später pullte das Rettungsboot Nr. 6 heran und nahm die dreizehn an Bord. Um 2230 Uhr rettete der zum Geleitschutz gehörende Trawler HMS *Birdlip* die Männer aus diesem Boot und die Insassen des Boots Nr. 5. Fünf weitere Überlebende wurden von einem Zerstörer aus Freetown aufgelesen, allerdings erst am 3. Mai. Das Rettungsboot Nr. 3 wurde erst am 4. Mai von einem Flugzeug und einem Motorboot gefunden. Trotz der Entbehrungen, die diese beiden letzten Gruppen erlitten hatten, war die Anzahl der Toten und Verletzten gering: Der zweite Funker war durch die Explosion getötet worden, und ein chinesischer Zimmermann wurde vermißt. Gegenüber der Admiralität beschwerte sich Kapitän Bird: »Ich denke, daß der Konvoi nicht angemessen geschützt wurde. Es lagen drei Zerstörer im Hafen von Freetown, und der Marine muß klar gewesen sein, daß der Konvoi ein gefährliches Seegebiet passierte. Es war bekannt, daß hier U-Boote operierten. Trotzdem wurden die Zerstörer nicht zur Unterstützung entsandt.«[23]

45

Kapitän W. A. Chappell von der *Bandar Shahpour* berichtete, daß der Torpedo, der sein Schiff traf, ebenfalls vorher von einem Artilleristen von seiner Gefechtsstation aus gesichtet worden sei. Aber für eine Warnung war es zu spät. Die Explosion war dumpf und ohne Blitz; sie warf eine große Wassersäule auf, die sich über das Schiff ergoß. Ein Großteil der 2002 Postsäcke flog in die Luft, und die Briefe fielen wie Schneeflocken auf das Schiff und die umgebende See zurück. Kapitän Chappell wurde gemeldet, daß der Hauptmast umgefallen sei und den Funkraum samt Funkanlagen zerstört habe, die Kammern der Ingenieure auf der Backbordseite beschädigt seien und das Deck an Backbord verbogen und gerissen sei. In der Maschine war der Setztank geplatzt. Das Öl war durch den Maschinenraum gespritzt und hatte den vierten Ingenieur, der Wache hatte, gezwungen, den Maschinenraum zu räumen, ohne vorher die Maschine stoppen zu können. Glücklicherweise blieben die Maschinen wegen des Schadens am Setztank bald von selbst stehen. Chappell schoß weiße Sterne und setzte einen Notruf ab, der vom Konvoikommodore bestätigt wurde. Danach entschied er, daß es für den Frachter keine Hoffnung mehr gab, und befahl: »Alle Mann von Bord!« Obwohl das Schiff noch geringe Fahrt machte, wurden drei Rettungsboote, die für Passagiere und Besatzung ausreichten, erfolgreich zu Wasser gebracht. Boot Nr. 4 kenterte, als es aufs Wasser prallte. Als letzte verließen Chappell und der Leitende Ingenieur J. R. Black das Schiff. Eine halbe Stunde später wurden alle Überlebenden an Bord der *Birdlip* genommen, nur ein einziger wurde vermißt. Damit waren 253 Überlebende aus dem Konvoi auf diesem kleinen Schiff zusammengedrängt. Um 2300 Uhr GMT konnten die Leute von der *Bandar Shahpour* vom Schanzkleid des Trawlers aus ihr Schiff sinken sehen.

Als die *Birdlip* am 1. Mai mittags ihre menschliche Fracht in Freetown anlandete, mußte Chappell feststellen, daß die Gefahren eines Schiffsuntergangs nicht allein auf nautischem Gebiet lagen. Die Unterkunft, die man seinen Offizieren und der Besatzung anbot, war entsetzlich. Die Zimmer für die Offiziere im sogenannten Grand Hotel stanken und waren absolut unhygienisch. Bäder gab es nicht. Es sei ein Wunder, sagte er später, daß nicht alle ein Opfer der Ruhr oder des Typhus wurden. Das Hotel Sabars, in dem die Besatzung, die aus Farbigen bestand, unterkam, war so dreckig und verlaust, daß alle krank wurden. »Das Ganze starrte vor Dreck«, berichtete Chappell, »das Essen war nicht genießbar; einige erhielten nur eine Scheibe Brot mit Marmelade, nachdem sie 36 Stunden gehungert hatten.«[24]

Das britische Motorschiff *Corabella* war das letzte, das von einem der sechs Torpedos des deutschen U-Bootes getroffen wurde. Die *Corabella* lief mit 8,5 Knoten auf Kurs 295°, als der Torpedo sie an Backbord in Höhe der Luke 2 traf. »Es war keine kräftige Explosion, sondern nur ein dumpfer Schlag«, erzählte Kapitän P. Leggett. Er war zu diesem Zeitpunkt gerade in seiner Kammer gewesen und hatte Schwierigkeiten, auf die Brücke zu gelangen, weil die Gänge voller Trümmer lagen. Nachdem er endlich auf der Brücke angekommen war, mußte er feststellen, daß sie völlig eingedrückt war und überall verbogene Schiffsteile herumlagen. Vormast und Funkantenne waren umgestürzt und hatten die Kammer mit der Notfunkausrüstung eingedrückt, so daß es unmöglich war, das SOS-Signal zu senden. An Deck war kein Anzeichen dafür zu sehen, daß durch die Explosion Seewasser hochgeschleudert worden war – ein Hinweis dafür, daß ein Torpedo mit Magnetzünder benutzt worden war, der unterhalb des Rumpfes detonierte.

Das Schiff bekam schnell Schlagseite und lag mit dem Vorschiff bald tief im Wasser. Leggett befahl: »Alle Mann von Bord!« Etwa fünfundzwanzig Mann verließen das Schiff im Steuerbordboot. Als das Steuerbordfloß zu Wasser gelassen wurde, löste sich die Vorleine, und das Floß trieb ab. Auch bei dem kleinen Boot auf der Backbordseite gab es Probleme: Es blieb verkehrt herum am Kran für das Fallreep hängen und konnte nicht zu Wasser gebracht werden. Leggett rief daher: »Rette sich, wer kann!« Außer dem Dritten Offizier, der verletzt war und nie wieder gesehen wurde, sprang daraufhin der Rest der Besatzung ins Wasser. Kurz bevor Leggett selbst sprang, schüttelte sich das Schiff; er wurde gegen das Schanzkleid geworfen, schaffte es aber ins Wasser. Von dort sah er zu, wie sein Schiff zwölf bis fünfzehn Minuten nach dem Treffer in den Wellen verschwand. Um ihn herum schwammen viele Wrackteile, und Leggett konnte eine Holzplanke ergreifen, an der er sich festhielt. Wenig später schloß sich ihm der Artillerist Stuart Carnelly an. »… wenn der mir nicht so gewaltig geholfen hätte, über Wasser zu bleiben«, so Leggett, »wäre ich zweifellos ertrunken.«

Hilfe kam zwei Stunden später in Gestalt der *Birdlip*, die, einschließlich Leggett und Carnelly, dreißig weitere Seelen auf ihren engen Decks aufgenommen hatte. Fünf weitere Besatzungsmitglieder der *Corabella* wurden noch am 1. Mai vor Sonnenuntergang gerettet; ungefähr zur gleichen Zeit entdeckte ein Flugzeug der RAF vier Männer, die sich an Wrackteile klammerten, und warf ein Schlauchboot in ihrer Nähe ab. Zwei der Männer, der Hilfsmaschinist William Kelly und der Koch J. Brown, waren schwer verletzt. Als das aufgeblasene Schlauchboot in ihrer Nähe landete, schwammen die beiden anderen, der Funker Stuart Byatt und der Zweite Steward George Newton, los und holten es heran. Danach gaben sie ihre Plätze den Verwundeten, so daß sie bequemer sitzen konnten. Byatt und Newton schwammen abwechselnd und schlugen aufs Wasser, um Haie und Barracudas abzuhalten. So verbrachten sie die Nacht, bis sie am nächsten Tag gerettet und nach Freetown gebracht wurden. Neun Besatzungsmitglieder der *Corabella,* darunter der Kabinenjunge, waren gestorben oder wurden vermißt.[25]

Am 1. Mai um 0130 Uhr DSZ tauchte Henke auf, um das Seegebiet seines Angriffs abzusuchen. In der von Blitzen erhellten Nacht sah er in der Dünung dümpelnde Wrackteile, mehrere Rettungsboote und Flöße, die Lichter zeigten, und einen großen Bewacher, die *Birdlip,* der Überlebende aus dem Wasser fischte. Unerklärlicherweise, denn es war nicht die übliche Praxis in der U-Boot-Waffe, auf Überlebende zu schießen, griff Henke das Rettungsschiff an; auf welche Weise, erläuterte er in seinem KTB nicht. Ebenso unerklärlich war, daß es ihm nicht gelang, das Schiff zu versenken, obwohl es wahrscheinlich gestoppt im Wasser lag.[26] Dokumenten zufolge, die nach dem Krieg dem Internationalen Militärgericht in Nürnberg vorgelegt wurden, hat Hitler mehrfach darauf bestanden, daß U-Boote Überlebende töten sollten, indem sie Rettungsboote zusammenschossen. So sollte verhindert werden, daß die Überlebenden auf neuen Schiffen anheuerten, und andere sollten gänzlich davon abgeschreckt werden, zur See zu fahren.

Einen derartigen Befehl hat Dönitz nie formell gegeben. Was

Schiffe beim Rettungseinsatz betraf, hatte er jedoch im Herbst 1942 in einem Befehl festgelegt: »Ihre Versenkung [die der Rettungsschiffe] ist im Hinblick auf die erwünschte Vernichtung der Dampferbesatzungen von großem Wert.«[27] Offenbar maß Dönitz der Versenkung eines Kriegsschiffs, das Schiffbrüchige an Bord hatte, einen anderen moralischen Wert bei als der Vernichtung eines Rettungsboots voller Schiffbrüchiger. Auch wenn er es nicht ausdrücklich befahl, konnte die zweideutige Formulierung von einem Kommandanten doch als Genehmigung ausgelegt werden, ein Schiff, das Schiffbrüchige rettete, zu versenken, wenn sich die Gelegenheit dazu ergab. Das mag Henke im Fall der *Birdlip* geleitet haben. Insgesamt gesehen scheint Dönitz Hitlers Druck, Terror und Schrecken in den Seekrieg einzuführen, widerstanden zu haben. Der Grund war, daß es internationale Regeln des Seekriegs verletzt und gegen Ehre und Integrität der U-Boot-Waffe verstoßen hätte. Ein praktischerer Gesichtspunkt ergab sich aus dem folgenden Befehl des Oberkommandos der Kriegsmarine vom 16. Dezember 1942: »Das Töten von Überlebenden in Rettungsbooten ist unzulässig, und das nicht nur aus humanitären Gründen, sondern auch weil die Moral unserer eigenen Männer darunter leiden würde, müßten sie doch davon ausgehen, daß ihnen das gleiche Schicksal widerfahren könnte.«[28]

In Nürnberg war der einzige dokumentierte Fall von unkorrektem Verhalten gegenüber Überlebenden, den die alliierten Ankläger vorlegten, der Maschinengewehrbeschuß der Besatzung des griechischen Handelsschiffs *Peleus* im Südatlantik am 13. März 1944. Das betreffende U-Boot war U-852 unter Kptlt. Heinz-Wilhelm Eck. Nach dem Krieg wurde gegen ihn und seine Offiziere ein Verfahren vor einem britischen Kriegsgericht eingeleitet. Eck sagte aus, er habe von Dönitz weder direkt noch indirekt den Befehl erhalten, auf Schiffbrüchige zu schießen. Der Kommandant sowie der IWO und der Schiffsarzt, die sich beide an der Schießerei beteiligt hatten, wurden am 30. November 1945 hingerichtet.[29] (Im Pazifik hatte das amerikanische U-Boot *Wahoo* unter Lieutenant Commander Dudley Walker Morton am 26. Januar 1943 eine Stunde lang im Wasser schwimmende Überlebende eines japanischen Truppentransporters beschossen.)[30] Im großen Ganzen stützen die vorliegenden Dokumente die Auffassung, daß das Verhalten der deutschen U-Boote gegenüber Überlebenden korrekt, in vielen Fällen sogar mitfühlend war, wenn sie Schiffbrüchigen Verpflegung, Wasser, Medikamente, Kompasse, Positionsangaben und den Kurs zum sicheren Land zur Verfügung stellten. Werner Henkes Biograph beschreibt ihn als in ähnlicher Weise »human«; im konkreten Fall könnte man jedoch sagen, daß dieses positive Urteil nur deshalb aufrechterhalten werden kann, weil es ihm nicht gelang, die *Birdlip* und ihre menschliche Fracht zu versenken.[31]

Nach diesem Zwischenfall, und mit drei neue Etos in den Bugtorpedorohren, befahl Henke A. K. (Äußerste Kraft) voraus. Er hatte vor, den Konvoi nordwärts zu verfolgen und zu sehen, ob er bei den verbliebenen Schiffen weiteren Schaden anrichten konnte. Um 0513 Uhr sichtete er die letzten Schiffe des Konvois.Siebenundzwanzig Minuten später, es war immer noch ziemlich dunkel und mittlere Sicht, schob sich das U-Boot wie beim erstenmal von achtern zwischen die Konvoikolonnen. Der IWO Sauerberg ermittelte die Schußwerte für drei Schiffe an Backbord, die nach seiner Schätzung sieben Knoten liefen. Drei Etos in den Bugrohren wurden auf sieben Meter Lauftiefe eingestellt, und es wurden Pi2-Pistolen für magnetische Zündung eingesetzt. Henkes KTB dazu:

1. Schuß Rohr IV, *Frachter 6000 BRT.*, Bug rechts Lage 100, Laufzeit 68 Sek., Treffer in Höhe hinterer Mast, sehr breite Sprengsäule mit Schiffstrümmern, Dampfer brennt, Sinken wird angenommen.

2. Schuß Rohr I, *Frachter 6000 BRT.*, Bug rechts Lage 90, Laufzeit 65 Sek., breite Sprengsäule, brennt sofort, Sinken wird angenommen.

3. Schuß Rohr III, *großer Frachter 7000 BRT.*, Bug rechts Lage 90, Laufzeit 35 Sek., Treffer hinten 50, starke Detonation, hohe Stichflamme, anscheinend Geschützmunition, gesamte Achterschiff brennt, über Achtersteven sinkend beobachtet.

Um 0549 Uhr war der Himmel voller weißer Leuchtraketen, in deren Licht zwei in der Nähe stehende »Zerstörer« sichtbar wurden. Die drei Zerstörer HMS *Rapid*, HMS *Malcolm* und HMS *Wolverine*, die verspätet aus Freetown ausgelaufen waren, hatten den Konvoi erreicht. Henke führte in dem flachen Küstengewässer (80 Meter Wassertiefe) Alarmtauchen durch und suchte nach günstigen Temperaturgradienten und Schichten unterschiedlicher Wasserdichte, die es in diesem Gebiet häufig gab, um sie als Schutz gegen die unausbleiblichen Pulse der britischen Sonargeräte (ASDIC genannt) zu nutzen. Dann nahm er Kurs Südwesten in tieferes Wasser, und U-515 schaffte es wieder, seinen Verfolgern zu entkommen. Das Geräusch von Wasserbomben und berstenden Schiffsrümpfen sackte achteraus weg.

Henkes wilder Raubzug war zu Ende.[32] Und diesmal trafen seine Beobachtungen zu. In dieser bemerkenswerten Nacht hatte er den bisherigen Rekord von Kptlt. Joachim Schepke (U-100) gegen Konvoi SC.11 vom 23. November 1940 eingestellt. U-Boot-As Schepke hatte im Zeitraum von 24 Stunden sieben Schiffe versenkt und eins beschädigt. Henke hatte auch die beste Nacht von Kptlt. Otto Kretschmer (U-99), dem »Tonnagekönig«, übertroffen, der in der Nacht vom 18. auf den 19. Oktober 1940, einer der drei Nächte zwischen dem 17. und dem 19. Oktober, in denen neun U-Boote die Konvois SC.7 und HX.79 bei Rockall Bank vor Irland übel dezimierten, auf sechs Versenkungen (und einem Schiff beschädigt) gekommen war. Diese Nacht wurde allgemein »Nacht der Langen Messer« genannt.[33] (Dieser Ausdruck, der vorher für Hitlers blutige Säuberungsaktion gegen Ernst Röhm und dessen SA im Jahr 1934 benutzt worden war, entstammte einer mittelalterlichen Legende, die sowohl in Großbritannien als auch in Deutschland bekannt war. Der Legende zufolge hatten die Sachsen den britischen König Vortigen und seine Ritter zu einem Bankett eingeladen und dann dreihundert von ihnen mit ihren langen Messern umgebracht.)

Für die Besatzungen der Handelsschiffe gab es wieder keinen Ruhm. Auch wenn bei diesem zweiten Gemetzel Henkes weniger Menschen zu Tode kamen, lernten die betroffenen Seeleute aus dem Konvoi TS.37 die »Gefahren der See« kennen, doch sie bewältigten diese Situation mit bewundernswerter Gelassenheit. Den ersten Treffer hatte der belgische Frachter *Mokambo* (4996 BRT) erhalten, der von Matadi über Takoradi nach Freetown und England unterwegs war. Seine Ladung bestand aus 1139 Tonnen Palmöl, 1520 Tonnen Korn, 440 Tonnen Naturharz, 2000 Tonnen Baumwolle, 2000 Tonnen Kupfer und 38 Tonnen Wolfram.[34] Es war wolkig, einzelne Schauer gingen nieder, und die Dämmerung hatte noch nicht eingesetzt. Die See war schwach bewegt bei westlichem Wind in Stärke 3 Beaufort. Näheres ist über die Versenkung dieses Schiffes nicht bekannt.

Henkes zweites Opfer war der Dampfer *City of Singapore* (6555 BRT), der von Kalkutta über Takoradi nach Freetown und Liverpool fahren sollte. Geladen hatte er insgesamt 9000 Tonnen Fracht, davon 2750 Tonnen Roheisen sowie 2750 Tonnen Stückgut und Post; der Rest waren Jute, Leinsamen und Erdnüsse. Der Torpedo schlug auf der Steuerbordseite gleich hinter dem Hauptmast ein. Es gab eine große Wassersäule, aber keinen Explosionsblitz. Lukendeckel und Scheerstöcke der Luke 5 wurden eingedrückt, und Luke 4 lief voll. Das Geschütz wurde von seiner Plattform aufs Deck geschleudert, und eins der sechs Rettungsboote wurde unbrauchbar. Die verbleibenden Boote waren wie das ganze Schiff mit Öl aus den Tanks bedeckt.

Kapitän A. G. Freemann verhielt sich vorschriftsmäßig: Er stoppte die Maschinen, sendete einen Funkspruch, dessen Empfang ihm quittiert wurde, schoß zwei weiße Signalraketen ab und setzte ein rotes Licht. Als das Schiff kaum noch Fahrt machte und die Boote, ohne daß sie kenterten, zu Wasser gebracht werden konnten, warf er die Geheimunterlagen außenbords und befahl: »Alle Mann von Bord!« Nachdem er sich überzeugt hatte, daß niemand mehr an Bord war, stieg er selbst in Rettungsboot Nr. 2. Inzwischen sackte sein Schiff achtern schnell weg, so daß die Poop schon unter Wasser lag. Vierzehn Minuten nach dem Torpedotreffer hörte Freemann ein lautes Geräusch; er nahm an, daß es das Schott des Tieftanks unter Luke 4 war, das eingedrückt worden war. Danach brach das Schiff auseinander und verschwand in der See. Eineinhalb Stunden später wurden die Überlebenden von der *Birdlip* und dem zweiten Trawler des Konvois, der *Arran*, aufgenommen und nach Freetown gebracht. Von der Besatzung aus 87 Mann und zwei Artilleristen ging kein einziger verloren. Freemann meldete: »Ich sehe das so, daß dieser Konvoi kein angemessenes Geleit hatte.«[35]

Das letzte Schiff, das Henke in die Tiefe schickte (mit nur neun Aalen für sieben Versenkungen hatte er eine ungewöhnlich hohe Ausbeute erzielt), war der britische Frachter *Clan Macpherson* (6940 BRT), der von Kalkutta über Durban und Takoradi nach Freetown und

England fuhr und 8421 Tonnen Stückgut, darunter 2750 Tonnen Roheisen sowie Zink, Mica, Jute, Leinsamen, Tee und Erdnüsse, geladen hatte.[36] Mit 140 Mann, einschließlich der Artilleristen, war seine Besatzung ungewöhnlich groß. Niemand sah den Torpedo kommen, der »gar nicht heftig« in Höhe von Luke 2 auf der Steuerbordseite explodierte. Der Kapitän, E. Gough, nahm an, daß dieser Laderaum, der über 30 Meter lang war und ein Volumen von 3800 Kubikmetern hatte, schnell vollaufen würde. Daher befal er sofort: »Alle Mann von Bord!« Dann schaltete er die rote Laterne ein, schoß zwei weiße Signalraketen, setzte einen Funkspruch ab und warf die Geheimunterlagen über Bord.

»Meine Leute stellten sich wie die Soldaten auf«, berichtete er später. »Keiner versuchte, etwas ohne Befehl zu tun, und in zehn Minuten waren die fünf Rettungsboote und das kleine Arbeitsboot frei vom Schiff.« Das sank allerdings nicht so schnell, wie erwartet. Die Männer des kleineren Rettungsboots Nr. 2 wurden an Bord des Frachters *Silver Ash* genommen, die Insassen der fünf anderen Boote, die mit Hilfe von Lichtsignalen beieinander geblieben waren, hätten die Möglichkeit gehabt, sich von der *Arran* retten zu lassen, aber sie baten das Schiff, bis Tagesanbruch in der Nähe zu bleiben. Dann kletterten sie auf die immer noch schwimmende *Clan Macpherson* zurück. Die Pumpen wurden gestartet, und die Heizer gingen auf Station, um wieder Dampf auf zu machen. Um 0920 Uhr nahm das Schiff wieder Fahrt auf. Der Propeller machte 20 Umdrehungen pro Minute. Gough ließ Kurs 047 Richtung Freetown steuern, das 67 Seemeilen entfernt war. Nach einiger Zeit wurde jedoch klar, daß auch Luke 1 vollief. Irgend etwas mußte passieren, um das Schiff in etwa auf ebenem Kiel zu halten.

Gough wies den Leitenden Ingenieur an, die Tanks 4 und 5 zu fluten, um das Schiff auch achtern tiefer ins Wasser zu bringen. Als das geschehen war, bekam das Schiff jedoch Schlagseite nach Steuerbord, und die Wellen schwappten auf das Vorschiff. Gough befahl dem Maschinenraum: »Feuer aus.« Er dachte, er könnte sich noch mit dem Heck voran von der *Arran* abschleppen lassen, aber daraus wurde nichts. Die *Clan Macpherson* würde es nicht schaffen. Er befahl erneut: »Alle Mann von Bord!«, und rief persönlich die Maschinisten im Maschinenraum an, um es ihnen mitzuteilen. Unglücklicherweise richtete sich das Schiff zwei Minuten, nachdem die Boote abgelegt hatten, senkrecht auf, blieb einige Zeit so stehen, erzitterte dann und versank in einem schäumenden Strudel. In den Booten fehlten der LI Neil Robertson, sowie der zweite, der vierte und der fünfte Ingenieur: »Die hatten sich beim Verlassen des Maschinenraums einfach zuviel Zeit gelassen.«

In seinem Bericht lobte Gough insbesondere ein halbes Dutzend ostindische Matrosen, die in die Luke 1 gestiegen waren und, bis zu den Hüften im Wasser stehend, versucht hatten, das Leck mit Säcken abzudichten; wäre die Abdichtung eingebrochen, »wären sie alle mit Sicherheit ertrunken«. Um 2205 Uhr GMT am 1. Mai erreichten die Männer der *Clan Macpherson* den Hafen von Freetown. Dort wurden die Europäer, einschließlich des Kapitäns und der Offiziere, in das schreckliche Grand Hotel geschickt, die Farbigen in noch miesere Unterkünfte. Am 10. Juni wohnten letztere, soweit Gough bekannt war, immer noch unter desolaten Bedingungen, bei schlechter Verpflegung, soweit es überhaupt welche gab, ohne Wasser zum Waschen und zumeist an Furunkeln und Durchfall erkrankt. Diese vom U-Boot-Krieg verursachten Leiden blieben seinen Verursachern unbekannt.[37]

In London bezeichnete Premierminister Winston Churchill die schweren Verluste als »bedauerlich«.[38] Sein Anti-U-Boot-Ausschuß verlangte vom Staatssekretär für Luftfahrt, Archibald Sinclair, eine Erklärung für die mangelnde Luftunterstützung von Konvoi TS.37. Sinclair antwortete: »Für das Fehlen der Luftüberwachung in der Nacht, in der sieben Schiffe versenkt wurden, war schlechtes Wetter verantwortlich.«[39]

An Bord von U-515 erhielt Werner Henke einen Funkspruch vom BdU in Berlin, der den Eingang von Henkes Versenkungsmeldung bestätigte. Er bestand aus nur einem Wort: BRAVO. Im KTB vermerkte Henke seine und die Reaktion der Besatzung darauf: »Große Freude auf dem Boot.«[40]

Um Mitternacht DSZ am 30. April 1943 jagte der siebenundzwanzigjährige Kptlt. Harald Gelhaus mit seinem IXB-Boot U-107 in Überwasserfahrt einen 15 bis 16 Knoten schnellen Einzelfahrer, der auf Position 47°49′ N, 22°02′ W, etwa 560 Meilen südwestlich von

54

Kap Clear in Irland, auf nordöstlichem Kurs im Zickzack fuhr. Es war seine dreizehnte Feindfahrt, die zehnte als Kommandant. Dieser Dampfer war seit dem Auslaufen aus Lorient in Frankreich sein erstes Ziel, und U-107 hatte vorn und achtern noch die volle Torpedobeladung an Bord. Wenn er diese Verfolgung von achteraus hätte machen müssen, hätte er das Ziel wohl in der Nacht nicht mehr eingeholt, denn seine eigene maximale Fahrt mit Dieseln war nur geringfügig höher als die des Dampfers. Glücklicherweise stand er aber an Steuerbord voraus, und sein einziges Problem war, den Zickzackplan des Dampfers herauszufinden. In sein KTB schrieb Gelhaus:

Ich laufe also mit 2 x GF vor ihm her und kann mich gerade an der Grenze der Sichtweite halten. Bei der hohen Dünung kommt die Brücke und der Schornstein oft ganz raus. Hoffentlich sieht er mich nicht.

Während der Dampfer nach Westen zickzackte, gelang es Gelhaus wegen der Dünung kaum, ihn mit dem Fernglas zu verfolgen. Er entschloß sich, mit einem Dreierfächer anzugreifen, wenn das Schiff das nächste Mal den Kurs nach Osten änderte. Als es soweit war, war die Kursänderung aber so groß, daß Gelhaus' Bug in die falsche Richtung zeigte und er die achteren Rohre V und VI benutzen mußte. Die beiden Torpedos wurden um 0300 Uhr DSZ in Richtung 70° mit einem Richtungsunterschied von 6,4° abgeschossen, Zielgeschwindigkeit 16 Knoten, Entfernung 1500 Meter, Laufzeit 80 Sekunden. Im KTB wird das weitere Geschehen beschrieben:

Treffer Mitte, scheinbar Maschinenraum. An Deck Gefummel mit Taschenlampe, scheinbar werden Boote klargemacht. Dampfer dreht nach BB, verlangsamt die Fahrt und trudelt langsam aus. Um ihn gleich endgültig fahrunklar zu machen, damit er mir auf keinen Fall mehr weglaufen kann, noch einen Aal aus Rohr II als Fangschuß geschossen. Da Dampfer noch Fahrt voraus macht, zwar mit Lage und Fahrt 0, aber auf geringe Entfernung und Abkommpunkt Bug, den Torpedo losgemacht. Nach 29 Sek., Treffer unter der Brücke. Dampfer sackt etwas tiefer und bleibt gestoppt liegen.

Boote werden zu Wasser gelassen. Da Dampfer noch keine Anstalten zum Absaufen macht, noch einenFangschuß aus Rohr III mit 7 m Tiefeneinstellung geschossen. Treffer nach 51 Sek. Im Laderaum vorn achterer Mast. Dampfer sackt nur wenig tiefer und bekommt etwa 15° Schlagseite nach BB. Auf das Absaufen des Dampfers gewartet und inzwischen an die Boote rangegangen, um Namen usw. festzustellen. Es handelt sich um das im vorigen Jahr in Newcastle erbaute 12 000 BRT. große Kühlschiff »Port Pictory« [richtig war: *Port Victor*] aus Glasgow auf der Fahrt von Buenos Aires nach England. Bestimmungshafen war noch nicht bekannt. Ladung bestand aus 10 000 t Gefrierfleisch und Häuten. Außerdem waren 60 Passagiere, darunter Frauen und Kinder an Bord.

Gelhaus erfuhr, daß das Schiff mit einer 12-cm-Kanone und zwei kleineren Geschützen bewaffnet war, die aber keinen Schuß abgaben. Außerdem vermutete man, daß der Kapitän noch an Bord war. »Keine Gefangen gemacht«, schrieb Gelhaus, »da an Bord kein Platz.« Weil das Schiff nach einer Stunde immer noch schwamm – der Funker hatte die Position mehrfach mit dem Notruf SSS … SSS … SSS (Von Torpedo getroffen) ausgesendet –, jagte ihm Gelhaus noch einen Torpedo in den Rumpf, der nach 42 Sekunden Laufzeit in der Wasserlinie unterhalb der Vorkante Brücke detonierte. Diesmal brach das Schiff auseinander, und das Mittelschiff sackte unter die Wasseroberfläche, so daß nur Bug und Heck noch zu sehen waren. »Ich sehe das Schiff als versenkt an«, versicherte er, »denn daß er noch einen Hafen erreicht, ist völlig unwahrscheinlich, das restlose Sinken wird aber wegen der Isoliermasse noch etwas dauern.« Dies meldete er auch dem BdU und fügte hinzu, daß er noch neun Etos, sechs Atos und 161 Kubikmeter Kraftstoff habe.[41]

Genauere Information über das Motorschiff *Port Victor* und seinen Leidensweg hat der Kapitän, W. G. Higgs, geliefert, der zusammen mit dem Ersten Offizier als letzter von Bord gegangen war. Das 12411 BRT große Motorschiff war tatsächlich am 17. April mit einer Fracht aus 7600 Tonnen Gefriergut und 2000 Tonnen Stückgut aus Montevideo ausgelaufen. Die Besatzung war zusammen mit neun Marine- und drei Heeresartilleristen 99 Mann stark. Wie in vielen anderen Fällen hatten die DEMS-Artilleristen keinen einzigen Schuß auf den Angreifer abgeben können, weil sie ihn nicht gesehen hatten und keine Zeit dafür geblieben war. Unter den 65 Passagieren der *Port Victor* waren 23 Frauen und Kinder. Das Schiff lief 16,75 Knoten auf Grundkurs 055° und fuhr den Zickzackplan Nr. 11, als der erste Torpedo auf der Backbordseite einschlug und den Maschinenraum traf. Die Explosion ging mit einem grellen Blitz einher, der das Schiff für den Bruchteil einer Sekunde in helles Licht tauchte. Eine große Wassersäule ergoß sich über das Deck. Rettungsboot Nr. 4 ging in seiner Lagerung zu Bruch, und Boot Nr. 6, das ausgeschwungen war, stürzte ins Wasser und verschwand. Die Stromversorgung fiel aus, und weil der Maschinenraum volllief, ging die Backbordmaschine aus. Da sich im Maschinenraum niemand mehr meldete, stoppte der Leitende Ingenieur durch ein Fernsteuerungsgestänge von Deck aus auch die Steuerbordmaschine.

Kapitän Higgs ließ über Funk einen Notruf senden, dessen Empfang ihm bestätigt wurde, und warf persönlich die Geheimunterlagen und das Funkbuch in beschwerten Kisten außenbords. Dann ging er aufs Deck, wo die Passagiere sich zum Einbooten versammelten. Das erste Boot, das weggefiert wurde, war das Boot Nr. 2 auf der Backbordseite mit etwa vierzehn Frauen und einem Vollmatrosen als Bootsführer. Gerade als es zu Wasser gelassen wurde, schlug unterhalb des in der Luft hängenden Boots der zweite Torpedo ein. Durch die Detonationswelle und die Wassersäule wurden die meisten Bootsinsassen in die See geschleudert, wo sie sich anstrengen mußten, um nicht in das große Loch gesogen zu werden, daß der Torpedo in den Schiffsrumpf gerissen hatte. Die meisten jüngeren Frauen schafften es, gegen den Sog anzuschwimmen und ein Floß in der Nähe zu erreichen. Zwei Frauen mittleren Alters dagegen fehlte die Kraft.

Nachdem die Passagiere in den Booten waren, befahl Higgs: »Alle Mann von Bord!« Der dritte Torpedo traf das Schiff unterhalb des Bootes Nr. 8, das völlig zerstört wurde. Der Zweite Offizier war der einzige Überlebende der acht oder neun Besatzungsmitglieder, die sich im Boot befunden hatten. Der Rest der Besatzung schaffte es, das Schiff in den übrigen Booten und auf vier Flößen zu verlassen. Erst danach kletterten Higgs und der Erste Offizier an Steuerbord eine Leiter hinunter und sprangen ins Wasser. Sie wurden von Boot Nr. 5

aufgenommen. Von dort aus beobachtete Higgs, wie das U-Boot an das Boot Nr. 1 heranmanövrierte, das vom Bootsmann geführt wurde. Das U-Boot, so berichtete Higgs, »war frisch mit dunkelgrauer Farbe gestrichen und hatte kein Erkennungszeichen am Turm« – wogegen Gelhaus 1997 in einem Interview sagte, am Turm seines Boots sei ein Emblem aus vier Assen angebracht gewesen.

Higgs lauschte der Unterhaltung zwischen dem U-Boot-Kommandanten und dem Bootsmann, während er seine Kapitänsmütze versteckte und sich anschickte, den Kapitänsmantel auszuziehen. Auf die Frage, wo der Kapitän des Schiffes sei, antwortete der Bootsmann, der sei vermutlich noch an Bord des Schiffes. Dann gab er Namen, Verdrängung, Alter, Fahrtstrecke und Ladung des Schiffes an. Als der Kommandant des U-Bootes Frauenstimmen hörte, zeigte er sich überrascht. Man sagte ihm, daß Frauen und Kinder als Passagiere an Bord gewesen seien, worauf der Kommandant meinte, sie hätten »auf See nichts zu suchen«. Dann fuhr er weg, nachdem er sich dafür entschuldigt hatte, daß er wegen Platzmangels niemanden an Bord nehmen könne, und den Schiffbrüchigen eine »gute Reise« gewünscht hatte. Higgs beschrieb den Kommandanten als einen »großgewachsenen Mann« und sagte aus, ein Besatzungsmitglied hätte eine Maschinenpistole auf das Rettungsboot gerichtet, während der Kommandant den Bootsmann befragte.

Als das Boot des Bootsmanns mit Boot Nr. 2 zusammentraf, stellte er fest, daß es mehrere Schwerverletzte an Bord hatte und die Stimmung sehr schlecht war. Er schickte daraufhin den Vollmatrosen Daniels in das andere Boot, einen großen Iren mit ausgeprägtem Humor, der die Leichen zweier Toter außenbords warf und sich alle Mühe gab, es den Verwundeten so bequem wie möglich zu machen. Darunter waren der zweite Steward, der einen gebrochen Arm hatte, und ein 74jähriger Geistlicher, der eine tiefe Schnittwunde am Kopf hatte. Die Lebensfreude und positive Einstellung des irischen Matrosen gaben allen im Boot neue Kraft. »In Zeiten wie diesen,« sagte Higgs, »konnte ich mir keinen besseren Mann wünschen.«

Nachdem sich die fünf Rettungsboote und drei Flöße zusammengeschlossen hatten, wurde um 0700 Uhr GMT auf Higgs Befehl eine Portion Rum verteilt. Dann rief plötzlich jemand: »Ein Flugzeug!« Higgs ließ von jedem Boot eine rote Rauchpatrone werfen, und ein paar Minuten später kam das Flugzeug, eine B-24 Liberator, direkt auf sie zu und umkreiste die Boote. Nachdem es signalisiert hatte, daß Hilfe unterwegs war, flog das Flugzeug fort, kehrte aber alle zwei Stunden zurück, um den Schiffbrüchigen Mut zu machen. Am frühen Nachmittag warf es ein Paket mit Lebensmitteln, Wasser und einer Notiz ab, die besagte, daß gegen 1750 Uhr ein Zerstörer auf ihrer Position eintreffen werde. Die Notiz endete: »Alles Gute, und lassen Sie von sich hören, wenn sie wieder zu Hause sind.« Unterschrieben war sie von allen acht Mann der Flugzeugbesatzung. Kurz nach 1700 Uhr kam HMS *Wren* in Sicht, fuhr einen weiten Kreis um die Rettungsboote und suchte mit dem ASDIC-Gerät nach U-Booten, die möglicherweise unter der Oberfläche lauerten. Dann begann der Zerstörer, die Überlebenden an Bord zu nehmen. Um 1730 Uhr waren alle Überlebenden der *Port Victory* an Bord der *Wren*. Als der Zerstörer am 4. Mai in Liverpool einlief, meldete Higgs seine Verluste: siebzehn Tote, einschließlich des Geistlichen, der es nicht mehr geschafft hatte. »Meine Heizer, Offiziere und Männer haben sich allesamt hervorragend geschlagen«, berichtete er, »und das vorzügliche Verhalten meiner Passagiere kann ich gar nicht genug anerkennen.«[42]

In einem Interview erzählte Gelhaus 1997, er habe 1948 einen Brief von Higgs erhalten, der ihn fragte, wie es möglich gewesen sei, daß U-107 ihn mit einem Torpedo habe treffen können, obwohl er mit hoher Geschwindigkeit und im Zickzack gefahren sei. Higgs habe ihm auch berichtet, daß der erste »Gnadenschuß« gerade in dem Augenblick eingeschlagen sei, als ein Rettungsboot mit Frauen und Zivilisten weggefiert wurde. Gelhaus äußerte sein Bedauern darüber und erklärte: »Aber da hätte ich nichts dafür gekonnt, denn es war ja dunkel.« Anläßlich einer Geschäftsreise nach England im Jahr 1955, erzählte er weiter, habe er die Absicht gehabt, Higgs zu besuchen, der ihn eingeladen habe. Aber er mußte erfahren, daß Higgs inzwischen verstorben und seine Frau mit unbekannter Adresse verzogen war.[43]

Am selben 1. Mai 1943 patrouillierte U-659 (Kptlt. Ernst Stock) 380 Meilen nordwestlich von Kap Finisterre, dem felsigen Vorgebirge am westlichsten Punkt Spaniens. Das VIIC-Boot U-659 war eins von elf Booten der Gruppe »Drossel«.[44] Stock hatte Befehl, später durch die Straße von Gibraltar ins Mittelmeer durchzubrechen, doch zunächst sollte sich das Boot, das am Ostersonntag, dem 25. April, aus Brest ausgelaufen war, als Teil des »Drossel«-Vorpostenstreifens an einer systematischen Operation gegen den Verkehr auf der Route England-Gibraltar-Westafrika beteiligen. In der Nacht vom 1. auf den 2. Mai wurden die »Drossel«-Boote vom BdU informiert, daß der britische Kreuzer-Minenleger *Adventure* in ihrer Nähe stand. Aber Stock entschied sich dagegen, das schnellere Schiff zu verfolgen.

Am zweiten Mai kamen keine Rauchwolken in Sicht, aber am dritten Mai, nach der regelmäßigen vormittäglichen Tauchübung zur Trimmkorrektur, empfing das Boot einen Funkspruch, daß ein in Westfrankreich stationierter Focke-Wulf-Fernaufklärer Kondor 200 des Fliegerführers Atlantik auf der ungefähren Position 44°N und 14°W einen nach Süden dampfenden Konvoi aus elf Frachtern und sechs Geleitfahrzeugen gesichtet habe. Stock lief mit Äußerster Kraft nach Osten, um anzugreifen. Gegen 1400 Uhr DSZ erfuhr er vom BdU von der Anwesenheit eines zweiten nach Süden laufenden Geleitzugs aus siebenundzwanzig Schiffen, der sich fast auf der gleichen Position wie der erste befand. Stock entschloß sich, auf die zweite Gruppe zuzuhalten. Noch vor Mitternacht befahl er erneutes Tauchen, um den Trimm zu überprüfen. Das Wetter verschlechterte sich.[45]

»Brücke räumen!« Die Brückenwache verschwand hastig durchs Mannloch im Boot. Der Wachoffizier schloß als letzter den Mannlochdeckel und nüdelte ihn mit dem Handrad dicht. Inzwischen hatte der LI in der Zentrale »Ballastzellen entlüften« befohlen und die Tauchglocke schrillen lassen, die zwei Dutzend Handpaare in der Zentrale, achtern im Maschinenraum und an anderen Stellen dazu brachte, an einer ganzen Reihe von roten und schwarzen Ventilrädern zu drehen, Entlüftungsklappen unter der Decke zu betätigen und Schalter an Schalttafeln umzulegen, um die Ballasttanks für das Wasser zu öffnen. Gleichzeitig schlossen sie die Luftansaug- und Abgasschächte für die Dieselmaschinen und setzten die E-Maschinen für den Unterwasserbetrieb in Gang.

Stock wies wahrscheinlich den LI an, das Boot auf Sehrohrtiefe einzusteuern, und überprüfte selbst mit Hilfe einer Stoppuhr, der

Quecksilbersäule am Periskop und des Tiefenmessers, ob das Boot in einer Zeit von weniger als 30 Sekunden 13 Meter Wasser über sich hatte. An Steuerbord, mit dem Gesicht zur Bordwand, bedienten zwei Tiefensteuerer die Messingknöpfe, mit denen die Tiefenruder an Bug und Heck bewegt wurden, die – ähnlich wie bei Flugzeugen die Steuerflächen an den Tragflächen und am Höhenleitwerk – den Tauchwinkel des Boots bestimmten. Da das Röhren und Vibrieren der Dieselmaschinen verstummt war, konnte man nur noch das leise Summen der E-Maschinen hören. Die Besatzung verhielt sich auf ihren Tauchstationen absolut ruhig, während die See über ihnen zusammenschlug.

Als die Quecksilbersäule die Sehrohrtiefe (13,5 Meter) anzeigte, meldete es der Tiefensteuerer; der LI ließ die Höhenruder auf Null stellen und versuchte, das Boot auf ebenem Kiel zu halten, indem er die Gewichte im Boot entsprechend verteilte. Dies geschah durch Umpumpen von Hunderten Litern Wasser zwischen den Trimmzellen an den äußersten Enden des Bootes. Guten Trimm zu halten war entscheidend, denn sonst bestand die Gefahr, daß das Boot beim Alarmtauchen bis zum Meeresgrund durchsackte oder, mit Bug oder Heck voran, unfreiwillig die Wasseroberfläche durchbrach. Der Rudergänger steuerte das Boot nach dem Kompaß, und der Obersteuermann, der für die Navigation verantwortlich war, koppelte die Position des Bootes auf dem Kartentisch mit.

Die Zentrale befand sich in der Mitte des Boots. Unmittelbar davor lag auf der Backbordseite eines schmalen Längsgangs die nur von einem Filzvorhang abgeteilte kleine Kammer des Kommandanten. Von der Zentrale aus erreichte man den Längsgang durch ein kleines rundes Mannloch, das wasserdicht verschlossen werden konnte. An Steuerbord gegenüber der Kommandantenkammer lagen Funkraum und Horchraum. Weiter voraus schloß sich der eine Kojenlänge lange Offiziersraum an, der gleichzeitig als Offiziersmesse (mit Arbeitstisch und Anrichte) und Wohnraum von IWO, IIWO und LI diente. Hinter einem weiteren Mannloch waren die Kojen für vier Portepeeunteroffiziere (Oberfeldwebel) untergebracht, obwohl auf U-659 nur drei fuhren. Hatte man eine Toilette an Backbord passiert, kam man schließlich in den Bugtorpedoraum, der nicht nur die vier Bugtorpedorohre, sondern auch das Wohndeck für die meisten Mannschafts-

dienstgrade, die üblicherweise als »Lords« bezeichnet wurden, beherbergte.

Hier wurde der Rumpf deutlich schmaler, was den Eindruck der
großen Enge auf dem vergleichsweise kleinen VIIC-Boot noch verstärkte. Jetzt, da die Feindfahrt gerade erst begonnen hatte, war dieser Eindruck noch ausgeprägter: In besonderen Aufhängeschlaufen
an Doppel-T-Trägern hingen zwei Reservetorpedos, die den Platz von
Kojen wegnahmen; Behälter, Säcke und Dosen mit Verpflegung füllten jeden leeren Platz; von der Decke hingen Hängematten mit Schin-
ken, Würsten, Früchten und Kommißbrot. Bewegen konnte man sich
nur auf allen vieren. Jeder sehnte einen frühen Angriffserfolg herbei,
damit die beiden Reserveaale in den weiß gestrichenen Torpedorohren verschwinden und die unter Deck festgelaschten Kojen mit ihrem
blauweiß karierten Bettzeug als Schlaf- und Sitzgelegenheit herabge-
lassen werden konnten.

Die Zeit, in der die Hängematten mit den frischen Lebensmitteln
verschwunden sein würden, sehnte dagegen keiner herbei. War die
Frischverpflegung alle, würde es nur noch Essen aus Dosen geben.
Dann würde alles, was man durch den Längsgang aus der Kombüse
holte, den Geschmack der vielen Ausdünstungen im Boot annehmen,
einem Mischgeruch aus stickiger, feuchter Luft, Dieselkraftstoff, Bat-
teriegas, Bilgenmief, Kochdünsten, dem Duft schmutziger Hosen und
ungeputzter Zähne, von Urin, Erbrochenem, Samenflüssigkeit,
Smegma und *Kolibri,* dem Eau de Cologne der U-Boot-Männer. Dann
würde auch das karierte Bettzeug aus den »warmen« Kojen – die so
genannt wurden, weil sie nie kalt wurden, da sie Tag und Nacht durchgehend mit wachfreien Besatzungsmitgliedern belegt waren – seinen
eigenen, eher tierischen Anteil am allgemeinen Mief haben.

Kehrte man durch den engen Stahlzylinder in die Zentrale zurück,
ging man über einen Lagerbereich, der fast genauso groß war wie der
Wohn- und Arbeitsbereich darüber. Unter den Flurplatten befanden
sich die Bleisäureakkus, die das Gegengewicht für die Diesel und die
Akkus im Achterschiff bildeten. Hier wurde auch die Munition für
das Deckgeschütz und die Flak aufbewahrt. Der Walzstahl, aus dem
der Druckkörper hergestellt war, hatte an Bug und Heck eine Stärke
von 1,6 cm, mittschiffs war er 1,85 cm stark, und die dickste Stelle
am Übergang vom Rumpf zum Turm war 2,2 cm dick. Hinter der Zen-

62

trale, die an der breitesten Stelle 6,2 Meter maß, führte ein kreisrundes Mannloch in den Unteroffiziersraum, dahinter lag die Kombüse mit einem kleinen Herd, einem bescheidenen Kühlschrank, einer Spüle und einer Art Anrichte für den Smut oder Smutje. Von dort führte der über die ganze Länge auf einem Deck verlaufende Längsgang in den öligen, stinkenden, jetzt aber ruhigen Dieselmotorenraum. Jeder der zwei Sechszylinder-Viertaktmotoren von MAN lieferte 1160 PS für den Antrieb über Wasser.

In der Abteilung dahinter, dem E-Maschinen- oder Manöverraum, summten die E-Maschinen. Zwei saubere E-Motoren, die unter ebenso sauberen Schalttafeln richtig glänzten, trieben die beiden Schrauben des Bootes bei Unterwasserfahrt an. Der Raum stand mit seiner Reinlichkeit in seltsamem Gegensatz zum Dieselmotorenraum. Neben den E-Maschinen waren in dem Raum weitere Hilfsmaschinen untergebracht: der elektrisch betriebene Luftverdichter und ihm gegenüber auf der anderen Seite des Boots die beiden Junkerskompressoren mit Dieselantrieb, welche die Preßluft in Flaschen füllten, die von der Zentrale benötigt wurde, um beim Auftauchen das Wasser aus den Tauchzellen zu drücken und um Torpedos abzuschießen; außerdem befand sich hier auch ein Notruder, mit dem die Doppelruder bewegt werden konnten, falls die elektrische Steuerung in der Zentrale ausfiel. Von diesem Raum waren es nur ein paar Schritte bis zum achteren Torpedoraum mit seinem einzelnen weißen Torpedorohr. Alle drei Tage mußten die Torpedotechniker, allgemein »Mixer« genannt, den Eto im Rohr und den unter den E-Maschinen gelagerten Reserve-Eto öffnen und den Ladestand der Batterien, den Elektromotor, das Steuersystem sowie die Tiefensteuereinrichtung prüfen.[46]

Wie alle U-Boot-Besatzungen war auch jene von U-659 ein besonders ausgewählter und vorzüglich ausgebildeter Teil der Marine. Die vier Offiziere waren Absolventen der Marineschule Mürwik, einer Ausbildungsstätte für Offiziersanwärter, die man durchlief, nachdem man ein Jahr lang, davon ein Vierteljahr auf See, praktische Erfahrung gesammelt hatte. Nach der Marineschule hatten sie acht oder zwölf Wochen an der U-Boot-Schule in Neustadt (Schleswig-Holstein) oder Pillau (nach 1940) verbracht. Der siebenundzwanzigjährige Ernst Stock war 1935 in die Marine eingetreten. Nach der Beförderung zum

Offizier und mehreren Fachlehrgängen war er unter Kptlt. Heinrich Lehmann-Willenbrock IWO auf U-96 geworden. Die Eindrücke einer Feindfahrt, die U-96 Ende 1941 in den Nordatlantik und ins Mittelmeer führte, hat Lothar-Günther Buchheim, ein dreiundzwanzigjähriger Kriegsberichterstatter, der die Besatzung begleitete, später in seinem Buch *Das Boot* verarbeitet, das auch verfilmt wurde.

Nach dem Kommandantenlehrgang bei der 26. U-Boot-Flottille in Pillau erhielt Stock das neue Boot U-659, das am 9. Dezember 1941 in Dienst gestellt wurde und mit dem er vor der jetzigen bereits vier Feindfahrten unternommen hatte. 1943 wurden die meisten jungen Marineoffiziere, da der größte Teil der Überwasserschiffe in den Häfen festlag, auf U-Boote versetzt, so auch Stocks IWO, IIWO und LI. Im Gegensatz dazu waren die meisten Unteroffiziere und Mannschaften freiwillig bei der U-Boot-Waffe. Sie waren zwischen zwanzig und vierundzwanzig Jahre alt und stammten zumeist aus Nord- und Mitteldeutschland. Von der Berufsschule abgesehen, ging ihre Schulbildung nicht über die acht Jahre Volksschule hinaus. Dreiviertel von ihnen waren Protestanten, ein Viertel Katholiken. Einige Besatzungsmitglieder hatten sich aus dem Zivilleben zu den U-Booten gemeldet, andere waren vorher auf kleineren Überwasserfahrzeugen gefahren.

Grundsätzlich durchliefen die Besatzungsmitglieder zwei verschiedene Laufbahnen: Die einen waren Seeleute – die Rudergänger, Tiefensteuerer, Ausgucks, Artilleristen, die Leute an Deck, der Koch und die Stewards –, die anderen Techniker, welche die technischen Anlagen und das Torpedogerät bedienten, also die Diesel, die E-Maschinen, die Torpedoeinrichtungen, die Funk- und Horchanlagen sowie die Tauch- und Auftauchsysteme. Diese zweite Kategorie rekrutierte sich aus einer großen Zahl von metallverarbeitenden Berufen in den Industriegebieten Deutschlands; es waren junge Männer, von denen man erwarten durfte, daß sie sich in einer Welt wohl fühlten, in der sie nur von Metall umgeben waren, die einen gemeinsamen Berufshintergrund hatten und über die notwendige handwerkliche Geschicklichkeit verfügten, um Notreparaturen durchführen zu können, wenn Schäden weit entfernt von den Heimatstützpunkten auftraten. Sie hatten eine dreimonatige Grundausbildung und anschließend einen sechsmonatigen Intensivlehrgang an der U-Boot-Schule absolviert, die sich bis Mai 1940 in Neustadt, von Mai bis November 1940 in Pillau und danach in Gdingen befand.[47]

Aber was auch immer sie vorher gemacht, welche Laufbahn sie eingeschlagen oder welchen Dienstgrad sie erreicht hatten, vieles war für alle U-Boot-Fahrer gleich. Sie aßen das gleiche Essen, benutzten die gleiche Toilette (die zweite wurde meist zum Aufbewahren von Dosenverpflegung benutzt) und atmeten die gleiche stickige Luft. Es gab auch keine Anzugsordnung, die Offiziere von Mannschaften oder höhere von niedrigeren Dienstgraden unterschieden hätte. Von der weißen Schirmmütze des Kommandanten abgesehen, trugen alle das gleiche Zeug, die meisten die graublaue Arbeitskluft, vielleicht mit einem Schiffchen aus blauer Wolle mit schwarzen Kanten. Bei kaltem Wetter konnte man von der Oma gestrickte Pullover oder andere für das Militär ungewöhnliche Kleidungsstücke sehen. Auf der Brücke trugen der Wachhabende Offizier und die Ausgucks graugrüne Lederbekleidung und bei schwerem Wetter Südwester. In warmen Gewässern wurden kurze Hosen getragen. Vor allem aber war den Männern klar, daß auf See jeder von der Leistung des anderen abhing. Bei keinem anderen Kriegsgerät war das Zusammenwirken aller und die Leistung jedes einzelnen so lebenswichtig wie auf einem U-Boot. Ein offen gelassenes Luk, ein falsch bedientes Ventil, eine Akkumulatorreihe, die nicht nach Chlorgas überprüft wurde, ein feindliches Flugzeug, das übersehen wurde, ein auf Kollisionskurs anlaufendes Schiff, das nicht gesichtet wurde: all dies konnte für Auftrag, Boot und Besatzung das Verderben bedeuten.

Als der Trimm eingepegelt war, suchte Stock mit dem Weitwinkelperiskop in der Mitte der Zentrale sorgfältig Horizont und Himmel ab. Da er kein feindliches Schiff oder Flugzeug entdeckte, befahl er: »Auftauchen!« Der LI wies seine Ballasttank- oder Tauchzellenmänner an: »Anblasen«, und hörte zu, wie die Preßluft das Wasser aus den Tauchzellen drückte (Dieselabgase würden über Wasser den Rest schaffen), und befahl den Tiefensteuerern, zum Auftauchen des Bootes Höhenruder zu legen. Nachdem die E-Maschinen das Boot über Wasser gedrückt hatten und das Luk im Turm über Wasser war – »Turmluk ist frei, Boot ist raus!« –, wurden die Diesel angeworfen, und Stock kletterte die Aluminiumleiter hinauf, die durch ein Mannloch auf den Turm führte, auf dem die festeingebaute Optik des Angriffsperiskops saß; außerdem befanden sich dort der Vorhaltrechner und eine Kompaßtochter sowie Ruderknöpfe zum Steuern des Bootes.

Der IWO, der Wachoffizier für die Mittelwache, folgte Stock auf die Brücke. Dann kamen ein seemännischer Unteroffizier und zwei Seeleute. Da der Seegang hochging und die Wellen sich am Turm brachen, stampfte und rollte das Boot heftig. Die Männer klinkten sofort ihre Sicherheitsgurte in den Ösen an der Holzverkleidung der Brücke ein. Von der Brücke aus konnten Stock und seine Männer die volle Länge des Decks übersehen, 67,1 Meter; sie sahen die Beplankung aus Hartholz und entlang der Wasserlinie die vorstehenden Satteltanks, in denen neben anderen Bunkern auch der Kraftstoff und die Tauchzellen untergebracht waren. Bei Dieselantrieb warf das Boot schäumende Bug- und Heckwellen auf, was bei der starken Dünung noch mehr auffiel.

Die Bewegungsfreiheit auf der Brücke war durch die Periskope eingeschränkt; vorn ragte das Periskop zur Luftraumüberwachung auf, achtern befanden sich das Angriffsperiskop und der Unterbau für die UZO. Daneben gab es auf der Brücke einen Kreiselkompaß, einen Magnetkompaß, einen Maschinentelegraph, eine ausfahrbare Funkantenne und ein Sprachrohr. Die Brücke war vorn und an den Seiten mit einem teilweise doppelten Stahlschanzkleid von 1,5 Metern Höhe umgeben, das gegen Wellen und auch gegen Beschuß mit kleinen und mittleren Kalibern Schutz bot. Hinter der Brücke befand sich eine runde, mit einer Reeling umgebene Flakplattform für das 20-mm-Geschütz – und für Zigaretten- und Pfeifenpausen bei ruhigem Wetter, weshalb die Besatzung die Plattform auch Wintergarten nannte.

Da die Brücke nur fünf Meter über dem Wasser lag, hatten Stock und seine Männer einen relativ beschränkten Horizont. An einem klaren Tag konnten sie mit ihren 7x50-Gläsern unter idealen Sichtbedingungen maximal 12 Kilometer weit sehen; in einer Nacht wie dieser, wenn die Sicht schlecht war, sah man wesentlich weniger weit, selbst wenn man das lange Luftwarnperiskop benutzte, mit dem man ein, zwei Kilometer hinzugewinnen konnte. Ein Ergebnis der niedrigen Silhouette der VIIC-Boote war, daß ihre optische Überwachungsleistung unter besten Bedingungen nur 2350 Quadratseemeilen pro Tag ausmachte. Die größeren und schnelleren U-Boote der US-Marine überwachten 7000 bis 10 000 Quadratseemeilen pro Tag: An ihren Periskopen waren Halterungen angebracht, mit denen sie ein Fernglas auf mehr als 10 Meter über dem Meeresspiegel anheben konnten. Für Stock und seine Mittelwache sollte sich allerdings herausstellen, daß es in dieser Nacht, um 0325 DSZ, um genau zu sein, nicht auf weite Sicht ankam. Bei dem, was jetzt geschah, wäre es besser gewesen, wenn sie alle kurzsichtig gewesen wären, denn – *RUMMS!*

Das Boot war an Steuerbord mittschiffs gerammt worden und legte sich hart nach Backbord. Die Ausgucks waren völlig verdutzt von dem Anblick, der sich ihnen bot, denn vor ihnen tauchte der eingedrückte Steven eines anderen U-Bootes auf. Unten lief Wasser und Kraftstoff in die Zentrale und in andere Abteilungen. Der LI informierte den Kommandanten durch das Sprachrohr, der Einbruch sei so stark, daß er nicht gestoppt werden könne; das Boot lasse sich nicht mehr lange über Wasser halten. Stock und der IWO kletterten hinunter und fanden den LI, bis zur Brust im Dieselkraftstoff stehend. Stock befahl der Besatzung, Schwimmwesten anzulegen und das Boot zu verlassen: »Alle Mann aus dem Boot!«

Die Männer stiegen hastig die Turmleiter hoch und an der Außenseite des Turms hinunter an Deck. Doch es schafften nicht alle. Offenbar blieben einige Maschinenleute und Funker zu lange auf ihren Posten, darunter Stock und der IWO. Sie kamen nicht mehr aus dem Boot. Von den Offizieren schaffte es nur der LI, das Boot zu verlassen. Überlebende berichteten, daß die Funker noch einen kurzen Funkspruch senden konnten, der die Kollision und den Verlust des Bootes auf Position 43°32′ N, 13°30′ W enthielt. Fünf Minuten nach dem Zusammenstoß brach eine besonders hohe Welle über U-659 zusammen, und die Männer wurden von Deck gespült, während sich das Boot nach Steuerbord legte und sank.[48]

Das andere Boot war U-439, ein VIIC-Boot unter dem Kommando von Oblt. Helmut von Tippelskirch. Der in Cuxhaven geborene fünfundzwanzigjährige Tippelskirch hatte vorher als IWO auf U-160 gedient. U-439, sein erstes Kommando, war am 27. April aus Brest ausgelaufen und hatte in der Nacht vom 3. auf den 4. Mai im »Drossel«-Streifen die Station neben U-659 besetzt. Das Boot lief in dieser Nacht mit der bei dem herrschenden Seegang höchstmöglichen Fahrt, um den ersten der beiden mit Südkurs gemeldeten Konvois abzufangen. Um 0100 DSZ wurde der Konvoi gesichtet, um 0325 stand das Boot, noch sieben Knoten laufend, vor dem Konvoi. Dann, so berichteten überlebende Besatzungsmitglieder, änderte Tippelskirch den Kurs leicht nach Backbord und rammte die Steuerbordseite von U-659, das keiner gesehen hatte. Er ließ sofort beide Maschinen »voll zurück« gehen, aber das führte bei der schweren See nur dazu, daß beide Dieselauspuffs absoffen und das Bootsinnere sich mit blauen Abgasen füllte. Da die Kollision starken Wassereinbruch durch die beiden vorderen Backbordtorpedorohre zur Folge hatte, mußte das Luk zur vordersten Abteilung geschlossen werden.

Der LI versuchte, den Trimm des Bootes über Wasser auszugleichen, indem er die vorderen Ballasttanks anblies, aber auch sie waren bei der Kollision beschädigt worden. Er kompensierte das zusätzliche Gewicht vorn, indem er die achteren Tanks teilweise flutete. Doch dadurch lag das Boot gefährlich tief im Wasser, und er empfahl, es aufzugeben. Tippelskirch, der glaubte, sein Boot könne noch gerettet werden, befahl, daß Maschinenraumpersonal und Funker auf Station bleiben sollten. Der Rest der Besatzung kletterte mit angelegten Schwimmwesten an Deck. Dort entdeckten die Männer, daß das Boot mit dem Bug tiefer lag, als erwartet, und schon halb untergetaucht war. Sie bezweifelten, daß die Notsignale der Funker gehört wurden, denn der größte Teil der vorderen Sendeantenne befand sich bereits unter Wasser. Einer von ihnen sagte:

Der Kommandant ließ einen Funkspruch absetzen: »Boot gerammt, Boot sinkt, Besatzung geht von Bord.« Die Funksprüche sollten, wenn möglich, verschlüsselt werden, damit die Engländer sie nicht verstehen konnten; und sie [die Funker] verschlüsselten gelassen den ganzen Funkspruch, tippten ihn in Gänze bis zum letzten Buchstaben; dabei stand das Wasser schon an ihren Füßen. Der Spruch wurde gesendet. Vielleicht hat man [der BdU] ihn empfangen, vielleicht auch nicht.[49]

Der BdU hat ihn nicht empfangen. Von der Brücke von U-439 konnte Tippelskirch das andere U-Boot sehen. Es war nicht weit weg. Obwohl es zu sinken schien, bat er mit Signallampe um Hilfe. U-659 antwortete, ebenfalls mit Signallampe, daß es selbst auch unterging.

Dann rollte eine riesige Welle, wahrscheinlich dieselbe, die auch Stocks Boot unter Wasser drückte, über U-439 hinweg. Das Boot sank auf 2761 Faden Wassertiefe, mit ihm vierundzwanzig Maschinenleute und Funker. Die Männer, die an Deck gewesen waren, wurden von ihrem unsicheren Standort weggespült. Sie schwammen mit flackernden Signallichtern und hofften, andere Boote aus der »Drossel«-Gruppe – oder auch, wie die Umstände nun einmal waren, der Feind – würden auf sie aufmerksam werden.

Um 0500 Uhr bemerkte das britische Torpedoschnellboot *670,* das die Steuerbordkolonne des ersten der beiden nach Süden laufenden Küstenkonvois anführte, Dieselabgase und Rauch. Kurz darauf sichtete es Schiffbrüchige im Wasser. Die Steuerbordkolonne stoppte und rettete zwölf Männer, drei der fünfundvierzig Mann von U-659 und neun der achtundvierzig Mann von U-439. Der einzige Offizier unter ihnen war der LI von U-659. Sie wurden erst nach Gibraltar und dann am 13. Mai zum Gemeinsamen Verhör- und Befragungszentrum im Latimer House in Chesham, Buckinghamshire, gebracht. Dort erfolgte die übliche Befragung durch Offiziere der Royal Navy. Die neun Mann von U-439 erwiesen sich als besonders unzugänglich; die Befrager berichteten: »Sie waren sicherheitsbewußter, als das bei den U-Boot-Leuten in letzter Zeit normalerweise der Fall war.«[50] Alles was sie über Tippelskirch, ihren Kommandanten, sagten, war, daß er recht abenteuerlustig und sehr beliebt gewesen, aber auf einem IXC-Boot (U-160) »aufgewachsen« sei und mit dem VIIC-Boot immer Schwierigkeiten gehabt habe. Über den IWO, Oblt. Gerhard Falow, äußerten sie sich zwiespältig: Einerseits fanden sie ihn als Person angenehm und umgänglich, andererseits hielten sie ihn für nachlässig und persönlich verantwortlich für den Verlust der beiden U-Boote.

Den letzten Vorwurf hatte sich Falow vor seinem Tod offenbar selbst gemacht, wie die Briten aus der heimlichen Belauschung des einundzwanzigjährigen Maschinengefreiten Herbert Apel von U-439 erfuhren. Die Befrager gaben Apel eine gemeinsame Unterkunft mit einem Steuermann namens Schulz von dem Dampfer *Regensburg,* einem Blockadebrecher, der am 30. März nördlich von Island von dem britischen Kreuzer *Glasgow* versenkt worden war. Man rechnete damit, daß er seine Erlebnisse gern einem anderen Mann von einem anderen Schiff, den er nicht kannte, mitteilen würde, und die Rechnung ging auf. Am 21. Mai erzählte Apel Schulz (und über den Umweg der versteckten Mikrofone auch den britischen Lauschern) von Tippelskirchs Fehler, jemanden als Ausguck aufziehen zu lassen, der keine Erfahrungen im Wachegehen auf diesen Booten hatte. Außerdem habe der IWO den Fehler begangen, dem Backbordsektor mehr Aufmerksamkeit zu schenken als dem Steuerbordsektor, für den er verantwortlich war – und Falow habe letztlich die Verantwortung dafür getragen, erläuterte Apel:

APEL: Weißt du, was unser IWO gemacht hat? … hätte ihm jeder andere ja geholt, und ein anderer hat sie [die Schwimmweste] geholt, hat sie ihm gebracht. Sagt er: »Ich nehme mir nichts.« Ja, da waren wir natürlich ganz baff, daß er nicht den Schwimmgürtel nimmt. Er hat sich dann so vorne an die Brücke hingestellt. Mit beiden Händen hat er sich so vorne an der Brücke festgehalten, und so ist er mit dem Boot abgesoffen. Er war in der Zeit des Unglücks auf der Brücke. Das Boot, welches wir gerammt haben, ist in seinem Sektor erschienen. Er hätte sich natürlich in Deutschland schwer verantworten können. Wenn ich ganz ehrlich sein will, es war unsere Schuld. Vielmehr, die Schuld von der Brücke war es. Jetzt haben wir einen neuen Bootsmaat auf der Fahrt mitgenommen, er ist noch keine Wache gegangen. Abends um sechs läßt der Alte ihn zu sich kommen und sagt: »Hören Sie mal, Sie sind doch schon Brückenwache gegangen auf dem anderen Boot?« – »Jawohl.«-»Können Sie gut sehen, auch nachts? Haben Sie schon was gesehen? Also klappt das bestimmt bei Ihnen?« – »Jawohl.« – »Gut, können Sie heute abend als Brückenwache aufziehen.« Der stand vorne und der WO stand Backbord. Jetzt wollen wir doch den Geleitzug suchen, und mit einmal sieht hinten der Ausguck – bei uns steht das so: hier steht der WO, der guckt hier diesen Sektor ab, Backbord, querab bis voraus, und Steuerbord der Maat, und hinten steht einer von der Mannschaft, der guckt diesen Sektor ab, und der andere den – und auf einmal an Backbordseite des Bootes, achtern aus, war Leuchtspur zu sehen, also wurde geschossen – logische Überlegung: »Aha, das kann nur der Geleitzug sein.« Der meldet das natürlich sofort. Der WO hat Interesse daran, dreht sich um, guckt dahin. Der Kommandant war auf der Brücke, guckt auch dahin. Der Brückenmaat vorne, der hätte eigentlich stur geradeaus gucken müssen, guckt auch hin und da sagt der Kommandant noch zu den beiden achtern Posten: »Paßt nur auf. Guckt nicht dahin, das geht euch nichts an, es kann von jeder Seite was kommen.« Das war bis jetzt auch immer so und hat immer hingehauen, und jetzt, der neue Brückenmaat, zu dem sagt er das aber nicht, scheinbar, der hätte es von selbst wissen müssen. Neue Schüsse. Die anderen gucken stur ihren Sektor ab und mit einmal dreht der WO sich um und schreit: »Verdammte Scheiße – A.K. zurück!« Da war es schon zu spät.

SCHULZ: Vielleicht ist das Boot ja gar nicht weg. Das weiß man doch gar nicht mal.

APEL: Es ist bestimmt weg. Das hat so gehangen, also fast senkrecht und ist so runtergegangen – die Tauchtanks alle noch voll Luft. Das hat sich vielleicht in 200 m, 300m, vielleicht auch in 350 m noch so gefangen, und ist nun eine halbe Stunde lang so geblieben, und dann, mit der Zeit wirds ja immer schwerer, es kommt mehr Wasser rein.

SCHULZ: Die können aber dann doch anblasen oder –

APEL: Nee, nee, … Der ganze Bugraum … das war doch alles abgesoffen. Wir hatten vorne im Bugraum das Schott dicht, das ist ein wasserdichtes Schott gewesen, kein druckfestes. Unten das Schott ist bestimmt eingedrückt, das war früher schon nicht dicht, da kam Wasser schon alles …

SCHULZ: Das ist doch gar nicht gesagt, daß die Leute tot sind.

APEL: Doch. Guck mal, wo wollen die denn anblasen? Erstensmal die Tauchtanks waren ja noch voll Luft, aber es war Wasser im Boot gewesen. Wie das eben so immer ist. Wir haben Pech gehabt. Wir haben sofort beide Pumpen angeschmissen, und haben nicht einen Tropfen rausgekriegt von dem Wasser, was bei uns eingebrochen war. Wer weiß, was da wieder los war.[51]

Auch Bruno Arendt, ein dreiundzwanzigjähriger Bootsmann von dem anderen an der Kollision beteiligten Boot, wollte nichts verraten. Er war zusammen mit Obersteuermann Helmut Klotzsch von U-175 untergebracht, dessen Boot am 17. April versenkt worden war. Am 13. Mai fand folgende Unterhaltung zwischen beiden statt:

ARENDT: Der Offizier bei dem Verhör wollte die Nummer vom Boot wissen, aber das sage ich nicht.

KLOTZSCH: Welche Nummer hattet ihr?

ARENDT: 659.

KLOTZSCH: An die 200 Boote sind schon abgesoffen.

ARENDT: Also, diesen Sommer werden sie zusammen mixen. O Mensch! Daß da jetzt mehr Boote rauskommen, das kommt gar nicht in Frage. So wie sie kommen, so fallen sie .... Wenn man so drei Jahre fährt, dann ist man ja auch kaputt.

KLOTZSCH: Ja, ich kenne einen Obersteuermann, der ist jetzt auf seiner sechzehnten Fahrt.

ARENDT: Na, laß ihn die gut herumkriegen, da macht er die siebzehnte, da geht er dann vor die Hunde .... Im ganzen sind zwölf Mann gerettet worden.

KLOTZSCH: Von beiden Booten zwölf Mann?

ARENDT: Ja. Wir waren achtundvierzig – die beiden zusammen sechsundneunzig.

KLOTZSCH: Das ist ein Trauerspiel. Das ganze U-Bootfahren ist nur noch was für Sträflinge geworden.[52]

Zwei Vorzeichen. Welches von den beiden würde sich bewahrheiten? Das triumphierende, das Henke (U-515) und Gelhaus (U-107) gesetzt hatten? Oder das negative von Stock (U-659) und Tippelskirch (U-439)? Im vorhinein konnte es niemand wissen. Doch der Mai 1943 sollte diese Frage eindeutig beantworten.

2

Der Seekrieg
Ortung und Angriff

In der langen Geschichte des Seekrieges gibt es keine Parallele zu dieser
Schlacht, deren Ausdehnung sich über Tausende von Quadratmeilen
Ozean erstreckte und für die keine räumlichen und zeitlichen
Grenzen festgelegt werden konnten.
Stephen W. Roskill

Über eine Reihe von geschichtlichen Arbeiten über den Seekrieg:
Sie sind vorwiegend Berichte von dem, was passierte; sie erklären aber,
nach meiner Meinung, nicht ausreichend, warum es passierte.
Steward Mitchell

In den Monaten Juli und August (1941) sank die Erfolgsrate
der U-Boot-Operationen im Nordatlantik auf ihren bis dahin
niedrigsten Stand, und es sah fast so aus, als habe die Verteidigung das
Rennen gegen den Angriff gewonnen.
Jürgen Rohwer

Bis zu den in diesem Buch dargestellten Ereignissen waren die
wesentlichen Kräfte und Trends der Seekriegsführung im Atlantik
längst eingeführt. Es ist nicht erforderlich, alle operativen Einzelheiten des Seekrieges vom Ausbruch des Krieges am 3. September 1939
bis zum Mai 1943 hier noch einmal wiederzugeben. Sie werden von
der vorhandenen historischen Literatur erfaßt. Aber bevor wir uns
dem Thema dieses Kapitels, der Entwicklung der alliierten Maßnahmen gegen die U-Boote, zuwenden, ist es sinnvoll, den vielen Fakten
aus den vierundvierzig Kriegsmonaten vor dem Mai 1943 ein paar
ebenso überraschende wie provozierende Erkenntnisse abzugewin-
nen.

Die erste von ihnen bezieht sich auf Zahlen. Bei Kriegsbeginn verfügte Dönitz nur über 39 einsatzfähige U-Boote, darunter 22 der Typen VII und IX. Dagegen hatte er selbst gesagt, daß mindestens 300 Boote nötig seien, um einen erfolgreichen Krieg gegen den transatlantischen Handel Großbritanniens führen zu können. 162 Boote waren von Hitler im Marinebauprogramm zugesagt worden, das jedoch erst im Jahr 1948 (!) abgeschlossen werden sollte. Von den 22 atlantikfähigen Booten konnten nur sechs bis acht gleichzeitig im Einsatz sein; die restlichen befanden sich auf dem An- oder Abmarsch von oder zu ihren Stationen oder lagen zur Reparatur in der Werft. Bis Februar 1941 nahm die Zahl der Boote ab, statt zu, und das trotz der Erfolge der ersten siebzehn Monate. Immerhin hatte U-47 unter Korvettenkapitän Günther Prien am 14. Oktober 1939 das britische Schlachtschiff *Royal Oak* versenkt, und von Juni bis Oktober 1940 hatten die U-Boote ihre sogenannte glückliche Zeit erlebt, in der sie in den Gewässern rund um Großbritannien und Irland insgesamt 1 395 298 BRT feindlichen Schiffsraum vernichteten, was sich in Dönitz' Balkendiagrammen sehr schön machte.

Diese Erfolge, die vorwiegend gegen Einzelfahrer erzielt wurden, beeindruckten Hitler zweifellos, aber sein Wohlwollen schlug sich nicht in der Zuweisung von Stahl und Werftkapazitäten zum Bau zusätzlicher U-Boote nieder. Das hatte zur Folge, daß Dönitz aufgrund der Verluste im Februar 1941 weniger Boote zur Verfügung standen als am ersten Tag des Krieges. Von diesem Monat an verbesserte sich die Fertigstellungsrate jedoch, und ab Ende Juli 1941 übertraf die Zahl der einsatzfähigen Boote den Stand von 1939. Danach gab es einen stetigen Anstieg mit gelegentlichen geringen Einbrüchen (so im Mai/Juni 1942, Oktober 1942 bis Januar 1943 und im März/April 1943), so daß im Mai 1943 nicht weniger als 433 Boote im Dienst standen, von denen sich 207 im Nordatlantik im Einsatz befanden.

Man hätte erwarten können, daß ab Mitte 1941 die Erfolge der U-Boote genauso anstiegen wie ihre Zahl. Doch das war nicht der Fall. Seit Juli 1941 nahmen die Versenkungserfolge der U-Boote deutlich ab. Waren im Juni 1941 noch 305 734 BRT alliierter Schiffsraum versenkt worden, so fiel diese Zahl im Juli auf 61 471 BRT und im August auf 67 638 BRT. Während die U-Boote im September 1940, als durchschnittlich dreizehn Boote im Einsatz waren, 265 737 BRT versenkten, waren es ein Jahr später, im September 1941, als durch-schnittlich 36,5 U-Boote im Kampf standen, nur 208 822 BRT, also im Durchschnitt 186 BRT pro Boot und Tag. Im folgenden Monat lag die versenkte Tonnage bei 182 412 BRT, im November bei 91 628 BRT und im Dezember bei 101 687 BRT, was entsprechend niedrige Durchschnittswerte für die Versenkungserfolge pro Boot und Tag ergab. Mit anderen Worten, 1941 galt die Regel: Je mehr Boote im Einsatz waren, desto geringer ihre Erfolge.

Und 1941 ist nicht der einzige Zeitraum, in dem dieser seltsame Widerspruch auftrat. Wie schon erwähnt, war der November 1942 der Monat mit den größten alliierten Tonnageverlusten des gesamten U-Boot-Kriegs. In diesem Monat hatte die U-Boot-Waffe 95 Boote in See, und der durchschnittliche Versenkungserfolg lag bei 220 BRT pro Boot und Tag. Zwei Jahre zuvor, als nur elf Boote einsatzbereit waren, hatte die Versenkungsrate 430 BRT pro Boot und Tag betragen. In ihrem besten Monat, in dem sie fast neunmal so viele Boote in See hatte, schaffte die U-Boot-Waffe pro Boot also nur wenig mehr als die Hälfte dessen, was ihre Kameraden zwei Jahre zuvor erreicht hatten.

Im Januar, Februar und März 1943, unmittelbar vor den Geschehnissen, die Thema dieses Buches sind, operierten 92, 116 und 116 U-Boote im Atlantik, die 218 499 BRT, 380 835 BRT und 590 234 BRT versenkten. Für sich genommen waren das beeindruckende Zahlen, die zum großen Teil durch die Zerschlagung der Konvois SC.122 und HX.229 im März erreicht wurden; aber wenn man den Kräfteansatz in diesen Monaten dagegen hält, dann lag die Versenkungsrate pro Boot und Tag nur bei 65, 99 und 147 BRT, was zusammengenommen keine Verbesserung gegenüber dem zweiten Halbjahr 1941 darstellte.[1] Kurz, Dönitz versenkte immer weniger Handelsschiffe pro U-Boots-tag in See.

Aber noch einmal zurück zum Jahr 1941, als die erste schroffe Abnahme der Versenkungsrate zu beobachten war. Wie ist sie zu erklären? Ein Grund, der schon genannt wurde, war der Verlust von gleich drei U-Boot-Assen im März: Prien (U-47) und Schepke (U-100), die beide gefallen sind, und Kretschmer (U-99), der in Gefangenschaft geriet. Diese Kommandanten hatten sich ihren Ruf in der »glücklichen Zeit« erworben; ihre Versenkungserfolge reichten von Schepkes 156 941 BRT bis zu Kretschmers 257 451 BRT. Alle drei waren Ritterkreuzträger und inspirierende Vorbilder für den Rest des Offizierskorps.

Fregattenkapitän Günter Hessler, Dönitz' Schwiegersohn und Mitarbeiter seines operativen Stabes, sagte nach dem Krieg, die U-Boot-Erfolge bis zum Juli 1941 seien nicht das »Ergebnis des besonderen Könnens einzelner Leute wie Prien, Kretschmer und Schepke gewesen, denn es gab 1941 noch mehr gleich kompetente Kommandanten, die aber mit wesentlich größeren Schwierigkeiten fertig werden mußten«.[2] Er mag an Männer wie Engelbert Endraß (U-46, U-567), Korvettenkapitän Reinhard Suhren (U-564) und Kapitänleutnant Adalbert Schnee (U-201) gedacht haben. Endraß fiel im Dezember 1941. Aus der Analyse nach dem Krieg ging jedoch gerade hervor, wie wichtig die Leistung einzelner Kommandanten für den Gesamterfolg der U-Boot-Waffe war und daß ihr Tod oder ihre Gefangennahme durch den Feind einen deutlich negativen Effekt hatte. Nur dreißig Kommandanten – oder zwei Prozent der Gesamtzahl – erzielten zusammen etwa dreißig Prozent aller Versenkungen von alliierten Schiffen, und bezeichnenderweise waren sie alle vor 1935 in die Marine eingetreten, was im Hinblick auf spätere Aussagen über die Ersetzung von Kommandanten von Bedeutung ist. Vierzehn Kommandanten kamen zusammen auf fast 20 Prozent aller Versenkungserfolge, und nur 131 U-Boote versenkten oder beschädigten sechs oder mehr Schiffe. 850 Booten – drei Viertel aller im Krieg in Dienst gestellten Boote – gelang es nicht, auch nur ein einziges Handelsschiff zu beschädigen.

Wenn man diese Zahlen betrachtet, ist das Argument, daß der Verlust von drei nachweislichen Leistungsträgern wie Prien, Schepke und Kretschmer eine negative Auswirkung auf die Versenkungserfolge hatte, zwar nicht zwingend, aber doch einleuchtend. Daran ändert auch Günter Hesslers Aussage nichts, dem schon von anderer Seite entgegengehalten wurde: »Man kann aus diesem Thema den menschlichen Faktor nicht ausklammern, die Bedeutung der Asse auf beiden Seiten ... Kretschmer, Prien und andere waren eben gut genug, alle Statistiken durcheinanderzubringen. Der Unterschied war der, daß die alliierten Kommandanten auf den Geleitfahrzeugen weiterlebten und ihre Fähigkeiten laufend verbessern und weitergeben konnten, die U-Boot-Asse dagegen ein kurzes Leben hatten.«[3]

Ein anderer Grund, der häufiger genannt wird und überzeugender ist, war die Tatsache, daß die Briten zwischen Februar und Juli 1941 Zugang zum verschlüsselten Funkverkehr zwischen Dönitz und seinen Booten erlangten. Die Geschichte dieses Erfolges ist inzwischen allgemein bekannt. Für ihren geheimen Funkverkehr verwendeten die drei deutschen Teilstreitkräfte an Land, in der Luft und auf See eine vordem kommerziell verfügbare elektromechanische Verschlüsselungsmaschine, die Enigma genannt wurde und ähnlich aussah wie eine normale Schreibmaschine. Ihre Tastatur wurde benutzt, um den Text zu stanzen, der verschlüsselt werden sollte. Oberhalb der Tastatur befanden sich drei (später vier) Rotoren und unterhalb ein Steckpult. Durch tägliche Änderung der Rotoreinstellungen und Steckverbindungen entstanden nach damaliger Schätzung einhundertfünfzig Trillionen mögliche Permutationen, was nach Ansicht der deutschen Verschlüsselungsexperten einen Einbruch in den Schlüssel verhindern würde. Doch schon 1934 hatten Mathematiker des polnischen Nachrichtendiensts eine Teillösung gefunden, indem sie sechs Enigma-Maschinen zusammenschalteten. Sie hatten ihre Erkenntnisse an französische Kryptologen weitergegeben, die ihr Wissen nach der Niederlage Frankreichs der britischen Funkaufklärungsbehörde, der sogenannten Regierungsschule für Codes und Chiffren (GC&CS), zur Verfügung gestellt hatten.

GC&CS residierte in einem aus rotem Backstein in pseudo-gotischem Tudorstil errichteten Herrenhaus in Bletchley, auf halbem Wege zwischen Oxford und Cambridge, und hatte selbst schon einige substantielle Fortschritte bei der Enträtselung von Enigma gemacht. Unter der Anleitung von Wissenschaftlern, vor allem des Cambridger Mathematikers Alan Turing, baute die GC&CS oder Bletchley Park, wie sie nach ihrem Sitz auch genannt wurde, eine elektromagnetische Untersuchungsmaschine, die als »Bombe« bezeichnet wurde. Wenn man abgefangene deutsche Funksprüche in die Bombe einspeiste, begannen sie bald ihr Geheimnis zu lüften. Als erster wurde am 22. Mai 1940 der Enigma-Schlüssel der Luftwaffe entziffert. Kurz darauf gelang es mit Hilfe der »Bombe«, den deutschen Heeresschlüssel zu knacken. Auf dem Gelände der GC&CS schossen nur so einstöckige weiße Baracken aus der Erde, um die Akademiker unterzubringen, die die abgefangenen deutschen Funksprüche übersetzten und auswerteten. Hütte 8, die für den deutschen Marinefunkverkehr zuständig war, mußte jedoch frustriert miterleben, daß die »Bombe« unfähig war, den komplexeren U-Boot-Schlüssel zu knacken, der durch die Marineversion der Enigm-Maschine, den Schlüssel M (Marine-Funkschlüssel-Maschine M), zustande kam. Der Marineschlüssel widerstand den britischen Bemühungen noch ein ganzes Jahr, bis auch er im Winter und Frühjahr 1941 den Angriffen erlag.

Um den Stillstand zu überwinden, benötigte Hütte 8 im praktischen Betrieb befindliche Rotoren samt der Betriebsanleitung der Bediener, die den täglichen Schlüssel M und die dazugehörigen Einstellungen enthielt. Dieser Wunsch ging in Gestalt mehrerer von der Royal Navy aufgebrachter »Prisen« in Erfüllung. Am 12. Januar erhielt sie von einem gefangengenommenen Besatzungsmitglied von U-33, das im Nordkanal zwischen Nordirland und Schottland versenkt worden war, die Rotoren. Am 4. März kamen von dem Trawler *Krebs*, der vor der Küste Norwegens Schiffbruch erlitten hatte, Schlüsseltafeln und Kabelverbindungen hinzu. Mit Hilfe dieser Materialien konnte Hütte 8 im gesamten April den U-Boot-Funkverkehr im Code »Heimische Gewässer« mitlesen. Weitere Prisen sollten folgen. Am 7. Mai fand man an Bord des östlich von Island gekaperten Wetterschiffs *München* die Einstellungen und Schlüssel für den Juni. Aber das *pièce de resistance*, das wichtigste Stück, bekam man zwei Tage später, als der Zerstörer *Bulldog* mitten auf dem Atlantik U-110 (Kptlt. Fritz-Julius Lemp) aufbrachte und ihm dabei der gesamte Schlüssel M einschließlich zweier Ersatzrotoren in die Hände fiel. Darüber hinaus fanden die Briten ein Handbuch für *Funk in Heimischen Gewässern*, Sonderschlüssel *Nur für Offizier*, Bücher für Signale und *Kurzsignale*, und das ganze gültig für die Zeit bis Ende Juni.

Unter dem gekaperten Material befand sich auch die erste Karte mit den Marinequadraten für den Nordatlantik und den größten Teil des Mittelmeers. Diese Karte, *Nr. 1870 G Nordatlantischer Ozean*, auf der das Land grün und das Wasser weiß gefärbt war, war in blau geränderte Quadrate eingeteilt, die jeweils mit zwei Buchstaben benannt wurden. Ein U-Boot, das nach Neufundland fuhr, durchquerte die Marinequadrate BF, BE, BD, BC und BB. Jedes der Quadrate mit einer Seitenlänge (auf 50° Breite) von rund 486 Seemeilen war in neun kleinere Quadrate unterteilt, die durch zweistellige Zahlen gekennzeichnet waren. Diese kleineren Quadrate wurden wiederum in neun Teile unterteilt, und dann noch einmal in neun Teile, so daß ein feines Gitter entstand, das am Ende aus Marinequadraten mit nur noch sechs Seemeilen Seitenlänge bestand. So sah die Positionsangabe eines U-Boots in einem Funkspruch oder einer KTB-Eintragung typischerweise wie folgt aus: ET 6278 – das war Werner Henkes Standort auf U-515, als er in der Nacht vom 30. April auf den 1. Mai die ersten vier Schiffe südwestlich von Freetown versenkte. Die Marinequadrat-Koordinaten wurden von der U-Boot-Waffe den ganzen Krieg hindurch anstelle von Länge und Breite benutzt. Das Wort Quadrat wurde meist mit »Qu.« abgekürzt.

Als diese Gottesgabe bei GC&CS eintraf, begann Hütte 8 den Funkverkehr der anderen Seite mit großer Sorgfalt zu studieren. Aber sie sollte noch mehr Hilfe erhalten. In einer sorgfältig geplanten Operation besetzten britische Kreuzer und Zerstörer in der Norwegensee ein zweites Wetterschiff, die *Lauenburg,* wobei ihnen der Schlüssel »Heimische Gewässer« für den Juli in die Hände fiel, so daß Hütte 8 den ganzen Monat über den Funkverkehr mitlesen konnte. Ab Mitte August 1941 benötigte sie keine weiteren »Prisen« mehr, denn sie war jetzt in der Lage, den jeweiligen Schlüssel ohne fremde Hilfe in weniger als fünfzig Stunden nach seiner ersten Benutzung (41 Stunden im September, 26 im Oktober) zu knacken. Es gab kurze Zeiträume, in denen das nicht klappte (1.–4. August, 18./19. September), aber ab November wurde der Schlüssel jeden Tag mitgelesen, und das bis zum Kriegsende.[4] Die einzige längere Unterbrechung dieser Erfolgsgeschichte trat Anfang Februar 1942 ein, als die deutsche Marine die Nutzung des Schlüssels »Heimische Gewässer« für U-Boote aufgab und durch einen neuen, komplexeren Schlüssel, Triton genannt, ersetzte, für den ein vierter Rotor in die Enigma-Maschine eingesetzt wurde. Triton blieb fast elf Monate lang unüberwindlich.

Von Juli an konnte die GC&CS die entzifferten U-Boot-Funksprüche über eine sichere Standleitung an Commander Winn und Lieutenant Beesly im U-Boot-Lagezimmer in der operativen Nachrichtenabteilung der Admiralität weiterleiten, wo jetzt die U-Boot-Positionen auf der großen Nordatlantik-Lagedarstellung zum ersten Mal mit Sicherheit angegeben werden konnten. Diese Lagedarstellung umfaßte das Gebiet zwischen 73°N und 5°S sowie 100°W und 60°O.

Wenn die Positionen dort eingetragen wurden, erhielten sie das Kennzeichen »Special Intelligence« oder »Z«. Die Informationen, die aus den entzifferten Funksprüchen gewonnen und an die Hauptquartiere, Stützpunkte und Seebefehlshaber geschickt wurden, hießen »Ultra«.

Selbstvertrauen und Ansehen des Lagezimmers wuchsen dramatisch. Auf Winns Wunsch wurde ein großes Foto von Admiral Dönitz aufgehängt, das auf den nach Winns Vorstellung hier agierenden Schatten-BdU herabsah.[5] Während Winn und Beesly beobachteten, wie die einzelnen U-Boote sich fortbewegten, was sie aus den täglichen Positionsmeldungen an den BdU wußten, und verfolgten, wie sich gemäß der über Funk durchgegebenen Befehle der Operationsabteilung des BdU die U-Boot-Streifen gegen die Konvois bildeten, konnten die beiden Reservisten der Royal Navy für die britischen Handelsschiffskonvois zum ersten Mal etwas tun, das vorher kaum möglich gewesen war: Sie konnten Ausweichrouten um die U-Boot-Anballungen und Vorpostenstreifen empfehlen. Angesichts dieser entscheidenden Wende im Krieg gegen die U-Boote haben zahlreiche Historiker den starken Rückgang der Versenkungserfolge der U-Boote im zweiten Halbjahr 1941 auf diese neue Fähigkeit der Briten zur Entschlüsselung der deutschen Funksprüche zurückgeführt.[6]

Bevor wir uns einer dritten möglichen Ursache für das Versagen der U-Boote in diesem Zeitraum zuwenden, sei erwähnt, daß Deutschlands eigene Funkaufklärung, der B-Dienst (Funkbeobachtungsdienst), auch nicht gerade faul war. Schon vor dem Krieg hatten seine Mitarbeiter – 1939 waren es 500, 1942 schon 5000 – am Tirpitzufer in Berlin sich intensiv mit den verschiedenen britischen Schlüsseln und Codes beschäftigt. In den Verwaltungsschlüssel der Royal Navy waren sie früh eingebrochen, ebenso in einen Code für Hilfsschiffe und für die Handelsschiffahrt, aber auch in den Marineschlüssel Nr. 1, den britischen Marineschlüssel. Auch gegen den Marineschlüssel Nr. 2, der ab 20. August 1940 benutzt wurde, hatte man gewisse Erfolge erzielt. Besondere Aufmerksamkeit galt jedoch Marineschlüssel Nr. 3, der ab Oktober 1941 verwendet wurde, denn dies war der Schlüssel für die alliierten Konvioperationen. Im Juni 1941 für den Gebrauch durch die britische, amerikanische und kanadische Marine im Atlantik entwickelt, wurde dieser Schlüssel allgemein als anglo-amerikanischer Konvoischlüssel bezeichnet, da er rasch zum Verschlüsselungsinstrument für alle Informationen über Konvoibewegungen, Routen, Umleitungen und Ankünfte, aber auch über Nachzügler, die hinter die Konvois zurückgefallen waren, wurde.

Im Dezember 1941 gelangen dem B-Dienst die ersten Einbrüche in diesen Schlüssel, und zwei Monate später konnten bereits 80 Prozent der abgefangenen Funksprüche entschlüsselt werden.[7] Das war eine gefährliche Entwicklung für das Konvoisystem. Dönitz, der die Bewegungsinformationen über die Konvois oft schon zehn oder zwanzig Stunden im voraus bekam, konnte seine U-Boot-Streifen direkt über die Konvoikurse legen. Da die gleiche nachrichtendienstliche Auswertung ihm auch den täglichen Funkspruch der britischen Admiralität über die deutschen U-Boot-Positionen an die Hand gab, wußte Dönitz zudem, was im britischen Lagezimmer über die deutschen U-Boot-Positionen bekannt war. Dennoch kam er nie zu dem Schluß, daß die genauen Angaben der britischen Admiralität auf geknackten Enigma-Funksprüchen beruhten.

Es gab Fälle, in denen U-Boote unter verdächtigen Umständen verlorengingen oder Versorgungsschiffe blitzartig von der See gefegt wurden (zum Beispiel fünf Schiffe zwischen dem 3. und 15. Juni 1941). Manchmal änderte ein Konvoi plötzlich den Kurs um einen U-Boot-Streifen herum, oder ein ganzer Ozean voller U-Boote erbrachte keine Zielortungen. Dönitz machte sich um die Schlüsselsicherheit so viel Sorgen, daß er mit Konteradmiral Ludwig Stummel Kontakt aufnahm, dessen zweite Abteilung im Oberkommando der Kriegsmarine für Schlüsselfragen zuständig war. Stummel versicherte Dönitz, die Informationen der britischen Admiralität müßten von Peilstationen an Land, von der Luftaufklärung oder von Ortungen durch Überwasserschiffe stammen. Der Enigma-Schlüssel mit seinen verschiedenen Einstellungen könne durch keine bekannten mathematischen Methoden gebrochen werden. Sollte einmal ein zufälliger Einbruch gelingen, dann sei die Einstellung aufgrund der monatlichen Änderungen längst überholt und operativ wertlos.

Dönitz' eigener Stab gelangte bei der Analyse verdächtiger Fälle zu dem gleichen Schluß, daß sie nämlich durch normale, nichtkryptographische Methoden erklärt werden konnten. Trotzdem führte Dönitz vorsichtshalber eine Reihe komplexer Maßnahmen zur Verschleierung von Positionen in den Schlüsselverkehr ein, die im Lauf der Zeit jedoch alle von der GC&CS erkannt wurden. Außerdem begrenzte er die Anzahl der Mitarbeiter seines Stabes, die Zugang zu Positionsangaben von U-Booten hatten und den U-Boot-Funkverkehr mitlesen durften.[8]

Da beide kriegführenden Parteien den Schlüssel des jeweils anderen besaßen, wurde der Seekrieg im Atlantik im Winter und Frühjahr 1943 zu einer Art Schachspiel der Lagezimmer. Das britische, Submarine Tracking Room genannt, spielte Ultra aus und versuchte den BdU zu überlisten, der seinerseits die B-Dienst-Informationen einsetzte. In diesem Spiel konnten beide Parteien zweifellos in vielen Fällen Vorteile der anderen Seite wettmachen. Nach dem Krieg beschäftigte sich Paymaster Commander W. G. S. Tighe von der Fernmeldeabteilung der Admiralität in einem auf den 10. November 1945 datierten geheimen Bericht, der heute in einer neunzehnseitigen Zusammenfassung vorliegt, mit »Deutschen Erfolgen gegen britische Codes und Schlüssel«.[9] Darin berichtet Tighe, daß die Fernmeldeabteilung »geschockt« gewesen sei, als sie nach dem Krieg aus erbeuteten Dokumenten und Befragungen deutscher Kryptoanalytiker erfuhr, daß Marineschlüssel Nr. 3 geknackt worden war. Dieses Sicherheitsleck habe »nicht nur erhebliche Verluste an Männern und Schiffen gekostet, sondern auch fast dazu geführt, daß wir den Krieg verloren«. Diese extravagante Aussage lag auf der gleichen Linie wie Tighes spätere Behauptung, die Erfolge der deutschen U-Boote gegen die Konvois HX.229 und SC.122 im März 1943 könnten »direkt auf die Informationen zurückgeführt werden, die durch das Mitlesen unseres Funkverkehrs gewonnen wurden«.[10]

Gewiß arbeitete der deutsche B-Dienst vor den Gefechten vom 16. bis 20. März, die in der offiziellen Seekriegsgeschichte der Royal Navy als »größtes Konvoidesaster des Krieges« bezeichnet werden, auf Hochtouren. Die Unterlagen des britischen Lagezimmers zeigen, daß der B-Dienst, und damit auch Dönitz, im vorhinein Informationen über den transatlantischen Kurs von SC.122 besaß und sowohl die ursprüngliche Route als auch den Ausweichkurs von HX.229 kannte. Was die Deutschen nicht wußten war, wie weit die beiden Konvois bis zum 15. März vorangekommen waren. An jenem Tag sichtete U-91 (Kptlt. Heinz Walkerling), das sich auf dem Weg zu einer Kraftstoffübernahme befand, um 1918 Uhr GMT einen Zerstörer, der auf nord-östlichem Kurs im Quadrat BC 3486 (49°33′ N, 40°35′ W) unterwegs war. Walkerling dachte, daß er vielleicht einen Konvoi überholte, und blieb daher hinter ihm. Er wurde durch die Sichtung von HX.229 belohnt.[11]

Mehreren Quellen ist zu entnehmen, daß der amerikanische Marinenachrichtendienst im März und Mai 1943 den deutschen Einbruch in den Marineschlüssel Nr. 3 argwöhnte.[12] Aber die GC&CS hatte schon im Dezember 1942 aus Enigma-Entschlüsselungen erfahren, daß der B-Dienst den britischen Schlüssel mitlesen konnte.[13] Das wird auch von Francis Harry Hinsley bestätigt, der in Hütte 8 von Anfang an dabei war. Wegen seiner langen, wirren Haare und seiner zerschlissenen Kordhosen wurde er von Commander Winn, mit dem er viel zu tun hatte, nur »Professor Kord« genannt. Vier Jahrzehnte später, von 1981 bis 1984, veröffentlichte Hinsley die offizielle Geschichte der britischen Nachrichtendienste im Zweiten Weltkrieg. Im Juni 1996, als der Autor des vorliegenden Buchs Hinsley auf den Tighe-Bericht ansprach, erinnerte sich dieser, wie enttäuscht und entsetzt man in Hütte 8 war, als man erfuhr, daß der deutsche B-Dienst der britischen Admiralität sozusagen über die Schulter guckte, dort aber niemand etwas dagegen unternahm.

»Wir achteten besonders darauf«, erzählte Hinsley, »ob wir feststellen konnten, daß die Deutschen alliierte Schlüssel geknackt hatten. Für den Chef des Lagezimmers und für Bletchley Park war es äußerst unangenehm, zu wissen, daß die Deutschen den anglo-amerikanischen Konvoischlüssel vom Dezember bis zum August mitlasen.« Der Mann, der etwas dagegen hätte tun müssen, war Paymaster Captain D. A. »Willie« Wilson, der dem Direktor für das Fernmeldewesen in der britischen Admiralität für die Sicherheit der Marineschlüssel verantwortlich war. Wilson brauchte lange, bis er merkte, daß die Deutschen in den Schlüssel eingebrochen waren, wofür er schon damals und auch nach dem Kriege kritisiert wurde. Als er das Sicherheitsleck endlich einräumte, zögerte er immer noch, den kompromittierten Schlüssel durch einen anderen zu ersetzen. »Sein Argument war, daß die verschiedensten Stellen diesen Schlüssel benutzten und er nicht nur teilweise ersetzt werden könne. Seiner Ansicht nach war der Austausch nicht schneller durchführbar. Nun, das war in

Bletchley Park und im Lagezimmer Anlaß für allerlei kritische Töne. Diese Verzögerung ist eine ganz ungewöhnliche Geschichte.«

Was Tighe betrifft, so war er wahrscheinlich im Unterschied zu Wilson nicht völlig über Ultra im Bild, was seine »Naivität« erklären mag. Sein Bericht, so Hinsely, »war wohl ein Versuch [der Fernmeldeabteilung der Admiralität], sich zu verteidigen, die Dinge zu vertuschen und sich zu rechtfertigen«. Im Juni wurde für kurze Zeit eine Modifizierung des Schlüssels eingeführt, bevor er im August 1943 durch einen neuen, sicheren ersetzt wurde. Danach gelang den Deutschen kein Einbruch mehr. Erst jetzt, nachdem dieses Leck gestopft war, hatten die Alliierten den kryptographischen Krieg gewonnen.[14]

Dieser papierne Sieg bedeutet jedoch nicht, daß Ultra der eine, alles entscheidende Faktor für die im Juni 1941 im Seekrieg einsetzende Wende zugunsten der Alliierten und für den folgenschweren Sieg über die deutschen U-Boote im Frühjahr 1943 war, auch wenn der »Ultra-Mythos« es so will.[15] Mehrere Eigenheiten der Funkaufklärung sprechen gegen eine solche Einschätzung. Zum einen lag zwischen dem Empfang eines Enigma-Funkspruchs und der Entschlüsselung durch die Alliierten vielfach eine geraume Zeit. Wie schon erwähnt, betrugen die durchschnittlichen Verzögerungen im August, September und Oktober 1941 fünfzig, einundvierzig und sechsundzwanzig Stunden. Nachdem im Dezember 1942 der Triton-Schlüssel geknackt worden war, wurden diese Verzögerungen noch größer. Wenn man bedenkt, daß ein schneller Konvoi im Zeitraum von 24 Stunden 240 Seemeilen zurücklegte und U-Boote in derselben Zeit zwischen 320 und 370 Meilen marschieren konnten, dann wird klar, daß eine stark verzögerte Ultra-Entschlüsselung mitunter nur geringen oder gar keinen operativen Wert hatte.

Wenn die Deutschen die Enigma-Einstellungen änderten, wurde die GC&CS gelegentlich auch ganz blind, was die verschlüsselten Funksprüche betraf (sie hatte allerdings wie das Lagezimmer andere, weniger exakte Methoden, die, wie weiter unten dargestellt, als Notlösung benutzt wurden). Dies war in den elf Monaten nach Einführung des vierten Enigma-Rotors der Fall. Auch in den kritischen Monaten von Januar bis Mai 1943 gab es zahlreiche kürzere Entschlüsselungslücken, so zehn Tage im Januar, sieben im Februar, der

Zeitraum vom 10. bis 19. März, als die Kämpfe um SC.122 und HX.229 stattfanden und im Zeitraum vom 26. April bis 5. Mai, als die lange und entscheidende, sich über 720 Seemeilen erstreckende Schlacht um den Konvoi ONS.5 tobte (siehe Kapitel 4 bis 7). Und als die Männer endlich die entschlüsselten Triton-Funksprüche in die Hände bekamen, waren diese nicht selten zweiundsiebzig Stunden alt, so daß ihr operativer Wert nur noch gering war. Aus all diesen Gründen muß man nach einer weiteren Ursache für die alliierten Erfolge beim Schutz ihrer Handelsschiffahrt nach dem Juni 1941 suchen.

Dabei hilft uns wiederum Harry Hinsley weiter, und das ohne jegliche Voreingenommenheit zugunsten der Funkaufklärung, die man bei ihm erwartet hätte. Zwar führt er aus, der »Unterschied zwischen dem, was die U-Boote tatsächlich nach dem Juni 1941 erreichten, und dem, was sie vielleicht hätten erreichen können – und was sie auch selbst erwartet hatten« –, sei in der »großen Verbesserung bei der Festlegung von Ausweichrouten für die Konvois begründet gewesen, die möglich wurde, als die GC&CS die deutschen Enigma-Funksprüche der Marine lesen konnte«. Aber er betont auch:

Die Verringerung der Handelsschiffsverluste wurde im wesentlichen durch geänderte Vorgaben von seiten der Admiralität erreicht. Vom 18. Juni an wurde die Mindestgeschwindigkeit für Einzelfahrer von 13 auf 15 Knoten erhöht, was einen dramatischen Rückgang der Verluste bei Einzelfahrern zur Folge hatte. Waren in den drei Monaten von April bis Juni noch 120 Schiffe verlorengegangen, so waren es von Juli bis Ende September nur noch 25.[16]

Der Kryptoanalytiker und Historiker David Khan ist ebenfalls der Ansicht, daß die Funkaufklärung nicht der Hauptgrund für den Rückgang der Handelsschiffsverluste war:

Die Nachrichtendienste hatten nicht immer das entscheidende Wort im Krieg gegen die U-Boote. Andere Faktoren waren wichtiger. Die Gründe dafür, daß die Tonnageverluste im Juli und August auf ein Drittel der Vormonate zurückgingen, hatten nichts mit BP [Bletchley Park] zu tun. Es standen mehr Geleitfahrzeuge zur Verfügung, und sie begleiteten die Konvois lückenlos über den Atlantik. Die wachsende Erfahrung der Geleitfahrzeuge erhöhte ihre Leistung. Die Mindestgeschwindigkeit für Einzelfahrer wurde von 13 auf 15 Knoten angehoben. Die Luftüberwachung wurde dichter.[17]

Wie es aussieht, hatten alle drei angesprochenen Faktoren – der Verlust von U-Boot-Assen, die alliierte Funkaufklärung und die Verbesserungen des Konvoisystems – einen kumulativen Effekt und führten so die Wende im Jahre 1941 herbei. Die größte Wirkung hatte allerdings der zuletzt genannte Faktor.

Während es im Ersten Weltkrieg drei Jahre gedauert hatte, bis Großbritannien das Konvoisystem einführte und damit endlich die für das Land bedrohlichen Handelsschiffsverluste verringerte, gab es im September 1939 detaillierte Pläne, die vorsahen, im Kriegsfall Handelsschiffe in von der Royal Navy geschützten Konvois zusammenzufassen. Der erste Konvoi verließ am 6. September 1939 den Hafen. Am Ende des ersten Kriegsmonats waren 900 Schiffe ohne jeden Verlust in Konvois unterwegs gewesen, wogegen 39 einzeln fahrende Handelsschiffe von U-Booten versenkt worden waren. Anfangs standen nur wenige Geleitfahrzeuge – Zerstörer, Fregatten, Geleitboote und Korvetten – zur Verfügung, die für die U-Jagd angemessen ausgerüstet waren. Die meisten Zerstörer waren der Heimatflotte zugeteilt, die sie für den Kampf gegen die Überwasserstreitkräfte der deutschen Kriegsmarine benötigte. Dennoch gelang es der Handelsabteilung der britischen Admiralität im September 1939, drei wichtige Konvoirouten einzurichten, die mit den verfügbaren Kräften geschützt werden konnten und die folgenden Abkürzungen erhielten: OA und OB (von Großbritannien nach Nordamerika und Afrika), HX (von Halifax in Neuschottland nach Großbritannien) und SL (von Sierra Leone nach Großbritannien).

In den ersten vier Monaten des Krieges fuhren 5756 Schiffe in Konvois, von denen nur vier durch U-Boote versenkt wurden. Die Chancen, diese Konvois anzugreifen, besserten sich für die Deutschen jedoch erheblich, als die U-Boote im darauffolgenden Sommer nicht mehr aus Häfen an der Ostsee oder Nordsee auslaufen mußten, von wo aus sie erst den langen Weg um Schottland hinter sich bringen mußten, bevor sie die nordatlantischen Schiffahrtswege erreichten. Nach der Eroberung Frankreichs durch das deutsche Heer im Juni 1940 konnte Dönitz seine Boote in die direkt an der Biskaya und am Atlantik gelegenen Stützpunkte in der Bretagne und Westfrankreich verlegen. Dort, in Brest, Lorient, Saint-Nazaire, La Pallice, La Rochelle und Bordeaux, errichtete die Organisation Todt bombensichere U-Boot-Bunker, von denen einige drei Meter dicke Stahlbetonwände und sogar sieben Meter starke Decken hatten.

Außerhalb von Lorient, in Kernével, errichtete Dönitz in einem requirierten Schloß sein Hauptquartier, die Dienststelle des BdU. Kptlt. Fritz-Julius Lemp, der später das vom Mißgeschick verfolgte U-110 führte, war der erste Kommandant, der am 7. Juli 1940 in Lorient einlief, damals noch mit U-30. Durch die Einrichtung der Stützpunkte in der Nähe der alliierten Schiffahrtswege – und zwar nicht nur der Ost-Westverbindungen, sondern auch der Nord-Südverbindungen und der Einzelfahrerrouten nach Gibraltar und Freetown – sowie durch die schnelle Verfügbarkeit der Versorgungs- und Reparatureinrichtungen für die operative Flotte hatte Dönitz sowohl seine Streitkräfte als auch deren effektive Einsatzzeit auf See verdreifacht.

Unter diesen Umständen konnte Dönitz jetzt in vollem Umfang eine Taktik einführen, die er 1918 als Kommandant des U-Bootes UB-68 im Mittelmeer ausgearbeitet hatte. An Stelle von Einzelbootoperationen gegen Konvois und unabhängig fahrende Schiffe hatte er sich den Einsatz ganzer U-Boot-Gruppen vorgestellt, die von einem Flottillenführer unter Nutzung der neuen Technologie des Funkverkehrs geleitet wurden. Einundzwanzig Jahre später, als er Konteradmiral in Hitlers Kriegsmarine und Führer der U-Boote (FdU) war, erprobte er dieses Konzept in Seemanövern, die die Durchführbarkeit von über Funk geführten Massenangriffen bewiesen. Dönitz nannte das Rudeltaktik; die Briten benutzten später den Ausdruck »wolfpack operations« (Wolfsrudel-Operationen).[18]

Nach der ursprünglichen Theorie sollten die Rudel von einem Führungsboot vom Typ IXB aus geführt werden, aber schon bald nach Beginn der Operationen gab Dönitz diesen Teil des Plans auf und ging zur Führung von Land über. Vom Hauptquartier aus, so glaubte man, konnten er und sein operativer Stab Kontakt zu jedem einzelnen U-Boot halten; dort waren die nachrichtendienstlichen Informationen sofort verfügbar, und von dort aus konnte man daher am besten den Aufbau von U-Boot-Streifen (oder »Harken«) dirigieren, die – mit einem Abstand von 8 bis 15 Seemeilen zwischen den Booten – im rechten Winkel über dem Kurs der Konvois liegen sollten und die Rudel anschließend auf bekannte oder vermutete Ziele ansetzen.

Erste Versuche mit diesem System zur Organisation der Gefechte im Oktober und November 1939 waren wenig ermutigend – zum Teil deshalb, weil zu wenige U-Boote vorhanden waren, um effektive Rudel zu bilden. Im folgenden Jahr lief es kaum besser, aber im Frühjahr 1941 war die Anzahl der U-Boote endlich groß genug, und das hohe Maß an Koordination, daß für diese Art des Angriffs erforderlich war, hatte Eingang in die Gedankenwelt der U-Boot-Kommandanten gefunden. Jetzt begann Dönitz die Rudeltaktik ernsthaft anzuwenden. Dem Plan zufolge sollte das erste Boot in einem Vorpostenstreifen, das einen Konvoi sichtete, dessen Position, Kurs und Geschwindigkeit an den BdU melden. Es sollte den Konvoi im Normalfall nicht angreifen, sondern ihn nur beschatten (»Fühlung halten«) und dabei ständig dessen Position und Kurs durchgeben.

Währenddessen führte der BdU mit Hilfe von Funkbefehlen die anderen Boote des Rudels an den Konvoi heran. Der Angriff erfolgte bei Nacht über Wasser, so daß die U-Boote, deren niedrige Silhouette in der Dunkelheit kaum auszumachen war, die große Geschwindigkeit des Dieselantriebs nutzen konnten. Die Stärke der Rudeltaktik lag darin, daß die Boote über einen Konvoi herfallen konnten wie ein Rudel Wölfe über eine Schafsherde. Die Schwäche des Systems war, daß die Funksprüche sowohl des Fühlunghalters als auch des BdU mitgehört, eingepeilt und seit Mai/Juni 1941 auch entschlüsselt werden konnten. Dennoch hielt Dönitz verbissen an diesem System fest, und zwar bis zum Höhepunkt der Ereignisse vom Mai 1943.

Für gewöhnlich überquerte ein transatlantischer Konvoi die 3000 Seemeilen westwärts in neunzehn bis zwanzig und ostwärts in fünfzehn bis achtzehn Tagen. Durchschnittlich gehörten im Mai 1940 sechsundvierzig Schiffe zu einem Konvoi. Bis 1943 lag diese Zahl weiterhin zwischen vierzig und fünfzig; danach wurde die optimale Konvoigröße etwas erhöht. Bis Mai 1941 operierten die U-Boote östlich der Länge von 40°W in den westlichen Zugängen (Western Approaches) zu den britischen Inseln nördlich und südlich von Irland.

Für diesen Einsatzbereich konnte die Royal Navy den Konvois angemessenen Geleitschutz geben, indem sie ihre Stützpunkte in Großbritannien, Nordirland und Island nutzte.

Als die U-Boote Anfang Mai jedoch weiter nach Westen vordrangen und außerhalb des Aktionsradius der Geleitfahrzeuge in Quadrat AJ (40°52′ bis 41°36′ W) aus dem Konvoi HX.126 neun Schiffe mit 54 451 BRT versenkten, sah die britische Admiralität die Zeit für den vollständigen Geleitschutz über den gesamten Atlantik gekommen. Dabei spielte die Royal Canadian Navy, die damals gerade erheblich vergrößert wurde, eine wichtige Rolle. Ein Geleitschutz aus St. Johns in Neufundland begleitete die HX-Konvois bis 35°W, wo sie von einem britischen Geleitschutz aus Island übernommen wurden, der wiederum bei 20°W von einem im Vereinigten Königreich stationierten Geleitverband abgelöst wurde. Die Zahl der Geleitfahrzeuge der Royal Navy stieg von Juni bis November 1941 von 108 auf 134. Die Geleitfahrzeugflotte der kanadischen Marine im Westatlantik wurde in ähnlichem Umfang erweitert.[19] Ab September geleiteten auch Zerstörer der US Navy Konvois in Richtung Großbritannien bis zum sogenannten Treffpunkt in der Mitte des Atlantiks, dem Midocean Meeting Point (MOMP), auch Change of Operational Control (CHOP, Grenze der Befehlsbereiche) genannt. Hier, südlich von Island, übernahmen Einheiten der Royal Navy den Geleitschutz. Im August fiel den Deutschen die gesteigerte Wirksamkeit der Geleite sowohl bei den transatlantischen als auch bei den Gibraltarkonvois auf: »Es war nicht nur so, daß die Zahl der Geleitfahrzeuge und der Flugzeuge gestiegen war; auch ihre Fähigkeit, die U-Boote auf Abstand zu halten, hatte zugenommen. Wo noch vor wenigen Monaten ein U-Boot ausgereicht hatte, um die Beschattung durchzuführen, mußte jetzt ein ganzes Rudel angesetzt werden.«[20]

Die britische Admiralität führte Versorgungstanker ein, damit die Geleitfahrzeuge, insbesondere die Zerstörer, deren Kraftstoffbunker für kurze Einsätze in der Nordsee oder im Ärmelkanal bemessen worden waren, am Konvoi bleiben und ihre Fahrstrecken vergrößern konnten. Darüber hinaus traf die Admiralität, wie erwähnt, eine ihrer wichtigsten Entscheidungen der damaligen Zeit – so zumindest die Einschätzung des Historikers J. David Brown –, indem sie am 18. Juni 1941 alle Schiffe mit Geschwindigkeiten zwischen 13 und 15 Knoten, die bisher als Einzelfahrer gefahren waren, anwies, sich langsameren Konvois anzuschließen. Nur Schiffe mit Geschwindigkeiten über 15 Knoten durften noch als Einzelfahrer unterwegs sein, da man davon ausging, daß sie bei diesen Geschwindigkeiten den U-Booten ausweichen konnten, deren Dauerhöchstgeschwindigkeit bei 17–18 Knoten lag. Während im zweiten Quartal des Jahres 120 Einzelfahrer von U-Booten versenkt wurden, waren es in der zweiten Hälfte des Jahres 1941 nur noch 49, was natürlich auch darauf zurückzuführen war, daß weniger Einzelfahrer unterwegs waren.[21]

Unterdessen kamen auch die U-Boote nicht ungeschoren davon. 1941 wurden 67 Boote versenkt, davon 45 von der Royal Navy, eins von der kanadischen Marine, drei von alliierten U-Booten, fünf durch Minen und vier (sowie ein weiteres im Zusammenwirken mit ihnen) durch Flugzeuge der RAF; die restlichen Verluste hatten andere Ursachen. 1940, als im Monatsmittel 13,5 U-Boote in See gestanden hatten, waren 22 verlorengegangen, durchschnittlich also 1,8 Prozent pro Monat; 1941, als durchschnittlich 25,5 Boote pro Monat im Einsatz gewesen waren, lag dieser Wert bei 5,5 Prozent. Im letzten Quartal 1941 ging auf drei versenkte Konvoischiffe ein Atlantikboot verloren – ein Ergebnis, das sich die Deutschen nicht auf Dauer leisten konnten. Nach allen Maßstäben waren die Alliierten zum Jahresende 1941 die Herren der Seewege. Für die Fortschritte in der Leistungsfähigkeit des Geleitschutzes waren zunehmende Erfahrung, besserer Umgang mit Ortungsanlagen und Waffensystemen, straffere Ausbildungsprogramme sowie durch Sprechfunkverbindungen ermöglichte effizientere Koordination mit den Flugzeugen des Küstenkommandos der RAF verantwortlich – obwohl letzteres als U-Jagdverband noch nicht richtig Fuß gefaßt hatte.

Hauptwaffe der Überwasserschiffe gegen das U-Boot war die Wasserbombe, ein Behälter mit Sprengstoff – zunächst Amatol, dann Minol und ab Sommer 1942 schließlich Torpex, eine hochexplosive Mischung aus Cyclonit, TNT und Aluminiumspänen. Die »schwere« Wasserbombe Mark VII wog etwa 110 kg, sank im Wasser 5 Meter pro Sekunde und ergab eine runde Gasblase mit einer anfänglichen Temperatur von 3000° Celsius, nachdem sie durch den vorher eingestellten hydrostatischen Zünder zur Explosion gebracht worden war. Die Druck- oder Schockwelle am Rand der Gasblase hatte einen

Druck, der 50 000 Atmosphären entsprach. Er stieg in wenigen Millisekunden auf den Höchstwert an und pflanzte sich mit Schallgeschwindigkeit im Wasser fort, wobei die Energie proportional zum Quadrat der Entfernung vom Detonationspunkt abnahm. Man ging davon aus, daß die Schockwelle in einer Entfernung von sechs bis acht Metern einen U-Boot-Rumpf zerstören und ihn auf 15 Meter beschädigen konnte.

An der Wasseroberfläche wurde die Schockwelle einer Unterwasserexplosion durch das Aufschäumen des Wassers und eine Wassersäule sichtbar, die beim Aufsteigen der Gasblase an die Oberfläche entstand.[22] Ein Geleitfahrzeug konnte Wasserbomben vom Heck abrollen lassen oder auch abschießen, was beides als »werfen« bezeichnet wurde. Das Abschießen geschah durch besondere »Werfer«, von denen die Schiffe auf beiden Seiten, an Backbord und Steuerbord, je zwei hatten. Zum Abrollen durch die Schwerkraft befanden sich am Heck entsprechende Halterungen und Schienen. 1941 und 1942 benutzten die Kommandanten der Geleitfahrzeuge die Werfer und Ablaufeinrichtungen in unterschiedlicher Weise. Bis 1943 hatte die Erfahrung jedoch gezeigt, daß die beste Angriffsmethode darin bestand, einen »Zehnerteppich« zu werfen, das heißt vier Wasserbomben seitlich abzuschießen und sechs über das Heck abzurollen, wobei sie so eingestellt wurden, daß fünf über und fünf unter dem Ziel explodieren würden. Der Ablauf sah wie folgt aus: Zuerst schossen die nach voraus gerichteten Werfer, dann die nach achteraus gerichteten Werfer, und zuletzt wurden die sechs Wasserbomben über das Heck abgerollt, was zusammen ein in Kursrichtung gestrecktes Oval ergab.[23]

Im Dezember 1942 wurde die »Ein-Tonnen-Wasserbombe« Mark X an die Schiffe ausgeliefert, für gewöhnlich eine pro Schiff. Diese Wasserbombe war mit rund 900 kg Sprengstoff gefüllt und entsprach theoretisch einem Zehnerteppich, war aber dafür gedacht, tief tauchende U-Boote zu erreichen. Sie war drei Meter lang und wurde mit einer Treibladung aus einem Torpedorohr abgeschossen. Daneben verfügten die Geleitfahrzeuge noch über andere Waffen, darunter 10-cm-Deckkanonen und Oerlikon-Flugabwehrwaffen, die mitunter mit minimaler Rohrerhöhung erfolgreich gegen aufgetauchte U-Boote eingesetzt wurden. Die letzte Waffe, zu der der Kommandant eines

Geleitschiffs greifen konnte, war das Rammen. Obwohl dies Schäden am Steven zur Folge hatte, die eine sieben- oder achtwöchige Reparatur erforderlich machten, wurden bis Mai 1943 etwa vierundzwanzig U-Boote auf diese Weise vernichtet.[24]

Grundsätzlich hatte ein getauchtes U-Boot den Vorteil, daß es sich unter Wasser versteckt halten konnte (mitunter als »Schwerortbarkeit« bezeichnet). Doch dieser Vorteil wurde durch ein Schallortungssystem zunichte gemacht, das nach dem Allied Submarine Detective Investigation Committee (Alliiertes Forschungskomitee zum Aufspüren von U-Booten) ASDIC genannt wurde. Das in einer Kuppel unter dem Rumpf des jeweiligen Schiffs angebrachte ASDIC-Gerät sandte Schallwellen aus, die als Echo zurückgeworfen wurden, wenn sie auf ein Hindernis trafen. Aus diesem Echo konnten Entfernung und Richtung abgelesen werden, jedoch bis 1943 nicht die Tiefe des Gegenstands. Trafen diese Schallimpulse auf ein U-Boot, waren sie im Innern als lautes, durchdringendes »ping-ping« zu hören. In der US Navy wurde ein ähnliches System als Sonar bezeichnet (Sound Navigation and Ranging, Schallnavigation und -entfernungsmessung), und dieser Ausdruck wurde später auch von den Briten übernommen.

Die ersten Modelle dieser Geräte (Typen 123 bis 129) hatten erhebliche Schwächen, etwa die geringe Reichweite von rund 1200 Metern (unter günstigen Bedingungen); außerdem war das Gerät bei Geschwindigkeiten über 15 Knoten nicht zu gebrauchen. Reichweite und Meßgenauigkeit wurden 1942 mit der Einführung der Typen 144 und 145 besser, und mit der Einführung des Typs 147 im Jahr 1943 wurde auch die Tiefenbestimmung möglich. Aber die Ausrüstung der Flotte erfolgte langsam und eher zufällig: 1944 hatten 58 Prozent der britischen Korvetten immer noch die alten Geräte. Eine weitere Schwäche der ersten ASDIC-Geräte bestand darin, daß sie auf den letzten 190 Metern bei einem Angriff das Ziel nicht halten und die U-Boote diese »blinde Zone« für Ausweichmanöver nutzen konnten. Dieses Problem wurde später durch voraus werfende Waffen wie den »Hedgehog« gelöst, einen Werfer mit vierundzwanzig Projektilen mit Aufschlagzünder und Torpex-Sprengköpfen von je 22 kg. Die Projektile wurden nach voraus abgeschossen und bildeten vor dem angreifenden Schiff einen Kreis mit 36 Meter Durchmesser oder eine Ellipse mit 36 und 42 Metern Durchmesser. Die Hedgehogs hatten bis zum Sommer 1943 allerdings noch Kinderkrankheiten.

Da die ersten ASDIC-Modelle tief tauchende Boote nicht orten konnten, brauchten diese bloß tiefer zu sinken, als die Wasserbomben eingestellt werden konnten. Ein getauchtes Boot konnte seine Tauchtiefe mit einer Geschwindigkeit von fast 0,5 Metern pro Sekunde verändern. Die Briten machten zahlreiche Versuche, die maximale Tauchtiefe der VIIC-Boote, des häufigsten U-Boot-Typs, herauszufinden. Als Spezialisten der Royal Navy 1942 das eroberte U-570 (das als HMS *Graph* fuhr) erprobten, fanden sie heraus, daß der dickwandige Rumpf dem Druck in einer Tiefe von 200 Metern standhielt. Die größte Tauchtiefe, die ein ASDIC-Gerät im Krieg gemessen hat, waren 238 Meter. Günter Hessler, bis November 1941 Kommandant aus U-107 und danach im Stab des BdU, hat nach dem Krieg geschrieben, daß nach dem Sommer 1942 gebaute VIIC-Boote so verstärkt worden waren, daß sie eine Standardtauchtiefe von 200 Metern hatten, »und das bedeutete, daß sie im Notfall unbeschadet bis zu 300 Meter tief tauchen konnten«.[25]

Aus Befragungen von kriegsgefangenen U-Boot-Fahrern erfuhren die Briten, daß die meisten Kommandanten 200 Meter als höchste sichere Tauchtiefe ansahen. Aber es gab verläßliche Anzeichen dafür, daß ein Boot 1943 unfreiwillig auf 340 Meter durchgesackt war, ohne durch den Druck zerquetscht worden zu sein.[26] Interessanterweise betrug bis Anfang 1943 die tiefste mögliche Einstellung britischer Wasserbomben 167 Meter. Im Juni dieses Jahres wurden sowohl die ASDIC- als auch die Wasserbombeneinstellungen auf maximal 228 Meter erhöht.[27]

Eine weitere Methode, der Ortung durch das ASDIC-Gerät zu entgehen, entdeckten die U-Boote in warmen Gewässern, wie zum Beispiel vor Freetown, wo Temperaturgradienten und Schichten mit unterschiedlichen Wasserdichten den ASDIC-Schallstrahl brachen. In diesen Breiten hatten die Boote häufig Bathythermographen und Thermometer bei sich, um Dichte und Temperatur zu messen. Außerdem versuchte man, die U-Boot-Rümpfe mit schallabsorbierendem Material, wie zum Beispiel synthetischem Gummi, zu überziehen, aber diese Schichten lösten sich meist wieder von der Stahloberfläche. Nach 1943 kam der »Pillenwerfer«, ein Täuschkörper, welcher dem ASDIC das Schallecho eines U-Boots vorgaukelte, in Gebrauch. Von den Briten wurde er Submarine Bubble Target (SBT, U-Boot-Blasen-Ziel) genannt. Er bestand aus einem Behälter mit Kalzium-Zink-»Pillen«, die bei Kontakt mit dem Seewasser Wasserstoffblasen absonderten, und von diesen Blasen erhielt das ASDIC-Gerät ein Echo, das ungefähr dem eines U-Boots entsprach. Durch ein Sechszollrohr ausgestoßen (Rohr VI auf den VIIC-Booten), das aus dem E-Maschinenraum durch den Druckkörper nach außen führte, hielt sich der Täuschkörper etwa auf dreißig Meter Wassertiefe und produzierte 15–20 Minuten Blasen. Da er sich aber nicht horizontal fortbewegte, fiel der ASDIC-Bediener meistens nicht darauf herein. Im weiteren Verlauf des Krieges wurden deshalb kompliziertere Täuschkörper, die sich horizontal bewegten, entwickelt.[28]

Die beste Methode, dem ASDIC zu entgehen, blieb aber der Überwasserangriff bei Nacht, egal ob als Einzelboot oder im Rudel, denn ASDIC war gegen Überwasserziele so gut wie blind. Auf diese Weise glich Dönitz den Vorteil, den die Briten durch ASDIC hatten, wieder aus. Möglicherweise hätte er sogar einen Vorteil daraus machen können, wenn Briten und Amerikaner ihn nicht mit zwei weiteren elektronischen Wundern überrascht hätten: dem Hochfrequenzfunkpeiler (HF/DF, auch Huff-Duff genannt) und dem Radar. Mittels eines besonderen Transformatorkreises, der Radiogoniometer genannt wurde, konnten die HF/DF-Empfänger die Richtung bestimmen, aus der ein Funksignal kam. Sowohl Großbritannien als auch die USA verfügten in den ersten Kriegsjahren über HF/DF-Stationen an Land, die rund um die Uhr den U-Boot-Funkverkehr einpeilten. 1942 deckten die britischen Peilstationen den gesamten Nordatlantik ab; sie waren von den Shetland-Inseln bis Land's End, in Gibraltar und auf Ascension, in Freetown und Kapstadt, auf Island, Neufundland und den Bermudas installiert.

Alle Peilungen dieser Stationen wurden der Hauptstation im englischen Scarborough gemeldet. Von dort gingen sie ans Lagezimmer, wo der pensionierte Lieutenant Commander Peter Kemp einen kleinen Trupp von nie mehr als sieben Frauen oder Männern führte, welche die Peilungen mit Hilfe schwarzer Schnüre auf einer Karte des Nordatlantiks markierten. Wo sich die Schnüre von drei oder mehr Peilstationen überkreuzten, mußte ein U-Boot stehen. Hatte man sechs Peilungen, konnte die Position auf fünfundzwanzig Seemeilen genau angegeben werden. Bevor im Juni 1941 durch den Einbruch in den deutschen Enigma-Schlüssel noch genauere Daten verfügbar wurden, waren diese HF/DF-Peilergebnisse die genauesten Informationen, die das Lagezimmer hatte, das die Konvois um die so ermittelten U-Boot-Positionen herumführte.[29] Dieses Verfahren sollte von Februar bis Dezember 1942, dem Zeitraum zwischen der Einführung des Triton-Schlüssels und seiner Entschlüsselung, erneut eine wichtige Rolle spielen.

Die US Navy verfügte 1942 über zwei ähnliche HF/DF-Netzwerke, eins an der Pazifikküste zur Überwachung des japanischen Funkverkehr und eins an der Ostküste, das aus sieben Stationen bestand und sich von Winter Harbour in Maine bis San Juan auf Puerto Rico erstreckte. Die Analyse der vom östlichen Netz aufgefangenen U-Boot-Funksignale erfolgte in der Atlantik-Abteilung des Nachrichtendienstes (Op-20-G, später F-21), einem Nachbau des britischen Lagezimmers, im Marineministerium (Main Navy) in Washington. Zwischen den beiden Lagezimmern wurden freizügig Informationen ausgetauscht, genauso wie mit einer ähnlichen Einrichtung der Royal Canadian Navy in Ottawa. Anfangs hinkte die Technologie der amerikanischen Peilstationen der britischen hinterher, und das Bedienungspersonal besaß so wenig Erfahrung, daß seine Positionsberechnungen dem angepeilten U-Boot häufig nur auf 200 Seemeilen nahekamen.[30] Eine intensive Ausbildung verschaffte Abhilfe, und die Mängel der Ausrüstung wurden durch die Übergabe eines britischen und eines französischen Systems behoben. Im Frühjahr 1941 kehrte eine technische Delegation von US Army und Navy mit einer vollständigen Marconi-Adcock-HF/DF-Anlage aus England zurück, die von den Marinevertretern in der Delegation als »der unseren weit überlegen« bezeichnet wurde.[31] Ein schon vor dem britischen entwickeltes, noch moderneres System, das die HF-Peilungen automatisch und unverzüglich anzeigte, wurde aus dem deutschbesetzten Frankreich herausgeschmuggelt. Es gelangte im Dezember 1940 zusammen mit seinem Erfinder, dem französischen Ingenieur Henri Busignies, in die Vereinigten Staaten, wo es von der International Telephone and Telegragh Corporation (ITT) rekonstruiert wurde. Im Herbst 1941 konnten die ersten Prototypen an die Peilstationen der

US Navy ausgeliefert werden. Busignieses System diente als Grundlage für die weitere Entwicklung auf diesem Gebiet in den USA.[32]

Die landgestützten Funkpeilergebnisse hatten jedoch ähnliche Nachteile wie Ultra, da sie sich auf weit entfernte Gegner bezogen und recht ungenau waren; meistens gab es auch kein Anzeichen dafür, in welche Richtung das U-Boot fuhr. Die Informationen waren daher für einen taktischen Angriff auf das U-Boot nicht nutzbar. Weiterhin gab es eine zeitliche Verzögerung zwischen Peilung und Auswertung der Daten, so daß die U-Boote rechtzeitig aus der Gegend, in der sie eingepeilt worden waren, verschwinden konnten. Was man brauchte, so hatte die Royal Navy schon früh erkannt, waren Peilgeräte auf Schiffen, mit deren Hilfe man ein *in der Nähe* befindliches Ziel *sofort* verfolgen konnte.

Den britischen Ingenieuren war klar, wie schwierig es sein würde, eine Peilstation so weit zu verkleinern, daß sie auf ein Geleitfahrzeug paßte. Ihre deutschen Kollegen, die vor demselben Problem standen, glaubten, daß die nötigen Antennen niemals auf einem so kleinen Kriegsschiff wie einem Zerstörer oder einer Fregatte untergebracht werden konnten. Offenbar fehlte es ihnen an Phantasie, denn sie blieben auch noch bei dieser Meinung, als die Erkenntnisse des B-Diensts, optische Beobachtungen und die Erfahrungen der U-Boote längst das Gegenteil offenbar gemacht hatten. Verbissen vertraten sie ihren Standpunkt sogar noch nach Kriegsende, indem sie die alliierten Erfolge allein auf das Radar schoben.[33]

Die Briten lösten das Gewichts- und Größenproblem im März 1940, als sie den Prototyp FH 1 mit Antenne auf dem Zerstörer *Hesperus* installierten. Wenngleich die Leistungen von FH 1 enttäuschend waren, war doch bewiesen, daß der Einbau an Bord eines Schiffes möglich war. Ein verbessertes Modell, FH 3, das eine akustische Darstellung der Zieldaten einschloß (der Bediener mußte einen Kopfhörer tragen), wurde im Juli 1941 auf den beiden großen Zerstörern *Gurkha* und *Lance* eingebaut. Im Oktober des gleichen Jahres wurde auf dem ehemaligen amerikanischen Vier-Schornsteine-Zerstörer *Leamington* die Version FH 4 mit optischer Zieldatenauswertung auf einer Kathodenstrahlröhre in Dienst genommen. Die *Leamington* begleitete im März 1942 den Truppentransport WS.107 bis nach Madagaskar.

Ein einzelnes Peilgerät konnte die Azimuthpeilung feststellen, in der ein U-Boot stand, das einen Kurzwellenfunkspruch nach Hause oder an ein anderes Boot absetzte, und aus der Bodenwelle sogar folgern, ob es sich in der Nähe aufhielt oder nicht (die Bodenwelle reichte höchstens 25–30 Seemeilen). Die Schnittstelle mit der Peilung eines zweiten HF/DF-Schiffs ergab einen ziemlich genauen Standort, so daß ein Geleitfahrzeug ausgeschickt werden konnte, um das aufgetauchte U-Boot anzugreifen und zu vertreiben. Falls es tauchte, kam ASDIC zum Zuge. Dieses Vorgehen war von besonderer Bedeutung, wenn das U-Boot ein Fühlunghalter war, denn unter Wasser waren seine Beobachtungs- und Fernmeldemöglichkeiten erheblich eingeschränkt. So wurden durch die an Bord eingebauten Kurzwellenpeilgeräte aggressive taktische Verfahren möglich, die auf der Grundlage der Informationen der landgestützten Peilanlagen nicht denkbar gewesen waren. Mehr noch, die bordgestützten Peilanlagen lieferten auch Daten, die selbst das an Bord eingebaute Radar nicht liefern konnte, da die Reichweite der HF/DF-Anlagen etwa 25 Seemeilen betrug. Dagegen reichte das Radargerät Type 271 gegen ein aufgetauchtes U-Boot mit seiner niedrigen Silhouette, je nach Seegang, nur 3000 bis 5000 Meter weit. Die Produktion der HF/DF-Geräte kam aber nur langsam in Schwung; das Radar war populärer, weil es ein »aktives« Ortungssystem war. Die Anzahl der an Bord von Geleitfahrzeugen der britischen und kanadischen Marine eingebauten HF/DF-Geräte war 1942 noch sehr klein. Im Frühjahr 1943 waren jedoch bei jedem Konvoi mindestens zwei Geleitfahrzeuge mit FH 3 oder FH 4 ausgerüstet.

In den Vereinigten Staaten hinkte die Entwicklung eines bordgestützten Systems, das DAQ genannt wurde und auf der Busignies-Erfindung beruhte, mehrere Monate hinter dem Stand in Großbritannien her. Zwar wurde im März 1942 beschlossen, Anlagen für Schiffe zu bauen, aber Produktionsverzögerungen führten dazu, daß die ersten Geräte erst 1943 eingebaut wurden. Doch der erste Erfolg, den ein amerikanisches Schiff Mitte 1943 mit einer HF/DF-Peilanlage hatte, beruhte noch auf Peilungen eines britischen Geräts, das kurz zuvor in Liverpool auf dem Geleitträger USS *Bogue* eingebaut worden war. Der eigentliche Angriff wurde durch eine TBF-1 Avenger der *Bogue* geflogen. Er führte zu der Vernichtung von U-569 (Oblt. Hans

Johannsen). In seinem Bericht führte der Kommandant des Geleitträgers, der gleichzeitig Kommandeur der Sechsten Eskortgruppe war, aus:

Seit dem Auslaufen aus Belfast war eine Dauerwache bei der neuen HF/DF-Anlage eingeteilt. Drei Funker der *Bogue* bedienten das Gerät unter der Anleitung von Sub-Lieutenant J. B. Elton, RNVR, der uns auf dieser Reise unterstützen sollte. Das HF/DF-Gerät erwies sich als unbezahlbar. ... Eine HF/DF-Peilung war die Grundlage für den Einsatz gegen das U-Boot, das sich dann ergab. ... Ohne Zweifel ... war das um 1727Z von dem U-Boot gesendete Kurzwellensignal sein selbst gefälltes Todesurteil.[34]

Der zweite erfolgreiche Angriff auf der Grundlage von HF/DF-Daten – durch Flugzeuge des amerikanischen Geleitträgers *Card* – erfolgte erst im August 1943, als der U-Boot-Krieg längst entschieden war. In der Zwischenzeit hatten die britischen Geleitfahrzeuge von Juni 1942 bis Mai 1943 ihre HF/DF-Peilanlagen mit großem Erfolg eingesetzt, indem sie Peilungen verfolgten, die von den geschwätzigen deutschen U-Booten unbewußt geliefert wurden, und die überraschten Besatzungen angriffen. Dönitz war sich darüber im klaren, daß die Briten nichts unversucht ließen, um den Funkverkehr der U-Boot-Waffe von Landstationen aus zu verfolgen, und schränkte den Funkgebrauch seiner Boote ein, obwohl ihm seine technischen Berater versichert hatten, daß die Kurzwellensendungen der U-Boote nicht eingepeilt werden könnten.[35] Für den unerläßlichen Funkverkehr, wie Positionsmeldungen, Konvoisichtungen und Schadensberichte, ließ Dönitz Kurzsignale entwickeln, die aus Buchstabenkombinationen bestanden; so konnte zum Beispiel eine Schadensmeldung samt Positionsangabe durch nur vier Buchstaben abgegeben werden. Außerdem ließ er häufig die Frequenzen wechseln und die Signale elektronisch komprimieren, so daß sie als kürzer Sendeimpuls hinausgingen. Diese Versuche, die bordgestützten HF/DF-Anlagen der Alliierten zu überlisten, schlugen jedoch meistens fehl. Darüber hinaus wurde der Inhalt der Funksprüche in den meisten Fällen von den Empfangsstationen und von der GC&CS richtig erraten.

Von einigen Fällen, wie den Booten des Rudels »Fink« (siehe

Kapitel 4 und 5) abgesehen, in denen mittags und abends ausführliche Positionsmeldungen abgesetzt wurden, bewahrte ein Rudel im Vorpostenstreifen vor dem Einsatz an einem Konvoi normalerweise Funkstille. Sobald jedoch ein Fühlunghalter eine Sichtmeldung gemacht hatte, wurden die Funksprüche dieses Bootes an den BdU häufiger, und war das Gefecht erst einmal eröffnet, wurden auch die anderen Boote geschwätziger. Als zwischen dem 4. und 7. Februar 1943 die Rudel »Landsknecht« und »Haudegen« den Konvoi SC.118 angriffen, sendeten die U-Boote in zweiundsiebzig Stunden 108 Funksprüche. Ein einziges Boot, U-402, setzte in den vier Tage andauernden Kämpfen einundvierzig Funksprüche ab, die allesamt von HF/DF-Empfängern an Bord der Geleitfahrzeuge aufgefangen wurden.[36]

Auch wenn Dönitz gewillt war, ein gewisses Risiko der Entdeckung oder Einpeilung seines umfangreichen Funkverkehrs zur Führung der U-Boote hinzunehmen, war er sich während des gesamten Krieges nie bewußt, in welchem Ausmaß seine Boote auf See sich dadurch selbst verrieten; genausowenig erkannte er, daß seine »Ruderbefehle von Land aus« von der GC&CS mitgelesen wurden. Das kaum bekannte bordgestützte HF/DF-Peilsystem der Royal Navy verdient Anerkennung als eines der wesentlichen technischen Mittel, das den Alliierten im Kampf gegen die U-Boote bis Mai 1943 zur Verfügung stand, und zwar insbesondere deshalb, weil es in so brillanter Weise das deutsche Vertrauen auf die Führung über Funk ausnutzte. Auch in den Gefechten des Mai 1943 um die Konvois ONS.5 und SC.130, die in den Kapiteln 4, 5, 7 und 10 beschrieben werden, sollten die HF/DF-Peilungen eine herausgehobene Rolle spielen.

Bei der Atlantiküberquerung des Konvois ONS.5 zählte der mit FH 4 ausgerüstete Zerstörer HMS *Duncan* mit dem Führer der Eskortgruppe B7, Commander Peter Gretton, an Bord, 107 Peilkontakte mit U-Booten, bevor er den Konvoi am 3. Mai wegen Treibstoffmangels verlassen mußte. Die mit FH 3 ausgerüstete Fregatte HMS *Tay* zählte 135 Peilungen, von denen vor dem 3. Mai viele mit der *Duncan* in Kreuzpeilungen umgewandelt werden konnten.[37] Diese beiden Geleitfahrzeuge begleiteten später im selben Monat, wiederum unter Grettons Befehl, den Konvoi SC.130. Bei ausgezeichneter Luftunterstützung machten die Geleitfahrzeuge zusammen 104 Peilungen. Gretton beschrieb später, wie die *Duncan* und die *Tay* »gemeinsam in der Lage waren, mit großer Genauigkeit HF/DF-Ortungen von U-Booten, die in unserer Nähe HF-Funksprüche absetzten, vorzunehmen und dann Flugzeuge auf sie anzusetzen«.[38] Auf der anderen Seite der Front führte Dönitz in seiner Analyse des Gefechts die britischen Erfolge auf das Radar zurück:

> Diese Angriffe sind nur erklärlich mit einem sehr gut funktionierenden Ortungsgerät, das es dem Flugzeug ermöglicht, bereits über den Wolken das Boot zu erfassen, um dann überraschend aus den Wolken anzufliegen. Das erstaunliche dabei ist, daß nach den B-Meldungen der angesetzten Flugzeuge anscheinend insgesamt z. Zt. nur 1 bis 2 Maschinen das Geleit sicherten. Jede Maschine erfaßte aber den ganzen Tag über fast viertelstündlich ein Boot, woraus zu schließen ist, daß die Ortungsergebnisse des Gegners kaum ein Boot übergehen.[39]

Jürgen Rohwer hat daraus gefolgert: »Wenn man die großen Gefechte an den Konvois zwischen Juni 1942 und Mai 1943 analysiert …, dann hing das Ergebnis immer ganz entscheidend vom gekonnten Gebrauch der HF/DF-Anlagen ab.«[40] Obwohl in dieser Zeit auch die Nutzung des Radars durch Geleitfahrzeuge und Flugzeuge erhebliche Fortschritte machte und zugegebenermaßen das neue, mit Zentimeterwellen arbeitende Radar der Geleitfahrzeuge von ONS.5 den Alliierten in der Nebelnacht vom 5. auf den 6. Mai 1943 den für den Ausgang des U-Boot-Krieges entscheidenden Sieg (Kapitel 6 und 7) ermöglichte, wurden doch unter in den Konvoigefechten von 1942 und 1943 bei normaler Sicht mehr U-Boote mit HF/DF entdeckt als mit Radar.[41]

Was die Briten damals absichtlich etwas irreführend Radio Direction Finding (RDF, Funkpeilung) nannten und in Amerika Radar (Radio Detection and Ranging, Peilung und Entfernungsmessung mit Funkwellen) genannt wurde, ist ein elektronisches Verfahren, das für moderne Leser, die an seine Nutzung durch Fluglotsen, Meteorologen und Polizei gewöhnt sind, durchaus zu verstehen ist. Die Abkürzung Radar wurde durch die beiden amerikanischen Lieutenant Commander Samuel M. Tucker und F. R. Furth geprägt. Das Neue war, daß die Funkwellen nicht nur, wie bei HF/DF, passiv empfangen, sondern selbst erzeugt wurden. Die Echos der ausgesandten Impulse wurden dann auf einer Braunschen Röhre dargestellt, und zwar so, daß der Bediener Größe, Peilung und Entfernung des Objekts bestimmen konnte.

Diese neue Technologie wurde 1934/35 gleichzeitig von dem britischen Ingenieur Robert Watson Watt, dem Leiter der Abteilung Funk im National Physical Laboratory bei Slough, Berkshire, und amerikanischen Ingenieuren, allen voran Robert Morris Page, Albert Taylor und Leo Young vom Naval Research Laboratory in Anacosta bei Washington, erfunden. Dank der Forschungsergebnisse von Watson Watt, der allgemein als Vater des Radars gilt, konnten die Briten die Radarkette aufbauen, die der RAF half, 1940 die Luftschlacht um England zu gewinnen, indem sie Entfernung, Peilung und Kurs der anfliegenden Bomber und Jäger der deutschen Luftwaffe ermittelte.

Da die RDF[41]-Geräte schnell verkleinert wurden, konnten sie ab Herbst 1940 auf Geleitfahrzeugen der Royal Navy eingebaut werden. Das erste Gerät, Type 286 (Wellenlänge 1,5 Meter), konnte auf maximal 1000 Meter Echos von einem U-Boot empfangen; daher war der Ausguck mit seinem menschlichen Auge, außer in mondlosen Nächten oder bei Nebel, häufig noch besser als das Radar. Bis März 1941 wurden etwa 90 Geleitfahrzeuge mit Radar ausgerüstet. Im selben Monat wurde auf der Korvette *Orchis* das Radargerät Type 271 (Wellenlänge 10 cm oder S-Band) installiert. Als das Type 271 1941/42 zum Standard wurde, stieg die Entdeckungsreichweite gegen U-Boote schlagartig auf 3000 bis 5000 Meter. Bis zum Mai 1942 war das 271 auf 236 Schiffen der Royal Navy im Gebrauch.

Das Type 271 wurde durch ein bemerkenswertes Bauteil möglich, das als Resonanz-Mehrkammer-Magnetron bezeichnet wurde. Zentrales Teil dieser Erfindung von John Randall und Henry Boot, zweier britischer Physiker der Universität Birmingham, war ein Anoden-Katoden-System in einem mit sechs oder acht symmetrischen Löchern versehenen Kupferblock. Die hochfrequenten elektromagnetischen Schwingungen, die von diesem Bauteil produziert wurden, hatten eine Wellenlänge von 9,7 cm – umgangssprachlich wurden daraus die »10-cm-Wellen« und, davon abgeleitet, das »Zentimeterradar«.[42] Dies brachte im Vergleich mit den vorher genutzten »Meter-Wellen« eine erhebliche Verbesserung in bezug auf Leistung, Reich-

101

weite und Genauigkeit. Mit den Worten des anerkanntesten britischen Forschers auf dem Gebiet der See- und Luftkriegführung, des Physikers M. S. Blackett, war dies »eine der entscheidenden technischen Entwicklungen, die während des Krieges gemacht wurden«.[43]

Der schmale horizontale Radarstrahl ermöglichte es einem Geleitfahrzeug, ein in der Nähe befindliches aufgetauchtes U-Boot auch bei Nacht oder bei Nebel zu entdecken, seine genaue Position festzustellen und es zu verfolgen. Hinzu kam, daß die Radarimpulse bis zum Herbst 1943 durch keinen deutschen Empfänger, der damals auf See im Einsatz war, feststellbar waren. Ein U-Boot-Kommandant, der über Wasser in der Nähe eines Konvois fuhr, konnte also nicht wissen, ob er mit Radar geortet wurde oder nicht, während sein Boot in der Operationszentrale des in der Nähe stehenden Geleitfahrzeuges auf dem Radarbildschirm deutlich zu erkennen war. Dort rotierte synchron mit der Antenne am Mast des Schiffes ein vom Zentrum der Bildröhre ausgehender Radialstrahl, und jedesmal, wenn er über die Position des U-Bootes strich, wurde dieses als heller, nachleuchtender Punkt sichtbar.

Im September 1940 besuchte eine siebenköpfige wissenschaftlich-technische Delegation aus England Washington. Bei sich hatte sie einen schwarzen Aktenkoffer voller wissenschaftlicher Objekte, technischer Zeichnungen und einem handtellergroßen Magnetron mit acht Bohrungen. Das Geschenk wurde nicht aus reiner Großmütigkeit gemacht: Die Briten wußten, daß sie die technologische und industrielle Unterstützung der Amerikaner brauchten, wenn sie den Krieg gewinnen wollten. Die Mitglieder der Tizard-Kommission, wie die Delegation genannt wurde, rechneten damals, als sich die Luftschlacht um England auf dem Höhepunkt befand, durchaus mit der Möglichkeit einer baldigen Besetzung ihres Landes, und wenn der Krieg in der Alten Welt verlorenging, sollte die britische Technologie in der Neuen Welt zur Fortsetzung des Kampfes verfügbar sein.

Die dankbaren US-Radarexperten bestätigten, daß ihnen das Mitbringsel zwei Jahre Entwicklungsarbeit ersparte. James Phinney Baxter, der offizielle Historiker des amerikanischen Amts für Forschung und Entwicklung, schrieb 1947: »Als die Mitglieder der Tizard-Delegation 1940 ein Magnetron mit nach Amerika brachten, trugen sie die wertvollste Fracht in ihrem Gepäck, die je in unser Land kam.«[44] Diese

Aussage sollte nicht so mißverstanden werden, als hätte das Zentimeterradar allein oder auch nur im wesentlichen den Seekrieg entschieden. Für sich allein genommen, konnte man damit keinen Krieg gewinnen, obwohl es sicher Schlachten und Gefechte entschied, zum Beispiel die abschließenden Überwassergefechte am Konvoi ONS.5 (Kapitel 7). Bei den Überwassergefechten zwischen Geleitfahrzeugen und U-Booten war das Zentimeterradar eine von fünf technologischen Neuerungen, die zusammengenommen die Entscheidung brachten. Die ersten vier waren in der Reihenfolge ihrer Einführung: HF/DF, Radar, Hydrophon-Anlagen (die ASDIC passiv nutzten, um nach Unterwassergeräuschen, wie zum Beispiel Kavitationsgeräuschen von U-Boot-Propellern, zu lauschen) und ASDIC. Die fünfte Neuerung war TBS (Talk between ships, die amerikanische Entwicklung eines UKW-Sprechfunksystems), das 1941 in die Flotte kam und ein Jahr später auf allen Geleitfahrzeugen eingebaut war. Wegen der geringen Sendeleistung und der kurzen Ausbreitung konnte es nicht eingepeilt werden. TBS ermöglichte es dem Geleitführer, seinen Fahrzeugen direkte Befehle für Manövern zu geben und sich mit über dem Konvoi kreisenden Flugzeugen abzustimmen. Die einzelnen Geleitfahrzeuge konnten somit ihre Bewegungen und Einsätze koordinieren. Alles in allem war das Geleitfahrzeug auf dem Atlantik bis zum Mai 1943 eine Elektronikplattform von beeindruckender Leistungsfähigkeit geworden.

Das Küstenkommando der RAF verfügte bei Kriegsbeginn über folgende Maschinen: 301 Avro Ansons, 53 Lockheed Hudsons, 30 Vickers Vildebest, 27 Short Sunderlands, 17 Saro Londons und 9 Supermarine Stranraers. Das häufigste Flugzeug, die Anson »Annie«, die seit 1936 geflogen wurde, war veraltet und wurde bis 1941 durch Wellingtons, Halifaxes, Whitneys und andere modernere Maschinen ersetzt. Auch die Vildebests, Londons und Stranraers wurden ausgemustert. Die Hudsons, zu Bombern umgebaute amerikanische Passagierflugzeuge, wurden aber weiter gekauft und in großen Zahlen eingesetzt.

Von den am Anfang vorhandenen Flugzeugen hielten sich die Sunderland-Flugboote am besten. Sie waren hervorragend für die Langstrecken-U-Jagd geeignet und wurden von ihren Besatzungen als »Queens« (Königinnen) bezeichnet; die U-Boot-Männer, die ihre träge wirkenden Flugbewegungen beobachteten, nannten sie »müde Bienen«. Trotzdem sollten sie die zweithöchste Versenkungsziffer an U-Booten im ganzen Krieg erzielen. An dritter Stelle sollten die Vickers Wellington rangieren, zweimotorige Bomber, die gar nicht für den Einsatz über See konstruiert worden waren, sich aber in der Biskaya als sehr effektiv erwiesen (siehe Kapitel 8). Zwei amerikanische Flugzeuge, die ab 1941 eingesetzt wurden und sich bewährten, waren die Boeing B-17 Flying Fortress (fliegende Festung), ein viermotoriger schwerer Bomber, und die Consolidated PBY-5 und PBY-5A Catalina, zweimotorige Flugboote.

Beim Küstenkommando am beliebtesten und bei der Entdeckung und Vernichtung von U-Booten am erfolgreichsten war der schwere viermotorige Bomber Consolidated B-24 Liberator. Obwohl etwas schwieriger zu fliegen, anspruchsvoller in bezug auf die Wartung und sicher auch weniger komfortabel als die B-17, wurde die Liberator wegen ihrer Reichweite sehr geschätzt. In der Langstreckenversion VLR (Very Long Range), bei der, um Gewicht zu sparen, die Abdichtungen an den Tanks, die schützende Panzerung, der Turbolader und das Geschütz unter dem Flugzeug entfernt worden waren, erreichte die Liberator im Niedrigflug bei einer ökonomischen Fluggeschwindigkeit von 150 Knoten eine operative Reichweite von 2300 Seemeilen. Beladen war es beim Start mit 2000 Gallonen Flugbenzin und acht 250-Pfund-Wasserbomben mit hydrostatischen Zündern. Dies war das Flugzeug, das bedrohten Konvois auf landfernen Konvoirouten in der Mitte des Atlantiks Luftunterstützung geben konnte. Es zwang die den Konvoi beschattenden U-Boote unter Wasser, und bis Mai 1943 gingen sie sofort und jedesmal, wenn sie einen Aufklärungsbomber sichteten, »in den Keller«. Das verringerte ihre Geschwindigkeit und Manövrierfähigkeit und nahm ihnen die Sicht; zudem verloren sie die Fähigkeit, sich zum Rudel zu organisieren. Die Liberator war das Flugzeug, das, von beiden Seiten des Atlantiks aus eingesetzt und mit Unterstützung der neu eingeführten Trägerflugzeuge, im Mai 1943 endlich die Lücke in der Luftüberwachung zwischen Island und Neufundland schließen sollte.

Im Juni 1941 erhielt das 120. Geschwader des Küstenkommandos die ersten Liberator Mark I, und im September begann es von Flugplätzen in Nordirland und Island aus mit neun Flugzeugen bis zur durch den Flugbenzinvorrat vorgegebenen Grenze der Flugausdauer nach Südwesten zu fliegen. Aber die Anzahl dieser Flugzeuge beim Küstenkommando blieb enttäuschend niedrig. Das hatte seinen Grund zum einen darin, daß Admiral Ernest J. King, ab 30. Dezember 1941 Oberbefehlshaber der US Navy, die meisten Liberators der Marine für den Pazifikkrieg zurückhielt. Zum anderen wurden die meisten der Liberators, die nach England gelangten, vom Bomberkommando beansprucht. Im September 1942 hatte das Küstenkommando immer noch nicht mehr als ein Geschwader mit ganzen sechs VLR Mark I Liberators. Die VLR-Maschinen »sterben langsam aus«, beschwerte sich das Küstenkommando beim Staatssekretär für das Luftfahrtwesen. Auf der Liste des Geschwaders standen auch zwei Liberator Mark II (1800 Meilen Aktionsradius) und drei Liberator Mark III (1680 Meilen). Andere Geschwader hatten PBY-5 Catalinas (1840 Meilen) und PBY-5As (1600 Meilen), aber die VLR blieb der am dringendsten benötigte Leistungsträger für große Entfernungen. Auf anderen Stützpunkten in Neufundland, Kanada, Gibraltar und Westafrika gab es kein einziges dieser Flugzeuge. Auch andere wichtige Resourcen für die atlantischen Operationen wurden dem Küstenkommando genommen, darunter 166 Flugzeugbesatzungen und ganze Geschwader von Catalinas, die zwischen Oktober 1941 und Januar 1942 auf andere Stützpunkte in Übersee verlegt wurden.

Aufgrund des Einbruchs in den deutschen Marineschlüssel und der damit verbundenen Genauigkeit der Darstellung im Lagezimmer war die britische Admiralität seit dem 9. Mai 1941 in der Lage, zwischen gefährdeten und ungefährdeten Konvois zu unterscheiden. Das Küstenkommando konzentrierte seine Kräfte fortan auf die gefährdeten Konvois, so daß es seine Mittel effektiver nutzen konnte. Aber ohne VLR-Flugzeuge waren längere Einsätze an gefährdeten Konvois, die weiter als 450 Seemeilen von den Fliegerhorsten entfernt liefen, ausgeschlossen, und das Küstenkommando äußerte sich besorgt »über den allzu großzügigen Verbrauch von Flugstunden, um bestenfalls ein oder zwei Stunden bei dem [gefährdeten] Konvoi zu bleiben«.

Im Februar 1943, als Air Marshal John Slessor Befehlshaber des Küstenkommandos wurde, war das 120. Geschwader immer noch das einzige, das über VLR-Flugzeuge verfügte. In Aldergrove in Nordirland stationiert, betrieb es eine Außenstelle in Reykjavik auf Island. Zum Bestand des Geschwaders gehörten fünf VLR Mark I und zwölf Mark IIIA, die für VLR-Einsätze modifiziert worden waren. An der Südküste Englands auf Thorney Island, in der Nähe der Isle of Wight, wurde ein neues Geschwader mit modifizierten Mark IIIA aufgestellt, aber dessen Maschinen waren noch nicht voll einsatzbereit. Das gleiche galt für das 502. Geschwader im nahegelegenen Holmsey South, das auf für Langstreckeneinsätze angepaßte Flugzeuge vom Typ Halifax II wartete. In Neufundland gab es wegen Kings Entscheidung immer noch keine Liberators. Als die Konvois SC.122 und HX.229 im darauffolgenden Monat angegriffen wurden, fragte Präsident Franklin D. Roosevelt Admiral King spitz, wo denn die vielen Liberators der US Navy gewesen seien.

Daß Großbritannien nicht mehr Liberators für die U-Jagd einsetzte, war in der Fixierung des Stabes der RAF (der darin von Churchill unterstützt wurde) auf die nächtliche Bombardierung Deutschlands begründet. Der Streit zwischen Küsten- und Bomberkommando über die Frage, ob die Vernichtung von U-Booten oder Fabriken mehr materiellen Vorteil für die alliierte Invasion über den Ärmelkanal hinweg bringen würde, schwelte das ganze erste Halbjahr 1943. Dieser Disput über die richtige Doktrin für den Bombereinsatz, der besonders im März zu einer heftigen Auseinandersetzung über Bomberzuteilungen führte, dehnte sich auch auf die Frage aus, ob die U-Boot-Waffe besser auf See, also durch das Küstenkommando, oder in den Fabriken und Werften, also durch das Bomberkommando, vernichtet werden konnte.

Historiker, die sich in dieser Frage der Position des Küstenkommandos anschließen, stellen die Überlegung an, wieviel früher und gründlicher man die U-Boot-Gefahr hätte ausschalten können, wenn man die Mehrzahl der Langstrecken-Liberators nicht für die Kriegführung über Land abgestellt hätte. Die Analyse nach dem Krieg hat gezeigt, daß die deutsche Kriegsproduktion durch die alliierten Bombardierungen nicht wesentlich reduziert und die Zivilbevölkerung durch das »Hauszerstörungsprogramm«, wie es das Bomberkommando selbst nannte, nicht demoralisiert wurde. In einem kürzlich veröffentlichten Buch schreibt Clay Blair: »Eine ganze Reihe von

Studien sollte zeigen, daß das Küstenkommando im Sommer 1941 sehr wohl die von den U-Booten ausgehende Gefahr mit einer U-Jagd-Streitmacht von nur hundert B-24 erheblich hätte reduzieren können, so daß den Alliierten die schrecklichen Schiffsverluste in den Folgejahren erspart geblieben wären.« Das mag etwas hoch gegriffen sein, denn die wichtigsten Verbesserungen der Angriffsverfahren waren 1941 noch nicht eingeführt, aber im wesentlichen trifft die Aussage den Nagel auf den Kopf.

1942/43, als die Angriffe der Flugzeuge des Küstenkommandos erheblich durchschlagender waren als früher, hätten laut dem Historiker Alfred Price weniger als hundert Langstreckenbomber genügt. Price zufolge hätten drei Geschwader mit insgesamt etwa vierzig Flugzeugen »so gut wie ausgereicht (später taten sie das auch), die Bedrohung der Konvois in der Mitte des Atlantiks zu neutralisieren«. Und der Transfer einer solchen Anzahl von Bombern vom Bomber- zum Küstenkommando hätte die Bombenangriffe auf Deutschland kaum geschwächt. Man müsse bedenken, fügt Price hinzu, daß das Bomberkommando eine solche Anzahl von Bombern häufig in einer einzigen Nacht verlor.[45]

Ende 1942 war keines der Flugzeuge des Bomberkommandos mit Zentimeterradar ausgerüstet. Erst im Februar 1943 war das zum Ministerium für Flugzeugbau gehörende, in Malvern in Hereford und später (ab Mai 1942) in Worcester angesiedelte Amt für Forschungen in der Nachrichtentechnik (TRE) nach Lösung zahlreicher technischer Probleme in der Lage, das 10-cm-ASV-Radar (Air to Surface Vessel, Luft zu Überwasserschiff) Mark III in die Liberators, Wellingtons, Sunderlands und andere Aufklärungsbomber des Küstenkommandos einzubauen. Die Flugzeuge des Küstenkommandos hatten seit 1940 mit dem ASV-Meterradar Mark II gearbeitet, doch das war aus mehreren Gründen nicht zufriedenstellend: Seine Reichweite war auf etwa 10 Meilen begrenzt; das Rauschen der Seegangsechos erzeugte Störungen; die Leuchtanzeigen-Störungen waren schwer ablesbar; die Produktionsqualität ließ zu wünschen übrig, was häufige Ausfälle und schwierige Reparaturen nach sich zog; hinzu kamen ein chronischer Ersatzteilmangel und die schlechte Ausbildung der Bediener.[46]

Als das Küstenkommando im Dezember 1941 in seinem Hauptquartier in Northwood in Middlesex auf den bis dahin geführten Seekrieg aus der Luft zurückblickte, konnte es nicht mehr als eine Handvoll Versenkungen und eine Kaperung vorweisen, die zumeist in Zusammenarbeit mit Überwasserschiffen erzielt worden waren. Als Einheit, die von Anfang an für offensiven und nicht für defensiven Einsatz vorgesehen war, hatte das Küstenkommando sich bis zu diesem Zeitpunkt nicht gerade gut geschlagen. Es fehlte nicht an Willen und Entschlossenheit. Neben dem U-Boot-Krieg hatte das Küstenkommando auch noch andere Aufgaben, wie den Schutz der britischen Küstengewässer und die Vernichtung feindlicher Schiffe, aber ab 1941 bildete der U-Boot-Krieg eindeutig den Schwerpunkt. Versenkungen waren nicht in der erwarteten Zahl erreicht worden, weil es an geeigneten Flugzeugen, besonders Langstrecken-Maschinen, fehlte. Die Suchmethoden und Taktiken waren unzureichend, die Angriffsverfahren wurden schlecht ausgeführt und die oben angesprochenen Mängel der Radarausrüstung trugen das ihre bei. Aber seit Mai 1941 leistete das Küstenkommando zumindest einen wichtigen Dienst, indem es sich auf »Vogelscheuchen«-Patrouillen über gefährdeten Konvois konzentrierte; die nicht so eingestuften Konvois mußten sich selbst behelfen.

Der Mangel an Flugzeugen wurde nach und nach behoben, während das Kabinett von Premierminister Churchill sich mehr und mehr der Bedeutung der Atlantikschlacht bewußt wurde. Was man jetzt am dringendsten brauche, so Churchill, seien neue Luftkampftaktiken und *Zeit* für die Ausbildung.[47] Letztere sollte durch einen überraschenden *coup de main,* der zu einer Verringerung der U-Boot-Aktivitäten an den Konvoirouten führte, gewonnen werden. Erstere wurden weder, wie man vielleicht hätte erwarten können, durch vermehrtes Kriegsgerät, überlegene Führung und Urteilsfähigkeit noch durch Mut und Können der Flugzeugbesatzungen ermöglicht, wenngleich alle diese Faktoren unverzichtbare Voraussetzungen waren. Die Verbesserungen sollten vielmehr von einer Reihe ziviler Physiker, Mathematiker und sonstiger Akademiker ausgehen, von »Herren in grauen Flanellhosen«, welche die komplexen Fragen nach Ortungs- und Angriffsverfahren aufgriffen und – zum Erstaunen der uniformierten Fragesteller – lösten. Doch zunächst zu den Ereignissen des 7. Dezember 1941 und ihren Folgen.

108

3

Die erste Aufgabe:
Verteidigen oder jagen?

Der Krieg gegen die U-Boote wurde 1943 vermutlich unter
engerer wissenschaftlicher Beratung und Steuerung geführt
als je ein anderer Einsatz oder Krieg der britischen Streitkräfte.
Patrick M. S. Blackett

Mit Geist und mit Kraft / glänzt Wissenschaft. Die Männer, die's machen, /
beherrschen die Sachen. / Bescheiden hab'n wir gefragt, / wir waren ganz
verzagt. / Mit ihnen kämpf' im Krieg, / sonst find'st du keinen Sieg.
Abteilung für U-Boot-Kriegführung,
Britische Admiralität

Der Sieg über die U-Boote muß eine der wichtigsten
Aufgaben der Vereinten Nationen sein.
Konferenz von Casablanca

Der japanische Angriff auf Pearl Harbour kam für Hitler und Dönitz
genauso überraschend wie für die Amerikaner. Doch als Hitler am
9. Dezember alle Einschränkungen für Angriffe auf Kriegs- und Handelsschiffe der USA aufhob, reagierte Dönitz schnell. Angesichts der
US-Zerstörer, die Konvois bis nach Island begleiteten, hatten sich
seine Kommandanten schon lange durch diese Auflagen eingeschränkt gefühlt. Nach Dönitz' Ansicht waren die Amerikaner vorher
bereits eine kriegführende Partei gewesen, nur daß sie es nicht zugegeben hatten. Wie kaum anders zu erwarten, war es zu mehreren Zwi-
schenfällen zwischen Einheiten der US Navy und deutschen U-Booten gekommen, wie zum Beispiel der Versenkung des US-Zerstörers
Reuben James durch U-552 (Kptlt. Erich Topp) am 31. Oktober 1941.
Ohne daß der BdU es wußte, verlangte es aber noch einen anderen
Admiral, Ernest J. King, damals Befehlshaber der Atlantikflotte

(CINCLANT), danach, die Fesseln abzuwerfen, die ihm durch die formelle Neutralität angelegt waren.

Als der Kriegszustand zwischen den beiden Nationen am 11. Dezember formell erklärt wurde, beorderte King sämtliche Zerstörer an die Ostküste zurück, wobei er ausdrücklich auf die Notwendigkeit verwies, diese gegen die U-Boote zu verteidigen: »Die große Wahrscheinlichkeit von U-Boot-Angriffen in diesem Gebiet und die Schwäche unserer Verteidigungskräfte an der Küste machen es erforderlich, so viele Zerstörer wie möglich in ihre Heimatstützpunkten zu verlegen.«[1] Dieser Schritt schien um so vernünftiger zu sein, als die Aktivitäten der U-Boote auf den Ost-West-Konvoirouten nachgelassen hatten, weil Dönitz durch den Oberbefehlshaber der Kriegsmarine in Berlin gezwungen worden war, Boote aus dem Atlantik zurückzuziehen und sie vor Gibraltar zu stationieren, wo sie die Nachschubtransporte der Briten für deren Offensive gegen Rommels Afrika-Korps angreifen sollten.

Dönitz freute sich, Kings Erwartungen gerecht werden zu können. Er beantragte sofort, zwölf Boote für Einsätze vor der amerikanischen Küste freizugeben, bekam aber nur sechs, von denen eines, das neu in Dienst gestellte U-128, wegen technischer Probleme wieder zurückgezogen werden mußte. Die anderen fünf – U-123 (Typ IXB, Kptlt. Reinhard Hardegen), U-125 (IXB, Kptlt. Ulrich Volkers) und U-66 (IXC, Korvettenkapitän Richard Zapp) – bildeten zusammen die Gruppe Hardegen für Angriffe in US-Gewässern. U-109 (IXB, Kptlt. Heinrich Bleichrodt) und U-130 (IXC, Korvettenkapitän Ernst Kals) wurden zur Gruppe Bleichrodt für Angriffe südöstlich von Halifax und in der Cabot-Straße vor Kap Breton zusammengefaßt. Ihrem gemeinsamen Einsatz gab Dönitz den Namen »Paukenschlag«. Gedacht war an einen »kräftigen Paukenschlag«, denn wie Hardegen dem Autor versichert hat, beabsichtigte man, an einem vorher festgelegten Tag einen gleichzeitigen Überraschungsangriff durchzuführen; später wurde über Funk der 13. Januar als dieser Tag festgelegt. Obwohl dieser ersten Welle noch viele weitere U-Boote nach Amerika folgen sollten, liefen die späteren Operationen nicht mehr unter der Bezeichnung »Paukenschlag«. Keines der ursprünglich vorgesehenen Boote erreichte bis zum 13. Januar die vorgesehene Position, und Hardegens U-123 eröffnete zwei Tage vor dem festgelegten Termin die Operation, indem es 300 Meilen östlich von Cape Cod den 9076 BRT großen britischen Frachter *Cyclops* versenkte.

Die Nachricht, daß die Paukenschlag-Boote unterwegs waren, wurde von Rodger Winn dem amerikanischen Marineministerium, der Main Navy in Washington, übermittelt. Von dort wurden die geschätzten U-Boot-Positionen täglich an die zuständigen Stellen der US Navy an der Ostküste weitergeleitet.[2] Als Bestätigung genügte die Versenkung der *Cyclops* am 11. Januar vollauf. Aber Hardegen kündigte sein Kommen ein weiteres Mal an, indem er in der Nacht auf den 14. Januar 60 Meilen südöstlich von Montauk Point auf Long Island den 9577 BRT großen ehemaligen norwegischen Motortanker *Norness* versenkte.

Einundzwanzig der von King zur Verteidigung der Heimatgewässer zurückgerufenen Zerstörer waren in Häfen stationiert, die an Hardegens Kurs lagen, von Casco in Maine im Norden bis Norfolk in Virginia im Süden. Sie alle waren einsatzklar. Vier weitere Zerstörer waren »bedingt einsatzklar«. Aber man hielt einen Einsatz nicht für nötig. Weder Admiral King noch sonst irgend jemand schickte die Zerstörer in den Kampf gegen die U-Boote. King war am 30. Dezember 1941 zum Oberbefehlshaber der gesamten US-Flotte (COMINCH) mit Hauptquartier in der Main Navy ernannt worden, behielt aber selbst den direkten Befehl über die U-Boot-Abwehrmaßnahmen, und die diversen atlantischen Kommandos im Strategischen Gebiet der USA (US Strategic Area) mußten ihre Maßnahmen auf dem Gebiet der U-Jagd von ihm genehmigen lassen.[3]

Nach Lage der Dinge wurden die meisten der Zerstörer, die King zum Schutz »gegen U-Boot-Angriffe in diesem Gebiet« zurückgerufen hatte, auf seinen eigenen Befehl oder in Ausführung seiner Befehle anderen Aufgaben zugeteilt oder sogar in andere Seegebiete geschickt.[4] Als Hardegen am 15. Januar um 2200 Uhr Ortszeit das Ambrose-Feuerschiff, das die Einfahrt zum New Yorker Hafen markiert (er war in 22 Tagen hierher gelangt und hatte 98 Prozent der Strecke über Wasser zurückgelegt), erreichte und an Backbord die Spitze von Sandy Hook in New Jersey und an Steuerbord Coney Island sah, kam keiner der sieben einsatzbereiten Zerstörer, die in dieser Nacht im Hafen lagen, heraus, um ihn zu begrüßen. Die Zerstörer waren USS *Gwin, Mayrant, Monssen, Rowan, Trippe, Roe* und *Wain-*

wright. Hardegen zog sich in aller Ruhe zurück und versenkte auf dem Rückweg aus der Zufahrt zum New Yorker Hafen den britischen Tanker *Coimbra.* Aber es sollte noch schlimmer kommen.

Drei Wochen lang fielen Hardegen und die beiden anderen Boote seiner Gruppe über alliierte Einzelfahrer an der Ostküste der Vereinigten Staaten her. Sie drangen nach Süden bis Kap Hatteras vor und stießen tief in die Gewässer des Strategischen Gebiets der USA. Am Ende gesellte sich auch noch die Gruppe Bleichrodt zu ihnen, die es, von kanadischen Zerstörern und Flugzeugen bedrängt und von gefrierendem Wasser behindert, vorgezogen hatte, sich nach Süden in freundlichere Gewässer vor der Küste der USA zu wenden, wo die Küstenschiffahrt ohne Geleitschutz oder Luftunterstützung vonstatten ging. Wie im Frieden fuhren die Schiffe einfach an den Tonnenstrichen entlang. Nachts hoben sie sich vor den Lichtern an der Küste deutlich ab. Nicht nur die Leuchtfeuer und Tonnen brannten noch, auch an Land waren die Ortschaften, die Vergnügungsparks und die Strandbäder immer noch hell erleuchtet und bildeten einen hellen Hintergrund für die Silhouetten der Handelsschiffe.

Das galt besonders für die Küste von Jersey. Von der Brücke der U-Boote aus konnte man die Scheinwerfer der Autos an Land verfolgen. Die Kommandanten lernten, daß sie Kraftstoff sparen konnten, indem sie sich tagsüber auf den Meeresgrund legten und nachts auftauchten, um gestoppt mit dem Steven zum Land wie bei einer Treibjagd auf Campingstühlen abzuwarten, bis ihnen das Wild vor die Rohre getrieben wurde. Die Abwehr machte ihnen kaum Sorgen. Gelegentlich wurde ein Zerstörer oder ein Flugzeug gesichtet, und in der Abenddämmerung des 15. Januar 1942 flog ein Flugzeug zufällig über U-123 hinweg. Es warf auf der Steuerbordseite des Boots vier Bomben ab und flog dann weiter, ohne zu kreisen oder noch einmal zurückzukehren. Weder die US Navy noch das Fliegerkorps der US Army unternahm auch nur einen einzigen geplanten Angriff oder gebärdete sich als »Vogelscheuche«, um die U-Boote unter Wasser zu drücken.

In Kernével nahm Admiral Dönitz begeistert die ersten Berichte entgegen, die ihm zeigten, daß die Aktivitäten der U-Boote viel länger erfolgreich sein konnten, als wir gedacht hatten«.[5] Auch wenn sie jetzt über große Entfernungen geführt wurde, blieb es dieselbe Tonnageschlacht. Nur der Austragungsort hatte sich geändert. Der Transport des Nachschubs für den Krieg war eine endlose Kette, ob in den Western Approaches vor Großbritannien, mitten auf dem Ozean oder jetzt vor den Landzungen von Carolina. Man konnte die Kette an vielen Stellen zerreißen. Wo, das war unwichtig. Und jetzt war das schwächste Glied – und Dönitz' neuer Schwerpunkt – die amerikanische Küste.

Zusammen versenkten die fünf Paukenschlag-Boote fünfundzwanzig Schiffe mit einem Gesamtvolumen von 156 939 BRT. Diese Zahl konnte sich neben den 152 000 BRT, die 1940 in der »Nacht der langen Messer« von neun Booten erreicht wurden, durchaus sehen lassen. Auch wenn es nicht der gleichzeitige, paukenschlagartige Überfall gewesen war, wie Dönitz ihn sich vorgestellt hatte, war die Operation doch ein voller Erfolg. In den folgenden Wochen und Monaten entsandte der entzückte BdU Welle um Welle von Booten des Typs IX, um den Vorteil auszunutzen. Der erste Blutverlust, den der Paukenschlag verursacht hatte, wurde zur dauerhaft offenen Wunde, deren Blut die Gewässer vor Florida, den Golf von Mexiko und die gesamte Karibik, einschließlich der Küste von Panama, verfärbte. Nicht nur amerikanische Schiffe fielen den U-Boot-Angriffen zum Opfer, auch britische Fahrzeuge gingen reihenweise verloren.

So beklagte der Befehlshaber der Royal Navy für die Western Approaches, Admiral Noble: »Das Kommando Western Approaches sieht sich der Situation ausgesetzt, das wir heute [am 8. März 1942] die Konvois sicher bis vor die amerikanischen Küsten bringen und dann feststellen müssen, daß ... viele der Schiffe dort eine leichte Beute der U-Boote werden ..., und das vor der amerikanischen Küste oder in der Karibik.«[6] Indem sie die Ausgleichstanks für Torpedos und Frischwasserzellen mit Kraftstoff füllten, schafften sogar ein paar VIIC-Boote die Fahrt über den Atlantik (und zurück), um an der »zweiten glücklichen Zeit« der deutschen U-Boot-Waffe teilzuhaben. Sie verhalf einer neuen Riege von U-Boot-Assen zu Ruhm, unter ihnen Hardegen (U-123), Kptlt. Johann Mohr (U-124), Kptlt. Erich Topp (U-552), Kptlt. Rolf Mützelburg (U-203) und Oblt. Georg Lassen (U-160).

Ab April konnten die Boote, die im Golf von Mexiko und in der Karibik operierten, ihre Zeit im Operationsgebiet zusätzlich verlängern. Möglich wurde dies durch die Entwicklung eines neuen großen

U-Boot-Typs (1688 Tonnen über Wasser), des Typs XIV, der keine Torpedos, sondern 700 Tonnen Kraftstoff, Ersatzteile, Munition, Verpflegung, andere Versorgungsgüter, einen Arzt und sogar Ersatz für bestimmte Spezialisten der Kampfboote mit sich führte. Mit Hilfe dieser »Milchkuh« genannten Boote konnte der Einsatz eines Boots vom Typ IX um acht Wochen, der eines Boots vom Typ VII um vier Wochen verlängert werden. Für Dönitz wurden die Milchkühe zum Kräftemultiplikator, da sie den Einsatzwert der versorgten Boote vervielfachten. Das erste Versorgungsboot, das zum Einsatz kam, war U-459 (Kptlt. Graf Georg von Wilamowitz-Moellendorff), das am 20. April U-108 (IXB, Kptlt. Klaus Scholtz) und anschließend im Lauf des April und Mai vierzehn weitere Boote versorgte. Zum Sommeranfang eröffneten drei neue Milchkühe in festgelegten Marinequadraten im Westatlantik ihre Tankstellen.[7] Zum Ende des Sommers sahen sich die Briten damit konfrontiert, daß die Milchkühe auch auf den Transatlantikrouten, besonders in der Luftüberwachungslücke bei Grönland, Dienst taten.

Als die Zahl der versenkten Schiffe in die Hunderte stieg, wurde Kings Marine von verschiedenen Seiten bedrängt, etwas gegen die Beleuchtung der Küste zu unternehmen und in Küstenkonvoisystem einzurichten. Im März, als pro Tag mehr als ein Öltanker versenkt wurden, überzeugte der Kriegsrat der Ölindustrie die US Navy und das Kriegsministerium, die sich bis dahin die Verantwortung für die Beleuchtungen an der Küste geteilt hatten, sie abzustellen. Es wurde vereinbart, daß die Küstenbeleuchtung fortan eine »Sache der Marine« sei.[8] Admiral King übte seine neue Verantwortung auch sofort aus und befahl, trotz der heftigen Proteste der Vergnügungsparks, Badeorte und vieler Geschäftsleute, daß alle Küstenbeleuchtungen »gedämpft« werden müßten. Eine Totalverdunkelung, sagte er, sei nicht erforderlich.[9] Obwohl die deutsche und die britische Küste völlig verdunkelt waren, verlangte King während des gesamten Krieges nie mehr, als die Beleuchtung zu »dämpfen«. Zum Unglück der Tanker- und Frachterbesatzungen konnten die U-Boot-Kommandanten die Silhouetten ihrer Schiffe bei gedämpften Lichtern genauso gut erkennen wie bei voller Beleuchtung, besonders bei leichtem Dunst und niedriger Wolkendecke.[10]

Für Konvois hatte King nichts übrig. Angeblich hatte er nicht genug Geleitfahrzeuge, um ein gut gesichertes Konvoisystem einzuführen. Wenn er an Geleitfahrzeuge dachte, dann stellte er sich Zerstörer vor, und die wurden überwiegend entweder für die transatlantischen Konvoirouten oder für den Pazifikkrieg, der stets Kings erste Sorge war, benötigt. Kleine Schiffe hielt er für nutzlos. In seinen Augen stellten sie nur die »altbekannte Tatsache unter Beweis, daß selbst die Tapfersten gegen einen gefährlichen Gegner wie das U-Boot nichts ausrichten können, wenn sie nur über unzulängliche Boote und Waffen verfügen«.[11] Damit befand er sich im Widerspruch zu der Tatsache, daß die Briten mit den 63 Meter langen Korvetten der *Flower*-Klasse gute Erfolge erzielt hatten; später, im Mai und Juni, sollten zwei 50 Meter lange Kutter der US-Küstenwache, die *Icarus* und die *Thetis,* zwei der ersten drei überhaupt in US-Gewässern versenkten U-Boote vernichten.[12] Doch Kings Doktrin lautete: »Schlecht geschützte Konvois sind schlechter als gar keine.«[13] Dies war genau das Gegenteil dessen, was die britische Erfahrung seit 1939, ja sogar seit 1917, lehrte. Damals, im Ersten Weltkrieg, hatte die Royal Navy unter amerikanischer Anleitung den Wert des Konvoisystems kennengelernt.[14]

Nach und nach sah sich King jedoch gezwungen, seine Meinung zu ändern, nicht zuletzt wegen der Proteste von Rodger Winn, der, obwohl er nur Commander und dazu noch Reservist war, von der verärgerten britischen Admiralität nach Washington geschickt wurde, um die Probleme mit dem halsstarrigen Chef der US-Flotte zu besprechen.[15] Ab Mitte März deutete sich an, daß sich bei King ein Meinungsumschwung anbahnte. Die »kleinen Boote«, über die er vorher gespottet hatte, begannen sich jetzt für den Konvoidienst zu versammeln: 53 und 50 Meter lange Geleitfahrzeuge; ebenso lange, von der Royal Navy ausgeliehene Trawler; 33 Meter lange U-Jäger und sogar nur 25 Meter lange Kutter, von denen man ursprünglich glaubte, sie seien nur von »begrenztem Nutzen«, die aber, sobald das Konvoisystem erst einmal eingerichtet war, bewiesen, daß sie auf der kurzen Strecke von New York zur Delaware Bucht ein effektiver Schutz waren.

Mit diesen und einigen anderen kleinen Fahrzeugen, die von neun Zerstörern unterstützt wurden, ließen King und seine Untergebenen am 14. Mai 1942 KS.500, den ersten Konvoi in Richtung Süden, von

Hampton Roads abfahren; nach Norden verließ eine ähnliche Formation, KN.100, Key West am darauffolgenden Tag. Später im Mai wurden Verbindungen nach New York und Halifax hergestellt; und ab August beziehungsweise September bot die Verbindung Galveston-Mississippi-Key West dem Tankerverkehr aus den texanischen Häfen Schutz. Zuletzt wurde auch die Karibik in das Konvoisystem einbezogen.

Die positiven Auswirkungen des Konvoisystems traten fast sofort zutage. Hatte es zwischen West Quoddy Head in Maine und Jacksonville in Florida im März noch zweiundvierzig Schiffsversenkungen durch U-Boote und im April dreiundzwanzig solche Verluste gegeben, so sank die Zahl im Mai auf vier, um im Juni noch einmal auf dreizehn anzusteigen, im Juli wieder auf drei zu fallen und dann für den Rest des Jahres bei null stehenzubleiben. Auch die Verlustzahlen für die Gewässer um Florida und den Golf von Mexiko sanken ähnlich dramatisch. Eine Folge war, daß Admiral King seit dem 21. Juni zu sagen pflegte: »Eskorten sind nicht nur ein Mittel unter vielen gegen die U-Boot-Bedrohung; sie sind die einzige erfolgversprechende Methode.«[16]

Ein weiteres Ergebnis war, daß Kings Gegenspieler, Admiral Dönitz, den Schwerpunkt seines U-Boot-Ansatzes wieder auf die transatlantischen Konvoirouten und die Rudeltaktik verlegte. Ihm war klar gewesen, daß es nur eine Frage der Zeit war, bis seine einzeln operierenden U-Boote die amerikanische Küste wieder aufgeben müßten. Daß die Jagdsaison an der US-Küste so lange dauern würde, hatte er nicht erwartet. Zählt man die Versenkung der *Cyclops* durch U-123 am 13. Januar hinzu, hatten sich die U-Boote sechs Monate an amerikanischen Schiffen gütlich getan. Zwischen Maine, Galveston und Panama lagen 397 neue Wracks auf dem Meeresboden, und nicht weniger als 5000 Menschen – Matrosen von Handelsschiffen aus den USA, England, Norwegen und anderen Ländern, Offiziere und Mannschaften von US und Royal Navy und zivile Passagiere – hatten ein feuchtes Grab gefunden. Die Verluste an Menschenleben waren doppelt so hoch wie in Pearl Harbour. Hinzu kamen viele Schiffe, die zwar nicht versenkt, aber beschädigt worden waren, wobei manchmal auch Todesopfer und schwere Verletzungen zu beklagen waren.

Insgesamt war dieses sechs Monate während Dauerbegräbnis von

Schiffen und Menschen eines der größten maritimen Unglücke der Geschichte. In bezug auf Schiffe, Rohstoffe und Material war es die teuerste Niederlage der USA im ganzen Krieg. Am 19. Juni beklagte der Stabschef des US Army, General George C. Marshall: »Die Verluste durch die U-Boote vor unseren Küsten und in der Karibik gefährden unsere gesamten Kriegsanstrengungen.«[17] Für die Deutschen waren die Operationen vor der amerikanischen Küste der erfolgreichste längere Einsatz der Boote im ganzen Krieg. Bei geringen Verlusten (neun Boote) erzielte die U-Boot-Waffe einen Triumph, der einem Sieg in einer großen Schlacht an Land gleichkam. Man kann sogar dem Historiker Gerhard L. Weinberg zustimmen, der die Schlacht vor der US-Küste als »katastrophalste Niederlage in der Geschichte der amerikanischen Seemacht« bezeichnet hat.[18]

Dabei konnte sich die US Navy glücklich schätzen, daß es nicht noch schlimmer gekommen war, denn das wäre mit Sicherheit der Fall gewesen, wenn Dönitz die von ihm beantragten zwölf Boote für den Eröffnungsschlag erhalten hätte und Hitler nicht im Februar zwanzig einsatzfähige Boote für Aufklärungszwecke vor der norwegischen Küste eingesetzt hätte, wo er britische Landungsoperationen befürchtete. Zudem hatte ein außergewöhnlich kalter Winter die südlichen Teile der Ostsee zufrieren lassen, so daß die neuen Boote, die sich dort in der praktischen Erprobung befanden, vom Eis eingeschlossen waren.[19] Schließlich gingen dreizehn Boote, darunter auch solche vom begehrten Typ IX, bei dem fehlgeschlagenen Versuch verloren, bei Gibraltar die nach Nordafrika fahrenden Konvois abzufangen.

Wenn es in bezug auf das Gemetzel vor den Toren Amerikas einen Trost für die Alliierten gab, dann mag er in folgenden drei Punkten gelegen haben: Erstens passierte das ganze gerade zu der Zeit, als die deutsche Kriegsmarine den neuen Triton-Schlüssel einführte, so daß die GC&CS bis auf drei Tage (den 23. und 24.Februar und den 14. März) elf Monate lang vom deutschen Funkverkehr ausgeschlossen war.[20] Für die Alliierten hätten Enigma-Informationen in der Zeit von Februar bis Juli jedoch keinen besonderen Vorteil bedeutet, da die deutschen U-Boote überwiegend einzeln operierten und nur selten Funksprüche absetzten, das heißt, sie hätten nicht regelmäßig durch kryptographische Informationen lokalisiert werden können, und es wäre daher auch nicht möglich gewesen, den Schiffsverkehr um sie herum-zuführen. Als sich die U-Boot-Offensive ab August wieder den trans-atlantischen Konvoirouten zuwandte und wieder über Funk angesetzte U-Boot-Streifen gebildet wurden, machte sich das Fehlen der Enigma-Informationen allerdings durchaus schmerzlich bemerkbar.[21]

Aber das Lagezimmer von Commander Winn konnte immer noch auf Notlösungen zurückgreifen. Eine von ihnen war der Zugang zum Schlüssel »Heimische Gewässer«, den die Kriegsmarine weiterhin für die Räumboote benutzte, die die U-Boote aus den Häfen an der Bis-kaya geleiteten. Außerdem kannte man den Thetis-Schlüssel, der für die zur Erprobung in der Ostsee befindlichen Boote benutzt wurde. Und es gab den sogenannten Funkfingerabdruck, mit dessen Hilfe einzelne U-Boot-Funker identifiziert werden konnten, und TINA, eine Methode, durch oszillographische Analyse die Anschlagsart ein-zelner Funker im Morseverkehr zu erkennen. Hinzu kam das ange-sammelte Hintergrundwissen über die Operationsführung des BdU, bis hin zur Kenntnis der Charaktere einzelner U-Boot-Kommandan-ten, der U-Boot-Routen, der durchschnittlichen tatsächlichen Vor-marschgeschwindigkeiten und der Seeausdauer. Aus all diesen weiterhin verfügbaren Quellen und mit Hilfe von Winns bemerkens-werter Intuition stellte das Lagezimmer täglich trotz des Fehlens der Enigma-Informationen eine Einschätzung oder »Arbeitshypothese« der U-Boot-Operationen zusammen.

Der zweite Trost für die britischen Strategen und ihnen gleichge-sinnte Offiziere der US Navy lag darin, daß in den amerikanischen Gewässern auf überzeugende Art und Weise die kampfentscheidende Rolle des Konvoisystems demonstriert worden war. Und warum war es das? Weil der Konvoi, erstens, die U-Boote an die Kriegsschiffe heranlockte, so daß diese sie nicht wie die berühmte Nadel im Heu-haufen zu suchen brauchten; weil er, zweitens, bewirkte, daß die U-Boote sich in günstiger erscheinende Seegebiete zurückzogen, wenn ihnen die Angriffe auf die geschützte Schiffahrt zu riskant wurden, was am Ende ja in den US-Gewässern der Fall gewesen war; und weil er, drittens, die Erfolgswahrscheinlichkeit der U-Boote grundsätzlich senkte, denn wenn sie nicht richtig positioniert waren, um einen Kon-voi anzugreifen, hatten sie alle Schiffe im Konvoi verpaßt und muß-ten lange auf eine neue Chance warten.[22]

Der dritte Trost, den die Alliierten aus dem Verlauf des Seekriegs im ersten Halbjahr 1942 schöpfen konnten, bestand darin, daß das Küstenkommando der RAF und die Royal Navy Zeit gewonnen hatten, um sich zu verstärken, die Ausbildung zu verbessern und die Taktiken zu perfektionieren. Diesen Verbesserungen, zu denen sie durch die halbjährige Atempause Gelegenheit erhielten, und der Rolle der zivilen Wissenschaftler wollen wir uns im folgenden zuwenden.

Als Air Marshal Philip Joubert de la Ferté im Juni 1941 das Kommando in Northwood übernahm und Air Chief Marshal Frederick Bowhill als Befehlshaber des Küstenkommandos ablöste, entschied er, daß er einen Berater benötigte, der nicht den uniformierten Streitkräften angehören und im Lagezimmer stets bei ihm sein sollte: ein ziviler Wissenschaftler, der Zugang zu jeder Operation und zu jeder Geheimsache haben und ihm objektive, nicht vom Eigennutz gefärbte Ratschläge zur alltäglichen Praxis der U-Boot-Abwehr geben sollte. Er sollte Joubert also in Fragen beraten, die normalerweise als Domäne der Offiziere der RAF angesehen wurden. Seine Wahl fiel auf Patrick M. S. Blackett, einen der renommiertesten und vielseitigsten Physiker seiner Zeit, den Edward Bullard als »außerordentlich intelligent, freundlich, angenehm im Umgang, würdevoll und einfach nett« beschrieb.[23] Im Ersten Weltkrieg hatte er bei der Marine gedient, und Mitte der dreißiger Jahre hatte er als Mitglied des kurzlebigen Tizard-Komitees das britische Luftwaffenministerium beraten. Andere Mitglieder dieses Gremiums, das im wesentlichen für die Einrichtung der Kette von Radarstationen in Großbritannien zuständig war, waren neben dem Vorsitzenden Henry Tizard, einem Physiker, der Physiologe A. V. Hill, der Physiker H. E. Wimperis, A. P. Rowe und F. A. Lindemann, der spätere Lord Cherwell. Das Komitee war eine typische »Operations-Research-Abteilung«, um einen Begriff zu verwenden, den der Radarpionier Watson Watt nach eigenem Anspruch 1940 geprägt hat.[24]

Zu Lindemann, dessen Mitgliedschaft im Tizard-Komitee auf den Druck Winston Churchills zurückzuführen war, hatte Blackett ein gestörtes Verhältnis. 1939/40 arbeitete Blackett für das Königliche Luftfahrtamt in Farnborough, wo er Bombenzieleinrichtungen und ähnliches Gerät konstruierte, das er selbst im Flug testete. Außerdem arbeitete er mit dem Physiker Evan James Williams (1903–1945), mit dem er zusammen in Farnborough angefangen hatte, an der Ortung von U-Booten durch Magnetfeldmessungen. 1940/41 diente Blackett sieben Monate im Flugabwehrkommando in Stanmore, wo er Radargeräte für Feuerleitanlagen entwickelte, bis er im März 1941 Jouberts Ruf erhielt.

Blackett nahm Williams mit in sein neues Amt und stellte gegenüber Joubert klar, daß er alle Verbindungen zu Entwicklung, Konstruktion und Erprobung von Waffen hinter sich abgebrochen hatte. »Von Anfang an«, schrieb er später, »lehnte ich es ab, mich als Hebamme für irgendwelche technischen Entwicklungen mißbrauchen zu lassen.« Statt dessen wollte er frei sein für die Untersuchung nicht alltäglicher Fragen rein wissenschaftlicher Natur und jede getroffene Annahme einer quantifizierenden Analyse und empirischen Tests unterziehen. Auf diese Weise wollte er »dazu beitragen, daß der Krieg nicht nur aus dem Gefühl heraus betrieben wurde«.[25] Auch die ständige Forderung der Streitkräfte nach »neuen Waffen anstelle der alten« wies er zurück. Was beim Küstenkommando seiner Ansicht nach erreicht werden mußte war, daß Piloten, Besatzungen und Wartungspersonal »das, was wir hatten, richtig nutzten«.

Zu diesem Zweck begannen er und Williams die Einsätze des Küstenkommandos unter die Lupe zu nehmen und alles in Frage zu stellen, auch wenn es selbstverständlich zu sein schien. Um ein Beispiel zu geben: Es mußte meßbare Gründe dafür geben, daß das Küstenkommando damals so wenige U-Boote sichtete und nur ein Prozent der gesichteten U-Boote vernichtet wurden. Einen Monat nach seinem Dienstantritt besuchte Blackett Admiral Nobles Lagezimmer für die Western Approaches im Derby House in Liverpool, von wo aus die Einsätze aller britischen Überwasser- und Lufteskorten geleitet wurden. An dieser Stelle sei darauf hingewiesen, daß das Küstenkommando ab März, soweit es die operativen Einsätze betraf, der Admiralität unterstand, ansonsten aber ein Teil der RAF blieb. Damit teilten sich diese beiden Teilstreitkräfte die Verantwortung für die U-Boot-Abwehr aus der Luft. In Nobles Lagezimmer wurden die Positionen der Geleitfahrzeuge und die vermuteten Positionen der U-Boote auf einer riesigen Lagedarstellung an der Wand wiedergegeben. Ein kurzer Blick auf die Lage der Flugplätze der Maschinen des

Küstenkommandos und eine schnelle Prüfung der verfügbaren Flugstunden reichten Blackett, um auf der Rückseite eines Briefumschlages auszurechnen, wie viele U-Boote die Flugzeuge sichten müßten. Als er wieder in Northwood war und das Ergebnis mit den tatsächlich an diesem Tag erfolgten Sichtungen verglich, stellte er fest, daß es nur ein Viertel so viele waren, wie er errechnet hatte.

Zunächst fand er keine Erklärung dafür, bis er eines Tages mit einem Offizier über die Farbe der Flugzeuge sprach und sofort erkannte, daß er auf einen wichtigen Punkt gestoßen war. Die Bomber des Küstenkommandos waren schwarz, weil sie ursprünglich für den Nachteinsatz über Land vorgesehen waren. Deshalb hoben sie sich deutlich von dem dunkelblauen Himmel oder den hellen Wolken des Nordatlantiks ab, was es wachsamen U-Booten ermöglichte, zu tauchen, bevor sie entdeckt wurden. Durch Experimente zuerst mit Modellen und dann mit richtigen Flugzeugen fand Blackett heraus, daß die Entfernung, aus der ein weiß gestrichener Bomber gesichtet wurde, 20 Prozent geringer war als die, aus der ein schwarzer entdeckt wurde. Williams errechnete dann, daß ein weißer Bomber um 30 Prozent höhere Sichtungserfolge aufweisen dürfte als ein schwarzer, was sich dann auch in größeren Versenkungserfolgen niederschlagen mußte. Binnen weniger Monate wurden alle Flugzeuge des Küstenkommandos, die gegen U-Boote eingesetzt wurden, unten und vorn mattweiß gestrichen.[26]

Ein weniger einfaches Problem, das zugleich ein klassisches Beispiel der Frühgeschichte der Operations Research ist, war die Tiefeneinstellung der Wasserbomben. Beim Küstenkommando und in der Admiralität nahm man allgemein an, daß U-Boote etwa 30 Meter tief tauchen konnten, bevor der Angriff durch das Flugzeug erfolgte. Die Wasserbomben wurden also auf diese Tiefe eingestellt. Doch dann entdeckte Williams folgendes: Wenn ein U-Boot so tief gelangen sollte, dann war es auch ein ganzes Stück horizontal weitergekommen, mit dem Ergebnis, daß der Bomber nicht wissen konnte, wo er seine Bomben hinwerfen sollte. Außerdem war das Boot bei etwa 40 Prozent der Angriffe noch an der Oberfläche oder erst maximal 15 Sekunden getaucht, so daß eine Tiefeneinstellung von 30 Metern die Wasserbomben nutzlos machte.

Williams konnte die Offiziere im Küstenkommando nur schwer

davon überzeugen, daß die Versenkungsrate bei einer Tiefeneinstellung von nur acht Metern zweieinhalbmal höher wäre als bei der bisherigen Einstellung. Doch es gelang ihm, und die flachere Einstellung wurde nach und nach eingeführt. Man begann im Juli 1941 mit 15 Metern, ging im Januar 1942 auf 10 Meter und erreichte im Juli des gleichen Jahres schließlich die 8 Meter. Die Einstellungsänderungen brachten tatsächlich eine entsprechende Steigerung der Erfolge mit sich. »Sicher kann es nur wenige Fälle geben«, kommentierte Blakkett die Entwicklung, »in denen durch eine derart kleine Änderung der Taktik ein so großer operativer Gewinn erreicht wird.«[27]

Unter Blacketts Leitung wurde die Abteilung für Operational Research (OR) beim Küstenkommando zu einer verschworenen Gemeinschaft herausragender Wissenschaftler, darunter zwei künftige Nobelpreisträger (Blackett und John C. Kendrew), fünf künftige Mitglieder der Royal Society (Blackett, Kendrew, Williams, C. H. Waddington, G. W. Robertson) und ein künftiges Mitglied der australischen Akademie der Wissenschaften (J. M. Rendel). Mit Ausnahme Blacketts, der 1942 45 Jahre alt war, waren alle zwischen 20 und 40. Die Genannten und die anderen Mitarbeiter der OR-Abteilung untersuchten eine Vielzahl von Fragen in bezug auf die Leistungsfähigkeit des Küstenkommandos. In neunzig Prozent der Fälle ergab die Analyse, daß die Annahmen und Überlegungen, die einer bestimmten Taktik zugrunde lagen, völlig richtig waren. So hatte Jouberts Stab zum Beispiel herausgefunden, daß es besser war, das fühlunghaltende U-Boot bei einem Konvoi unter Wasser zu drücken und damit die Organisation eines Rudelangriffs zu verhindern, als abzuwarten, bis ein erster Angriff auf den Konvoi erfolgt war.

Die Operations Research bestätigte diese Überlegung, zeigte aber auch auf, wie man das Ziel am besten erreichen konnte. Dazu durften die Suchflüge nicht zu dicht am Konvoi durchgeführt werden. Untersuchungen hatten ergeben, daß die meisten U-Boote von Flugzeugen gesichtet wurden, die ihren Konvoi nicht gefunden hatten. Daraus zog man die Schlußfolgerung, daß die meisten U-Boot-Rudel über zwanzig Meilen von dem bedrohten Konvoi entfernt zusammengestellt wurden, und fortan wurden die Suchflüge dementsprechend eingesetzt. Von August 1942 bis Mai 1943 hatten Suchflüge in einem gewissen Abstand vom Konvoi 40 Prozent mehr Angriffe auf U-Boote zur Folge als Flüge dicht am Konvoi (letztere entsprachen der US-Doktrin). Auf diese Weise konnten die Schiffsverluste am Tag deutlich reduziert sowie in der ersten und zweiten Nacht bei einem längeren Kampf um einen Konvoi halbiert werden. Außerdem entdeckte man, daß sich *hinter* einem Konvoi häufig besonders viele U-Boote aufhielten, was den Schluß nahelegte, daß der Fühlunghalter seine Aufgabe nicht erfüllt hatte und das Rudel durcheinander geraten war.[28]

Blackett führte noch weitere Studien zur Wirksamkeit der Wabo-Angriffe durch, die später von E. C. Baughan fortgesetzt wurden. Diese Studien führten ähnlich wie die Änderung der Tiefeneinstellung zu erheblichen Verbesserungen der Wirksamkeit der Bomben. Obwohl beim Küstenkommando viel darüber diskutiert wurde und manche Wasserbomben mit 15, 40 oder 250 kg Gewicht vorschlugen, war Blackett überzeugt, daß die vorhandene, etwa 110 kg schwere Bombe völlig ausreichte, wenn sie richtig eingesetzt wurde. Er untersuchte ihren Einsatz unter zwei Gesichtspunkten: dem der Zielgenauigkeit und dem der Abstände bei Reihenwürfen; Wasserbomben wurden häufig in Reihen, auch »Knüppel« genannt, von vier bis acht Bomben abgeworfen, wobei manchmal alle auf einmal und manchmal eine nach der anderen zum Einsatz kamen. Der Abstand zwischen den Bomben wurde durch ein elektromechanisches Gerät (das Intervalometer) gesteuert, und die Gesamtlänge des Reihenwurfs nannte man Knüppellänge.

Um die Genauigkeit der Bombenabwürfe zu überprüfen, ließ Blakkett eine nach hinten gerichtete Kamera in die Bomber einbauen. Beim Studium der Fotos stellte er fest, daß die Piloten die Mitte des Knüppels durchschnittlich 55 Meter vor den Turm des aufgetauchten U-Bootes legten. Als er sie fragte, warum sie das machten, sagten sie ihm, daß dies der Vorhalt sei, um die Fahrstrecke des Bootes während des Falls der Wasserbomben auszugleichen. So stand es auch in der Vorschrift, und so war es ihnen beigebracht worden. Aber die Fotos bewiesen, daß die Sache mit dem Vorhalt nicht klappte. Blackett empfahl, die Bomben direkt auf den Turm des U-Boots zu werfen, auch wenn dies dem normalen Menschenverstand widerspräche. Als sein Rat umgesetzt wurde, erhöhten sich die Erfolge um 50 Prozent.

Der optimale Abstand zwischen den einzelnen Wasserbomben

eines Reihenwurfs war ein komplexeres Problem, und die Lösung wurde erst gefunden, nachdem Blackett das Küstenkommando verlassen hatte. Die Piloten stellten für gewöhnlich einen Abstand von 12 Metern ein, was nach dem Ergebnis der mathematischen Analyse zu kurz war. Nachdem das Küstenkommando im März 1943 die Empfehlung der OR-Abteilung, die Einstellung auf 30 Meter zu erhöhen, befolgt hatte, endeten Angriffe auf U-Boote mit Reihenwürfen immer öfter tödlich.

Die OR-Abteilung beschäftigte sich noch mit einer Vielzahl anderer Probleme, von denen manche so alltäglich waren wie die Frage der Planung von Flugbetrieb und Wartung. Dieses Thema wurde von C. E. Gordon bearbeitet, der den größtmöglichen Nutzen aus den vorhandenen Maschinen und Flugzeugbesatzungen ziehen wollte. Er fand heraus, daß in einem typischen Geschwader mit 19 Flugzeugen diese nur etwa sechs Prozent der Zeit in der Luft waren, 23 Prozent der Zeit aber am Boden standen, obwohl Flugbesatzungen verfügbar und die Flugzeuge einsatzbereit waren; 30 Prozent der Zeit befanden sie sich in der Wartung, und 41 Prozent der Zeit warteten sie auf Ersatzteile oder Flugbesatzungen. Wenn es gelang, die vorhandenen Mittel des Küstenkommandos effizienter zu nutzen, konnte die Zahl der Flugzeuge über See erheblich erhöht werden. Gordons »Effektivitätsstudie«, wie man das heute nennen würde, führte zu einer Verdreifachung der Flugstunden, was bei einem Geschwader mit 19 Maschinen einen Anstieg von 1300 auf 4000 Stunden bedeutete. Die Gefahr für die U-Boote nahm dementsprechend zu. Die von der Operations Research entwickelten Methoden wurde schließlich von der gesamten RAF und auch von der Luftwaffe der Royal Navy übernommen.

Andere Mitglieder der Abteilung, insbesondere die Mathematiker, arbeiteten an geheimnisvolleren Problemen, wie zum Beispiel der Streifenbreite bei Suchflügen, der Sichtweite verschiedener Flugzeugtypen und der verschiedenen Beobachtungsposten in den Flugzeugen, der optimalen Flughöhe bei optischer Suche und Radarsuche, den Anforderungen an die Qualität der Augen der Besatzungsmitglieder, der Wahrscheinlichkeit einer Versenkung nach der Sichtung eines U-Boots, den Navigationsmethoden auf und über der See, der durchschnittlichen Anzahl von Konvois, die ein U-Boot sichtete, bevor es selbst vernichtet wurde (siebeneinhalb), der durchschnittlichen Lebenserwartung eines U-Boots (14 Feindfahrten) und der Entwicklung eines Modells der U-Boot-Bewegungen im Nordatlantik (heute würde man das ein »Makromodell« nennen).[29]

Im Januar 1942 verließ Blackett das Küstenkommando. Sein Nachfolger als Leiter der OR-Abteilung wurde Professor Williams. Die Arbeit der Abteilung ging weiter wie zuvor, nur daß die Verbindung von militärischer Organisation und zivilen Wissenschaftlern nach dem 6. Februar 1943, als Air Marshal John Slessor Befehlshaber wurde, noch enger geworden sein dürfte. Waddington bestätigte, er habe »selten eine solch großzügige, wenn auch kritische Einstellung angetroffen, wie sie uns ›zivilen Eindringlingen‹ gegenüber in diesem militärischen Stab an den Tag gelegt wurde«. Zu keinem Zeitpunkt scheint bei Joubert oder Slessor die Befürchtung aufgekommen zu sein, daß sich die Wissenschaftler zu sehr in den Vordergrund drängen oder sich für etwas Besseres als Mitglieder des Teams halten könnten.[30]

Wenn man den Beitrag der nicht zur RAF gehörenden Männer zu den Leistungen des Küstenkommandos behandelt, muß man auf jeden Fall den ersten Marineverbindungsoffizier erwähnen, Commander, später Captain D. V. Peyton Ward, der als U-Boot-Fahrer borddienstuntauglich geworden war und nun in jeder Beziehung die enge und segensreiche Zusammenarbeit des Küstenkommandos und der Admiralität verkörperte. Er erledigte viele Aufgaben, die normalerweise nicht in sein Arbeitsgebiet fielen. So befragte er, nachdem Joubert das Kommando übernommen hatte, alle Flugzeugbesatzungen, die ein U-Boot gesichtet oder versenkt hatten, und vergrößerte damit den für die Untersuchungen der Operations-Research-Abteilung verfügbaren Datenbestand erheblich. Als Marineblauer zwischen all den Graublauen der RAF beim Küstenkommando vertrat er die Interessen des Küstenkommandos in der wichtigen, die Teilstreitkräfte übergreifenden U-Boot-Arbeitsgruppe, von der die abschließende Bewertung des Erfolgs von Überwasser- und Luftangriffen auf U-Boote vorgenommen wurden. Nach dem Krieg verfaßte Peyton Ward die offizielle Geschichte der britischen Seekriegführung aus der Luft.[31]

Während die Operations-Research-Abteilung und Peyton Ward

sich die Köpfe zerbrachen, unternahmen die Flugzeugbesatzungen ihre schwierigen Suchflüge. Hunderte von Meilen streiften sie in 300 bis 1500 Meter Höhe lärmend über das graue Wasser des Atlantiks, bei jedem Wetter, bei Sturm und bei Kälte. Nur selten hatte ein Besatzungsmitglied das Glück, auch nur ein einziges U-Boot mit eigenen Augen zu sehen und so den Lohn für die sich hinziehenden, langen Stunden des Suchens zu erhalten. Ein Besatzungsmitglied sagte:

> Es ist schwer, die große Langeweile bei all diesen Einsätzen zu beschreiben: Stunde um Stunde in der Luft, und nichts zu sehen als die See. Ich bin sicher, daß manche Besatzung in jedem Fall angriff, wenn sie ein U-Boot sichtete, ganz egal, was das U-Boot ihnen entgegenschleuderte, es war eben eine willkommene Unterbrechung der Langeweile.[32]

Viele Flugzeugbesatzungen wurden mit ihren Maschinen abgeschossen, weit entfernt von jeder Hilfe. Und viele Besatzungen gingen auf See verloren, ohne daß der Feind dazu beitrug. Motorausfälle, schlechtes Wetter, Navigationsfehler oder Kraftstoffmangel konnten die Gründe sein. Das Motto des Küstenkommandos war: »Stetes Bemühen.«

Die Biskaya ist ein grob dreieckig geformtes Seegebiet am Rand des Atlantiks. Im Norden wird sie durch die Bretagne begrenzt, im Süden durch die nördlichen Provinzen von Spanien. Diese etwa 223 000 Quadratkilometer große und in der Mitte 4735 Meter tiefe Wasserfläche mußten die U-Boote durchfahren, die von den Stützpunkten in Westfrankreich aus operierten, also von Brest, Lorient, Saint-Nazaire, La Pallice oder Bordeaux. Für gewöhnlich passierten die aus- und einlaufenden Boote vor der Küste einen »Flaschenhals«, der in Nord-Süd-Richtung etwa 300 und in Ost-West-Richtung cirka 200 Meilen maß. Dort konnte man sie in hoher Konzentration antreffen, bevor sie sich in der Weite des Atlantiks verloren. Der monatliche Durchgangsverkehr reichte von 45 Booten im Juni 1942 bis zu 100 Booten Anfang 1943, und für das Frühjahr 1943 erwartete man bis zu 150 Passagen pro Monat. Die Straße von Gibraltar war ein weiterer Flaschenhals, aber hier versuchten viel weniger Boote das Durchkommen. Ein anderes Durchgangsgebiet war die Nordroute von Deutschland um Schottland herum, wenngleich sie fast nur von Neubauten benutzt wurde, die zum Einsatz in den Atlantik unterwegs waren. Wenn man ein Seegebiet suchte, in dem es besonders viele U-Boote gab, dann war das die Biskaya.[33] Im März 1943 bemerkte die britische Admiralität:

[Der Gegner] kann natürlich die Taktiken ändern, er kann den Kampf um einen Konvoi abbrechen, und er kann sich aus einem Einsatzgebiet ganz zurückziehen, wie er es vor der amerikanischen Küste getan hat. Aber die Biskaya muß er immer durchqueren.[34]

Ob die U-Boote zu den nordatlantischen Konvoirouten, wo die intensivsten Rudelangriffe durchgeführt wurden, fuhren oder von dort kamen oder ob sie zu anderen Seegebieten unterwegs waren, zu den von den Briten so genannten »Outer Seas« (Entfernten Gewässern) vor Freetown und Kapstadt, im Indischen Ozean, in der Atlantikenge zwischen Afrika und Südamerika, vor Brasilien, in der Karibik und der Küste Nordamerikas: die von Minen freigeräumte Passage in der Biskaya war eine schmale Gasse, durch die jedes Boot hindurch mußte. Kurz, die Biskaya mußte auf einen Gegner mit ausgeprägtem Jagdinstinkt eine unwiderstehliche Anziehungskraft ausüben.

Vom Tag seines Amtsantritts in Northwood im Jahr 1941 an wandte Air Chief Marshal Joubert diesem Seegebiet seine besondere Aufmerksamkeit zu. Wie schon viele vor ihm beim Küstenkommando, konnte er nicht verstehen, warum das Bomberkommando mit seinen schweren Bombergeschwadern die Stahlbetonbunker der deutschen Atlantikstützpunkte nicht zerstört hatte, als sie noch im Bau und verwundbar gewesen waren. Tatsächlich hatte das Bomberkommando versucht, den Bau zu verhindern. 1940 waren zwanzig Nachtangriffe auf den Stützpunkt in Lorient geflogen worden, 1941 sechzehn und Anfang 1942 zwölf. Das 8. Geschwader der US Air Force flog zwischen November 1942 und Juni 1943 zehn Tagesangriffe gegen Saint-Nazaire. Weitere Angriffe gab es gegen Brest. Doch alle diese Angriffe waren nicht sehr wirkungsvoll; die Abwurfgenauigkeit war schlecht, und es gab von deutscher Seite starkes Flakfeuer, das zu schweren Verlusten bei den Bombern führte. Das einzige Ergebnis am

Boden war, daß die Städte zerstört wurden, in deren Nähe die Bunker entstanden. In Lorient und Saint-Nazaire hatte, laut Admiral Dönitz, keine einzige Katze und kein einziger Hund überlebt. Angesichts des ungelösten Problems der fast fertigen U-Boot-Bunker beschloß Joubert, dem Charakter des Küstenkommandos als einem offensiven Kommando dadurch gerecht zu werden, daß er möglichst viele Flugzeuge gegen die U-Boote einsetzte, die die Biskaya passierten. Das entsprach der natürlichen Rolle des Jägers, auch wenn es nur in dem Maße möglich war, wie die Einsätze an den Konvois es erlaubten. Durch diese Entscheidung trat er in eine Debatte ein, die nie zu einem eindeutigen Ergebnis führte, weder in der Admiralität noch beim Küstenkommando. Die Frage war, frei nach Shakespeare: Ob's edler im Gemüt, die Konvois zu *verteidigen* und so die Schlacht im Atlantik zu gewinnen, indem man die Handelsschiffe pünktlich und sicher in ihre Zielhäfen brachte, oder sich gegen eine See von U-Booten zu bewaffnen und sie, indem man sie *jagte,* auszuschalten?

Im Sommer 1941 begann Joubert die später so genannte Erste Biskaya-Offensive, die Tageseinsätze von Wellingtons, Sunderlands, Whitleys, Hudsons und Catalinas umfaßte, die allesamt mit dem 1,5-Meter-ASV-Radar Mark II ausgerüstet waren. Die Resultate waren enttäuschend. Wie die OR-Abteilung feststellte, entdeckten sechzig Prozent der U-Boote die anfliegenden Flugzeuge, bevor sie selbst gesichtet worden waren, so daß sie der Gefahr durch Tauchen ausweichen konnten. Während die Offensive bis in den Herbst fortgeführt wurde, beobachtete man, daß die U-Boot-Kommandanten auf die erhöhte Gefahr in der Biskaya reagierten, indem sie ihre Batterien nachts in Überwasserfahrt aufluden, um am Tag solange wie möglich unter Wasser zu fahren. Die Entdeckung von U-Booten durch Flugzeuge des Küstenkommandos nahm entsprechend ab, und die Berichte zeigen, daß das Jahr endete, ohne daß auch nur ein einziges U-Boot in der Biskaya durch Flugzeuge versenkt worden war.[35]

Professor Blackett, der einer Arbeitsgruppe für Nachtangriffe vorstand, die dem U-Jagd-Komitee für Luftangriffe in der Admiralität zuarbeiten sollte, gab die Aufgabe vor: Man mußte einen Weg finden, um die U-Boote nachts angreifen zu können, wenn sie an der Oberfläche ihre Batterien aufluden. Dafür brauchte man ein Beleuchtungsmittel, das den Piloten die Ziele sichtbar machte, deren Anwesenheit ihnen vorher das Radar verraten hatte. Anfang 1942 wurde mit 100-mm-Leuchtpatronen, die von mit Radar ausgerüsteten Whitleys gezogen wurden, experimentiert. Doch diese Methode stellte sich als nicht erfolgreich heraus. Ein anderes, besseres Leuchtmittel wurde benötigt.

Im September 1940 forderte der damalige Befehlshaber des Küstenkommandos, Air Chief Marshal Bowhill, in einem Rundschreiben Offiziere und andere Dienstgrade dazu auf, Vorschläge zur Verbesserung der U-Jagdeinsätze aus der Luft zu machen. Er erhielt einen detaillierten Vorschlag für einen luftgestützten Scheinwerfer zum nächtlichen Einsatz gegen aufgetauchte U-Boote. Der Vorschlag kam nicht von einem Techniker, sondern von einem Piloten aus dem Ersten Weltkrieg, der damals U-Jagdeinsätze über dem Mittelmeer geflogen war, nämlich von Squadron Leader Humphrey de Verde »Sammy« Leigh, der jetzt Personaloffizier in der Zentralverwaltung war. Leigh schlug vor, unterhalb des Rumpfs der sogenannten DWI-Wellingtons eine einziehbare Kohlebogenlampe anzubringen. DWI-Wellingtons waren vorher (aber inzwischen nicht mehr) benutzt worden, um mit Hilfe eines starken elektrischen Feldes Magnetminen aus der Luft zu zünden. Dazu hatte man sie mit Hilfsmaschinen und mit 35- oder 90-Kilowatt-Generatoren ausgerüstet.

Bowhill war von diesem Vorschlag so beeindruckt, daß er Leigh von seinem Schreibtischposten ablösen ließ und ihm das Projekt hauptamtlich anvertraute. Es mußte diverse Hindernisse überwinden. Das erste bildeten die Flugzeugtechniker der RAF, die glaubten, das Problem sei mit Leuchtgranaten besser zu lösen. Der Nichttechniker Leigh ließ aber nicht locker und überwand alle Schwierigkeiten, die sich ihm entgegenstellten. Das Problem der Entlüftung der Dämpfe der Kohlebogenlampe wurde genauso gelöst wie das ihrer Ausrichtung und Steuerung; man schloß aus, daß Flugzeugbesatzungen geblendet wurden, und reduzierte das Gewicht der Lampe. Im März 1941 stellte die Vickers-Fabrik in Brooklands einen Prototyp fertig. Dafür hatte man einen Marinescheinwerfer mit 61 cm Durchmesser und enger Bündelung verwendet, der schon ohne Linsenvorsatz eine erhebliche Leuchtleistung erbrachte; die Stromversorgung erfolgte über sieben 12-Volt-Akkumulatoren mit je 40 Ampèrestunden Kapazität. In der Nacht des 4. Mai entdeckte die erste mit dem »Leigh-

Licht« ausgerüstete Wellington vor der Nordküste Irlands mehrmals das britische U-Boot H-31. Das Boot wurde angestrahlt und zum Ziel mehrerer Scheinangriffe. Bowhill war über den Erfolg nicht weniger entzückt als Leigh, aber nur einen Monat später, nach der Ablösung Bowhills durch Joubert, wurde das Projekt abgebrochen, und Leigh kehrte an seinen Schreibtisch in der Zentralverwaltung zurück.

Der Zufall wollte es, daß Joubert zuvor mit einem anderen Beleuchtungssystem zu tun gehabt hatte, das nach einem Group Captain der RAF Helmore-Licht genannt wurde und feindliche Bomber bei Nacht anstrahlen sollte. Der neue Befehlshaber des Küstenkommandos dachte, es könnte auch gegen U-Boote benutzt werden. Aber es stellte sich schnell heraus, daß das Helmore-Licht für die Zwecke des Küstenkommandos ungeeignet war: Die riesige Akkuladung beanspruchte die gesamte Ladekapazität des Bombers; das Licht konnte nicht ausgerichtet werden, es sei denn, man bewegte es mit dem ganzen Flugzeug, und das grelle Licht des in der Nase des Flugzeuges montierten Geräts blendete Bediener und Piloten. »Nach etwa zwei Monaten«, schrieb Joubert später, »mußte ich, wie ich offen zugebe, feststellen, daß ich einen Fehler gemacht hatte.«[36] Leigh räumte zum zweiten Mal seinen Schreibtisch und kehrte in den Flugzeughangar zurück.

Monate vergingen mit technischen Verbesserungen, Flugerprobungen, Ausbildung von Flugzeugbesatzungen und administrativen Verzögerungen, die Peyton Ward »schwer erklärlich« fand. Anfang Juni 1942 endlich wurde beim 172. Geschwader ein »Billigpaket« mit fünf mit Leigh-Lichtern ausgerüsteten Wellingtons für die Biskaya in Dienst gestellt. Der erste Angriff mit Hilfe eines Leigh-Lichts wurde gegen das italienische U-Boot *Luigi Torelli* (Tenente di Vascello [Kptlt.] Augusto Migliorini) geflogen, der schwere Schäden auf dem U-Boot verursachte.[37] Der Angriff wurde von Squadron Leader Jeaff Gresswell mit einer Wellington »F« des 172. Geschwaders durchgeführt. Im Juni und Juli gelangen den Wellingtons mit dem »verdammten Licht«, wie die Deutschen es nannten, insgesamt elf Sichtkontakte, die zu sechs Angriffen und einer Versenkung führten. Opfer der Wellington VIII »H« des Piloten Wiley Howell, einem Amerikaner, der bei der RAF diente, war Boot U-502 (Typ IXC, Kptlt. Jürgen von

Rosenstiel), das sich auf der Heimreise aus der Karibik befand. Zwei weitere Boote wurden bei den Angriffen beschädigt.

Bevor die Wellingtons diese Statistik verbessern konnten, befahl Admiral Dönitz seinen Boote in der Biskaya: »Da die Gefahr von Angriffen ohne jede Vorwarnung durch mit Funkmeß ausgerüstete Flugzeuge jetzt bei Nacht größer ist als bei Tage, fahren die U-Boote zukünftig bei Tage aufgetaucht.«[38] In anderthalb Monaten hatte das Leigh-Licht den U-Booten in der Biskaya die Nacht geraubt. Doch wie sich herausstellte, sollte das auch schon der Hauptbeitrag des Leigh-Lichts gewesen sein. In der Biskaya wurde wieder die U-Jagd aus der Luft bei Tageslicht möglich, und die Ergebnisse des Küsten-kommandos fielen etwas besser aus als zuvor, denn von Mitte Juli bis Ende September entdeckten konventionell ausgerüstete Flug-zeuge über siebzig U-Boote und erzielten drei weitere Versenkun-gen.

Dennoch vermochte das Küstenkommando die große Chance, die sich ihm in der Biskaya bot, nicht so recht zu ergreifen. Das ganze restliche Jahr über blieb das Verhältnis zwischen Sichtungen und Ver-senkungen enttäuschend schlecht, und das blieb auch Anfang 1943 noch so. Während das Küstenkommando erwartet hatte, daß der Pro-zentsatz der erfolgreichen Angriffe wegen der größeren Erfahrung der Piloten, der geänderten Tiefeneinstellung der Wasserbomben (jetzt endlich 8 Meter) und deren besserer Torpex-Füllung auf etwa zwan-zig Prozent steigen würde, blieb er bei sechs Prozent hängen. Die Frage der Angriffserfolge stellte sich überall, wo die Maschinen auf U-Boote stießen. Das war selbst bei Lehrbuchangriffen so, bei denen der Anflug unbemerkt in den Wolken gemacht wurde und das U-Boot beim Bombenabwurf noch aufgetaucht oder weniger als 15 Sekunden unter Wasser war. Beim Küstenkommando gingen die Meinungen über die Gründe auseinander. War die Waffe schlecht, oder wurde schlecht gezielt? Berichte der Schützen im hinteren Teil der Flug-zeuge und Fotografien schienen anzudeuten, daß die Boote durch die 110-kg-Torpexbomben noch nicht einmal dann beschädigt wurden, wenn eine richtige Eingabelung erzielt wurde, das heißt die Ein-schläge auf beiden Seiten des Bootes lagen. Die OR-Abteilung trat jedoch für die vorhandenen Wasserbomben ein und ermittelte nach umfangreichen Untersuchungen, daß das Problem eben doch das ungenaue Zielen war, und das konnte durch bessere und vermehrte Ausbildung behoben werden.

Zum Beleg verwies die Abteilung darauf, daß die besten Geschwader, das 120. (6 Versenkungen, 10 Beschädigungen), das 202. (4 Versenkungen, 5 Beschädigungen) und das 500. (4 Versenkungen, 9 Beschädigungen), auch gute Ergebnisse bei Übungswürfen erzielten. Außerdem hoben die Wissenschaftler einzelne Piloten mit guten Leistungen heraus, zum Beispiel Squadron Leader Terence M. Bulloch vom 120. Geschwader, der drei Boote versenkt und drei beschädigt hatte, und Flying Officer M. A. »Mike« Ensor vom 500. Geschwader, der ein U-Boot versenkt und drei beschädigt hatte. In beiden Fällen war eine intensive Ausbildung in Erfolge im Einsatz umgesetzt worden.[39] Die Bomben waren in Ordnung. Die Ergebnisse der OR-Abteilung hatten ein großes Übungsprogramm im Bombenzielwerfen zur Folge.

Ein weiteres Problem der Bomber war tagsüber der wachsende Widerstand der deutschen Luftwaffe, die im Sommer und Herbst 1942 versuchte, die Bomber in der Biskaya abzufangen. Dabei benutzte sie Flugzeuge vom Typ Focke-Wulf 190, Heinkel 115, Ju 88, Messerschmidt 210 und Arado 196. Ein paar Flugzeuge und Flugbesatzungen gingen beim Küstenkommando verloren, aber das Jagdgeschwader aus Chivenor in Devon wehrte die Angreifer erfolgreich ab, und mit der Zeit gab der Feind die Luftoffensive wieder auf.

Auch nachts hatten die Bomber Probleme. Da war zum ersten die französische Thunfischfangflotte, die den Thunfischen bis in die Mitte der Biskaya folgte, wo die meisten Maschinen mit Leigh-Licht operierten. Viele Radarkontakte stellten sich, wenn sie angestrahlt wurden, als Fischerboote heraus. Der Gebrauch des Leigh-Lichts war in 25 Prozent der Fälle vergebens und verschwendete also nur die Energie der Akkumulatoren. Außerdem wurden die U-Boote in der Nähe gewarnt. Im August wurde das Problem so groß, daß man den Einsatz der Maschinen mit Leigh-Licht als zwecklos betrachtete. Das Küstenkommando versuchte, die Fischer durch Rundfunksendungen der BBC aus der Gegend zu verscheuchen; es wurden sogar Warnschüsse auf sie abgeschossen. Aber es half alles nichts; diese Störung hörte erst auf, als im Oktober die Thunfischsaison zu Ende ging.

Inzwischen hatte sich jedoch für die Leigh-Licht-Flüge und alle anderen Einsätze ein viel schwerwiegenderes Problem ergeben. Die

Technik-Abteilung beim BdU hatte die zutreffende Schlußfolgerung gezogen, daß die Beleuchtungsangriffe in der Biskaya durch Meterradar in den Flugzeugen möglich wurden. Mit einem in Tunesien erbeuteten ASV-Gerät Mark II als Vergleichsobjekt entwickelten die Techniker des BdU einen Radarempfänger (Typ R.600), der die 1,5-Meter-Wellen, die von den Maschinen des Küstenkommandos ausgesandt wurden, entdecken konnte und so dem U-Boot die Zeit verschaffte, sich der Gefahr durch Tauchen zu entziehen. Tatsächlich gab das Gerät seine Warnung auf größere Entfernungen (etwa 10 Seemeilen) ab, als das Flugzeug den Echoton empfangen konnte. Das Gerät wurde in Paris von der Firma Metox (später auch von Grandin) hergestellt und im August auf drei Booten, U-214, U-107 und U-69, eingebaut. Abgesehen von einigen Problemen mit der Antenne, die an einem groben Holzkreuz befestigt war, dem sogenannten Biskaya-Kreuz, das beim Tauchen die Turmleiter hinuntergetragen werden mußte und so eine ärgerliche Verzögerung bewirkte, waren die Berichte der Boote über die Wirksamkeit des Geräts positiv. Dönitz gab daraufhin die Anweisung, es auf allen Booten einzubauen, was bis Ende des Jahres weitgehend geschehen war. Diese Gegenmaßnahme erlaubte es den Booten wieder, bei Nacht aufgetaucht zu fahren.

Ein dramatischer Rückgang der Zahl der U-Boot-Sichtungen sowohl bei Tag als auch bei Nacht und die von Winn und Beesly entschlüsselten Enigma-Informationen waren für Northwood deutliche Hinweise darauf, was geschehen war. Der Wert der Einsätze in der Biskaya war in Frage gestellt, und Befehlshaber Joubert drängte London, ihm 10-cm-Radargeräte zukommen zu lassen, die den deutschen Warnempfänger, der in England GSR (German Search Receiver) genannt wurde, nutzlos machen würden. Aber das erste mit 10-cm-Radar ausgerüstete Geschwader war erst im darauffolgenden März einsatzbereit. Inzwischen vertraute das Küstenkommando auf die einzige greifbare Lösung: Überflutung. Bei dieser Taktik ließen alle Flugzeuge über der Biskaya ihre Radargeräte ständig eingeschaltet. Man nahm an, daß die deutschen Warnempfänger dann pausenlos Alarm gaben, so daß die U-Boote nicht wußten, ob sie Ziel eines Anfluges waren oder nicht, und hoffte, daß sie womöglich unaufmerksam oder leichtsinnig wurden. Nur die Leigh-Licht-Maschinen, die vielleicht doch ein U-Boot überraschen konnten, wurden nicht einbezogen. Aber die neue Taktik erbrachte keine zusätzlichen Angriffsmöglichkeiten. Im Januar 1943 führten 3136 Flugstunden bei Tag nur zu fünf Sichtungen, und nachts sichteten Leigh-Licht-Flugzeuge und konventionelle Maschinen in 827 Flugstunden nur drei U-Boote.[40] Das war ein neuer Negativrekord in der Biskaya.

Während des sechsmonatigen Picknicks der U-Boote vor der nordamerikanischen Küste konnten die überanstrengten und müden Geleitfahrzeuge der Royal Navy eine Pause einlegen. Neues Ortungsgerät konnte eingebaut und der Gebrauch der Waffen, einschließlich der neuen Hedgehog-Werfer, eingeübt werden, und Offiziere, Unteroffiziere und Mannschaften konnten ausgebildet werden. Erste Erfahrungen und oft auch erste Eindrücke von der See konnten die Mannschaften der neu in Dienst gestellten Geleitfahrzeuge während der Gefechtsausbildung auf HMS *Western Isles* in Tobermory Harbour auf der Insel Mull vor der Westküste Schottlands sammeln. Dort nahm sich der ebenso legendäre wie schrullige Commodore Gilbert »Puggy« Stephenson der Landratten an, die nur »im Verteidigungsfall« zur See fahren sollten – insgesamt durchliefen während des Krieges 1132 Besatzungen seine Schule –, und machte aus ihnen in drei Wochen disziplinierte, halbwegs vernünftig ausgebildete Seeleute, die anschließend direkt zum Konvoidienst versetzt wurden.[41]

Während Stephensons Arbeit mit den neuen Besatzungen keine Pause in den Kampfeinsätzen erforderte, war das bei der Weiterbildung der Kommandanten und Wachoffiziere durchaus der Fall. Dies traf insbesondere auf die Taktikschule des Kommandos der Western Approaches (WATU) zu, einer Einrichtung zur Analyse der U-Jagdverfahren, die auf Anregung Churchills im Januar 1942 gegründet worden war, also im selben Monat, in dem die deutschen U-Boote vor der US-Küste auftauchten. Die Dienststelle wurde im obersten Stockwerk des von Bomben beschädigten Tate and Lyle Exchange Building eingerichtet, gleich östlich neben dem Hauptquartier des Befehlshabers der Western Approaches, dem Derby House in Liverpool. Für Aufbau und Führung der WATU wählte Churchill Commander (später Captain) Gilbert Howland Roberts aus, der wie Peyton Ward aus gesundheitlichen Gründen aus der Royal Navy ausgeschieden war, in seinem Falle wegen Tuberkulose.

Roberts war ein ehemaliger Zerstörerkommandant, der als Artillerieoffizier ausgebildet worden war, und so hielt er sich auch bei seiner Lagedarstellung an das Vorbild, das an der Artillerieschule benutzt worden war. Er unterteilte ein großes Stück des Linoleumfußbodens, das die offene See darstellen sollte, mit fünfundzwanzig Zentimeter voneinander entfernten Linien, und auf diesen »Taktiktisch« setzte er Holzmodelle von Konvoischiffen, Geleitfahrzeugen und U-Booten. Dann deckte er den Blick auf den »Ozean« mit Tampen und Segeltuch ab, ließ dabei aber, entsprechend der Sicht- oder Erkennungsmöglichkeiten, die man auf See, insbesondere bei Nacht, gehabt hätte, kleine Einblicke auf die jeweilige operative Situation frei. Es konnten entweder vierundzwanzig »Spieler« auf dem gesamten »Tisch« spielen oder drei Gruppen zu je acht Spielern auf Teilen davon. Sie saßen jeweils an Koppeltischen hinter den Abdeckungen.

Während einige meist siebzehn bis zwanzig Jahre alte Marinehelferinnen, sogenannte Wrens (Womans Royal Naval Service, WRNS), die Modelle verschoben und die möglichen Einblicke in die Lage anpaßten, wurden verschiedene Gefechtssituationen simuliert, und die Kommandanten und Wachoffiziere mußten die in der jeweiligen Situation fälligen Entscheidungen treffen. Die dargestellten taktischen Situationen entstammten intensiven Gesprächen, die Roberts mit den Führern verschiedener Eskortgruppen geführt hatte. Jede Bewegung wurde nachgezeichnet, die der U-Boote in grüner Kreide, die der Geleitfahrzeuge in Weiß. Am Ende des »Spiels«, wie die Übung genannt wurde, konnten die Teilnehmer ihre Erfolge und Mißerfolge bei Jagd und Angriff nachvollziehen. Ein taktischer Kursus dauerte sechs Tage, und im Lauf der Monate gewannen die Wrens so viel Kenntnisse und Selbstsicherheit, daß sie in der Lage waren, den erfahrenen Offizieren Ratschläge zu geben. Daran erinnerte sich auch ein Lieutenant (und späterer Schriftsteller) namens Nicholas Monsarrat, der in seinem Buch *The Cruel Sea* einräumte: »Es war wirklich unfair, sie schienen einfach alles zu wissen ...«[42]

Aus diesen Übungen ergaben sich etliche neue Angriffsverfahren. Das erste basierte auf Berichten über die U-Boot-Angriffe auf den Konvoi HG.76, der im Dezember 1941 von Gibraltar nach England unterwegs war. Roberts' Informationen stammten von Commander (später Captain) Frederic John Walker, dem aggressiv denkenden

Befehlshaber der Eskortgruppe 36, die diesen Konvoi begleitet hatte. Walkers Eskortfahrzeuge hatten geglaubt, daß eins der U-Boote beim Angriff auf HG.76 etwa eine Meile außerhalb des Konvois gestanden hatte. Roberts leitete aus der Simulation auf der Lagedarstellung jedoch her, daß es im Konvoi selbst zwischen den Kolonnen operiert haben und von achtern in den Konvoi eingedrungen sein mußte. Er ersann daraufhin ein Verfahren, wie man ein in dieser Weise angreifendes U-Boot erwischen konnte, wenn es den Konvoi wieder verlassen wollte. Wegen der Bemerkung einer Wren wurde das Verfahren »Raspberry« (Himbeere) genannt. Admiral Noble informierte Churchill von dieser Korrektur eines grundsätzlichen Fehlers der U-Boot-Abwehr und gab die Befehle für »Raspberry« innerhalb von vierundzwanzig Stunden an die Einheiten in See durch.[43] Diese Taktik und ein aus ihr abgeleitetes Verfahren namens »Half-Raspberry« waren die ersten allgemein festgelegten U-Jagdverfahren; davor war es jedem Geleitführer überlassen gewesen, sein Vorgehen selbst festzulegen. Bald wurden, jeweils nach Versuchen auf dem »Taktiktisch«, andere Taktiken mit Früchtenamen entwickelt: »Pineapple« (Ananas), »Gooseberry« (Stachelbeere) und »Strawberry« (Erdbeere), gefolgt von »Beta Search«, »Artichoke« und »Observant«.[44] Die praktische Ausbildung in diesen Manövern fand gleichzeitig in Londonderry, Greenock, Birkenhead, Freetown, Bombay, St. John's auf Neufundland und Sidney in Neuschottland statt, wo die Eskortgruppen sie als Teams unter ihren eigenen Befehlshabern einübten.

Auf diese vorzüglich ausgebildeten Geleite trafen die U-Boot-Fahrer, als sie Anfang August 1942 auf die Konvoirouten im Atlantik zurückkehrten. Der Kampf wurde erbittert geführt, aber bis zum Mai 1943 konnte keine der beiden Seiten den entscheidenden Schlag erringen. Die erneute deutsche Kraftanstrengung gegen die Konvois war im übrigen nicht auf die transatlantischen Routen beschränkt. Dönitz suchte nach Schwachstellen in den »Outer Seas«, also überall im Atlantik und im Indischen Ozean. Er hoffte, daß dort die alliierten Verteidigungsmaßnahmen vielleicht ausgedünnt worden waren, weil man die Kräfte im Nordatlantik hatte verstärken müssen. U-Boote operierten vor Freetown, Kapstadt und Madagaskar, in der Atlantikenge zwischen Afrika und Südamerika, an der brasilianischen Küste und in den Seegebieten vor Panama und Trinidad.

In absoluten Zahlen gemessen, erzielten die U-Boote beachtliche Erfolge. Im August 1942, als 86 Boote in See standen, hatte die U-Boot-Waffe eine beeindruckende Anzahl von Konvoikontakten und versenkte 105 Schiffe mit 517 295 BRT. Im November erreichte sie das höchste Monatsergebnis der gesamten Atlantikschlacht. Doch in der ganzen Periode von August 1942 bis April 1943 erzielte die ständig wachsende Zahl der U-Boote in See immer geringere Ergebnisse an versenkter Tonnage pro Boot und Seetag, und das, obwohl die Milchkühe ihren Aufenthalt auf See erheblich verlängerten, die Wartungszeiten hinausschoben, Verzögerungen wegen der Warterei auf die Kraftstoffversorgungen in den Stützpunkten vermieden und die Biskaya-Offensive des britischen Küstenkommando erschwerten, weil jedesmal, wenn sie ein Boot versorgten, zwei Biskaya-Transits wegfielen. In den zwölf Monaten vor dem Mai 1943 versorgten die Milchkühe 220 Boote, die gegen die Atlantikkonvois operierten, und 170 weitere, die in entfernteren Seegebieten eingesetzt waren.[45]

Gleichzeitig sanken aufgrund der Verluste und der schnellen Indienstnahme neuer Boote Erfahrung und Leistungsfähigkeit der U-Boot-Besatzungen. Bei den Besatzungen der britischen Geleitfahrzeuge nahm dagegen beides zu, was im wesentlichen auf die intensive Ausbildung zwischen Januar und Juli 1942 zurückzuführen war. Zudem waren im selben Zeitraum auf den Schiffen HF/DF- und 10-cm-Radargeräte eingebaut worden. Von August bis April 1943 wurden durchschnittlich 9,7 U-Boote pro Monat versenkt, wobei im Februar ein Rekordergebnis von 19 Booten erzielt wurde. Währenddessen erreichten Dreiviertel aller transatlantischen Konvois unbeschadet ihre Zielhäfen, und auch 90 Prozent der angegriffenen Konvois hatten keine Verluste.

Die militärischen Konvois der anglo-amerikanischen Invasionsstreitmacht (Operation Torch), die ab dem 18. Oktober aus England und den USA ausliefen und ab dem 8. November im französischen Nordwestafrika bei Casablanca, Oran und Algier an Land ging, übersahen der deutsche Nachrichtendienst und der BdU völlig. Nur eins der 334 teilnehmenden Schiffe wurde von einem U-Boot angegriffen, und das auch nur zufällig. In deutschen Akten findet sich noch nicht einmal andeutungsweise so etwas wie eine Meldung über eine Sichtung dieser Armada.[46]

Einige Bezeichnungen für Handels- und Militärkonvois und deren Abkürzungen

CU	New York-Curacao- United Kingdom (UK, England)
GU	Alexandria-Nordafrika-USA
HG	Gibraltar-UK
HX	Halifax-UK
KMF	UK-Nordafrika-Port Said (schneller Konvoi)
KMS	UK-Nordafrika-Port Said (langsamer Konvoi)
KX	UK-Gibraltar (Spezial)
MKF	Mittelmeer-Nordafrika-UK (schneller Konvoi)
MKS	Mittelmeer-Nordafrika-UK (langsamer Konvoi)
OG	UK-Gibraltar
ON	UK-Nordamerika
ONS	UK-Nordamerika
OS	UK-Westafrika
SC	Halifax-UK (langsamer Konvoi)
SL	Sierra Leone-UK
UC	UK-Curacao-New York
UG	USA-Nordafrika
UGF	USA-Nordafrika
UGS	USA-Nordafrika
UT	USA-UK (militärischer Konvoi)
WS	UK-Mittlerer Osten und Indien (mil. Konvoi)
XK	Gibraltar-UK (Spezial)
EC	Southend-Clyde, Oban oder Loch Ewe (Küstenkonvoi)
WN	Clyde, Oban oder Loch Ewe-Methil (Küstenkonvoi)

Dönitz, der Aktivitäten der Alliierten bei Dakar erwartete und als Vorsichtsmaßnahme Boote bei Freetown und den Kapverdischen Inseln stationiert hatte, mußte am 8. November feststellen, daß seine Annahme falsch gewesen war, und schickte umgehend ganze Rudel von U-Booten an die marokkanische Atlantikküste und den westlichen Ausgang der Straße von Gibraltar, um die alliierten Nachschubverbände anzugreifen und so das ganze Landungsunternehmen abzuwürgen. Es gelang, zehn Frachter, vier Transporter und fünf Kriegsschiffe zu versenken – darunter das von Werner Henke am 11./12. November versenkte Werkstattschiff HMS *Hecla* –, aber der Preis dafür war schrecklich: Acht deutsche und ein italienisches U-Boot gingen verloren, 19 weitere wurden beschädigt. Da die Ergebnisse so dürftig und die Verluste so hoch waren, zog Dönitz seine Boote Anfang Dezember in ergiebigere Teile des Atlantiks zurück.

Im Herbst/Winter 1942/43 kam es zu drei nennenswerten Wechseln. Am 17. November löste Admiral Max Horton, seit September 1939 Befehlshaber der britischen U-Boote, Percy Noble als Befehlshaber der Western Approaches ab. Noble wurde Leiter der Delegation der britischen Admiralität in Washington. Einen Ruf an die Spitze der Heimatflotte hatte Horton abgelehnt, weil er glaubte, dieser Posten stehe zu sehr unter der direkten Aufsicht der Admiralität. Als Befehlshaber der U-Boote in Northways, Hampstead, hatte er gute Arbeitsbeziehungen zum nahegelegenen Küstenkommando in Northwood unterhalten. In den drei Jahren des Krieges war er zu der Überzeugung gelangt, »daß eine Flotte nicht ohne enge Zusammenarbeit mit Luftstreitkräften operieren kann«, und als Befehlshaber der Western Approaches ließ er den Worten Taten folgen.[47]

Nach seiner Ankunft in dem großen grauen Block des Derby House inspizierte er dessen Einrichtungen, einschließlich der gepanzerten, gasdichten Operationszentrale im Keller, und ließ sich von den Abteilungsleitern deren Funktionen erläutern. Zu Gilbert Roberts von der Taktikschule sagte er: »Na, und was machen Sie?« Roberts antwortete: »Kommen Sie doch mit hoch und sehen Sie sich die Sache an!« Horton folgte der Einladung und erschien am nächsten Morgen um 0900 Uhr ohne Begleitung bei Roberts, um den sechs Tage dauernden Lehrgang mitzumachen.[48] Aber nicht alle Abteilungen hinterließen bei Horton einen derart positiven Eindruck; etliche Offiziere wurden als nicht mehr zwingend erforderlich für andere Aufgaben freigestellt.

Hortons Auftrag als Befehlshaber der Western Approaches waren der »Schutz des Handels, die Routenführung und Steuerung aller Konvois und Maßnahmen zur Abwehr jeglicher Angriffe auf Konvois durch U-Boote oder feindliche Flugzeuge in seinem Kommandobereich«. Militärische Konvois und schnelle Truppentransporter fielen in die Kompetenz der Admiralität. Außerdem sah Horton seine Aufgabe in der Verbesserung und Intensivierung der Ausbildung. Anfang Februar 1943 erhielt er eine Yacht, die *Philante*, und ein U-Boot, manchmal auch zwei, mit denen Roberts' Taktiklehrgänge in See stechen konnten. In Larne in Nordirland durchlief jede Eskortgruppe, bevor sie ihren Konvoi übernahm, eine von Captain A. J. Baker-Creswell entwickelte Ausbildung, die sie auf mögliche Gefechtslagen vorbereiten sollte. Wichtig an diesen Übungen war, daß sie in enger Zusammenarbeit mit Flugzeugen des Küstenkommandos durchgeführt wurden, um die Navigation, das Zusammentreffen auf See, den Funkverkehr mit TBS-Geräten, den Umgang mit Signalbüchern und gemeinsame Angriffsverfahren zu üben. Darüber hinaus wurde die Zusammenarbeit zwischen den Schiffen und Flugzeugen während der Einsätze an den Konvois geprobt, wobei die Eskortgruppen – das war eine Neuerung von Percy Noble – als Teams zusammenblieben.

Eine weitere Innovation von Noble, die aber in seiner Zeit als Befehlshaber mit einer Ausnahme wegen mangelnder Ressourcen nicht realisiert werden konnte, waren die Unterstützungsgruppen – kleine, gut ausgebildete und offensiv eingestellte Verbände von Zerstörern, Geleitbooten, Fregatten und Kuttern, die bedrohten oder angegriffenen Konvois und Eskortgruppen zu Hilfe kommen sollten. Nach Nobles Vorstellung sollten diese Unterstützungsgruppen jeweils auch über einen Geleitträger verfügen. Horton übernahm das Konzept und schrieb fast täglich an die Admiralität, um sie um die Schiffe für diese Gruppen zu bitten. Am Ende hatte er Erfolg und bekam eine Reihe von Zerstörern von der Heimatflotte »ausgeliehen«. Er ging das Risiko ein, dieses Reservoir um sechzehn Kriegsschiffe zu vergrößern, indem er jede Eskortgruppe um ein Schiff verkleinerte. Das Ergebnis war, daß er Ende März über fünf voll ausgebildete Unterstützungsgruppen verfügte, die bereitstanden, ihre einzige Aufgabe zu erfüllen: U-Boote zu jagen und zu versenken.

Horton hatte von seinem Büro mit Glasfront zur Operationszentrale ständigen Zugang zu Air Vice Marshal Leonard H. Slatter, der die Gruppe Nr. 15 befehligte, deren Geschwader die Konvoirouten des Nordatlantiks von Flugplätzen an der Westküste Schottlands, auf den Hebriden und in Nordirland aus abdeckten; eine Unterabteilung war in Reykjavik stationiert. Beide Männer wohnten auch innerhalb des Kasernements, nur daß Slatter nicht Hortons leicht exzentrischen Tagesablauf mitmachte. Horton spielte nachmittags Golf und nach dem Abendessen Bridge; anschließend begab er sich bis etwa 2330 Uhr in sein Büro, für gewöhnlich in einem alten, zerschlissenen Pyjama, trank Gerstenschleim und leitete die Kämpfe bei den Konvois an der riesigen Lagedarstellung an der Wand, wobei er, einem Beobachter zufolge, einen unwahrscheinlichen Instinkt dafür bewies, was die U-Boote wohl als nächstes tun würden. Im Gegensatz zu dem eleganten und stets freundlichen Noble, den jeder im Derby House mochte und respektierte, besonders die Wrens, wurden für Horton Ausdrücke verwendet wie »rücksichtslos«, »zu allem entschlossen«, »selbstsüchtig«, »intolerant«, »perfektionistisch« und »entnervend«.[49] Offenbar war der kantige alte U-Boot-Fahrer in Churchills Augen genau der richtige Typ, um die Überwasser- und Luftstreitkräfte an den Konvois in das gefährliche neue Jahr zu führen. Anscheinend sollte »der Teufel mit dem Beelzebub« ausgetrieben werden.

Der zweite wichtige Wechsel vollzog sich auf der anderen Seite der Front. Als Hitler Großadmiral Erich Raeder, den Oberbefehlshaber der Kriegsmarine, Vorhaltungen machte, weil sich ein von zwei schweren Kreuzern angeführter Kampfverband nicht gegen den Geleitschutz eines arktischen Konvois behauptet hatte, und damit drohte, alle Großkampfschiffe verschrotten zu lassen, reichte der stolze Hamburger Veteran des Ersten Weltkriegs und Teilnehmer der Schlacht im Skagerrak seinen Abschied ein. Der Führer gab dem Gesuch, wenn auch überrascht, statt. Am 30. Januar wurde Dönitz zum Großadmiral und Oberbefehlshaber der Kriegsmarine ernannt; gleichzeitig behielt er seine Funktion als Befehlshaber der U-Boote. Damit hatte er direkten Zugang zu Hitler, den er nun ständig wegen der Zuteilung von Stahl und Schiffbaukapazitäten angehen konnte. Auch um die Zustimmung der Seekriegsleitung mußte er nun nicht mehr kämpfen, und er konnte den Tonnagekrieg führen, ohne daß seine Boote von anderen in unergiebige Gewässer beordert werden konnten. Erst im Monat zuvor hatte er in sein KTB geschrieben: »Der Tonnagekrieg ist die Hauptaufgabe der U-Boote ... Er muß dort geführt werden, wo bei den geringsten Verlusten die größten Erfolge zu erzielen sind.«[50]

Aber die neue Stellung hatte auch ihre Nachteile, die Raeder, der Dönitz als seinen Nachfolger vorgeschlagen hatte, im wesentlichen vorausgesagt hatte. Als Oberbefehlshaber würde Dönitz sich nicht mehr im gleichen Maß wie bisher der U-Boot-Kriegführung widmen können.[51] Der »Löwe«, wie ihn die U-Boot-Fahrer bewundernd nannten, hatte schon unter dem körperlichen Abstand von seinen U-Booten und ihren Besatzungen gelitten, als er widerstrebend sein Hauptquartier in Kernével aufgegeben und sich mit seinem Stab in einem Wohnkomplex in der Pariser Avenue du Maréchal Maunoury eingerichtet hatte. Im März 1942 hatte ein britisches Kommandounternehmen Saint-Nazaire überfallen, und Dönitz war klargeworden, wie leicht er selbst in Kernével Opfer eines solchen Überfalls werden konnte. Jetzt mußte er den Posten des BdU mit den Pflichten des Oberbefehlshabers der Kriegsmarine in Einklang bringen, weshalb er das U-Boot-Hauptquartier noch weiter nach Osten in das Hotel am Steinplatz im Berliner Stadtteil Charlottenburg verlegte (beim Umzug gingen zwei Waggons mit Unterlagen und Geräten verloren). Am 31. März 1943 nahm der Stab des BdU dort seinen Dienst auf. Zur Vaterfigur, die bei Offizieren und Mannschaften eine Loyalität genoß, wie es sie vorher in der Kriegsmarine nicht gegeben hatte, war Dönitz aber durch seine Anwesenheit auf der Pier in Lorient und den anderen Stützpunkten geworden, in denen er die Besatzungen beim Aus- und Einlaufen besucht hatte. Jetzt waren die mitreißende Gestalt und ihre Stimme weit weg von den U-Boot-Stützpunkten, und das hatte die voraussehbaren negativen Konsequenzen.

Der BdU-Stab wurde als Abteilung zwei in den Stab der Seekriegsleitung eingegliedert, und der langjährige Leiter der Operationsabteilung, Konteradmiral Eberhard Godt, übernahm als Abteilungsleiter die Tagesgeschäfte der U-Boot-Kriegführung. Aus dem KTB, in dem die großen Konvoieinsätze beschrieben sowie Strategien und Vorgehensweisen erläutert werden, hört man dennoch weiterhin Dönitz'

Stimme heraus. Deshalb wird im folgenden bei Zitaten aus dem KTB die gemeinsame Autorenschaft von Dönitz und Godt unterstellt. Die BdU-Operationsführung bestand insgesamt aus nicht mehr als einem Dutzend Offizieren, von denen die meisten in den Dreißigern waren (Dönitz war 51, Godt 42 Jahre alt). Auch wenn man in Betracht zieht, daß für manche Fragen die wesentlich größere Seekriegsleitung herangezogen werden konnte, wenn es etwa um Nachrichtendienste (3/SKL), das Fernmeldewesen (4/SKL), Radargegenmaßnahmen (5/SKL) oder Meteorologie (6/SKL) ging, war der Stab des BdU doch im Vergleich mit den Stäben der britischen Admiralität und des Küstenkommandos eine recht kleine Organisation, von der GC&CS ganz zu schweigen. Allein der Stab des Kommandos der Western Approaches beschäftigte über eintausend Offiziere plus Mannschaften.[52]

Der dritte große Wechsel im Kommando erfolgte beim Küstenkommando der RAF, wo am 5. Februar 1943 Joubert durch Air Marshal John Slessor abgelöst wurde. Letzterer war im Ersten Weltkrieg schon Pilot gewesen und hatte gegen die Zeppeline über London gekämpft sowie Einsätze als Artilleriebeobachter über den Schützengräben in Frankreich geflogen. Im gegenwärtigen Krieg war er zuvor Kommandeur der Gruppe 5 des Bomberkommandos und Abteilungsleiter für Grundsätze und Verfahren im Stab des Bomberkommandos gewesen. Zusammen mit Air Chief Marshal Charles F. A. Portal nahm er vom 14. bis 23. Januar an der Konferenz von Casablanca teil, auf der Churchill, Roosevelt und die Befehlshaber der Teilstreitkräfte über die Prioritäten der weiteren Operationen berieten. Slessor war dabei, als der Schlußbericht »Die Führung des Krieges im Jahre 1943« beschlossen wurde, der die bekannte Erklärung enthielt: »Der Sieg über die U-Boote muß weiterhin eine der wichtigsten Aufgaben der Vereinten Nationen sein.«[53]

Nach dem Krieg schrieb Slessor, Admiral King sei es zu verdanken, daß diese Aufgabe an die erste Stelle gesetzt wurde. Kings Biograph dagegen schreibt nur: »Alle waren sich einig, daß die Atlantikschlacht oberste Priorität haben mußte.«[54] Slessor glaubte nicht, daß die Einstufung als »erste Aufgabe« große praktische Auswirkungen für den U-Boot-Krieg haben würde, außer daß sie das Luftfahrtministerium dazu brachte, einige der neu verfügbar gewordenen 10-cm-

Radargeräte vom Bomberkommando zum Küstenkommando umzuleiten. Dennoch war das erste mit dem 10-cm-ASV-Radar Mark III ausgerüstete Flugzeuggeschwader beim Küstenkommando erst im März 1943 einsatzbereit.[55] Dieses Geschwader, das auch Leigh-Licht-Wellingtons flog, konnte fortan die Metox-Empfänger überlisten und so die nachts über Wasser fahrenden U-Boote überraschen. Die Jagd konnte wieder losgehen. Oder vielleicht doch nicht?

Die britische Admiralität drängten Slessor, die mit 10-cm-Radar versehenen Flugzeuge sofort in großem Umfang einzusetzen, um die Zeit, bis die Deutschen einen Warnempfänger für diese Wellenlängen entwickelt haben würden, optimal zu nutzen. Aber Slessor wollte die Biskaya-Offensive nicht wiederaufnehmen und vertrat diesen Standpunkt auch in einem Schreiben an das Anti-U-Boot-Komitee des Premierministers, dessen Mitglied er war. Dieses Komitee war am 13. November vom Kriegskabinett gegründet worden und trat wöchentlich unter dem Vorsitz des Premierministers in der Downingstreet Nr. 10 zusammen. Es bestand aus zweiundzwanzig Ministern, Admiralen und Luftmarschällen, Wissenschaftlern wie Blackett, Watson Watt und Lindemann (inzwischen Lord Cherwell) sowie dem persönlichen Gesandten Roosevelts, Averell Harriman.[56] Natürlich waren nicht immer alle Mitglieder anwesend, und gelegentlich nahmen auch Besucher an den Sitzungen teil.

An dieses hochgestellte Gremium sandte Slessor am 22. März ein fünfseitiges Schreiben, dem eine fünfundzwanzig Seiten lange statistische Analyse der Ergebnisse der Biskaya-Offensive von Juni 1942 bis Februar 1943 und der Konvoieinsätze von Flugzeugen in der Zeit vom September 1942 bis zum Februar 1943 beilag. Die Analyse war von der OR-Abteilung des Küstenkommandos erstellt worden, die damals von Professor Waddington geleitet wurde, den Slessor sehr schätzte und ebenso unterstützte, wie Joubert es getan hatte. Die Analyse zeige, schrieb Slessor, daß bei den Biskaya-Einsätzen im Zeitraum von Juni bis September 1942 pro 164 und im Zeitraum von Oktober 1942 bis Februar 1943 pro 312 Flugstunden ein U-Boot gesichtet wurde, wogegen es bei den Einsätzen an gefährdeten Konvois pro 29 Flugstunden eine U-Boot-Sichtung gegeben habe. Wenngleich die Einsätze der 19. Gruppe unter Air Vice Marshal Geoffrey Bromet über der Biskaya eine gewisse Zahl von U-Boot-Versenkungen erbracht hätten, läge die Erfolgsrate der geflogenen Angriffe doch nur bei sieben Prozent, was den enormen Aufwand nicht rechtfertige. Deshalb solle man die Biskaya-Offensive nur auf kleiner Flamme fortzusetzen. »Unsere Vorgehensweise«, schlußfolgerte Slessor, »sollte also darin bestehen, den größtmöglichen Anteil unserer Flugzeuge im dichten Geleitschutz über den gefährdeten Konvois einzusetzen. Die Suchflüge über der Biskaya sollten nur als Nebenaufgabe angesehen werden.«[57]

Als diese Empfehlung am 24. März zur Behandlung in der darauffolgenden Woche auf den Tisch des Anti-U-Boot-Komitees gelegt wurde, fürchtete die Admiralität um ihr Vorhaben, durch einen großangelegten Einsatz in der Biskaya von der Defensive zur Offensive überzugehen. Besonders ärgerlich an der Sache war, daß Slessors Kommando formal der operativen Leitung durch die Admiralität unterstand. Eine Woche später holten die Lordschaften der Admiralität, wie in Kapitel 8 dargestellt, gemeinsam mit den Amerikanern zum Gegenschlag aus.

Professor Blackett wechselte im Januar 1942 als Berater für Operations Research in die Admiralität, wo sich unter seiner und ab Januar 1943 unter der Leitung seines Nachfolgers Evan Williams ähnlich wie beim Küstenkommando ein exzellentes Wissenschaftlerteam zusammenfand. Blacketts praktischer Verstand befaßte sich mit einer ganzen Reihe maritimer Themen; eins davon behandelte er in einer bemerkenswerten Studie über die optimale Größe von Konvois. Seit Jahren lag die Größe der Konvois bei etwa achtundvierzig Schiffen, doch Blackett konnte keinen plausiblen Grund dafür finden. Man nahm einfach an, daß größere Formationen gefährlich waren, weil dann zu viele Ziele vorhanden seien.

Als Blackett im Spätherbst 1942 die Statistiken über die Konvois von 1941 und 1942 untersuchte, stellte er erstaunt fest, daß Konvois mit durchschnittlich zweiunddreißig Schiffen 2,5 Prozent Verluste hatten, bei Konvois mit durchschnittlich vierundfünfzig Schiffen die Verluste aber nur 1,1 Prozent betrugen. Diese Zahlen widersprachen dem normalen Menschenverstand, und Blackett wußte, daß sein Team überzeugende Erklärungen dafür finden mußte. Ein Grund bestand offenbar darin, daß ein Konvoi mit vierundfünfzig Schiffen zwar eine größere Fläche einnahm als einer mit zweiunddreißig Schiffen, aber der zu schützende Umfang dieser Fläche nicht im selben Maß zunahm. Mehrere Wochen intensiver Analyse ergaben folgende Ergebnisse:

> Es wurde festgestellt, daß: a) die Wahrscheinlichkeit, von einem U-Boot gesichtet zu werden, für einen großen und einen kleinen Konvoi nahezu gleich war; b) die Wahrscheinlichkeit, daß ein U-Boot in den Geleitschirm durchdrang, nur von der linearen Dichte des Geleitschutzes abhing, das heißt von der Anzahl der Geleitfahrzeuge pro Meile Umfang des zu schützenden Konvois; c) die Anzahl der versenkten Schiffe, wenn ein U-Boot den Geleitschirm erfolgreich durchdrungen hatte, bei großen und kleinen Konvois gleich war – einfach weil in jedem Fall mehr als genug Ziele vorhanden waren.

> Diese Tatsachen deuteten zusammengenommen darauf hin, daß man bei der gleichen linearen Geleitschutzstärke unabhängig von der Größe des Konvois dieselbe *absolute Zahl* von versenkten Schiffen zu erwarten hat und daher der *Prozentsatz* versenkter Schiffe sich umgekehrt proportional zur Konvoigröße verhält. Deshalb sollte das Ziel darin bestehen, die Zahl der Konvoisichtungen durch U-Boote zu reduzieren, indem man die Anzahl der fahrenden Konvois reduziert. Die Größe der Konvois muß erhöht werden, um die gleiche Gesamtzahl von Schiffen den Atlantik überqueren zu lassen.[58]

Doch Blackett hatte Schwierigkeiten, den Stab der Admiralität davon zu überzeugen, der einwandte, daß ein Konvoi mit sechzig Schiffen bei einem Frontalangriff, wie ihn die U-Boote immer häufiger unternähmen, zu verletzlich sei. Weiterhin rechnete man mit Fernmelde- und Führungsproblemen. Schließlich konnte Blackett den Stab aber doch überzeugen, und die Admiralität erhielt am 3.März die Genehmigung des Anti-U-Boot-Komitees, von Zeit zu Zeit Konvois mit sechzig oder mehr Schiffen fahren zu lassen.[59] Am 29. März verließ HX.231, ein Konvoi mit einundsechzig Schiffen, Halifax. Geleitet wurde er von einer Fregatte (mit dem Geleitführer an Bord), einem Zerstörer und vier Korvetten (Eskortgruppe B7; siehe Kapitel 4). Mit Hilfe einer Unterstützungsgruppe und von Liberatormaschinen traf er zu 95 Prozent unbeschädigt in Londonderry ein. Blackett schrieb später, es sei schade, daß er die Bedeutung der Konvoigröße nicht früher erkannt habe, denn dann hätten im zurückliegenden Jahr 200 Schiffe gerettet werden können.[60]

In einem Bericht an das Anti-U-Boot-Komitee vom 5. Februar schaltete sich Blackett in die damals in allen beteiligten Kommandos geführte Debatte über die Frage Angriff oder Verteidigung ein. Ohne Partei zu ergreifen, stellte er die Vorteile beider Vorgehensweisen dar, die Stärken der Verteidigung, wenn Schiffe vor der Versenkung bewahrt, und die Stärken des Angriffs, wenn U-Boote vernichtet werden sollten. In bezug auf die Verteidigung stellte er zunächst fest, daß die Verluste im Nordatlantik im zweiten Halbjahr 1942 bei hochgerechnet 210 Schiffen pro Jahr gelegen hatten, während durchschnittlich 100 Geleitfahrzeuge im Einsatz waren. Da die Statistik bewies, daß die Zahl der versenkten Schiffe pro anwesendem U-Boot mit zunehmender Anzahl von Geleitfahrzeugen abnahm und eine durchschnittliche Steigerung der Geleitgröße von sechs auf neun Einheiten erforderlich wäre, um die Verluste um 25 Prozent zu vermindern, wären im fraglichen Zeitraum also bei 50 zusätzlichen Geleitfahrzeugen 52 Schiffe weniger verlorengegangen. Oder, anders ausgedrückt, jedes Geleitfahrzeug hätte pro Einsatzjahr rund ein Schiff gerettet.

Bei der Ermittlung des Offensivwerts eines Geleitfahrzeugs ging man von der Annahme aus, daß durch die Versenkung eines U-Boots die Schiffe gerettet wurden, die es in den folgenden Monaten versenkt hätte. So wurde ermittelt, daß in der offensiven Rolle 0,7 Schiffe pro Geleitfahrzeug und Einsatzjahr gerettet wurden. Ein Vergleich der offensiven und defensiven Zahlen ergab einen Vorteil zugunsten der Verteidigung. Für Flugzeuge machte Blackett ähnliche Annahmen und Berechnungen. Zur Ermittlung des defensiven Werts benutzte er das Zahlenmaterial der Einsätze von Langstreckenflugzeugen über gefährdeten Konvois und kam zu dem Ergebnis, daß jede Maschine in ihrem Leben mit rund vierzig Einsätzen durchschnittlich dreizehn Schiffe rettete. Flogen die Maschinen dagegen offensive U-Jagd-Einsätze abseits der Konvois, zum Beispiel in der Biskaya, ergab sich, daß ein Flugzeug im Laufe seines Lebens etwa drei Handelsschiffen die Versenkung ersparte. Auch hier neigte sich die Waagschale zugunsten der Verteidigung.[61]

Den ganzen März und April über wurde die Frage von Angriff oder Verteidigung im Kommando der Western Approaches diskutiert. Dabei wurde zunehmend Kritik an der gegenwärtigen Vorgehensweise nach dem Motto »Sichere und zeitgerechte Ankunft des Konvois im Zielhafen ist die erste Aufgabe jedes Geleits« laut, weil sie als nicht aggressiv genug angesehen wurde. Manche meinten sogar, der Einsatz der Unterstützungsgruppen als Hilfsverbände der Eskortgruppen stelle eine Verschwendung ihres offensiven Potentials dar. Admiral Horton, dem niemand mangelnden Offensivgeist vorwerfen konnte und der sich nach dem Tag sehnte, an dem er einfach nur »angreifen und vernichten« konnte, behandelte diese Frage gleichwohl mit der gebotenen Sorgfalt, indem er eingehend über die jüngsten Erfahrungen bei Feindberührungen und die aus ihnen gewonnenen Erkenntnisse über das Verhalten der U-Boote nachdachte.

Im April hatten sechzehn Konvois, darunter sieben transatlantische (HX.231-234, ON.176 und 178 und ONS.3), Verluste durch U-Boot-Angriffe erlitten. Keiner dieser Verluste war allerdings schwer; die Höchstzahl an torpedierten Schiffen in einem Konvoi war vier. Obwohl Radar und Leuchtgeschosse einen nächtlichen Überwasserangriff wesentlich gefährlicher gemacht hatten, als er es noch ein Jahr zuvor gewesen war, zogen die U-Boot-Kommandanten diese Angriffsvariante immer noch allen anderen vor. Aber die U-Boote bemühten sich jetzt, vor den Konvoi zu kommen, um getaucht angreifen zu können, falls es aufgetaucht nicht klappen sollte. Bei späteren Angriffen nutzten sie das auf die ersten Torpedoschüsse folgende Durcheinander, und es war die Tendenz zu beobachten, daß die U-Boote im Abstand von ein oder zwei Meilen aus derselben Richtung anliefen. Boote, die von den Geleitfahrzeugen entdeckt und abgedrängt worden waren, pflegten in der jeweiligen Nacht keine weiteren Angriffsversuche mehr zu unternehmen; man brauchte die U-Boote also nur zu entdecken, um sie für das jeweilige Gefecht auszuschalten.

Bei der gegenwärtigen Vorgehensweise des Feindes entwickelten sich die meisten Gefechte vor den Konvois. Auch griffen die U-Boote mehr ostwärts als westwärts fahrende Konvois an, was zweifellos darin begründet war, daß die Konvois mit Westkurs keine Fracht an Bord hatten und auf den ersten 600 Meilen vorzüglichen Schutz aus der Luft genossen. Tendenziell operierten die U-Boote vorwiegend in dem 500 bis 700 Meilen nordöstlich von Neufundland gelegenen See-gebiet, vermutlich, um außerhalb der Reichweite der aus Island und Irland kommenden Flugzeuge zu sein; die in Neufundland stationier-ten Maschinen schienen sie nicht sosehr zu beeindrucken.

Anschließend untersuchte Horton verschiedene Aspekte der Arbeit der Geleitfahrzeuge an den Konvois: Praktisch jedes U-Boot, das im Jahr zuvor versenkt worden war, war vor dem Angriff auf den Konvoi vernichtet worden, nicht danach. Jetzt, da ASDIC nicht mehr das ein-zige Ortungsmittel war, bekämpfte man die U-Boote am besten, wenn sie aufgetaucht waren. Es war daher nicht immer die richtige Taktik, sie zum Tauchen zu zwingen. Die Analyse der Fälle, in denen ASDIC den Kontakt verloren hatte, zeigte, daß in 64 Prozent der Fälle die U-Boote weniger als 60 Meter tief getaucht waren. Da die Handelsschif-fer Zeichen von Überlastung zu zeigen begannen, unter der ihre Ein-satzmoral litt, war es nicht angezeigt, Konvoischiffe als Köder zu benutzen, das heißt, die Versenkung eines Handelsschiffes hinzuneh-men, um die Position eines U-Boots zu erfahren und es angreifen zu können.

An dieser Stelle brach Horton seinen Gedankengang ab. Alle diese Erkenntnisse trugen nichts dazu bei, die Frage von Angriff oder Ver-teidigung zu entscheiden. Er zog den Schluß, daß die taktische Vor-gabe weiterhin lauten mußte: »sichere und zeitgerechte Ankunft des Konvois«. Aber es gab keinen Grund, warum man nicht beides machen sollte, und so erlaubte er den Eskortgruppen, »wann immer möglich auf eigene Initiative zu handeln«. Damit autorisierte er sie, alle offensiven Maßnahmen zu ergreifen, die sie für angeraten, not-wendig und klug hielten; dabei mußten sie allerdings sicherstellen, daß der in ihrer Obhut befindliche Konvoi nicht in unangemessener Weise feindlichen Angriffen ausgesetzt wurde. »Das ganze ist zum großen Teil eine Frage der Zahlen«, schrieb Horton in einem Funk-spruch, den er am 27. April an alle dem Befehlshaber der Western Approaches unterstellten britischen und kanadischen Eskort- und Unterstützungsgruppen sandte. »Bei jeder Form des Krieges muß die Stärke der gegnerischen Kräfte bei der Entscheidung, ob eine defen-sive oder offensive Vorgehensweise gewählt wird, von entscheidender Bedeutung sein.«[62] Die Entscheidung zwischen Angriff und Verteidi-gung fiel also nicht im Derby House. Sie fiel auf See.

4

Verteidigen:
Der Kampf um ONS.5

Die sichere und zeitgerechte Ankunft des Konvois im Zielhafen ist die erste
Aufgabe des Geleits. Ausweichkurse dienen diesem Ziel und sollten daher
immer als erstes erwogen werden. Dabei darf nicht vergessen werden, daß
für den Fall, daß feindliche Kräfte gemeldet oder angetroffen werden, das
Geleitfahrzeug genau wie alle anderen Kampfeinheiten die Pflicht hat,
feindliche Schiffe zu vernichten, vorausgesetzt, daß dies ohne unverhältnis-
mäßige Gefährdung der Sicherheit des Konvois erreicht werden kann.
Anweisungen für Atlantikkonvois

Am 21. und 22. April versammelten sich dreiundvierzig Handelsschiffe, aus denen der Konvoi ONS.5 (Outward North Atlantic Slow,
Ausgehender Langsamer Nordatlantikkonvoi), der den Codenamen
MARFLEET erhielt, zusammengestellt werden sollte. Zielhafen war
Halifax in Neuschottland, von wo einige Schiffe weiter nach Boston
und New York fahren würden. Die meisten Schiffe waren grau gestrichen, und ihre Namen waren übermalt worden. Sie kamen aus fünf
verschiedenen Häfen: Milford Haven, Liverpool, Glasgow, Oban und
Londonderry, und hatten sich vor einem mit einem Leuchtturm
bebauten Felsen, der Oversay genannt wurde, getroffen. Dieser Felsen erhebt sich am Eingang des Nordkanals über die See, zwischen
Nordirland, der südlichsten Insel der Inneren Hebriden und dem Mull
of Kyntyre. Dort formierte der Konvoikommodore J. Kenneth Brook
seinen Verband in zwölf parallelen Kolonnen, von denen jede zwei
oder drei Schiffe umfaßte. In der Mitte, in Kolonne sechs, reihte sich
Brook mit dem norwegischen Schiff *Rena* selbst ein; hinter ihm fuhr
in dieser Kolonne nur noch der für New York bestimmte Tanker
Argon.
Die meisten Schiffe waren ältere Trampdampfer unter britischer

Flagge. Daneben gab es Schiffe aus den USA *(McKeesport, West Madaket, West Maximus, Argon)*, Norwegen *(Bonde, Rena, Fana)*, Holland *(Berkel, Bengkalis)*, Griechenland *(Agios Georgios, Nicolas)*, Jugoslawien *(Ivan Topic)*, Panama *(Isabel)* und Dänemark *(Bornholm)*. Zwei Schiffe, die *McKeesport* und die britische *Dolius*, hatten zu Konvoi SC.122 gehört, als dieser zwischen dem 17. und 22. März von U-Booten angegriffen worden war. Nicht ein einziges der am Sammelpunkt Oversay liegenden Schiffe besaß Konvoierfahrungen. Die meisten fuhren in Ballast, also leer; sie sollten in nord- und südamerikanischen Häfen Lebensmittel, Rohstoffe, Kraftstoff und auch Waffen laden. Sieben Schiffe hatten Kohle (»Kohle ausführen, Getreide einführen«), vier Stückgut und eines Stückgut und Ton geladen. Drei weitere Schiffe sollten am 26. April von Reykjavik aus auf See zu dem Konvoi stoßen: die *Gudvor*, die *Bosworth* und der Marinetanker USS *Sapelo*, der in Ballast in die Vereinigten Staaten zurückkehrte. Die meisten Schiffe hatten zur Verteidigung ein 10-cm-Geschütz an Bord, das von Marine- oder Heeresartilleristen bedient wurde, waren also sogenannte DEMS. Ihre Größe variierte: Die kleine *Bonde* hatte 1570 BRT, die größten Frachter maßen etwa 10 000 BRT.

Unabhängig von der Größe wurde von den Handelsschiffen erwartet, daß sie eine Geschwindigkeit von siebeneinhalb Knoten durchhalten konnten. Ihren Kapitänen war jedoch klar, daß das nicht zu schaffen sein würde, da auf ihrer Route stürmisches Wetter vorhergesagt war. Die Besatzungen der Schiffe war unterschiedlich zusammengesetzt; die meisten gehörten der britischen Handelsmarine an, andere der amerikanischen oder der US Navy, wieder andere stammten entweder gänzlich oder bis auf die Offiziere aus Indien oder Ostasien. Die meisten Männer hatten einen sogenannten Panikbeutel gepackt, eine kleine Tasche aus Segeltuch, in der sie ihre wertvollsten Besitztümer aufbewahrten, um sie, falls nötig, in die Rettungsboote mitnehmen zu können; die Beutel der Amerikaner hatten fast das Ausmaß von echtem Eisenbahn-Reisegepäck.

Am 22. April um 1200 Uhr war dieser typische Handelsschiffsverband bei Oversay fahrbereit. Zwischen den Kolonnen bestand ein Abstand von 900 Meter; zwischen den Schiffen in den Kolonnen betrug der Abstand 720 Meter. Die ganze Formation nahm eine Fläche von achtdreiviertel Quadratseemeilen ein. Kommodore Brook, gewissermaßen der Hirte, hatte seine Herde um sich versammelt und wartete nun auf den Schäferhund, von dem er hoffte, daß er die Wölfe auf See auf Abstand halten würde. Er erschien um 1400 Uhr in der Person des Geleitführers Commander Peter Gretton auf dem Zerstörer *Duncan*. Zu seinem Verband gehörten neben der *Duncan* die Fregatte *Tay*, die Korvetten *Loosestrife*, *Pink*, *Snowflake* und *Sunflower*, die Rettungstrawler *Northern Gem* und *Northern Spray* sowie der Tanker *British Lady*.

Zusammen bildeten die Kriegsschiffe die Eskortgruppe B7, die den Auftrag hatte, die »zeitgerechte und sichere Ankunft« des Konvois ONS.5 im vorgesehenen Hafen auf der anderen Seite des Atlantiks sicherzustellen.[1] Ein zweiter Zerstörer, die *Vidette*, war vorausgeschickt worden, um die beiden Frachter und den Tanker von Island zum Rendezvous mit dem Konvoi zu geleiten. Der Kommandant der *Vidette*, Lieutenant Raymond S. Hart, war neben Gretton der einzige Berufsoffizier in der ganzen Gruppe. Zwei Kommandanten von Korvetten waren Australier, einer war Kanadier, und mehrere Offiziere stammten aus Neuseeland.

Der dreißigjährige Peter William Gretton war an den Marineschulen in Dartmouth und Greenwich ausgebildet worden und hatte es, statt sich, wie es üblich war, zu spezialisieren, vorgezogen, ein gewöhnlicher Seemann zu bleiben, ein »Seebär«. Bei einem kleinen Ausflug zu den Spezialisten lernte er das Fliegen und kam auf fünfzig Stunden Alleinflug, aber er gab immer vor, kein guter Pilot zu sein. 1936 wurde ihm das Distinguished Service Cross verliehen, weil er während des arabischen Aufstands in Palästina einen Landungstrupp in Haifa geführt hatte. Drei Jahre später, als der Krieg mit Deutschland drohte, machte er in Portland auf HMS *Osprey* einen einwöchigen Kursus in der U-Jagd. Die dort erworbenen Kenntnisse und seine Flugerfahrungen gaben ihm ein gewisses Grundverständnis dafür, worum es bei der U-Boot-Abwehr ging. Er hatte immer zu den Zerstörern gewollt und freute sich sehr, als er Erster Offizier auf dem berühmten Zerstörer *Cossack* wurde, auf dem er in der zweiten Schlacht um Narvik diente. 1941 wurde er selbst Kommandant auf dem Zerstörer *Sabre* und tat die ganze Zeit mit seinem Schiff in Geleiten Dienst. 1942 erhielt er das Kommando über den Zerstörer *Wolverine,* mit dem er zum Geleitschutz des gefeierten Konvois gehörte, der im August des gleichen Jahres nach Malta durchkam. Im Mittelmeer rammte er das italienische U-Boot *Dagabur,* das dabei mit allen Mann an Bord verlorenging. Dafür erhielt er den ersten von drei Distinguished Service Orders (DSO).

Während der zerbeulte Bug der *Wolverine* instand gesetzt wurde, besuchte Gretton im Derby House in Liverpool Captain Roberts' U-Jagd-Lehrgang. Diese Ausbildung war für Gretton in mehrfacher Hinsicht ein Wendepunkt. Zum einen merkte er, wie wenig er über deutsche U-Boot-Taktiken wußte, und zum anderen lernte er, wie man mit diesen Taktiken fertig wurde, indem man die neuesten Ortungs- und Waffensysteme nutzte. Bei Roberts wurden Grettons Wissenslücken rasch geschlossen. Als erstes, so Roberts, setze eine effektive U-Jagd voraus, daß man *denken* lerne. Der Krieg auf See sei nicht mehr wie früher. Mut und Ausdauer reichten nicht mehr. Wenn man über die U-Boote siegen wolle, müsse man die technischen Hilfsmittel, insbesondere HF/DF, 10-cm-Radar und ASDIC, auf intelligente Weise nutzen. Als zweites erkannte Gretton im Derby House, wie sehr der Geleitschutz in der übrigen Marine verpönt war, wo sich alles um große Schiffe mit großen Kanonen drehte und man den defensiven Schutz des Seehandels als unter seiner Würde stehend betrachtete. Das hatte zur Folge, daß die meisten guten Offiziere in Heimatflotte oder Mittelmeerflotte strebten, während die weniger Erfolgreichen und diejenigen, die anderswo gescheitert waren, zum Kommando der Western Approaches kamen. Es gab jedoch Ausnahmen, wie Captain Frederic John Walker und Captain Donald Macintyre, beide Seebären wie Gretton. Als die Offiziere der Heimatflotte 1943/44 merkten, daß die Atlantikschlacht der eigentliche Seekrieg war, waren sie nicht mehr zu halten und wollten alle ein Kommando als Geleitführer haben. Als drittes beschloß Gretton, daß er, wenn er einmal Geleitführer werden sollte, seine Offiziere auf den von Roberts geforderten hohen Wissensstand – der jetzt auch sein eigener war – bringen würde.

Im September 1942 war es soweit, er wurde Kommandeur der in Londonderry stationierten Eskortgruppe B7 und schiffte sich zunächst auf der neuen Doppelschraubenfregatte *Tay* ein, weil sich der für ihn bestimmte Zerstörer, der elf Jahre alte Flottillenführer *Dun-*

can, zur Überholung in der Werft in Tilbury befand. Die Eskortgruppe B7 hatte gerade einen harten Konvoieinsatz hinter sich, in dem der Geleitführer mit seinem Schiff untergegangen war. Gretton fand, daß seine Schiffe in »prima Zustand« waren. Von Januar bis März, in einer Zeit zunehmender U-Boot-Aktivitäten, führte er sie mehrfach über den Atlantik, aber diese Passagen zeichneten sich ironischerweise nur durch eins aus: die Abwesenheit von U-Boot-Kontakten. »Drei Monate lang gaben wir uns alle Mühe, aber es kam nichts dabei heraus als Rost«, schrieb er später. »Wir schienen immer um die U-Boot-Rudel, die damals gerade ihre größten Erfolge feierten, herumzufahren.«[2]

An Bord der *Tay* machte er die ersten Erfahrungen mit HF/DF auf See. Das FH3-Gerät konnte grob die Position eines U-Boots bestimmen, das einen Kurzwellenfunkspruch nach Hause oder an ein anderes Boot absetzte, und auch erkennen, ob das Boot in der Nähe oder weiter entfernt war. Eine genauere Positionsermittlung erforderte eine Kreuzpeilung durch ein zweites Schiff, also etwa die *Duncan,* sobald sie wieder einsatzbereit sein würde. Während der Hafenaufenthalte zwischen den Konvoieinsätzen trimmte Gretton seine Seeleute und Techniker an den ASDIC- und Wabo-Trainern, an Radar- und HF/DF-Simulatoren. Auch von dem neuen Nacht-Angriffstrainer für Geleitfahrer machte er intensiven Gebrauch. Immer wieder übte er mit den Männern die taktischen Manöver, die sie auf See beherrschen mußten und die Namen trugen wie »Raspberry«, »Half-Raspberry«, »Observant« und »Artichoke«. Gretton war bei den Übungen schonungslos und bereit, jeden zu feuern, der den Anforderungen nicht gewachsen war. Bei seinen Kommandanten galt er als egoistischer Gentleman, der zwar hart, aber auch fair war. »Freundlichkeit gegenüber inkompetenten Leuten hat sich noch nie gelohnt«, schrieb er nach dem Krieg, »dagegen zahlt sich Strenge immer aus. Wie schon Erwin Rommel gesagt hat: ›Die beste Form der Fürsorge ist harte Ausbildung.‹«[3]

Ihre Feuertaufe erhielt Grettons Eskortgruppe Anfang April, als sie eine kanadische Gruppe an dem schnellen (neun Knoten) Konvoi HX.231 von New York nach England ablöste. Nachdem die Luftüberwachungslücke in der Mitte des Atlantiks erreicht war, hatte B7 schon bald mehr U-Boot-Kontakte als genug, um die ruhige Zeit in den drei

Monaten zuvor wettzumachen. Vier Tage kämpfte die Gruppe gegen ein Rudel von 14 U-Booten. Die *Tay* unter Lieutenant-Commander Robert Evan Sherwood ortete eins der U-Boote, U-635, mit ASDIC und versenkte es mit einem gut plazierten Wabo-Teppich. Vorher hatte ein Liberator-Bomber aus Island bereits ein Boot versenkt, und U-294 wurde durch Wasserbomben so schwer beschädigt, daß es zum Stützpunkt zurückkehren mußte. Doch es gingen auch sechs Handelsschiffe verloren: drei aus dem Konvoi und drei Nachzügler.

Der erste Verlust, der des britischen Motorschiffs *Shillong*, war für Gretton der schlimmste. Die 5529 BRT große *Shillong*, die Zinkkonzentrat und Weizen als Schüttladung geladen hatte, sank innerhalb von zwei Minuten nach dem Torpedotreffer; die Besatzung ging ohne Boote in die See. Auf der Suche nach dem U-Boot fuhr die *Tay* langsam durch die in der Dünung treibenden Überlebenden, an deren Schwimmwesten die roten Lichter brannten. Gretton rief ihnen ermutigende Worte zu, aber seine erste Pflicht war die Verfolgung des U-Boots, damit nicht noch mehr Schiffe angegriffen wurden. Außerdem konnte die *Tay* nicht gestoppt liegen bleiben, sonst wäre womöglich auch sie von einem Torpedo vernichtet worden. Noch 1964, als er der Männer gedachte, die er dem Tod überlassen hatte, nannte er diesen Augenblick »meine schlimmste Erinnerung an den Krieg«.[4]

Dreifach das Ziel –
den Konvoi schützen, den Angriff führen, und noch
menschlich Seeleute retten.
Das war zuviel für das Geleit.

Retten um zu töten, töten um zu retten,
das waren Zweck und Mittel, ein grausig Zweigespann.
Hohe Strategie quält das Gehirn zu Taten,
die den Protest des Herzens ernten.

E. J. Pratt

Schließlich wurde es neblig, so daß den U-Booten die Sicht genommen war. Am 7. April erschienen Flugzeuge in großer Zahl über dem Konvoi. Die Nordküste von Irland wurde erreicht und die Geleitgruppe B7 lief wieder in ihren Heimathafen ein. Fünfundneunzig Prozent des Konvois waren unbeschädigt durchgekommen. B7 hatte sich in dieser ersten echten Mutprobe bewährt. Außer mit der Leistung der *Loosestrife*, dessen Kommandanten er ablösen ließ, war Gretton durchaus zufrieden.

In Londonderry wartete die wieder im Dienst befindliche *Duncan* auf Gretton. Damit war das zweite HF/DF-Gerät (Typ FH4) im Verband, so daß zusammen mit dem FH3 der *Tay* Kreuzpeilungen möglich waren. Das Gerät der *Tay* war bei den Kämpfen um HX.231 »sein Gewicht in Gold wert gewesen«.[5] Die *Duncan* war auch mit dem modernsten ASDIC, einem 10-cm-Radar vom Typ 271 und Funkgeräten ausgerüstet. Außerdem hatte sie zwei Geschütze und zwei Torpedosätze sowie die neuen, nach voraus schießenden Hedgehog-Werfer und Wasserbomben mit Aufschlagzünder an Bord. Für letztere war zusätzlicher Platz geschaffen worden. Die Besatzung von 175 Offizieren und Männern kannte sich jedoch noch nicht und war unerfahren. Gretton begann sofort, sie im Übungsgebiet vor Londonderry mit Hilfe von U-Booten aus dem Ersten Weltkrieg auszubilden. Ausgenommen waren nur die Tage, an denen er dem Befehlshaber der Western Approaches, Admiral Horton, über die Ereignisse um HX.231 berichtete, vor Offizieren über dieselbe Operation informierte oder mit Offizieren des Küstenkommandos darüber beratschlagte, wie die Kooperation von Schiffen und Flugzeugen an den Konvois verbessert werden konnte.

So standen die Dinge bei B7, als der lange vorher festgelegte Termin für den Konvoi ONS.5 nahte.

Nachdem er bei der *Rena* längsseits gegangen war, tauschte Gretton mit Brook, der seine Anweisungen von der Handelsabteilung der Admiralität erhalten hatte, Dokumente aus und teilte ihm über Lautsprecher mit, wie er seine Kräfte stationieren wollte. Die *Duncan* stellte er ins Zentrum hinter die *Argon*. Die übrigen Geleitfahrzeuge wurden an Backbord voraus, querab und achteraus eingeteilt; die Rettungstrawler und der Tanker folgten am Ende des Konvois. Als der Geleitschutz seine Positionen eingenommen hatte, ließ Brook den Konvoi auf Kurs 280 Fahrt aufnehmen. Wenngleich seine Eskortgruppe durch den Einsatz beim Konvoi HX.231 an Selbstvertrauen gewonnen hatte, gab es genügend Gründe für Gretton, angespannt und vorsichtig zu sein. Vor ihm im Nordwesten lag in ein Gebiet, für das die Vorhersage sehr schlechtes Wetter mit Wind in Sturmstärke angekündigt hatte. Das bedeutete, daß seine Konvoischiffe, die unbeladen hoch aus dem Wasser ragten, von den Wellen wie Korken herumgeworfen werden würden, so daß es ihnen schwerfallen würde, ihre Stationen zu halten; einige Schiffe würden kaum noch zu steuern sein und andere als Nachzügler zurückfallen. Die siebeneinhalb Knoten konnte man unter solchen Bedingungen bestimmt nicht durchhalten. Außerdem führte die Fahrtroute nordwestlich bis 61°45′ N und 29°11′ W, eine Position östlich von Ivigtut auf Grönland, und von dort die Küste von Neufundland entlang, was bedeutete, daß sein Verband mit Packeis und Eisbergen in Berührung kommen würde.

Gretton wußte, daß das Kommando der Western Approaches der Auffassung war, diese nördliche Route sei die damit verbundenen Wetterprobleme wert, denn auf ihr konnten die Konvois fast auf der gesamten Strecke Luftunterstützung erhalten. Südlich von Grönland würde ONS.5 jedoch in das Gebiet der Luftüberwachungslücke hineinfahren, das die meisten Flugzeuge nicht erreichen konnten. Und dort, so glaubte er, würden die meisten U-Boote lauern. Waren sie vielleicht schon quer zu seinem Kurs aufgestellt? Western Approaches hatte ihm versichert, daß man für ONS.5 eine Route ausgesucht habe, auf der die U-Boot-Gefahr nicht so groß sei. Vielleicht hatte man ihn auch darüber informiert – die noch erhaltenen Dokumente sagen dazu nichts aus –, daß Admiral Dönitz eine Rekordzahl von U-Booten in See hatte (allein 27 befanden sich auf der Heimreise in die Stützpunkte) und entlang eines Kreisbogenausschnitts 500 Meilen östlich von Neufundland vermutlich 36 Boote in zwei Rudel (»Meise« und »Specht«) aufgestellt waren.

Die Quelle dieser Informationen war Gretton mit Sicherheit nicht genannt worden, da er wie andere Kommandeure in seiner Stellung und mit seinem Dienstgrad nicht »eingeweiht« war, das heißt, er wußte nichts von »Z« oder den Erkenntnissen der Funkaufklärung. Solche Informationen wurden unter dem die Quelle verschleiernden Namen »Ultra« nur an einen eng begrenzten Personenkreis verteilt. Das Kommando der Western Approaches hatte ihn gewiß auch nicht darüber informiert, daß der deutsche B-Dienst durch die Entschlüsselung des anglo-amerikanischen Marineschlüssels Nr. 3, dem Konvoi-Code, möglicherweise den Kurs von ONS.5 herausgefunden hatte. Sollte der B-Dienst diese Information tatsächlich gehabt haben, dann ist nicht klar, an welchem Tage sie an den BdU weitergegeben wurde. Die Funksprüche des B-Diensts an den BdU existieren nicht mehr. In den noch vorhandenen wöchentlichen Zusammenfassungen der Informationen des B-Diensts findet sich für die Woche vom 19. bis 25. April kein Hinweis auf ONS.5. Mitunter erfolgten die Entschlüsselungen des Konvoi-Codes verspätet.

Ein Beispiel für die Verzögerung zwischen Empfang und Entschlüsselung ist die Erwähnung von ONS.5 in der Zusammenfassung für die Woche vom 10. bis 16. Mai. Sie beginnt: »Der Island-Teil von ONS.5, der aus mindestens drei Handelsschiffen besteht [die von HMS *Vidette* geleitet wurden], sollte am 23.4. um 0715 Uhr auslaufen und mit dem Hauptteil des Konvois im Laufe des 26.4. zusammentreffen …«[6] Bei solch einer Verzögerung hatte die Entschlüsselung keinen operativen Wert mehr. Zum ersten Mal wurde ONS.5 im Wochenbericht für die Zeit vom 26. April bis 2. Mai erwähnt, in dem die Dritte Eskortgruppe (EG 3) angesprochen wurde, auf die weiter unten noch näher eingegangen wird.

Die erste Woche der Fahrt verlief wie von Gretton erwartet. Es gab die üblichen technischen Schwierigkeiten. In der ersten Nacht hatte der polnische Dampfer *Modlin* Probleme mit seiner Maschine, woraufhin er die achte Kolonne verließ und nach Glasgow zurückkehrte. Bei Tagesanbruch des 23. April verschlechterte sich das Wetter. Starker Wind und hoher Seegang ließen mehrere Schiffe von ihren Stationen abkommen, und B7 bemühte sich den ganzen Tag und die Nacht über, Nachzügler wieder auf ihre Stationen zu geleiten. Soweit möglich, blieb die *Duncan* im Zentrum in der Kolonne sechs und fuhr mit der niedrigen Geschwindigkeit des Konvois, um Kraftstoff zu sparen. In jeder anderen Hinsicht war der Zerstörer in der Werft verbessert worden, aber sein hoher Kraftstoffverbrauch war geblieben. Die *Duncan* verbrauchte bei geringster Fahrt pro Tag acht Prozent ihres Bestandes. Am 24. April um 1630 Uhr fuhr sie trotz der schweren Seen an die *British Lady* heran, um die Kraftstoffbestände aufzufüllen. Aber nachdem der Tanker zwei Tonnen übergeben hatte, brachen Leine und Schlauch, die der Tanker achteraus schleppte. Die *Duncan* mußte den Versuch abbrechen und auf ruhigeres Wetter warten. Eine Kraftstoffübernahme von der *Argon* war, wie man feststellte, nur bei spiegelglatter See möglich, da die Schlauchanschlüsse auf dem amerikanischen Tanker es erforderlich machten, daß das zu betankende Schiff längsseits kam, was auf hoher See viel zu gefährlich war. Die Nutzlosigkeit der wertvollen Ladung der *Argon* war ein Vorbote für das, was kommen sollte.

Die *Duncan* und die *Tay* suchten regelmäßig mit HF/DF nach U-Booten, die Funksprüche an den BdU oder andere Boote absetzten, empfingen aber nichts. Tatsächlich stand ein U-Boot nicht weit vor ihnen, aber aus Gründen, die nicht ganz klar sind, hatte es seit seinem Auslaufen aus Kiel am 15. April keinen einzigen Funkspruch an den BdU gesendet. B7 wußte bis zum Abend des 24. April, als das Boot durch eine »Fliegende Festung« des 206. Geschwaders der RAF in Benbecula auf den Äußeren Hebriden angegriffen wurde, nichts von seiner Anwesenheit. Flying Officer Robert Leonard Cowey flog acht Meilen nordwestlich von ONS.5 nach einem vom Küstenkommando aufgestellten Plan, um dem Konvoi für den Zeitraum vom 24. bis 27. April Schutz aus der Luft zu geben.

Um 1725 Uhr sichtete einer der Männer in dem Flugzeug in zehn Meilen Entfernung ein aufgetaucht fahrendes U-Boot. Es war U-710, ein neu in Dienst gestelltes Boot vom Typ VIIC, das sich auf seiner ersten Feindfahrt unter seinem neuen Kommandanten, Oblt. Dietrich von Carlowitz, befand, der von dem Konvoi in seiner Nähe wahrscheinlich nichts wußte. Statt nach Sichtung des Flugzeugs alarmtauchen zu lassen, was die normale U-Boot-Reaktion gewesen wäre, schickte Carlowitz die Geschützmannschaften auf Station an Deck. Ungenau geschossene Leuchtspurmunition umstrich das Flugzeug, während Cowey mit dem viermotorigen Bomber zum Angriff anflog und einen Knüppel mit sechs Wasserbomben warf, der das Boot quer zu seinem Kurs eingabelte. Die Männer auf dem U-Boot wurden durch die Explosionen in die Luft geschleudert, und einer der achteren Schützen im Flugzeug sah das Boot mit dem Heck voran in einem Haufen von Wrackteilen versinken. Cowey machte kehrt und warf einen weiteren Knüppel in die Wrackteile, danach zählte er 25 Überlebende, die im Wasser schwammen. Es gab nichts, was er für sie hätte tun können. Da sein Treibstoff knapp wurde und sein Heimatstützpunkt aufgrund des Wetters gesperrt war, flog Cowey ab in Richtung Reykjavik.[7]

ONS.5 erlebte die Morgendämmerung des 25. auf einem aufgewühlten Nordatlantik. Kommodore Brook gab sich alle Mühe, seine Schiffe, die von Sturm und Wellen von ihrem Kurs abgebracht wurden, auf Station zu halten. Brook vermerkte: »Der Konvoi macht etwa 2-3 Knoten, schlechtes Steuern.«[8] Die Bedingungen blieben bis in die Nacht dieselben, in der Brook und Gretton zeitweise an sieben Stellen gleichzeitig »zwei rote Lichter übereinander« sahen, das Zeichen dafür, daß ein Schiff nicht mehr manövrierfähig war. Das Unausweichliche passierte, die *Duncan* meldete an das Kommando der Western Approaches: »Während des Sturms sind in der letzten Nacht Nr. 93 *Bornholm* und Nr. 104 *Berkel* kollidiert. Beide beschädigt. 104 hält durch, aber *Bornholm* hat ohne Geleitschutz um 1400 den Konvoi Richtung Reykjavik verlassen.«[9] Die Kollision passierte um 2355 Uhr, als sich der Konvoi mit nur 2 Knoten auf Kurs 301° befand. Brook, der von dem Zwischenfall erst am nächsten Morgen erfuhr, meldete, daß die *Bornholm* ein Leck im Maschinenraum etwa 3 Meter über der Wasserlinie habe, und fügte hinzu, die in der Nacht gegen die Wellen zurückgelegte Strecke sei kaum der Rede wert; der Konvoi habe »praktisch beigedreht«.[10]

Am Morgen des 26. hielt der Sturm weiter an. Der Konvoi war völlig durcheinandergeraten, obwohl die Schiffe alle in Sicht waren. Es gelang, ihn wieder zusammenzutreiben; nur die *Penhale* (Nr. 81), das letzte Schiff der achten Kolonne, hing derart weit zurück, daß Gretton es in Begleitung der *Northern Spray* nach Reykjavik schickte. In den Vormittagsstunden betrug die Konvoigeschwindigkeit drei Knoten. Um 1400 traf das Kontingent aus Island ein – die *Vidette,* der zweite Zerstörer von B7, sowie die britische *Bosworth,* die norwegische *Gudvor* und der leere US-Marinetanker *Sapelo,* die mit Hilfe von HF/DF und einer PBY-Catalina der RAF zum Konvoi geführt worden waren. Mit der *Vidette,* einem fünfundzwanzig Jahre alten Schiff der *V&W*-Klasse (Langstreckengeleitschiff), bekam Gretton einen Zerstörer, der nicht nur schneller (25 Knoten) als die *Duncan* war, sondern auch einen größeren Aktionsradius hatte, da einer der Kessel ausgebaut worden war, um zusätzlichen Platz für Kraftstoff zu schaffen. Die *Vidette* verfügte über ASDIC und Typ-271-Radar, aber nicht über HF/DF, konnte also nicht wie die *Duncan* und die *Tay* zu Kreuzpeilungen von U-Booten herangezogen werden. Gretton bezweifelte, daß die *Duncan* länger beim Konvoi bleiben konnte. Wenn das Wetter nicht besser werde, teilte er dem Kommando der Western Approaches mit, werde die *Duncan* vielleicht den Geleitschutz verlassen müssen, um in Grönland Kraftstoff zu übernehmen.[11]

Am nächsten Morgen wurde die See ruhiger, so daß die *Duncan* von der *British Lady* betankt werden konnte. Anschließend fuhren auch die *Vidette* und die Korvette *Loosestrife* an den Tanker heran, während Hudson-Flugzeuge der RAF aus Island den Geleitschutz unterstützten. Später stieß die *Northern Spray* wieder zum Konvoi. Gretton vermerkte die Position mit 61°25′ N und 23°49′ W, südlich von Reykjavik und östlich von Kap Discord auf Grönland. Bisher hatte es weder Sichtungen noch elektronische Entdeckungen von U-Booten gegeben. Außer dem Boot, daß drei Tage zuvor durch die Flying Fortress versenkt worden war, schienen überhaupt keine U-Boote in der Nähe zu sein. Wenn es doch welche gab, waren sie vielleicht bei einem Konvoi in der Mitte des Atlantiks konzentriert, der auf der gleichen nördlichen Route an der Südspitze Grönlands vorbei auf Gegenkurs lief. Es handelte sich um den schwer beladenen SC.128, der Halifax am 25. April in Richtung England verlassen hatte. Dieser Konvoi war nach dem Wissensstand, den das Lagezimmer der Admiralität an seinem Auslauftag gehabt hatte, so geführt worden, daß er den bekannten U-Boot-Gruppen nordwestlich auswich.

Zwischen dem 22. und 25. wurden die Rudel »Specht« und »Meise« zusammen mit neu im Seegebiet eingetroffenen Booten zu drei Rudeln umgruppiert: »Specht«, »Meise« und »Amsel«. Das Rudel »Specht«, zu dem siebzehn Boote gehörten, wurde in einer Linie von 54°15′ N, 43°15′ W bis 51°15′ N, 38°55′ W aufgestellt, das verstärkte Rudel »Meise« mit dreißig Booten wurde von 59°15′ N, 32°36′ W bis 56°45′ N, 28°12′ W und »Amsel« mit elf Booten von 54°51′ N, 32°00′ W bis 53°45′ N, 29°35′ W.[12] Nach den Plänen des BdU sollte eigentlich der westwärts fahrende ONS.4 abgefangen werden, doch dieser Konvoi kam wohlbehalten in New York an. Zwei weitere Konvois auf der Nordroute, der am 16. April aus Halifax ausgelaufene SC.127 und der am 18. April aus Liverpool ausgelaufene ON.179, fuhren um die U-Boot-

161

Streifen herum. SC.127 wurde am 26. April, nachdem der Befehl zur Verlängerung des »Meise«-Streifens knapp vierzehn Stunden nach seinem Empfang entschlüsselt worden war,[13] nach Norden umgeleitet, also gerade noch rechtzeitig, wie sich zeigen sollte. Auch der Konvoi ON.180, der am 24. April – zwei Tage nach der Abfahrt von ONS.5 – Liverpool verließ, sollte auf ähnliche Weise um die U-Boot-Streifen herumgeführt werden. Da die Mehrzahl der U-Boote sich im nördlichen Gebiet aufhielt, wurden zwei weitere Konvois, die zu diesem Zeitpunkt Richtung England unterwegs waren, HX.235 und HX.236, sicher auf südlichen Routen über den Atlantik gebracht.

Zwei Eintragungen im Kriegstagebuch des BdU aus dieser Zeit sind bedeutsam für das Verständnis der operativen Fehleinschätzungen auf deutscher Seite und des Versagens des B-Diensts. Die erste dieser beiden Eintragungen stammt vom 25. April: Ein früherer, nach Osten fahrender Konvoi, HX.234, der ebenfalls die Nordroute genommen hatte und, als er England erreichte, nur zwei Schiffe verloren hatte – ein weiteres war beschädigt worden –, war vier Tage lang (21.–25. April) von nicht weniger als neunzehn U-Booten verfolgt worden. Der Aufwand an Zeit, Kraft und Material hatte also nur verhältnismäßig geringe Erfolge erbracht. Als Gründe für den Mißerfolg nannten Dönitz und Godt schlechtes Wetter, insbesondere Schnee und Nebel, wechselnde Sichtbedingungen, die Kürze der Nächte auf den nördlichen Routen, starke Luftüberwachung von Grönland und Island aus sowie die »Unerfahrenheit der vielen neuen Kommandanten, die diesen schwierigen Situationen noch nicht gewachsen waren«.[14]

In dem anderen KTB-Eintrag spekulierte der BdU am 27. April über die Gründe dafür, daß der Konvoi SC.127 plötzlich auf eine nördlichere Route gegangen war und durch eine Lücke zwischen den Rudeln »Meise« und »Specht«, die gerade auf neue Positionen wechselten, schlüpfen konnte. Zudem ging aus einem aufgefangenen amerikanischen U-Boot-Lagebericht hervor, daß die Alliierten die Positionen der Rudel genau kannten und daher in der Lage waren, die Konvois um sie herumzuführen. Woher hatte der Gegner dieses Wissen? Die Antwort des BdU lautete: »Es bestätigt sich immer mehr der Verdacht, daß der Gegner über ein ausgezeichnetes vom Flugzeug aus verwendbares Ortungsgerät verfügt, dessen Auswirkung von unseren Booten nicht wahrgenommen wird.«[15]

Gewiß, es traf zu, daß die Flugzeuge der Alliierten mit 10-cm-Radar operierten, das die Geräte, die damals auf den U-Booten vorhanden waren, nicht erfassen konnten. Aber die durchschnittliche Reichweite dieser Radargeräte lag bei fünfzehn Meilen, was nicht ausreichte, um auch nur die Aufstellung eines einzigen U-Boot-Rudels zu erfassen. Offenbar fiel es Dönitz und Godt leichter, an ein übernatürliches Auge im Himmel zu glauben, das alles sah, was sich über Tausende von Quadratmeilen des Atlantiks erstreckte, als den alliierten Kryptographen zuzutrauen, was ihr eigener B-Dienst auch schon geschafft hatte: den Schlüssel der anderen Seite zu knacken. Dönitz hat sich im Krieg und auch danach stets geweigert, diese Möglichkeit zu akzeptieren – ebenso wie er nicht glauben wollte, daß die Alliierten HF/DF an Bord von Schiffen hatten. Hätte er jedoch gewußt, daß der Gegner sein Wissen von den Kryptographen bezog, hätte es ihn vermutlich gefreut, daß diese am selben Tag, an dem SC.127 gerade noch der Gefahr entging, »blind« wurden, das heißt eine Zeitlang nicht mehr in der Lage waren, die von den U-Booten empfangenen und gesendeten Funksprüche zu entschlüsseln.

Am 26. April um 1200 Uhr verlor die GC&CS – und damit auch das U-Boot-Lagezimmer der britischen Admiralität – schlagartig die Fähigkeit, den Funkverkehr der U-Boote zu verstehen, weil Berlin unvorhergesehene Einstellungsänderungen an den Enigma-Maschinen angeordnet hatte. Dieser Zustand dauerte bis zum Nachmittag des 5. Mai an, also in einer kritischen Zeit für ONS.5, denn in diesen neun Tagen lief der Konvoi in das Gebiet ein, in dem die U-Boot-Rudel bekanntermaßen mit Vorliebe auf der Lauer lagen.[16] Rodger Winn nannte das, was er hatte, »keine exakten Informationen«; er konnte dem Befehlshaber der Western Approaches, Admiral Horton, nur sagen, daß es »im Gebiet von Neufundland« vermutlich immer noch drei U-Boot-Rudel gab. Später schrieb er: »Daher war es nicht möglich, eine Ausweichroute (für ONS.5) anzugeben; immerhin war der Konvoi so weit wie möglich nach Norden geschickt worden, um die U-Boote zu umgehen.«[17] Zuvor waren bereits drei nach Westen laufende Konvois auf der Nordroute an der Südspitze Grönlands vorbeigeführt worden, von denen die beiden ersten nur geringe Verluste erlitten und der dritte gar keine.[18] Vielleicht hatte ONS.5 ja auch soviel Glück.

Wie gesehen, verfügte das Lagezimmer aber noch über andere Informationsquellen. Die Funksignale der U-Boote konnten durch das HF/DF-System an Land eingepeilt werden, das den gesamten nordatlantischen Raum durch Kreuzpeilungen abdeckte. In Großbritannien standen zwanzig Peilstationen, in den USA sechzehn und in Kanada elf.[19] Die Kurzsignale im Hydra-Schlüssel (so hieß seit dem 1. Januar der Schlüssel »Heimische Gewässer«), die von den Räumbooten abgesetzt wurden, welche die U-Boote beim Ein- und Auslaufen aus den Stützpunkten an Ostsee und Biskaya geleiteten, konnten immer noch mitgelesen werden. Aus ihnen konnten Winn und Beesly schließen, wie viele U-Boote sich in See befanden. Dabei berücksichtigten sie, daß der BdU seit dem 26. April drei Milchkühe – U-487, U-459, U-461 – in der Mitte des Atlantiks stationiert hatte, was die Einsatzzeit einiger Kampfboote verlängerte. Keine dieser Informationsquellen konnte Winn und Beesly jedoch die gleiche Sicherheit geben, daß ihre U-Boot-Lagedarstellung den Tatsachen entsprach, wie die knappen, aber genauen »Z«-Nachrichten.

ONS.5 bekam die Auswirkungen bald und auf gefährliche Weise zu spüren. Ohne daß Winn und Beesly es mitbekamen, und daher auch ohne daß Horton und Gretton es wußten, hatte der BdU am 27. April aus sechzehn Booten die Gruppe »Star« gebildet, die er auf einem von Norden nach Süden gehenden Streifen aufstellte. Er erstreckte sich auf der Länge 30°W von 61°50′ N bis 57°00′ N, etwa 420 Meilen östlich von Grönland. Auf der Karte der Kriegsmarine mit ihren Marinequadraten lief er von AD8731 über AK3523 nach AK0329. Die Boote sollten bis zum 28. um 0900 Uhr DSZ ihre Positionen eingenommen haben.[20] Das nördliche Ende des Streifens berührte gerade noch die Route von ONS.5. Am 28. April um 0800 Uhr war der Konvoi auf Position 61°45′ N, 29°11′ W, und änderte seinen Kurs nach Südwesten. Um 0800 Uhr am nächsten Tag sollte er 34°51′ W erreichen.[21] Gruppe »Star« war ausdrücklich zu dem Zweck aufgestellt worden, den nächsten der alle acht Tage nach Westen abgehenden ONS-Konvois abzufangen, und das war ONS.5.

Da der Befehl zur Bildung von »Star« einen Tag, nachdem GC&CS die Fähigkeit zur Entschlüsselung der Enigma-Sprüche verloren hatten, ergangen war, blieb er Winn und Beesly unbekannt, was wiederum zur Folge hatte, daß sie keine Ausweichroute für ONS.5 empfehlen konnten. Commander Gretton wußte davon ebensowenig wie von der Tatsache, daß der B-Dienst im Gegensatz zur GC&CS keineswegs blind war und den Konvoi-Code regelmäßig mitlas, wenn auch nicht immer in Realzeit. Zu den entschlüsselten Funksprüchen gehörten auch die täglichen U-Boot-Lageberichte der britischen Admiralität und der US Navy, die für den BdU ein weiterer deutlicher Hinweis darauf hätten sein sollen, daß sein eigener Schlüssel geknackt worden war.

Sobald die Informationen des B-Diensts über Zusammensetzung, Abfahrtdatum, Route und Geschwindigkeit eines Konvois auf dem grünen Filztisch im Lagezimmer des BdU in Berlin-Charlottenburg eintrafen, bekamen sie eine Nummer. Konvoi ONS.5 wurde so zu Geleitzug Nr. 33. In welcher Form der BdU von ONS.5 erfuhr, ist nicht bekannt, da die täglichen oder stündlichen Fernschreiben des B-Diensts nicht mehr existieren. Im noch vorhandenen Wochenbericht für die Zeit vom 26. April bis 2. Mai wird der Konvoi jedoch mit seiner Bezeichnung erwähnt, und zwar im Zusammenhang mit EG3, die weiter unten als Unterstützungsgruppe für ONS.5 eine Rolle spielen wird. Auch ein U-Boot-Lagebericht der US Navy war in dem Wochenbericht enthalten:

Die Eskort Group 3 stand am 21.4. um 2100 Uhr in Position 47°20′ N, 50°03′ W, Kurs etwa 100-200°, Geschwindigkeit 15 Knoten, sie lief auf ONS.5 zu; bei 47°00′ W sollte der Kurs um 11-13 Grad geändert werden. Der amerikanische U-Boot-Lagebericht vom 30.4. identifizierte bis zu 20 Boote im Gebiet um 59°61′ N,30°43′ W, und zwar als Ergebnis verschiedener Funkpeilmethoden, und stellte fest, daß einige der Boote weiter in der Nähe von ONS.5 stationiert sein würden.

Aus dieser Eintragung läßt sich nicht entnehmen, wann der BdU von ONS.5 erfuhr. Die angegebenen Daten, der 29. und 30. April, beziehen sich auf Ereignisse, die wegen des Entschlüsselungsverzugs eine Woche zurück lagen. War der BdU schon zu Anfang der Woche am 26. April über ONS.5 informiert worden? Vielleicht läßt sich das nie klären. Bekannt ist jedoch eine KTB-Eintragung vom 27. April, als die Positionen des »Star«-Streifens festgelegt wurden: »Ziel ist

Erfassung des z. Zt. im Norden laufenden nächsten ONS-Geleit-
zuges. ... Ein langsamer Südwestgeleitzug wird ab 28.4. hier erwartet.«[22]

Am 28. April um 0900 Uhr, als einige später eingetroffene Boote des
Rudels »Star« noch auf ihre Stationen zusteuerten, befand sich Oblt.
Ernst von Witzendorff mit U-650 aufgetaucht im Marinequadrat
AD8761. Die See war schwach bewegt; aus Südosten kam ein Wind
mit Stärke 3, und die Sicht betrug zwölf Meilen. Einer der Ausgucks
auf der Brücke rief: »Mastspitzen!« Von Witzendorff schrieb in sein
Kriegstagebuch: »Mastspitzen gesichtet. Gehe näher heran, um zu
klären, was es ist. Ergebnis: Geleitzug auf Kurs Südwest.« Um 0942
Uhr setzte er einen Funkspruch an den BdU ab: »GELEITZUG IN
AD8758.« Siebzehn Minuten später sendete er wieder: GELEITZUG
MIT 8-10 KNOTEN; KURS 270. Um 1040 Uhr sah er auf seiner Back-
bordseite ein zweites Boot der Gruppe »Star« auftauchen. Drei Minu-
ten später empfing er einen an alle Boote des Rudels gerichteten
Funkspruch: RUDEL STAR SOLLTE AUF DER GRUNDLAGE VON WITZEN-
DORFFS MELDUNG ANGREIFEN: WITZENDORFF KANN ANGREIFEN;
SOBALD EIN ZWEITES BOOT FÜHLUNG ZUM GELEITZUG HAT. Um 1110
Uhr ergänzte U-650 seine erste Meldung: GELEITZUG MIT WESTKURS
IST JETZT IN AD8728, GESCHWINDIGKEIT ACHT KNOTEN.[23]

Dieses Funksignal wurde sowohl von der *Duncan* und der *Tay* als
auch von den Geleitfahrzeugen des etwa 50 Meilen südlich von
ONS.5 ostwärts fahrenden Konvois SC.127 eingepeilt.[24] Gretton
wußte jetzt, daß er beschattet wurde. Aber von wie vielen Booten? Er
schickte die Korvette *Snowflake*, um in der Peilung des U-Boots zu
suchen, von dem Gretton wegen des starken Signals annahm, daß es
sich »dicht bei in Richtung voraus« befand. Gleichzeitig änderte er
den Kurs des Konvois um 35 Grad nach Steuerbord und lief bis 1600
Uhr auf 296°, dann kehrte er auf den ursprünglichen Kurs zurück. Die
Suche der *Snowflake* war ergebnislos, ebenso der Suchschlag, den die
Duncan mit hoher Geschwindigkeit zehn Meilen vor dem Konvoi
durchführte. Die Sicht nahm unterdessen bis auf drei Meilen ab.

Um 1650 Uhr wurde achteraus in 085 Grad ein U-Boot-Signal festgestellt, was vermuten ließ, daß die Kursänderung des Konvois, die
ONS.5 in den Norden der Harke der Gruppe »Star« brachte, fürs erste

166

ihren Zweck erfüllt hatte. Die *Tay* suchte die neue Peilung ab, während die *Vidette* einer weiteren Peilung nachging, aber beide entdeckten nichts. Gretton befürchtete, daß das beschattende U-Boot zu einem Rudel gehören könnte und dieses Rudel seine Kräfte möglicherweise nicht zwischen SC.127 und ONS.5 aufteilen, sondern sich ganz auf ihn konzentrieren würde, und das bei Nacht über Wasser, wo die U-Boote 17 bis 18 Knoten laufen konnten. Als die Dämmerung hereinbrach, fiel ihm auch wieder ein, daß er keine Hilfe durch Flugzeuge zu erwarten hatte. Die Luftunterstützung für ONS.5 war am 27. um Mitternacht eingestellt worden, weil es nach dem Lagebild der Admiralität keine U-Boote in der Nähe gab. Am späten Nachmittag hatte eine Catalina der US Navy den Konvoi aus der Ferne gesichtet, aber die Wahrscheinlichkeit, in der Nacht Luftunterstützung zu erhalten, war gering, denn auf Island war das Wetter sehr schlecht.

Um 1838 Uhr, der Seegang hatte inzwischen erheblich zugenommen, ortete die *Duncan* mit HF/DF dicht an Backbord voraus in Peilung 210 Grad ein U-Boot. Der Zerstörer dampfte die Peilung mit Höchstfahrt ab und wies die *Tay* an, an Backbord genauso zu verfahren. Um 1920 Uhr sah die *Duncan* etwa zwei Meilen entfernt in Peilung 146 Grad eine Gischtkrone, die vom Turm eines U-Boots aufgeworfen wurde. Gretton änderte den Kurs, um das Boot zu verfolgen, aber als der Zerstörer noch knapp dreitausend Meter entfernt war, tauchte das Boot. In der groben See gelang es der *Duncan* nicht, das U-Boot mit ASDIC zu orten, Gretton warf dennoch eine Wabo-Reihe mit zehn Bomben. Die *Duncan* und die *Tay* fuhren dann eine Stunde lang die Operation »Observant«, eine ASDIC-Suche in einem Quadrat von zwei Meilen Seitenlänge mit dem »Datum«, dem letzten Punkt, an dem das U-Boot geortet worden war, in der Mitte. Eins der Geleitfahrzeuge konnte zusätzlich entweder den Rand der Box, wie das Quadrats auch genannt wurde, oder deren Inneres absuchen. Um 2130 Uhr kehrte die *Duncan* zum Konvoi zurück und nahm wieder die Nachtstation ein, während die *Tay* über dem getauchten Boot blieb, solange der Konvoi daran vorbeifuhr.[25] Die Handelsschiffe machten einen Schlag nach Südwesten und steuerten mit 7,5 Knoten 240°. Der Wind hatte zugenommen und wehte mit 16–20 Knoten; es stand grobe See mit zusätzlicher langer, mäßiger Dünung.

Da die U-Boote, wie Gretton wußte, lieber mit Wind und See

angriffen, weil dann keine Gischt ihre Anwesenheit verriet, und da aus den HF/DF-Peilungen bekannt war, daß die Boote an Backbord und achteraus standen, stellte Gretton seine Kräfte schwerpunktmäßig an dieser Seite auf und ließ die Steuerbordseite ungedeckt.[26] Ein Angriff von Backbord achteraus war am wahrscheinlichsten. Was die U-Boote anbetraf, so hatten bei Anbruch der Nacht nur vier weitere Boote des Rudels »Star« den Meldungen von U-650 folgen und zu dem Konvoi aufschließen können: U-386, U-378, U-532 und U-528. Daß sich entgegen den Anweisungen des BdU nicht mehr Boote vor dem anlaufenden Konvoi aufgestellt hatten, lag zum Teil an dem »unsichtigen Wetter und dem starken SW-Wetter, gegen die die Boote bei der Verfolgung anlaufen mußten«. Dies war zumindest die Beurteilung des BdU am 1. Mai, nachdem die Ausreden der Boote über Funk bei ihm eingetroffen waren.[27] Doch obwohl nur fünf Boote den Schauplatz erreicht hatten, waren die anderen noch zu hören, als sie ihre abendlichen Positionsberichte nach Berlin durchgaben. Der Funkverkehr – er klang »wie krächzende Elstern« – wurde sowohl in England als auch mit den HF/DF-Geräten der Eskortgruppe B7 eingepeilt.

Für Gretton hatte das Funkgeschwätz zwei positive Folgen. Erstens beorderte der Befehlshaber der Western Approaches wegen der Konzentration von U-Booten rund um ONS.5 den Zerstörer *Oribi* vom Geleitschutz des Konvois SC.127 zu Gretton. Und weil zu erwarten war, daß ONS.5 auch das Ziel der weiter westlich stehenden U-Boot-Gruppen werden würde, sobald er diese Längen erreicht hatte, wurde, zweitens, von Neufundland aus die aus vier Zerstörern der Heimatflotte bestehende EG3 in Marsch gesetzt. Das Kommando über diese Gruppe hatte HMS *Offa*.[28] Durch diese Hilfszusagen in ihrer Moral gestärkt, bereiteten sich Gretton und seine Kommandanten auf die Nachtgefechte vor, die ihnen ganz sicher bevorstanden. Fünfzig Jahre später erinnerte sich Lieutenant Robert Atkinson, damals Kommandant der Korvette *Pink,* in einem Interview an die Nacht des 28. April 1943:

Ich erinnere mich da an einen phantastischen Funkspruch. Also, das war auf *Pink*. Wir standen etwa hundertfünfzig Meilen westsüdwestlich von Island, und hatten Kurs Grönland. Die Nacht war mondhell, eine unangenehme, windige Nacht. Und da kam dieser Funkspruch vom Befehlshaber [Horton]: »Sie können davon ausgehen, daß sie aus dem Mondlicht heraus gegen 0200 Uhr angegriffen werden.« Die konnten ja in Whitehall [der britischen Admiralität] die ganzen Funksprüche der deutschen U-Boote hören und auswerten – das war schon eine tolle Sache. Die wußten, wo der Mond stand und wo er für uns aufging und auch, von wo die U-Boote angreifen würden – der Befehlshaber wollte sich eben aus der Menge herausheben. Durch den fieberhaften Funkverkehr der Deutschen wußten sie eben, daß ein Angriff kurz bevorstand. Wir durchschauten das damals natürlich nicht, aber es war viel wert, daß wir einen Funkspruch hatten, der uns sagte, daß wir um 0200 Uhr klar sein sollten. Und Admiral Gretton, damals noch Commander Gretton, ... schickte einen Funkspruch an alle Einheiten im Geleit, und wissen Sie, was da drin stand? Nur ein Wort: »Vorbereiten.« Sonst nichts. Der zeigte keine unnütze Hektik und schickte keine Funksprüche an seine Männer nach dem Motto: Tut dies und laßt das. Das hätte auch nichts genützt. Wir waren gut ausgebildet, und wir wußten, was wir zu tun hatten. Und wissen Sie, was ich getan habe? Es war ungefähr fünf Uhr nachmittags, rabenschwarze Nacht, windig wie in der Hölle, und da habe ich gesagt: »Um sechs Uhr Tee für alle.« Hab' sie alle zusammengerufen und gesagt: »Das wird hart heute nacht. Ich weiß nicht, wer von uns im Konvoi den nächsten Tag erleben wird. Aber soweit es sich machen läßt, will ich einer von ihnen sein.« Nun war alles weitere unsere Sache.[29]

Die Nachtangriffe begannen früher, als Horton oder Gretton erwartet hatten. Genau um 2358 Uhr unternahm eins der vier Boote der Gruppe »Star«, die auf der Backbordseite des Konvois standen, den ersten von sechs Angriffen, die bis zum Tagesanbruch des 29. April stattfinden sollten. Gretton schrieb in seinem schnörkellosen Bericht über die Gefechte:

Der *erste Versuch* wurde um 2358 Uhr unternommen, als *Sunflower* backbord voraus in Peilung 170°, Entfernung 2800 Meter, einen Radarkontakt hatte. Sie hielt darauf zu, aber das U-Boot tauchte, und da kein ASDIC-Kontakt erreicht wurde, warf sie zwei

Wasserbomben und ging auf ihre Station zurück. *Tay* war um 0300 Uhr [am 29. April] auf Station. Um 0045 Uhr *(zweiter Versuch)* hatte *Duncan* einen Radarkontakt in Peilung 100°, Entfernung 3200 Metern, und lief zum Angriff an. Das U-Boot tauchte bei 2300 Metern Abstand, bei 1400 Metern gab es einen ASDIC-Kontakt, der fast sofort wieder verloren wurde. Ich warf eine Wasserbombe, lief noch einmal über die Abwurfstelle und kehrte danach auf Station zurück. Um 0114 Uhr *(dritter Versuch)* hatte ich einen Radarkontakt in Peilung 296°, Entfernung 2300 Meter. Ich jagte so schnell wie möglich hin, bis um 0119 Uhr bei 1000 Metern Abstand das U-Boot tauchte und ich die Geschwindigkeit reduzierte. Nach der Radarauswertung war der Kurs des U-Boots 320°, und um 0122 Uhr hatten wir ASDIC-Kontakt in der letzten Radarpeilung, sichteten die Hecksee und warfen einen Wabo-Teppich mit zehn Bomben. Um 0130 Uhr, als wir noch von dem Angriff abliefen, hatten wir einen weiteren Radarkontakt in Peilung 146°, 4400 Meter Abstand *(vierter Versuch)*. Ich drehte darauf zu, erhöhte die Fahrt, und um 0140 tauchte das U-Boot in 2800 Meter Entfernung. Wir bekamen keinen ASDIC-Kontakt, also wurde nur eine Wabo gemäß den letzten Daten geworfen ….

Als ich abdrehte, um wieder auf Station zu gehen, wurde um 0156 Uhr in Peilung 210°, Entfernung 3700 Meter ein weiterer Radarkontakt entdeckt *(fünfter Versuch)*. Ich drehte wieder und hielt mit höchstmöglicher Fahrt darauf zu. Das U-Boot fuhr mit etwa zwölf Knoten Richtung Konvoi, tauchte aber um 0204 Uhr, und ich reduzierte die Fahrt auf 15 Knoten. Um 0203 passierten wir eine Öllache von vielleicht 50 Metern Durchmesser; möglicherweise war das U-Boot vorher beschädigt worden. Wir hatten guten ASDIC-Kontakt und konnten einen genauen Wabo-Teppich mit zehn Bomben werfen. Als wir die Bomben warfen, konnten wir backbord voraus noch deutlich die Strudel des U-Boots erkennen. Danach bekamen wir wieder ASDIC-Kontakt, aber jedesmal, wenn ich versuchte, einen Angriff zu fahren, verloren wir auf 700 Metern Entfernung den Kontakt. Wir mußten also die Absicht, einen Hedgehog-Angriff zu fahren, aufgeben. Ich warf noch zwei Wasserbomben und ging mit hoher Fahrt wieder auf Station. Um 0054 Uhr hatte ich *Tay* angewiesen, Station R [achteraus auf der Backbordseite] einzunehmen, solange ich weg war. Um 0310 war ich wieder auf Station und wies *Tay* an, auf Station S [achteraus] zurückzukehren.

Snowflake auf Station P [backbord querab] hat um 0339 Uhr den *sechsten Versuch* der U-Boote abgewehrt, als sie backbord voraus im Abstand von 1000 Metern ein U-Boot sichtete, das auf den Konvoi zufuhr. *Snowflake* griff an und warf zwei Wabo-Teppiche mit je zehn Bomben. Als Antwort ging ein Torpedo haarscharf an ihr vorbei. Um 0348 Uhr war *Snowflake* nach Backbord achteraus gesackt, weshalb ich mich auf ihre Station an Backbord querab begab. Um 0354 Uhr hatte *Tay* auf ihrer Station achteraus einen guten ASDIC-Kontakt und griff ihn an – ein möglicher, wenn auch unwahrscheinlicher siebenter Versuch. Zu diesem Zeitpunkt hatte die Morgendämmerung begonnen, und um 0416 befahl ich, die Tagesstationen einzunehmen, damit die Geleitfahrzeuge genug Zeit hatten, um für die erwarteten Unterwasserangriffe der U-Boote in der Dämmerung ihre Stationen weiter voraus einzunehmen. Die Nacht war lebhaft gewesen, der Konvoi ohne Schaden geblieben, und ich dachte mir, daß die U-Boote doch durch unsere Nachttaktiken frustriert sein mußten und es vielleicht am Tag versuchen würden.[30]

Die Eskortgruppe B7 hatte gute Arbeit geleistet, fand Gretton, und sich gegen seiner Ansicht nach »fünf oder sechs« U-Boote hervorragend geschlagen. Nicht ein einziges Schiff des Konvois war versenkt oder auch nur beschädigt worden. Aber die U-Boote mußten einiges abbekommen haben, und er hatte recht: Von den tatsächlich beteiligten vier Booten waren zwei – U-386 (Oblt. Hans-Albrecht Kandler) und U-528 (Oblt. Georg von Rabenau) – so schwer beschädigt worden, daß sie zum Stützpunkt zurückkehren mußten. Es läßt sich allerdings nicht mehr feststellen, ob die *Duncan* oder eine der Korvetten dafür verantwortlich war. Das VIIC-Boot U-386 erreichte den Heimathafen Saint-Nazaire am 11. Mai. Am selben Tage wurde U-528 (Typ IXC/40) auf dem Marsch zur Biskaya von der Halifax II »D« des 58. Geschwaders mit Bomben beworfen und danach von den zum Geleitschutz des Konvois OS.47 gehörenden Eskortschiffen HMS *Fleetwood* und *Mignonette* versenkt. Das Boot, das sich auf seiner

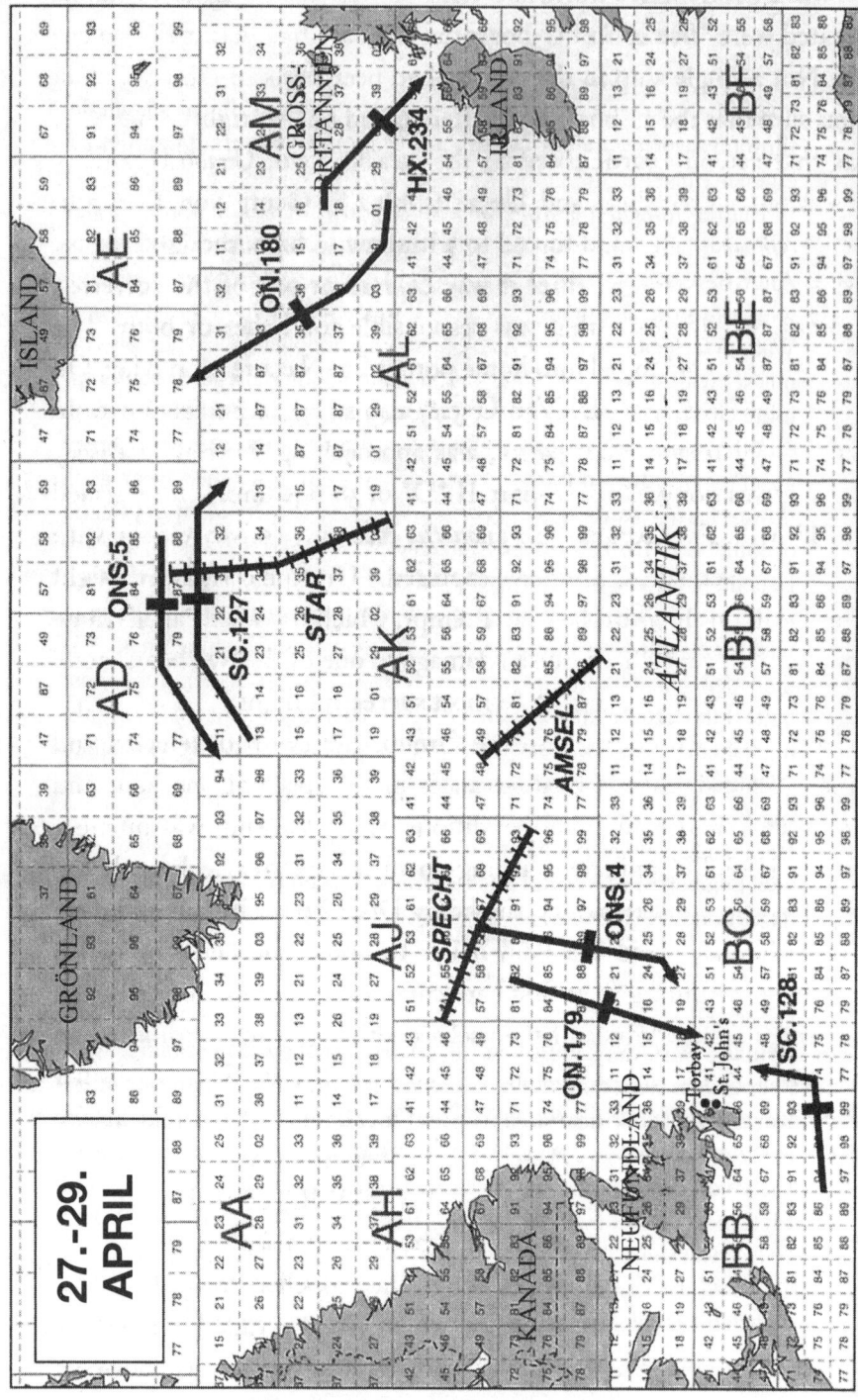

Der Kurs des Konvois ONS.5 und die Positionen der U-Bootstreifen »Star«, »Specht« und »Amsel« auf der deutschen Quadratkarte. Für die nautischen Positionen danke ich Professor Jürgen Rohwer. Kartograph: Paul Pugliese

ersten Feindfahrt befunden hatte, nahm elf Mann mit in die Tiefe; fünfundvierzig gerieten in Gefangenschaft.[31] Es war, nach Grettons eigener Einschätzung, eine »überaus erfolgreiche Nacht« gewesen.

Bei ihrem ersten Einsatz mit der Eskortgruppe B7 hatte die *Duncan* innerhalb von einer Stunde und fünfzig Minuten vier U-Boot-Angriffe entdeckt und bekämpft, und das in einem Wetter, das sie wie wild stampfen und rollen ließ und das Nachladen der schweren Wabo-Werfer in den über die Schanz hereinbrechenden Wellen nicht nur schwierig, sondern auch gefährlich machte.[32] Über Lautsprecher lobte Gretton seine Besatzung für die Leistung, die sie bei ihrer Feuertaufe erbracht hatte. Auch die beiden Korvetten hatten sich gut geschlagen, obwohl beide einen Fehler begangen hatten: Die *Sunflower* hatte, als sie um 2208 Uhr zwei Wasserbomben warf, um eventuelle U-Boote in ihrer Nähe abzuschrecken, unbeabsichtigt ein Leuchtsignal abgeschossen, das die ganze Gegend erleuchtete – »eine ziemlich unpassende Art, auf sich aufmerksam zu machen«, wie ihr kanadischer Kommandant, Lieutenant Commander J. Polmer, den Fauxpas hinterher trocken kommentierte.[33] Die *Snowflake* hatte eine etwas unangenehmere Erfahrung gemacht, die Gretton hinterher als eine »ungewöhnliche Panne des Drills« bezeichnete. Während des sechsten Angriffes auf ein U-Boot hatte die *Snowflake* um 0332 Uhr einen Radarkontakt verfolgt und ein anlaufendes U-Boot gesichtet, das im Begriff war zu tauchen. Als sie auf knapp zweihundert Meter an den Tauchstrudel des Bootes heran war, wurde das Ruder der *Snowflake* auf einmal hart Steuerbord gelegt, obwohl niemand es befohlen hatte. Das Ergebnis war, daß das U-Boot, ohne mit Wasserbomben beworfen zu werden, auf der Backbordseite ablaufen konnte. Der Kommandant der *Snowflake*, Harold G. Chesterman, warf drei Wasserbomben zwischen das U-Boot und den Konvoi, um das Boot abzuschrecken. Um 0336 Uhr hatte er ASDIC-Kontakt in 1800 Metern Entfernung und lief zum Angriff an. Dabei entdeckten die Horchgeräte um 0338 Uhr einen Torpedo, der dann auch von den Ausgucks gesichtet wurde und die Korvette in 20 Metern Abstand an Backbord passierte.[34]

Das war der einzige Torpedo, der in der Nacht vom 28. auf den 29. gesichtet worden war. Er wurde von U-532 (Korvettenkapitän Otto-heinrich Junker) geschossen, aber es war nicht der einzige Torpedo, der in dieser Nacht im Wasser gewesen war. Nur drei Minuten zuvor war Junker getaucht und hatte, durchs Periskop beobachtend, auf ein Ziel, das er »den dritten Dampfer« in einer Kolonne nannte, einen Fächerschuß mit vier Torpedos abgegeben. Aber alle Aale gingen daneben. Die Lauftiefe der Torpedos war auf drei Meter eingestellt – flach genug, selbst für ein in Ballast fahrendes Schiff. Siebeneinhalb Minuten später hörte Junker, wie die Torpedos am Ende ihrer Laufstrecke detonierten. Unterdessen hatte er aus seinen beiden achteren Torpedorohren zwei Torpedos auf die *Snowflake* abgeschossen, auf der nur einer der Torpedos gesichtet wurde. Aber auch sie verfehlten ihr Ziel, und wieder hörte Junker sieben Minuten später die Detonationen am Ende der Laufstrecke.

In sein Kriegstagebuch schrieb Junker, daß er die Dampfer des Konvois im Hintergrund gesehen hatte, als er durch das Sehrohr auf die Geleitkorvette zielte. Daß er bei so vielen Zielen sechsmal danebenschoß, mag auf mangelndes Können hinweisen; vielleicht war es aber auch nur Pech. Unerfahrenheit konnte es nicht sein: Der achtunddreißig Jahre alte Offizier aus Freiburg im Breisgau hatte seit 1936 U-Boote kommandiert, bisher allerdings kein einziges Schiff versenkt. Da U-532 nun erst einmal alle Torpedorohre nachladen mußte, ging die Initiative an die *Snowflake* über. Junkers Periskop war in 1100 Meter Entfernung in Sicht, und die *Snowflake* hielt mit hoher Fahrt darauf zu. Junker gab Alarm. U-532 öffnete die Ventile und tauchte in größere Tiefe – gerade noch rechtzeitig, denn die *Snowflake* warf um 0343 Uhr über dem U-Boot einen Wabo-Teppich aus zehn Bomben. Als um 0345 Uhr Lärm und Turbulenzen vorbei waren, bekam die *Snowflake* ASDIC-Kontakt. Chesterman drehte nach Backbord und warf um 0351 Uhr einen Zehner-Teppich mit Einstellungen für 30 und 70 Meter Wassertiefe. Über diesen zweiten Angriff vermerkte Chesterman, er werde »als akkurat eingeschätzt«. Danach zeigte das ASDIC nur unsichere Werte, und Chesterman hielt es für besser, die noch vorhandenen Wasserbomben für zukünftige Gefechte aufzubewahren. Also änderte er den Kurs und kehrte auf seine Station am Konvoi zurück. Aber U-532 war tiefer als siebzig Meter und noch »am Leben«, wenn auch beschädigt. Junker schrieb in sein KTB:

174

Der ganze Rumpf des Bootes vibrierte heftig. Vor den Wasserbombenwürfen konnten wir die ASDIC-Schallpulse hören (Ping-Tjong! Ping-Tjong!) ... An den vorderen Tiefenrudern entstand größerer Schaden. Sie waren sehr schwergängig und machten starke Geräusche. Außerdem neigten sie dazu, in der Stellung »Hart oben« hängen zu bleiben, aber wir bekamen sie wieder frei. Zur Zeit haben wir die Maximallage auf »oben 15°« begrenzt. Eine große Anzahl von Manometern, Lampen und elektrischen Geräten ist ausgefallen, das Boot ist aber noch einsatzbereit. ... Akkumulatoren sind gerissen und Säure ist in die Bilgen geleckt. ... Der Magnetkompaß ist ausgefallen, das ist hinderlich, denn der laute Kreiselkompaß ist für Schleichfahrt nicht geeignet. Wir wissen daher nicht, wohin wir fahren. ... Ich will nicht gerne dem Feind genau in die Arme laufen.

Danach erlebte oder hört Junker seinem Kriegstagebuch zufolge fünf weitere Zehner-Teppiche, »weitere Serien oder Einzelabwürfe«, »neue Wasserbombenangriffe«, »drei weitere Serien«, bis er um 0140 am 30. April auftauchte. In den letzten Stunden hatte die Besatzung wegen der drei Prozent CO_2 im Boot durch Atempatronen geatmet. Das Boot machte im Betrieb unannehmbaren Lärm, daher lief Junker zurück zum Stützpunkt. Der BdU sprach U-532 zwei Treffer zu und erkannte auch an, daß das Boot einiges durchgemacht hatte: »Es wurde anschließend 15 Stunden mit Wabos verfolgt ...« Tatsächlich waren die Wasserbomben, die Junker nach den beiden Angriffen der *Snowflake* gehört hatte, nicht für U-532 bestimmt gewesen, sondern auf das Boot geworfen worden, das den Angriff auf die *McKeesport* fuhr, der gleich geschildert wird. Das Ergebnis des Einsatzes von U-532 war: kein Treffer, sechs Fehlschüsse und ein schwer beschädigtes Boot, das zurück in den Stützpunkt mußte.[35]

Der BdU erfuhr erst am 2. Mai von den angeblichen Treffern von U-532. Während des Nachtgefechtes war man enttäuscht darüber gewesen, daß nicht ein einziger Treffer erzielt worden war. Zunächst nahm man an, daß die Funksprüche nach Berlin fehlerhaft übermittelt worden seien. In Wirklichkeit hatte man die Geschwindigkeit des Konvois überschätzt; die ersten Geschwindigkeitsschätzungen von U-650 waren mit Sicherheit überhöht gewesen. Zudem hatten die

Meldungen von U-386 und U-378 über die Position des Konvois zu weit auseinander gelegen, um brauchbar zu sein. Zweitens verhinderten offenbar atmosphärische oder magnetische Störungen, daß die Operationsanweisungen des BdU die Boote erreichten, denn es kamen keine Bestätigungen von ihnen zurück. In der Zeit von 0300 Uhr DSZ am 29. bis 1200 Uhr DSZ am 30. April wurden keine Funksprüche von den Booten empfangen. Drittens behinderten Wind in Stärke sechs, schwere See und begrenzte Sicht die Überwasseroperationen.[36] In der Nacht vom 28. auf den 29. April war zum ersten Mal seit langer Zeit Dönitz' Führungssystem durcheinandergeraten und nutzlos geworden. Aber ein entscheidungsfreudiger einzelner Kommandant brach den Bann, indem er auf eigene Faust die Initiative ergriff.

Im frühen Tageslicht des 29. schlich sich U-258 (Kptlt. Wilhelm von Mässenhausen) in den Konvoi und ging auf der Steuerbordseite der Kolonne 4 auf Periskoptiefe in Position. Er entsprach damit Grettons Erwartung, daß die U-Boote am Tag unter Wasser zum Angriffe anlaufen würden, weil sie in der Nacht gegen den gut organisierten Geleitschutz nichts hatten ausrichten können. Irgendwie gelang es U-258, die ASDIC-Strahlen der auf ihren Tagesstationen befindlichen Geleitfahrzeuge zu umgehen; auch die *Tay,* die hinter dem Konvoi nach beschädigten Booten oder Fühlunghaltern suchte, entdeckte von Mässenhausen nicht, ebensowenig wie die *Vidette,* die um 0725 Uhr auf ihre Station zurückkehrte, nachdem sie einen Suchschlag bis 15 Meilen vor dem Konvoi gemacht hatte. Es war inzwischen heller Tag. Exakt um 0729 1/2 Uhr erzielte U-258 einen Treffer auf dem 6198 BRT großen Frachter *McKeesport*, dem zweiten Schiff in der vierten Kolonne (Nr. 42). Die *McKeesport* hatte eine Ladung von Korn, Stahl, Nahrungsmitteln und Chemikalien nach Manchester in England gebracht und befand sich jetzt auf der Heimfahrt.[37]

Gretton schlief in seiner Seekabine, als die Alarmklingel losrasselte. Er rannte auf die Brücke und befahl um 0730 Uhr »Artichoke«. Bei diesem Verfahren dampft das Geleitfahrzeug auf Station S (achteraus vom Konvoi) mit der zur ASDIC-Ortung maximal möglichen Geschwindigkeit zum getroffenen Schiff auf, und die Geleitfahrzeuge auf den Stationen A (voraus), B (Steuerbord voraus) und L (Backbord voraus) gingen, nach außen abdrehend, auf Gegenkurs zum Konvoi, um das Gebiet mit 15 Knoten oder der zur ASDIC-Ortung maximal möglichen Geschwindigkeit abzusuchen. Während die äußeren Schiffe außen am Konvoi entlangfuhren, dampfte(n) das (die) innere(n) Schiff(e) zwischen den Kolonnen des Konvois hindurch, und zwar bis zu einer Position 5500 Meter hinter jener, an der das Handelsschiff torpediert worden war. Die übrigen Geleitfahrzeuge blieben am Konvoi.

Fünf Minuten später verfolgte Gretton einen Torpedo, der schon mehrere Kolonnen im Konvoi passiert hatte, ohne ein Schiff zu treffen, und beobachtete, wie er am Ende seiner Laufstrecke an Backbord achteraus vom Konvoi explodierte. Der Angriff erfolgte also von Steuerbord. Achteraus der *McKeesport* hatte der Rettungstrawler *Northern Gem* einen ASDIC-Kontakt und fuhr einen Angriff mit drei Wasserbomben, aber ohne Ergebnis. Auch eine von der *Duncan* durchgeführte Suche nach dem Verfahren »Observant« blieb ohne Erfolg. Voller Bewunderung nannte Gretton den Angriff von U-258 ein »kühnes Unterfangen«, zumal der Angreifer entwischte – wenigstens vorerst.[38]

Auf der *McKeesport* war die Torpedoexplosion völlig überraschend gekommen. Erster Offizier, Dritter Offizier und zwei Ausgucks hatten das Periskop nicht bemerkt. Das gleiche galt für die Artilleristen der US Navy am 10-cm-Geschütz auf dem Achterdeck. Auch der Ausguck auf der Back hatte nichts gesehen, nur so ein langes dunkles Ding, das durch ein Wellental zischte, aber er hatte es für einen Fisch gehalten. Einen zweiten Torpedo, der achtern vorbeiging, meldete er korrekt, doch für den ersten war es zu spät. Der Gefechtskopf detoniert mit einem gewaltigen Knall, der das ganze Schiff erschütterte und ein Loch ins Schott von Luke 1 riß, die wie die anderen Luken mit Sandballast gefüllt war. Die Rudermaschine fiel kurzzeitig aus, das Vorschiff lief bis zu den Zwischendecks voll, und Deckplatten, Spanten und Scheerstöcke wurden verbogen. Die hölzernen Getreideschotten fingen an zu brennen, wurden aber vom eindringenden Seewasser wieder gelöscht.

Die *McKeesport* lief nach Backbord aus dem Ruder, und der britische Dampfer *Baron Graham* wollte schon ausweichen. Unglaublicherweise gelang es dem mit Schlagseite weiterfahrenden Schiff aber, die Geschwindigkeit des Konvois beizuhalten und noch fünfzig

Minuten auf seiner Station zu bleiben. Doch dann lief der Maschinen-raum voll, und als die *McKeesport* um 0815 Uhr zu sinken begann, befahl der Kapitän: »Alle Mann von Bord!« Rettungsnetze wurden über die Bordwand gehangen und die Boote ausgesetzt. Unglückli-cherweise verfingen sich die Boote in den Netzen, und so ging es auch ein paar Matrosen, die an den Netzen auf Flöße klettern wollten. Meh-rere Männer fielen ins Wasser, und einer von ihnen starb später an Unterkühlung; er war der einzige Tote von der Besatzung der *McKee-sport*. Als letzte gingen der Kapitän und die Geschützbedienung unter Ensign Irving Smith von Bord. Sie war tapfer an ihrem Geschütz geblieben, bis ihr gesagt wurde, sie solle von Bord gehen. Das Ret-tungsschiff *Northern Gem* kam längsseits und nahm die Schiffbrüchi-gen an Bord: dreiundvierzig Seeleute, darunter ein lebensgefährlich Verletzter, und fünfundzwanzig Mann Marinepersonal.

Der Kapitän hatte zwar seine Geheimsachen einschließlich der Schlüsselmittel in einer beschwerten Kiste über Bord geworfen, aber es versäumt, sein Schiffstagebuch und die Seekarten, auf denen die weiteren Treffpunkte der Atlantiküberquerung eingetragen waren, zu vernichten. Deswegen versuchte die *Northern Gem*, die *McKeesport* mit ihrem Geschütz zu versenken, aber das Schiff schwamm unge-rührt weiter. Es gehörte zu den Grundsätzen der US Navy, die Mari-neminister Frank Knox am 30. März 1942 bekanntgegeben hatte, daß kein »Handelsschiff unter US-Flagge in Feindeshand fallen darf«. Deshalb, und weil die Gefahr bestand, daß die *McKeesport* durch eine U-Boot-Besatzung geentert wurde, befahl Gretton der *Tay*, umzukeh-ren und das Schiff zu versenken. Deren Wasserbomben machten der *McKeesport* schließlich den Garaus.

Der stählerne Rumpf ging mit allen Zeichen menschlichen Lebens, die es an Bord gegeben hatte, unter. Acht Sätze Spielkarten und andere Spiele gingen verloren: Siebzehn-und-vier-Karten, Domino-Steine, Schach und Back Gammon; dazu Sportgeräte für Darts und Deck-Tennis sowie zwei Paar Boxhandschuhe und ein Medizinball; und die verschiedensten anderen Dinge: ein tragbares Radio, ein Plat-tenspieler mit zwölf Schallplatten. Aber der Kapitän beklagte sich nicht über den Geleitschutz oder die Tatsache, daß sein Schiff ver-senkt worden war; so etwas kam eben vor. Die *Tay* verfolgte noch einen U-Boot-Kontakt bis 49 Meilen achteraus vom Konvoi und schloß erst um 0600 Uhr am nächsten Morgen, dem 30. April, wieder zu B7 auf. Um 1100 Uhr an diesem Morgen setzte der ganze Konvoi die Flaggen halbmast: Der einzige Tote der *McKeesport*, John A. Anderson, ein Schwede, wurde der See übergeben. Er war auf der *Northern Gem* gestorben.[39]

In der Nacht vom 29. auf den 30. April gab es keine Angriffe auf den Konvoi ONS.5, obwohl HF/DF-Peilungen und ASDIC-Ortungen die *Duncan* und die *Snowflake* veranlaßten, zur Abschreckung einige Wasserbomben zu werfen. Der Zerstörer *Oribi*, der mit HF/DF herangeführt worden war, stieß in dieser Nacht gegen 0100 Uhr zum Geleitschutz. Wegen der südwestlichen See und des starken Windes hatte er nur 11 Knoten laufen können.[40] Mit seinem HF/DF-Gerät (Typ FH3) vergrößerte es die Ortungsmöglichkeiten der Eskortgruppe. Außerdem konnte das Küstenkommando, das schon am 28. auf die Probleme von ONS.5 aufmerksam geworden war, aber wegen der Wetterbedingungen auf dem Fliegerhorst in Reykjavik nichts hatte unternehmen können, wieder Luftüberwachung bereitstellen. Am Morgen des 30. April erschien eine VLR-Liberator über dem Konvoi. Kurz darauf kehrte das Flugzeug wegen der schlechter werdenden Sicht jedoch wieder nach Reykjavik zurück.

Die U-Boote blieben den ganzen Morgen auf Abstand, und um 1045 nutzte die *Oribi*, die nur einen geringen Aktionsradius hatte, die Gelegenheit, von der *British Lady* Kraftstoff zu übernehmen. Unglücklicherweise beschädigte der Zerstörer, der das Übernehmen von Kraftstoff in See nicht kannte, das Geschirr der *British Lady*. Dieser Umstand und eine neuerliche Verschlechterung des Wetters, das nun immer miserabler wurde, verhinderten, daß die anderen Geleitfahrzeuge sich mit Kraftstoff versorgen konnten, was für die *Duncan* schwerwiegende Folgen haben sollte.[41] Gretton fand das Wetter auch für den Nordatlantik außergewöhnlich schlecht. Um 2100 Uhr wehte wieder ein kräftiger Sturm von vorn, der Seegang stieg stark an, und die Geleitfahrzeuge nahmen grüne Seen an Deck.

Um 0105 Uhr gab es das erste Anzeichen dafür, daß einige U-Boote in den vergangenen einundvierzig Stunden den Kontakt zum Konvoi gehalten hatten. Die *Snowflake* hatte 3000 Meter entfernt einen Radarkontakt, fuhr in die Richtung und feuerte drei Meilen vom Konvoi entfernt etwa in Richtung 10 Uhr ein Leuchtgeschoß ab. In dessen Licht sichtete es in 2800 Meter Entfernung ein U-Boot und begann es mit dem 10-cm-Geschütz sowie den 20-mm-Flak zu beschießen, ohne es zu treffen. Doch das U-Boot mußte tauchen. Um es noch weiter einzuschüchtern, warf die *Snowflake* eine Wasserbombe in den Tauchwirbel, was wegen der rauhen See nicht ganz ungefährlich war, da sich das werfenden Schiff nach dem Wurf nicht allzu weit absetzen konnte. Dies erfuhr auch die *Duncan*, die um 2345 Uhr auf einen weiteren Kontakt zwei Wasserbomben warf: Als sie mit der bei rauher See maximalen Geschwindigkeit von 8–9 Knoten ablief, wurde ihr Heck durch den Druck der eigenen Wasserbomben aus dem Wasser gehoben. Es entstanden kleine Lecks, aber das schlimmste war, daß in der Offiziersmesse sämtliche Gingläser zu Bruch gingen.[42] In dieser Nacht wurden noch zweimal zur Abschreckung Wasserbomben geworfen, aber es gab keinen echten Angriff auf den Konvoi.

Am Morgen des 1. Mai war das Wetter schrecklich, und am Nachmittag blies dem Konvoi ein Sturm von Stärke 10 ins Gesicht. Der Konvoi kam nur noch mit 2,7 Knoten voran und wurde sogar noch langsamer. In dem wilden Wetter wurden die Kolonnen auseinandergerissen, und die Kiellinie in den einzelnen Kolonnen löste sich auf. In Kommodore Brooks Logbuch ist vermerkt: »Die Hälfte des Konvois ist nicht mehr unter Kontrolle, hat beigedreht und ist weit verteilt.«[43] Gretton, dessen *Duncan* auch wie verrückt rollte und stampfte und wechselnde Kurse gegen die See steuerte, mußte erkennen, daß ein ganzer Konvoi praktisch zum Stehen gebracht werden konnte. Auf der *Pink* stellte sich Lieutenant Atkinson einen Stuhl auf die erhöhte Plattform im vorderen Teil der offenen Brücke und fiel, den Bewegungen der Korvette folgend, in Halbschlaf. Neben ihm befanden sich ein Kreiselkompaß sowie Sprachrohre zum Rudergänger und zum Kartenhaus. In den Brückennocken standen Kompaßtöchter. Voraus und ein ganzes Stück tiefer war das ASDIC-Schapp. Der Rudergänger stand ein Deck tiefer weiter achtern. An Backbord auf der Brücke lag der relativ große Radarraum. Hinter der Brücke standen Mast und Schornstein. Als Schutz gegen die Kälte trug Atkinson einen dicken Pullover, einen Dufflecoat mit Kapuze, einen gestrickten Kopfüberzug (wie einen Strumpf), die Marinemütze, Seestiefel mit dicken Socken und feste Handschuhe. Wie der Rest der Besatzung hatte er

Wollsachen bekommen, die Frauen in Australien, Neuseeland und Kanada freiwillig gestrickt hatten; mit einigen von ihnen wurde korrespondiert, woraus manchmal lebenslange Freundschaften entstanden.[44]

Am Tag flogen Flugzeuge über die weit verteilten Handelsschiffe, darunter zwei VLR-Liberators des 120. Geschwaders der RAF auf Island, die wertvolle Informationen über die Positionen einiger Nachzügler gaben und vor Eisbergen sowie Treib- und Packeis warnten, das nur dreißig Meilen entfernt war. Weniger hilfreich waren zwei Mitchell-Bomber B-25 der US Army aus Ivigtut auf Grönland, die mit dem Konvoi überhaupt keinen Kontakt aufnahmen, weder über Tast- noch über Sprechfunk oder durch Lichtsignale. Immerhin unternahm einer der beiden Bomber, wie Gretton später erfuhr, 60 Meilen südlich des Konvois einen erfolglosen Angriff auf ein U-Boot. Die zweite Maschine trug zur Verwirrung des BdU bei: Sie hatte vergessen, die Navigationslichter auszuschalten, die jedem U-Boot in der Nähe ihre Position verrieten. Das fiel auch Kptlt. Graf von Pückler auf U-381 auf, der dem BdU meldete, es gebe auf seiten der Alliierten offenbar eine neue Geheimwaffe. In Berlin, wo man diesmal ungewöhnlich aufnahmebereit für die Nachricht von einer neuen Geheimwaffe waren, vermerkten Dönitz und Godt im Kriegstagebuch des BdU: »Dasselbe Boot [U 381] stellte wahrscheinlich neuartiges Ortungsmittel fest. Der Kommandant beobachtete verschiedentlich hohe anfliegende Maschinen mit Licht wie ein Planet, das an- und ausging.«

Interessanter ist jedoch ein anderer Eintrag vom selben Tag (1. Mai), demzufolge der BdU entschieden hatte, daß ein weiteres Vorgehen gegen »Geleitzug Nr. 33« nicht lohne. Nur sechs der sechzehn Boote des Rudels »Star« hatten gemeldet, daß sie den Konvoi entdeckt hatten; der Rest hatte ihn nicht erreicht. Drei der sechs Boote waren jetzt getaucht, um dem Wetter und den Flugzeugen auszuweichen, und ihre viertägigen Bemühungen hatten wenig Erfolg gebracht. In der Abenddämmerung sendete das Längstwellenantennenfeld in Calbe, 43 Kilometer südlich von Magdeburg, den Befehl, der auch von getauchten U-Booten bis in 25 Meter Wassertiefe empfangen werden konnte: Abbruch der Operationen gegen ONS.5. Das Resümee des BdU lautete: »Abschließend ist zu sagen, daß der Fehlschlag an diesem Geleitzug lediglich eine Folge des schlechten Wetters war, nicht ein Erfolg der Abwehr des Gegners.«[45] Auf der Brücke der *Duncan* dürfte man dazu entschieden anderer Ansicht gewesen sein.

Am nächsten Morgen war das Wetter etwas besser, und der Konvoi lief wieder fünf Knoten, nachdem man in den letzten vierundzwanzig Stunden nur 20 Meilen vorangekommen war. Gretton und seine Geleitfahrzeuge nutzten die ruhiger werdende See, um Nachzügler heranzuführen, von denen manche bis zu dreißig Meilen zurückgefallen waren. Unterstützt wurden sie von VLR-Liberators aus Reykjavik, die über tausend Meilen flogen, um alle Schiffe wiederzufinden. Schließlich war die Herde wieder weitgehend beisammen; zwei Gruppen segelten unter dem Schutz der *Tay* und der *Pink* noch achteraus, und zwei weitere Schiffe hatten die Verbindung ganz abreißen lassen müssen und fuhren allein weiter. Am Morgen des 2. Mai trafen Gretton und Brook zum ersten Mal auf Packeis. Kleine Eisberge und Eisschollen waren jetzt das Problem, nicht mehr die hoch gehende See. Die *Duncan* hielt das für eine gute Gelegenheit, erneut Kraftstoff von der *British Lady* zu übernehmen, aber die wegen des Eises notwendigen ständigen Kursänderungen des Tankers machten das Manöver unmöglich. Als ONS.5 die Eisfelder hinter sich gebracht hatte, nahmen zum Mißfallen von Gretton Wind und See aus Südwesten wieder zu.

Abends wurde die Unterstützungsgruppe EG3 mit Hilfe von HF/DF herangeführt. Sie bestand aus den Zerstörern *Offa, Penn, Panther* und *Impulsive* der Heimatflotte, die um 2040 Uhr zum Geleitschutz stießen. Leider waren die neuen Zerstörer wie die *Oribi* Schiffe mit geringem Aktionsradius. Sie hatten schon einen guten Teil ihres Kraftstoffes verbraucht, um zum Konvoi zu kommen. Grettons *Vidette* war der einzige Zerstörer in dem jetzt deutlich vergrößerten Geleit, der für Langstreckengeleitaufgaben konstruiert oder, wie in diesem Fall, modifiziert worden war. Es gab einen kurzen unangenehmen Augenblick, als Gretton, dessen Dienstgrad niedriger war als der des Kommandeurs von EG3, der auf der *Offa* fahrende Captain J. A. McCoy, diesen um Ausführung seiner Befehle »bat«. Doch McCoy schien die Rolle des Untergebenen zu akzeptieren und verhielt sich ausgesprochen kooperativ. In dieser Nacht nahmen McCoys Schiffe die ihnen von Gretton zugeteilten Stationen weiter ab vom Konvoi ein. Um Mitternacht und in der Morgendämmerung wurden die Stationen gewechselt; danach fuhr man bis zur Abenddämmerung in der Tagesformation.[46] In der Nacht gab es kein Zeichen vom Feind, und auch der Vormittag des 3. Mai verlief ruhig. Nur der Wind heulte weiter in Sturmstärke um die Dampfer des Konvois herum, der jetzt noch zweiunddreißig Schiffe umfaßte. Die dicht am Konvoi stehenden Geleitfahrzeuge und die Zerstörer der Unterstützungsgruppe suchten den ganzen Vormittag nach Nachzüglern.

Sich selbst hatte Gretton von dieser Arbeit ausgenommen, und während er mit der *Duncan* mit Konvoigeschwindigkeit weiterkroch, dachte er über den Kraftstoffbestand nach; er mußte entscheiden, wie es weitergehen sollte. Wegen der immer noch schweren See kam eine Übernahme von der *British Lady* nicht in Frage, und laut Wettervorhersage würde sich daran auch nichts ändern. Der noch in den Bunkern vorhandene Kraftstoff reichte gerade, um mit ökonomischer Fahrt nach Neufundland zu gelangen. Blieb er am Konvoi, würde ihm wahrscheinlich der Kraftstoff ausgehen, und er müßte geschleppt werden. Wenn der Feind dann noch da war, wäre das antriebslose Schiff ein leichtes Ziel. Auf ein anderes Schiff umzusteigen und die *Duncan* mit ihrer Besatzung zur Kraftstoffübernahme nach St. John's zu schicken war gleichfalls ausgeschlossen, da das grimmige Wetter ein Übersetzen per Boot oder Hochleine unmöglich machte. Die *Duncan* würde also den Konvoi verlassen müssen, und mit ihr Gretton – und das zu einem Zeitpunkt, als ONS.5 immer noch gefährdet war und eine Geschichte begann, die Gretton später als die »wahrscheinlich bewegendste in der ganzen Zeit der Konvoifahrerei« bezeichnete.[47]

Um 1600 Uhr übergab er das Kommando über den Geleitschutz an Lieutenant Commander Robert Evan Sherwood auf der *Tay*, änderte seinen Kurs und lief mit höchstmöglicher ökonomischer Fahrt (acht Knoten) in Richtung St. John's.[48] Auch wenn er bedrückt war, wußte er, daß sein Rückzug nicht von ihm selbst oder der Besatzung verschuldet worden war, sondern von den Strategen der Royal Navy und den Ingenieuren der zwanziger Jahre verantwortet werden mußte, die damals entschieden hatten, wie lange ein Zerstörer in See stehen würde. In der Nacht verließen drei weitere Zerstörer von EG3 den Konvoi, weil ihnen der Kraftstoff ausging. Zuerst brach die *Impulsive* nach Island auf, dann nahmen die *Panther* und die *Penn* Kurs auf Neufundland. Am 4. Mai schickte Sherwood auch noch die *Northern Gem* mit den Überlebenden der *McKeesport* nach Neufundland. Gleichzeitig teilte er dem Befehlshaber der Western Approaches über Funk mit, daß er auch die Zerstörer *Offa* und *Oribi* spätestens am Morgen des 5. Mai (Mittwoch) würde entlassen müssen, falls das Wetter sich nicht so weit besserte, daß eine Kraftstoffübernahme von der *Argon* möglich war.[49]

Von wider Erwarten gutem Wetter und dem schiebenden Labradorstrom unterstützt, erreichte die *Duncan* St. John's mit nur noch vier Prozent Kraftstoff im Schiff. Hinter ihr lag ein erheblich reduziertes Konvoigeleit, dem schon vier seiner sieben Zerstörer fehlten, und es sah ganz so aus, als würden am nächsten Morgen zwei weitere den Geleitschutz verlassen. Danach würde der Geleitschutz für ONS.5 fast nur noch aus Korvetten bestehen. Und genau in diesem kritischen Augenblick fiel das ASDIC der *Tay* aus und konnte mit Bordmitteln nicht mehr repariert werden.

Aber der neue Geleitführer Sherwood hatte zumindest drei Gründe zur Zuversicht: Erstens befahl der Befehlshaber der Western Approaches der in St. John's liegenden Ersten Eskortgruppe, die aus dem Geleitboot *Pelican* der *Egret*-Klasse unter Commander Godfrey N. Brewer, der gleichzeitig Gruppenkommandeur war, den drei *River*-Klasse-Fregatten *Wear*, *Jed* und *Spey* sowie dem ehemaligen US-Küstenwachkutter *Sennen* bestand, mit höchstmöglicher Fahrt über 47N, 47W zu ONS.5 zu stoßen und dessen Geleitschutz zu verstärken. Zweitens nahm der Wind bis auf Stärke sechs ab, und die See wurde etwas ruhiger, so daß der Konvoi sechs statt drei Knoten laufen konnte. Drittens schließlich hatte ONS.5 die gefürchtete Luftüberwachungslücke bei Grönland passiert, ohne ein einziges Mal angegriffen worden zu sein.[50] Aber die Stimmung wurde durch eine andere Tatsache gedrückt: Es gab wieder HF/DF-Peilungen. Eine Weile war alles still gewesen, doch jetzt nahm die Zahl der Peilungen stetig zu. Sherwood schloß daraus, daß die U-Boote, seien es die vom letzten Rudel oder andere, den Kontakt zum Konvoi wiedergewonnen hatten. Sie kamen von Backbord. ONS.5 hatte die Atlantikpassage noch nicht geschafft.

Sherwoods Fähigkeiten, einen Verband zu führen, waren bewiesen und bewährt. Er fuhr seit 1922 zur See, zunächst in der Handelsschiffahrt, bis er 1929 in die Reserve der Royal Navy eintrat. Er wurde Leutnant auf Minensuchern und diente neun Monate auf dem Schlachtschiff HMS *Warspite*. Doch er blieb Reservist und fuhr bei der Handelsschiffahrt auf den Fähren von Holyhead nach Dublin, bis der Krieg ausbrach. Dann machte er einen ASDIC-Lehrgang, verbrachte kurze Zeit bei der Dover Patrol und ging dann auf die Korvetten. 1940 wurde er Kommandant von HMS *Bluebell*, unter deren zweiundfünfzig Mann starker Besatzung am Anfang nach seiner Meinung nur drei oder vier waren, »die wirklich etwas konnten«. Mit der Zeit brachte er die Besatzung jedoch sowohl im seemännischen als auch im technischen Bereich auf einen hohen Standard. Was ihn selbst betraf, sagte er später, sei es gut gewesen, daß er schon früh das Kommando über ein Schiff erhalten habe, das so schwierig zu handhaben war wie eine Korvette der *Flower*-Klasse, aber jede Welle anstandslos hinnahm. »Die *Bluebell*«, erklärte er, »machte alles, nur nicht kentern.«[51] 1942 bekam er das Kommando über die *Tay* und wurde Grettons Eskortgruppe zugeteilt, dessen erstes Schiff die *Tay* gewesen war.

Sherwood wird als mittelgroß und kräftig gebaut geschildert, er hatte humorvolle Augen und einen richtigen Marinevollbart. Er konnte sich nicht geschickt artikulieren, und ihm fehlte, einem seiner Kommandantenkameraden zufolge, Grettons Ausstrahlung, aber er war ein guter Seemann, und seine Entscheidungen als Kommandant kamen schnell und sicher. Obwohl Reservist und im Dienstgrad unter Gretton stehend, akzeptierten die Berufsoffiziere im Geleitschutz seine Befehle. Auf den Brücken war man überzeugt, daß Sherwood sich Grettons penible Such- und Versenkungspläne vollauf angeeignet hatte. Jetzt, wo ONS.5 weiter ins Unbekannte vorstieß, die HF/DF-Kontakte immer zahlreicher wurden und die verbliebenen Schiffe der Eskortgruppe B7 vom schweren Wetter und den zurückliegenden Gefechten gezeichnet waren, würde es aller Kunst bedürfen, den Konvoi sicher in den Hafen zu bringen. Sherwoods Sorgen wären sicherlich noch größer gewesen, wenn er gewußt hätte, daß sich voraus in weniger als siebzig Meilen Entfernung eines der größten U-Boot-Rudel des Krieges versammelte.

Zusammenprall der Kräfte:
Der Kampf um ONS.5

Wir füttern seit tausend Jahren die See / Sie will uns dennoch, ist niemals
satt, / die Wellen gehen wie eh und je, / sie nie uns Engländer geschonet
hat: / Wir gaben das beste von unserer Kraft, / den Haien und Möwen in der
See. / Wenn Blut ist der Preis für die Seeherrschaft, / Herr Gott, wir zahlten
ihn längst und eh!

Rudyard Kipling

Zwei Dinge aber steh'n unverändert / Von Anfang an – /
Die Schönheit der Erde / Und der tapfere Mann.

T. P. Cameron Wilson

Wegen seiner Geschwindigkeit, Bewaffnung, Manövrierfähigkeit und
Seeausdauer war der Zerstörer schon immer der tödliche Feind des U-
Boots. Das noch bessere U-Jagd-Schiff, der Geleitzerstörer, stand noch
nicht in nennenswerten Zahlen zur Verfügung; seine Produktion lief
erst im April 1943 in den amerikanischen Werften in großem Umfang
an. Gewiß könnte man über die Fregatten sowohl der *River*-Klasse (92
Meter lang, 1370 Tonnen Verdrängung und 20 Knoten Höchstgeschwindigkeit) als auch der *Black Swan*-Klasse (91 Meter, 1300 Tonnen, 19,25 Knoten) viel Gutes sagen. Aber die Überraschung des U-
Boot-Kriegs waren die Korvetten der kleineren und relativ langsamen
Flower-Klasse (63–65 Meter, 950–1015 Tonnen, 16 Knoten), die wohl
berühmtesten britischen Kriegsschiffe – ihre Bekanntheit verdanken
sie zum großen Teil der fiktiven Korvette *Compass Rose* in Nicholas
Monsarrats Buch *The Cruel Sea* –, die ihren Namen von den als Minensucher und für andere Zwecke genutzten Geleitbooten der *Flower*-
Klasse des Ersten Weltkriegs erhalten haben, deren Konstruktion auf
den Entwurf eines Walfängers zurückging.

Die namensgleichen Nachfolger dieser Geleitboote, die anfangs von derselben Werft, Smith's Dock Company in Middlesbrough, gebaut wurden und vom gleichen Schiffbauer, William Reed, entworfen waren, wurden seit 1939 für Minensuchzwecke und U-Jagd in der Nordsee und im Kanal verwendet. Ihr direkter Vorgänger war Reeds ebenfalls von Smith's Dock Company gebauter Walfänger *Southern Pride*, an dessen Bauplan sich die Konstruktion der Korvetten eng anlehnte, nur daß diese wegen der erforderlichen Seeausdauer etwas vergrößert wurden. Durch Übernahme einer schon vorhandenen handelsüblichen Konstruktion, die einfach zu bauen war, stellte die britische Admiralität sicher, daß die neuen Korvetten auf allen Werften des Königreichs gebaut werden konnten. Insgesamt wurden in Großbritannien und Kanada 221 *Flower*-Korvetten gebaut. Heute existiert nur noch ein Schiff dieser Klasse, die 1941 gebaute *Sackville*, die in jenem schicksalhaften Mai des Jahres 1943 am Konvoi ON.184 stand; sie ist, völlig restauriert, im Bedford-Institut für Ozeanographie in Halifax zu sehen.

Die *Flowers,* die, laut Monsarrat, »wie verrückt rollten«, waren nicht für den Einsatz auf dem Atlantik gedacht, wurden dann aber vor allem dort genutzt. Großbritannien suchte verzweifelt Geleitfahrzeuge, um den lebenswichtigen Handel zu schützen, und die *Flowers* begleiteten bis auf einen alle HX-, ON-, ONS- und SC-Konvois, die im April und Mai 1943 ohne Flugzeugträgerschutz den Nordatlantik überquerten. Obwohl sie ihre Eignung als hochseefähige Atlantikgeleiter also längst bewiesen hatten, waren die heftigen Schiffsbewegungen bei schwerer See für die Besatzungen doch in besonderer Weise belastend. So sagte Matrose Cyril Stephens von HMS *Orchis*: »Seekrankheit ... ja, das war die erste Taufe auf einer Korvette ... Das war wie ein Korkenzieher. Bei jedem dritten Einsetzer kam das Wasser tonnenweise über die Back ... Wir hatten immer nasse Klamotten über allen möglichen Dampfrohren hängen, um sie wieder trocken zu kriegen, das Seewasser floß dauernd überall herum, die Leute waren seekrank ... Es war einfach schrecklich.«[1]

Im Unterschied zu den auf Geschwindigkeit getrimmten Zerstörern, die darauf achten mußten, keinen Schaden zu nehmen und nicht zu kentern, waren die Korvetten bei schwerer See nicht auf einen Kurs gegen die See beschränkt und konnten dank ihrer Breite getrost quer zur See laufen. Sie setzten auch nicht so heftig in die Seen ein, wie es die Zerstörer ab Seegang fünf taten. Die ersten Korvetten mit kurzer Back stampften und rollten aber heftig, und die daraus resultierende vertikale Beschleunigung verursachte die Seekrankheit. Hinzu kamen schlechte Lüftung, feuchte Innenräume und die unausgewogene Kost, welche die Royal Navy ihren Männern verabreichte. Wie der Schiffbauer David K. Brown kürzlich erläuterte, führt die vertikale Beschleunigung, die direkt von der Wellenhöhe abhängt, in besonders ausgeprägten Fällen zu verminderter Urteilsfähigkeit und Leistung und reduziert daher die Kampftauglichkeit. Robert Atkinson, der Kommandant der *Pink,* hat dem Autor dagegen versichert, daß er solche Auswirkungen nicht beobachtet habe. Um sie abzuschwächen, erhielten spätere Schiffe dieser Klasse eine verlängerte Back, einen ausladenderen Bug und eine verbesserte Brücke. Die geringe Länge der Korvetten brachte den Vorteil eines engen Wendekreises, zumal das große Ruder genau im Schraubenstrom saß. Den Schiffen war es damit möglich, das Heck bei einem U-Boot-Kontakt schnell zum Wasserbombenwurf über das getauchte Boot zu bringen.

Die Zahl der mitgenommenen Wasserbomben stieg im Lauf des Krieges von fünfundzwanzig auf fünfzig. Auch die Besatzungsstärke nahm von neunundzwanzig auf über achtzig Mann zu. Die Fahrtstrecke wurde bei 12 Knoten und einem Kraftstoffvorrat von 233 Tonnen mit 3850 Seemeilen angegeben – die transatlantischen Konvois legten etwa dreitausend Meilen zurück –, doch in der Praxis war diese Ausdauer nicht zu erreichen. Während des ganzen Krieges liefen die Korvetten in der sogenannten Western-Approaches-Tarnung, das heißt, sie waren in der Grundfarbe Weiß gestrichen, so daß sie vor dem Horizont verschwammen, und darüber waren hellblaue oder seegrüne Flächen gesetzt, die wie die Meeresoberfläche aussahen. Die Blumennamen der Schiffe gaben den Seeleute auf größeren Schiffen Anlaß zu Witzen, aber niemand stellte Kampfgeist und Kameradschaft der Korvettenbesatzungen in Frage.[2] Ein halbes Jahrhundert später erinnerte sich Lieutenant Chesterman, der Kommandant der *Snowflake*:

Wir wurden gefragt [er und andere Offiziere von Korvetten berieten die Werft Smith's Dock], wie war es auf den Korvetten? Wir sagten: »Nun, in den ersten sechs Wochen dachte man immer, man

188

würde nicht über die nächste Welle kommen, und dann, nach weiteren sechs Wochen, dachte man, vielleicht klappt es doch, und danach, ja da weiß man dann, daß einem der ganze Atlantik nichts anhaben kann.« Und dann sagte einer: »Das wird Mr. Reed interessieren«, und die Sekretärin holte ihn. Ein richtiger Gentleman. Und der eine Chef sagte dann: »Würden Sie das noch einmal sagen, was sie eben über die Korvetten gesagt haben?« Wir waren ein bißchen überrascht, aber dann haben wir es wiederholt. Mr. Reed sagte dann: »Oh, Sie sind wirklich sehr freundlich zu mir.« Wir sahen uns etwas dumm an, und er erklärte: »Wissen Sie, ich habe die Dinger entworfen.« Natürlich hatten wir das nicht gewußt. Er erzählte uns die Geschichte, wie er von der Admiralität gebeten worden war – das war wohl 1939 –, für den Einsatz auf der Nordsee ein gut manövrierfähiges kleines U-Jagdboot zu entwerfen, und das in fünf Tagen. Er war ein erfolgreicher Schiffsbauer, und so konstruierte er die *Flower*-Klasse-Korvetten für die Nordsee in fünf Tagen. Und dann mußten die Korvetten auf den Atlantik, weil die Deutschen die Atlantikhäfen besetzt hatten. Er erzählte, daß er heftig protestiert und gesagt hatte: »Sie können die so nicht in den Atlantik schicken, die sind viel zu kurz. Sie müßten mindestens zehn Meter länger sein.« Die Admiralität sagte aber: »Das geht nicht. Es gibt eine Menge Werften in Großbritannien, die können Schiffe mit 60 Meter Länge bauen, aber 70 Meter schaffen sie nicht. Dann müssen sie eben so in den Atlantik.« Da war er wirklich überrascht, als wir ihm sagten, wie gut das doch ging. Es war natürlich ungemütlich, und alles war naß, aber wir waren sicher. Und egal, wie das Wetter war, wir konnten gegen die See, quer zur See, vor der See laufen, uns machte das nichts. Wenn die Handelsschiffe nur noch langsam gegen die See dampfen konnten, mit dem Wind von Backbord oder Steuerbord voraus, dann konnten wir immer noch überall hin. Das waren wunderbare kleine Schiffe ... Bei uns ist im ganzen Krieg nicht ein einziger Mann bei schlechtem Wetter über Bord gegangen ... Bei mir waren zwei Holzfäller aus Neufundland, kräftige Kerle, einer hieß Charles, der andere Harold, das waren ziemlich starke Burschen, und die konnten unwahrscheinlich gut sehen. Wenn die Ausguck waren, dann gingen die nicht in den Mastkorb, nein, die setzten sich auf die Rah.

Egal, also, Charles war das, glaube ich, der stand eines Tages am achteren Wasserbombenwerfer, da ging einer der Kerle am vorderen Wasserbombenwerfer außenbords, die See stieg ein, die See stieg wieder aus und nahm ihn mit. Aber Charles hat sich einfach nur über die Seite gebeugt, ihn geschnappt, als er vorbei kam, und ihn wieder an Bord gehievt. Mit einer Hand. Der war wirklich stark.

Chesterman verdient es, näher vorgestellt zu werden. Wie Lieutenant Atkinson, der Kommandant der *Pink,* hatte er schon seit Kriegsbeginn auf dem Nordatlantik gedient. Zuerst war er auf einem U-Jagd-Trawler gefahren, dann auf den Korvetten HMS *Zinnia* und *Snowflake.* Auf der *Zinnia* war er Erster Wachoffizier unter Lieutenant Commander Charles Cuthbertson, dem Vorbild für Monsarrats Lieutenant Commander Ericson, eine der Hauptgestalten in *The Cruel Sea.* Die *Zinnia* gehörte zur Eskortgruppe 5, die im August 1941 den nach Gibraltar fahrenden Konvoi OG.71 beschützte. Fünf U-Boote, die von einem deutschen Kondor-Flugzeug an den Konvoi herangeführt worden waren, begannen am 19. August einen sich vier Tage hinziehenden Angriff auf den Konvoi. Sie versenkten acht Schiffe aus dem Konvoi, darunter den Dampfer *Aquila,* der mit einundzwanzig Wrens (Marinehelferinnen) und einer Marinekrankenschwester unterging. Am 23. wurde die *Zinnia* selbst torpediert. Ihre Munition explodierte, und es wurde berichtet, daß sie in zwanzig Sekunden gesunken sei. Cuthbertson und Chesterman wurden über Bord geschleudert. Chesterman schwamm durch Öl, bis er ein Floß fand, an dem er sich festhielt. Mit aller Kraft, die er noch hatte, klammerte er sich an den Schwimmkörper, und bald darauf wurde er von einem Boot der Korvette HMS *Champion* gerettet. Von den fünfundachtzig Mann der Besatzung überlebten nur siebzehn, darunter Cuthbertson und Chesterman. Für Monsarrat, der das ganze auf einer der anderen Korvetten der Eskortgruppe miterlebt hatte, war der Angriff auf OG.71 der schlimmste des ganzen Krieges. Die Beschreibung des Verlusts der *Sorrel* in seinem Buch basiert auf dem Untergang der *Zinnia.* Als Cuthbertson danach Kommandant auf der *Snowflake* wurde, forderte er Chesterman wieder als Ersten Wachoffizier an, und als er später als Kommandant auf einen Zerstörer versetzt wurde, trat Chesterman seine Nachfolge auf der *Snowflake* an. Chesterman starb im Februar 1997 im Alter von neunundsiebzig Jahren. Einer der Redner bei der Trauerfeier sagte:»Chesterman war ein professioneller Seemann, bis in die Fingerspitzen. Er hatte ein gewaltiges körperliches Durchhaltevermögen und konnte bei jedem Wetter tagelang ohne Unterbrechung auf der Brücke bleiben.«[3] Howard O. Goldsmith, Sanitätsmeister auf der *Snowflake,* führte aus:

Ich denke, am engsten war es bei ONS.5. Das war wohl das schlimmste Wetter, das wir jemals hatten. Es gab Zeiten, da stand der Konvoi einfach, weil einige der Handelsschiffe gegen Wind und Seegang nicht mehr ankamen. Obwohl die Maschinen liefen und die Schrauben sich drehten, kamen wir einfach nicht voran. Damit Sie sich vorstellen können, wie es war: Das Oberdeck war gesperrt. Der Kommandant hatte das Betreten des Oberdecks streng verboten. Die einzigen, die nach draußen durften, waren die Leute der Brückenbesatzung, und die mußten den Kommandantenniedergang im Inneren des Schiffs benutzen, um nach oben zu kommen. Da war ein Seemann, ein Neufundländer, der war auf Schonern groß geworden, und der sagte: »Also, so ein Wetter gibt's nicht alle Tage. Ich wird' mal in den Mast steigen und es mir richtig ansehen.« Und das hat er auch gemacht; der stieg bei der See bis in die Mastspitze, noch über Saling und Krähennest hinaus. Und als er wieder herunterkam, sagte er, daß er nicht über die Wellenkämme gucken konnte, wenn wir mit unserer Korvette in einem Wellental waren. Das hat er uns erzählt; es waren über zwanzig Meter hohe Wellen, und das ist schon was. So ging es die ganze Reise … Der Schaden am Schiff war unglaublich. Die Leute sind sich über die Kraft, die in den Seen steckt, meist nicht im klaren. Das muß man gesehen haben. Zum Beispiel waren alle Reelingstützen auf der Back umgeknickt, und das sind mehrere Zentimeter dicke Eisenstangen. Das sah aus, als wenn ein riesiger Hammer sie aufs Deck gehauen hätte. Eins der Beiboote war verschwunden. Ein anderes war eingeschlagen. Die Wellen hatten es zerdrückt, einfach so. Wir hatten solche Lagerkisten für Fleisch, die waren draußen an Deck geschweißt, um das Fleisch frisch zu halten; es gab ja keine Kühlanlagen oder so etwas. Also, die waren an Deck und auch noch an den Seiten an den Aufbauten festgeschweißt, oben und unten; an den Seiten hatten sie Maschendraht, damit die Luft zirkulieren konnte. Nach dem Sturm waren nicht nur die Kästen weg, nein, auch unser ganzes Fleisch. Da waren nur noch die Schweißstellen an Deck und an den Aufbauten zu sehen, das war alles. Die Kraft von Wind und See hatte sie weggerissen. Andere Behälter, die an Deck festgeschraubt und verschweißt waren, waren auch einfach weg. Keiner hat gesehen, wie. Das sind unglaubliche Kräfte.[4]

Und wie war es, als an die Stelle von Wind und See, deren Kraft ONS.5 bis jetzt überlebt hatte, eine der größten und leistungsfähigsten U-Boot-Flotten des gesamten Krieges trat? Während Sherwood mit seinem Konvoi den Rest der Luftüberwachungslücke überwand, entwarfen Dönitz und Godt nach dem Versagen der Gruppe »Star« eine neue Offensive mit den Booten dieser Gruppe und denen der westlich stehenden Gruppe »Specht«.[5] Tatsächlich hatten die dreizehn »Star«-Boote, einschließlich mehrerer Ersatzboote (U-710 war versenkt worden, und U-386, U-528 und U-532 waren beschädigt aus dem Kampf ausgeschieden), mit Kurs Südsüdwest die Luftüberwachungslücke passiert, ONS.5 überholt und standen jetzt im Westen des Konvois. Ursprünglich hatte der BdU die Absicht gehabt, die »Star«-Boote mit den siebzehn »Specht«-Booten zusammenzuführen, um den nach Osten dampfenden Konvoi SC.128 (Nr. 34 nach Zählung BdU) anzugreifen; dieser Konvoi war am 25. April aus Halifax ausgelaufen und fuhr mit nördlichem Kurs im Westen von »Specht«. Als U-628 am 1. Mai Rauchwolken meldete, ging der BdU davon aus, daß sie von SC.128 stammten. »Specht« erhielt Befehl, den Konvoi anzugreifen, schaffte das aber nicht. Möglicherweise hatte U-628 nicht SC.128, sondern die Eskortgruppe 3 gesichtet, die als Unterstützungsgruppe unterwegs zu ONS.5 war.

Um 1800 Uhr am 3. Mai stand der neue Streifen der Gruppen »Specht« und »Star« von 56°21′ N, 44°35′ W (im Marinequadrat AJ5333) bis 54°57′ N, 39°35′ W (AK4449). Boote aus dieser Formation meldeten, daß sie Rauchwolken und Leuchtgeschosse gesichtet hätten; eins berichtete, daß es von einem Zerstörer abgedrängt worden sei. In Berlin vermutete man, daß die Boote Kontakt zu SC.128

bekommen hatten. In einem Anflug von Frustration, wenn nicht sogar Verzweiflung, funkte der BdU: NICHT ZURÜCKHALTEN ... MIT 31 BOOTEN KANN UND MUSS ETWAS ERREICHT WERDEN.[6] Er schätzte, daß der Konvoi einen Kurs zwischen 20° und 50° steuerte. Aber er irrte sich. Während einige der Geleitfahrzeuge tatsächlich einen nordöstlichen Kurs steuerten und dabei Leuchtgranaten schossen, um die U-Boote abzulenken, lief SC.128 zunächst nach Westen, bevor er wieder einen nördlichen Kurs einschlug, der über das Ende des U-Boot-Streifens hinausreichte. Diese Ausweich- und Täuschmanöver waren darauf zurückzuführen, daß das kanadische Marinehauptquartier aus den HF/DF-Peilungen die ungefähre Lage der Streifen der Gruppen »Specht« und »Star« kannte. Am 13. Mai traf SC.128 unbeschadet in Liverpool ein. Der BdU brach diese Jagd ab und notierte in seinem KTB als Grund dafür, daß »ein Hinterherjagen [hinter dem Konvoi] wegen Brennstoffknappheit eines großen Teils der Boote zwecklos« sei.[7]

Während Dönitz die Gruppen »Specht« und »Star« aufstellte, verstärkte er gleichzeitig die weiter im Süden stehende Gruppe »Amsel« und teilte sie in vier Untergruppen (I, II, III, und IV) auf, drei mit fünf und eine mit sechs Booten. Die »Amsel«-Linie erstreckte sich jetzt (mit kleinen Lücken zwischen den Untergruppen) von 51°51′ N, 49°05′ W (AJ 7933) bis 44°15′ N, 39°35′ W (BC 9646). Wie sehr sich Dönitz der Fähigkeit der Alliierten bewußt war, von Land aus HF/DF-Peilungen vorzunehmen, geht aus folgendem Eintrag im Kriegstagebuch des BdU hervor: »Diese neue Art der Aufstellung soll verhindern, daß Streifen, die längere Zeit in einem Gebiet stehen, durch Peilung, Sichtung, Ortung usw. erfaßt und dadurch dem Gegner in ihrer ganzen Ausdehnung bekannt werden.«[8] Deshalb wurden zur Täuschung Funksprüche an die äußeren Boote des Streifens gesendet, die den Eindruck erwecken sollten, als würde er sich rund um die Neufundlandbänke erstrecken. Dieser Eindruck konnte durchaus entstehen, denn das Lagezimmer in der britischen Admiralität schätzte, daß mittlerweile 128 U-Boote – 60 Prozent aller Atlantik-U-Boote – in See standen, mehr als jemals zuvor. Wenn die Alliierten die Boote einpeilten, die jetzt die Gruppe »Amsel« bildeten, erwarteten Dönitz und Godt, daß sie die Lücken entdecken und versuchen würden, die Konvois durch sie hindurchzuleiten. In diesem Fall sollten die Untergruppen sich zu einer geschlossenen Linie zusammenschließen. Bevor dieser Plan aber zur Ausführung kommen konnte, wurde schon wieder ein neuer Plan durchgegeben, da der BdU am 4. Mai zu der Ansicht gelangte, daß die »Amsel«-Boote weiter im Norden gebraucht wurden.

Um 1602 Uhr DSZ (1402 GMT) begann Berlin, die meisten Boote der Gruppen »Specht« und »Star« in einen neuen Streifen zu gruppieren, der den Decknamen »Fink« erhielt. Laut Befehl sollte dieser Streifen um 1000 Uhr DSZ (0800 Uhr GMT) am 5. Mai besetzt sein. Die siebenundzwanzig Boote der Gruppe »Fink« sollten dann auf einer Linie stehen, die von Westnordwest nach Ostsüdost verlief, genauer gesagt von 56°45′ N, 47°12′ W (AJ2758) nach 54°09′ N, 36°55′ W (AK4944). Bei einem durchschnittlichen Abstand zwischen den Booten von 14,7 Seemeilen würde der Streifen 382,2 Seemeilen lang sein.[9] Als die Boote sich am Nachmittag des 4. Mai auf ihre Positionen begaben, berichteten mehrere von ihnen (U-264, U-628, U-270), sie hätten südwärts fahrende Zerstörer gesehen (*Offa* oder *Oribi* oder beide). Dann meldete U-628 (Kptlt. Heinz Hasenschar) in Quadrat AJ6271 (55°40′ N, 42°40′ W), etwa in der Mitte der »Fink«-Linie, daß er die Mastspitzen eines nach Süden dampfenden Konvois gesichtet habe. Das war der Konvoi, den der BdU nach seiner Koppelnavigation (Ortsbestimmung nur anhand von Kurs und zurückgelegter Strecke) bereits erwartet hatte.

Es war ONS.5 (Geleitzug Nr. 33), obwohl der BdU ihn fälschlicherweise als ON.180 (Nr. 36) ansprach. ON.180 war der Konvoi, der ONS.5 folgte, sich am 4. Mai aber erheblich weiter im Norden befand und südlich von Kap Farewell einen westsüdwestlichen Kurs durch die Marinequadrate AJ22 und 23 steuerte. Der BdU hatte sich bei seiner Koppelei verrechnet, und auch seine Zeitberechnungen stimmten nicht, denn er erwartete, daß der von U-628 gesichtete Konvoi am 5. Mai den »Fink«-Streifen überqueren würde. Tatsächlich erreichte ONS.5 die Mitte dieser Linie am Nachmittag des 4. Mai, noch bevor die Gruppe »Fink« sich vollständig formiert hatte. Wenn ON.180 dieselbe Route wie ONS.5 gefahren wäre, hätte er die »Fink«-Linie nicht vor dem 6. Mai erreicht. Offenbar ging der BdU davon aus, daß ONS.5 die »Fink«-Linie schon passiert hatte. Sein Koppelfehler mag dadurch verursacht worden sein, daß in Berlin niemand wußte, daß

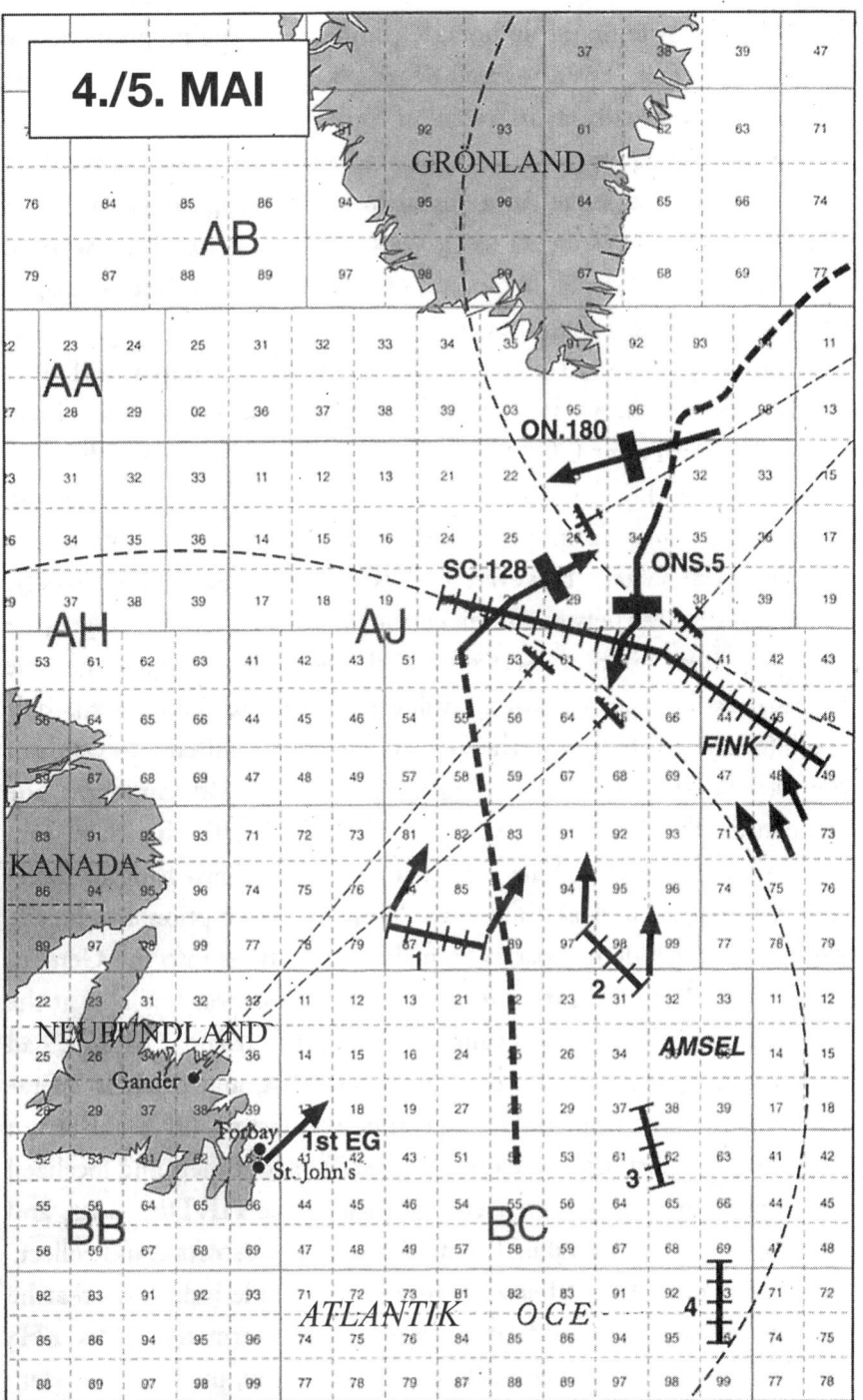

ONS.5 zwischen dem 1. Mai, 0800 Uhr, und dem 4. Mai, 0800 Uhr, praktisch nicht von der Stelle gekommen war.[10]

Als der BdU am 6. Mai die »Abschlußbetrachtung Geleitzug Nr. 36« niederschrieb, hielt er ihn immer noch für ON.180. In Funksprüchen an die »Fink«-Boote vom 5. und 6. Mai sowie im Kriegstagebuch vom 26. Mai bezeichnete er ihn nach dem Kommandanten von U-628, der ONS.5 am 4. Mai um 2005 Uhr DSZ als erster gesichtet und um 2018 Uhr eine Meldung abgesetzt hatte, als »Hasenschar-Geleitzug«.[11] Es war durchaus üblich, daß der BdU Konvois nach dem Fühlunghalter benannte. Sofort nachdem Hasenschar gemeldet hatte, daß ein Konvoi auf Südwestkurs von 200° mit sieben Knoten unterwegs sei, beorderte der BdU die nördlichen Untergruppen »Amsel« I und II sowie das unabhängig operierende Boot U-258 (Mässenhausen), das schon die *McKeesport* versenkt hatte, sowie U-614 (Kptlt. Wolfgang Sträter), der gerade mit Maschinenproblemen zu kämpfen hatte, als Verstärkung zur Gruppe »Fink«. In der Nacht des 4. Mai bestand die »Fink«-Gruppe aus siebenundzwanzig Booten, doch sie sollte noch auf einundvierzig Boote anwachsen – das war die größte Zahl von U-Booten, die jemals an einem Konvoi versammelt war. Dönitz und Godt unterstrichen diese Tatsache in einem Funkspruch an die sich versammelnden Boote: IHR STEHT GÜNSTIG WIE NOCH NIE.[12] Dennoch war der BdU besorgt, denn einer ganzen Reihe von Booten ging der Kraftstoff aus.

Von den Änderungen in der Aufstellung der U-Boote erfuhren das Lagezimmer in London und daher auch das Kommando der Western Approaches erst, als es der GC&CS am Mittag des 5. Mai gelang, wieder in den Marine-Enigma-Schlüssel einzubrechen. Bis dahin konnte Commander Winn nur bedauernd feststellen: »Über die Operationen in diesem Zeitraum ist aus nachrichtendienstlichen Quellen nichts bekannt.«[13] Als die GC&CS dann den deutschen Funkverkehr wieder entschlüsseln konnte, war der Zeitverzug zwischen Empfang und Entschlüsselung der Funksprüche so groß – er lag zwischen siebzehn Stunden und zwölf Tagen, die Norm waren vier Tage –, daß die Informationen keine Bedeutung für die laufenden Gefechte besaßen. Heute kann man den von der GC&CS nachträglich entschlüsselten Funkverkehr aus der »blinden« Zeit ebenso nachlesen wie die Funksprüche, die später im Lauf des Jahres 1943 von amerikanischen

Kryptographen dechiffriert wurden, nachdem die US Navy Unterlagen zur Entschlüsselung des Enigma-Codes sowie eigene »Bomben« (Entschlüsselungsmaschinen) erhalten hatte und daher die Möglichkeiten besaß, unabhängig in den deutschen Triton-Schlüssel einzudringen.[14] Aber zum Zeitpunkt des Kampfs um ONS.5 waren diese Informationen nicht verfügbar. Der grundsätzliche Wert von Ultra in der Atlantikschlacht bestand darin, daß die Positionen der U-Boote bekannt waren und man ihre operativen Anweisungen kannte. Bei ONS.5 war dies nicht der Fall. Deswegen stand er jedoch nicht auf verlorenem Posten. Hatte das Gefecht erst einmal begonnen, war die rasche, auf das Seegebiet bezogene Auswertung der vorhandenen Informationen wesentlich wichtiger. Diese Informationen stammten von den HF/DF-, Radar- und ASDIC-Geräten an Bord; in dieser Hinsicht waren die Geleitfahrzeuge am Konvoi ONS.5 von den Dienststellen an Land unabhängig.

Als die Abenddämmerung des 4. Mai hereinbrach, hatte Sherwood auf HMS *Tay* zahlreiche Hinweise darauf, daß er sich in der Nähe einer großen U-Boot-Ansammlung befand. Sein HF/DF-Gerät erfaßte Funksendungen von Backbord voraus, querab, Steuerbord querab und achteraus. Da die Funkverbindung zur *Oribi* nicht klappte, konnte er aber keine Kreuzpeilungen vornehmen; in den nächsten drei Tagen sollte er nur eine einzige Kreuzpeilung machen können. Wenn Sherwood noch eine Bestätigung dafür benötigt hätte, daß er von U-Booten umstellt war, dann erhielt er sie von der britischen Admiralität, die ihm um 1920 Uhr mitteilte, daß es in seinem Gebiet starken Funkverkehr auf 12215 und 10525 Kilohertz gebe.[15] Die Zerstörer *Offa* und *Oribi* von der Unterstützungsgruppe machten zwei Suchschläge, konnten aber keines der funkenden Boote orten. Noch stand der Konvoi östlich von 47°W und nördlich von 40°N; westlich und südlich dieser Grenze hatte das neue Canadian North West Atlantic Command (CNA) die Befehlsgewalt über alle Konvois und Geleitfahrzeuge. Das war auf der Washingtoner Konvoi-Konferenz vom 1. bis 13. März beschlossen worden, auf der hohe britische, kanadische und US-amerikanische Vertreter außerdem übereingekommen waren, daß Briten und Kanadier sich das Kommando über die Konvoirouten im Nordatlantik teilen sollten, die USA sich auf den südlicher gelegenen Mittelatlantik konzentrieren würden (einschließlich der Routen der Tankerkonvois zwischen der Karibik und England) und bis Juli (endlich) 255 Langstreckenflugzeuge auf beiden Seiten des Ozeans stationiert werden sollten. In dem Gebiet, das ONS.5 in jenen kritischen Tagen vom 4. bis 6. Mai durchquerte, waren die Geleitfahrzeuge immer noch der britischen operativen Führung unterstellt. Gleichwohl übermittelte das Lagezimmer in Ottawa, das einen starken Sender in der Nähe von Halifax besaß, für das Seegebiet bis 30°W durch HF/DF-Peilungen ermittelte U-Boot-Positionen an die Konvois, wie zum Beispiel SC.128.[16]

Da SC.128 um die auf diese Weise festgestellte »Specht«-Linie herumgeführt wurde, ist gemutmaßt worden, dies sei bei ONS.5 deshalb nicht geschehen, weil die Geleitfahrzeuge nur noch geringe Kraftstoffbestände hatten und daher auf dem kürzesten Weg in den Hafen mußten.[17] Angesichts der großen Zahl von U-Booten, die in diesem Teil des Nordatlantiks im Umkreis von 400 Meilen unterwegs waren, stellt sich jedoch die Frage, ob Liverpool oder Ottawa überhaupt noch in der Lage waren, eine sichere Route festzulegen. Die Einpeilung durch die HF/DF-Geräte an Land waren nach Angaben der Admiralität nur auf 120 Seemeilen genau. Sogar der Funkspruch der Admiralität an die *Tay* vom 4. Mai, 1920 Uhr, besagte, daß man aufgrund der schlechten HF/DF-Bedingungen nicht sicher sei, ob ONS.5 oder SC.128 der beschattete Konvoi war. Konvoi SC.128 befand sich zu diesem Zeitpunkt etwa dreißig Meilen nördlich der »Fink«-Linie und passierte auf Kurs Nordost zu Ost die Quadrate AJ28, -29 und -34.

Die Eskortgruppe B7 bereitete sich auf einen schweren Gang vor. Der Konvoi umfaßte 30 Handelsschiffe in zehn Kolonnen, die jeweils 900 Meter Abstand voneinander hielten; der Kurs war 202°, die Geschwindigkeit lag bei sieben Knoten, das Wetter war klar, der Wind wehte mit Stärke 2, eine leichte Brise mit etwa 5 Seemeilen pro Stunde Windgeschwindigkeit, die See war schwach bewegt mit langer Dünung. Sherwood stellte seine Kräfte für die Nacht auf: die *Sunflower* an Backbord voraus, die *Snowflake* an Backbord querab, die *Tay* an Backbord achteraus, die *Vidette* an Steuerbord voraus, die *Loosestrife* an Steuerbord querab und die *Northern Spray* an Steuerbord achteraus. Letztere war allerdings achteraus zurückgefallen und erreichte ihre Station verspätet. Die Zerstörer *Offa* und *Oribi* deckten den Konvoi im Abstand von fünf Meilen in Richtung Backbord und Steuerbord voraus ab. Die *Pink* in Lee auf 56°32' N, 40°50' W mit Kurs 235° führte vier Nachzügler, deren Geschwindigkeit nur fünf Knoten betrug, auf Sherwoods Anweisung auf einer getrennten Route.[18]

Ohne Zweifel hatten die Kommandostellen in Liverpool und London, in Halifax und Ottawa gesehen, wie sich dieser Zusammenprall der Kräfte entwickelte. Die Positionen des Gegners konnten auf den Lagedarstellungen an den Wänden und auf den Plottischen nur geschätzt werden, und die Männer dort mögen den Atem angehalten haben, als immer mehr HF/DF-Peilungen eintrafen. Auf See war die Menge des Morsefunkverkehrs ein Zeichen für das, was kommen sollte. Captain J. A. McCoy, der Befehlshaber von EG3 auf der *Offa*, bestätigte es: »Die ganze Zeit über war der Funkverkehr des Feindes immer stärker geworden ...«[19] Rundum wurden die Feinde immer zahlreicher, und sie kamen immer näher.

Eins der Boote der Gruppe »Specht«, das sich auf dem Marsch zur Gruppe »Fink« befand, kam nie dort an. Es wurde schon vor der Ankunft im Nordosten der neuen Gruppe, etwa dreißig Meilen hinter dem Konvoi, von einem kanadischen Canso-A-Flugzeug aus Gander auf Neufundland versenkt. Zwei dieser Maschinen gaben ONS.5 die erste Luftüberwachung seit Tagen, auch wenn keine von ihnen wirklich über dem Konvoi ankam. Die Luftüberwachungslücke war im April und Mai deutlich schmaler geworden, und ONS.5 war an keinem Tag ohne Kontakt zu einem Flugzeug gewesen. Sogar am 3. Mai traf um 1538 Uhr eine amerikanische B-17 »Flying Fortress« aus Gander am Konvoi ein, wo sie allerdings, da ihre Reichweite ausgereizt war, nur sechs Minuten bleiben konnte.[20] Trotzdem hatte der Überflug offenbar bewirkt, daß die »Spechte« und »Stare« ihre Köpfe gesenkt hielten.

Am 4. Mai um 1757 Uhr patrouillierte die Canso-A »W« vom 5. Bomber-Aufklärergeschwader nach fünfeinhalbstündigem Anflug auf Position 56°35' N, 42°40' W in 600 Meter Höhe auf Kurs rechtweisend 209°; der Wind wehte mit 20 Knoten aus rechtweisend 270°, die Bedeckung war 10/10, die Sicht fünf Meilen, leicht diesig. Das Flugzeug hatte auf seinem 10-cm-Radar einen Leuchtpunkt, der abwechselnd auftauchte und wegblieb, vermutlich wegen der hohen Dünung. Das Ziel war sieben Meilen entfernt 25° an Backbord voraus. Als der Pilot, Squadron Leader B. H. »Barry« Moffitt aus Toronto, die Position anflog, sichtete der zweite Techniker, Korporal Harry Knelson aus Bladworth in Saskatchewan, auf zweieinhalb Meilen Entfernung ein U-Boot. Es stand 10° an Backbord, war aufgetaucht und lief schräg zum Kurs des Flugzeugs mit etwa acht Knoten auf Kurs rechtweisend 340°(geschätzt) durch grobe See und starke Dünung. Der Corporal beschrieb den Rumpf und die Aufbauten, sie waren grau mit einzelnen grünen Flecken. Zehn Meilen vor dem U-Boot konnten Mofitt und sein Kopilot einen Nachzügler von ONS.5 erkennen.

Mofitt setzte zum steilen Anflug an, gab Gas und »erlebte den schnellsten Flug, den ich je in einer Canso hatte«. Schnell, das war ein Wort, das selten in Verbindung mit einer Canso benutzt wurde. Obwohl an den 31 Meter langen Tragflächen zwei 14-Zylinder-Motoren R1830-82 von Pratt & Whitney mit je 1200 PS saßen, war das Flugboot nach Aussage der Piloten nur geeignet, »mit neunzig zu fliegen, mit neunzig zu steigen und mit neunzig zu segeln«. Doch das war eine liebevolle Übertreibung, denn das schwerfällige Flugzeug schaffte in der Regel 110-115 Knoten und konnte bei Angriffen im Sinkflug, wenn die Motoren auf Hochtouren liefen, noch gut 40 Knoten zulegen. Als Moffitt sich aus den Wolken Richtung Wasseroberfläche stürzte, sichtete das U-Boot ihn und führte Alarmtauchen durch. Moffitt ging auf 25 Meter Höhe in ebenen Flug über; sein Tacho zeigte 150 Knoten. Er griff das tauchende U-Boot so an, daß er, vom Boot aus gesehen, von Steuerbord voraus kam, und erwischte es, als das Deck gerade überflutet wurde.

Den Intervalometer hatte er zusammen mit seinem Kopiloten so eingestellt, daß die vier an den Tragflächen hängenden 110-kg-Torpex-Wasserbomben im Abstand von 14 Metern niedergingen; die Tiefe für den Druckzünder hatten sie auf 7 Meter festgelegt. Am vorgesehenen Abwurfpunkt klinkte der Intervalometer die Wasserbomben eine nach der anderen aus, ohne daß eine von ihnen hängenblieb. Gleichzeitig wurden die Scharfstelleinrichtungen aktiviert. Die erste Wasserbombe sauste etwa 25 Meter vor dem U-Boot auf der Steuerbordseite ins Wasser, die zweite in einer Entfernung von etwa 12

Metern. Die dritte und vierte Bombe schlugen weniger als 12 Meter entfernt auf der anderen Seite des Bootes auf, die eine vor dem Turm, die andere dahinter. Obwohl das Boot beim Tauchen war, waren auf der Brücke unerklärlicherweise zwei Mann zu sehen. Moffitt legte sein Ruder nach Backbord und ging in Steigflug über. Als die Wasserbomben nacheinander explodierten und grau-weiße Fontänen in den Himmel schickten, sahen Mofitt und seine Besatzung, wie das U-Boot fünf oder zehn Sekunden völlig auftauchte und ohne Fahrt in der See dümpelte. Nach zehn weiteren Sekunden verschwand es in der Tiefe, während sich an der Oberfläche ein Ölfleck von 60 x 240 Meter bildete; vier Besatzungsmitglieder der Canso nahmen durch die geöffneten Beobachterfenster den beißenden Geruch wahr. Auch Holzplanken mit frischen Bruchstellen, die offenbar von den Holzabdeckungen an Deck des U-Boots stammten, trieben auf dem Wasser; für das Deck wurde Hartholz benutzt, um die Vereisung zu verzögern. Überlebende oder Leichen waren nicht zu sehen. Da sie an der Grenze ihrer Flugausdauer angekommen war, drehte die Canso um 1828 Uhr in Richtung Gander ab. Dort legte Mofitt die bei dem Angriff belichteten Filme vor und meldete mit gebührender Vorsicht: »U-Boot wahrscheinlich beschädigt.«[21] In London entschied das U-Boot-Komitee der Admiralität am 28. Juni 1943, das fragliche U-Boot, das als U-630 (Oblt. Werner Winkler) identifiziert wurde, sei als »sicher versenkt« anzusehen.[22]

Verständlicherweise ist diese Darstellung in den wenigen bisher geschriebenen Berichten über die Atlantikpassage von ONS.5 für richtig gehalten worden. In den letzten Jahren hat Robert M. Coppock, der zuständige Mitarbeiter der Sektion für ausländische Dokumente in der Marinegeschichtsabteilung des britischen Verteidigungsministeriums (NHB/MOD), die Luft- und Überwasserangriffe auf U-Boote neu durchleuchtet und bewertet. Nach sorgfältiger Prüfung von Fahrtrouten, Funksprüchen, Schadensberichten und Kraftstoffbeständen ist Coppock zu der Überzeugung gelangt, daß das von der Canso »W« angegriffene Boot U-209 (Kptlt. Heinrich Brodda) war, das am 6. April aus Kiel ausgelaufen war und sich auf seiner ersten Feindfahrt befand. Am 6. Mai um 1615 Uhr DSZ meldete es durch Vermittlung von U-954 (Kptlt. Odo Loewe) – der Hauptsender von U-209 war ausgefallen – an den BdU, daß das Boot schwere Schä-

den erlitten habe: LUFTVERDICHTER ZWEI WEGEN BOMBEN AUSGEFAL-
LEN. VERDICHTER EINS EBENFALLS AUSGEFALLEN. ABGASDICHTUNGEN
LECKEN. NUR NOCH TEILWEISE KLAR ZUM SCHIESSEN. HAUPTFUNKSEN-
DER AUSGEFALLEN. 29 KUBIKMETER. Um 1931 Uhr DSZ antwortete der BdU.
Er befahl Brodda, wenn erforderlich, von U-119 (Kptlt. Horst-Tessen von Kameke) Kraftstoff zu übernehmen und danach das etwa 1500 Seemeilen entfernte
Brest anzulaufen. U-209 hat sich nicht mit U-119 getroffen, und man
hat nie wieder etwas von ihm gehört. Am 23. Mai folgerte der BdU:
»U-209 befand sich seit dem 6.5. auf Rückmarsch. An diesem Tage
meldete U-954, daß U-209 durch Fliebos beschädigt sei und sende-
seitig unklar wäre. Der damalige Brennstoffbestand von 29 cbm
müßte jetzt aufgebraucht sein …, so daß mit Verlust [von U-209]
gerechnet werden muß.«[23] Coppock nimmt an, daß U-209 durch
einen Unfall am oder um den 7. Mai im Seegebiet bei 52°N, 38°W
gesunken ist, und zwar infolge der beim Angriff der Canso »W« entstanden Schäden. Über Winklers U-630 wird weiter unten noch zu
sprechen sein.

Der zweiten Canso, die sich an diesem Nachmittag ONS.5 näherte,
erging es völlig anders. Die Canso »E« des 5. Geschwaders unter
Flight Lieutenant J. W. C. »Jack« Langmuir aus Toronto sichtete
15 –18 Seemeilen voraus ein aufgetauchtes U-Boot, das mit etwa acht
Knoten einen Kurs von rechtweisend 132° steuerte. Später hat der
Pilot die Position auf 55°33′ N, 43°14′ W geschätzt. Der Kurs der
Canso war 023° in 1600 Meter Höhe. Es war 2045 Uhr. Langmuir
ging auf Gegenkurs, um die Sonne in den Rücken zu bekommen, und
flog aus acht Meilen Entfernung im Sinkflug an. Er ging bis auf sie-
ben Meter hinunter und hielt mit 155 Knoten auf den Bug des U-
Boots zu, um das Boot, wie er hoffte, mit seinen Wasserbomben per-
fekt eingabeln zu können. In diesem Moment eröffnete das U-Boot
mit der hinter dem Kommandoturm stehenden 20-mm-Flak das
Feuer.[24] Langmuir flog jedoch weiter an, klinkte die Wasserbomben
aus und erzielte seine perfekte Eingabelung. Die zweite und dritte
Bombe des Knüppels landeten links und rechts des U-Boots zwischen
Turm und Heck.

Als die Maschine nach Backbord abdrehte, beobachtete die Besatzung, wie das Vorschiff des U-Boots von den Explosionen aus dem

Wasser gehoben wurde; zwischen Kiel und Wasser konnte man auf über einem Drittel der Bootslänge hindurchsehen. Aber das Boot war immer noch manövrierfähig; es drehte einen Vollkreis über Steuerbord, stampfte und rollte dabei heftig, hielt aber weiterhin die Flak besetzt. Da er alle Wasserbomben geworfen hatte, flog Langmuir aus die Reichweite der U-Boot-Waffen heraus und befahl seinem Bugschützen, Warrant Officer Clifford Hazlett aus Chilliwack in British Columbia, ein Maschinengewehr in der vorderen Geschützkanzel zu montieren. Das dauerte etwa drei Minuten. Danach flog Langmuir das Boot erneut an, indem er im Sinkflug von 60 Meter auf 15 Meter hinunterging, und ließ bei 400 Meter Entfernung sowohl aus der vorderen Geschützkanzel mit dem MG als auch von einer der Beobachtungsstationen mit einem Gewehr das Feuer eröffnen. Langmuirs Besatzung beobachtete, wie zwei U-Boot-Männer auf der Flakplattform umfielen und über die Reling ins Meer stürzten.

Nach dem Vorbeiflug drehte Langmuir nach Steuerbord, um ein drittes Mal anfliegen, aber als er sich umsah, bemerkte er, daß nur noch der Bug des Boots aus dem Wasser ragte und es in einem seltsamen Winkel tauchte. Von der Canso aus wurden weder Öl noch Wrackteile oder Überlebende gesichtet. Da sie alles getan hatte, was sie konnte, machte sie sich auf den langen Rückflug zum Stützpunkt. In Gander reichte Langmuir eine große Zahl von Fotos als Beweis des Angriffs ein. Die am 28. Juli vorgenommene Beurteilung in London lautete: »Wahrscheinlich leicht beschädigt« – was eine Anerkennung für die Qualität der U-Boot-Rümpfe darstellte, denn dieser hatte in nächster Nähe zwei Wasserbomben hinnehmen müssen.[25] Das Boot wurde später anhand von Enigma-Informationen als U-438 (Kptlt. Heinrich Heinsohn) identifiziert. Es kam aus Brest und funkte am 5. Mai um 0608 Uhr an den BdU, daß es bei einem Feuergefecht mit einem Flugzeug geringen Schaden erlitten habe: 4 BOMBEN VON CATALINA 15 METER NEBEN DAS BOOT ... MEHRFACH VON FLUGBOOT ANGEGRIFFEN. ZYLINDERKOPFDECKEL NR. 40 GERISSEN, SONST NUR LEICHTER SCHADEN. Später versicherte das Boot dem BdU: KANN MASCHINENSCHÄDEN MIT BORDMITTELN BEHEBEN.[26]

Nachdem sich die Lage um ONS.5 derart zugespitzt hatte und über dem Atlantik die Nacht hereingebrochen war, hatten Dönitz und sein

Kommando allen Grund, zuversichtlich zu sein. Die Ausgangsbedingungen für den Kampf um einen Konvoi waren noch nie so günstig gewesen. Einundvierzig Boote formierten sich zur Schlachtordnung, und der Konvoi lief genau in sie hinein. Um 2213 Uhr DSZ (2013 GMT) funkte Dönitz seinen Kommandanten eine letzte anfeuernde Weisung: ICH BIN SICHER, DASS IHR MIT ALLEM KÄMPFEN WERDET, WAS IHR HABT. GEGNER NICHT ÜBERSCHÄTZEN, SONDERN VERNICHTEN.[27] Der erste U-Boot-Kommandant, der in dieser Nacht einen erfolgreichen Angriff fuhr, war der achtundzwanzigjährige Kptlt. Ulrich Folkers mit dem IXC-Boot U-125, das am 13. April aus Lorient, dem Heimathafen der 10. Flottille, ausgelaufen war. Auf seiner ersten Feindfahrt war Folkers im Januar als Teilnehmer der Operation Paukenschlag an der Ostküste der Vereinigten Staaten gewesen, hatte dort aber nur ein Schiff versenkt, den 5666 BRT großen amerikanischen Frachter *West Ivis*. Bei den drei folgenden Feindfahrten schickte er vierzehn alliierte Schiffe auf den Meeresgrund. Im März 1943 erhielt er das Ritterkreuz. Was er in der Nacht vom 4. auf den 5. Mai gemacht hat, ist nicht genau bekannt, da weder sein Kriegstagebuch noch seine Schußmeldungen heute noch existieren. Aber der deutsche Funkverkehr sprach ihm den ersten Erfolg der Nacht zu, das Handelsschiff Nr. 34 in der dritten Kolonne, das – seltsam genug – *Lorient* hieß.[28] Das 1921 von der Werft Tyne I. S. B. Co. Ltd. in Newcastle gebaute Schiff hatte 4737 BRT und transportierte Material für die in Cardiff ansässige Continental Coal and Investments Company. Den Befehl über die sechsundvierzig Mann starke Besatzung hatte Kapitän Walter John Manley. In der Nacht des 4. Mai verschwand der Dampfer mit allen Mann einfach von der See, ohne jedwede Meldung abzusetzen und ohne irgendeine Spur zu hinterlassen.

Nach den Konvoivorschriften sollte ein torpediertes Schiff zwei weiße Raketen schießen und auf der 600-Meter-Notfunkwelle das Signal SSS (»Von Torpedo getroffen«) senden. Die *Lorient* tat weder das eine noch das andere. Falls der Rumpf nicht sofort in zwei Teile zerbrach, war anzunehmen, daß ein in Ballast fahrendes Schiff nach einem Torpedotreffer lange genug weiterschwamm, um das Notsignal abzusetzen und die Besatzung in die Boote zu schicken. Wie bei der nächsten Versenkung zu beobachten war, betrug die dafür verfügbare Zeit möglicherweise aber nur allenfalls zwei Minuten. Doch wie dem auch sei, die *Lorient* war spurlos verschwunden. Kommodore Brook stellte kurz und knapp fest, daß sie »sich verabschiedet« habe; vermutlich glaubte er, daß sie als Nachzügler außer Sicht geraten war.[29] Die Auffassung, daß U-125 das Ende der *Lorient* herbeigeführt hatte, beruht auf einem Funkspruch von Folkers an den BdU, der von letzterem am 5. Mai um 0218 Uhr an alle Boote im nordwestlichen Atlantik weitergeleitet wurde: FOLKERS BERICHTET AUF 36 METER. AM 4. MAI IN QU AJ6298 [55°33′ N, 41°45′ W] EINZELFAHRER 4000 TONNEN, KURS 220, VERSENKT.[30] Die *Lorient* sollte das einzige Opfer von U-125 im Kampf um ONS.5 bleiben, denn keine dreißig Stunden später wurde das Boot selbst zum Opfer.

Bezeichnenderweise meldete Kptlt. Helmuth Pich, Kommandant von U-168, schon in dieser frühen Phase des Kampfs, er müsse die Operation wegen Kraftstoffmangels abbrechen. Nicht weniger kennzeichnend war, daß der BdU, der seit Aufstellung der »Fink«-Linie über dem Problem der Kraftstoffbestände gebrütet hatte, zurückfunkte, das erlaube er nicht. Pich mußte die Operation fortführen; alle Boote hatten am Feind zu bleiben, bis ihr Kraftstoffbestand auf fünf Tonnen gesunken war; erst dann durften sie die Aktion abbrechen und sich bei einer Milchkuh, die weiter im Osten stand, versorgen. Pich war um 2246 Uhr wieder auf Station.[31] Den zweiten Angriff auf ONS.5 führte jedoch U-707 durch, VIIC-Boot unter Oblt. Günter Gretschel. Um 2153 Uhr tauchte Gretschel vor dem Konvoi, um in der Abenddämmerung anzugreifen:

[Durchs Periskop] kann ich zwei Zerstörer [*Offa* und *Oribi?*] sehen, die in regelmäßiger Weise vor den Konvoi Zickzack fahren. ASDIC ist nur in kurzen Intervallen eingeschaltet. Ein Zerstörer ist jetzt nur noch 1000 Meter ab, recht voraus, ... jetzt zackt er wieder nach Backbord. Vom Konvoi ist nichts zu sehen. Ich denke, daß alles klar ist und daß ich den Geleitschirm durchbrochen habe, aber dann hält der Zerstörer wieder genau auf mich zu. Er muß mich [mit ASDIC] geortet haben, weil ich sehr langsam fahre. Jetzt höre ich das ASDIC dauernd. Ich gehe tiefer auf A+20 [eine vorgeschriebene, aber veränderliche Tiefe, zum Beispiel 30 plus 20 Meter]. Acht gut plazierte Wasserbomben. Der Konvoi ist über mir.[32]

Der Wasserbombenangriff wurde durch die *Tay* gefahren, die auf eine Station vor dem Konvoi aufgerückt war.[33] Gretschel fuhr fort:

Aufgetaucht. Bin jetzt hinten im Konvoi. Vorn ein paar Schatten, an Steuerbord eine Korvette und achteraus ein dicker Dampfer. Auf Gefechtsstationen! Ich greife einen modernen Passagierdampfer vom Typ *City of Manchester* an, hat überhängenden Steven, durchgehendes Deck, 7500 BRT, steuert Kurs 210°. Fächerschuß aus Rohren I, II und IV, Richtung 90°, Entfernung 1500 Meter. Nach einer Minute und 34 Sekunden Laufzeit trifft ein Aal hinter dem Mast, große schwarze Detonationssäule. Dampfer beginnt sofort über das Heck zu sinken. Oberdeck ist unter Wasser. Schiff schwimmt aber noch eine Zeitlang, dann plötzlich richtet es sich auf, der Bug geht senkrecht in die Luft, und es sinkt. Zeit zum Sinken: 69 Sekunden. Wegtreten von Gefechtsstationen! Tauchen zum Nachladen.[34]

In diesem Fall wurde die Versenkung von dem bewaffneten Trawler *Northern Spray* unter Lieutenant F. A. J. Downer beobachtet. Das Opfer war aber kein Passagierdampfer, sondern die *North Britain,* ein 4635 BRT Frachter der North Shipping Company in Newcastle. Das Schiff war am Sonnabend, den 1. Mai, bei schlechtem Wetter hinter den Konvoi zurückgefallen. Am 4. hatte es den Konvoi wieder eingeholt, war dann aber wegen Ausfalls eines Kessels erneut achteraus zurückgesackt. Der Bericht sagt nicht, wie viele von Gretschels Torpedos trafen, aber es ist klar, daß sein in Ballast fahrendes Opfer sehr schnell sank, binnen zwei Minuten um 0027 Uhr am 5. Mai.[35] Die *Northern Spray,* die in der Nähe stand, fuhr ein Suchmuster »Observant« um die Versenkungsstelle, konnte aber keinen ASDIC-Kontakt bekommen. Boote oder Schwimmwestenlichter wurden nicht entdeckt, und der Trawler meldete der *Tay,* daß von der Besatzung von über vierzig Mann keiner überlebt habe. Dann, um 0055 Uhr, wurden doch Lichter gesichtet, und zehn Minuten später fand der Trawler ein voll Wasser stehendes Rettungsboot und ein Floß. Das Boot wurde mehrfach längsseits geholt, aber die zehn erschöpften Besatzungsmitglieder machten nur lethargische Versuche, es zu verlassen. Schließlich konnten sie zusammen mit einem elften Besatzungsmitglied von dem Floß doch an Bord geholt werden, und die *Northern Spray* dampfte weiter zu den Versenkungsstellen anderer Schiffe.[36]

Hasenschar, der Fühlunghalter auf U-628, war der nächste, der etwas für seine Versenkungsliste tat. Da er wußte, daß sieben weitere Boote bis zum Einbruch der Dämmerung Kontakt zum Konvoi hatten (U-707, U-202, U-264, U-265, U-168, U-732 und U-378), nahm er an, daß er von der Rolle des Fühlunghalters entbunden war: »Somit ist für mich Angriff freigegeben.«[37] Weiter notierte er in seinem Kriegstagebuch:

Ich halte [über Wasser] auf die Kolonnen des Geleitzugs zu, so daß ich mit Einbruch der Nacht angreifen kann. Seegang 3–4, abnehmend, geringe Dünung. Gute Sicht. Jetzt, wo es dunkler wird, dampft das Geleitfahrzeug, das an Steuerbord voraus am Geleitzug steht, weit weg Richtung Westen. Ein zweiter Zerstörer fährt Richtung Süden. Ich komme ungesehen zwischen ihnen durch, und jetzt, in der ersten Dunkelheit, sehe ich den eigentlichen Geleitzug vor mir. Ich stehe westlich vom Geleitzug und beginne meinen Angriff ... Ich denke nicht, daß ich noch näher herangehen sollte, weil ich dann den Geleitfahrzeugen, die querab vom Geleitzug stehen, zu nahe komme. Trotz der großen Entfernung zum Ziel entscheide ich mich, genau gezielte Einzelschüsse zu machen, weil ich präzise berechnete Zieldaten habe. Alle Etos sind heiß und klar ... Um 0043 bis 0046 schieße ich auf fünf verschiedene Frachter nacheinander aus den Rohren I–IV auf Entfernungen von 4000–5000 Meter, Lauftiefe drei Meter ... Dann drehe ich nach Steuerbord und mache einen einzelnen Schuß aus dem Hecktorpedorohr, danach laufe ich über Wasser mit Höchstfahrt nach Nordosten ab, denn die Geleitfahrzeuge von der Steuerbordseite sind mir wieder nähergekommen. Bei Rechnung nach der Laufzeit gab es vier Treffer, der erste nach 7 Minuten und 58 Sekunden, der letzte nach 9 Minuten und 30 Sekunden. Zwischen den Schüssen aus Bugrohr I und Heckrohr V lagen drei Minuten. Beobachten konnten wir aber nur drei Treffer. Der erste, mit einer hohen Sprengsäule, war bei einem Frachter. Die beiden anderen Treffer wurden auf zwei mittelgroßen Frachtern erzielt. Eine Explosion war sehr heftig, da darf man eine Versenkung unterstellen. Der dritte Frachter schoß zwei weiße Raketen und begann zu brennen. Als wir ablaufen, ist um 0105 Uhr eine gedämpfte Explosion von dem ersten großen Frachter zu hören, möglicherweise eine Kesselexplosion. Über dem Schiff hängt lange eine große schwarze Rauchwolke. Dann ist von dem Schiff nichts mehr zu sehen. Im Boot hören wir die Geräusche eines sinkenden Schiffs. Als wir weiter ablaufen, schießen die hinteren Teile des Geleitzugs ständig Leuchtgranaten. Einige davon kommen sehr nahe, aber wir werden nicht entdeckt ... Da ich noch einen Aal habe, entschließe ich mich, wieder zurückzukehren, um vielleicht einem schon beschädigten Schiff den Gnadenstoß zu versetzen ... Um 0225 sehe ich einen Schatten mit einem schwachen roten Licht im Top. Zunächst steuert er schräg von mir weg. Eine Weile verfolge ich ihn mit Dieseln, langsam voraus. Jetzt erkennen wir, daß es eine Korvette ist, die fast gestoppt liegt, in Peilung 110°. Ich gehe auf 800 Meter heran und schieße um 0302 Uhr einen Einzelschuß, Lauftiefe vier Meter, aus Rohr III. Nach 28 Sekunden riesige Flammenzunge, Funkenregen, danach nichts mehr. Dem folgt eine starke Schockwelle. Ich vermute, daß die Wasserbomben explodiert sind. Die Korvette hatte sich wortwörtlich in Luft aufgelöst.[38]

In seinem Bericht an den BdU schrieb Hasenschar, daß er einen Frachter versenkt, einen anderen wahrscheinlich versenkt, einen dritten brennend zurückgelassen und eine Korvette »atomisiert« habe.[39] Aber der sechsundzwanzigjährige U-Boot-Kommandant muß wohl durch ein rosarot gefärbtes Fernglas geguckt haben, denn in Wirklichkeit wurde durch seinen Fächerschuß nur ein Schiff getroffen, der 5081 BRT große Frachter *Harbury* mit 6820 Tonnen Anthrazitkohle an Bord. Was die »atomisierte« Korvette betraf, so rollten und stampften *die Snowflake, Sunflower* und *Loosestrife* – die *Pink* war an anderer Stelle –, vom Wetter abgesehen, unbehelligt auf ihren Stationen. Einige der Explosionen, die Hasenschar gemeldet hatte, stammten möglicherweise von Torpedotreffern, die zur selben Zeit von U-264 erzielt wurden (siehe unten). Vielleicht waren es auch die Explosionen am Ende der Laufstrecke der Torpedos.

Um 0046 Uhr am 5. Mai traf der blasenlose Elektrotorpedo von Hasenschar mit lautem Knall, aber ohne Explosionsblitz, die Steuerbordseite der *Harbury* auf Höhe der Luke 5. Die Lukendeckel flogen ab, und die Luke lief voll. Außerdem ließ ein Riß im Wellentunnel das Wasser auch in den Maschinenraum sickern. Der Kapitän, W. E. Cook, sah von der Brückennock, daß das Schiff achtern sehr tief lag. Der Dritte Offizier, W. Skinner, schoß pflichtgemäß die Leuchtraketen ab. Obwohl erst einundzwanzig oder zweiundzwanzig Jahre alt, hatte er bereits eine Versenkung durch einen Minentreffer erlebt. Danach war er vor Ceylon von japanischen Flugzeugen versenkt worden, und nachdem er aus dem Wasser gefischt worden war, hatte ein japanischer Kreuzer das Schiff, das ihn gerettet hatte, auf den Meeresgrund geschickt. Nachdem er zum viertenmal versenkt worden war, meinte Cook über ihn, er sei »sehr zuverlässig und völlig gelassen« gewesen.

Als ein Teil des Decks unter Wasser stand, schaltete Cook die roten Laternen ein, um seine Position zu markieren, stoppte die Maschinen, warf die Geheimunterlagen mit Gewichten beschwert über Bord, ließ den Notruf absetzen, ein Funkgerät in eins der Boote bringen und gab das Schiff auf. Die Besatzung schaffte es, die beiden großen, in der Mitte des Schiffes hängenden Rettungsboote zu Wasser zu bringen, aber das kleinere Boot achtern auf der Steuerbordseite war durch die Explosion beschädigt worden und nicht mehr brauchbar. Das andere, auf der Backbordseite hängende kleine Boot kenterte, als es zu Wasser gelassen wurde. Eine Reihe von Seeleuten, die dadurch achtern kein Rettungsmittel mehr hatten, mußten ins Wasser springen; einige von ihnen kamen ums Leben. Cook blieb mit zwei Mann an Bord und durchsuchte die Aufbauten, um sicherzustellen, daß alle einundfünfzig Besatzungsmitglieder, einschließlich der sieben Marine- und zwei Heeresartilleristen, von Bord gegangen waren. Gegen Mitternacht machte das Schiff achtern »knirschende und knackende« Geräusche, so daß Cook und seine zwei Leute glaubte, es würde gleich sinken. Deshalb beeilten sie sich, ins vordere Steuerbordfloß zu steigen, die Vorleine zu lösen und sich in die dunkle Nacht und die starke Dünung treiben zu lassen. In der Ferne sahen sie zwei weiße Lichter, von denen sie annahmen, daß sie von den Rettungsbooten stammten.

Gegen 0320 Uhr beobachteten sie einen Funkenregen und hörten eine laute Explosion, die sie für die Explosion eines Torpedos am Ende der Laufstrecke hielten. Eine Stunde und zehn Minuten später sichteten sie die *Northern Spray*. Cook lenkte die Aufmerksamkeit des Trawlers auf sich, indem er eine der neuen Raketen benutzte, die fünf Leuchtkörper ausstießen. Mit einigen Schwierigkeiten, da die See grob war und die Flöße der Handelsschiffe keine Ösen oder Augen zum Einpicken von Leinen hatten, nahm der Trawler die Insassen des Floßes an Bord. Kurz darauf hatten es auch die Insassen der Rettungsboote überstanden. Damit waren vierundvierzig Mann gerettet, sechs davon leicht verletzt. Sieben Besatzungsangehörige fehlten.

Am nächsten Morgen um 0900 Uhr setzten Cook, sein Erster Offizier und der Erste Wachoffizier des Trawlers mit einem Boot zur immer noch schwimmenden *Harbury* über, um sie zu inspizieren sowie Mehl und Kartoffeln zu holen, um die geschrumpften Vorräte des Trawlers aufzufüllen. Sie stellten fest, daß das Wasser im Maschinenraum drei Meter hoch stand – höher als die Generatoren –, auch in Luke 4 eindrang. Alles sah danach aus, als würde die *Harbury* sinken. Um 1000 Uhr kehrten sie mit dem Boot auf die *Northern Spray* zurück. Eineinhalb Monate später sagte Cook: »Ich habe mein Schiff nicht mehr wiedergesehen, aber bei ihrem Zustand bin ich sicher, daß sie gesunken ist.« Am nächsten Tage wurden Flugzeuge in das Gebiet (55°01′ N 42°59′ W) geschickt, aber von dem Schiff war keine Spur mehr zu finden.[40]

Was das Wrack der *Harbury* betrifft, ist der Eintrag in Hasenschars nicht immer verläßliches Kriegstagebuch korrekt. Um 1230 Uhr am Nachmittag des 5. Mai, als er getaucht in der Nähe der Position 54°14′ N, 43°02′ W unterwegs war, sichtete er durchs Periskop einen gestoppt liegenden und wahrscheinlich beschädigten Frachter. Er tauchte auf, ließ aber das Deck unter Wasser, und blieb gerade lange genug oben, um sich die Sache von der Brücke aus ansehen zu können, dann tauchte er wieder:

Ich laufe unter Wasser mit voller Fahrt auf den Frachter zu. Durchs Periskop kann ich erkennen, daß das Schiff verlassen worden ist. Es hat leichte Schlagseite nach Steuerbord und liegt mit dem Heck tief im Wasser. Die Davits für die Rettungsboote sind ausgeschwungen. Leitern und Tampen hängen außenbords. Um 1451 tauche ich zum Artillerieeinsatz auf. Auf Entfernung 300 bis 400 Meter mit 40 Schuß 8,8-cm- und 100 Schuß panzerbrechende 20-

mm-Munition bringen wir den Frachter zum Sinken. Erst neigt er sich nach Steuerbord, dann kentert er … Das Schiff hat eine neu gestrichene Schornsteinmarke der »Harrison Line«. Ein in der Nähe treibendes Boot trägt den Namen »Harbury«. Der Frachter hatte die entsprechende Silhouette. Ich gehe davon aus, daß dies das Schiff ist, das wir in der Nacht zuvor beschädigt haben.

Er hatte recht. Die *Harbury* gehörte J. & C. Harrison Ltd., London. Hasenschar identifizierte sein Ziel auch in seinen Schußmeldungen als *Harbury,* leider sind das die einzigen Schußmeldungen, die in den deutschen Archiven von den U-Boot-Operationen im Mai 1943 überlebt haben.[41] Der junge Kommandant versank mit seinem Boot am 3. Juli 1943 nordwestlich von Kap Ortegal in Spanien.

Kurz nach der *Harbury* wurden zwei weitere Schiffe getroffen. Diesmal war Kptlt. Hartwig Looks auf U-264 der Angreifer. Um 0014 Uhr setzte sich Looks mit seinem VIIC-Boot über Wasser vor den Konvoi. Er hatte die Absicht, zwischen die Geleitfahrzeuge an Backbord voraus und Backbord querab (*Sunflower* und *Sunflake*) und den Konvoi selbst zu gelangen und dann anzugreifen. Im Norden war zwar ein »Zerstörer« (*Tay*) zu sehen, aber er entdeckte Looks bei dem bedeckten Wetter nicht; trotz guter Sicht war es sehr dunkel, und es herrschte grobe See mit starker Dünung; der Wind kam mit Stärke 5 aus Südwesten. Um 0100 Uhr, 14 Minuten nach dem Treffer auf der *Harbury,* schlug Looks zu:

Ich habe eine Gruppe von fünf Dampfern vor mir, drei in etwa 1500 Meter Abstand und dahinter zwei in etwa 2500 Meter … Um 0102 Uhr schieße ich zwei Fächer auf die zwei größeren der dichter bei stehenden Schiffe, einen mit zwei Aalen aus Rohr II und III auf einen 6000-Tonner und einen aus Rohr II und IV auf einen 5000-Tonner. Entfernung 1500 Meter. Lauftiefe 3 Meter. Dann drehe ich hart nach Steuerbord und schieße einen fünften Aal aus dem Heckrohr auf einen Frachter mit 4500 BRT. Alle fünf Aale treffen. Der erste Fächer auf den 6000-Tonner detoniert nach Laufzeit von einer Minute und 22 Sekunden und einer Minute und 26 Sekunden, der eine Torpedo trifft mitschiffs und der andere 20 Meter vor dem Heck. Es sind zwei hohe Rauchwolken zu sehen. Der zweite Fächer trifft den 5000-Tonner an den gleichen Stellen wie beim vorhergehenden Schiff nach Laufzeiten von einer Minute und 47 Sekunden und einer Minute und 51 Sekunden. Wieder gibt es zwei hohe Wassersäulen. Der Einzelschuß aus Rohr fünf trifft den 4500-Tonner mittschiffs unter dem Schornstein. Sehr hohe Detonationswolke, die sich oben pilzartig erweitert. Ich nehme an, daß alle drei Dampfer wegen der guten Positionierung der Treffer sinken werden. Ich laufe mit Höchstfahrt ab. Ein Zerstörer hält von Norden mit hoher Fahrt auf mich zu. Die Dampfer, die ich getroffen habe, schießen weiße Raketen.[42]

Looks' Beobachtungen waren im wesentlichen richtig. Die zwei größeren Dampfer wurden jeweils von zwei Torpedos getroffen. Aber der Heckschuß auf den »4500-Tonner« ging daneben, denn im Konvoi wurde in den vorangegangenen 19 Minuten und den darauffolgenden 77 Minuten kein weiteres Schiff getroffen; für die von Looks beschriebene und um 0234 dem BdU gemeldete Explosion an einem dritten Schiff gibt es keine Erklärung. Looks' erstes Opfer war Schiff Nr. 22 in Kolonne 2 auf der Backbordseite des Konvois, die *West Maximus*, ein amerikanischer Stückgutfrachter mit 745 Tonnen Zunder als Ballast an Bord. Fünfundzwanzig Sekunden darauf wurde der britische Frachter *Harperley*, 4586 BRT, Nr. 13, das erste Schiff in der äußeren Kolonne an Backbord, von einem Torpedo getroffen, der ein Loch in den Rumpf riß.

Die beiden Ausgucks auf der Brücke der *West Maximus* und die 19 Artilleristen der US Navy hatten den ersten Torpedo, der das Schiff traf, nicht bemerkt. Durch die Explosion, die das ganze Schiff erschütterte, wurden die Backbordseite des achteren Hochtanks aufgerissen und ein Teil des Hecks abgesprengt. Der zweite Torpedo, der auf der Backbordseite in Luke 3 eindrang, zerstörte das achtere Schott der Luke und ließ den Kesselraum vollaufen. Das ganze Schiff wurde mit Heizöl besprüht, und die Decksplanken wurden derartig verzogen, daß es »so gut wie unmöglich war, noch darauf zu gehen«, wie der befehlshabende Offizier der Marineartilleristen, Lieutenant (junior grade) J. C. Dea, berichtete. Der Kapitän, Earl E. Brooks, gab sofort den Befehl: »Alle Mann von Bord!« Von den sechzig Mann an Bord – neununddreißig Mann Besatzung sowie neunzehn Artilleristen und zwei Passagiere der US Army – kamen bis auf vier alle sicher über die Kletternetze und Leitern in die vier Boote, aus denen sie von der *Northern Spray* aufgenommen wurden. Der Frachter sank um 0135 Uhr mit dem Bug voran – mitsamt der Geheimunterlagen, die Kapitän Brooks, aus welchem Grund auch immer, nicht vernichtet hatte. Er hatte weder ein Funksignal absetzen lassen noch die weißen Raketen geschossen. Nach Ansicht von Lieutenant Dea sollten getroffene Schiffe generell »keine weißen Leuchtkörper abschießen, da sie die ganze Gegend beleuchten und dem U-Boot noch mehr Ziele bieten«.

Auf der *Harperly*, einem Schwesterschiff der *Harbury*, hatte Kapitän J. E. Turgoose, der erst den siebzehnten Tag Kapitän war, gerade noch etwas voraus in der Nachbarkolonne an seiner Steuerbordseite die Blitze der Torpedoexplosionen an der *Western Maximus* beobachtet. Jetzt, nur wenige Augenblicke später, wurde sein eigenes Schiff von zwei Torpedotreffern erschüttert, die fast gleichzeitig die über ein Zentimeter dicke Bordwand aufrissen. Der eine Torpedo drang in der Nähe des Maschinenraums in das Schiff ein, der andere in Höhe des Vormastes. Turgoose, der sich in diesem Augenblick auf der Brücke aufhielt, war überrascht, daß die Explosionen so gedämpft klangen – eher wie dumpfe Schläge, sagte er später – und daß weder Explosionsblitze noch Wassersäulen zu sehen waren. Überlebende von anderen Schiffen sagten allerdings aus, sie hätten Blitze gesehen. Ebenso überraschend war es für Turgoose, daß zunächst kaum Schäden zu erkennen waren; so waren zum Beispiel die Fenster im Brückenhaus heil geblieben. Dann wurde ihm jedoch gemeldet, daß das Schiff starke Schlagseite nach Backbord bekomme, weshalb man die großen Löcher in der Bordwand nicht sehen konnte.

Turgoose ließ die Raketen abfeuern – eine funktionierte nicht – und wies den Funker an, SSS zu senden. Der Maschinentelegraph war festgeklemmt, aber die Maschinen waren durch den ersten Torpedo sowieso zum Stehen gebracht worden. Außerdem hatte er dem Zweiten, Dritten und Vierten Ingenieur das Leben gekostet. Der Zweite Ingenieur hatte kurz zuvor seine Freiwache beendet, um an der Maschine mitzuarbeiten. Da die Schlagseite zunahm, gab Turgoose den Befehl: »Alle Mann von Bord!« Eins der Rettungsboote an Backbord war zerstört, aber die anderen drei Boote wurden heil zu Wasser gebracht und gelangten binnen acht Minuten vom Schiff weg. Turgoose mußte ins Wasser springen und zu einem der Boote schwimmen. Zehn oder fünfzehn Minuten später sah er sein Schiff mit dem Bug voran untergehen. In den Booten hörte man zwei Männer im Wasser stöhnen und rufen, und Turgooses Boot schaffte es durch hartes Pullen, einen von ihnen zu retten. Zwei andere Männer, die sich am Boden eines gekenterten Boots festhielten, ertranken, bevor man an sie herankam.

Nach dreieinhalb Stunden reagierte die *Northern Spray* auf Notrufe und Lichtsignale. Achtunddreißig Überlebende wurden auf den Trawler geholt, wo sie einundfünfzig Mann von der *West Maximus*, dreiundvierzig von der *Harbury* und zwei von der *North Britain* vorfanden. Lieutenant Downer fragte sich, wie er noch mehr Schiffbrüchige unterbringen sollte, wenn dies nötig würde. Jeder Winkel auf seinem nur 50 Meter langen Schiff war belegt; Wohndecks, Offiziersmesse, Kammern: alles war voller nasser Körper, Paniktaschen und (von der *West Maximus*) amerikanischem Gepäck. Der Koch des Trawlers, Herbert Arthur Damsell, schaffte es irgendwie, Essen für alle zuzubereiten, wozu er unter anderem die Kartoffeln und das Mehl verwendete, die klugerweise von der *Harbury* gerettet worden waren. Die von Köchen anderer Schiffe angebotene Hilfe lehnte er ab: »Ich will keine Fremden in meiner Kombüse.« Die *Northern Spray* wurde von Sherwood nach St. John's entlassen und erreichte den Hafen ohne Zwischenfall am 8. Mai um 0750 Uhr.[43] Sollte es, nachdem der Rettungstrawler den Konvoi verlassen hatte, noch weitere Schiffbrüchige geben, müßten die Kriegsschiffe der Eskortgruppe B7 sie retten.

In der Hitze des Gefechts:
Der Kampf um ONS.5

Das war eine Sache der kleinen Schiffe und einsamen Flugzeuge;
es verlangte Härte, Ausdauer und Geduld, war ermüdend und erregte
bei anderen keine Aufmerksamkeit; und es ging gegen
zwei gerissene Feinde: das U-Boot und die grausame See.
Captain Gilbert Roberts

Ein Krieg des Suchens und Ertrinkens, der Hinterhalte und Täuschungen,
der Wissenschaft und Seemannschaft.
Winston S. Churchill

Sowohl vor als auch in den zweidreiviertel Stunden, in denen fünf
Schiffe untergingen, versuchten Lieutenant Commander Sherwood
und seine Geleitfahrzeuge ihre Gegner zu jagen. Dabei hielten sie sich
an einen Grundsatz, der in den »Taktischen Anweisungen« enthalten
war, die Admiral Horton am 27. April herausgegeben hatte. Er
besagte, daß U-Boote am besten vor dem Angriff entdeckt und vernichtet werden konnten. Es war die *Tay*, die den ersten Einsatz gegen
ein Boot der »Fink«-Linie fuhr. Um 22.47 Uhr hatte die *Tay*, die sich
auf ihrer Nachtstation an der Backbordseite des Konvois befand, in
400 Meter Entfernung einen ASDIC-Kontakt und griff sofort mit
einem Wabo-Zehner-Teppich an. Es gab kein sichtbares Ergebnis,
und Sherwood vermutete, daß der Kontakt kein U-Boot gewesen war,
denn die ASDIC-Echos kamen häufig nicht von U-Booten. Den neuesten Ergebnissen der NHB/MOD zufolge war es jedoch tatsächlich
ein U-Boot, nämlich U-707 (Gretschel), das aber nicht beschädigt
wurde.[1]

Der zweite, der in dieser Nacht einen Angriff fuhr, war Lieutenant
Raymond Hart auf der *Vidette*. Der dreißig Jahre alte Zerstörerkom-

mandant war 1931 in die Reserve der Royal Navy eingetreten, nachdem er zwei Jahre bei der Royal Mail Steam Packet Company gefahren war, und diente sechs Monate auf dem Schlachtkreuzer *Hood*. Als seine Stelle als junger Offizier in der Handelsschiffahrt aufgrund der Depression gestrichen wurde, ging er als Holzfäller nach Kanada. 1937 kehrte er als Sublieutenant auf Probe wieder in die Marine zurück. Als der Krieg ausbrach, diente er gerade auf dem Zerstörer HMS *Hasty*, auf dem er später an den Gefechten vor Kalabrien und Kap Matapan teilnahm. Bei einem Einsatz vor Tobruk verdiente er sich das Distinguished Service Cross. Während der Operation »Vigorous« (Kräftig) zur Versorgung von Malta im Juni 1942, wurde die *Hasty* durch ein deutsches Schnellboot beschädigt und mußte in der Folge von einem anderen englischen Zerstörer versenkt werden. Von Juni bis Oktober desselben Jahres führte Hart einen Sprengtrupp, der die Aufgabe hatte, Vorräte und Hafenanlagen in Alexandria zu zerstören, falls die Gefahr bestand, daß dieser Stützpunkt von den Deutschen besetzt werden würde. Im Dezember 1942 erhielt er als Kommandant des alten, zur Eskortgruppe B7 gehörenden Zerstörers *Vidette* sein erstes Kommando auf See. Er besaß Intelligenz, gute Urteilskraft und kannte sein Handwerk als Seemann. Sein Äußeres wurde als »gutaussehend und schneidig« beschrieben.[2]

Um 0020 Uhr am 5. Mai, die *Vidette* stand auf Station D, 60° und 4500 Meter an Steuerbord voraus von ONS.5, erfaßte ihr Radargerät vom Typ 271 ein Objekt in Peilung 205°, Entfernung 3300 Meter. Der Zerstörer ging auf 22 Knoten, und fünf Minuten später sichtete Hart ein U-Boot. Als er bis auf 650 Meter an das Boot herangekommen war, tauchte es. Um 0300 Uhr schossen und warfen die Wabo-Bedienungen der *Vidette* einen Teppich aus vierzehn Bomben, die mit flacher Tiefeneinstellung in die noch sichtbaren Wirbel des tauchenden Bootes fielen. Der Angriff beschädigte das IXC-Boot U-514, und sein Kommandant, Kptlt. Hans-Jürgen Auffermann, meldete dem BdU, die Wasserbomben hätten das Periskop und die Wellendichtung an Steuerbord so stark beschädigt, daß eine Reparatur mit Bordmitteln nicht möglich sei. In den Morgenstunden des 7. Mai, als die Kämpfe um ONS.5 vorüber waren, revidierte er jedoch seine Meldung: Das Boot sei weiter einsatzklar.[3]

Nachdem er auf 1800 Meter abgelaufen war, drehte Hart wieder auf einen für den Angriff günstigen Winkel. Er hoffte, und da er keinen ASDIC-Kontakt fand, begann er eine »Observant«-Suche. Als er um 0050 Uhr die zweite Teilstrecke des Musters abfuhr, bekam er einen zweiten Radarkontakt in Peilung 285°, 3300 Meter. Die *Vidette* jagte darauf zu, und als sie auf 900 Meter heran war, sichtete Hart wiederum ein U-Boot, von dem wir heute wissen, daß es U-662 (Kptlt. Heinrich Müller) war. Er entschloß sich, einen Angriff zu versuchen, bevor das Boot tauchen konnte, und befahl: »Beide Maschinen AK voraus«, und: »Klar zum Rammen«. Die 20-mm-Oerlikon des Zerstörers eröffnete das Feuer, und die Leuchtspur erhellte den Turm des U-Boots, blendete aber auch kurzzeitig die Brückenbesatzung auf dem Zerstörer. Seltsamerweise schien das U-Boot »mit dem Tauchen zu zögern«, was durchaus so gewesen sein könnte, da es gerade versuchte, einen Heckschuß auf den Zerstörer abzugeben. Schließlich flutete das Boot doch die Tauchzellen und ging in den Keller. Die *Vidette* kam bis auf gut 70 Meter heran, bevor der Turm im Wasser verschwand, aber das reichte allemal für einen Rammstoß. Der Zerstörer dampfte durch den Tauchwirbel und legte um 0059 Uhr einen Wabo-Teppich mit vierzehn Bomben aus. Hart hielt es für einen »genau plazierten Angriff«.

Auch wenn der Angriff nicht so genau war, wie er dachte, hatte er doch den gewiß nicht unerwünschten Nebeneffekt, ein anderes in der Nähe stehendes U-Boot, U-732 (Oblt. Klaus-Peter Carlsen), kräftig durchzuschütteln. U-732 hatte bereits mit vorherigen Beschädigungen zu kämpfen und mußte nach diesem Wasserbombenangriff den Rückmarsch nach Brest antreten. Hart verhielt sich wie beim vorherigen Angriff: Er lief ab, diesmal auf 1500 Meter, und machte dann kehrt, um nach einem ASDIC-Kontakt zu suchen. Doch auch diesmal war nichts zu entdecken, und er begann wiederum das Suchmuster »Observant«. Um 0125 Uhr entdeckte das ASDIC-Gerät ein U-Boot in fast der gleichen Position wie beim letzten Angriff, und um 0127 Uhr warf Hart 12 Wasserbomben; es hatten wieder vierzehn werden sollen, aber zwei waren noch nicht nachgeladen gewesen. Es gab keine sichtbaren Zeichen für einen Erfolg, und um 0150 Uhr befahl Sherwood der *Vidette*, wieder auf ihre Station zurückzukehren, die in der Zwischenzeit von der *Offa* besetzt worden war.[4]

Chesterman auf der *Snowflake* hatte die gleiche aggressive Einstellung wie Hart. Als die Konvoischiffe *Harbury*, *West Maximus* und *Harperley* innerhalb von neunzehn Minuten (0046-0105 Uhr) torpediert wurden, befahl Sherwood die Operation »Half-Raspberry«. Bei einer vollen »Raspberry« führten alle dicht am Konvoi stehenden Geleitfahrzeuge Dreieckssuchen durch und feuerten Leuchtraketen ab. Die einzelnen Dreiecksmuster und die zu fahrenden Geschwindigkeiten mit den Zeitvorgaben waren in den Anweisungen für Atlantikkonvois genau aufgeführt.[5] In einer »Half-Raspberry« konnte der Geleitführer das Manöver den Gegebenheiten anpassen, zum Beispiel einige Geleitfahrzeuge auf ihren Positionen belassen. Wir wissen aus den Berichten der *Snowflake*, daß sie um 0055 Uhr an einer »Half-Raspberry« teilnahm, hart nach Steuerbord auf Kurs 335 drehte und im Begriffe war, mit Leuchtmunition eine Dreieckssuche an der Backbordseite des Konvois durchzuführen.

Um 0104 Uhr verschoß sie Leuchtraketen und erhellte damit den Bereich zwischen 030° und 150°, und um 0108 Uhr änderte sie entsprechend der Suchanweisung den Kurs auf 210°. Eine Minute später entdeckte sie ein Radarecho in Peilung 255°, Entfernung 2800 Meter. Sie verfolgte es mit Höchstfahrt und sichtete bald im Licht einer Leuchtgranate ein aufgetauchtes U-Boot. Um 0111 Uhr hörte die Korvette mit ihrer Horchanlage das Geräusch eines Torpedoschusses (Ausblasen der Druckluft) in geringer Entfernung. Sie setzte die Verfolgung fort, aber es gab nur wenig Aussicht, das U-Boot einzuholen, denn ihre Höchstgeschwindigkeit betrug 16 Knoten und lag damit unter den 17 Knoten der VIIC-Boote und den 18 Knoten der IXB- und IXC-Boote. So entschloß sich Chesterman denn auch, als die *Snowflake* einen ASDIC-Kontakt in Peilung 170° und einer Entfernung von 270 Metern hatte, der ein U-Boot sein konnte, lieber diesen anzugreifen. Er warf einen gemischten Zehner-Teppich mit leichten Wasserbomben, die auf 15 Meter Tiefe eingestellt waren, und schweren Wabos mit einer Tiefeneinstellung von 40 Metern. Der Angriff wurde um 0116 Uhr mit Stoppuhr geschossen, hatte aber kein erkennbares Ergebnis. Nach den neuen Untersuchungen der NHB/MOD war der geortete Kontakt kein U-Boot. Die Erschütterungen durch die flach eingestellten Wasserbomben hatten jedoch zur Folge, daß die Kabel der ASDIC-Umformer der *Snowflake* rissen und Sicherungen auf der Brücke durchbrannten.

Statt noch einmal zum Angriffsort zurückzukehren, nahm Chesterman die Verfolgung des über Wasser fahrenden U-Boots wieder auf, das er vorher gesichtet hatte, und versuchte es mit Leuchtgeschossen und dem 10-cm-Geschütz zu erwischen. Er war erleichtert, als er das Boot endlich tauchen sah, dadurch war es vorerst nicht mehr in der Lage, an den Gefechten um den Konvoi teilzunehmen. Als er um 0127 über den Tauchwirbel kam, warf er fünf leichte Wasserbomben mit einer Tiefeneinstellung von 30 Metern. Eineinhalb Minuten später sahen seine Ausgucks einen Torpedo, der im Abstand von 140 Metern von Backbord nach Steuerbord vor dem Bug vorbeilief. Obwohl er das Boot unter Wasser gedrückt hatte, war Chesterman mit dem Verlauf der Jagd nicht zufrieden. »Vermutlich bin ich von dem U-Boot getäuscht worden und habe Wasserbomben verschwendet«, schrieb er in seinen Bericht.[6] Das U-Boot ist von der NHB/MOD als U-264 (Looks) identifiziert worden. Es nahm bei dieser Aktion keinen Schaden.

Nachdem sie ihre Station Backbord querab und Kurs 260° wieder eingenommen hatte, empfing die *Snowflake* ein Radarecho in 175°, 3100 Meter, und informierte um 0322 Uhr die *Tay* davon. Die Korvette verfolgte den Kontakt, und als sie auf 1800 Meter heran war, waren im Horchgerät die Geräusche von schnellaufenden Dieseln zu hören. Chesterman benötigte schnellere Mittel. »Jage U-Boot, kann es aber nicht einholen«, teilte er der *Tay* um 0339 Uhr über TBS mit. Sherwood gab es an den befehlshabenden Offizier der Unterstützungsgruppe, McCoy auf *Offa*, weiter. Das führte zu folgendem Sprechfunkaustausch:

OFFA AN ORIBI (0341 Uhr): Wenn Sie in der Nähe stehen, unterstützen sie *Snowflake* bei der Verfolgung eines U-Boots.

SNOWFLAKE AN ORIBI (0345): Meine Position ist 120-ZZ-9. Schließen Sie zu mir auf?

ORIBI AN SNOWFLAKE (0351): Komme Ihnen zu Hilfe.

SNOWFLAKE AN ORIBI:(0351): Mein Kurs 170. U-Boot eine halbe Meile voraus.

Um diese Zeit bemerkte die *Snowflake,* daß sie näher an das U-Boot herankam; es lief wohl nicht mit Höchstfahrt. Um 0358 Uhr eröffnete sie mit Leuchtgeschossen und den 10-cm- sowie 20-mm-Geschützen das Feuer. Die *Oribi* kam von achtern hinzu und feuerte ebenfalls mit Leuchtgeschossen. Um 0359 Uhr gab Chesterman über Sprechfunk bekannt:»U-Boot ist getaucht, werfe Wasserbomben.« Er hatte einen guten ASDIC-Kontakt und warf um 0400 Uhr fünf leichte Wabos mit einer Tiefeneinstellung von 30 Metern. Der ASDIC-Kontakt ging nicht verloren, um 0414 Uhr ließ Chesterman vier schwere Wasserbomben mit einer Tiefeneinstellung 70 Metern folgen. Danach bat er den Kommandanten der *Oribi*, Lieutenant Commander J. P. A. Ingram, den Angriff fortzusetzen, da er befürchtete, daß ihm die Wasserbomben ausgingen. Die *Oribi*, die schon um 0247 Uhr zwei einzelne Wasserbomben auf ein Ziel geworfen hatte, das sich später als falscher Radarkontakt herausgestellt hatte, griff das von der *Snowflake* geortete Ziel um 0445 und um 0508 Uhr mit zwei Wabo-Teppichen von je zehn Bomben an. Beide Angriffe wurden durch defekte Kreiseltöchter auf der *Oribi* erschwert, weshalb sie die *Snowflake* um 0417 Uhr gebeten hatte, weiter die Ortung zu übernehmen. Die *Snowflake* gab bis 0520 Uhr Peilungen und Abstände durch, bevor Chesterman zum Konvoi zurückkehrte. Die *Oribi* gab die Suche um 0554 Uhr auf Befehl der *Offa* ebenfalls auf. Daß der erste Zehner-Teppich auf dem VIIC-Boot U-270 (Oblt. Paul Otto) schwere Schäden verursacht hatte, konnte die *Oribi* nicht wissen.

In seinem KTB schildert Otto, wie der erste Zehner-Teppich sein Boot mit 20° Neigung nach vorn in die Tiefe schießen ließ:»Die Tiefenanzeige ist am Anschlag.« Das Durchsacken konnte verlangsamt werden, indem die E-Maschinen äußerste Kraft zurück liefen, und als sämtliches Trimmwasser nach achtern gepumpt und die gesamte Besatzung in den achteren Torpedoraum geschickt worden war, kam das Boot auch wieder auf ebenen Kiel. Dann ließ Otto die Ballasttanks anblasen und brachte es wieder in einen sicheren Tiefenbereich. Doch es blieb vorlastig, weil durch Risse im Rumpf Seewasser in einer Menge von ein, zwei Tonnen pro Stunde eindrang. Um 1024 Uhr DSZ konnte das Boot schließlich auftauchen. Nachdem Otto sich die Schadensmeldungen angesehen hatte, trug er sieben Ausfälle in das KTB ein. Ihm blieb nichts anderes übrig, als in den Stützpunkt zurückzukehren.[7]

Für ONS.5 war es ein Unglück, daß die Verteidiger nicht alle U-Boote unter Wasser drücken und so für einige Zeit neutralisieren konnten. Um 0144 Uhr entdeckte Kptlt. Rolf Manke vom Turm von U-358 aus mehrere mit Kurs 200° fahrende Dampfer. In dem Gebiet mußte es vorher zu Versenkungen gekommen sein, denn wie Manke feststellte, trieben »mindestens zehn Rettungsboote ... beleuchtet« im Wasser. (42 und 39 Minuten zuvor waren die *West Maximus* beziehungsweise die *Harperley* torpediert worden.) »Kurz vor Fallen der Torpedos [Mankes] stoppte der erste Dampfer zur Aufnahme einer längsseits kommenden Rettungsbootsbesatzung.« Manke suchte sich ihn für einen Fächerschuß aus den Rohren II und III aus. Die Pi2-Pistolen, die das Torpex im Sprengkopf des Torpedos zünden sollten, waren entsprechend der hohen Dünung eingestellt, und die Lauftiefe wurde auf vier Meter festgelegt.

Das Ziel lag gestoppt in 1500 Meter Entfernung. Diese Daten, in diesem Fall Null Knoten für Gegnerfahrt, wurden in den elektromechanischen Vorhaltrechner eingegeben, und die trigonometrische Lösung des Vorhaltdreiecks, die diesmal ganz einfach war, weil das Ziel keine Fahrt machte, wurde an den Torpedoschußempfänger im vorderen Torpedoraum weitergeleitet. Von dort gingen die Werte in die Steuersysteme der Torpedos II und III. Als der Bootsmaat im Torpedoraum durch den Ruf »Folgen!« bestätigte, daß alles erledigt war, gab Mankes IWO um 0222 Uhr den Befehl: »Fächer los!«[8] Das weitere beschrieb Manke in seinem Kriegstagebuch so:

Treffer nach 113 Sek., 1700 m. Im Boot wurden 2 Detonationen gehört, so daß möglicherweise 2 Torpedos getroffen haben. Gesehen wurde mittschiffs eine gewaltige Explosion. Der Dampfer brach in der Mitte auseinander und versank innerhalb einer Minute. Auf Grund der Länge (150 m) 5½ Luken und des Gesamteindrucks wurde der Dampfer auf auf 8000 BRT. geschätzt. Nach »Gröner« [ein Handbuch mit Silhouetten zur Erkennung von Handelsschiffen] gehört der Dampfer zur »Port Hardy«-Klasse (8700 BRT).

Um 0248 befahl Manke einen Einzelschuß gegen den nächsten Frachter in der Kolonne, Entfernung 1600 Meter:

Schuß gefallen. Der anfängliche Rohrläufer wurde vom Mechanikersmaat mit der Minenausstoßvorrichtung ausgestoßen, Treffer nach 118 Sek. Mittschiffs eine große Explosion, Dampfer brach auseinander und versank in wenigen Sekunden. Größe wurde auf 6000 BRT geschätzt und im »Gröner« als zum Typ »Glan Macnab« gehörig ausgemacht. ... Zu sehen war nunmehr nur noch ein Zerstörer und vermutlich eine Korvette Dem Geleitzug nachgestoßen, dessen Standort durch öfteres LG-Schießen [Leuchtgranaten] angezeigt wurde. Gegen Seegang und Dünung getaucht zum Nachladen ...[9]

Manke hat die Schiffe getroffen, soviel ist richtig. Aber ihre Tonnagen und Schicksale waren nicht so, wie er sie in seiner Darstellung beschreibt. Sie sanken nicht »innerhalb einer Minute« oder »in wenigen Sekunden«. Das erste torpedierte Schiff war der Frachter *Bristol City*, der mit 2500 Tonnen Porzellanerde und sonstigem Stückgut beladen war. Die 2864 BRT des Schiffes entsprachen nicht ganz Mankes Schätzung. Und obwohl das Schiff schwer beschädigt wurde, überlebte es doch länger als eine Minute.

Zum Zeitpunkt des ersten Torpedoschusses von U-358 befand sich die *Bristol City* als erstes Schiff in Kolonne 1 auf der Backbordseite des Konvois auf Position 54°00′ N, 43°55′ W (AJ 6517). Sie steuerte 197° durch eine wild durcheinanderwirbelnde Dünung; der Wind wehte aus Südwesten mit Stärke 5. Bei bedecktem Himmel war die Nacht sehr dunkel; trotzdem war die Sicht gut. Aber niemand an Bord sah den Torpedo kommen. Er explodierte auf der Backbordseite in Höhe von Luke 4. Der Kapitän, A. L. Webb, der zu diesem Zeitpunkt auf der Brücke stand, sagte später aus: »Es war eine dumpfe Explosion, viel leiser als ich es mir vorgestellt hatte. Ich sah einen Blitz, und dann wurde eine riesige Wassersäule hochgeworfen, die das ganze Deck überflutete, als sie zusammenstürzte.« Der Topmast kippte um, Lukendeckel und Scheerstöcke flogen durch die Gegend. Es fielen soviel Trümmer aufs Deck, daß Webb Schwierigkeiten hatte, den wirklichen Schaden festzustellen. Er bemerkte aber, daß das Backbordrettungsboot und die achteren Flöße zerstört waren. Schlimmer war, daß in Luke 4 und in den Maschinenraum Wasser eindrang. Webb ließ die Maschinen stoppen.

»Ein paar Minuten später«, erinnerte er sich, »traf ein zweiter Torpedo das Schiff auf der Höhe von Luke 1, diesmal ohne Blitz.« Aber der Kapitän hat sich wohl in der Zeit vertan. Der Abstand zwischen Mankes erstem und zweitem Torpedo dürfte nicht mehr als wenige Sekunden betragen haben. Ein Fächerschuß, wie Manke ihn abgegeben hatte, war der gleichzeitige Schuß von zwei oder mehr Torpedos; im Unterschied dazu bestand ein Mehrfachschuß zwar auch aus mehreren Torpedos, die aber nicht gleichzeitig abgeschossen wurden. Wie dem auch sei, der zweite Aal vergrößerte den Schaden auf der *Bristol City:* Der Vormast brach zusammen, das Spill war hinüber, eins der vorderen Rettungsflöße wurde weggesprengt und die Deckel der Luken 1 und 2 flogen ab. Sogar die Porzellanerde wirbelte durch die Luft. Webb konnte die Leuchtraketen nicht abschießen, aber das Motorschiff *Dolius* in der Nachbarkolonne ließ dafür zwei aufsteigen. Auch den Notruf SSS konnte Webb nicht absetzen, weil der Funkraum beschädigt war. Er sorgte aber dafür, daß die Geheimsachen, einschließlich der Funkschlüssel, in einer beschwerten Kiste außenbords geworfen wurden. Dann befahl er, da es für die *Bristol City* keine Hoffnung mehr gab: »Alle Mann von Bord!«

Von den vierundvierzig Mann der Besatzung, einschließlich vier Marine- und zwei Heeresartilleristen, die den Angreifer nie zu Gesicht bekommen hatten, sprangen zwanzig vom Hauptdeck in die See, um ins Steuerbordrettungsboot zu kommen. Ein kleines Arbeitsboot mit fünf Insassen kenterte, als es ausgesetzt wurde, und die Männer stürzten ins Wasser. Drei von ihnen wurden später ins Rettungsboot genommen, zwei trieben ab und wurden nie wieder gesehen, obwohl sie Schwimmwesten mit roten Lichtern trugen. Webb verließ das Schiff als letzter, allerdings nicht, wie Manke beobachtet zu haben glaubte, weil das Schiff in zwei Teile gebrochen war. Vielmehr lag es mit dem Bug tief im Wasser und sackte langsam ab; der Kapitän stand bis zur Hüfte im Wasser, bevor er in die Dünung hinausschwamm und das Rettungsboot fand. Als das Schiff unterging, waren seit dem ersten Torpedotreffer neun Minuten (und nicht eine) vergangen. Gut eine Stunde später wurden die Überlebenden, darunter drei Verletzte, von der Korvette *Loosestrife* aufgenommen. Fünfzehn Mann fehlten; man nahm an, daß sie bei den Treffern umgekommen, ertrunken oder von der Dünung weggetragen worden waren.[10]

Das zweite Schiff, das von Manke mit einem Einzelschuß getroffen wurde, war das dritte Schiff in Kolonne drei, der 5512 BRT große

Dampfer *Wentworth* der Dalgleish Steamshipping Company, der in Ballast nach New York unterwegs war. Der Kapitän, R. G. Phillips, war sofort aus seiner Kammer auf die Brücke geeilt, nachdem sein Zweiter Offizier ihm vom Schicksal der *Bristol City* berichtet hatte. Kurz darauf wurde sein eigenes Schiff an Backbord mittschiffs von einem Torpedo getroffen, am Kesselraum in Höhe des Zugangs zu den Kesseln. Es gab weder Blitz noch Flamme – jedenfalls hatte niemand sie beobachtet – und auch nicht viel Lärm. Nur eine mäßige Wassersäule wurde hochgeschleudert. Aber der Rumpf hatte ein Loch von etwa dreieinhalb Metern Durchmesser, wovon ein Meter über der Wasserlinie lag. Das Hauptdeck hatte mittschiffs Risse, und sowohl der Schornstein als auch die Funkbude waren in sich zusammengebrochen.

Da die Antenne weggeflogen war, konnte der Funker das Notsignal nicht senden. Auch die Signalraketen konnten nicht geschossen werden, weil die für diesen Zweck vorgesehenen Halterungen abgesprengt worden waren. Der Dritte Ingenieur stoppte die Maschinen, und Phillips, der ein sicheres und schnelles Sinken des Schiffes voraussah, befahl: »Alle Mann von Bord!« Um 0330 Uhr waren drei der vier Boote im Wasser und hatten das Schiff verlassen. Phillip konnte das vordere Floß nicht ins Wasser bekommen, aber um 0350 Uhr, als er hörte, wie der Rumpf weiter riß, ging auch er von Bord und stieg in das Backbordmotorboot. Es wurde bereits hell.

Einige der Männer von der *Wentworth* wurden aus der See gefischt. Am Ende fehlten fünf der siebenundvierzig Mann starken Besatzung; einer war ertrunken, der Rest bei der Explosion des Torpedos dicht am Maschinenraum umgekommen. Unter den Überlebenden waren drei Marine- und drei Heeresartilleristen, die genausowenig wie ihre Kameraden auf der *Bristol City* einen Schuß auf ihren Gegner hatten abgeben können. Um 0550 Uhr nahm die *Loosestrife* die Überlebenden an Bord, die Phillips in seinem Bericht allerdings *Bluestrife* nannte. Doch welchen Namen man ihr auch geben mochte, die Korvette war mit Schiffbrüchigen überfüllt. Die *Wentworth* schwamm immer weiter, wesentlich länger als die paar Sekunden, die Manke ihr gegeben hatte. Als der Kommandant der *Loosestrife,* Lieutenant H. A. Stonehouse, erfuhr, daß Phillips es versäumt hatte, die Geheimsachen außenbords zu werfen, war ihm klar, daß er das treibende Wrack versenken mußte. Also fuhr er dicht an die *Wentworth* heran und warf eine Wasserbombe in ihre Nähe. Danach schoß er zweimal mit dem 10-cm-Geschütz in Höhe von Luke 2 in die Steuerbordseite. Um 0700, vier Stunden nach dem Torpedotreffer, ließ Stonehouse dem unter Deck gegangenen Phillips mitteilen, daß sein Schiff gesunken sei.[11]

Bevor die *Loosestrife* auf Befehl der *Tay* zur Rettung der Besatzungen der *Bristol City* und der *Wentworth* gedampft war, hatte sie selbst Jagd auf U-Boote gemacht, zu denen sie Radar- und ASDIC-Kontakt gehabt hatte. Bei einer dieser Verfolgungen warf sie um 0517 Uhr einen Zehner-Teppich auf ein U-Boot, das tauchte, nachdem es im Abstand von 1100 Metern über Wasser gesichtet worden war. Durch die Erschütterungen der Explosionen wurde das ASDIC-Gerät der *Loosestrife* beschädigt. Bei der Verfolgung eines weiteren Ziels, das um 0524 Uhr zunächst mit Radar entdeckt und dann gesichtet worden war, eröffnete die *Loosestrife* das Feuer mit dem 10-cm-Geschütz und den beiden 20-mm-Oerlikon-Geschützen an Backbord und Steuerbord; man war überzeugt, daß von den 120 abgegebenen Schüssen etliche getroffen hatten. Das U-Boot schoß nicht zurück, ging aber nach einer Minute in den Keller. Um 0527 Uhr warf Stonehouse einen Neuner-Teppich etwa 90 Meter vor den Tauchstrudel; die letzte Bombe des beabsichtigten Zehner-Teppichs war in den Ablaufschienen hängengeblieben. Stonehouse war überzeugt, daß sein Teppich sehr gut plaziert war und er »wahrscheinlich eine Versenkung« erzielt hatte. Bei der Untersuchung der NHB/MOD wurde als Ziel des ersten Angriff Looks' U-264 festgestellt, das jedoch keinerlei Schaden erlitt. Ziel des zweiten Angriffs war U-413 (Kptlt. Gustav Poel), das nur geringe Schäden hatte. Poel berichtete, daß er vom Geschützfeuer der *Loosestrife* nicht getroffen worden sei. Den Wasserbombenangriff gibt er so wieder: »Boot wird kräftig durchgeschüttelt, leichte Schäden, alles kann sofort wieder repariert werden, nur der Hauptfunksender ist ausgefallen. Alle atmen erleichtert auf!«[12]

Während der dunklen Stunden der Nacht vom 4. auf den 5. Mai hatte ONS.5 eine Nacht à la Werner Henke erlebt: Fünf U-Boote hatte sieben Schiffe versenkt, so viele, wie Werner Henke in der Nacht vom 30. April auf den 1. Mai allein in die Tiefe geschickt hatte. Daß das Gemetzel nicht noch schlimmer war, obwohl sechsunddreißig Boote zum Angriff bereit lagen – und nicht nur Werner Henkes einzelnes U-515 –, ist zum großen Teil der verbissenen Verteidigung der Eskortgruppe B7 zu verdanken. Auch wenn Lieutenant Commander Sherwood und Kommodore Brook es im Unterschied zu Dönitz und Godt, die es dem häufigen Funkverkehr entnehmen konnten, bei ihrer Bestandsaufnahme am nächsten Morgen nicht wußten: Die Geleitfahrzeuge hatten bisher schon drei Boote so schwer beschädigt, daß sie den Rückmarsch antreten mußten: U-532 (Junker), U-732 (Carlsen) und U-270 (Otto).[13] Was ONS.5 betraf, waren diese Boote so gut wie versenkt.

Auch mit zwei weiteren Booten waren die Geleitfahrzeuge hart umgesprungen, U-514 (Auffermann) und U-413 (Poel), die beide leicht beschädigt wurden, und sechs weitere hatten sie abgedrängt oder unter Wasser gedrückt: U-264 (Looks), U-707 (Gretschel), U-168 (Pich), U-662 (Kptlt. Heinrich Müller), U-584 (Kptlt. Joachim Deecke) und U-260 (Oblt. Hubertus Puckhold).[14] Ein Boot beschädigen hieß, auch wenn es nicht zur Rückkehr gezwungen war, es für eine Zeitlang für die Kämpfe um den Konvoi auszuschalten, da es sich erst einmal um die eigenen Schäden kümmern mußte. Und ein Boot abzudrängen oder zum Tauchen zu zwingen bedeutete gleichfalls, es eine Zeitlang während der Nachtgefechte zu neutralisieren. Es ist aufschlußreich, daß keines der Boote, die beschädigt, abgedrängt oder nach 0105 Uhr, als Looks Erfolg hatte, unter Wasser gedrückt wurden, danach noch ein Schiff von ONS.5 versenkte oder auch nur beschädigte. In einem Funkspruch an die »Fink«-Gruppe äußerten Dönitz und Godt am Vormittag des 5. Mai ihre Unzufriedenheit über die dürftigen Erfolge im Verhältnis zu den Ausfällen. Sie verlangten von den Booten, den Tag über Unterwasserangriffe zu fahren und sich vor Anbruch der Nacht möglichst weit vor den Konvoi zu setzen. Dann feuerten die beiden Admirale ihre weit entfernten Kommandanten an:

SOFORT NACH EINBRUCH DER DUNKELHEIT MUSS DER PAUKENSCHLAG LOSGEHEN. BEEILT EUCH – IHR SEID 40 BOOTE – SONST WERDET IHR DIESEN KONVOI VERPASSEN. DIE KÄMPFE KÖNNEN NICHT MEHR LANGE DAUERN, DENN DER VERBLEIBENDE SEERAUM IST NUR NOCH KLEIN, JEDE GELEGENHEIT MUSS ALSO MIT ALLER ENERGIE GENUTZT WERDEN.[15]

Um 0700 Uhr am 5. Mai ließ Sherwood seine Eskortgruppe die Tages-stationen einnehmen. Der Konvoi, der jetzt sechsundzwanzig Schiffe in zehn Kolonnen umfaßte, steuerte 202° mit siebeneinhalb Knoten. Das Wetter war bedeckt, die Sicht gut. Die See war mäßig bewegt, es stand Dünung, der Wind wehte aus Westen mit Stärke 4. Die *Offa* versuchte von der *Argon* Kraftstoff zu übernehmen, die *Tay* von der *British Lady*, wo ihr die *Oribi* folgen sollte. Aber als die *Offa* sich um 0947 Uhr dem US-Tanker näherte, signalisierte dessen Kapitän, daß er noch eine Stunde brauche, bis er Kraftstoff abgeben könne. Der Zerstörer versuchte es um 1100 Uhr erneut, aber diesmal riß der Schlauch, nachdem nur fünf Liter durchgeflossen waren. Bei der *Tay* und der *British Lady* klappte es besser, und die *Oribi* konnte ihr um 1420 Uhr folgen. Um 1730 Uhr konnte endlich auch die *Offa* 30 Tonnen von dem britischen Tanker übernehmen. Die Verbindung zum Tanker wurde um 1930 Uhr gelöst.

Das waren nicht die einzigen Aktivitäten des Geleits an diesem Tag. Schon ab 0654 Uhr wurden zahlreiche HF/DF-Peilungen gemacht, die zeigten, daß ONS.5 immer noch von U-Booten umstellt war. Aus abgefangenen Funksprüchen ist bekannt, daß folgende Boote mit dem Konvoi selbst oder dessen Geleitschutz Kontakt hatten: U-638, U-584, U-438, U-531, U-264, U-260 und U-378.[16] Infolge dessen hatte die *Oribi* alle Hände voll zu tun, und für die *Vidette* galt das gleiche. Um 1010 Uhr erhielt die *Oribi*, die auf einer Station in einer Peilung von 160° fünf Meilen vom Backbordflügelschiff des Konvois entfernt stand, die Anweisung, einer ausgezeichneten Peilung in 155° bis in eine Entfernung von 12 Meilen nachzugehen. Siebenundvierzig Minuten später sichtete der Zerstörer zuerst Dieselabgase und dann den Turm eines U-Boots. Er ging auf 30 Knoten und sichtete in den nächsten 13 Minuten noch zwei weitere U-Boote, die offenbar mit dem ersten Boot zusammen in Dwarslinie fuhren. Augenscheinlich hatten die Boote das anlaufende Schiff bemerkt, denn sie verschwanden alle drei unter der Wasseroberfläche.

Die *Oribi* hatte in 700 Metern Entfernung einen klaren ASDIC-Kontakt und griff mit vier Wasserbomben an; der Rest des beabsichtigten Zehner-Teppichs wurde nicht geworfen, da eindeutig erkennbar war, daß das U-Boot auf die Backbordseite gewechselt war, und die weiteren Bomben deutlich hinter das Boot gefallen wären. Als um

1243 Uhr die ASDIC-Werte wieder besser wurden, warf die *Oribi* um 1247 Uhr ein Zehner-Teppich. Zwei Minuten danach erfolgte »eine schwache Explosion und dann eine starke Unterwasserexplosion, die eine Gasblase an die Oberfläche brachte«. Von der Schanze aus wurde im Schaum der Explosionen etwas beobachtet, das man für ein Periskop hielt. Um 1254 Uhr folgte ein dritter Angriff mit fünf Wabos, der jedoch ohne Ergebnis blieb. Danach lief die *Oribi* wieder zurück, um noch Wasserbomben für den Einsatz dicht am Konvoi übrigzubehalten und von der *Britsh Lady* Kraftstoff zu übernehmen. Um 1740 Uhr ging sie wieder auf ihre eigentliche Station. Die *Oribi* hatte bei diesem Vorfall Kontakt mit vier U-Booten gehabt, die nachträglich als U-223 (Oblt. Karljüng Wächter), U-621 (Oblt. Max Kruschka), U-231 (Kptlt. Wolfgang Wenzel) und U-634 (Oblt. Eberhard Dahlhaus) identifiziert wurden.

Die *Vidette* befand sich auf Station B, an Steuerbord vor dem Konvoi, als sie um 1542 Uhr in geringer Entfernung, Peilung 090°, einen ASDIC-Kontakt hatte. Lieutenant Hart hielt auf den Kontakt zu, der schnell als U-Boot bestimmt wurde. Um 1544 Uhr erreichte die *Vidette* die Position des Ziels und feuerte einen Fünfer-Teppich mit einer Tiefeneinstellung von 30 Metern. Der Zerstörer lief auf 800 Meter ab, bevor er wieder zur Angriffsposition fuhr, wo er aber keinen ASDIC-Kontakt mehr bekommen konnte. Er dampfte bis 1633 Uhr das Suchmuster »Observant« und erhielt dann Befehl, auf seine Station zurückzukehren. Hart bewertete diese Aktion so: »Auch wenn es keine Anzeichen eines Schadens bei dem U-Boot gab, verhinderte unser Einsatz nach meiner Meinung wahrscheinlich einen Angriff des U-Boots auf den Konvoi.« Nach der nachträglichen Untersuchung der NHB/MOD ist es jedoch zweifelhaft, ob überhaupt ein U-Boot vorhanden war.[17]

Inzwischen wurde trotz aller Abwehrbemühungen ein weiteres Konvoischiff torpediert. Opfer war das Motorschiff *Dolius*, Nr. 21, auf der Backbordseite des Konvois. Professor Jürgen Rohwer nimmt an, daß der Angreifer U-638 unter dem Kommando von Kptlt. Oskar Staudinger war. Der Mann aus Löbau hatte vorher bei der Luftwaffe (1938–1941) gedient und stand jetzt eine Woche vor seinem 26. Geburtstag. Wir kennen keine Einzelheiten dieses Angriffs, denn Kriegstagebuch und Schußmeldungen überlebten die Gefechte am

Konvoi nicht. Das Kriegstagebuch, das sich über seine zweite Feindfahrt vom 20. April bis 5. Mai heute in den Archiven befindet, wurde
um den 7. Mai herum in Berlin auf der Grundlage von Staudingers
Funkmeldungen und der an ihn gesendeten Funkbefehle angefertigt.
Aus diesem Funkverkehr ergibt sich kein Hinweis darauf, daß U-638
am 5. Mai ein Schiff versenkt hätte, und auch das Kriegstagebuch des
BdU erwähnt keine derartige Meldung.[18]

Aber welchem U-Boot dieser Erfolg auch zuzuschreiben sein mag,
sicher ist, daß die *Dolius*, ein 5507 BRT Schiff der Blue Funnel Line,
um 1240 Uhr auf der Steuerbordseite von einem Torpedo getroffen
wurde. Da sie das erste Schiff in der zweiten Backbordkolonne des
Konvois war, mußte der Torpedo entweder innerhalb des Konvois
oder unmittelbar vor ihm abgeschossen worden sein. Der Kapitän der
Dolius, G. R. Cheetham, glaubte, daß das U-Boot ganz in der Nähe
zwischen seinem Schiff und den beiden Nachbarschiffen an Steuerbord, der *Ottinge* und der *Baron Graham*, gestanden hatte. Nach seiner Aussage gab es eine dumpfe Explosion ohne Blitz, die ein neun
Meter langes Loch, das bis zu 4 Meter über die Wasserlinie reichte, in
den Rumpf riß. Durch die Erschütterung wurden die Maschinen
gestoppt, und der Maschinenraum und Luke 4 liefen voll. Der vierte
Ingenieur und ein Maschinenassistent wurden bei der Explosion auf
ihren Stationen getötet. Das Schiff bekam zunächst Schlagseite und
richtete sich dann wieder auf, lag aber mit dem Heck tief im Wasser.
Cheetham befahl der Besatzung, sich bei den Rettungsbooten bereit-
zuhalten. Es war eine ungewöhnlich große Besatzung: 39 Briten und
22 Chinesen sowie fünf Marine- und vier Heeresartilleristen.

Einige der Chinesen gerieten in Panik und begannen eins der drei
noch betriebsbereiten Boote – Boot Nr. 3 auf der Steuerbordseite war
zerstört – zu fieren, hörten aber auf, als Cheetham sie anbrüllte. Nachdem er das Schiff nach Verletzten hatte durchsuchen lassen und die
Geheimsachen versenkt hatte, gab er den Befehl: »Alle Mann von
Bord!« Jetzt verhielt sich die Besatzung disziplinierter. Die Boote
wurden besetzt und erfolgreich zu Wasser gebracht. Als der Dritte
Offizier mit seinem Boot vom Schiff wegpullte, bemerkten die Bootsinsassen ein Besatzungsmitglied, das noch an Bord war und winkend
auf sich aufmerksam zu machen versuchte. Das Boot machte kehrt,
um ihn zu holen. Unterdessen wurde ein weiteres Besatzungsmitglied

ohnmächtig im Schiff aufgefunden. Fünfundzwanzig Minuten nach dem Torpedotreffer waren alle Überlebenden von Bord. Die beiden Maschinenleute und einer der Artilleristen waren tot, ein weiterer Artillerist starb im Rettungsboot, zwei waren verletzt.[19]

Zwei Minuten, nachdem die *Dolius* getroffen worden war, befahl Sherwood »Artichoke«, und die *Sunflower* und die *Offa* führten die entsprechenden Manöver aus. Die Korvette, die voraus an Backbord stand, wendete und dampfte mit voller Fahrt auf Gegenkurs zum Konvoi zwischen den Kolonnen zwei und drei hindurch. Hinter dem getroffenen Dampfer erhielt sie in der Mitte des Konvois im Abstand von 1100 Metern einen ASDIC-Kontakt. Lieutenant Commander Plomer lief an und warf einen Zehner-Teppich mit einer Tiefeneinstellung von 50 Metern. Die Explosionen beschädigten sein eigenes Schiff, aber von einem Schaden an einem U-Boot war nichts zu entdecken. Der Kontakt ging verloren, und als die *Tay* zur Hilfe kam, konnte auch sie nichts finden. Die nachträgliche Analyse der NHB/MOD führte jedoch zu dem Ergebnis, daß U-638 (Staudinger) bei diesem Angriff auf 54°12' N, 44°05' W versenkt worden war. Damit war ein schneller Ausgleich für die *Dolius* erzielt und die Wirksamkeit das Verfahrens »Artichoke« bewiesen worden. Darüber hinaus war es die erste Versenkung durch eines der eng am Konvoi stehenden Geleitfahrzeuge. Die *Offa* hatte um 1301 Uhr noch einen ASDIC-Kontakt zweifelhafter Qualität, warf einen Zehner-Teppich und ging wieder auf Station am Konvoi.[20]

Zwischen 1320 Uhr und 1400 Uhr fuhr die *Sunflower* einen Kreis um die sinkende *Dolius* und begann dann auf Befehl der *Tay*, die Überlebenden zu retten, während die *Snowflake* sie deckte. An Bord der *Sunflower* taten die Offiziere und Männer der *Dolius* alles, um sich nützlich zu machen. Sie ließen sich als Ausgucks einteilen, führten die verschiedensten Decksarbeiten aus und machten Reinschiff. Plomer sagte später: »Wir waren ganz traurig, als sie gingen, auch wenn es ein bißchen voll und eng war.« Während die *Sunflower* wieder Kurs auf den Konvoi nahm, wurde der Artillerist, der im Rettungsboot gestorben war, bei einem kurzen Gottesdienst auf See bestattet.[21]

Seit 2244 Uhr am 4. Mai war die Korvette *Pink* nun schon als einsamer Geleiter mit dem getrennt geführten Konvoi aus vier Nachzüglern unterwegs, zu dem der amerikanische Dampfer *West Makadet*, die britischen *Dunsley* und *Director* und die norwegische *Gudvor* gehörten. Um 1150 Uhr befand sich »*Pink's* Party«, wie der kleine Verband genannt wurde, auf Position 54°56′ N, 43°44′ W, etwa 80 Meilen achteraus vom Konvoi ONS.5, und lief, wie vom Befehlshaber der Western Approaches angeordnet, acht Knoten auf Kurs 240°. Der siebenundzwanzigjährige Robert Atkinson, Kommandant der *Pink*, fuhr im Zickzack voraus, seine vier Zöglinge folgten in Dwarslinie hinter ihm. Da er nur noch 30 Prozent seines Kraftstoffs hatte, keine Chance bestand, den Hauptkonvoi einzuholen und dort den Kraftstoffbestand aufzufüllen, und seine Sonderroute zudem weiter war als die des Hauptkonvois, hatte er nur einen Kessel in Betrieb, während der zweite in Bereitschaft gehalten wurde. Außerdem hatte er einen Generator abgeschaltet und das Frischwasser für die Besatzung rationiert. Bei einem Angriff würde er wegen der erforderlichen hohen Geschwindigkeiten sowieso noch mehr Kraftstoff verbrauchen. Große Sorgen wegen der U-Boote machte er sich aber deswegen nicht. Im Gegenteil, da ihm bisher während der Reise noch nicht viel passiert war, sehnte er sich fast danach, dem Feind zu zeigen, was die *Pink* konnte.[22]

Atkinson hatte viel Erfahrung auf dem Nordatlantik, denn er war seit 1932 in der Handelsschiffahrt gefahren und gehörte seit 1937 der Reserve der Royal Navy an, zunächst als Sublieutenant auf Probe. Im September 1939 war er einberufen worden und hatte das Kommando über die Yacht *Lorna* erhalten, die von Gibraltar aus operierte und nach dem Kriegseintritt Italiens einen mit 30 000 Tonnen Öl gefüllten italienischen Tanker kaperte. Er brachte den Tanker nach England und bat dort um eine »Aufgabe mit aktiverer Beteiligung am Kriegsgeschehen«. Seinem Wunsch gemäß wurde er zur U-Jagd-Ausbildung auf die *Osprey* nach Portland geschickt und anschließend als Erster Wachoffizier auf die Korvette *Rhododendron* versetzt, der es am 21. November 1940, einen Monat nach ihrer Indienststellung, als erstem Schiff gelang, ein U-Boot in der Nacht zu versenken. Sein nächstes Schiff, die Korvette *Snowdrop*, wurde der »weißen Patrouille« zugeteilt, die zwischen der Nordwestecke von Island und dem

Packeis vor Grönland pendelte. Dabei hatte er, lange vor seinen Erlebnissen mit der »*Pink* Party«, die Einsamkeit langer Wachen kennengelernt.

Seine Aufgabe war es, in der Dänemark-Straße zu patrouillieren, um einen Ausbruch des deutschen Schlachtschiffs *Bismarck* zu entdecken. Natürlich hätte »sein kleiner Erbsenschießer«, wie er die *Snowdrop* gegenüber dem Autor 50 Jahre später nannte, nichts tun können, außer den Ausbruch zu melden. »Es war Tag und Nacht dunkel, kalt und windig, es gab Erfrierungen, dauernde Seekrankheit und schlechtes Essen.« Die Einsamkeit wurde noch dadurch verschärft, daß »wir nie an Land gingen, die Isländer waren nicht gerade sehr freundlich zu uns«. Bei anderer Gelegenheit sagte er: »Ich wurde seltsamer Weise immer leicht seekrank, wo ich doch mein ganzes Leben lang zur See gefahren bin. Da fällt mir eine bestimmte Situation ein, als ich so viele Klamotten anhatte und durch die Seekrankheit so geschwächt war, daß ich kaum noch den Niedergang auf die Brücke hochkam.«[23] Nach einem Monat an Land, in dem er sich von der Seekrankheit erholen sollte, erhielt Atkinson das Kommando über die neu in Dienst gestellte Korvette *Pink* (Nelke), die zur Eskortgruppe B7 stieß, als Peter Gretton deren Kommando übernahm.

Jetzt, am 5. Mai 1943, 1154 Uhr, am Ende des Steuerbordschlags eines Zickzacks, hatte die *Pink* einen erstklassigen ASDIC-Kontakt in Peilung 310°, Entfernung 2000 Meter. Die Echos, erklärte Atkinson, waren »mit Abstand die deutlichsten und schärfsten, die ich je gehört hatte«. Für ihn stellten sich zwei Fragen: Sollte er eine große Menge Kraftstoff verschwenden und einen Angriff wagen, von dem er nicht wußte, ob er überhaupt zu einem Erfolg führen würde, oder sollte er lieber den knappen Kraftstoff schonen und in einer defensiven Haltung weiterhin durch Abschreckung seinen Konvoi beschützen? Und würde seine Abwesenheit, wenn er die Gelegenheit, ein U-Boot zu versenken, ergriff, seinen kleinen Konvoi den Torpedos eines anderen U-Boots preisgeben? Die Konvoianweisungen für den Atlantik erlaubten ihm, anzugreifen, »wenn es ohne ungerechtfertigte Gefährdung der Sicherheit des Konvois möglich war«.[24] Atkinson entschloß sich zum Angriff.

Mit der mit einem Kessel höchstmöglichen Geschwindigkeit von 11 Knoten hielt die *Pink* den Kontakt, bis sie auf 140 Meter heran war, und warf um 1159 Uhr drei Wasserbomben, zwei mit einer Tiefeneinstellung von 30 und eine mit einer von 70 Metern. Mehr wurden nicht geworfen, weil Atkinson befürchtete, daß die *Pink* bei ihrer geringen Geschwindigkeit und der flachen Einstellung der Wasserbomben nicht weit genug wegkommen würde, bevor die Bomben detonierten. Als danach erneut ASDIC-Kontakt hergestellt werden konnte, lief die *Pink* ein zweites Mal an. Diesmal übermittelten die Horchgeräte das Geräusch des Tiefenruders oder des Seitenruders des U-Boots. Es wechselte also Tiefe oder Kurs. Um 1207 Uhr, die *Pink* konnte mittlerweile wieder 15 Knoten laufen, da der zweite Kessel angeheizt worden war, feuerte sie einen Zehner-Teppich, der auf 45 und 120 Meter Tiefe eingestellt war. An der Wasseroberfläche war keine Spur von Schäden zu entdecken. Eine Minute später wurde wieder ein »mittelstarkes Echo« empfangen. Während er sich auf den dritten Angriff vorbereitete, zog Atkinson aus den Bewegungen des U-Boots den Schluß, daß es versuchte, ihm das Heck und die Kavitationsturbulenzen zuzudrehen. Als das Ziel nach Steuerbord drehte, folgte die *Pink*, und um 1216 befahl Atkinson bei einer Entfernung von 230 Metern 24 Hedgehog-Projektile zu schießen, wobei er wegen des Windes vier Grad vorhalten ließ. Doch zu seiner Enttäuschung funktionierte die Abfeuerung des Hedgehog-Werfers nicht.

Es dauerte elf Minuten, bis der Kontakt um 1227 Uhr wiederhergestellt wurde; auch diesmal war er »klar und metallisch«. Zwei Minuten später peilte das ASDIC-Echo in 0°, Entfernung 1300 Meter. Aus der gleichen Peilung waren auch andere Geräusche zu hören, und um 1233 Uhr feuerte Atkinson einen Zehner-Teppich mit einer Tiefeneinstellung von 75 und 110 Metern. Wieder gab es kein Anzeichen für Schäden; bei der eingestellten Tiefe war auch so schnell nichts zu erwarten. Atkinsons Männer klebten mit dem ASDIC-Strahl weiter an dem U-Boot, und um 1241 Uhr war der Kontakt wieder »klar und sicher«. Geräusche von den Tiefenrudern und/oder vom Ruder ließen vermuten, daß das Boot noch tiefer tauchte. Um 1244 Uhr griff die *Pink* zum viertenmal an und warf zehn Bomben, die auf 100 und 165 Meter eingestellt waren. Diesmal war Atkinson der Überzeugung, daß er genau getroffen hatte. Bestärkt wurde er darin, als man auf der *Pink* beim Ablaufen das Anblasen von Tanks hörte. Dann stieg etwa 450 Meter achteraus eine riesige Blase auf, der mehrere kleine folgten.

Pink machte kehrt und fuhr zu der Stelle, um zu sehen, »wie das Wasser kochte«:

Das Wasser an der Stelle sah aus wie stark mit Luft durchsetzt. Es war grün und weiß, wie flaches Wasser. Wir haben ausgiebig nach echten Beweisstücken für die Versenkung gesucht, aber nichts weiter gefunden. Uns wurde bewußt, daß mein kleiner Konvoi immer weiter wegfuhr; er war jetzt schon ein ganzes Stück voraus und völlig ungeschützt. Aber ich entschloß mich, das Risiko einzugehen und setzte die Jagd auf das U-Boot fort.[25]

Das ASDIC zeigte, daß das U-Boot sehr tief war und sich praktisch nicht rührte. Atkinson entschied sich für eine zweite Hedgehog-Salve, die um 1302 Uhr abgefeuert wurde. Aber wieder wurde er enttäuscht: Alle vierundzwanzig Projektile explodierten schon, als sie auf der Wasseroberfläche auftrafen. Atkinson wollte es noch einmal versuchen, und bereitete einen neuen tiefen Zehner-Teppich mit Wasserbomben vor. Um 1307 Uhr begann er mit Kurs 110°, Geschwindigkeit 13 Knoten, mit dem Anlauf. Acht Wabos waren auf 100 und 160 Meter eingestellt, zwei schwere Wabos mit Mark-VII-Pistolen für besondere Tiefen auf 210 Meter. Es waren geschätzte Tiefen, da das damals auf den Korvetten noch in Gebrauch befindliche ASDIC vom Typ 145 keine Tiefenwerte lieferte. Typ 147, der Tiefenmessungen zuließ, kam erst ab September 1943 zum Einsatz. Außerdem war bis Juni 1943 nicht bekannt, daß die U-Boote tiefer als 210 Meter tauchen konnten.

Die *Pink* lief auf 1400 Meter ab und horchte auf ein ASDIC-Echo, bekam aber keines. An der Wasseroberfläche war auch nichts zu sehen. Um 1325 Uhr beendete Atkinson die Jagd und ging mit 15 Knoten auf Kurs 240°, um den Konvoi wieder einzuholen. Vierzehn Minuten später wurde die *Pink* von einer starken Unterwasserexplosion geschüttelt, die sich wie »ein tiefes Grunzen« anhörte und bei Atkinson »keinen Zweifel mehr zuließ, daß das U-Boot vernichtet worden war«. Er war versucht, noch einmal zur Abwurfstelle der Wabos zurückzufahren, um zu sehen, ob sich etwas an der Oberfläche zeigte, aber da sein Konvoi schon seit anderthalb Stunden schutzlos war, hielt er sich zurück.

Als das U-Boot-Komitee der Admiralität am 28. Juni 1943 Atkinsons Bericht über den fünffachen Angriff begutachtete, kam es zu dem Schluß, daß der Angriff »wahrscheinlich erfolgreich« war, und bewertete ihn als »wahrscheinlich versenkt«.[26] Am 20. Juli 1943 war die Admiralität überzeugt, das U-Boot identifiziert zu haben: »Die Versenkung des U-Boots, es war U-192, ist inzwischen bestätigt worden.«[27] In späteren Darstellungen, von Roskill bis Syrett, wird U-192 (Oblt. Werner Happe) als das Opfer der *Pink* am 5. Mai genannt. Wir wissen wenig mehr von Happes Boot, als daß es am 13. April aus Kiel ausgelaufen war und irgendwann während der Gefechte mit allen Unterlagen verlorengegangen ist. In Berlin wurde auf der Grundlage des Funkverkehrs nachträglich ein Kriegstagebuch erstellt, doch das hilft uns nicht weiter, denn U-192 hatte schon seit dem 3. Mai nicht mehr geantwortet. Die letzte Meldung war aus dem Marinequadrat AJ 3757 gekommen. Das Boot wurde am 6. Mai und endgültig am 9. Mai zum Verlust erklärt. Heute ist klar, daß die erste Feindfahrt von U-192 am 6. Mai ein trauriges Ende fand (siehe unten).

Besser passen die Umstände auf Manke (U-358), der die *Bristol City* und die *Wentworth* versenkt hatte. Eine Analyse der beteiligten Boote zeigt, daß sich U-358 etwa auf der gleichen Position wie die *Pink* befand, nämlich achteraus von ONS.5 (U-358 um 1000 Uhr: 54°52′ N, 43°30′ W; *Pink* um 0954 Uhr: 54°56′ N, 43°44′ W), und das Boot wurde anderthalb Stunden mit »neunundsechzig gut plazierten Wasserbomben gejagt«. Tatsächlich hatte die *Pink* dreiundvierzig Wasserbomben und vierundzwanzig Hedgehog-Projektile eingesetzt, wobei sich letztere wie Wasserbomben angehört haben mögen, obwohl sie alle fast gleichzeitig explodiert sein sollen. Bei seiner Darstellung der Geschehnisse war sich Manke nicht über die Anzahl der Geleitfahrzeuge, die ihn verfolgten, im klaren. Er hielt die *Pink* für einen Zerstörer, erwähnte aber den abgesetzten »kleinen Konvoi«:

[Um 1242 DSZ] ein Kleingeleit gesichtet: 3 Dampfer, 1 Zerstörer und 1 Korvette. Das Boot wurde vom Zerstörer gehorcht; es folgte 1½ stündige Waboverfolgung; 69 gut liegende Wabos. Das Boot wurde stets vom Zerstörer überlaufen. Er mußte über eine gute

Horchanlage verfügen, vom ASDIC machte er nur kurz vor Angriff Gebrauch. Außerdem warf er vor jedem Anlauf ein Doppelecholot, 50 Sek. Später die Wabos.

Danach berichtet Manke über die Schäden: Tauchzelle 1 ausgefallen; Turmluk stark undicht; zahlreiche Ausfälle der Elektrik; vier Akkuzellen gerissen; Lecks an den Abgasaustritten; Torpedorohr V unklar für Unterwasserschüsse; achtere Tiefenruder Maximallage 10° und starke Geräuschbildung im Innern des Boots. Nachdem er aufgetaucht war, um, wenn möglich, Reparaturen durchzuführen, stellte Manke fest, daß seine Diesel nicht mehr als zehn Knoten schafften. Er setzte einen Bericht über den Zustand des Bootes an den BdU ab und erhielt als Antwort: OHNE WEITERE VERSORGUNG ZUM STÜTZPUNKT ZURÜCKKEHREN.[28]

Es hatte sich also um keine Versenkung gehandelt. Aus der Perspektive von ONS.5 war es aber so gut wie eine Versenkung. Zwei Tatsachen sprechen signifikant dafür, daß U-358 das Boot war, das von der *Pink* angegriffen wurde: Zum einen führte in der Zeit, als die *Pink* ihre Angriffe fuhr, kein anders Fahrzeug der Eskortgruppe B7 oder der Unterstützungsgruppe Wasserbombeneinsätze durch, und zum anderen hat kein anderes U-Boot berichtet, in den anderthalb Stunden, in denen U-358 so übel zugerichtet wurde, angegriffen worden zu sein.[29]

Atkinsons Freude hielt nicht lange an, denn: »Um 1453 bewahrheiteten sich meine schlimmsten Befürchtungen.« Etwa drei Meilen hinter »*Pink's* Party«, die seit Mittag um einen weiteren Nachzügler, den Dampfer *Yearby*, auf fünf Schiffe angewachsen war, sah Atkinson vom Backbordflügelschiff, der *West Madaket,* eine riesige Rauchwolke aufsteigen. Das Schiff lag achtern tief im Wasser. Das U-Boot, dessen Erscheinen Atkinson befürchtet hatte, als er über das Für und Wider eines Angriffs nachdachte, war U-584 unter Kptlt. Joachim Deecke. Das VIIC-Boot hatte schon etliche Feindfahrten in den Nordatlantik hinter sich; es hatte am 10. Januar 1942 ein sowjetisches U-Boot (M-175) versenkt und am 17. Juni des gleichen Jahres am Strand von Ponte Vedra in Florida vier deutsche Saboteure (alle vier wurden gefaßt und hingerichtet) an Land gesetzt. Jetzt, am 5. Mai um 1400 Uhr, stand U-584 getaucht in AJ 5695 (54°47′ N, 44°12′ W):

Gegner in Sicht, Kurs 250°, Geschwindigkeit 9 sm/h., 4 Dampfer, davon 3 sich überlappend. Gegner zackt um 20° auf 230°. 4er Fächer – Rohr IV nicht gefallen – auf zwei sich überlappende Dampfer. – Lage: rechts 85, e: 2000 m [Entfernung] eingestellt. Vorderer ist ein Frachter von 5000 BRT., der dahinter fahrende ist größer, aber in seiner Form nicht genau auszumachen, langes Vorschiff, Tanker nach Form Vorschiff möglich; ganz vorn ein kleineres Fahrzeug, möglicherweise Korvette. Nach 4 Min., 48 Sek. und nach 4 Min., 52 Sek. 3 Torpedodetonationen.. 5 Min. und 20 Sek. später 2 weitere Detonationen, wahrscheinlich Kesselexplosion; anschließend Bersten der Schotten. Nach 44 Min. sinkt der erste, und nach 90 Min. der zweite Dampfer, Sinkgeräusche einwandfrei ausgemacht. Korvette wirft Schreckwasserbomben; liegen weit ab.[30]

Der Leser mag inzwischen den Eindruck gewonnen haben, U-Boot-Kommandanten neigten in besonderer Weise zu falschen Beobachtungen, wenn nicht sogar zur Selbsttäuschung. Mit seiner Behauptung, zwei Schiffe versenkt zu haben, obwohl es in Wirklichkeit nur eins gewesen war, reihte Deecke sich in die Gruppe jener ein, die ähnlich falsche Angaben machten. Junker (U-532) meldete zwei Treffer (die vom BdU anerkannt wurden) und hatte keinen einzigen erzielt; Hasenschar (U-628) meldete vier Versenkungen, einschließlich einer »atomisierten« Korvette, hatte tatsächlich aber nur einen Treffer und einen Artillerie-Gnadenstoß bei der *Harbury* zu verbuchen gehabt; Looks schließlich (U-264) meldete drei Treffer, obwohl es nur zwei gewesen waren. Darüber hinaus gab es, wie gesehen, Irrtümer hinsichtlich der Schiffstypen, der Zeit, in der die Schiffe sanken, und der Tonnage.

Typisch für U-Boot-Meldungen waren übertriebene Tonnageangaben, wie bei Mankes (U-358) Behauptung von 8000 BRT für die *Bristol City*. Obwohl Dönitz seine Kommandanten ermahnt hatte: »Schätzt genau und vorsichtig, wir sind eine ehrliche Firma!«, waren ihre Angaben manchmal überzogen, entweder weil sie falsch beobachtet hatten oder weil sie eine Detonation am Ende der Laufstrecke eines Torpedos als Treffer interpretierten. Gelegentlich mag auch Wunschdenken mitgespielt haben.[31] Aber die gleichen Fehler traten auch in der U-Boot-Flotte der US Navy auf, die im Pazifik gegen Japan ähnliche Einsätze fuhr wie die Deutschen im Atlantik. Ein Untersuchungsausschuß von US Army und US Navy hat nach dem Krieg die Zahl der Versenkungen durch amerikanische U-Boote und die dabei vernichtete Tonnage gegenüber den im Krieg gemachten Angaben der Kommandanten drastisch reduziert, und zwar von angeblich 4000 Schiffen mit 10 Millionen Tonnen auf 1314 Schiffe mit 5,3 Millionen Tonnen. Im Fall von Richard H. O'Kane, dem größten amerikanischen U-Boot-As des Krieges, wurden die Zahlen von 31 Schiffen mit 227 800 Tonnen, die er angegeben hatte, auf tatsächlich versenkte 24 Schiffe mit 93 824 Tonnen reduziert.[32]

Zurück zu Deecke, der am 5. Mai 1943 also nur ein Schiff torpedierte, und zwar die *West Madaket*. An Bord spürte man einen plötzlichen Stoß, und der Wachoffizier und andere Besatzungsmitglieder sahen backbord am Achterschiff eine hohe Wassersäule aufsteigen. Der Torpedo mußte tief in den Rumpf eingedrungen sein, denn nach Aussage von Überlebenden war auch auf der Steuerbordseite ein anderthalb mal ein Meter großes Loch entstanden. Das Heck sackte fast sofort ab. Als er das Deck inspizierte, in dem mittschiffs ein großer Riß klaffte, überzeugte sich Kapitän H. Schroeder davon, daß seinem Schiff das Kreuz gebrochen war, und er befahl: »Alle Mann von Bord!« Die gesamte Besatzung von einundsechzig Mann, einschließlich zweiundzwanzig Artilleristen, die nie ein Ziel gesehen hatten, kam sicher in die Boote. Inzwischen hatten die anderen vier Handelsschiffe nach Steuerbord gedreht und einige »bemerkenswerte und spektakuläre Zickzacks«, wie Atkinson es nannte, ausgeführt.

Als die *Pink* die *West Madaket* erreichte, fuhr sie ein Suchmuster »Observant« und warf hin und wieder eine Wasserbombe, um das U-Boot unter Wasser zu halten. Das waren die »Schreckwasserbomben«, die U-584 gehört hatte. Die Rettungsboote waren weit verteilt, und Atkinson versuchte, sie zusammenzutreiben, damit er die Überlebenden möglichst schnell aufnehmen konnte und nicht solange gestoppt liegen mußte. Ihm war klar, daß die *Pink* dabei ein gutes Ziel abgeben würde. Als er den Booten näherkam, bemerkte er, daß sie genausoviel Gepäck wie Leute enthielten. Die Männer ließ er bergen, ihr Gepäck aber nicht. Dann befahl er den Geschützbedienungen an den 20-mm-Oerlikons, die Boote und das Gepäck als Übungsziele zu benutzen. Um 1600 Uhr hatte er ohne weitere Zwischenfälle alle Schiffbrüchigen an Bord und konnte seine Aufmerksamkeit der mit Schlagseite daliegenden *West Madaket* zuwenden.

Obwohl ihre Geheimsachen in einem beschwerten Behälter über Bord geworfen worden waren, half Atkinson dem getroffenen Schiff noch etwas beim Sinken, indem er mit dem Steuerbordwerfer zwei Wasserbomben mit Tiefeneinstellung 15 Meter dicht an die *West Madaket* werfen ließ. »Das Ergebnis war beeindruckend«, sagte er vier Tage später. »Sie brach auseinander, als ob sie mittschiffs mit einer Axt getroffen worden wäre.« Dem Autor sagte Atkinson trocken: »Ich habe die *West Madaket* versenkt, nicht das U-Boot.« Er war überrascht, daß der Frachter keinerlei Spuren an der Oberfläche hinterließ, obwohl in seinen Bunkern 540 Tonnen Heizöl waren. Die *Pink* drehte ab, um zu ihren verbliebenen vier Schützlingen zurückzukehren, während ihre Besatzung sich bemühte, den fünf Dutzend amerikanischen Passagieren Platz zu machen.[33]

In den Tagesstunden des 5. Mai wurden zwei Handelsschiffe, die *Dolius* und die *West Madaket*, torpediert. Umgekehrt mußten aber auch die Deutschen einiges hinnehmen. Die *Sunflower* versenkte U-638 (Staudinger), und die *Pink* beschädigte U-538 (Manke) so schwer, daß das Boot den Rückmarsch antreten mußte. Am gleichen Tag um 0905 Uhr rammte U-600 (Kptlt. Bernhard Zurmühlen) im Quadrat CG 1746 vor der Küste Spaniens U-406 (Kptlt. Horst Dieterichs). Wie U-439 und U-659 am 4. Mai hatten sie benachbarte Stationen in einem U-Boot-Streifen eingenommen, in diesem Fall den der Gruppe »Drossel«. Der Unfall passierte bei guter Sicht, als beide Boote über Wasser fuhren, Seegang 3-4 mit mittlerer Dünung. Unerklärlicherweise ging U-600, als es auf der Backbordseite von U-406 in Sicht kam, auf Kollisionskurs. U-406 gab verzweifelt das Erkennungssignal und drehte mit äußerster Kraft hart nach Steuerbord. Doch der Steven von U-600 schob sich unaufhaltsam in den Rumpf von U-406, unmittelbar vor dem Backbordtauchtank. Beide Boote mußten wegen der Schäden den Rückmarsch antreten, U-600 nach La Pallice, U-406 nach Saint-Nazaire.[34]

Die erste Versenkung eines U-Boots am Konvoi ONS.5 hatten die Geleitfahrzeuge erzielt, und die Liste der beschädigten und sich aus dem Kampf zurückziehenden Boote wurde immer länger. Aber das galt auch für die Liste der versenkten Handelsschiffe. Doch der Aderlaß von ONS.5 sollte nach einem weiteren spektakulären U-Boot-Erfolg vorüber sein. Drei Wochen nach Beginn seiner zweiten Feindfahrt schoß das VIIC-Boot U-266 am 5. Mai um 1950 Uhr in kurzer Folge vier Torpedos ab. Es liegen keine Einzelheiten über diesen Angriff vor, weil das Boot später im selben Monat mit allen Unterlagen verlorenging. In dem in Berlin auf der Grundlage des Funkverkehrs nachträglich angefertigten Kriegstagebuch wird folgender Funkspruch von Kommandant Rolf von Jessen zitiert:

> Versenkt 1 [Dampfer] mit 5000 BRT sicher, zweiten mit 5000 BRT wahrscheinlich, da Sinkgeräusche. 2 weitere Detonationen einwandfrei gehört. Feind stand 21.50 Uhr [DSZ] AJ 8359, Kurs 200°, 7 sm.[35]

Bei diesem Angriff wurden drei Schiffe getroffen: die britischen Dampfer *Selvistan* und *Gharinda* und der Norweger *Bonde*, mit 1750 BRT das kleinste Schiff des Konvois. Überlebende von den britischen Schiffen, die Sherwood als »glaubwürdig« einstufte, berichteten, daß man die Torpedos von Backbord anlaufen sah. Da alle drei Schiffe auf der Steuerbordseite des Konvois gestanden hatten, war anzunehmen, daß das U-Boot in die Reihen des Konvois eingedrungen war. Da die *Bonde* zwei Kolonnen weiter in Richtung Mitte des Konvois stationiert war und ihre Überlebenden ein Periskop an Steuerbord gesehen hatten, war anzunehmen, daß das U-Boot die britischen Dampfer mit den Bugtorpedorohren und den Norweger mit dem Heckrohr angegriffen hatte.

Das erste getroffene Schiff war die 5136 BRT große *Selvistan* der Hindustan Steamship Company in Newcastle. Der Erste Offizier, C. D. Head, befand sich im Augenblick des Torpedotreffers auf der Brücke. An Backbord sah er etwas, das sich dicht unter der Wasseroberfläche bewegte, hielt es aber für einen Delphin, da es Wasser »ausstieß«. Es kreuzte den Steven der *Argon* in der Nachbarkolonne und sprang dann auf dem halben Wege zur *Selvistan* kurz aus dem Wasser. Da wurde klar, daß es ein Torpedo war. Head beschrieb ihn als »silbergrau« und vermutete, daß er wohl so ziemlich am Ende seiner Laufstrecke war, weil er recht langsam zu sein schien, vielleicht

10 oder 12 Knoten. (G7a-Torpedos liefen normalerweise 40, G7e 30 Knoten). Obwohl er den Maschinentelegraph auf volle Fahrt und das Ruder hart nach Backbord legte, fehlte dem Schiff die notwendige Geschwindigkeit. Der Torpedo traf auf der Backbordseite auf und detonierte mit einem dumpfen Knall in Höhe von Luke 5. Es gab keinen Blitz, aber Lukendeckel, Scheerstöcke und ein Teil der Ballastladung wurden in die Luft geschleudert. Fünf Sekunden später schlug in Höhe von Luke 4 ein zweiter Torpedo ein, den niemand gesehen hatte. Erscheinungsbild und Auswirkungen waren dieselben wie beim ersten Treffer.

Der Dampfer sackte achtern schnell ab, und nach zwei Minuten war er von der Wasseroberfläche verschwunden. In der kurzen Zeit konnte keines der beiden Rettungsboote zu Wasser gebracht werden, aber der Kapitän und die Besatzung schafften es, zwei kleine Arbeitsboote und das vordere Steuerbordfloß auszusetzen. Darin, darauf oder sich daran klammernd trieben sie ab. Fünf Mann wurden vermißt, und einer der Artilleristen hatte eine schwere Kopfverletzung, an der er starb, bevor Rettung kam. Head berichtete später, daß in seinem Boot nur die indischen Heizer gewesen waren, die »einfach zu gar nichts zu gebrauchen waren. Sie saßen nur im Boot und beteten zu Allah, daß er sie doch retten möge. Selbst etwas zu unternehmen, kam ihnen nicht in den Sinn.« Glücklicherweise nahm die Fregatte *Tay* die vierzig Überlebenden nach etwa einer Dreiviertelstunde an Bord. Da das ASDIC-Gerät der *Tay* immer noch ausgefallen war, hatte Sherwood sein eigenes Fahrzeug als Rettungseinheit abgeteilt, während die *Offa* und die *Oribi* im Gebiet der Untergangsstelle das Suchmuster »Observant« fuhren.

Das zweite Schiff, das von U-266 getroffen wurde, war die 5306 BRT große *Gharinda* der British India Steam Navigation Company in Glasgow. Der Frachter besaß eine große Besatzung von zweiundneunzig Mann, einschließlich von sechs Marine- und vier Heeresartilleristen. Am 3. Mai war er wegen des schlechten Wetters achteraus zurückgefallen und hatte erst am 4. Mai um 1100 Uhr wieder Anschluß an den Konvoi gefunden. Nach Schätzung des Kapitäns, R. Stone, wurde sein Schiff »etwa zwei Minuten« nach der Torpedierung der *Selvistan* in Höhe von Luke 1 auf der Backbordseite von einem Torpedo getroffen. Es gab einen Explosionsblitz, einen sehr lauten

Knall und eine riesige Wassersäule, die über der Brücke zusammenbrach. Mit in die Luft geflogen waren die Lukendeckel von Luke 1. Die Macht der Explosion verbog auch beide Ladebäume und schleuderte sie nach Steuerbord. Da das Schiff vorn schnell tiefer sackte, warf Stone die Geheimsachen über Bord und befahl: »Alle Mann von Bord!« Fünf der sechs Rettungsboote wurden erfolgreich gefiert; eins von ihnen kippte jedoch, während es zu Wasser gelassen wurde, nach vorn und lief voll Wasser.

Stone machte rasch noch einen Rundgang durch das Schiff, um sicherzustellen, daß niemand zurückblieb, dann stieg auch er in eins der Boote. Kurz überlegte er, an Bord zurückzukehren, um zu prüfen, ob das Schiff nicht doch noch gerettet werden konnte, auch wenn Schraube und Ruder inzwischen aus dem Wasser ragten. Dies wurde jedoch von der *Tay* verhindert, die damit begann, die Überlebenden an Bord zu hieven. Stone erzählte, er sei »am Genick an Bord gezerrt« worden. Sherwood sagte Stone, daß er seinen Wunsch, an Bord des Frachters zurückzukehren, nicht bewilligen könne, da die *Tay* nun nach den Überlebenden der *Bonde* sehen müsse, die gleichfalls torpediert worden sei. Wenn er es gewußt hätte, wäre es Stone möglicherweise ein Trost gewesen, daß sein Frachter eines der beiden torpedierten Schiffe aus dem Konvoi ONS.5 war, deren Versenkung kein einziges Menschenleben gekostet hatte. Im Gegensatz zu seinem Ersten Offizier, den das Verhalten einiger indischer Besatzungsmitglieder enttäuscht hatte, war Stone von seinen achtundsechzig Indern zutiefst beeindruckt:

Ich bin mit der Eingeborenenbesatzung sehr zufrieden. Sie hat in keinem Augenblick auch nur ein Anzeichen von Panik erkennen lassen. Ich glaube, das kommt zum Teil daher, daß auf meinem Schiff kein Englisch gesprochen wird. Alle Befehle werden in der Sprache der Eingeborenen gegeben; ich glaube, das hilft ihnen zu verstehen, was los ist, und deswegen geraten sie auch nicht in Panik. Besonders den indischen Rudergänger Shareatullah, Sohn des Aboth Allee, möchte ich hervorheben, der trotz der Trümmer, die auf die Brücke fielen, auf seinem Posten blieb, bis ich ihn in eins der Boote geschickt habe.[36]

Das dreizehnte und letzte Handelsschiff des Konvois ONS.5, das auf See sein Ende finden sollte, war die kleine *Bonde* in Kolonne 8. Der Erste Offizier M. MacLellan von der *Baron Graham* erinnerte sich:

Die *Bonde* war das kleinste Schiff im Konvoi, das wir alle bewunderten. Auf dem riesigen Nordatlantik sah sie so winzig aus, und sie kämpfte sich mutig durch das schwere Wetter. Manchmal konnten wir sie in dem schlechten Wetter und bei den hohen Seen und der Dünung überhaupt nicht mehr sehen. Wenn es hell wurde, habe ich auf der Morgenwache immer als erstes nach unserem kleinen Freund Ausschau gehalten, und wenn die *Bonde* dann noch auf dem Wasser schaukelte, hatten wir den Tag schon halb geschafft.[37]

Das Wissen um das Schicksal der *Bonde* verdanken wir Kapitän Stone von der *Gharinda*. Kurz nachdem sein eigenes Schiff torpediert worden war, befand er sich auf der Brücke, um die Geheimsachen außenbords zu werfen. Dabei beobachtete er, wie die Oerlikon-Schützen der *Bonde* das Feuer auf ein Periskop eröffneten, das ganz in der Nähe auf ihrer Steuerbordseite zu sehen war. Es war das erste Mal, daß die auf den Schiffen des Konvois ONS.5 mitfahrenden Artilleristen auf ein U-Boot schossen. Stone befahl seinen eigenen Oerlikon-Schützen, auf die Stelle zu schießen, wo man die Aufschläge der *Bonde* erkennen konnte. Wenige Sekunden später sah er eine Blasenbahn auf *Bondes* Bordwand zulaufen. Die in der Nähe stehende *Vidette* meldete ebenfalls, daß sie auf der Steuerbordseite des Dampfers eine Blasenbahn gesichtet habe. »Dann«, berichtete Kapitän John Gates von der *Baron Graham*, der das ganze beobachtet hat, »gab es eine Explosion, und die *Bonde* schien aus dem Wasser gehoben zu werden. Als der Rauch und die Gischt sich verzogen hatten, stand sie schon auf dem Heck. Der Bug und das ganze Vorschiff ragten vertikal aus dem Wasser. Ich sah für ein paar Sekunden weg, und in der Zeit war das Schiff auch schon gesunken.«[38] Zum Aussetzen von Booten oder Flößen war keine Zeit gewesen. Als die *Tay* kam, um Überlebende aufzunehmen, fand sie nur zwölf der achtunddreißig Mann starken Besatzung.

Durch den Verlust von drei Schiffen alarmiert, befahl Kommodore Brook für den ganzen Konvoi eine Kursänderung von 90° nach Backbord, die um 1950 Uhr vorgenommen wurde. Um 2045 Uhr ging er zurück auf den alten Kurs. Zu diesem Zeitpunkt befahl Sherwood den Geleitfahrzeugen, wieder ihre Stationen am Konvoi einzunehmen. Davon ausgenommen waren die *Offa* und die *Oribi*, die an den Versenkungsstellen das Suchmuster »Observant« fuhren. Um 2039 Uhr hatte die *Offa* einen guten ASDIC-Kontakt, und in den nächsten 98 Minuten fuhr sie fünf Angriffe mit großen Wasserbombenteppichen.[39] Auch die *Oribi* nahm an dieser Jagd teil, konnte aber keinen ASDIC-Kontakt bekommen. McCoys Attacke führte zu erheblichen Schäden bei U-266, das die *Selvistan*, *Gharinda* und *Bonde* versenkt hatte. Kptlt. von Jessen meldete Schäden am Tauchtank 3, an den Trimmzellen, am Junkers-Luftverdichter und an der Steuerbord-E-Maschine. Das Boot war gezwungen, sich abzusetzen, um die Reparaturen ausführen zu können, und kehrte nie zum »Fink«-Rudel zurück. Am 15. Mai wurde es von einem Flugzeug versenkt.[40] Da keine Anzeichen für die Versenkung oder Beschädigung eines U-Boots erkennbar waren, brach die *Offa* ihre Angriffe ab und nahm zusammen mit der *Oribi* wieder Kurs auf den Konvoi. »Starker Funkverkehr«, erklärte McCoy, »ließ erkennen, daß der Konvoi von der völligen Vernichtung bedroht war, und ich hielt es für zwingend erforderlich, daß wir vor Einbruch der Dunkelheit zu ihm zurückkehrten.[41]

Inzwischen war um 1954 Uhr eine VLR-Liberator aus Reykjavik über dem Konvoi erschienen und hatte Funkkontakt mit Sherwood aufgenommen. Sherwood beauftragte den Piloten, hinter dem Konvoi nach Nachzüglern und Wracks Ausschau zu halten. Das Flugzeug konnte diese Aufgabe nur 45 Minuten lang durchführen, weil dann das Flugbenzin nur noch für den Rückflug zum Stützpunkt reichte. Der *Tay* teilte der Pilot per Sprechfunk mit: »Wir verlassen Sie nicht gern, aber wir müssen los.« Darauf Sherwood: »Danke für Ihre Hilfe.«[42] Für Kommodore Brook war dieser Bomber aus Island das erste Flugzeug, das er seit dem 2. Mai sah, »obwohl wir die Luftunterstützung so dringend nötig hatten«.[43] Die »Fliegende Festung« aus Gander hatte er wohl verpaßt, und die zwei Canso-Maschinen aus Gander am 4. Mai waren zu weit vom Konvoi entfernt gewesen, als daß er sie hätte sehen können. Er hätte sich aber die Frage stellen können, warum er in diesen Abendstunden des 5. Mai keine Flugzeuge aus Neufundland am Konvoi sah, denn Gander und Torbay waren nicht mehr weit. Eine Canso-Maschine der kanadischen Luftwaffe

(RCAF) des Eastern Air Command sichtete am Morgen des gleichen Tages zwischen 0810 und 0845 Uhr vier »einzelne Schiffe«, wahrscheinlich Nachzügler, fand aber den eigentlichen Konvoi ONS.5 nicht.[44] Eine zweite Canso, die für den Schutz des Konvois vorgesehen war, verunglückte beim Start in Gander, wobei fünf Besatzungsmitglieder ums Leben kamen. Nach einem Fernschreiben des Hauptquartiers der RCAF in Ottawa vom 7. Mai war am 5. Mai eine Flying Fortress während eines zehnstündigen Flugs mit ONS.5 zusammengetroffen, aber weder Sherwood noch Brook haben etwas davon bemerkt. Die Funksprüche mit den Informationen über die Canso und die Flying Fortress wurden nach Washington geschickt, um »Kommentaren« des US-Marineministerium entgegenzutreten, denen zufolge »es für ONS.5 am 5. Mai offenbar keinerlei Luftunterstützung gab und anzunehmen ist, daß dies am Wetter lag«. Die RCAF stimmte dem im wesentlichen zu und gab Nebel als Grund für die Abwesenheit der Flugzeuge an.[45]

Auf der Position von ONS.5 lag der Atlantik ruhig da, und es war windstill, diesig und feucht. Noch dreiundzwanzig Schiffe liefen gemeinsam auf Kurs 202°. Als die Dunkelheit hereinbrach und der von der *Tay* aufgefangene Kurzwellenfunkverkehr immer stärker wurde, stellte Sherwood seine Geleitfahrzeuge für die Nacht auf: die *Tay*, deren defektes ASDIC-Gerät nur noch Lauschen zuließ, vorn, die *Sunflower* an Backbord voraus, die *Vidette* an Steuerbord voraus, die *Snowflake* an Backbord achteraus und die *Loosestrife* an Steuerbord achteraus. Die Stationen an Steuerbord und Backbord querab blieben unbesetzt, da die *Pink* weiterhin bei den Nachzüglern war und die beiden Zerstörer *Offa* und *Oribi* fünf Meilen voraus rechts und links von der Kurslinie in Position gingen. Im Hauptquartier des BdU in Berlin bereiteten sich Godt und Dönitz ebenfalls auf die Nacht vor. Dies schlug sich in vier Ermahnungen an die Boote des »Fink«-Rudels nieder, von denen nach heutigem Wissensstand fünfzehn in den Abendstunden oder der frühen Nacht mit dem Konvoi Kontakt hatten:[46]

HASENSCHAR-BOOTE SOLLTEN HÄUFIGER FEINDMELDUNGEN UND POSITIONEN DURCHGEBEN.

ALLE MÜSSEN DAS BESTE AUS DER SICH IN DIESER NACHT BIETEN-
DEN GELEGENHEIT MACHEN.

SOWEIT DIE FLUGABWEHRAUSRÜSTUNG IN ORDNUNG IST, BLEI-
BEN DIE BOOTE BEI ANGRIFFEN AUS DER LUFT ÜBER WASSER UND
WEHREN FLUGZEUGE AB. FLUGZEUGE WERDEN DANN DIE BOOTE
BALD NICHT MEHR ANGREIFEN.

WENN ES KEINE HANDELSSCHIFFE MEHR GIBT, DIE MAN ERLEDIGEN
KÖNNTE, SIND GELEITFAHRZEUGE ZU VERSENKEN. DABEI VOLLEN
GEBRAUCH VON MAGNETZÜNDERN MACHEN.[47]

Der Dunst verdichtete sich zu Nebel und Nieselregen. Man konnte die
U-Boote sehen, wie sie über Wasser nach Zielen suchten. Die *Tay*
sichtete sieben Boote in geringer Entfernung, vielleicht die gleichen
sieben, die Günter Gretschel auf U-707 sah:

Ich stehe in Sichtweite von sieben anderen Booten vor dem Konvoi. Ich wollte einen gemeinsamen Angriff in der Dunkelheit
machen. Leider machte das Wetter unsere Pläne zunichte. Die Sicht
ist sehr schlecht geworden, es ist neblig und nieselt. Das macht in
der pechschwarzen Nacht jeden Angriff unmöglich.[48]

Trotzdem unternahmen die Boote des »Fink«-Rudels zwischen 2252
Uhr am 5. Mai und 0947 Uhr am 6. Mai nicht weniger als vierundzwanzig Angriffsversuche, und zwar aus allen Richtungen, nur nicht
von rechts voraus. Am Ende der Gefechte hatte die Nacht jedoch nicht
den U-Booten gehört, wie man es in Berlin erwartet hatte. Vielmehr
war es eine Nacht der Royal Navy gewesen. Die Gründe dafür waren
der dichte Nebel, das 10-cm-Radar an Bord der Schiffe und der Mut
und die Fähigkeiten der Kommandanten der Geleitfahrzeuge, die
nicht nur ONS.5 und »*Pink's* Party« vor weiteren Schäden bewahrten,
sondern auch vier der angreifenden U-Boote versenkten und andere
beschädigten, abdrängten oder zum Tauchen zwangen.

Die Geleitfahrzeuge setzten den U-Booten mit zwanzig Angriffen
zu, an denen alle Schiffe der Gruppen B7 und EG3 beteiligt waren.
Sie dampften mit voller Fahrt hin und her, warfen Wasserbomben,

schossen mit den Geschützen, rammten und beeilten sich, stets wieder auf ihre Stationen am Konvoi zurückzukommen. Als sie um 0600 Uhr die Erste Unterstützungsgruppe zum Geleit stieß, warfen sie ihre Schiffe mit ähnlicher Energie auf den Feind. Mitten in diesen Gefechten befahl Kommodore Brook um 2310 Uhr eine weitere Kursänderung um 90°. Um 2336 Uhr ging der Konvoi auf den Ausgangskurs zurück, um 0100 Uhr drehte er nach 186° und um 0200 Uhr nach 156°. Die Sicht betrug um 2202 Uhr noch eine Meile, und um 0100 Uhr waren es nur noch knapp hundert Meter. Rundum die Kolonnen des Konvois, aber auch mitten im Konvoi, gab es anhaltende, erbitterte Kämpfe. Das Durcheinander war so groß, daß Sherwood, was den Verlauf des Ringens betraf, am Ende aufgab und eingestand: »Es ist völlig unmöglich, in chronologischer Folge einen detaillierten Bericht der Ereignisse dieser Nacht zu geben.«[49]

Im folgenden wird versucht, etwas Ordnung in die Geschehnisse zu bringen, indem die wichtigsten Aktionen der Geleitfahrzeuge herausgehoben und die Abdrängungsmanöver und Vorstöße, die nicht zu erkennbaren Ergebnissen führten, weggelassen werden. Dabei muß man stets im Hinterkopf behalten, daß das Radargerät 271 den Männern Sherwoods ein deutliches Echo der U-Boote lieferte, sie also deren Positionen und Entfernungen kannten, während die U-Boot-Kommandanten, die kein solches Gerät besaßen, wie Blinde im Nebel herumstocherten. Wie es Günter Gretschel auf U-707 sagte: »Aufgetaucht, pechschwarze Nacht, Nebel, Hand ist nicht vor den Augen zu sehen!«[50]

Über jedes Lob erhaben:
Der Kampf um ONS.5

Im U-Boot-Krieg hatte es viele Rückschläge und Krisen gegeben. Das ist unvermeidbar und kommt bei jeder Art der Kriegführung vor. Bisher hatten wir solche Schwierigkeiten aber immer überwunden, denn die kämpferische Wirksamkeit der U-Boot-Waffe war ungebrochen. Aber jetzt war die Situation anders.
Karl Dönitz

Die sieben Tage dauernden Gefechte gegen dreißig U-Boote sind nur durch Längen- und Breitenangaben definiert; ein besonderer geographischer Name ist mit ihnen nicht verbunden. Aber die Kämpfe waren auf ihre Art genauso wichtig wie jene in der Bucht von Quiberon oder am Nil.
Stephen W. Roskill

Um 2309 Uhr am 5. Mai stand die *Vidette* auf Station C an Steuerbord vor dem in Nebel gehüllten Konvoi, in dem die Schiffe mühsam versuchten, mit Hilfe der Dampfpfeifen Station zu halten. *Vidette* hatte einen Radarkontakt, fast direkt voraus in Peilung 200°, Entfernung 1400 Meter. Hart ließ die Besatzung auf Gefechtsstationen gehen, machte eine leichte Kursänderung und erhöhte die Fahrt erst auf 18 und dann auf 20 Knoten. Um 2317 Uhr tauchte ein zweiter, kleinerer Kontakt auf, in Peilung 190°, Entfernung 6600 Meter. Sechs Minuten später sichtete Hart ein schnell fahrendes U-Boot. Es tauchte, sobald es in Sicht gekommen war. Um 2325$^{1}/_{2}$ Uhr war es in 640 Metern Entfernung ganz untergetaucht. Hart überlief den immer noch sichtbaren Tauchstrudel und warf um 2326$^{1}/_{2}$ Uhr den ersten Wabo-Zehner-Teppich; 25 Sekunden später verließ die zehnte Wasserbombe den Werfer. Fast eine Minute nach dem letzten Explosionsschwall hörten die Brückenbesatzung, die Männer an den WaBO-Werfern und die Maschinenraumbesatzung eine starke Unterwasserexplosion. Die Wabo-

Mannschaft und der Wachingenieur, der gerade aus der Maschinenraumluke sah, beobachteten eine dunkle Wassersäule, die 300 bis 600 Meter hinter dem Schiff aufstieg.

Hart nahm an, daß das U-Boot schwer beschädigt, wenn nicht gesunken war. Die nachträgliche Beurteilung durch die NHB/MOD schreibt ihm die Vernichtung von U-531 zu, einem IXC-Boot unter Kptlt. Herbert Neckel, das erst neun Monate zuvor von den Deutschen Werken in Hamburg fertiggestellt und am 13. April von Kiel aus zu seiner ersten Feindfahrt ausgelaufen war. Zwei Stunden zuvor hatte das Boot gemeldet, es habe im Quadrat AJ 8368 zwei Zerstörer gesichtet. Neckel, der aus Kiel stammte, war vorher unter Kptlt. Fritz-Julius Lemp auf U-30 gefahren. Das Boot hatte am ersten Tag des Krieges den britischen Passagierdampfer *Athenia* versenkt, wobei 112 Passagiere zu Tode gekommen waren. Jetzt war auch für Herbert Neckel der Krieg zu Ende.

Statt die Versenkung mit ASDIC zu überprüfen, hielt Hart auf den zweiten Radarkontakt zu, der jetzt einen Abstand von 1800 Metern hatte. Als er auf 800 Meter heran war, sichtete er das U-Boot, das kurz darauf den Kurs um 30° nach Steuerbord änderte und in den Keller ging. Um 2333^{1}/$_{2}$ Uhr warf Hart einen Fünfer-Teppich auf die vermutete U-Boot-Position. Nachdem er zunächst auf 1100 Meter abgelaufen war, kehrte er zurück, um die Stelle mit ASDIC abzusuchen, fand aber nichts. Auf dem Rückweg zu seiner Station suchte er mit ASDIC die Stelle des ersten Angriffs ab, aber auch hier bekam er keinen Kontakt. Möglicherweise stammen die Schäden an einem der U-Boote, von denen wir wissen, daß sie in dieser Nacht beschädigt wurden, vom zweiten Angriff der *Vidette*. Wahrscheinlich war es Gretschel mit U-707, der berichtete, zu dieser Zeit durch Wasserbomben beschädigt worden zu sein.[1]

Nachdem die *Vidette* um 0225 Uhr auf Station zurückgekehrt war, hatte sie eine Stunde lang keinen Kontakt. Um 0226 Uhr zeigte das Radar ein U-Boot in Peilung 230°, Entfernung 1400 Meter. Hart ging auf 20 Knoten und änderte den Kurs auf das Ziel zu. Als er auf 650 Meter heran war, verschwand das Echo im Nahbereichsrauschen. Die abgeschossenen Leuchtgranaten nützten bei dem Nebel nichts. Hart warf eine Wasserbombe mit einer Tiefeneinstellung von 15 Metern, nur um dem Eindringling klarzumachen, daß man ihn bemerkt hatte.[2]

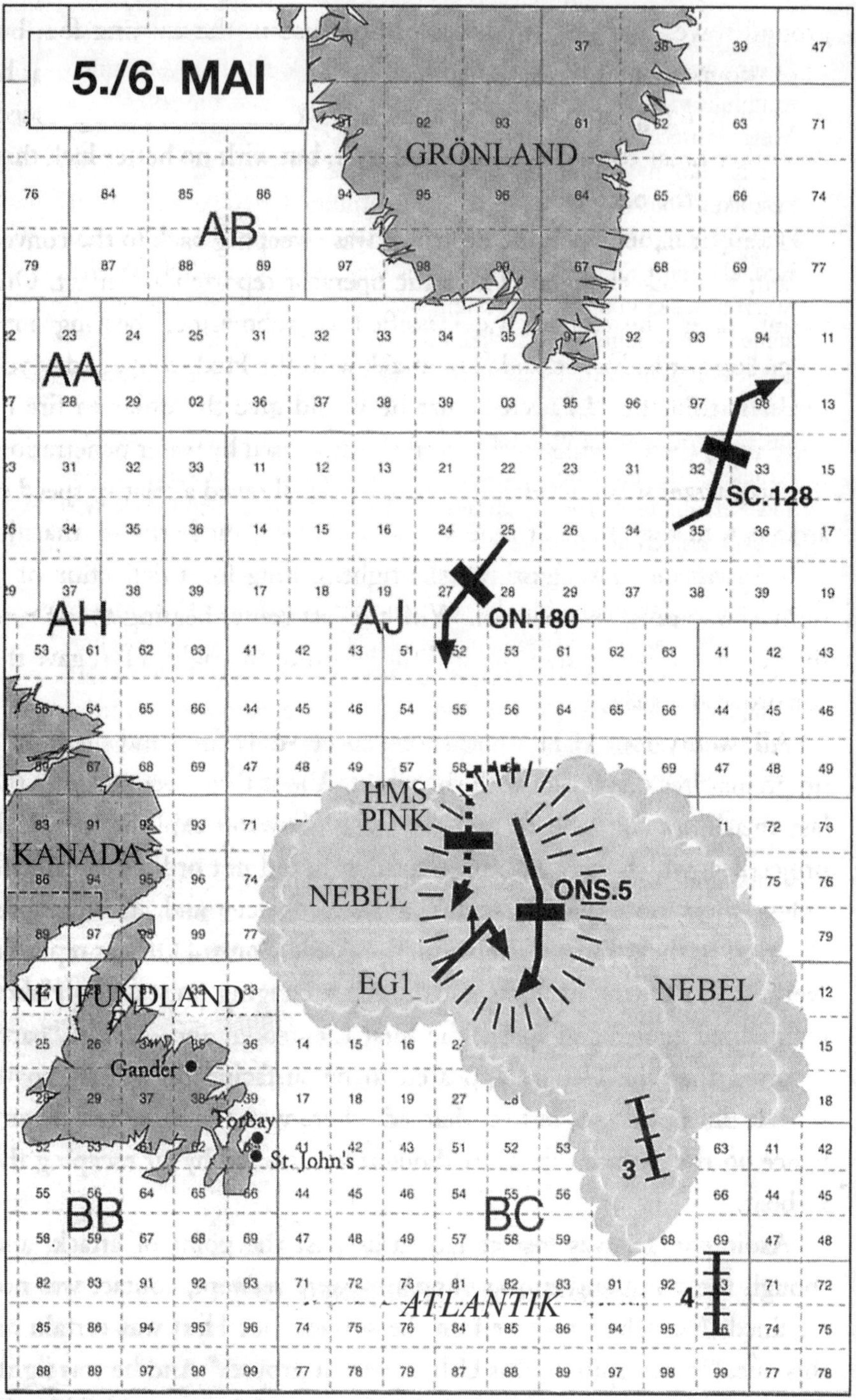

5./6. MAI

GRÖNLAND

AB

AA

SC.128

AH AJ ON.180

HMS
PINK

NEBEL ONS.5

KANADA

NEBEL

NEUFUNDLAND

EG1

Gander

Forbay

St. John's

3

BB BC

ATLANTIK 4

Zurück auf ihrer Station, hatte die *Vidette* um 0310 und 0341 Uhr zwei weitere Radarkontakte, die sie ebenso erfolglos verfolgte.

Um 0406 Uhr, als der Zerstörer auf dem Weg zurück zum Konvoi war, hatte er mehr Glück. Der Mann am ASDIC-Gerät meldete einen Kontakt. Eine Minute später wurde der Kontakt als U-Boot klassifiziert, Peilung 097°, Entfernung 700 Meter. Hart entschloß sich, mit Hedgehog anzugreifen. Um 0700 Uhr teilte er der Hedgehog-Mannschaft mit, daß er den Feuerbefehl durchs Sprachrohr geben werde, da die Abfeuerklingel wegen der überall eindringenden Feuchtigkeit nicht sicher funktionierte. Das ASDIC-Gerät zeigte eine Annäherungsgeschwindigkeit ans Ziel von neun Knoten; außerdem wanderte das U-Boot etwas nach rechts aus, was einen Vorhalt von 3° für das Projektilmuster verlangte. Die letzte Peilung des Ziels war in 108° gewesen, also schoß Hart um 0408$^{1}/_{2}$ Uhr den Schwerpunkt des Projektil-Teppichs in Richtung 111°.

Alle vierundzwanzig Hedgehog-Projektile wurden erfolgreich abgefeuert und detonierten auch nicht vorzeitig beim Aufschlag auf die Wasseroberfläche. Etwa drei Sekunden, nachdem das letzte Projektil ins Wasser eingetreten war, hörten die Ausgucks zwei klar voneinander abgesetzte Detonationen – Hedgehog-Projektile wurden nicht auf eine bestimmte Tiefe eingestellt, sondern detonierten normalerweise nur, wenn ihr Berührungszünder auf einen harten Gegenstand traf –, und die Ausgucks beobachteten Explosionsblitze. Kurz darauf meldete der Offizier, der die Aufsicht am ASDIC-Gerät führte, »sehr lautes Anblasen von Tanks« und »metallische Klopfgeräusche«. Die *Vidette* behielt Kurs und Fahrt bei, als der Erste Wachoffizier und die Wabo-Mannschaften meldeten, anscheinend sei an Steuerbord ein U-Boot dabei aufzutauchen. Das war zwar nicht der Fall, aber im Wasser war deutlich eine Verwirbelung zu sehen, die Hart darauf zurückführte, daß Luft aus dem U-Boot entwich. 110 Meter hinter dem Angriffspunkt ging der ASDIC-Kontakt verloren, und obwohl Hart das ganze Gebiet noch einmal absuchte, konnte er keinen ASDIC-Kontakt mehr bekommen. An der Wasseroberfläche gab es keine Wrackteile oder dergleichen, doch Hart war sich seiner Sache sicher: »Ich bin überzeugt, daß das U-Boot vernichtet worden ist.« Er hatte recht. Das Boot war U-630 unter dem achtundzwanzigjährigen Oblt. Werner Winkler aus Wilhelmshaven, einem Mitglied der

»Olympia-Crew« der Kriegsmarine von 1936. Das VIIC-Boot U-630 befand sich auf der ersten Feindfahrt und hatte bisher ein Handelsschiff, das britische Kühlschiff *Waroonga*, versenkt. Das war Anfang April gewesen, als B7 den Konvoi HX.231 geleitet hatte. Siebzehn Seeleute waren zu Tode gekommen. Jetzt trat U-630 selbst den letzten Tauchgang an, mit ihm zwölf nicht verschossene Torpedos und vierundvierzig Männer, die nie Gelegenheit bekamen, ihre Geschichten zu erzählen.[3]

Um 2326 Uhr hatte die Korvette *Loosestrife*, die auf der Steuerbordseite des Konvois dampfte, einen Radarkontakt 80° an Steuerbord, Entfernung 4300 Meter. Lieutenant Stonehouse hielt darauf zu, und acht Minuten später sah er etwas, das sich über Wasser von rechts nach links bewegte. Er eröffnete auf etwa 700 Meter mit den Oerlikons und einem einzelnen Schuß des 10-cm-Geschützes das Feuer. Die Leuchtspuren der 20-mm-Munition waren im Nebel kaum zu sehen und prallten vom Turm und Rumpf des geisterhaft wirkenden U-Boots ab. Dann verschwand es unter Wasser. Auf knapp 300 Meter wurde der ASDIC-Kontakt wiederhergestellt, und die Korvette griff mit einem Wabo-Zehner-Teppich nach den Werten des ASDIC-Gerätes an. Die Beurteilung der NHB/MOD geht davon aus, daß es sich um U-575 handelte (Kptlt. Günther Heydemann), das jedoch nicht beschädigt wurde. Da kein Ergebnis des Angriffs zu erkennen war, ging die *Loosestrife* um 2345 Uhr wieder auf Station. Ein weiterer Radarkontakt, der bald darauf auf dem Schirm auftauchte, stellte sich als die *Vidette* heraus.

Bei einer Neuorganisatioon des Konvoigeleits um 0009 Uhr erhielt Stonehouse Befehl, mit seiner Korvette Station »H wie Harry« einzunehmen, laut den Anweisungen für Atlantikkonvois also eine Position auf der Steuerbordseite achteraus. Das war sein Glück, denn auf der neuen Station entdeckte er um 0030 Uhr das U-Boot, das er versenken sollte: das auf seiner ersten Feindfahrt befindliche IXC-Boot U-192 unter Oblt. Werner Happe aus Alfeld/Leine, südlich von Hannover, auch er ein ehemaliges Mitglied der Olympia-Crew von 1936. U-192 war am 13. April aus Kiel ausgelaufen und hatte am 1. Mai im Quadrat AJ 3797 einen Torpedo auf eins der Handelsschiffe von ONS.5 geschossen, der allerdings sein Ziel verfehlte; welches Schiff Happe anvisiert hatte, ist nicht bekannt. Jetzt erschien U-192 als kleines Echo in Peilung 95° an Backbord auf dem Radarschirm der *Loosestrife*, Entfernung 2300 Meter. Stonehouse ließ den Maschinentelegraf auf »Äußerste Kraft Voraus« legen und hielt auf den Kontakt zu.

Sechs Minuten später kamen die Umrisse von Happes Boot durch die 7x50-Gläser der Ausgucks auf der *Loosestrife* in Sicht, geschätzte Entfernung 450 Meter, was bei dem herrschenden Nebel bemerkenswert weit war. Ebenso bemerkenswert war, daß Happes Ausgucks die Korvette offenbar gleichzeitig entdeckten, denn das U-Boot drehte abrupt und schickte aus seinen Heckrohren zwei Torpedos in Richtung *Loosestrife* los. Danach versuchte es wild zackend über Wasser zu fliehen. Die Bedienung des 10-cm-Geschützes der *Loosestrife* lud ihre Waffe mit Sprenggeschossen, feuerte aber nicht, weil Stonehouse die Absicht hatte, das U-Boot zu rammen.

Um 0040 Uhr begann U-192, dicht vor der Korvette, mit dem Alarmtauchen. Unterdessen holte die *Loosestrife* im Kielwasser des U-Boots auf. Da Stonehouse es nicht geschafft hatte, das U-Boot zu rammen, warf er einen Zehner-Teppich Wabos mit flacher Tiefeneinstellung. Als die Wasserbomben mit gewaltigen, hammerschlagartigen Explosionen detonierten, beobachtete man auf der *Loosestrife*, wie das U-Boot durch die Wasseroberfläche gedrückt und kurz darauf von einer inneren Explosion erschüttert wurde. Der Rumpf war von einem »grünblauen« Blitz umgeben, wie mehrere Zeugen auf der Korvette, einschließlich zweier Ausgucks, die achtern nur zur Beobachtung des Erfolgs bei Wasserbombeneinsätzen stationiert waren, aussagten. Der Offizier, der die achtere Station leitete, sah außerdem Wrackteile durch die Gegend fliegen. In der Korvette wurden die Flurplatten im Turbinen- und Kesselraum angehoben, so daß die Männer in diesen Räumen schon fürchteten, das Heck der *Loosestrife* sei abgesprengt worden. Als Stonehouse kehrtmachte, um die Sache zu überprüfen, bemerkten der Erste Wachoffizier und der Signalmeister einen »riesigen Ölflecken, der sich von Backbord bis Steuerbord erstreckte«, und auch Wrackteile. Zusammengenommen ergaben Explosion, Ölfleck und Wrackteile einen guten Beweis für die Vernichtung des U-Boots; einen besseren hätte Stonehouse schwerlich bekommen können, es fehlte nur noch die weiße Mütze des Kommandanten. Auch wenn in seinem Bericht nichts davon steht, darf man annehmen, daß die Besatzung nach derart langem Einsatz auf See sich über den Erfolg gefreut hat. Belegt ist, daß die Passagiere der *Loosestrife* – die neunundzwanzig Überlebenden der *Bristol City* – begeistert waren. Deren Kapitän, A. L. Webb, sagte: »Es war sehr aufregend, und meiner Besatzung hat es viel Freude bereitet.« Stonehouse ließ Kurs 200° anlegen und nahm um 0105 Uhr wieder seine Station am Konvoi ein.[4]

Den nächsten Erfolg errangen die *Oribi* und die *Snowflake* gemeinsam. Die *Oribi* stand auf der Backbordseite fünf Meilen vor dem Konvoi. Um 0252¹/₂ Uhr meldete der ASDIC-Bediener: »Echo in grün dreißig, dicht bei.« Lieutenant Commander Ingram mußte eine »rasche Entscheidung« darüber treffen, ob es ein U-Boot war oder vielleicht die Korvette *Sunflower,* die vermutlich in der Nähe dampfte. Da er aber an Steuerbord keinen Radarkontakt hatte, wo die *Sunflower* als Leuchtpunkt hätte erscheinen müssen, drehte Ingram sein Schiff in die Richtung des ASDIC-Kontakts und entdeckte zu seiner großen Erleichterung ein U-Boot und nicht die Korvette. In dem Nebel kam das Boot erst in einer Entfernung von einer Kabellänge (185 Meter) an Steuerbord voraus in Sicht, wo es von rechts nach links fuhr. Die Bedingungen für einen Rammstoß waren perfekt, und auf Ingrams Brücke hielten sich alle in Erwartung der Kollision fest. Die *Oribi* lief 22 Knoten, doch ihre Geschwindigkeit war durch das Drehen nach Steuerbord etwas vermindert. Als der Zerstörer das Ziel erreichte, traf der Steven den Turm des U-Boots und schnitt vermutlich etwas hinter dem Turm in den Rumpf hinein. Die Kraft der Kollision drehte das U-Boot nach Backbord. »Sie legte sich über«, schilderte Ingram den Zusammenprall, »während Turm und Steven weit aus dem Wasser kamen.« Ein flach eingestellter Wabo-Teppich war zwar befohlen worden, konnte aber nicht geworfen werden. Infolge der Erschütterung durch den Rammstoß war an der Abfeuerung und am Koppeltisch die Beleuchtung ausgefallen.

Ingram machte sich Sorgen um den Schaden am Bug seines Zerstörers, befahl langsame Fahrt und verlangte die Schadensmeldungen. Die Vorpiek und die vordere Last standen voll Wasser, aber der Wassereinbruch wurde durch die Schotten dahinter begrenzt. Die ASDIC-Kuppel war leicht beschädigt, aber der Rumpf selbst schien nicht beschädigt zu sein. Um 0310 Uhr drehte die weiterhin voll seetüchtige *Oribi* nach Backbord und suchte nach Wrackteilen des U-Boots. Die Sicht war besser geworden und betrug jetzt zwei Kabel. Die Ausgucks entdeckten aber keine Spur von dem Opfer; nur ein »sehr starker Geruch nach Dieselkraftstoff hing über dem ganzen Gebiet«. Offenbar war einer der Kraftstoffbunker auf der Backbordseite des U-Boots beschädigt worden. Um 0314 Uhr meldete der ASDIC-Bediener einen ASDIC-Kontakt und Geräusche eines U-Boots in 50° an Steuerbord, Entfernung 1000 Meter. Ingram hielt darauf zu, wenn auch mit reduzierter Fahrt von 12 Knoten, da die vorderen Schotten noch nicht durch Balken abgestützt worden waren. Um 0318 Uhr warf die *Oribi* eine einzelne Wasserbombe mit tiefer Einstellung, auf die letzte bekannte Position des Kontakts. Um 0332 Uhr wurde die Suche aufgegeben, Ingram nahm Kurs auf seine Station am Konvoi, und während des weiteren Verlaufs der Nacht hatte er keine Gefechtsberührungen mehr.

Ingram berichtete über den Rammstoß: »Wenn man die Geschwindigkeit des Schiffs und den Schaden berücksichtigt, den es selbst erlitten hat, und den Kollisionswinkel und die dabei auftretenden Kräfte einbezieht, dann habe ich keinen Zweifel daran, daß das U-Boot gesunken ist.«[5] Das war eine nachvollziehbare Schlußfolgerung, und die Admiralität stimmte ihr am 21. Juni 1943 zu. Tatsächlich aber hatte das gerammte U-Boot, das IXC-Boot U-125 (Kptlt. Folkers), die Kollision überlebt, wenn auch mit schweren Schäden, die das Tauchen unmöglich machten.[6] Um 0331 Uhr meldete Folkers seinen Kummer an den BdU: BIN GERAMMT WORDEN. TAUCHUNKLAR. QU AJ 8652. ERBITTE HILFE. KURS 90 GRAD. Den Antworten der in der Nähe stehenden Boote U-552, U-381, U-413, U-260, U-614 und U-402 konnte er entnehmen, daß sie ihm zu Hilfe eilten.[7] Drei Stunden später, um 0625 Uhr, befahl der BdU, daß nur die ersten vier der genannten Boote Folkers unterstützen sollten; die beiden anderen sollten die Operationen fortsetzen. Die vier Boote suchten Folkers bis in die Morgenstunden des 7. Mai, dann meldeten sie, daß sie ihn nicht finden könnten, und brachen die Suche ab, um von U-461 in dem im Osten angrenzenden Marinequadrat AK 89 Kraftstoff zu übernehmen.[8]

An dieser Stelle kam die *Snowflake* ins Spiel, die dem Befehl des BdU, U-125 zu unterstützen, das Objekt nahm. Die Korvette hatte vorher, um 0231 und 0238 Uhr, drei schwere Wasserbomben gegen

U-107 (Gelhaus) eingesetzt, um das Boot zu verscheuchen. Um 0330 Uhr erhielt Chesterman auf Station R an Backbord hinter dem Konvoi ein Radarecho in Peilung 030°, Entfernung 3800 Meter, und er begann, nachdem er die *Tay* informiert hatte, mit der Jagd. Der Nebel hatte die Sicht auf eine Meile verschlechtert, so daß Leuchtgeschosse nutzlos waren. Als er bis auf die Reichweite seiner Geschütze an das mit Südkurs laufende Ziel herangekommen war, ließ Chesterman es nur nach den Radardaten unter Feuer nehmen. Um 0340 tauchte das U-Boot, bevor es gesichtet worden war. Die *Snowflake* bekam auf knapp 400 Meter ASDIC-Kontakt. Um 0341 überlief sie diesen Kontakt, und Chesterman warf seine vorletzte Wasserbombe, eine schwere Wabo, mit einer Tiefeneinstellung von 40 Metern.

Im Augenblick des Wurfs hatte die *Snowflake* einen zweiten Radarkontakt in Peilung 170°, Entfernung 2200 Meter, der schnell nach links auswanderte. Chesterman änderte den Kurs, um das neue Ziel abzufangen, und griff auch diesmal mit dem 10-cm-Geschütz an. Währenddessen bekam die *Snowflake* einen dritten Radarkontakt in Peilung 185°, Entfernung 900 Meter. Da er einen Torpedoangriff durch das dritte, sehr nahe stehende Boot befürchtete, brach er das Geschützfeuer auf das zweite Ziel ab und wandte sich dem dritten zu, das sofort tauchte. Laut ASDIC war es mittlerweile in Peilung 160° nur noch 650 Meter entfernt, und Chesterman begann den Anlauf, um seine letzte Wasserbombe zu werfen, aber der ASDIC-Bediener verlor den Kontakt, bevor der Angriff zu Ende gebracht werden konnte. Inzwischen hatte die *Tay*, der Chesterman seine drei Kontakte gemeldet hatte, um 0349 über Funk befohlen: »*Sunflower* unterstützt *Snowflake*.«

Die *Snowflake* begann eine ASDIC- und Radarsuche an den drei letzten bekannten Positionen der getauchten Boote. Chesterman befand sich auf seiner Station in der Mitte der Kompaßplattform, links neben sich Sprachrohre, das ASDIC-Gerät und den Koppeltisch, rechts das Radarsichtgerät. Um 0354 Uhr entdeckte das Radar ein viertes Boot – aufgetaucht, nur wenig aus dem Wasser ragend und scheinbar gestoppt, denn die Entfernung nahm schnell ab. Die Sicht war schlecht. Um 0400 Uhr, als die Entfernung auf 90 Meter gesunken war, ließ Chesterman den Steuerbordscheinwerfer einschalten. Im weißen Lichtstrahl erschien direkt voraus ein am Turm schwer beschädigtes U-Boot, das aber noch fuhr und schnell nach Steuerbord

Im Hauptquartier des BdU studiert Großadmiral Dönitz (zweiter von rechts) Seekarten eines operativen Einsatzes zusammen mit (von links) seinem Schwiegersohn und Stabsmitarbeiter Fregattenkapitän Günter Hessler, Kptlt. Hans-Jürgen Auffermann, dem Kommandanten von U-514 (das Boot nahm an den Einsätzen gegen ONS.5 teil) und dem Chef des Stabes, Konteradmiral Eberhard Godt. *Bibliothek für Zeitgeschichte, Stuttgart*

Kptlt. Horst von Schroeter, Kommandant von U-123, das im April und Mai 1943 vor Freetown in Westafrika operierte. *Vizeadmiral von Schroeter*

Kptlt. Werner Henke, Kommandant von U-515, das in der Nacht 30. April/1. Mai einen Versenkungsrekord erzielte. *Bibliothek für Zeitgeschichte Stuttgart*

Kptlt. Heinrich Hasenschar, Kommandant von U-628, das den Konvoi ONS.5 beschattete. *Bibliothek für Zeitgeschichte Stuttgart*

Kptlt. Ulrich Folkers, Kommandant von U-125, das in der Nacht vom 5. auf den 6.Mai von HMS Oribi gerammt wurde. *Bibliothek für Zeitgeschichte, Stuttgart*

Fregattenkapitän Ottoheinrich Junker, Kommandant von U-532, das an den Kämpfen um ONS.5 teilnahm. *Bibliothek für Zeitgeschichte, Stuttgart*

Kptlt. Hartwig Looks, Kommandant von U-264, das an den Kämpfen um ONS.5 teilnahm. *Bibliothek für Zeitgeschichte, Stuttgart*

Kptlt. Harald Gelhaus (mit weißem Mützenbezug), Kommandant von U-107, das am 1. Mai die Port Victor versenkte. Hier läuft das Boot gerade aus Lorient aus. *Bibliothek für Zeitgeschichte, Stuttgart*

Ein Boot des Typs IX beim Ein-
laufen mit Versenkungswimpeln.
*Bibliothek für Zeitgeschichte,
Stuttgart*

Die U-Boot-Bunker in Brest. *Bibliothek für Zeitgeschichte, Stuttgart*

Ein VIIC-Boot beim Auslaufen. Achteraus vom Boot sind die Dieselabgase erkennbar. Die Aufnahme wurde von einem begleitenden Minenräumboot geschossen.
Bibliothek für Zeitgeschichte, Stuttgart

Kptlt. Werner Henke (mit weißem Mützenbezug) beim Einlaufen mit U-515 am 24. Juni in Lorient. Er hatte nach dem großen Erfolg am 30. April/1. Mai nur noch ein weiteres Schiff versenkt. *Bibliothek für Zeitgeschichte, Stuttgart*

Drei Besatzungsmitglieder schlafen, während zwei andere im vorderen Torpedoraum arbeiten. *Bibliothek für Zeitgeschichte, Stuttgart*

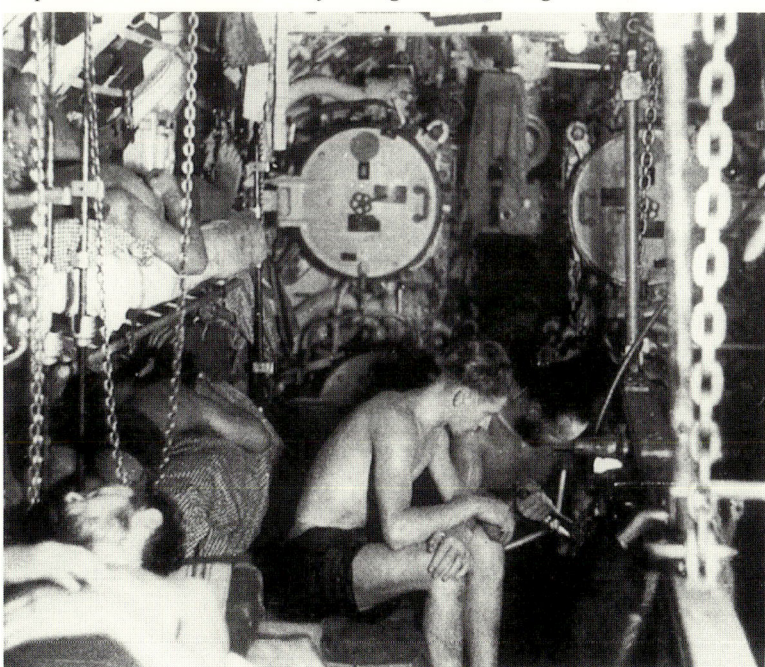

Ein Konvoi auf See, wie ihn die Flieger des britischen Küstenkommandos sahen.
Imperial War Museum

Die Konferenz vor der Abfahrt eines Konvois. Der Konvoikommodore weist die Kapitäne in den geplanten Ablauf der Überfahrt ein. *Bibliothek für Zeitgeschichte, Stuttgart*

Der britische Frachter *Clan Macpherson,* 6940 BRT, eins der sieben Schiffe, die von Werner Henke in der Nacht vom 30. April auf den 1. Mai 1943 versenkt wurden. *Bibliothek für Zeitgeschichte, Stuttgart*

Der amerikanische Frachter *West Madaket,* einer der Nachzügler von ONS.5, der von U-584 torpediert und dann von HMS Pink endgültig versenkt wurde. *Bibliothek für Zeitgeschichte, Stuttgart*

HMS *Tay. Imperial War Museum*

HMS *Duncan. Imperial War Museum*

HMS *Snowflake. Imperial War Museum.*

Commander Peter W. Gretton, Kommandeur der Eskortgruppe B7, zwischen zwei
Kommandanten, Lieutenant Raymond S. Hart, Royal Navy (links, HMS *Vidette),* und Lieutenant
Commander J. Plomer, RCNVR (rechts, HMS *Sunflower). Imperial War Museum*

Lieutenant Robert Atkinson, RNR,
Kommandant von HMS *Pink. Sir Robert
Atkinson*

Lieutenant Harold G. Chesterman,
Kommandant von HMS *Snowflake.
Imperial War Museum*

Besatzungsmitglieder der Schwesterschiffe HMS *Snowflake* (links) und HMS *Sunflower* im
Hafen. *Imperial War Museum*

Admiral Sir Max Horton, der Befehlshaber der Western Approaches, vor der Lagedarstellung an einer Wand im Derby House, Liverpool. *Bibliothek für Zeitgeschichte, Stuttgart*

WRENS (Women's Royal Naval Service) korrigieren die Konvoi- und Geleitfahrzeugpositionen auf der Lagedarstellung. *Bibliothek für Zeitgeschichte, Stuttgart*

Ein Hedgehog-Werfer. *Imperial War Museum*

Eine Wasserbombe auf einem Werfer auf HMS Sunflower. *Imperial War Museum*

Die Wassersäule einer Wasserbombe. *US Navy*

Eine Fairey Swordfish Mark I mit
Scheinwerfer und ASV-Radar. *Imperial War
Museum*

Eine Vickers Wellington Mark
XIII mit ASV-Radar-Anten-
nen. *Imperial War Museum*

Ein Langstrecken-Bomber Consolidated
B-24 Liberator mit mattweißer Unterseite,
wie sie von Professor Patrick M. S. Blackett
empfohlen worden war. *Imperial War
Museum*

Ein Consolidated PBY-5 Catalina-
Flugboot, das an einer Tonne festgemacht
hat. *Imperial War Museum*

Air Marshall Sir John C. Slessor (1897-1979), der Befehlshaber des Küstenkommandos der RAF. *Imperial War Museum*

Wing Commander Wilfrid Ewart Oulton (1911-1997) vom 58. Geschwader der Gruppe 19 des Küstenkommandos der RAF, der im Mai 1943 in der Biskaya die meisten Erfolge erzielte. *Imperial War Museum*

Lieutenant Junior Grade William R. »Champ« Chamberlain, US Navy, der vier Wasserbomben auf U-569 warf, das sich ergab und selbst versenkte. *US Navy*

Captain D. V. Peyton Ward, der dienstälteste Verbindungsoffizier der Royal Navy beim Küstenkommando. *Imperial War Museum*

Stephen Raushenbush. *Mrs. Stephen Raushenbush*

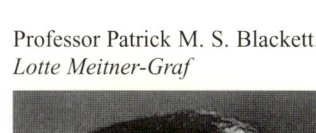

Professor Patrick M. S. Blackett. *Lotte Meitner-Graf*

Suadron Leader Humphrey de Verde »Sammy« Leigh, der Erfinder und Entwickler des Leigh-Lichts. *Imperial War Museum*

Ein Leigh-Licht an der Tragfläche eines Liberator-Bombers des Küstenkommandos. *Imperial War Museum*

Am 14. Mai warf das Flugboot PBY-5A »K« vom Geschwader VP-84 des Marinefliegerhorstes der US Navy auf Island diese streng geheime »Mine« Mark XXIV auf ein in Position 60°10' N, 31°52' W tauchendes U-Boot. Die Abwurfhöhe betrug 66 Meter. Der Torpedo fand sein Ziel jedoch nicht. *Imperial War Museum*

Am 15. Mai warf Wing Commander Wilfrid Oulton, der die Halifax »M« des 58. Geschwaders flog, sechs Wasserbomben auf U-266 (Kptlt. Ralf von Jessen). U-266 war das erfolgreichste Boot beim Kampf um ONS.5. Das Boot sank mit dem Heck voran, der Bug ragte senkrecht aus dem Wasser, wie hier auf dem Foto zu erkennen ist, das über einen Rückspiegel aufgenommen wurde. Das hintere Rad des Flugzeuges ist ebenfalls zu erkennen. *Imperial War Museum*

ablief. Chesterman ließ das Ruder hart Steuerbord legen, um es zu rammen. Gleichzeitig ließ er aus jeder verfügbaren Waffe auf das U-Boot schießen, wobei eine ganze Reihe von Treffern erzielt wurden. Das U-Boot wich aus und konnte verhindern, daß es vom Steven der *Snowflake* gerammt wurde. Doch die *Snowflake* hatte einen engeren Drehkreis als das U-Boot und setzte sich mit langsamer Fahrt dicht neben die Steuerbordseite des Boots. Deck und Turm des U-Boots lagen im Licht der Backbordscheinwerfer und eines großen Signalscheinwerfers.

Aus der Nähe bemerkte Chesterman, daß das U-Boot mit dem Heck tief im Wasser lag. Der Turm war beschädigt, die Periskophalterungen waren verbogen, und achtern fehlte ein Mannlochdeckel. Das Boot war so dicht bei, daß die Geschütze der *Snowflake* nicht tief genug gesenkt werden konnten, um es zu beschießen. Chesterman befahl einen langsamen Rückzug. Als die Korvette Abstand gewann, sackte das U-Boot achtern noch tiefer, Luftblasen stiegen aus der nun unter Wasser liegenden offenen Luke. Einige Besatzungsmitglieder sprangen außenbords, andere standen auf dem Vorschiff, und wieder andere, die wohl entschlossener und kampfwütiger waren, versuchten zum vorderen Geschütz zu gelangen, was die Oerlikons und 40-mm-Geschütze der *Snowflake* jedoch verhinderten. Auf dem schwer beschädigten Turm stand ein Offizier, der mit den Armen winkte, um den Beschuß zu beenden oder weil er sich ergeben wollte. Als er keine Antwort erhielt, sprangen alle ins Wasser.

Nach dieser Versenkung glaubte Chesterman eine Zeitlang, er habe sich am U-Boot den Backbordschlingerkiel verbogen, aber bei näherer Prüfung stellte sich heraus, daß das nicht der Fall war. Plötzlich waren aus dem sinkenden Boot Explosionen von fünf Selbstversenkungssprengungen zu hören, von denen die erste besonders laut war. Die *Snowflake* strich mit ihrem Scheinwerfer über die Überlebenden; ein paar saßen in einem kleinen Schlauchboot, aber die meisten schwammen in einem großen Ölflecken. Da inzwischen auch die *Sunflower* den Ort der Versenkung erreicht hatte, dachte Chesterman, daß er einige Überlebende an Bord nehmen könnte, die in St. John's verhört werden könnten. Er schlug es über Funk der *Tay* vor. Rettung, das war zweifellos das, was die Männer im Wasser erhofft hatten, als sie ihr Boot aufgaben. Sherwoods Antwort über Funk war so tödlich wie lakonisch: »Aufnahme von Überlebenden wird nicht genehmigt.« Wenngleich Sherwood seine Entscheidung nicht begründete, hatte er es wahrscheinlich für zu gefährlich gehalten, wenn die Korvette mitten im Gefecht gestoppt im Wasser gelegen und Überlebende gerettet hätte.

Nach kurzer Zeit zeigte sich im Licht der Scheinwerfer der *Snowflake*, daß die *Sunflower* allzu nah herangekommen war, und beide Korvetten legten hart Ruder, um eine Kollision zu vermeiden. Ein Zusammenstoß wäre höchst bedauerlich gewesen, denn Chesterman und Plomer führten Schwesterschiffe, die einander so vertraut waren, daß sie innerhalb der Eskortgruppe B7 häufig als *Snowflower* und *Sunflake* bezeichnet wurden. Die *Snowflake* dampfte zusammen mit der *Sunflower* weiteren Radar- und ASDIC-Echos entgegen und ließ die achtundvierzig Mann von U-125, also jenem Boot, das vorher von der *Oribi* gerammt worden war, in der Dünung zurück, in der schon so viele Leichen trieben.[9] Die panische Angst, von der die U-Boot-Besatzung ergriffen wurde, als sie ihre letzte irdische Hoffnung im Nebel entschwinden sah, entzieht sich der Beschreibung.

Die Funksprechkladde der *Snowflake* zeugt von der guten Zusammenarbeit der beiden Korvetten:

AN TAY VON SNOWFLAKE:
>*Radarkontakt Richtung acht Uhr.«* 0330.
>*U-Boot ist getaucht, jage ein anderes.«* 0340.
>*Zweites U-Boot ist getaucht. Jage drittes.«* 0345.
 >*Greife mit Wabos an. Letzte Wabo.«* 0346.
AN GRUPPE B7 VON TAY:
>*Sunflower unterstützt Snowflake.«* 0349.
AN TAY VON SNOWFLAKE:
>*Greife nicht mit Wabos an. Alle drei sind jetzt getaucht. Habe keinen Kontakt. Gehe wieder auf Station.«* 0350.
AN SNOWFLAKE VON SUNFLOWER:
>*Soll ich zur Unterstützung kommen?«* 0352.
AN SUNFLOWER VON SNOWFLAKE:
>*Ja. Radarkontakt in Peilung zwei-sechs-null, dreitausend Yards.«* 0354.
AN SNOWFLAKE VON SUNFLOWER:

»Ich gehe hinter Ihnen durch und untersuche.« 0356.

AN SUNFLOWER VON SNOWFLAKE:

»Habe U-Boot gerammt. Bitte kommen Sie.« 0401.

»Halten Sie mich auf dem Radar?« 0403.

AN SNOWFLAKE VON SUNFLOWER:

»Bin zu Ihnen unterwegs.« 0405.

AN TAY VON SNOWFLAKE:

»Soll ich Überlebende auffischen?« 0407.

AN SNOWFLAKE VON SUNFLOWER:

»Habe Sie auf Radar, Peilung drei-eins-fünf, Entfernung drei-fünf-null-null-Yards.« 0410.

AN SUNFLOWER VON SNOWFLAKE:

»Untersuche jetzt weiteres Echo und verlasse Überlebende.« 0411.

AN SNOWFLAKE VON TAY:

»Aufnahme von Überlebenden wird nicht genehmigt.« 0412.

AN SNOWFLAKE VON SUNFLOWER:

»Bin in Ihrer unmittelbaren Nähe.« 0413 (die Uhrzeit der Beinahekollision).

AN SUNFLOWER VON SNOWFLAKE:

»Entschuldigung. Gehe wieder auf Station. Freut mich, daß keiner von Ihren Leuten verletzt ist. Habe noch eine Wabo für ein U-Boot.« 0417.

AN SUNFLOWER VON SNOWFLAKE:

»Gute Arbeit. Nicht der Rede wert. Wohin geht's jetzt?« 0418.

AN SUNFLOWER VON SNOWFLAKE:

»Untersuche Unterwasserkontakt.« 0419

AN SNOWFLAKE VON SUNFLOWER:

»Peile Sie in null-neun-null, zweitausend Yards. Folge Ihnen.« 0423.[10]

Nach diesem Sprechfunkverkehr warf die *Snowflake* ihre letzte Wasserbombe und ging dann wieder auf ihre Station am Konvoi.

Nach seinen fünf abendlichen Angriffen zwischen 2039 und 2218 Uhr hatte sich der Zerstörer *Offa* von der EG3 wieder auf seine Station an Steuerbord vor dem Konvoi begeben. Die *Vidette*, die ihn unterstützt hatte, war etwa um Mitternacht gegen drei U-Boote vorgegangen. Um 0200 Uhr war die *Offa* auf die Backbordseite des Konvois gedampft, um eine Kursänderung auf 156° abzudecken. Dabei bekam sie einen Radarkontakt, verlor ihn, stellte ihn gegen 0300 Uhr in Peilung 258°, Entfernung 4000 Meter, wieder her und hielt ihn. Die Amplitude des Echos auf dem Radargerät vom Typ 272 deutete klar auf ein U-Boot hin; nach dem Plot des Zerstörers lief es 12 Knoten mit Kurs 190°. Der Kommandant der *Offa*, McCoy, erhöhte die Fahrt auf zwanzig Knoten und ließ 210° steuern, um das Boot abzufangen. Um 0312 Uhr, das Boot war noch 450 Meter entfernt, verschwand der Radarkontakt im Nahbereichsrauschen, aber die Horchanlagen erfaßten in derselben Peilung das charakteristische hochfrequente Geratter schnelllaufender Diesel. Um 0314 Uhr wurde das Geräusch schwächer, und McCoy dachte schon, das U-Boot sei getaucht. Er änderte den Kurs leicht nach Steuerbord, und bald darauf sichteten die Ausgucks ein Kielwasser. Das U-Boot war also doch nicht getaucht; die Horchanlagen meldeten auch wieder laute Geräusche. McCoy holte nach Backbord aus, verließ das Kielwasser und ging auf einen Kurs parallel zum U-Boot. Um 0315 Uhr ließ er den großen 50-cm-Signalscheinwerfer einschalten.

Hell erleuchtet stand an Steuerbord voraus in 90 Metern Abstand ein hellgrau gestrichenes VIIC-Boot, das offenbar teilweise geflutet war, denn das Achterschiff lag unter Wasser. Hinter dem Turm befand sich ein »Metallgerüst«, womit offenbar der *Wintergarten* gemeint war. Die *Offa* eröffnete mit den Steuerbord-Oerlikons das Feuer; das Hauptkaliber und die 40-mm-Geschütze konnten ihre Rohre nicht weit genug senken, um das Ziel anzuvisieren. Am Turm des U-Boots wurden mehrere Einschläge beobachtet. Um 0316 begann das Boot mit dem Alarmtauchen, und McCoy befahl: »Hart Steuerbord!«, um es zu rammen. Der Bug des Zerstörers drehte, aber das U-Boot tauchte bei acht Knoten Fahrt steil ab, und der Turm verschwand ungefähr in Höhe der Brücke des Zerstörers im Wasser. McCoy konnte den Rumpf des U-Boots unter sich im Wasser sehen, als die *Offa* über es hinwegfuhr. In seinem Gefechtsbericht beschrieb er, was weiter geschah:

Ich gab dann Befehl, Wabos zu werfen. Aber das ging leider schief. Beim Anlauf hatte ich zwei Befehle an die Werfer gegeben, beim ersten Mal: »Klar bei Backbordwerfer«, und beim zweiten Mal: »Klar bei Steuerbordwerfer.« Als ich aber hart Ruder legen ließ, wurde klar, daß nur die Steuerbordwerfer benötigt werden würden, also gab ich den Befehl: »Klar bei Steuerbordwerfer.« Die Wabos an Steuerbord wurden auch richtig geworfen, als ich dann aber befahl: »Alle Bomben werfen«, war der Mann am Hebel so damit beschäftigt, daß er nur die Steuerbordbomben werfen sollte, daß er nicht die erforderlichen Hebel betätigte, um alle zu werfen. So wurde nicht der ganze Teppich geworfen, der richtig über dem U-Boot plaziert gewesen wäre. Dadurch wurde die sichere Vernichtung des Bootes verpaßt.

Obwohl dieser Fehlschlag »ärgerlich« war, wie McCoy an anderer Stelle feststellte, und Admiral Horton später »die Nichtausführung eines Befehls durch einen Mannschaftsdienstgrad in einem kritischen Augenblick« beklagte, galt McCoy doch das Lob des Befehlshabers der Western Approaches, der ihm bestätigte, daß er die Situation »in sehr gekonnter Weise« gemeistert habe. Zudem hatten die Wasserbomben aus den Steuerbordwerfern genügt, um dem U-Boot leichte Schäden zuzufügen, was damals allerdings keiner von beiden wissen konnte. Das Boot war, wie sich später herausstellte, U-223 (Oblt. Karljüng Wächter) gewesen. Diesmal noch mit leichten Schäden davongekommen, wurde es am 12. Mai tatsächlich gerammt, überlebte aber wieder, bis es schließlich am 30. März 1944 vier britischen Kriegsschiffen zum Opfer fiel.[11]

Am 5. Mai um 2240 Uhr stand Lieutenant Commander Plomers *Sunflower* auf Station M Backbord voraus vor dem Konvoi, als das Radar aus 3900 Metern Entfernung ein Echo empfing. Die *Sunflower* änderte den Kurs und lief mit 14 Knoten auf den Kontakt zu. Daraufhin tauchte das U-Boot, wurde aber mit ASDIC weiterverfolgt. Als die Entfernung nur noch zweihundert Meter betrug, begann sich das Echo von links nach rechts zu bewegen. Die Korvette folgte und warf einen Zehner-Teppich Wasserbomben. Plomer nannte es später »unseren besten Wabo-Angriff, fast wie bei einer Übung«. Kurz bevor um 2251 Uhr die Wasserbomben ins Wasser fielen, hatte die *Sunflower* einen weiteren Radarkontakt in 3100 Meter Entfernung. Plomer entschloß sich, den neuen Kontakt sofort anzugreifen. Dabei erhielt er eine ASDIC-Warnung vor einem Torpedo, der von 20° an Backbord kam. Plomer konnte den Torpedo an der Backbordseite vorbeilaufen sehen. Wieder erfaßte das Radar einen weiteren Kontakt, diesmal in 2600 Meter Entfernung, aber Plomer entschied sich dafür, das U-Boot weiterzuverfolgen, das ihn angegriffen hatte. Um 2258 Uhr sichtete er es dicht voraus.

Das Geschütz der *Sunflower* eröffnete das Feuer, bis bei der dritten Salve die Treibladung im Patronenlager klemmte. Da die Hauptbewaffnung ausgefallen war, änderte Plomer um 2305 Uhr den Kurs nach Steuerbord und versuchte, den Radarkontakt, den er vierzehn Minuten zuvor entdeckt hatte, unter Wasser zu drücken. Zwei Minuten später meldete der ASDIC-Bediener mehrere anlaufende Torpedos, offenbar ein Fächer, der von dem Boot kam, das er gerade verfolgt hatte. Indem sie hart nach Backbord steuerte, schaffte es die *Sunflower,* bis auf dreißig Grad in die Torpedolaufrichtung zu drehen, so daß der Fächer an der Backbordseite vorbeisauste. Plomer meldete um 2312 Uhr an die *Tay*: »Habe Jagd abgebrochen, zwei Sprenggranaten geschossen, aber nichts erreicht.« Zwei Minuten später wurde das Geschütz wieder klar gemeldet, und Plomer entschloß sich, wieder am Spiel teilzunehmen. In den nächsten dreieinhalb Stunden jagte er fünf Kontakte, feuerte auf eins der Ziele eine Hedgehog-Salve und warf auf ein anderes einen Fünfer-Teppich Wasserbomben, was beides ohne Ergebnis blieb. Nach Ansicht der NHB/MOD waren beide Angriffe möglicherweise auf das gleiche Ziel gerichtet: U-954 (Kptlt. Odo Loewe).

Um 0443 Uhr, als sie wieder auf der Station N war – 60° an Backbord voraus vom Konvoi –, hatte die *Sunflower* einen sicheren ASDIC-Kontakt in 1100 Meter Entfernung. Wie sich herausstellte, fuhr das U-Boot tatsächlich über Wasser. Plomer näherte sich dem Ziel mit 14 Knoten bei knapp 300 Metern und entdeckte das U-Boot an Backbord querab über Wasser; sein Kurs lief auf den der Korvette zu. Als auf der *Sunflower* die Scheinwerfer aufleuchteten, begann es sofort zu tauchen. Plomer befahl: »Hart Backbord und äußerste Kraft Voraus!« Kurz vor der Kollision ließ er nach »Hart Steuerbord« umlegen, dann rammte die Korvette das U-Boot, nach Plomers Beschreibung, zwischen Turm und Heck und rutschte auf den Rumpf des Boots wie ein Eisbrecher auf Eis. Als sie über das Boot hinweg war, warf sie zwei flach eingestellte Wasserbomben. Einen Augenblick vor ihrer Detonation hörte die Besatzung der Korvette deutlich eine andere »schwere Explosion«.

Plomer war überzeugt, daß das U-Boot in zwei Teile zerbrochen war, denn seine beiden ASDIC-Kuppeln unter dem Schiff waren unbeschädigt. Das letzte, was er von dem U-Boot sah, war das Heck, das in einem Winkel von 45° etwa 2,5 Meter aus dem Wasser ragte. Alle Geschütze, die das Ziel treffen konnten, feuerten. Da auf dem ASDIC kein Kontakt mehr zu erkennen war und Plomer überzeugt war, daß das U-Boot gesunken war, nahm er Kurs zurück zum Konvoi. Zuschauer dieses Gefechts waren die am Vortag von der *Sunflower* aufgefischten Überlebenden der *Dolius* gewesen, und Kapitän Cheetham kommentierte: »Mir und meiner Besatzung hat das viel Spaß gemacht.« Während das ASDIC der Korvette betriebsbereit war, entdeckte man bald andere bei der Kollision entstandene Schäden. Die Vorpiek hatte ein Leck, und an die *Tay* gab die *Sunflower* über Sprechfunk durch: »Ich steuere schlecht, weil der Kreisel ausgefallen ist und der Magnetkompaß stark erschüttert wurde. Bitte gebührenden Abstand halten. 0505 Uhr.«

In seinem Gefechtsbericht gab Plomer als Ergebnis seines Angriffs »Vernichtung« an. Captain J. M. Rowland, der Vorgesetzte von Plomer in Neufundland, bewertete den Einsatz ebenfalls als Versenkungserfolg. Das Komitee zur Bewertung von Erfolgen bei Kampfhandlungen mit U-Booten bemängelte jedoch, daß Plomers Bericht keine Angaben über äußere Schäden an der Korvette, über Wrackteile, Ölflecken oder Überlebende im Wasser enthielt. Es bezweifelte, daß das U-Boot wirkungsvoll gerammt, geschweige denn in zwei Teile zerschnitten worden war. Wahrscheinlicher war für das Komitee, »daß das U-Boot bei einer streifenden Kollision abgerutscht ist«. Der Vermutung einer Explosion im Innern des U-Boots schenkte es ebenfalls keinen Glauben. Was die zwei Wasserbomben betraf, hielt man es für unwahrscheinlich, daß sie im tödlichen Nahbereich des U-Boots detoniert waren. Die am 21. Juni 1943 abgegebene Beurteilung lautete daher: »U-Boot vermutlich leicht beschädigt.«[12] Doch so genial, wie es den Anschein hat, war die Bewertung des Komitees womöglich nicht, denn eins seiner Mitglieder fragte stets Rodger Winn im Lagezimmer der Admiralität nach seiner Meinung, und obwohl Winn dem Komitee nie direkt Enigma-Informationen gab, so ist doch heute klar, daß er schon vor dem Zusammentreten des Komitees den Text eines Funkspruchs von U-533 (Oblt. Helmut Henning) an den BdU in Händen gehalten hatte, der am 6. Mai um 1137 Uhr aufgefangen und am 9. Mai um 1917 Uhr entschlüsselt worden war:

BIN ACHTERN VON ZERSTÖRER GERAMMT WORDEN, DER PLÖTZLICH AUS DEM NEBEL AUFTAUCHTE. WURDE VON SCHEINWERFER ANGELEUCHTET. WASSERBOMBEN. ZIEHE MICH ZU REPARATUREN ZURÜCK. BOOT WIRD IN 18 STUNDEN WIEDER EINSATZBEREIT SEIN. QU AJ 8683.[13]

Um 1000 Uhr tauchte U-533 auf und zog sich auf Kurs 90° nach Osten zurück, um die notwendigen Reparaturen durchzuführen. Diese waren um 1800 Uhr erledigt, und das Boot lief weiter nach Osten und später Nordosten. Am 7. Mai schloß es sich sechzehn anderen Booten des ehemaligen »Fink«-Rudels an, die jetzt das Rudel »Elbe« bildeten und zusammen mit dem aus den Booten von »Amsel« III und IV gebildeten Rudel »Rhein« einen 550 Meilen langen Streifen quer über die erwartete Kurslinie von HX.237 und SC.129 besetzten (siehe Kapitel 10).[14]

Bei Tagesanbruch des 6. Mai näherten sich vier der fünf Schiffe der Eskortgruppe 1 (EG1), das Geleitboot *Pelican* und die Fregatten *Wear*, *Jed* und *Spey*, von Südwesten dem Konvoi ONS.5. Der langsamere Kutter *Sennen* war auf anderem Kurs unterwegs, um die *Pink* zu unterstützen. In Dwarslinie, mit vier Meilen Abstand, durchschnitten die Steven der Schiffe auf Kurs 030° mit 16 Knoten Nebel und Dünung. Durch mehrere Kurzwellenfunksprüche wurden die zur Verstärkung anmarschierenden Schiffe anhand von HF/DF-Peilungen direkt zum Konvoi geführt. Um 0550 Uhr meldete die *Wear*, der Konvoi sei in Peilung 330° noch acht Meilen entfernt. EG1 befand sich damit im Bereich des »Fink«-Rudels. Ihr befehlshabender Offizier, Commander Godfrey N. Brewer, der auf der *Pelican* fuhr, hatte nach Kriegsausbruch zunächst ein Jahr auf See verbracht, bevor er als Planungsoffizier für Konvois in die Admiralität versetzt worden war, wo er das umfassende Gesamtbild der Konvoikriegführung kennengelernt hatte. Im Frühjahr 1942 »flüchtete« er wieder auf See, wie er selbst es ausdrückte, und kehrte mit EG1 zum Geleitschutzdienst auf dem Atlantik zurück.

Um 0552 Uhr hatte die *Pelican* einen Radarkontakt in Peilung 040°, Entfernung 4800 Meter. Nachdem der Kontakt als »U-Boot« klassifiziert worden war, hielt Brewer darauf zu, wobei er ihn etwa 10° an Steuerbord hielt, um das Ziel nicht in den toten Winkel direkt voraus gelangen zu lassen. An Peilung und Annäherungsgeschwindigkeit konnte man schnell erkennen, daß das U-Boot auf Gegenkurs lief. Brewer dachte sich, daß es entweder gerade vom Konvoi abgedrängt worden war oder sich vor den Konvoi setzen wollte, um diesen am Tag getaucht von vorn angreifen zu können. Als sich die Entfernung um 0557 Uhr auf 2800 Meter verringert hatte, begann die *Pelican* schwache Geräusche in Peilung 160° zu hören, und wenige Minuten später, bei einer Entfernung von 450 Metern, sichteten die Ausgucks Steuerbord voraus eine Bugwelle.

Um 0607 Uhr kam das U-Boot im Abstand von knapp 300 Metern durch den Nebel in Sicht. Es steuerte 180° mit etwa neun Knoten, wie Brewer aus der relativen Annäherungsgeschwindigkeit ermittelt hatte. Seiner Beobachtung nach handelte es sich um ein »normales, dunkel gestrichenes 570-Tonnen-Boot vom Typ VIIC«. Als es noch 100 Meter entfernt war und eben an Backbord voraus stand, führte das U-Boot Alarmtauchen durch und drehte dabei nach Backbord. Gleichzeitig eröffneten die Geschütztürme A und B und die Backbord-Oerlikon der *Pelican* das Feuer. Brewer drehte ebenfalls hart nach Backbord und fuhr mit dem Steven durch den Tauchwirbel des U-Boot-Turms. Als er genau darüber war, warf er einen Zehner-Teppich Wasserbomben mit Tiefeneinstellungen von 15 und 45 Metern. Nach den Detonationen wurde mit ASDIC ein »schwaches Echo geortet, das nur schwer zu halten war«. Etwa eine Minute später beobachteten der aufsichtführende Offizier und die Wabomannschaft an der Explosionsstelle der Wasserbomben »zwei kleine Wassersäulen wie bei Geschoßeinschlägen«. Brewer machte kehrt, um einen zweiten Angriff zu fahren. Während des Anlaufs, bei dem der Kontakt langsam nach rechts auswanderte, waren im Horchgerät seltsame

Geräusche zu hören, etwa wie ein Echolot, das ein- und ausgeschaltet wurde. Diesmal verließen neun Wabos, die auf 45 und 90 Meter eingestellt waren, die Werfer. Danach war weder mit ASDIC noch mit anderen Mitteln etwas zu entdecken.

Anderthalb Minuten später hörte die *Pelican* zusammen mit den gleichen Geräuschen wie zuvor drei schwache, aber deutliche Explosionen. Weitere neun Minuten waren wiederum zwei Explosionen zu vernehmen, und das in mehrfacher Hinsicht, denn die zweite erschütterte das ganze Schiff. Keine dieser Explosionen, so merkte Brewer an, klang wie die Explosion eines Torpedos oder einer Wasserbombe. Obwohl die *Pelican* nach diesem Einsatz ein Suchmuster »Observant« durchführte, wurden weder Wrackteile noch Öl oder Überlebende gesichtet. Aber aufgrund der Umstände war es Brewers »wohlüberlegte Meinung«, daß er wahrscheinlich ein U-Boot versenkt hatte. Am 28. Juni 1943 stimmte das zuständige Komitee ihm zu, insbesondere, weil von dem betroffenen U-Boot nie wieder etwas gehört wurde (was Dönitz und Godt bereits am Abend des 6. Mai feststellten). Die NHB/MOD kommt bei ihrer Neubewertung zum selben Urteil. Das Opfer war U-438 (Heinsohn), das schon am Nachmittag des 4. Mai durch die Canso »A« des 5. Geschwaders aus Gander beschädigt worden war. Brewer stellte fest: »Das war ein Musterbeispiel dafür, wie eine im richtigen Moment eintreffende Unterstützungsgruppe einen totalen Überraschungserfolg erzielt.«[15]

Sicher hätte Brewer das Gebiet weiter absuchen können, um andere Boote aufzuspüren, aber ONS.5 brauchte dringend unmittelbaren Schutz, und die Verteidigung des Konvois hatte nach Konvoianweisungen Vorrang vor der Jagd auf U-Boote. Nachdem EG1 eingetroffen war, entschied McCoy auf der *Offa*, daß er den anderen Zerstörer von EG3, die *Oribi*, so schnell wie möglich aus dem Gefahrengebiet geleiten und nach St. John's bringen sollte: Bei Tagesanbruch standen auf der *Oribi* infolge des Rammstoßes sowohl die Vorpiek als auch die Lagerräume unter Wasser. Also trennte sich die *Offa* um 0809 Uhr zusammen mit der *Oribi* vom Verband. In einem Funkspruch lobte McCoy Ingram persönlich: »Sie haben sich in den letzten 24 Stunden verdammt gut geschlagen.« Die beiden Zerstörer erreichten am 8. Mai um 1215 Uhr den sicheren Hafen.[16]

Die Eskortgruppe B7, die am Konvoi zurückblieb, war nach den Nachtgefechten von Ermüdung gezeichnet und litt unter Kraftstoffmangel. Hinzu kam, daß die *Sunflower* nach der Kollision mit U-533 beschädigt war, die *Snowflake* keine Wasserbomben mehr hatte und auf der *Tay* das ASDIC ausgefallen war. Voll funktionstüchtig waren nur noch die *Vidette* und die *Loosestrife*. Deshalb nahmen die *Pelican* und die *Jed* Stationen vor dem Konvoi ein, während die *Spey* und die *Wear* auf Brewers Befehl zwanzig Meilen hinter dem Konvoi nach U-Booten suchten. Wesentlich später, um 2300 Uhr, stieß die langsame *Sennen* zur *Pink*, die immer noch die vier Nachzügler beschützte.[17]

Auf der Fahrt zu ihrem Treffpunkt, die sie im Westen am Konvoi vorbei führte, hatte die *Sennen* zwei Radarkontakte, den einen um 0740 Uhr und den anderen fünf Stunden später um 1244 Uhr, und so konnten der 1546 Tonnen große ehemalige Kutter der US-Küstenwache, bei der er den Namen *Champlain* getragen hatte, und sein Kommandant, Lieutenant Commander F. H. Thornton, doch noch an den letzten Gefechten um ONS.5 teilnehmen. Der erste Kontakt wurde in Peilung 289°, Entfernung 3700 Meter, entdeckt. Vier Minuten später sichtete die *Sennen* ein U-Boot, das in Entfernung 2300 Meter tauchte. Weitere dreieinhalb Minuten später hatte das ASDIC-Gerät Kontakt, und Thornton fuhr um 0753½ Uhr einen Angriff mit einem Zehner-Teppich Wabos mit Tiefeneinstellungen von 45 und 90 Metern. Danach hatte die *Sennen* noch dreimal Kontakt, verlor ihn aber jedesmal wieder, schließlich gab sie auf und nahm wieder Kurs auf die *Pink*. Thornton glaubte, daß der Angriff nicht erfolgreich war: »Der Teppich wurde zu spät geworfen, weil die ASDIC-Werte nicht gut waren, und wahrscheinlich waren die Bomben auch zu flach eingestellt.«[18] Die NHB/MOD stimmt dem in ihrer Neubewertung zu, der zufolge der Kontakt der *Sennen* U-650 (von Witzendorff), der Fühlunghalter der Gruppe »Star«, gewesen war.[19]

Der zweite Radarkontakt der *Sennen* führte zu einer langwierigeren Verfolgung, da der muntere Kutter nicht weniger als fünf Angriffe auf das Ziel fuhr, zwei davon mit Hedgehog und drei mit Wasserbomben (1255, 1342, 1405, 1436, 1522 Uhr). Wie im vorherigen Fall wurde das U-Boot während des Tauchvorganges gesichtet, diesmal schon auf 3700 Meter. Nach den ASDIC-Werten schoß Thornton zuerst eine Hedgehog-Salve, der jedoch keine Explosion folgte;

danach griff er mit Wabos an, die auf 45 und 110 Meter eingestellt waren. Als nächstes versuchte er es erneut mit Hedgehog-Projektilen, aber wiederum ohne Explosionen, und zum Schluß unternahm er noch zwei Wabo-Angriffe, den ersten mit einem Zehner-Teppich mit Tiefeneinstellungen von 45 und 90 Metern und den zweiten mit einem Fünfer-Teppich mit einer Tiefeneinstellung von 165 Metern. Da an der Oberfläche nichts zu bemerken war, folgerte Thornton, daß das »U-Boot wohl nur kräftig durchgeschüttelt« worden war. Nach der Neubewertung der NHB/MOD wurde das U-Boot, U-575 (Heydemann), »geringfügig beschädigt«.[20] Anschließend lief Thornton auf seinem alten Kurs weiter. Er wollte nicht sämtliche Wasserbomben und Hedgehog-Munition verbrauchen, da er erfahren hatte, daß die *Pink* mit beidem knapp dran war. Außerdem hielt sich »immer noch eine große Zahl von U-Booten in der Gegend« auf.[21]

Auf ihrer Station hinter dem Konvoi hatte die *Spey* um 0940 Uhr einen Radarkontakt an Backbord voraus, Entfernung 4800 Meter, der schnell näherkam. Commander L. G. Boys Smith hielt mit Höchstfahrt auf den Kontakt zu, der kurz darauf als U-Boot klassifiziert wurde. Bei 800 Meter kam das Boot im dicken Morgennebel in Sicht. Es wechselte mit etwa zwölf Knoten von Steuerbord nach Backbord über. Für BoysSmith sah es wie ein großes italienisches U-Boot der *Dessie*-Klasse aus. Er befahl, mit dem 10-cm-Geschütz das Feuer zu eröffnen, und drehte in der Hoffnung, einen Rammstoß zu schaffen, nach Backbord. Als die *Spey* bis auf 350 Meter an das U-Boot herangekommen war, ging es in den Keller. Aber die Geschützbesatzung hatte bereits zwei klare Treffer erzielt, einen am Turmansatz und den anderen am Rumpf; ein dritter Treffer war nicht sicher. Beim zweiten Treffer flog eine Splitterwolke durch die Luft. Die 40-mm- und die Oerlikon-Geschütze deckten den Turm auch noch ein, als das Boot unter der Wasseroberfläche verschwand.

Die *Spey* hatte rasch ASDIC-Kontakt, und BoysSmith ließ mit Tiefeneinstellungen von 15 Meter für die kleinen Bomben und 50 Meter für die schweren Bomben einen Zehner-Teppich Wabos werfen. Der Angriff wurde nach Augenmaß über dem deutlich sichtbaren Tauchwirbel im Wasser angesetzt; die Werte wurden aber von der ASDIC-Anlage bestätigt. Als nach dem Angriff an Backbord achteraus wieder ASDIC-Kontakt hergestellt worden war, lief die *Spey* zum

Hedgehog-Angriff an. Dem ASDIC-Gerät zufolge war das U-Boot mit zwei Knoten auf einen anderen Kurs gegangen. Auf 450 Meter ging der Kontakt jedoch wieder verloren; offenbar war das Ziel schon sehr tief getaucht, bevor die Hedgehog-Projektile abgefeuert werden konnten. Es gab keine Explosionen. Als dann 650 Meter achteraus wieder Kontakt hergestellt wurde, griff die *Spey* zum drittenmal an, diesmal mit zehn Wasserbomben und Tiefeneinstellungen von 150 und 165 Meter. Danach kam kein Kontakt mehr zustande.

Zu diesem Zeitpunkt schloß sich die *Wear* der Jagd an. Sie hatte einen unsicheren Kontakt und konnte ihn halten, bis sie sich dem Ziel bis auf 350 Meter genähert hatte. Die *Spey* warf noch einmal zehn Wabos mit Einstellungen von 45 und 110 Metern, wonach kein Kontakt mehr herzustellen war. Nach der Meinung von BoysSmith hatten die vier Angriffe ein »unklares Ergebnis« erzielt. Das U-Boot-Komitee entschied 1943: »Wahrscheinlich leicht beschädigt.« Nach der Neubewertung durch die NHB/MOD wurde U-634 (Oblt. Eberhard Dahlhaus) durch den Beschuß mit dem 10-cm-Geschütz beschädigt, erlitt aber keinen Schaden durch die Wasserbomben. Dahlhaus' Kriegstagebuch ist zu entnehmen, daß er durch Splitter am Nacken verletzt wurde. Sein Funkspruch an den BdU lautete: »NACH AUFTAUCHEN VON ARTILLERIE EINES ZERSTÖRERS VOLL GETROFFEN. BACKBORDLUFTANSAUGESTUTZEN ABGERISSEN. SCHWERE WABO- UND FUNKMESSVERFOLGUNG.« Das Boot war auch nicht so groß, wie BoysSmith geglaubt hatte, sondern ein gewöhnliches VIIC-Boot, das noch 114 Tage bis zur seiner Vernichtung vor sich hatte.[22]

Nach diesem Angriff der *Spey* war der Kampf zu Ende. Um 1140 Uhr befahlen Dönitz und Godt den »Fink«-Booten, die Operation abzubrechen. Sie spürten das Ausmaß der Niederlage, die von den Deutschen später die »Katastrophe am Konvoi ONS.5« genannt wurde. Die Boote der Rudel »Amsel« I und II wurden in das Quadrat BC 33 (50°33′ N 39°15′ W) beordert, der Rest nach Osten verlegt, zum Teil um sich von U-461 in AK 8769 mit Kraftstoff und anderen Dingen zu versorgen.[23] Dieser Befehl war eine Anerkennung der Tatsache, daß Dönitz und Godt diese Kämpfe um ONS.5 verloren hatten; es wäre ein unentschiedener Ausgang gewesen, wenn sie die Operation schon am Abend des 5. Mai abgebrochen hätten. Verschleiert gaben sie in einem Funkspruch zu, daß sie die Operation eine Nacht zu lange hatten laufen lassen. Die beiden Admirale machten folgenden Funkspruch an ihre Kommandanten:

DIESE KONVOISCHLACHT HAT WIEDER BEWIESEN, DASS DIE BEDINGUNGEN AM KONVOI IMMER AM ANFANG AM BESTEN SIND. WER DAS ÜBERRASCHUNGSMOMENT IN DER ERSTEN NACHT AM BESTEN AUSNUTZT UND DEN ANGRIFF MIT ALLEN VERFÜGBAREN MITTELN DURCHDRÜCKT, DER IST ERFOLGREICH. NACH DEN ERSTEN SCHLÄGEN WIRD ES IMMER SCHWERER. WEITERHIN IST DA DIE UNSICHERHEIT DER WETTERENTWICKLUNG; IN DIESEM FALL HAT NEBEL IN DER ZWEITEN NACHT GROSSARTIGE GELEGENHEITEN ZUNICHTE GEMACHT. DER HARTE KAMPF, BESONDERS IN DER ZWEITEN NACHT, WIRD ANERKANNT.[24]

In der »Abschlußbetrachtung Geleitzug Nr. 36« stellten Dönitz und Godt fest, daß sechs Boote bei dem Einsatz der »Fink«-Gruppe verlorengegangen seien: U-638, U-192, U-125, U-531, U-630 und U-438. »Falls sich keins der Boote mehr melden sollte, ist dieser Verlust von 6 Booten für die kurze Zeit der Operation sehr hoch und schwerwiegend. Er ist in erster Linie auf die Nebelzeit vom 5. abends um 2300 Uhr beginnend zurückzuführen.« Wäre der Nebel sechs Stunden später gekommen, spekulierten sie, »wären mit Sicherheit viele weitere Schiffe aus dem Geleit versenkt worden«, aber so »vereitelte der Nebel diese große Chance«. Die Meteorologen des Stabes hätten sowohl aus der anderthalbjährigen Erfahrung der U-Boot-Einsätze im westlichen Atlantik als auch aus den Lehrbüchern wissen müssen, daß es dort, wo Golfstrom und Labradorstrom zusammenflossen und warmes Wasser sich mit kalter Luft mischte, immer Wasserdämpfe und Nebel gab, und zwar besonders im Frühjahr; das Gebiet war bekannt für seine milchig-weiße Luft. Aber das wollten Dönitz und Godt ebensowenig zugeben wie die Tatsache, daß derselbe Nebel, der die U-Boote blind machte, den Gegner daran hinderte, den Konvois von Neufundland aus Luftunterstützung zukommen zu lassen. Seltsamerweise hatte die Seekriegsleitung in Eberswalde, nur ein paar Kilometer vom BdU entfernt, diese Nebelentwicklung erwartet: »Da der Gegner heute in das Gebiet starken Nebels eintritt, ist damit zu rechnen, daß nur ein geringer Teil der Boote die Fühlung aufrechterhalten kann.« Das war am 5. Mai. Ob über diese klimatischen Faktoren ein Gedankenaustausch mit dem BdU stattfand, geht aus den noch existierenden Unterlagen nicht hervor.[25]

Die Liste der U-Boot-Verluste sollte noch um ein Boot länger werden, als der BdU am 23. Mai bestätigte, daß U-209, das von der Canso »A« des 5. Geschwaders am 5. Mai beschädigt worden war, mit der gesamten Besatzung verlorengegangen war (vermutlich am 7. Mai in der Nähe von 52°N, 38°W), obwohl das Boot verzweifelt versucht hatte, in den Stützpunkt zurückzukommen.[26] Auch den Verlust von U-710, das am 24. April in den ersten Tagen der Kämpfe von einer Fortress »D« des 206. Geschwaders versenkt worden war, hätte man mitzählen können. Die Anzahl der U-Boote, die im Verhältnis zu den versenkten Handelsschiffen vernichtet wurden, war beunruhigend hoch, selbst dann noch, wenn man die überhöhten Zahlen zugrunde legt, die von den Kommandanten nach Berlin gemeldet wurden. Tatsächlich wurden von der *McKeesport* bis zur *Bonde* insgesamt dreizehn Handelsschiffe aus dem Konvoi ONS.5 versenkt. Nach den Meldungen der U-Boote waren neunzehn Schiffe torpediert und sechzehn versenkt worden (90 500 BRT). Darin enthalten waren Hasenschars Falschmeldung über zwei sichere Versenkungen, einschließlich einer Korvette. Da er zudem noch zwei Schiffe als »wahrscheinlich versenkt« gemeldet hatte, sahen sich Dönitz und Godt dazu veranlaßt, ihrem Funkspruch über den »harten Kampf« lobend hinzuzufügen: HASENSCHAR HATTE DIE MEISTEN ERFOLGE.[27] Diese Ehre hätte an Jessen (U-266) gehen müssen, der sicher drei Schiffe versenkt hat.

Aber wie dem auch sein mag, derart hohe Verluste von einem U-Boot pro 2,16 versenkten Handelsschiffen (sechs verlorene U-Booten bei dreizehn versenkten Handelsschiffen) oder 2,66 versenkten Handelsschiffen pro U-Boot (wenn man 16 Versenkungen anerkennt) waren untragbar. Dönitz hat später selbst festgestellt: »Trotz der Versenkung von zwölf Schiffen sah ich diesen Geleitzugkampf als eine Niederlage an.«[28] Noch unersetzlicher als die Boote und in dieser Phase des Krieges noch kritischer war der Verlust der Besatzungen, insgesamt 364 Mann. Das erinnert durchaus an die gefährlich absinkende Zahl von ausgebildeten Piloten bei der RAF während der Schlacht um England.

Vielsagend war neben den Verlusten auch die Anzahl der Boote, die durch Angriffe von Geleitfahrzeugen beschädigt worden waren. Sieben Boote wurden so schwer getroffen, daß sie zu den Stützpunkten zurückkehren mußten: U-386, U-528, U-532 (28. April–1. Mai), U-648, U-732, U-358 und U-270 (4.–6. Mai). Wie schon festgestellt, waren für den Konvoi Boote, die den Rückmarsch antreten mußten, so gut wie versenkt. Zehn weitere Boote wurden schwer oder leicht beschädigt: U-413, U-514, U-438, U-226, U-223, U-533, U-634, U-266, U-707 und U-575. Diese Boote mußten das Kampfgebiet für mehr oder weniger lange Zeit verlassen, um Reparaturen auszuführen, und standen in dieser Zeit nicht für den Einsatz zur Verfügung. Wenn man Professor Blackett folgt, der die Beschädigung von vier Booten für gleichbedeutend mit der Versenkung eines Bootes hielt, könnte man der Verlustliste damit weitere 4,5 Boote hinzufügen. Bemerkenswert bei der Verteidigung von ONS.5 waren auch die über zwanzig Fälle, in denen U-Boote abgedrängt oder zum Tauchen gezwungen wurden. Getaucht, das sei noch einmal wiederholt, waren sie in ihrer Fähigkeit zum Nachtangriff stark behindert. Erwähnt werden sollten auch jene Boote, die sich wie U-552 (Kptlt. Klaus Popp) wegen Kraftstoffmangels aus den Kämpfen zurückziehen mußten.

Schließlich geht aus den Akten noch eine Schwäche hervor, die für die U-Boote nicht erst in dieser Phase des Krieges typisch war: Sie nutzten ihre *zahlenmäßige Überlegenheit* nicht, und sie kamen *nicht zum Schuß*. Auch wenn die »Fink«-Boote etwa vierzig Angriffe unternahmen, scheint es dem vielgerühmten Funkführungssystem des BdU nie gelungen zu ein, mehr als fünfzehn Boote gleichzeitig an den Konvoi heranzubringen; meistens waren es nur neun. Am Spätnachmittag des 5. Mai hatte der BdU noch über Funk geschimpft: IHR SEID VIERZIG BOOTE. Dabei hatten die Boote, die am Konvoi standen, dessen Position und Grundkurs während des gesamten Kampfs korrekt gemeldet, wie die nachträglich entschlüsselten Enigma-Funksprüchen belegen. Worin lag also das Problem? War es vielleicht, wie bereits angedeutet, auf die geringe Erfahrung vieler Kommandanten zurückzuführen, daß die Angriffe häufig verpufften? Oder hatten die geringen Kraftstoffbestände zur Folge, daß die Kommandanten zuwenig Initiative zeigten? Oder hat das aggressive Verhalten des Geleitschutzes, der genausooft offensiv wie defensiv agierte, die U-Boote auf Abstand gehalten? Die noch vorhandenen schriftlichen Unterlagen lassen alle drei Gründe möglich erscheinen.

Am 5., 6. und 7. Mai meldeten viele Boote hohe Zahlen von nicht verschossenen Torpedos nach Berlin, etwa U-223 und U-378, die am 5. Mai durchgaben: 12 E-TORPEDOS, 2 A-TORPEDOS NOCH VORHANDEN – das war die gesamte Beladung eines VIIC-Boots –, oder U-514, das am 6. Mai mitteilte: ALLE TORPEDOS NOCH VORHANDEN, oder U-231, das ebenfalls am 6. Mai wissen ließ: ALLE AALE NOCH VORHANDEN. Während des gesamten Krieges war es eine Grundschwäche der U-Boot-Waffe, daß nur knapp über 50 Prozent der Boote, die in Kämpfe verwickelt waren, auch ein alliiertes Schiff versenkten oder beschädigten.[29] Daß eine derartige Armada von Booten, die in so günstiger Weise aufgestellt war, so selten zum Schuß gekommen war, muß beim BdU schwere Bedenken hinsichtlich der zukünftigen operativen Planungen ausgelöst haben.

Der Nebel konnte nicht allein für die Niederlage verantwortlich gemacht werden. Dönitz und Godt stellten fest: »Die Operation gegen Konvoi Nr. 36 mußte auch wegen der Funkmeßgeräte des Feindes abgebrochen werden.« Offensichtlich hatten die Geleitfahrzeuge auch bei sehr geringer Sicht die Standorte der aufgetauchten Boote feststellen können, und die Boote waren von ihren Metox-Empfängern nicht gewarnt worden. Die Geleitfahrzeuge – und auch die Flugzeuge –, so wurde auf deutscher Seite gefolgert, mußten mit einem neuen Ortungsgerät ausgerüstet sein. Eine Lösung dieses Problems war für die Zukunft des U-Boot-Krieges von »entscheidender Bedeutung«. Zusammenfassend schrieben Dönitz und Godt am 6. Mai:

Die Ortung durch Luft- und Überwasserfahrzeuge beeinträchtigt nicht nur aufs schwerste den unmittelbaren Kampf des einzelnen Bootes, sondern sie gibt darüber hinaus auch dem Gegner ein von ihm offenbar gut ausgenutztes Mittel, die vorbereitenden Aufstellungen der U-Boote zu erfassen und ihnen auszuweichen. Sie ist damit im Begriff, dcm U-Boot seine wesentlichste Eigenschaft, die Nichtfeststellbarkeit, zu nehmen. An der Aufgabe, dem U-Boot wieder Geräte zu geben, mit denen die feindliche Ortung festgestellt werden kann, wird von den zuständigen Stellen mit allem Hochdruck gearbeitet, ebenso an der als Haupt- und Fernziel anzusehenden Aufgabe, das U-Boot gegen die Ortung zu tarnen.[30]

Dönitz' Schwiegersohn Günther Hessler, der in Godts operativem Stab diente, schrieb nach dem Krieg, man habe damals vermutet, daß die Alliierten entweder ein Funkmeßgerät benutzten, dessen Wellenlänge vom Metoxgerät nicht empfangen werden konnte (und so war es ja auch), oder ein System einsetzten, daß mit anderen Mitteln, wie etwa Infrarotstrahlen, arbeitete. Hessler erwähnt auch die Niedergeschlagenheit des Stabes darüber, daß bei der soeben beendeten Operation »Geleitfahrzeuge allein ausgereicht hatten, einer besonders starken Konzentration von Angreifern derart schwere Verluste beizubringen«. Während die Alliierten von der U-Boot-Gefahr sprachen, fürchteten die Deutschen die »Funkmeßgefahr«, und wenn man diese nicht schnell und effektiv überwand, würde die Lage der U-Boot-Waffe »verzweifelt« (Hessler) werden.[31]

Seinen Memoiren zufolge war sich Dönitz darüber im klaren, daß die U-Boote auch bei künftigen Konvoioperationen bei schlechter Sicht, und die gab es im Nordatlantik häufig, hilflos sein würden. Darüber hinaus konnten die Konvois aufgrund der alliierten Fortschritte auf dem Gebiet der Funkpeilung Ausweichkurse steuern und die U-Boot-Rudel umgehen.[32] Und das Radar war nicht das einzige technische Problem, das sich den Deutschen stellte. Laut Hessler war man nach den Ereignissen am Konvoi Nr. 36 in großer Sorge, weil die britischen Kriegsschiffe mit neuen, starken und tiefgehenden Wasserbomben ausgerüstet waren. Von den Hedgehogs hatte der BdU schon zuvor durch die Entschlüsselung alliierter Funksprüche sowie durch Agentenberichte und Einsatzerfahrungen erfahren. Die gegen die U-Boote eingesetzten Waffen wurden immer vielfältiger, komplizierter und effektiver, insbesondere seit taktische Verbesserungen an der Unterwasserortung (ASDIC) eine genaue Verfolgung mit Wasserbomben bei Tag und Nacht und auch bei Nebel ermöglichten.[33]

In ihrer Bewertung vom 6. Mai gingen Dönitz und Godt weiterhin auf die Gefahren durch Flugzeuge für die U-Boot-Streifen ein. Die Bedrohung aus der Luft führe dazu, »daß die Boote am Geleitzug hoffnungslos nach hinten sackten« und »besonders bei geschickter

Zusammenarbeit von See- und Luftabwehr« daran gehindert würden, Treffer zu erzielen. Dönitz und Godt sagten richtig voraus, »daß auch die letzten Lücken [der Luftüberwachung] in absehbarer Zeit durch Landflugzeuge oder wenigstens durch den Einsatz von Hilfsflugzeugträgern geschlossen werden können«. Schließlich beklagten sie den Umstand, daß es außer der Pi2-Magnetpistole und einigen anderen unwesentlichen Verbesserungen »eine wirklich wirksame Waffe noch nicht gibt«. Das war ein verblüffendes Eingeständnis. Resümierend stellten sie fest, »daß der Kampf der U-Boote z. Zt. schwerer ist als je, daß aber von allen Stellen und mit aller Kraft daran gearbeitet wird, den Booten ihren Kampf wieder leichter zu machen und sie mit besseren Waffen auszurüsten«.[34]

Befürchtungen über unsichere Funkverbindungen äußerten Dönitz und Godt nicht. Tatsächlich hatten die alliierten Kryptographen bei der Bekämpfung des »Fink«-Rudels keine Rolle gespielt, und die meisten Funksprüche im Enigma-Marineschlüssel vom 5. und 6. Mai wurden erst am 9. Mai dechiffriert. Auch HF/DF erwähnten die beiden Admirale nicht. Sowohl der BdU als auch der Marinenachrichtendienst glaubten, daß diese Peiltechnik auf Landanlagen beschränkt sei, obwohl zahlreiche operative und kryptographische Hinweise dagegen sprachen. Die Weigerung, auch nur die Möglichkeit ins Auge zu fassen, daß HF/DF-Geräte an Bord von Schiffen und Flugzeugen vorhanden waren, hatte den Alliierten enorme taktische Vorteile verschafft, und das sollte so bleiben.[35] Was Dönitz und Godt ebenfalls verschwiegen, war die Tatsache, daß ihr seit langem feststehendes Prinzip, möglichst viele U-Boote auf einen einzigen Konvoi zu konzentrieren – in diesem Falle war es fast die Hälfte aller Atlantikboote gewesen –, statt mit jeweils weniger Booten mehr Konvois anzugreifen, zur Folge gehabt hatte, daß sechs Konvois völlig unbehelligt den Atlantik überqueren konnten. Zudem führte diese Art des Masseneinsatzes dazu, daß die gesamte Angriffskapazität nach den Kämpfen eine Woche lang lahmgelegt war, weil die Boote mit Kraftstoff versorgt oder neu verteilt werden mußten.

Von sinkender Kampfmoral oder nachlassendem Selbstvertrauen der U-Boot-Besatzungen aufgrund der nachlassenden Erfolge ist weder im Kriegstagebuch des BdU noch in Hesslers Aufzeichnungen über dessen Gedankengänge zu Beginn des Mai 1943 etwas zu lesen.

Wie schon im Prolog angesprochen, wurde im Lagezimmer der britischen Admiralität in London immer wieder über diesen Punkt spekuliert, da Rodger Winn zumindest nach dem 19. April aus den Funksprüchen auf zunehmende Besorgnisse der Kommandanten schließen zu können glaubte. Doch bis jetzt, bis zum 6. Mai, hielt die belagerte Festung. Die überlebenden U-Boote formierten sich in der Mitte des Atlantiks neu, um den Kampf in den folgenden Tagen und Nächten wiederaufzunehmen, und als das tödliche Duell weiterging, gab es am Kampfgeist auf beiden Seiten keinen Zweifel:

> Die Seeleute über Wasser, und die darunter,
> sie hatten die gleichen Quellen des Muts.
>
> *E. J. Pratt*

Auch wenn sie vom Befehl des BdU, die Angriffe auf ONS.5 einzustellen, nichts wissen konnten, nahmen die Eskortgruppen B7 und EG1 sicherlich wahr, daß sich ein gespenstischer Frieden im Nebel ausgebreitet hatte. Seit 0527 Uhr, als U-192 (Happe) aus seinen Heckrohren einen Zweierfächer auf die *Loosestrife* abgeschossen hatte, war kein einziger Torpedoangriff mehr beobachtet worden. Die U-Boote waren immer noch da, wie die *Pelican*, die *Sennen* und die *Spey* bewiesen hatten, die zwischen 0551 und 1244 Uhr drei Boote über Wasser entdeckt hatten. Aber ein Periskop oder die Blasenspur eines Torpedos waren nicht mehr gesichtet worden, obwohl man es bei Tageslicht hätte erwarten können, selbst bei dieser Dunstglocke. Die meisten U-Boote schienen sich irgendwohin außerhalb der Reichweite der ASDIC-Geräte zurückgezogen zu haben. In einer schicksalhaften Umkehr – und das hatten gewiß die meisten Männer auf den Geleitfahrzeugen registriert – waren in der letzten Nacht die U-Boote die Beute geworden und die Geleitfahrzeuge die Jäger. Vielleicht freute sich darüber niemand mehr als Kommodore Brook auf der *Rena*, der eine kurze Darstellung dieser »großen Konvoischlacht« in seinen Abschlußbericht aufnahm, wobei er die Zahlen so festhielt, wie er sie von der *Tay* bekommen hatte.[36]

Nun mußten nur noch die Handelsschiffe, die in Dunkelheit und Nebel die Fühlung verloren hatten, zusammengeführt werden. Außerdem mußte die *Vidette* vom Tanker *British Lady* Kraftstoff übernehmen, womit sie um 1130 Uhr begann.[37] Die *Sennen* fuhr um 1244 Uhr noch einen Angriff, und die *Jed* unternahm in der Nacht um 2357 Uhr den letzten Wasserbombenangriff auf einen Kontakt, den sie als »wahrscheinlich U-Boot« eingestuft hatte. Danach dampfte der Konvoi ohne weiteren Zwischenfall zum westlichen Konvoitreffpunkt (WESTOMP) auf 48°11‹N, 45°39‹W im Osten von St. John's, wo kanadische Kriegsschiffe aus Neufundland das bisherige Geleit ablösen sollten. Um 1500 Uhr stieß die kanadische Gebietseskortgruppe W-4 zu Sherwoods Eskortgruppe B7 und Brewers Erster Unterstützungsgruppe. Sie bestand aus den vier Korvetten *Barrie* (zugleich Gruppenführer), *Galt*, *Buctouche* und *Cowichan*.[38] Alle diese Geleitfahrzeuge fuhren mit dem Konvoi weiter bis zum WESTOMP. Für die Besatzungen der Kriegs- und Handelsschiffe von B7 und ONS.5 hatten das Ende der dreiwöchigen Qual, die sie über die Grenze des Erträglichen hinaus belastet hatte, zum Greifen nah. Ihre rostigen, mitgenommenen Schiffe, die sowohl die Attacken einer harten, wenn auch neutralen See als auch die schwerste Konvoischlacht zweier Weltkriege überstanden hatten, stampften mit nüchterner Würde durch die Dünung.

Unter ihren Kielen hob sich der Atlantikboden zum amerikanischen Kontinentalschelf. Die lange Dünung des Nordatlantiks machte kürzeren, steileren Wellen Platz. Auf beiden Seiten der Schiffe schwammen Möwen im Wasser und kündeten von der Nähe des Landes. Man kann aber davon ausgehen, daß der Geruch des Sieges, der in der Luft hing, das beste war. Man mußte wachsam bleiben. Niemand konnte die Seeleute der Handelsschiffe vergessen, die in den tiefen Querschiffen der atlantischen Kathedrale zurückgelassen worden waren. Dennoch atmeten Dienstgrade und Mannschaften verständlicherweise erleichtert auf, egal ob unter der Flagge der Royal Navy oder auf den Handelsschiffen. Jetzt war die Zeit fürs Schifferklavier, für Domino, Brett- und Kartenspiele. Und natürlich für einen langen Stoßseufzer.

In der Nacht, um 2357 Uhr, erhielt die *Pelican* einen Funkspruch vom Befehlshaber der Western Approaches, der sie, die *Wear* und die *Jed* anwies, den Konvoi bei Tagesanbruch des 7. Mai zu verlassen, SOFERN DER KONVOI NICHT MEHR FÜR BEDROHT GEHALTEN WIRD, und mit ökonomischer Fahrt hinter ihm nach torpedierten Schiffen zu suchen, die vielleicht noch schwammen. Schiffe fanden sie nicht, sichteten aber am Vormittag des 8. Mai in dichtem Nebel Wrackteile und leere Rettungsboote. Nach mehreren Kursänderungen, die sie zur Unterstützung der Konvois ON.181 und ONS.6 auf Weisung des Befehlshabers der Western Approaches machten, kehrten die drei Geleitschiffe durch schweres, gebrochenes Packeis nach St. John's zurück, wo sie am 12. Mai eintrafen.[39] Am 7. Mai um 1650 Uhr verließen auf Befehl der *Tay* die *Vidette* und *Loosestrife* zusammen mit drei Dampfern – *British Lady*, *Empire Gazelle* und *Berkel* (letzteres Schiff hatte am 25. April die Kollision mit der *Bornholm* überstanden) – den Konvoi und geleiteten sie nach St. John's, wo sie am Vormittag des 9. einliefen. Die übrigen Schiffe der Eskortgruppe B7, *Tay*, *Snowflake* und *Sunflower,* verließen den Konvoi ebenfalls am 7. und erreichten am 8. Mai St. John's, wo am nächsten Tag auch die *Pink* mit ihren Nachzüglern eintraf. Für den Großteil des Konvois ONS.5, der nach Halifax, New York und Boston bestimmt war, liest sich der Bericht von Kommodore Brook schlicht so (die Zeiten sind Ortszeiten):

12. Mai
0520 Schiffe nach New York und Boston mit drei Korvetten als Geleit entlassen.
1100 Kiellinie gebildet.
1200 Durch minenfreien Kanal Richtung Halifax.
1300 An Lotsenstation. Konvoi aufgelöst.[40]

Seit dem Start bei Oversay waren zwanzig Tage vergangen. Einige Nachzügler trafen noch in den nächsten Tagen ein.

An Land tippten die Kommandanten von B7, EG3 und der ersten Unterstützungsgruppe ihre Berichte und Gefechtsdarstellungen. Mehrere von ihnen stellten dabei Überlegungen zu Themen wie den Konvoirouten, den Leistungen der Besatzungen, der Seeausdauer von Geleitfahrzeugen, der Tauglichkeit der Waffen und Ausrüstung sowie zu U-Boot-Taktiken an. Am 9. Mai fertigte der Flaggoffizier Neufundland, Commodore H. E. Reid, eine vorläufige Zusammenfassung dieser Kommentare an, die verschlüsselt an den Befehlshaber Nordwest-Atlantik (CinCNA), Rear Admiral L. W. Murray, in Halifax übermittelt werden sollte. Sie begann mit der Feststellung, daß der Kampf um ONS.5 in zwei Phasen aufgeteilt werden könne, nämlich in die Zeit vom 28. April bis 1. Mai und in die Zeit vom 4. Mai bis 6. Mai, die von drei Sturmtagen getrennt wurden. Nach dem Hinweis darauf, daß sich auf HF/DF-Peilungen beruhende Abschreckungstaktiken als erfolgreich erwiesen hätten, heißt es in der Zusammenfassung weiter:

Die U-Boote griffen nachts zu zweit und zu dritt an. Möglicherweise wurde auch ein Tagesangriff zu zweit vorgetragen. Bei den Nachtangriffen keine neuen Taktiken. Am Tag näherten sich die U-Boote von vorn auf der Mittellinie des Konvois und schossen die Torpedos zwischen den Kolonnen ab. In der Nacht des 4. Mai benutzten sie zwei Kurzwellenfrequenzen gleichzeitig. Vielleicht griffen zwei verschiedene Rudel an. Diagramme und Befehle aus den Anweisungen für Atlantikkonvois wurden während der ganzen Zeit beachtet. Die Erfahrung zeigt, daß in der Nacht mindestens sechs Schiffe mit 271 [Radar] erforderlich sind, um keine Lücken entstehen zu lassen, es sei denn, das Wetter erlaubt es, eine Seite des Konvois ungeschützt zu lassen. Schiffe einer Unterstützungsgruppe mit 271 sollten wenigstens acht Meilen vom Konvoi entfernt stationiert werden. Zusammenarbeit zwischen Eskort- und Unterstützungsgruppe ausgezeichnet. Kaum Luftunterstützung wegen des Wetters, das teilweise auch die Kraftstoffversorgung der Geleitfahrzeuge verhinderte. Tanker »British Lady« hatte nicht genügend Kraftstoff. Rettungstrawler erwiesen sich als nützlich. Es wird nachdrücklich darauf hingewiesen, daß der Konvoi zu weit nach Norden geführt wurde und dadurch in Eisfelder und schlechtes Wetter kam. Nur in der einen Nacht, als der Konvoi vom Sturm auseinandergetrieben worden war, gewannen die U-Boote die Oberhand. Wahrscheinlich werden als Ergebnis dieser Gefechte die Tagesangriffe zu- und die Nachtangriffe abnehmen.[41]

Die einzelnen Schiffe reichten eigene Berichte ein. Dem der *Tay* zufolge hatten sich alle Schiffe »angestrengt, Können, Intelligenz und Humor eingesetzt und die Situation stets im Griff behalten«.[42] Und weiter: »Alle Schiffe zeigten Biß und Initiative. Man brauchte den

Schiffen nicht zu sagen, was sie zu tun hatten, und die Funksprüche zeichneten sich durch Kürze und Witz aus.« Die *Sunflower* stellte fest, daß das ASDIC-Team »eifrig und wirkungsvoll bei der Sache war«, und die Wabo-Mannschaft habe dem kaum nachgestanden. Die Radarbediener hätten ihre fehlende See-Erfahrung durch ihren Einsatzwillen wieder wettgemacht. Decksmeister und Steuermann hätten außergewöhnliche Führerqualitäten bewiesen und dafür gesorgt, daß die gesamte Besatzung, die zu einem nicht unerheblichen Anteil zum ersten Mal auf See war, den Traditionen der Royal Navy gerecht geworden sei.[43]

Der Bericht der *Snowflake* enthält die Beobachtung, daß die 10-cm-Sprengmunition geeignet war, ein U-Boot zum Tauchen zu bringen, wenn das Radar das Boot direkt voraus geortet hatte und man die Rohrerhöhung auf Null setzte: »Das ersparte eine lange Jagd.« Wie erwähnt, waren die Korvetten langsamer als ein aufgetauchtes U-Boot. Im Fall eines konzentrierten Angriffs mehrerer U-Boote empfahl die *Snowflake*, der schnellen Reaktion Vorrang vor der Genauigkeit bei einem Gegenangriff zu geben, damit die Geleitfahrzeuge möglichst bald wieder auf ihre Stationen am Konvoi zurückkehren konnten.[44]

Die zu EG3 gehörenden Zerstörer *Penn* und *Panther,* die wegen Kraftstoffmangels weniger als zwei Tage (2.–4. Mai) am Konvoi gestanden hatten, gingen auf ihren geringen Aktionsradius ein. Die *Penn* schlug vor, Operationen von Unterstützungsgruppen so zu organisieren, daß Zerstörer mit hohem Kraftstoffverbrauch nicht erst weite Strecken von den Stützpunkten aus anmarschieren mußten, »denn wenn sie dann am Konvoi ankommen, müssen sie erst einmal Kraftstoff übernehmen«, und dies werde häufig durch schlechtes Wetter verhindert.[45] Die *Panther* regte an, die Unterstützungsgruppen aus Geleitbooten und Fregatten zusammenzustellen, die nicht ständig mit Kraftstoffproblemen zu tun hatten, und Zerstörer als Teil des Geleits fest am Konvoi einzusetzen. Rear Admiral Murray stimmte diesem Vorschlag zu.[46] Der Konvoikommodore, Brook, lobte die »ausgezeichnete Arbeit der Geleitfahrzeuge während der ganzen Zeit, nicht zu vergessen der eigentliche Geleitführer, HMS DUNCAN, der unglücklicherweise den Konvoi verlassen mußte, weil ihm der Kraftstoff ausging, und kurz vor Beginn der Konvoischlacht«.[47]

Als Commander Peter Gretton in St. John's mit den Kommandanten seiner Eskortgruppe B7 sprach und ihre Berichte las, war er sich seines Mißgeschicks nur allzu bewußt, hatte er doch die Ereignisse vom 5. und 6. Mai verpaßt, die nach seiner eigenen Einschätzung »wahrscheinlich die bewegendsten in der ganzen Konvoigeschichte« waren. Durch das Zusammenwirken von »Können, Glück, Initiative und einfach Mut« hatte seine Eskortgruppe unter Mithilfe von EG3 und der Ersten Unterstützungsgruppe einen der großen Siege in der Geschichte des Seekrieges errungen. Einundzwanzig Jahre später pflegte er immer noch seine »verletzte Eitelkeit« und schrieb: »Ich werde es immer bedauern, daß ich nicht das Risiko mit dem Wetter eingegangen und bis zum Ende beim Geleit geblieben bin ... Das Wetter ist dann ja besser geworden, und ich hätte wahrscheinlich rechtzeitig Kraftstoff übernehmen können ... Ich habe den ›Goldenen Augenblick‹ verpaßt, der nur einmal im Leben kommt.«[48]

Angesichts dessen dürfte es ihm gutgetan haben, daß ihm von allen Seiten Anerkennung zuteil wurde, weil er eine so schlagkräftige Gruppe wie B7 ausgebildet hatte. Wie dem Bericht der *Tay* zu entnehmen war, mußte niemandem in der Gruppe gesagt werden, was er in der Stunde der höchsten Not zu tun hatte. Rear Admiral Murray spendete überschwengliches Lob: »Die Abwesenheit des befehlshabenden Offiziers von B7 in der entscheidenden Nacht war unglücklich und unvermeidbar, spricht aber Bände für die Ausbildung, die er seiner hervorragenden Gruppe hat angedeihen lassen.«[49] Admiral Horton pflichtete ihm bei: Es zeuge »von der Ausbildung der Gruppe, daß der Vertreter, Lieutenant Commander R. E. Sherwood, HMS TAY, bei [Grettons] Abwesenheit die Gruppe so kompetent geführt hat«.[50]

Gretton war der erste, der Sherwoods Leistung anerkannte. Er war bei den Gefechten um HX.231 zusammen mit Sherwood auf der *Tay* gewesen und sagte: »Ich wußte, er würde es schaffen.« In seiner eigenen Analyse der Ereignisse vom 5. und 6. Mai, die er kurz nach der Ankunft der Kommandanten der Eskortgruppe B7 in St. John's durchführte, hob er Sherwoods Rolle hervor, der »in einer sehr gefährlichen Situation Können und Gelassenheit gezeigt« habe: »Ich denke, er hat Außergewöhnliches geleistet und ist dabei von der ganzen Gruppe unterstützt worden.« Angemerkt sei, daß der Reservist mit zweieinhalb Ärmelstreifen dies in Gegenwart von zwei Captains der Royal Navy getan hatte.[51]

Bei der Beurteilung der Geschehnisse stimmte Gretton seinen Kommandanten darin zu, daß die Konvoiroute zu weit im Norden verlaufen war. Eis und Stürme hatten den Vormarsch behindert, die Kraftstoffversorgung der Geleitfahrzeuge zeitweise unmöglich gemacht und die Schiffe versprengt. Dieser Ansicht schloß sich später auch Rear Admiral Murray an. Ihm war klar, daß die Nordroute gewählt worden war, um den U-Booten aus dem Wege zu gehen, zog jetzt aber den Schluß: »Es ist stark zu bezweifeln, ob dieses Ziel den Aufwand lohnte.«[52] Da in der Nähe Grönlands kein Funkverkehr zwischen Schiff und Land möglich war, egal auf welcher Frequenz man es versuchte, und die U-Boote, die über die bessere Funkausrüstung verfügten, die gleichen Schwierigkeiten hatten, sollte die Admiralität, laut Gretton, nicht von der Annahme ausgehen, daß Konvois in diesen Breiten nicht beschattet wurden, nur weil kein Funkverkehr von U-Booten feststellbar war.

EG3 war ein Musterbeispiel für gute Zusammenarbeit und Unterstützung, und die Anwesenheit der Zerstörer *Offa* und *Oribi* am 5. und 6. Mai hatte für den Verlauf der Gefechte eine große Rolle gespielt. Auch den Flugzeugen, besonders den Liberator-Bombern, die bei sehr schlechtem Wetter bis an die äußerste Grenze ihrer Reichweite flogen, gebührte Anerkennung. Das gleiche galt für die Canso-Maschinen aus Neufundland, die am 4. Mai zwei U-Boote angriffen, wenngleich Nebel die weitere Luftunterstützung verhinderte.

Gretton hob besonders die *Snowflake* hervor, weil sie nach seiner Zählung wenigstens zwölf Angriffe unternommen und schließlich auch ein U-Boot versenkt hatte. Tatsächlich hatte die *Snowflake* während der ganzen Überfahrt sieben Angriffe gefahren und kein U-Boot versenkt; der Lorbeer hätte eigentlich an die *Vidette* gehen müssen, die zwei U-Boote vernichtete. Kritik übte Gretton nur an der *Pink*, die, wie er glaubte, eine »falsche Entscheidung« getroffen hatte, als sie ihre Nachzügler am 5. Mai allein ließ und ein U-Boot (U-358) verfolgte. Aber er räumte ein: »Ich hätte es selbst genauso gemacht.« Bei seinen Operationen gegen ONS.5 war nach Ansicht Grettons dem Feind »ein Schlag versetzt worden, der weitreichende Folgen für sein zukünftiges Vorgehen haben und die Zahl der Tag- im Verhältnis zu den Nachtangriffen erhöhen wird«.

In einem besonders provozierenden Teil seiner Stellungnahme

erklärte Gretton, die zurückliegenden Konvoigefechte hätten gezeigt
– und dies sei bereits bei HX.231 zu erkennen gewesen –, daß bei günstigen Wetterverhältnissen ein gut aufgestellter Geleitschutz allein in
der Lage sei, nächtliche Überwasserangriffe von U-Booten abzuwehren.[53] Diese Aussage veranlaßte Grettons ebenso anspruchsvollen wie
reizbaren Vorgesetzten, den Kommandeur der Geleitfahrzeuge im
Bereich Western Approaches, Captain G. W. G. »Shrimp« Simpson,
zu einer abwägenden Randbemerkung:

Einer der Punkte, die [von Gretton] hervorgehoben werden, besagt,
daß es für einen rund um den Konvoi stationierten Ring von gut
ausgebildeten und mit Radar ausgerüsteten Geleitfahrzeugen möglich sei, die U-Boote in praktisch jedem Fall abzuwehren. Das war
in der Nacht vom 28. auf den 29. April sicherlich der Fall, als sechs
Angreifer ohne eigene Verluste abgewehrt wurden. Anzumerken
ist jedoch, daß Verluste beim Konvoi dann eintraten, als der enge
Schirm von Geleitfahrzeugen auf fünf und dann auf vier Einheiten
reduziert wurde. In der Nacht vom 4. auf den 5. Mai wurden fünf
Handelsschiffe torpediert, nachdem der enge Schirm auf fünf
Geleitfahrzeuge verringert worden war. Wenn *Offa* und *Oribi*, die
weiter entfernt vom Konvoi stationiert waren, in den engen Schirm
eingegliedert worden wären, wie es in der darauffolgenden Nacht
geschehen ist, wäre gewiß ein besserer Schutz des Konvois erzielt
worden .... *Offa* und *Oribi*, die allein auf dem äußeren Schirm
standen, konnten dort nicht viel für die Sicherheit des Konvois tun.
Darüber hinaus befanden sie sich in erheblicher Gefahr, selbst torpediert zu werden.

Admiral Horton stimmte dieser Kritik zu und stellte fest, daß ein
enger Schirm aus acht Geleitfahrzeugen das Minimum darstelle, das
»bei Nacht unter normalen Umständen« benötigt werde. Simpson kritisiert auch die *Tay*, weil sie die Station direkt voraus vom Konvoi eingenommen hatte, obwohl ihr ASDIC unklar war. Horton war in diesem Punkt anderer Meinung. Weiterhin bemängelte Simpson, daß die
Geleitfahrzeuge die Hedgehog-Werfer nicht immer benutzt hatten,
wenn es angebracht gewesen wäre, und für die Wasserbomben
manchmal falsche Tiefeneinstellungen wählten. Dagegen faßte Hor-

ton großzügig zusammen: »Können und Entschlossenheit aller Geleitfahrzeuge, die an dieser Operation teilgenommen haben, lassen kaum noch etwas zu wünschen übrig.« In dieses Lob schloß er ausdrücklich die Erste und Dritte Unterstützungsgruppe ein, deren Befehlshaber, Commander Brewer und Captain McCoy, »den im Dienstgrad niedrigeren Offizier, der das enge Geleit führte, loyal unterstützten«. Schon vorher, am 6. Mai, hatte er allen Beteiligten einen Funkspruch geschickt: »Meine herzlichsten Glückwünsche zu ihren großartigen Leistungen.«

Sogar der korrekte Simpson bezeichnete den Ausgang der Schlacht als einen »großen Sieg«. Daß es unter über 340 geworfenen Wasserbomben nur zwei Versager gegeben hatte, sah er als »Beweis für einen sehr hohen Standard beim Umgang mit den Wabos in diesen Gruppen an«; dies sei »ein Zeichen von strenger Ausbildung«. Horton führte in seinen Kommentaren zu Simpsons Randbemerkungen aus, die Operationen des Geleitschutzes von ONS.5 seien ein »klassisches Beispiel für nahezu jede Methode und Form der augenblicklich aktuellen Taktiken« und könnten das Ende der herkömmlichen Rudeltaktik der U-Boote bedeuten. »Es könnte durchaus sein«, schrieb er an die Admiralität, »daß die dem Feind zugefügten schweren Verluste seine Moral tief getroffen haben und sich als Wendepunkt in der Atlantikschlacht herausstellen.«[54] In bezug auf die Auswirkungen auf den Kampfgeist der Deutschen war Horton, wie Winn, eher Optimist als Realist. Aber im ersten Punkt hatte er recht: In den verbleibenden vierundzwanzig Monaten des Krieges sollte nie wieder ein U-Boot-Rudel mit dem gleichen Mut und Selbstvertrauen angreifen wie Ende April und Anfang Mai 1943. Die Zeit der geheimnisumwitterten »Wolfsrudel« war vorbei.

Wie sehr Horton infolge des Kampfs um ONS.5 und der im Mai und Juni folgenden Ereignisse von einer defensiven zu einer offensiven Grundhaltung überging, wird an seiner aufgeschlossenen Reaktion auf einen Ratschlag deutlich, den Captain McCoy, der befehlshabende Offizier von EG3, am 9. Mai unterbreitete. Danach waren Ausweichmanöver, wie die langen Umwege von ONS.5 nach Norden, unnötig und verschwenderisch. Wie Gretton vertraute McCoy auf den engen Geleitschirm um den Konvoi: »Mit Radar ausgerüstete und entschlossen eingesetzte Eskorten werden die U-Boote bei Nacht oder im Nebel immer besiegen.« Deshalb riet er dem Befehlshaber der Western Approaches: »Unsere Taktik sollte es sein, den Feind zum Angriff herauszufordern, damit er vernichtet werden kann.« Das hieß, Handelsschiffe als Köder zu benutzen, was Horton schon am 27. April in seinem Funkspruch zum weiteren taktischen Vorgehen abgelehnt hatte. Am 14. Juni reagierte er in einem Schreiben an die Admiralität auf McCoys Auffassung (Hervorhebung vom Autor): »*Als dieser Konvoi seine Reise antrat*, war es nicht angebracht, Konvois (ganz besonders nicht langsame) so zu führen, daß sie U-Boote zum Angriff herausforderten. Wenn die veränderte Lage, die sich jetzt im Atlantik ergeben hat, anhält, *ist zu erwägen*, ob die Führung von schnellen Konvois, wenn sie am Anfang und Ende der Überfahrt zusätzlich von Unterstützungsgruppen beschützt werden, so gestaltet werden kann, daß sie den Angriff einer geringen Zahl von U-Booten auf sich ziehen ...«[55] Noch Mitte Juni war Horton also vorsichtig und zögerlich, aber im Rückblick wird deutlich, daß er tendenziell vom Verteidiger zum Jäger zu werden begann.

Am 13. Mai veröffentlichte die neufundländische Zeitung *Daily News* auf der Titelseite einen Artikel mit der Schlagzeile: 10 Nazi-U-Boote beim Angriff auf einen Konvoi vernichtet. Der Bericht, der am Vortag von Reuters in London veröffentlicht worden war, beruhte auf einem Kommuniqué der Admiralität, das den Konvoi nicht identifizierte, aber die Angriffe der Geleitfahrzeuge darstellte und auch deren Namen nannte und die Einsätze der Flugzeuge der RCAF erwähnte. Die im Kommuniqué angegebene Zahl der sicher versenkten U-Boote stimmte allerdings nicht mit der Schlagzeile überein. Die Londoner *Times* brachte am selben Tag im Prinzip die gleiche Geschichte, war aber in bezug auf die versenkten U-Boote sorgfältiger und meldete vier als sicher, vier als sehr wahrscheinlich und zwei weitere als wahrscheinlich vernichtet.[56] Nach diesen beiden Artikeln verlor die Öffentlichkeit das Interesse am Kampf um ONS.5, und auch die berufsmäßigen Beobachter verloren ihn aus dem Gedächtnis. Premierminister Winston Churchill, der sich zum Zeitpunkt der Herausgabe des Kommuniqués in Washington aufhielt, schickte den Geleitfahrzeugen am 9. Mai über die Admiralität ein Telegramm: Meine Glückwünsche zu Ihrem Kampf gegen die U-Boote, aber als er acht Jahre später den fünften Band seines Geschichtswerks *Der*

Zweite Weltkrieg schrieb, in dem er diese Phase der Atlantikschlacht behandelte, fand er die Gefechte um ONS.5 nicht wichtig genug, um sie auch nur zu erwähnen.[57] Auch der offizielle Historiker der Operationen der Royal Navy im Zweiten Weltkrieg widmete dem Kampf um ONS.5 in seinem dreibändigen Werk *The War at Sea, 1939–1945* ganze anderthalb Seiten. Gerechterweise sei hinzugefügt, daß er den Gefechten um SC.122 und HX.229 im vorangegangenen März sogar nur zweiundzwanzig Zeilen gönnte.

Horton hatte als erster die entscheidende Bedeutung des Triumphs am Konvoi ONS.5 erkannt, als er prophezeite, er werde sich als Wendepunkt in der Atlantikschlacht herausstellen. Rodger Winn schrieb irgendwann in den nächsten zweieinhalb Jahren: »Dies war wahrscheinlich das entscheidendste Ereignis von allen. Es war der extremste und, wie sich herausstellen sollte, auch der letzte koordinierte U-Boot-Rudelangriff.«[58] Doch die geheimen Dokumente, die Winns Einschätzung enthalten, wurden erst 1975 an das Public Record Office übergeben. Inzwischen hatte Stephen Roskill seine Beurteilung der Gefechte um ONS.5 revidiert. Während er 1956 gerade noch eingeräumt hatte, die »abenteuerliche Reise von ONS.5« habe zu schweren Verlusten bei den U-Booten geführt, fühlte er sich drei Jahre später in einer Rezension der Memoiren von Karl Dönitz in der *Sunday Times* zu der Feststellung ermutigt: »[Dönitz] vertritt die Auffassung, daß die Fahrt des Konvois ONS.5 im April/Mai 1943 den Wendepunkt in dem langen Ringen markierte, und ich stimme ihm voll zu.« Gretton und Sherwood verglich Roskill jetzt mit britischen Seehelden wie Hawke und Nelson, und schließlich schwang er sich zu folgendem Vergleich auf: »Die sieben Tage dauernden Kämpfe gegen dreißig U-Boote sind nur durch Längen- und Breitenangaben definiert, ein besonderer geographischer Name ist mit ihnen nicht verbunden. Aber die Kämpfe waren auf ihre Art genauso wichtig wie jene in der Bucht von Quiberon oder am Nil.«[59] Vor dem Hintergrund des Gesamtverlaufs des Zweiten Weltkrieges erscheint es nicht allzuweit hergeholt, wenn man die Schlacht um ONS.5 als Midway des Atlantiks bezeichnet.

Das Pendel des Krieges, daß im März so gefährlich zugunsten Deutschlands ausgeschlagen und im April in die Mitte zurückgekehrt war, hatte sich jetzt deutlich in Richtung der Alliierten bewegt. Wenn man über den auf beiden Seiten erbittert geführten Kampf um ONS.5

nachdenkt, gerät besonders die Eskortgruppe B7, die den Konvoi von Anfang begleitet hatte, ins Blickfeld. Ende April hatten sieben Kriegsschiffe, in der Mehrzahl Korvetten, den Auftrag erhalten, einen Konvoi von dreiundvierzig kaum beladenen Handelsschiffen, deren Höchstfahrt bei siebeneinhalb Knoten lag, zu beschützen. Ihre Fahrt hatte sie durch turmhohe Wellenberge und Eisfelder geführt. Da ihr Grundkurs dem deutschen Nachrichtendienst bekannt war, waren sie selbst auf dem nördlichsten Punkt ihrer Route angegriffen worden. Sie hatten die immer noch bestehende Luftüberwachungslücke überwinden müssen, wo es nur zeitweise schwachen Schutz aus der Luft gab. Und dann waren sie von der größten U-Boot-Gruppe umzingelt worden, die jemals gegen einen einzelnen Konvoi angesetzt wurde. Diese Gruppe hatte ebenso viele Boote wie der Konvoi zu diesem Zeitpunkt noch Handelsschiffe. Im Verhältnis zum Geleitschutz waren es fünfmal so viele U-Boote wie Kriegsschiffe. Nach allen objektiven Maßstäben hatte sich der Konvoi mit seinem Geleit in einer verzweifelten Lage befunden. Kein Wunder, daß Captain McCoy, dessen Eskortgruppe zur Verstärkung herbeigeeilt war, am 5. Mai feststellte, der Konvoi sei »von völliger Vernichtung bedroht«. Die Verluste unter den Handelsschiffen waren hoch. Aber der enge Geleitschirm der Einheiten von B7 brachte auch den Angreifern schwere Verluste bei. Weitere U-Boote wurden von den Unterstützungskräften, Flugzeugen wie Schiffen, vernichtet. Jeder Mann der Eskortgruppe B7 hatte sich höchstes Lob verdient, von Gretton, der den Plan entwarf, und Sherwood, der ihn ausführte, bis hinunter zum letzten Heizer in den Kessel- und Turbinenräumen der Schiffe. Entgegen allen Erwartungen und trotz der Bedingungen hatten die Schiffe und Besatzungen von B7 überlebt und gesiegt. Im langen Kampf gegen die U-Boote auf dem Atlantik war dies wahrlich ein erstaunlicher und schicksalhafter Sieg. Wenn man die britische Marine- oder Militärgeschichte nach einem vergleichbaren Ereignis durchsucht, ist man geneigt, an Rorkes Drift im Jahr 1879 zu erinnern, als 80 Mann des 24. Regiments zu Fuß eine Stellung gegen eine ähnliche Übermacht verteidigten. Aber geben wir Captain McCoy von der EG3 das letzte Wort: »Das Können, die Entschlossenheit und die gute Ausbildung, die alle Schiffe der Gruppe B7 an den Tag legten, solange die Dritte Eskortgruppe ONS.5 unterstützte, waren über jedes Lob erhaben.«[60]

8

Jagen:
Die Biskaya im Mai

Die Wirksamkeit der Flugzeugeinsätze über der Biskaya kann von dem
jetzigen Tiefstand nur zu wirklich tödlicher Effektivität gesteigert werden,
wenn sie Teil einer größeren organisierten und koordinierten Streitkraft
werden, die sich der Überraschung, Ausdauer und Vernichtung verschreibt.
Stephen Raushenbush

Wenn wir den Stamm in der Biskaya entscheidend treffen, werden die
Zweige verwelken.
Air Marshal John Slessor

… die Waffen zu ergreifen gegen ein Meer von Sorgen, und sie durch
Widerstand beenden.
Shakespeare, Hamlet, 3. Akt, 1. Szene

Das U-Boot hat vom Flugzeug nicht mehr zu befürchten
als ein Maulwurf von der Krähe.
Admiral Dönitz am 4. August 1942

Wir wissen nicht, ob der siebenundvierzigjährige amerikanische
Wirtschaftswissenschaftler Stephen Raushenbush jemals ein U-Boot
oder einen Bomber gesehen hatte, als er im Dezember 1942 plötzlich
nach London versetzt wurde, um dort an der Entwicklung eines neuen
Operationsplans für die Biskaya mitzuarbeiten. Seit 1917–1919, als
er wie die meisten seines Jahrgangs am Amherst College mit den amerikanischen Streitkräften nach Frankreich gegangen war, wo er als
Freiwilliger einen Lazarettwagen gefahren hatte, interessierten ihn
militärische Taktiken nicht mehr sonderlich. Obgleich er insofern
den Idealen seines berühmten Vaters, des baptistischen Pastors
und Führers der Social-Gospel-Bewegung Walter Rauschenbusch
(1861–1918), treu blieb, folgte er ihm doch nicht nach. Vielmehr stu-

dierte er nach dem Waffenstillstand an der Universität in Rennes in Frankreich Ökonomie. Anschließend arbeitete er für die Ölindustrie in Mexiko und Venezuela, untersuchte in New York Fragen der Strom- und Kohleversorgung, unterrichtete am College von Dartmouth und diente dem Gouverneur von Pennsylvania acht Jahre lang als Berater für öffentliche Einrichtungen. Von 1934 bis 1936 war er Untersuchungsführer eines Komitees des US-Senats, das die Munitionsindustrie unter die Lupe nahm. Zwischendurch schrieb er sieben Bücher, die sich unter anderem mit *The Anthracite Question* ƒ1923) (Die Anthrazit-Frage) und *The March of Fascism* (1939) (Der Marsch des Faschismus) befaßten.

Seine letzte Stellung vor dem Zweiten Weltkrieg, die er 1939 angetreten hatte, war die des Leiters des Planungs- und Forschungsreferats der Abteilung für Energieversorgung im US-Innenministerium. In dieser Phase seines Lebens wurde er als freundlich, aber zurückhaltend beschrieben; er trug einen Schnurrbart und rauchte Pfeife, und obwohl er Mitglied der Republikanischen Partei war, vertrat er doch eher liberale und progressive Ansichten. Kurz nach dem Angriff auf Pearl Harbour ließ er sich vom Innenministerium beurlauben und diente als ziviler Wirtschaftswissenschaftler und Statistiker im Stab des Oberbefehlshabers der US Navy im Marineministerium. Von dort wurde er Ende 1942 auf Wunsch von Captain Thorvald A. Solberg, dem Leiter der technischen Abteilung im Büro des US-Marineattachés in England, nach London versetzt, um an der Planung der weiteren Lufteinsätze über der Biskaya mitzuwirken.[1]

Im Großbritannien angekommen, machte sich Raushenbush rasch mit den Möglichkeiten vertraut, welche die Biskaya für Luftangriffe bot. Aber er erfuhr auch von den enttäuschenden bisherigen Ergebnissen der Lufteinsätze über diesem Seegebiet. Seit Juni 1942 hatte das Küstenkommando etwa 7000 Flugstunden angesammelt und pro versenktem U-Boot sechzehn Flugzeuge verloren, und seit Oktober waren nur zweiundzwanzig Angriffe auf die etwa 290 U-Boote geflogen worden, die die Biskaya passiert hatten.[2] Der Aufwand stand in keinem Verhältnis zu den Ergebnissen. Raushenbush studierte zunächst die »Hardware«, das heißt die eingesetzten Kampfmittel. Auf dem Clyde, in der Nähe von Glasgow, besichtigte er das im August 1941 gekaperte VIIC-Boot U-570 (jetzt HMS *Graph).* Unter den Einsatzdaten interessierte ihn besonders die maximale Tauchzeit von 36–41 Stunden. Auch die Zeit, die ein U-Boot benötigte, um aufgetaucht die Batterien völlig aufzuladen (6,77–7,77 Stunden), merkte er sich.

Auf mehreren Flugplätzen des Küstenkommandos sah er sich die Flugzeugtypen an, die über der Biskaya zum Einsatz kamen. Fasziniert betrachtete er die neuen Zentimeter-Radargeräte, die damals gerade für den Gebrauch in Flugzeugen verfügbar wurden. Sowohl in Northwood als auch bei der Admiralität in Whitehall machte er sich die von Blackett und Williams und ihren wissenschaftlichen Teams zusammengetragenen Daten der OR-Untersuchungen zunutze. Er hatte den Eindruck, daß diese Leute »von den vielen Wochen mit sieben Arbeitstagen müde und ausgelaugt« waren.[3] Besonders von Williams wurde er großzügig unterstützt und in die OR-Aspekte des U-Boot-Krieges eingeführt.[4] Für Williams, von Hause aus Spezialist in der Quantentheorie, hatten die komplexen Zusammenhänge des U-Boot-Krieges, laut Blackett, ein »vergleichbares intellektuelles Interesse wie die Quantentheorie« besessen, und er hatte in dem Jahr nach Blacketts Weggang die Untersuchung der Biskayaeinsätze fortgeführt. Es war kaum überraschend, daß die Pläne, die Raushenbush und Williams Churchills Anti-U-Boot-Komitee am Ende vorlegten, in den Grundzügen, wenn auch nicht in allen Einzelheiten, gewisse Ähnlichkeiten aufwiesen.

Als Raushenbush glaubte, daß er die Hauptprobleme der Biskayaeinsätze erkannt hatte, wandte er sich der Schreibtischarbeit und den statistischen Tabellen zu. Sein Zimmerkollege, Commander Oscar A. de Lima, erinnerte sich später an die »endlosen Tage und Nächte, die Raushenbush mit komplizierten Berechnungen zubrachte«, obwohl diese endlose Phase nur etwas über einen Monat dauerte.[5] Das Interesse des Ökonomen galt besonders dem neuen, streng geheimen 10-Zentimeter-Flugzeugradar, für das die Deutschen keinen Warnempfänger hatten. Nach einem Bericht, den der Radarpionier Watson Watt am 22. Dezember unterbreitete, würde die Kriegsmarine wahrscheinlich jedoch höchstens zwei oder drei Monate nach dem ersten Einsatz die Frequenz herausgefunden und in den meisten U-Booten einen entsprechenden Warnempfänger eingebaut haben.[6]

»Es war eine vielversprechende Situation«, schrieb Raushenbush

1948. »Die Gefahr bestand darin, daß die neue Waffe (wie 1916 die ersten Panzer) in zu geringer Zahl zum Einsatz kommen würde. Dann wäre die Wirkung natürlich gering gewesen. Die Deutschen wären frühzeitig vor der neuen Waffe gewarnt worden, bevor sie mit durchschlagendem Erfolg eingesetzt werden konnte, und sie wären vorbereitet gewesen.« Sorgen bereitete ihm auch die Möglichkeit, daß ein solches Zentimeterradar zuerst im Mittelmeer oder über dem europäischen Kontinent eingesetzt werden könnte, wo es womöglich dem Feind in die Hände fiel.[7] Tatsächlich wurden einige Zentimeterradargeräte von Flugzeugen des Küstenkommandos von Gibraltar aus eingesetzt, bevor die Geräte in der Biskaya verwendet wurden. Raushenbushs schlimmste Befürchtungen – ob er davon Kenntnis hatte, ist nicht bekannt – wurden wahr, als am 2. Februar 1943 ein mit Zentimeterradar ausgerüsteter Stirling-Bomber des Bomberkommandos nachts in der Nähe von Rotterdam abstürzte. Das Radargerät war eines vom Typ H2S, dessen Radarimpulse nach unten gerichtet waren, um Küstenlinien, Seen, Flüsse und (mit weniger Erfolg) Städte zu entdecken.

Das Küstenkommando hatte nachdrücklich gegen diese Verwendung von 10-cm-Radargeräten vor deren Einsatz in der Biskaya protestiert, weil die Chancen, in der Biskaya einen wirklichen Überraschungserfolg zu erzielen, vertan waren, wenn eins der Geräte vorher dem Feind in die Hände fiel. Aber das Bomberkommando setzte sich mit dem Argument durch, die Bomber würden für die nächtlichen Bombenangriffe auf Deutschland – und die besaßen für den Premierminister Priorität – das H2S-Radar als Navigationshilfe benötigen. Churchill stimmte dem Einsatz des neuen Radargeräts über Feindgebiet ab Januar 1943 zu, und es kam, wie es kommen mußte. Obwohl das Radargerät des Stirling-Bombers durch den Absturz schwer beschädigt war, konnten die deutschen Techniker das *Rotterdam-Gerät,* wie sie es nannten, in den Telefunkenlabors in Berlin wieder zusammensetzen. Durch reinen Zufall wurde das Gerät bei einem Bombenangriff der RAF auf Berlin ein zweites Mal schwer beschädigt. Wieder wurde es rekonstruiert, diesmal in einem bombensicheren Bunker. Nachdem das Gerät mit dem Magnetron im Flug erprobt worden war, war den deutschen Technikern klar, daß den Alliierten ein großer technischer Durchbruch gelungen war. Gleichzeitig erkannten sie, daß das Metox-Gerät nicht mehr den Erfordernissen entsprach. Diese Erkenntnisse wurden umgehend dem BdU mitgeteilt, dessen Kriegstagebuch am 5. März von einem Zwischenfall auf See berichtet, der sie bestätigte:

U-333 (Oblt. Werner Schwaff) wird in BF 5897 von feindlichem Flugzeug nachts ohne vorherige Warnung angeflogen. Geringe Ausfälle. Flugzeug wird brennend abgeschossen. [Die Maschine war die Leigh-Licht-Wellington B des 172. Geschwaders, das gerade begonnen hatte, über der Biskaya AVS Mark III einzusetzen.]
... Der Gegner arbeitet auf Trägerfrequenzen, die außerhalb des Frequenzbereichs des jetzigen Fu.M.B. Empfängers liegen. Der Abchuß einer feindlichen Maschine über Holland, die anscheinend ein Gerät mit der Frequenz 9,7 cm an Bord hatte, ist vorläufig der einzige Anhalt für diese Möglichkeit.[8]

Das Geheimnis war geplatzt, und es war zu erwarten, daß die Deutschen die Zentimeterwellen ebenso neutralisieren würden, wie sie es mit dem Metox-Gerät bei den Meterwellen geschafft hatten. Aber Telefunken stieß beim Nachbau gewisser Teile des alliierten Geräts auf Schwierigkeiten. Außerdem behinderten administrative Querelen die Realisierung eines Sofortprogramms für die Entwicklung eines neuen Warnempfängers. Das hatte zur Folge, daß ein funktionierender Warnempfänger (Naxos-U) erst ab Oktober an die U-Boote ausgeliefert wurde, viel später, als es von Watson Watt vorhergesagt worden war. Die Atlantikschlacht war inzwischen längst entschieden.

Raushenbush begann seine Berechnungen, indem er die Leistungsdaten der U-Boote durchforstete. Die optimale Überwassergeschwindigkeit zum Laden der Batterien war zwölf Knoten. Die optimale Geschwindigkeit unter Wasser zur Erreichung einer möglichst großen Fahrstrecke war 1,75 Knoten. Die durchschnittliche Batteriekapazität beim Eintritt in die 200 Seemeilen lange Strecke durch die Biskaya reichte für 51 Seemeilen unter Wasser; danach mußte das U-Boot auftauchen, um seine Batterien aufzuladen. In den dafür benötigten 6,77 bis 7,77 Stunden legte es etwa 81 bis 93 Meilen zurück. Nach weiteren 51 Meilen unter Wasser mußte es erneut auftauchen, um zumindest noch einmal kurz die Batterien aufzuladen. Wenn man einen schnurgeraden Kurs unterstellte, hatte es damit die 200 Seemeilen geschafft, und zwar in 76,37 Stunden.

Ein U-Boot auf einem solchen Transit war also für längere Perioden aufgetaucht und dann der Gefahr von Luftangriffen ausgesetzt. Jeder Versuch, länger als 41 Stunden zu tauchen, scheiterte am begrenzten Luftvorrat; natürlich brauchte ein Boot zum Durchlüften nur 5 bis 10 Minuten aufzutauchen. Ein aufgetauchtes Boot, das von Flugzeugen zum Alarmtauchen gezwungen wurde, mußte hinterher sieben Minuten lang seine Batterien aufladen, um die etwa 100 Ampèrestunden aufzufüllen, die beim Alarmtauchen und Wiederauftauchen verbraucht worden waren. Da sich durchschnittlich 15,8 U-Boote im Transitgebiet befanden, waren sie, zusammengenommen, 1280–1470 Seemeilen den Angriffen ausgesetzt. Raushenbush errechnete eine Dichte von einem aufgetauchten U-Boot pro 3800 Quadratseemeilen.

Was die Flugzeuge betraf, forderte er 160 zusätzliche Langstreckenmaschinen, die allesamt mit ASV Mark III und viele zusätzlich mit Leigh-Licht ausgerüstet sein sollten. Insgesamt sollten 260 Flugzeuge zur Verfügung stehen. Eine solche Streitmacht sollte in der Lage sein, den alliierten Vorsprung beim Zentimeterradar auszunutzen und bei 7,5 Einsätzen pro Flugzeug und Monat auf jedes der 150 U-Boote, die monatlich das Transitgebiet durchquerten, 1,8 Angriffe zu fliegen. So sollten jeden Monat mindestens zwanzig U-Boote versenkt und vierunddreißig beschädigt werden. In den vorgesehenen 120 Tagen dieser Kampagne sollten 100 U-Boote versenkt und 136 weitere beschädigt werden, was die U-Boot-Waffe lahmlegen und in die Defensive drängen würde. Den beschädigten Booten kam dabei eine wichtige Rolle zu, weil sie die Werften und Stützpunkte in der Biskaya überlasten würden.

Der Raushenbush-Plan enthielt zwei kritische Punkte: Erstens mußte das Angriffsprogramm *zügig* in die Tat umgesetzt werden, bevor die Deutschen über einen Warnempfänger für Zentimeterwellen verfügten, und zweitens mußte die Angriffsstreitmacht von Anfang an groß genug sein; kleine Zuteilungen zusätzlicher Flugzeuge würden nicht ausreichen. Zum zweiten Punkt führt Raushenbush aus, man könne ein Gesetz des erhöhten Vorteils formulieren, demzufolge eine unzureichende Erhöhung der Flugzeugzahlen nur zu geringen Verbesserungen führen würde, während bei einer Anhebung über eine kritische Zahl hinaus eine rasche, sprunghafte Steigerung der Erfolge erzielt werde. Dann fuhr er fort:

Der Kampfgeist der verbliebenen U-Boot-Flotte kann durch eine solche Maßnahme gebrochen werden. Wenn in vier Monaten (Mai bis August 1943 einschließlich) 100 U-Boote vernichtet und 136 beschädigt werden und jedes bei der Durchquerung der Biskaya 1,8-mal angegriffen wird, dann hat die in den Biskayahäfen stationierte U-Boot-Flotte 36 Prozent ihrer Stärke eingebüßt, und die Besatzungen von 136 weiteren Boten wären in ihrem Selbstvertrauen erschüttert. Der Kampfgeist der verbleibenden 175 Boote könnte dadurch solchen Schaden nehmen, daß ihr Einsatzwert erheblich gemindert wäre.[9]

Mit der Vorhersage, es sei mit Meutereien zu rechnen, schoß Raushenbush sicherlich über das Ziel hinaus. Sie zeigte allenfalls, wie stark er von seinen britischen Kollegen beeinflußt war, bei denen der nachlassende Kampfgeist eine fixe Idee zu sein schien. In Kenntnis der Tatsache, daß die U-Boot-Besatzungen auch 1945 noch ohne Zögern ausliefen, obwohl die sichere oder fast sichere Vernichtung auf sie wartete, hat man den Eindruck, daß mangelnde Pflichttreue in der U-Boot-Waffe nie zu befürchten war.

Raushenbushs Plan wurde von Captain Solberg und auf dessen Empfehlung hin auch von Admiral Harold R. Stark, dem Befehlshaber der US Navy in Europa, unterstützt, der ihn in die richtige Form bringen ließ, um ihn am 24. März dem Anti-U-Boot-Komitee des britischen Premierministers vorzustellen. Inzwischen hatte sich auch die OR-Abteilung der Admiralität hinter Raushenbush gestellt. Deren politisch versierte Mitarbeiter wußten jedoch, daß der Plan keine Chance hatte, solange er nicht von Churchills persönlichem wissenschaftlichem Berater, Professor Lindemann (damals schon Lord Cherwell), abgesegnet worden war. Blackett und Williams (letzterer arbeitete inzwischen ebenfalls in der Admiralität) schlossen sich Raushenbush an und bildeten unter der Leitung von Stafford Cripps, dem Minister für Flugzeugproduktion und stellvertretenden Vorsitzenden des Anti-U-Boot-Komitees, eigens ein Komitee, um Cherwell für Raushenbushs Plan zu gewinnen.

Cherwell stand Raushenbushs Plan zunächst ablehnend gegenüber, weil er nach seiner Meinung »auf etwas spekulativen Grundlagen« beruhte und »zu optimistisch« war. Ohne eine einzige Zahl oder Berechnung des Amerikaners anzugreifen, wies er die »sehr theoretischen« Vorschläge des Plans zurück, da sie im Widerspruch zu den bisherigen Erfahrungen der Biskaya-Einsätze stünden, deren Erfolge sehr gering gewesen seien. Darüber hinaus könne der angenommene Vorteil durch das 10-cm-Radar »ganz leicht« durch einen entsprechenden Warnempfänger zunichte gemacht werden, und die Möglichkeit, daß die Biskaya von den Deutschen mit Scheinzielen übersät werden könne, habe Raushenbush auch nur unzureichend bedacht. Es wäre besser, die verfügbaren Flugzeuge für die dankbarere Aufgabe des Schutzes an den bedrohten Konvois zu benutzen. Noch besser wäre es, die Maschinen des Küstenkommandos zum Bombardieren der deutschen Städte einzusetzen, weil das eine »unmittelbarere Auswirkung auf den Verlauf des Krieges im Jahr 1943« habe. Trotzdem räumte Cherwell ein, daß es ein »interessantes Experiment« sein könnte, den Raushenbush-Anhängern freie Hand zu lassen und zu sehen, was sie erreichen würden.[10]

Bevor der Plan der Ein-Mann-Forschungsabteilung des US-Marineattachés formal präsentiert wurde, traten zwei Ereignisse ein. Als erstes legte die britische Admiralität überraschenderweise einen eigenen, ähnlichen Plan für die Biskaya-Einsätze vor. Zweitens wurden vom Küstenkommando in der Zeit vom 6. bis 15. Februar unter dem Decknamen »Operation Gondola« beide Pläne in der Praxis erprobt. Obwohl der Plan der Admiralität Blackett zugeschrieben wurde, sagte dieser in einem Nachruf für Williams (der 1945 verstarb), sämtliche Berechnungen seien im Winter 1942–1943 von Williams angestellt worden; er habe »in detaillierter Arbeit die beste Methode herausgefunden, wie man eine solche Offensive mit einer gleich großen Flotte von Tag- und Nachtmaschinen mit den neuesten 10-cm-Radargeräten gestalten mußte«.[11]

Williams (oder Blackett) zeigte den Plan Raushenbush, der einen kurzen Vergleich der beiden Pläne niederschrieb. Beide verlangten eine Streitmacht von 260 großen Flugzeugen. Raushenbush verlangte zusätzlich 160 Flugzeuge, Williams 190. Raushenbush stellte sich eine viermonatige Kampagne vor, Williams eine einjährige. Beide gingen für das Frühjahr 1943 von 150 monatlichen U-Boot-Transits durch die Biskaya aus – wie sich herausstellte, war diese Zahl zu hoch. Die durchschnittliche Anzahl der Einsätze pro Flugzeug und Monat war etwa gleich; auch die angenommenen Werte für das Verhältnis von Ortungen zu Angriffen, Angriffen zu Versenkungen und Angriffen zu beschädigten U-Booten stimmten überein. Raushenbush sagte pro Monat zweiundzwanzig Versenkungen und vierunddreißig beschädigte Boote voraus, Williams jeweils zweiundzwanzig.[12]

Der neuntägige Gondola-Versuch entsprach genaugenommen keinem der beiden Pläne, da nur die Flugzeuge von dreien der sechzehn teilnehmenden Geschwader mit 10-cm-Radar ausgerüstet waren, und zwar die der Liberator-Geschwader 1, 2 und 224 der US Army Air Forces (USAAF). Insgesamt nahmen 136 Flugzeuge, einschließlich von Leigh-Licht-Wellingtons und -Catalinas, an den standardisierten Patrouillenflügen teil. Zielgebiete waren die innere Biskaya (östlicher Teil), durch die in der fraglichen Zeit vierzig U-Boote fuhren, und die äußere Biskaya (westlicher Teil), die von achtunddreißig Booten durchquert wurde. Es wurden achtzehn Sichtungen erzielt, von denen nur zwei auf einer Erstortung durch Zentimeterradar beruhten; sieben führten zu Angriffen. Ein U-Boot wurde als von der Liberator »T« des 2. Geschwaders versenkt eingestuft. Bei der Neubewertung durch die NHB/MOD wurde jedoch festgestellt, daß das angegriffenen Boot, U-752 (Kptlt. Ernst Schröter), nicht einmal schwer beschädigt wurde. Dennoch schienen die Zahlen, insbesondere was die Sichtungen und die für sie benötigten Flugstunden betraf, für die von Raushenbush und der Admiralität erarbeiteten Pläne zu sprechen, zumal die meisten Flugzeuge, wie gesagt, nicht mit Zentimeterradar ausgerüstet waren. Nach Beendigung des Probelaufs ging das Zahlenverhältnis von Sichtungen zu Flugstunden wieder auf den vorherigen niedrigen Stand zurück.

Zum großen Bedauern des Küstenkommandos verlangte US-Admiral King Anfang März die Verlegung von zwei Liberator-Geschwadern von St. Eval in Cornwall nach Marokko. Air Marshal Slessor erklärte, ihre Besatzungen seien mit »Eifer und Begeisterung« bei der U-Jagd gewesen und »gerade so richtig warm geworden«.[13] Der Verlust dieser mit Zentimeterradar ausgerüsteten Geschwader sowie des 405. Geschwaders mit Halifax-Maschinen, das an das Bomberkommando zurückgegeben werden mußte, waren herbe Rückschläge sowohl für den Raushenbush- als auch für den Admiralitätsplan. Trotzdem unternahm das Küstenkommando mit den verbliebenen Flugzeugen vom Abend des 20. bis zum Morgen des 28. März einen neuen Test, und diesmal war auch das mit Zentimeterradar und Leigh-Licht ausgerüstete 172. Geschwader, das soeben einsatzfähig geworden war, beteiligt.

Der Test fiel aber ausgerechnet in die Zeit, in der das Küstenkommandos die Biskaya-Offensive zurückschraubte, weil sie in seinen Augen einen uneffektiven Einsatz der Kampfmittel des Küstenkommando darstellte. Am 22. März schickte Air Marshal Slessor seine Denkschrift ans Anti-U-Boot-Komitee, in der er empfahl, den Einsatz über der Biskaya nur noch im Rahmen freier Kapazitäten zu fliegen.[14] Andererseits berichtet Peyton Ward, daß sein Marineverbindungsstab in Northwood zur selben Zeit einen weiteren Test vorschlug und Slessor dies unterstützte.[15] Es sollte nicht das letzte Beispiel von Slessors paradoxem Verhalten sein. Nach der Vorstellung von Williams sollten die Gondola-Suchflüge, die bisher eine Art Fächer bildeten (der sich, ausgehend von den Flugplätzen in Südengland und Wales, nach Osten und Westen leicht ausbreitete), durch einen 140 Seemeilen breiten, in Nord-Süd-Richtung verlaufenden Flugstreifen zwischen den Längengraden 7° und 10½°W ersetzt werden. Die Breite des so abgesteckten Rechtecks entsprach der maximalen Fahrstrecke eines U-Boots in 24 Stunden, egal, wieviel Zeit es dabei über oder unter Wasser verbracht hatte. Nach dem Plan sollten die Flugzeuge in nahezu ununterbrochener Reihe im Süden bei 44½°N in das Rechteck einfliegen, es überqueren und dann fast auf Gegenkurs wieder zurückkehren. Um die U-Boot-Besatzungen zu verunsichern und sorglos zu machen, wurden in den Nachtflugplan einige Unregelmäßigkeiten eingefügt. Zusätzlich zum Zentimeterradar sollten diejenigen Maschinen, die noch Meterradar an Bord hatten, es weiterhin benutzen. Die Gruppe 19 hatte vor Beginn des Tests eine Pause von einer Woche eingelegt, um für den siebeneinhalbtägigen Probelauf fit zu sein. Dann, in der Abenddämmerung des 20., begannen 115 Flugzeuge – mit 10-cm-Radar ausgerüstete Liberators des 224. Geschwaders der USAAF,

Wellingtons mit und ohne 10-cm-Radar, Halifaxes, Flying Fortresses, Sunderlands, Whitleys sowie eine Catalina – den Streifen abzufliegen. Eine Woche und zwölf Stunden später waren in 1300 Flugstunden sechsundzwanzig Sichtungen und fünfzehn Angriffe erfolgt. U-665 (Oblt. Hans-Jürgen Haupt) war von der Whitley »Q« des 10. Geschwaders versenkt und U-332 (Oblt. Eberhard Hüttemann) von der Wellington »T« des 172. Geschwaders beschädigt worden. Da einundvierzig Boote den Streifen durchquert hatten – man hatte mit zweiundvierzig gerechnet –, bedeutete dies, daß nur halb so viele Flugstunden pro Sichtung nötig gewesen und doppelt so viele U-Boote pro Passage entdeckt worden waren wie vorher. Wenngleich diese Zahlen noch nicht den Erwartungen der Planer entsprachen, so waren sie doch vielversprechend genug, das Küstenkommando dazu zu bringen, für April die Operation »Enclose II« anzusetzen – und das, um es zu wiederholen, obwohl Slessor gleichzeitig anregte, die Ressourcen des Küstenkommando »zu Lasten der Suchflüge über der Biskaya« auf den Schutz der bedrohten Konvois zu konzentrieren.[16]

Bei seiner zwölften Sitzung, zu der das Anti-U-Boot-Komitee am 24. März um 1800 Uhr unter Churchills Vorsitz im Kabinettsraum in der Downing Street Nr. 10 zusammentrat, standen drei Vorlagen auf der Tagesordnung. Die erste war der Vorschlag, den Raushenbush-Plan durchzuführen. Zu diesem Thema sollte Admiral Stark, seit dem letzten Treffen Mitglied des Komitees, sprechen. Die zweite war der Vorschlag von Air Marshal Slessor, die Flugzeuge vorrangig zum direkten Schutz bedrohter Konvois einzusetzen. Und die dritte war eine Denkschrift des Ersten Lords der Admiralität, A. V. Alexander, und des Ersten Seelords und Chefs des Marinestabes, Admiral of the Fleet Dudley Pound, die erneut schwere Bombenangriffe auf die U-Boot-Stützpunkte an der Biskaya verlangten.[17] Sowohl der US-Vorschlag, den das Komitee den Stark-Plan nannte, als auch der Vorschlag der Admiralität, drängten also auf den vermehrten Einsatz von Bombern in der Biskaya beziehungsweise gegen die Stützpunkte an der Biskaya. Das Komitee war der Auffassung, daß diese Bomber bereitgestellt werden konnten, wenn man sie von den Bombardements gegen Deutschland abzog. Daher wurde entschieden, die Diskussion über die drei Vorlagen zu vertagen und zur nächsten Sitzung den Befehlshaber des Bomberkommandos, Air Chief Marshal Arthur T. Harris, einzuladen und ihn aufzufordern, ein Papier vorzulegen.[18] Zwei Tage vor dieser Sitzung verteilte Edward Bridges, der Sekretär des Kriegskabinetts, ein Rundschreiben, in dem bestimmt wurde, daß nur die dreizehn Mitglieder des Komitees, die unmittelbar mit den Vorlagen zu tun hatten, an der Besprechung teilnehmen sollten. Auf der Sitzung am 29. März waren dann noch drei weitere Vorlagen zu behandeln: die Stellungnahme von Air Chief Marshal Harris, Cherwells Kommentar zum Raushenbush-Plan und ein neues Papier der Admiralität, in dem der Plan von Blackett und Williams vorgeschlagen und gleichzeitig der Stark-Plan unterstützt wurde, weil er »völlig unabhängig und in beeindruckender Weise die Ansicht der Admiralität bestätigt«.[19]

Wie zu erwarten, wehrte sich Harris gegen das Verlangen der Admiralität, 190 Langstreckenbomber von den Luftangriffen auf Deutschland abzuziehen und für Einsätze in der Biskaya freizustellen. Der Verlust von derart vielen Flugzeugen, wandte Harris ein, würde bedeuten, daß in den nächsten vier Monaten eine ganze Reihe von Bombardierungsplänen gegen Deutschland nicht umgesetzt werden könnte, so daß die ganze Last des Kampfes gegen Deutschland von der Sowjetunion zu tragen wäre. Seine Gesprächspartner von der Royal Navy fanden dieses Argument vermutlich reichlich übertrieben. Im Protokoll steht: »Er glaube nicht, daß man im ganzen Ausmaß erkannt habe, wie groß die Schäden der Angriffe auf die U-Boot-Werften und die Fabriken für die Ausrüstung der Boote seien. Es gebe immer wieder Beweise dafür, wie sehr das U-Boot-Bauprogramm durch die Bombardierungen gestört werde. Wenn man sie stoppe, sei er sicher, daß der Ausstoß an U-Booten pro Monat zunehmen würde.«

Was die in vorhergehenden Papieren der Admiralität geforderten Angriffe auf die Stützpunkte an der Biskaya betreffe, fuhr Harris fort, so seien die U-Boote und alle wichtigen Hilfseinrichtungen unter undurchdringlichem Beton verborgen. Die zehntausend Tonnen an Bomben, die kürzlich auf die Stützpunkte in Lorient und Saint-Nazaire geworfen worden seien, hätten, wie die Admiralität selbst zugegeben habe, keine nennenswerten Auswirkungen auf die Operationen der U-Boote gehabt.[20] Slessor stand der Bombardierung der Stützpunkte ebenfalls kritisch gegenüber, weil er sie für nutzlos hielt:

»Das einzige Ergebnis war, daß mehrere schöne alte französische Städte zerbombt wurden.«[21] Der Stabschef der RAF, Charles Portal, unterstützte »Bomber«-Harris, wie er in der RAF allgemein genannt wurde, weil die Forderungen der Admiralität seiner Ansicht nach »nur auf theoretischen Berechnungen« beruhten.

Aber die Biskaya-Offensive hatte auch entschiedene Befürworter, unter ihnen der Erste Lord der Admiralität, der darauf hinwies, daß »wir ohne die Offensive in der Biskaya in der Atlantikschlacht nicht die Oberhand gewinnen werden«. Er sei überzeugt, »daß wir bei einer Biakaya-Offensive mit einer ausreichenden Zahl von Flugzeugen genügend U-Boote versenken können, um ihren Kampfgeist zu brechen«. Des weiteren habe die Admiralität ihre Bedarfsschätzung nach unten korrigiert: Statt 190 würden jetzt nur noch 175 Langstreckenbomber zusätzlich benötigt, wenn die U-Boote ein neues 10-cm-Warngerät besäßen, und sogar nur 55, wenn dies nicht der Fall sei. Der Gegner könne zwar versuchen, der Bedrohung auszuweichen, aber verstecken könne er sich nicht: »Er muß durch die Biskaya.« Pound führte anschließend aus, die Bereitstellung von zusätzlichen Flugzeugen für die Biskaya sei eine »absolute Notwendigkeit und nicht irgendein Luxus des U-Boot-Krieges«. US-Admiral Stark fügte hinzu, daß »wir schlecht dran sein werden«, wenn man der U-Boot-Bedrohung nicht Herr werde. Durch Ausweitung der Biskaya-Einsätze, argumentierte er, »wären wir zum ersten Mal in der Lage, eine richtige Offensive gegen die U-Boote zu starten«.[22]

Natürlich hatte der Premierminister das letzte Wort, und das fiel für die Befürworter der Biskaya-Offensive nicht gut aus. Da nur begrenzte Kräfte verfügbar seien, erklärte er, sei es nicht möglich, jedem Kriegsschauplatz die Höchstzahl an Kampfmitteln zur Verfügung zu stellen. Die Verteilung müsse sich nach den zu erwartenden Erfolgen richten, und bisher hätten der von Slessor vorgeschlagene Flugzeugeinsatz an den bedrohten Konvois und die von Harris befürworteten Bombardierungen im Verhältnis zu den aufgewandten Mitteln die besten Ergebnisse erbracht. Er räumte zwar ein, daß es »schon als sehr erstrebenswertes Ziel anzusehen« wäre, »wenn die Einsätze über der Biskaya auch nur zur Versenkung von drei oder vier U-Booten pro Monat führen und nicht die hohen Zahlen, die in einigen der Vorlagen stehen, erreichen würden«, entschied aber, daß die dafür nötigen Flugzeuge nicht gewonnen werden könnten, indem man Küsten- und Bomberkommandos der Mittel beraube, die sie für die Erfüllung ihrer Hauptaufgaben brauchten. Dann griff Churchill einen Hinweis von Averell Harriman auf, der angedeutet hatte, daß die Stabschefs in Washington es vielleicht ermöglichen könnten, Flugzeuge von anderen Aufgaben für die Biskaya abzuzweigen, und beauftragte Luftfahrtministerium und Admiralität, eine entsprechende Anforderung an die Regierung der USA zu formulieren.[23]

Seltsamerweise war Slessor, obwohl er zu den Gewinnern gehörte, das einzige Mitglied des Komitees, das mit dem Verlauf der Diskussion nicht zufrieden war. Offenbar in seiner Eitelkeit gekränkt, griff er die Admiralität an, weil sie ihn mit dem Williams-Plan übergangen und die Forderung nach 190 schweren Bombern aufgestellt hatte, »ohne sich mit dem Mann zu besprechen, der zuerst davon betroffen ist, nämlich mit mir«. Als er dreizehn Jahre später seine Memoiren schrieb, war der Ärger immer noch nicht verflogen: »Ich bekam nur eine einzige Kopie des Papiers, und das einen Tag, bevor es behandelt werden sollte. Ich bin auf der Stelle zum Ersten Seelord gegangen und habe ihm gesagt, daß ich mit dieser Art, an das Problem heranzugehen, nicht einverstanden sei. Das sei Rechenschieberstrategie der übelsten Art ...« Offenbar mit Vergnügen fügte er hinzu: »Die Vorlage der Admiralität fand am nächsten Tage im Anti-U-Boot-Komitee keine Zustimmung. Ich erinnere mich, daß ein gut gelaunter Minister sagte: ›C'est magnifique, mais ce n'est pas la guerre.‹« (Das ist großartig, aber so funktioniert der Krieg nicht.)

Am 4. April legte Slessor dem Komitee seine Einwände gegen den Williams-Plan vor. In seinen Memoiren befand er, nichts sei »irreführender und gefährlicher, als sich einzubilden, daß man das Ergebnis einer Schacht oder die für die Schlacht erforderlichen Kriegsmittel bestimmen könne, indem man ein paar Berechnungen anstellt«. Die wichtigsten Faktoren in jeder Schlacht seien die menschlichen Eigenschaften, »wie Führerqualitäten, Kampfgeist, Mut und Können, und die kann man in keiner mathematischen Formel erfassen«. Dann nahm sich Slessor Williams' OR-Studien zur Brust: »Meine Einwände gegen das Prinzip der Rechenschieberstrategie zusammenfassend, habe ich darauf gedrängt, das Problem weniger wissenschaftlich als vielmehr praktisch anzupacken.«[24]

Man kann sich kaum eine widersprüchlichere Haltung vorstellen, denn es war ja gerade die Operations Research, die Slessors praktisches Vorgehen ersonnen hatte, und er selbst hatte dies unterstrichen, indem er sofort nach seinem Dienstantritt als Befehlshaber des Küstenkommandos im Vormonat ein gutes Arbeitsverhältnis zur OR-Abteilung hergestellt hatte. Und in seiner Vorlage zur Frage der Präferenz der Biskaya-Offensive oder des Einsatzes an bedrohten Konvois hatte er eben diese Wissenschaft mit ihren Berechnungen ausgiebig herangezogen. Als er in seinen Memoiren verächtlich von der »Rechenschieberstrategie« sprach, scheint er zudem vergessen zu haben, was er im Vorwort zu Professor Waddingtons Buch *O. R. in World War 2* selbst geschrieben hatte. Dort nämlich hatte er die »Rechenschieberstrategie« unter genau dieser Bezeichnung gelobt und erklärt: »Niemand, der die Fakten kennt, kann einen Zweifel daran hegen, daß ein großer Teil des Verdiensts am vielleicht immer noch nicht ausreichend gewürdigten Sieg in der Schlacht in der Biskaya und an der Niederschlagung der U-Boote im Jahr 1943 Männern wie Blackett, Williams, Larnder, Baughan, Easterfield und Waddington anzurechnen ist.«[25] Raushenbushs Namen scheint er nicht gekannt zu haben, obwohl er im Stark-Papier als Urheber des Plans bezeichnet wurde. Und das war schließlich der Plan, dessen Berechnungen Slessor Ende Mai als durch die Ereignisse in der Biskaya bestätigt bezeichnete, wie wir noch sehen werden.[26]

Slessors Brief vom 4. April fand im Anti-U-Boot-Komitee keine Beachtung. Statt dessen wurde Slessor in den darauffolgenden Tagen dazu gebracht, eine Kehrtwendung zu machen. Wer diesen Sinneswandel erreicht hatte, geht aus den Akten nicht hervor – möglicherweise das Luftfahrtministerium oder die Admiralität oder beide zusammen –, jedenfalls war er es, der vom Anti-U-Boot-Komitee den Auftrag erhielt, das an die Stabschefs der US-Streitkräfte gerichtete Schreiben mit der Bitte um zusätzliche Langstreckenmaschinen für den Biskaya-Einsatz zu entwerfen. Mit dem Eifer eines Konvertiten begründete er daraufhin eindringlich die Notwendigkeit der Biskaya-Offensive. In dem Telegramm nach Washington, das von ihm, dem Ersten Seelord Pound und Admiral Stark unterschrieben wurde, hieß es:

Der einzige Ort, an dem wir immer sicher sein können, auf U-Boote zu stoßen, ist die Biskaya. Wenn man den geringen Anteil der U-Boote vernachlässigt, die [von deutschen Häfen aus] auf der Nordroute in den Atlantik fahren, dann ist die Biskaya der Stamm der U-Boot-Bedrohung, dessen Wurzeln die Häfen an der Biskaya sind und dessen Äste sich weithin ausstrecken zu den nordatlantischen Konvois, in die Karibik, an die Ostküste Nordamerikas und überall dorthin, wo die schnelleren Handelsschiffe ohne Geleit unterwegs sind …. Es handelt sich um ein strategisches Problem, das nur durch sachgerechte Verteilung unserer gemeinsamen Ressourcen gelöst werden kann. Es bietet sich an, die notwendige Streitmacht am entscheidenden Punkt des atlantischen Schlachtfeldes zu konzentrieren. Wir sind uns darüber im klaren, daß die Vereinigten Staaten ebenso wie Großbritannien nicht über genügend Flugzeuge verfügen, um allen Verpflichtungen in jeder Beziehung gerecht werden und die Schiffahrt entlang ihrer eigenen langen Küsten ausreichend schützen zu können. Aber wenn wir einen wirklich entscheidenden Schlag gegen den Stamm in der Biskaya führen, werden die Zweige verwelken.[27]

Die Bedeutung der Biskaya werde nur von jener der Konvoirouten übertroffen. 150 moderne Flugzeuge seien bereits im Biskaya-Einsatz, und weitere dreißig oder vierzig Lang- und Mittelstreckenmaschinen könnten hinzukommen, wenn man ein Leigh-Licht-Geschwader von Gibraltar zurückbeordere und Neubauten sowie Anleihen von anderen Einsatzgebieten einbeziehe. Diese Zahlen führten zu einer neuen Kalkulation der zusätzlich erforderlichen Anzahl von Flugzeugen. Das Küstenkommando bat die US-Stabschefs um sechs Geschwader mit insgesamt zweiundsiebzig Langstreckenflugzeugen für die U-Jagd, um die sowohl im Stark-Plan als auch im Plan der Admiralität für erforderlich gehaltene Gesamtzahl von 260 Maschinen zu erreichen. Diese Flugzeuge sollten dem Kontingent entnommen werden, »das bereits [bei der Atlantikkonvoi-Konferenz in Washington im Vormonat] für den Kriegsschauplatz Atlantik bestimmt worden ist«. Auf dieser Konferenz hatten die amerikanischen Vertreter angekündigt, daß »über die augenblicklichen dringenden Bedürfnisse hinaus« 217 Maschinen von geeignetem Typ und mit entsprechender Ausrüstung, darunter 56 Langstreckenflugzeuge, bereitgestellt werden könnten.

Wichtig sei, so die britischen Bittsteller weiter, daß die Geschwader »sobald wie möglich« einsatzbereit seien, um den Zeitraum auszunutzen, in dem die U-Boote noch keinen 10-cm-Warnempfänger besäßen. (Im Protokoll der Sitzung des Anti-U-Boot-Komitees vom 14. April, das einen Entwurf des Schreibens an die Amerikaner enthält, ist vermerkt, daß das Komitee die viermonatige Offensive des Stark-Plans und nicht die auf zwölf Monate angelegte Offensive der Admiralität unterstützte.) Die sechs Geschwader sollten in Stützpunkten im Südwesten Englands stationiert werden. Eine Verstärkung in dieser Größenordnung, mutmaßten Slessor, Pound und Stark, »könnte sehr wohl entscheidende Auswirkungen auf die Schlacht um den Atlantik« haben.[28]

Doch Washington reagierte kühl. Obwohl die Vereinigten Stabschefs den Einsätzen in der Biskaya grundsätzlich positiv gegenüberstanden, verwiesen sie in ihrer Antwort vom 1. Mai darauf, daß die »über die augenblicklichen dringenden Bedürfnisse hinaus« zugesagten Flugzeuge in Wirklichkeit nicht existierten. Die in dem Dokument der Konvoikonferenz genannte Zahl von U-Jagdflugzeugen, erklärte Admiral King, beruhe auf Angaben, »deren Herkunft und Genauigkeit nicht verbürgt sind und die hinsichtlich der Verfügbarkeit von Flugzeugen offenbar Hoffnungen geweckt haben, die nicht durch Tatsachen gestützt werden«.[29] Diese Antwort, die ganz nebenbei eine formelle Vereinbarung zwischen den Alliierten als wertlos abtat, führte in England zu erheblicher Irritation. In einem zweiten Telegramm fragte man an, ob denn die auf der Konvoikonferenz genannten Zahlen falsch gewesen seien und ob die Vereinigten Staaten so freundlich sein könnten, sobald wie möglich die richtigen Zahlen zu übermitteln.

Diesmal dauerte es etwas länger, bis die US-Stabschefs antworteten. Der Grund dafür war, daß die Biskaya zu diesem Zeitpunkt nicht gerade im Zentrum des Interesses von King stand. Seine Aufmerksamkeit wurde von einer der erbittertsten Auseinandersetzungen zwischen den Teilstreitkräften in Anspruch genommen, die es während des gesamten Krieges in den USA gab. Es ging darum, wer den Befehl über die zur U-Boot-Bekämpfung eingesetzten Fluggeschwader hatte, die US Navy oder das U-Boot-Abwehrkommando der US Army. Slessor, der diesen Streit selbst bei einem Besuch in den Staaten im Juni miterlebte, sagte später: »Die Atmosphäre in Washington war durch Eifersüchteleien und Mißtrauen zwischen den Teilstreitkräften vergiftet.«[30]

Der Streit der Amerikaner endete damit, daß die Army sich im Herbst des Jahres ganz aus der U-Boot-Abwehr zurückzog. Unterdessen konnte Slessor sich bemühen, wie er wollte, die zweiundsiebzig Flugzeuge, die er für die Biskaya haben wollte, bekam er nicht. Es wurde Oktober, ehe er überhaupt eine nennenswerte Zahl von Flugzeugen aus den USA erhielt.[31] In diesem Monat verfügte das Küstenkommando über drei Geschwader der USAAF und eines der US Navy, die in Dunkeswell in Devonshire stationiert waren, sowie zwei Geschwader der US Navy in St. Eval.[32] Doch im Oktober war die zweite Biskaya-Offensive, die mit den vorhandenen Mitteln des Küstenkommandos geführt worden war, bereits beendet, und die Krise im U-Boot-Krieg war längst vorüber.

Bevor diese Telegramme zwischen London und Washington ausgetauscht wurden, hatte das Küstenkommando, wie schon erwähnt, in der Biskaya einen neuen Test gestartet, die Operation »Enclose II«, die vom Abend des 5. bis zum Morgen des 13. April dauerte. Es waren weniger Flugzeuge (86) als bei der ersten Operation »Enclose« beteiligt, jedoch drei mehr Leigh-Licht-Catalinas vom 210. Geschwader, die denselben Streifen abflogen wie beim erstenmal, und zur Täuschung wurde das Gebiet wiederum auch mit 1,5-Meter-Radar abgesucht.

Während des Tests durchquerten fünfundzwanzig U-Boote das Gebiet – man hatte mit achtundzwanzig gerechnet –, und in 980 Flugstunden wurden elf Sichtungen erzielt, zum ersten Mal mehr in der Nacht als am Tage. Nachts wurde U-376 (Kptlt. Karl Friedrich Marks) von der Leigh-Licht-Wellington »C« des 172. Geschwaders versenkt und U-465 (Kptlt. Heinz Wolf) von der Catalina »M« des 210. Geschwaders beschädigt. Mit weniger Flugzeugen und weniger Flugstunden waren somit die gleichen Ergebnisse wie bei der ersten Operation »Enclose« erreicht worden. Und weitere U-Boot-Besatzungen, die nur knapp davongekommen waren, hatte vermutlich, um Raushenbush zu zitieren, »das blanke Entsetzen« gepackt.

Nach dieser Demonstration der Wirksamkeit des Raushenbush-Plans wurde schon vor dem Ende der Operation beschlossen, unter dem Decknamen »Derange« (Störung) eine großangelegte Suchoperation in einem erweiterten Seegebiet zwischen 8¹/₂° und 12°W durchzuführen. An dieser Operation nahmen zwar nicht 260, wie von Raushenbush und Williams für erforderlich gehalten, aber immerhin 113 Flugzeuge teil – mehr waren zu diesem Zeitpunkt nicht verfügbar. »Derange« begann am Morgen des 13. April und sollte »bis auf weiteres« fortgeführt werden. Zu den 113 Flugzeugen gehörten drei neue Geschwader, eins davon mit Wellingtons, die mit 10-cm-Radar und Leigh-Licht ausgerüstet waren (Nr. 407), eins mit normalen Wellingtons (Nr. 311) und eins mit Whitleys (Nr. 612).

Bis Ende April durchquerten einundachtzig U-Boote den »Derange«-Streifen, und in insgesamt 2593 Flugstunden bei Tag und Nacht wurden sechsunddreißig Sichtungen erzielt und zweiundzwanzig Angriffe geflogen. Die Zahl der Sichtungen stellte im Verhältnis zu den Flugstunden keine Verbesserung gegenüber »Enclose II« dar. Aber es wurde ein Boot versenkt, und zwei weitere auslaufende Boote wurden so schwer beschädigt, daß sie nach Brest beziehungsweise Saint-Nazaire zurückkehren mußten. Die mit 10-cm-Radar ausgerüstete Liberator »D« des 224. Geschwaders warf am Morgen des 29. April nordwestlich von Kap Ortegal vor der spanischen Küste sechs Wasserbomben auf das bereits beschädigte U-332 (Hüttemann), 25 Sekunden nachdem das Boot getaucht war, und versenkte es. Beschädigt wurden U-566 (Kptlt. Hans Hornhohl), das von der Leigh-Licht-Wellington »R« des 172. Geschwaders in der Nacht des 26. April mit Wasserbomben beworfen wurde, und U-437 (Oblt. Hermann Lamby), das von der Leigh-Licht-Wellington »H« des 172. Geschwaders in der Nacht des 29. ebenfalls mit Wasserbomben angegriffen wurde.[33]

Die wichtigste Auswirkung der zweiundzwanzig »Derange«-Angriffe im April war die Verzweiflung, die sie beim BdU auslösten. Hatten schon die Berichte der Kommandanten während der beiden »Enclose«-Operationen Beunruhigung hervorgerufen, so reagierte man jetzt geradezu verstört auf die Meldungen, daß die Boote trotz des Metox-Geräts überrascht wurden wie Rehe vom Scheinwerferlicht eines Autos.[34] Am 27. April trafen Dönitz und Godt eine schicksalhafte Entscheidung, die sie an ihre Kommandanten über Funk durchgeben ließen. Ab sofort besagte der Ständige Kriegsbefehl 483, daß die Boote, erstens, nachts in der Biskaya möglichst getaucht fahren sollten und, zweitens, tagsüber Luftangriffe zu bekämpfen hätten, wenn sie beim Aufladen der Batterien über Wasser überrascht wurden. Diese Entscheidung sollte im Mai und in den Sommermonaten zu schweren Verlusten führen: In siebenundneunzig Tagen und Nächten wurden sechsundzwanzig U-Boote versenkt und siebzehn beschädigt. Von Historikern wurde die Entscheidung daher als »großer taktischer Fehler« bezeichnet, der nach Slessors Ansicht »in der Dummheit des Gegners« begründet war.[35]

Der britische Luftfahrthistoriker Alfred Price verweist darauf, daß im April nur zwei der zwölf U-Jagd-Geschwader von Air Vice Marshal Bromets Gruppe 19 sowohl mit Leigh-Licht als auch mit 10-cm-Radar ausgerüstet waren, und meint, das sei einfach nicht genug gewesen, um mehr zu erreichen als »einige wenige U-Boot-Verluste durch überraschende Luftangriffe«. Aber im April lag das Verhältnis zwischen Flugstunden mit 10-cm-Radar und Leigh-Licht zu solchen ohne diese Ausrüstung bei 777 zu 428 Stunden, und die Leigh-Licht-Maschinen unternahmen zwischen dem 26. und 29. April sieben Nachtangriffe, ohne daß die angegriffenen Boote vom Metox-Gerät gewarnt worden sein konnten. Dabei wurden zwei auslaufende Boote, U-566 und U-437 (siehe oben), schwer beschädigt.[36]

Diese nächtliche Überwachung der Biskaya beschäftigte den BdU zweifellos, und das Gespann Dönitz/Godt entschied, daß es gefährlicher sei, die Boote nachts beim Batterieladen plötzlich auftauchenden Scheinwerfern auszusetzen, als sie am Tag aufgetaucht fahren zu lassen, wenn die Ausgucks wenigstens eine Chance hatten, den Gegner rechtzeitig genug zu sichten, um die Flak einsetzen zu können. So waren sie am Tag sowohl gewarnt als auch in der Lage, sich zu verteidigen, was nachts, wenn der Gegner Scheinwerfer benutzte, nicht zutraf. Vielleicht waren Dönitz und Godt doch nicht so »dumm«, wie Slessor dachte. Sie hatten nur nicht recht. Wenn sie schon anordneten, tagsüber aufgetaucht zu fahren, dann hätten sie die Boote auch anweisen müssen, bei Sichtung eines Flugzeugs sofort zu tauchen, denn sie besaßen einfach nicht genug Feuerkraft, um sich erfolgreich gegen sie wehren zu können. Hinzu kam, daß die für die Passage durch die Biskaya benötigte Zeit um so länger wurde, je länger die Boote getaucht fuhren, und das wiederum bedeutete, daß sie weniger Chancen hatten, Schiffe zu versenken.[37]

Dönitz und Godt wurden bei ihrer Entscheidung, die Batterien am Tag aufladen zu lassen, wahrscheinlich durch den Erfolg der Flugabwehr von U-333 gegen eine Wellington und den Abschuß der Halifax »B« des 502. Geschwaders durch U-338 beeinflußt – beide Vorfälle stammten aus dem März. Am 12. April hatte sich U-191 längere Zeit mit seinen Maschinenwaffen gegen die Liberator »M« des 86. Geschwaders verteidigt und das Flugzeug schließlich gezwungen, den Angriff abzubrechen. Der BdU funkte die Ereignisse zur Anfeuerung an alle Boote. (Im April gingen über der Biskaya drei Leigh-Licht-Wellingtons verloren, ohne daß die Gründe aufgeklärt worden wären.) Aber wie sich herausstellen sollte, waren die drei Erfolge der U-Boote eine völlig unzureichende Grundlage für eine derart gefährliche Taktik.

Und so trat der Kampf in der Biskaya Anfang Mai in eine Phase ein, die weder von Raushenbush noch von Williams vorausgesehen worden war. Aufgrund von Dönitz' Entscheidung war der Vorteil der geheimen Nutzung des 10-cm-Radars mit einem Schlag nicht mehr so wichtig, weil die Nacht praktisch bedeutungslos geworden.[38] Obwohl Bromets Gruppe 19 von April bis August weiterhin mit gleichbleibender Intensität nächtliche Suchflüge durchführte, sank die Zahl der Nachtsichtungen ab Ende April drastisch. Mit dem 1. Mai begann die Zeit der Tagesgefechte.[39] Ein wesentlicher Punkt darf an dieser Stelle nicht vergessen werden: Der deutsche Befehl nahm den Leigh-Licht-Flugzeugen zwar den Rang als herausragende Waffe in der Biskaya-Schlacht, bedeutete aber auch, daß sie sich zum zweitenmal als entscheidender Faktor erwiesen hatten. Obwohl sie nur noch eine passive Rolle spielten, indem sie als ständige Bedrohung wirkten, verlangsamten sie den Transit der Boote durch die Biskaya erheblich und bewahrten viele Handelsschiffe vor den Vernichtung bringenden Torpedos.

Bromets zum großen Teil in Devon, Cornwall und South Wales stationierte Bomber waren auf die Einsätze im Mai vorbereitet. Die Erkenntnis der Operational Research von 1942, daß es nicht nur auf das Flugzeug, sondern auch auf den Mann ankam, war umgesetzt worden. Die Besatzungen waren gut ausgebildet und beherrschten die

taktischen Maßnahmen, die sich aus den OR-Untersuchungen ergeben hatten. Am wichtigsten in der U-Boot-Abwehr war es, Sichtungen zu erzielen. Laut Vorschrift hatten zwei Ausgucks ständig von
voraus bis querab die See abzusuchen, und um Unaufmerksamkeit
aufgrund von Ermüdung zu vermeiden, sollten sie alle halbe Stunde
abgelöst werden.

Auch der Radarschirm mußte unablässig beobachtet werden. Allerdings sollte das ASV Mark II, das Meterwellenradar, tagsüber nicht
eingeschaltet werden, es sei denn, die Sicht war unter drei Meilen, das
Flugzeug flog über dichten Wolken oder das Gerät wurde für Naviga-
tionszwecke benötigt. Um Fehler durch Ermüdung der Augen zu vermeiden, sollten die Radarbediener alle 45 Minuten abgelöst werden.
Bei wolkenlosem Himmel, oder wenn die Wolken höher als 1500
Meter hingen, wurden 1500 Meter als optimale Flughöhe zur Entdeckung und Überraschung von U-Booten angesehen. Lag die Wolkendichte nicht über 5/10 und hingen die Wolken unter 1500 Meter,
sollte das Flugzeug etwa 150 bis 300 Meter oberhalb der Wolken fliegen. Bei einer Wolkendichte von über 5/10 und tiefer als 1500 Meter
hängenden Wolken sollten die Flugzeuge versuchen, sich zu verstecken, indem sie so dicht unter den Wolken flogen wie möglich.
Hatte es ein U-Boot entdeckt, sollte das Flugzeug rasch die Flughöhe
vermindern, damit es in einer Entfernung von einer dreiviertel Seemeile vom Ziel nur noch 90 bis 150 Meter hoch war.

Im Ermessen des Piloten lag, ob er einen Umweg zum Ziel flog.
Dies konnte bei manchen Maschinen erforderlich sein, um genügend
Zeit für die Öffnung der Bombenschächte zu gewinnen oder um zu
vermeiden, daß die Maschine zuviel Tempo aufnahm, was die Einstellungen des Bombenintervalometers hinfällig machen würde.
Squadron Leader Terence M. Bulloch, der höchstdekorierte U-Jagd-
Pilot des Küstenkommandos, dessen Erfolge schon im dritten Kapitel angesprochen wurden – auf sein Konto kommen 28 Sichtungen,
19 Angriffe, 4 Versenkungen und 3 schwere Beschädigungen –, wich
von der Vorschrift ab, bei Sichtung eines U-Boots sofort in den steilen Sinkflug überzugehen. Er näherte sich dem Boot in den Wolken,
und erst wenn er eine Position erreicht hatte, von der er mit etwa 20°
Abweichung in Kursrichtung des Boots angreifen konnte, begann er
den Sinkflug in Richtung Ziel. Bulloch ist im Mai 1943 nicht über der

Biskaya geflogen, weil er zu dieser Zeit bei der Versuchsstelle für Flugzeuge und Waffen in Boscombe Down eine neue Waffe mit Raketenantrieb erprobte.[40]

In der letzten Phase des Anflugs sollten die Flugzeuge auf 15 Meter hinuntergehen und ihren Angriff möglichst in Kursrichtung des U-Boots durchführen. Für den Abwurf der Wasserbomben hatte man folgende Regeln aufgestellt:

1. Die Zeit von der Auslösung der Bomben aus 15 Meter Flughöhe bis zur Detonation beträgt bei flacher Einstellung (7,5 Meter) etwa 5 Sekunden (2 Sekunden in der Luft und 3 Sekunden im Wasser).

2. Wenn das U-Boot Alarmtauchen durchführt, hat es etwa 6 Knoten Fahrt (3 Meter pro Sekunde). Wenn daher beim Angriff noch ein Teil des Rumpfs über Wasser sichtbar ist, sollte die Mitte des Knüppels 5 x 3 = 15 Meter vor den Turm oder dessen geschätzte Position im Augenblick des Abwurfs gelegt werden.

   (Wenn der Turm im Augenblick der Bombenauslösung jedoch selbst noch in Sicht ist, sollte er zum Ziel genommen werden, auch wenn dann die Bomben theoretisch 15 Meter hinter dem Turm detonieren.)

3. Wenn das U-Boot getaucht ist, bevor die Bomben ausgelöst werden, muß der Knüppel in einigem Abstand vor den Tauchstrudel geworfen werden. Das Zentrum des Strudels entsteht dort, wo die Vorderkante des Turms eingetaucht ist. Dieser Abstand ist natürlich der, den das Boot zwischen dem Untertauchen und der Detonation der Wasserbomben zurückgelegt hat. Wenn davon ausgegangen wird, daß das Boot 6 Knoten läuft, ergeben sich folgende Werte:

Zeitdifferenz zwischen Tauchen und Abwurf	Abstand zwischen Tauchstrudel und Zielpunkt
5 Sek.	30 Meter
10 Sek.	45 Meter
15 Sek.	60 Meter
20 Sek.	75 Meter
25 Sek.	90 Meter
30 Sek.	105 Meter

4. Wenn nur das Periskop gesichtet wird, wird das U-Boot wahrscheinlich nur etwa 2 Knoten, also etwa 1 Meter pro Sekunde Fahrt haben, daher sollte der Knüppel auf eine Stelle 5 x 1 = 5 Meter vor das Periskop gezielt werden.
ACHTUNG: Ein weiterer Vorhalt muß immer für die Sinkzeit der Bomben unter Wasser gemacht werden (12 Meter).

Wenn das U-Boot gerade getaucht war, konnte die ungefähre Länge des Tauchstrudels (30 Meter) als Maßstab für den Abstand genommen werden, in dem die Wasserbombe vor dem Strudel aufschlagen sollte. Es war aber unwahrscheinlich, daß ein Wabo-Angriff noch erfolgreich war, wenn das U-Boot schon länger als dreißig Sekunden unter Wasser war. In einem solchen Fall wurde die sogenannte Locktaktik angewandt: Dabei verließ das Flugzeug die Position des Strudels und entfernte sich auf wenigstens 30 Seemeilen und blieb für mindestens dreißig Minuten in dieser Entfernung, bevor es zum Sichtungsort zurückkehrte, wobei es Sonne, Wolken oder andere Wettervorteile nutzte, um ungesehen heranzukommen und das inzwischen möglicherweise wieder aufgetauchte U-Boot angreifen zu können. Wenn ein aufgetauchtes Boot seine Flak benutzte – die meisten Boote verfügten über ein 20-mm-Geschütz und mehrere Maschinengewehre auf der Brücke –, blieb es dem Flugzeugführer überlassen, wie er darauf reagierte. Den taktischen Anweisungen war jedoch zu entnehmen, was von ihm erwartet wurde: »Er muß sich darüber im klaren sein, daß es zur Zeit der erste Sinn seines Daseins ist, U-Boote zu vernichten, und daß ein aufgetauchtes U-Boot eine viel bessere Chance bietet, eine Vernichtung zu erzielen, als ein getauchtes.«
Außerdem wurde der Pilot darauf hingewiesen, daß eine U-Boot-Brücke eine sehr instabile Plattform für eine Flak war, insbesondere wenn die See von der Seite kam, und daß selbst ein großes Flugzeug, wenn es richtig eingesetzt wurde und mit den eigenen Bordwaffen schoß, für ein U-Boot ein unruhiges, gefährliches und schwieriges Ziel darstellte. Die Flugzeugführer sollten daher ihre Angriffe trotz des Abwehrfeuers durchführen, am besten direkt von vorn, und »die eigenen Bordwaffen voll einsetzen, um die Flak-Bedienung des U-Boots zu töten oder zumindest am Zielen zu hindern«. Die U-Boote andererseits waren angewiesen, das Flugzeug bei solchen Angriffen

möglichst achteraus zu halten, um ihnen ein kleines Ziel zu bieten – was es dem Flugzeug ironischerweise erleichterte, das Boot in Kursrichtung zu überfliegen und beim Wabo-Wurf einzugabeln. Darüber hinaus sollten die Boote sämtliche Flak und Maschinengewehre gleichzeitig einsetzen. Wenn das Flugzeug in die letzte Phase des Anflugs überging, sollte das Boot bei Höchstfahrt mit harten Ruderlagen Ausweichkurse steuern. Bei starkem Querwind sollte das Boot in den Wind drehen, um die seitliche Flugzeugabdrift zu nutzen.

Maschinen, die bei ihren Patrouillen sechs oder weniger Wasserbomben mitführten, sollten alle Bomben auf einmal einsetzen; Maschinen mit mehr als sechs Bomben sollten Knüppel mit je sechs Bomben werfen. Flugzeuge an Konvois oder bei anderen Geleitschutzaufgaben sollten Knüppel mit je vier Bomben werfen, um welche für weitere Einsätze übrigzubehalten. Von dieser Regel konnte der Flugzeugführer aber abweichen, wenn er es für richtig hielt, etwa wenn er kurz vor dem Ende seines Einsatzes stand oder sich schon auf dem Rückflug befand. Nach einem Angriff bei Tageslicht auf ein tauchendes U-Boot hatte das Flugzeug eine Markierung in oder neben den Tauchstrudel zu werfen. Nachts wurde die Position durch schwimmende Brandfackeln markiert, die normalerweise zusammen mit den Wasserbomben abgeworfen wurden.

Um den Erfolg eines Angriffs bewerten und die nötigen Schlußfolgerungen aus ihm ziehen zu können, war eine vollständige Berichterstattung durch die Flugzeugbesatzung angeordnet. Zum Beispiel sollte die Zeit festgehalten werden, die zwischen dem Tauchen des U-Boots und dem Abwurf der Wabos verstrichen war: »Der Bericht sollte alle Einzelheiten erfassen, und auch Tatsachen, die ohne Bedeutung erscheinen, sollten aufgenommen werden.« Innerhalb von vierundzwanzig Stunden sollte ein vollständiger Bericht angefertigt werden und von der ganzen Flugzeugbesatzung gelesen worden sein.[41]

Die Vorschriften wurden nicht immer beachtet, wie man an dem nachfolgenden Einsatzbericht sehen kann. Einige Piloten folgten Terence Bullochs Beispiel und hatten auf unorthodoxe Weise Erfolg, indem sie sich über die Vorschriften hinwegsetzten. Im großen und ganzen jedoch bewährten sich die taktischen Vorschriften des Küstenkommando, und zwar nicht nur in der Biskaya, sondern auch auf den

Konvoirouten. Der Maulwurf hatte eben doch, wie sich herausstellte, eine Menge von der Krähe zu befürchten.

Am 30. April um 2205 Uhr hob die Leigh-Licht-Wellington »N« des 172. Geschwaders von Flugplatz Chivenor in Devon ab und wandte sich nach Südwesten in Richtung des »Derange«-Streifens. Dort war der Himmel zu 4/10 bis 7/10 bedeckt, die Wolkenuntergrenze lag bei 600 Meter, die See war schwach bewegt bis grob, es gab Böen, und die Sicht betrug 2–4 Seemeilen. Am 1. Mai um 0007 Uhr suchte der Pilot, Flight Sergeant Peter W. Phillips, das Gebiet in 360 Meter Flughöhe auf Kurs 168° ab, als er mit dem 10-cm-Radar in Peilung 45° an Steuerbord in einer Entfernung von 6,5 Seemeilen einen Kontakt erhielt. Phillips begann den Sinkflug in Richtung des aufgetauchten U-Boots, das einlaufend Kurs 132° mit sieben Knoten steuerte. Als er bei einer Dreiviertelmeile Abstand auf 165 Meter hinunter war, schaltete er das Leigh-Licht ein und flog von der Backbordseite des U-Boots an; der Winkel zum Kurs des U-Boots betrug 80°, und der Navigator, Sergeant H. A. Bate, gab mit der vorderen Bordkanone des Flugzeugs etwa vierzig Schuß ab, bis die Waffe Ladehemmung hatte. Um 0100 Uhr warf Phillips sechs Torpex-Wabos Mark IX mit flacher Einstellung und einem Abstand von Bombe zu Bombe von 15 Metern; die Flughöhe beim Abwurf betrug 25 Meter. Der achtere Schütze beobachtete, daß alle Bomben mit blauen Blitzen detonierten, zwei an der Backbord- und vier an der Steuerbordseite des U-Boots, von denen die zweite und dritte Bombe, wenn er richtig gesehen hatte, sehr dicht am U-Boot gelegen hatten.

Als das Flugzeug über das U-Boot hinwegflog, verspürte die Besatzung eine Erschütterung, obwohl sie nicht bemerkt hatte, daß das U-Boot geschossen hatte. (Eine Stunde nach dem Angriff stellte sie fest, daß das Hydrauliksystem der Maschine beschädigt war, und erst bei der Landung fand sie heraus, daß der linke Reifen am Landegestell durchschossen worden war.) Phillips drehte über Backbord um 180° und überflog nach vier Minuten erneut die Angriffsstelle, die er durch Brandfackeln markiert hatte. Außer einem Schaumflecken und vielen Blasen war nichts zu sehen, auch kein Tauchstrudel. Nachdem er sich weitere zwölf Minuten in der Nähe aufgehalten hatte, nahm Phillips seine Patrouille wieder auf. Um 0452 Uhr landete er mit sei-

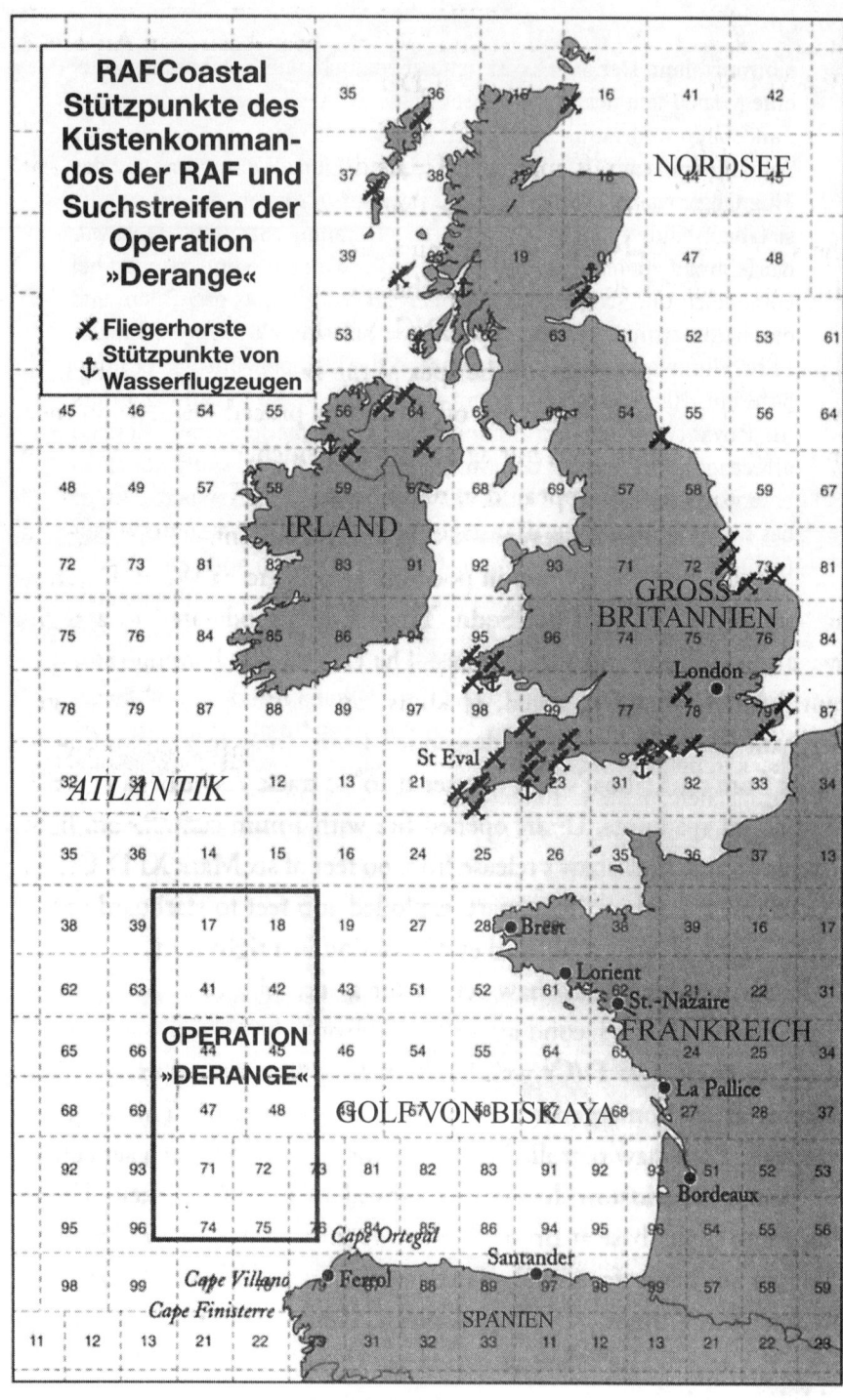

ner fünf Mann starken Besatzung auf dem nächsten Flugplatz. Dabei brach das Backbordfahrgestell, das Flugzeug schleuderte von der Landebahn und rammte eine kleine Hütte. Abgesehen von ein paar Schrammen blieb die Besatzung aber unverletzt. Nach Ansicht des Flugplatzarztes hatten sie »viel Glück gehabt«.[42]

Glück hatte auch das angegriffene U-Boot gehabt. U-415 (Oblt. Kurt Neide) befand sich auf dem Rückmarsch von seiner ersten Feindfahrt und wurde, nachdem es von Phillips Wasserbomben beschädigt worden war, am selben Tag noch zweimal angegriffen. Um 1136 Uhr wurde es bei 15 Seemeilen Sicht optisch auf Position 44°35'N, 10°37'W von der Sunderland »M« des 461. Geschwaders der Royal Australian Air Force (RAAF) gesichtet, die ebenfalls den »Derange«-Streifen abflog. Das Boot fuhr in Peilung 30° an Backbord, Entfernung 5–6 Meilen, mit 5–6 Knoten auf Kurs 100°. Als es das Flugboot entdeckte, ging es sofort in den Keller. Der Pilot, Flight Lieutenant E. C. »Bertie« Smith, begann den Sinkflug und griff achtzehn Sekunden, nachdem das Boot verschwunden war, von der Backbordseite des Boots aus den Tauchstrudel an, indem er vier Wabos Mark XI mit flacher Einstellung warf; der Abstand zwischen den Bomben war auf 60 Meter eingestellt, und die Flughöhe betrug beim Abwurf etwa zwanzig Meter. Die Wasserbomben gabelten den Vormarschweg des U-Boots etwa 20 bis 30 Meter vor dem Zentrum des Strudels ein. Es tauchten jedoch keine Wrackteile oder dergleichen auf. Smith flog nach dem Lockverfahren von der Abwurfstelle ab und kehrte nach 29 Minuten in den Wolken zurück, konnte aber wiederum keine Anzeichen für eine Beschädigung des U-Boots erkennen, seine Markierung war inzwischen in der groben See verschwunden.

U-415 war kräftig durchgeschüttelt worden, aber immer noch intakt.[43] Um 1727 Uhr wurde es erneut gesichtet, diesmal von der Whitley »E« des 612. Geschwaders, die es auf Position 44°13'N, 10°23'W entdeckte. Die See war ruhiger geworden; es stand nur noch eine leichte Dünung, die Sicht war immer noch 15 Seemeilen. Das U-Boot befand sich in Peilung 180°, Entfernung 5 Seemeilen, Geschwindigkeit 15 Knoten, Kurs 90°. Der Pilot, Flight Sergeant Norman Earnshaw, begann in 900 Meter Höhe den Sinkflug. Er wollte das Boot in einem Winkel von 20° zur Kurslinie von Backbord achteraus angreifen. Als er den Anflug mit etwa 150 Knoten begann, eröffnete

U-415 mit dem 20-mm-Geschütz und Maschinengewehren das Feuer. Earnshaw warf aus knapp 30 Meter Höhe sechs Wasserbomben MK XI, die flach eingestellt waren und in einem Abstand von jeweils 60 Metern aufs Wasser trafen. Die Wurfreihe detonierte an Steuerbord sechzig Meter neben dem Boot, das Boot war in einem engen Drehkreis hastig ausgewichen.

Earnshaw warf das Ruder herum, um einen zweiten Angriff zu fliegen. Inzwischen begann U-415 zu tauchen. Beim zweiten Angriff, der – vom U-Boot aus gesehen – von Backbord querab erfolgte, wurden zwei Wasserbomben aus 20 Meter Höhe geworfen, die 28 Sekunden, nachdem das U-Boot unter der Wasseroberfläche verschwunden war, 90 Meter vor dem Tauchwirbel explodierten. Diesmal wurde Öl gesichtet. Earnshaw patrouillierte 40 Minuten am Abwurfort, bevor er abdrehte und zum Fliegerhorst in Davistow Moor in Cornwall zurückkehrte.[44] U-415 war nochmals kräftig durchgeschüttelt worden, konnte sich aber zum Stützpunkt schleppen. Im Stabsgebäude des BdU waren Dönitz und Godt erleichtert, als sie erfuhren, daß es in Brest eingelaufen war. Im Kriegstagebuch vermerkten sie: »U-415 wurde dreimal bombardiert ... Trotz erheblicher Schäden war das Boot noch tauchfähig.«[45] Das Glück, das es gehabt hatte, blieb ihm bis zum 14. Juli 1944 treu, als es vor Brest auf eine Mine der RAF lief und sank.

In der Biskaya fanden am 1. Mai noch zwei weitere Angriffe statt: Um 0825 Uhr warf die Halifax »C« des 502. Geschwaders sechs Wasserbomben auf ein über Wasser fahrendes Boot, und um 1015 Uhr lud die Hampden »L« des 1404. Geschwaders ihre sechs Bomben über einem ebenfalls aufgetauchten Boot ab. In beiden Fällen war das U-Boot durch das bloße Auge entdeckt worden. Bei keinem dieser Boote wurde Flugabwehrfeuer beobachtet, bevor sie tauchten. Die Angriffe hatten keine sichtbaren Erfolge. Am nächsten Tage unternahmen drei Maschinen bei Tageslicht Angriffe auf aufgetauchte U-Boote: um 0810 Uhr die Sunderland »R« des 10. Geschwaders, um 1437 Uhr die Hudson »W« des 269. Geschwaders und um 1531 Uhr die Whitley »G« des 612. Geschwaders. Beim ersten und dritten Angriff waren die Ziele mit dem Auge gesichtet worden, beim zweiten Angriffs mit dem 10-cm-Radar. Von keinem der Boote wurde berichtet, daß es zurückgeschossen hatte.

Die erste U-Boot-Versenkung im Mai wurde von Flight Lieutenant »Bertie« Smith und seiner zehn Mann starken australischen Besatzung mit derselben Sunderland »M« erzielt, die sie schon am Vortag geflogen waren (das ist insofern erwähnenswert, als die Flugzeugbesatzungen innerhalb der Geschwader häufig die Maschinen wechselten). Smith patrouillierte in 750 Meter Höhe im »Derange«-Streifen an der Untergrenze der Wolken, die den Himmel zu 6/10 bedeckten. Bei einer Sicht von 10–12 Seemeilen schien die Wasseroberfläche immer dunkler zu werden; es stand grobe See mit einem Wind von 26 Knoten aus Richtung 010°. Um 1917 Uhr wurde in Peilung 45° an Backbord, Entfernung 10 Seemeilen, mit bloßem Auge ein aufgetauchtes U-Boot gesichtet, das auf 270° auf den Atlantik zustrebte. Smith schätzte seine Geschwindigkeit auf 10–12 Knoten. Er schob die vier Gashebel für seine vier Motoren nach vorn und stieg in die Wolken, wo er in Richtung Ziel drehte. Vier Meilen von ihm entfernt begann er den Sinkflug und stieß aus den Wolken hinab. Bald darauf eröffnete das U-Boot mit der Flak und Maschinengewehren das Feuer, und als Smith in 90 Meter Höhe auf eine halbe Meile herangekommen war, drehte es plötzlich hart nach Backbord. Smith schaffte es noch, seinen Angriff durchzuführen; er kam querab vom U-Boot von dessen Backbordseite. Der Bugschütze des Flugboots beschoß das Deck des U-Boots mit der vorderen Bordkanone. Kurz bevor die Wabos in 15 bis 20 Meter Flughöhe ausgeklinkt wurden, konnte man sehen, wie die Schützen auf dem U-Boot im Turmluk verschwanden.

Vier Wabos Mark XII gabelten das Boot achteraus vom Turm ein. Danach fuhr das Boot, offenbar außer Kontrolle geraten, einen engen Kreis. Dann stoppte es mit Schlagseite nach Backbord. Aus dem Heck stieg brauner Qualm auf, und an der Backbordseite war zunächst weißer Dampf zu sehen, bevor dort eine große Menge Öl austrat. Smith stieg auf 150 Meter, um ein zweites Mal anzugreifen. Auch diesmal warf er vier Wasserbomben; er flog 15° versetzt von der Kurslinie an, und es gelang ihm wieder, eine Eingabelung des Turms zu erzielen. Das jetzt schwer beschädigte Boot lag mit dem Heck tief im Wasser, und der Ölflecken war auf 300 Meter Durchmesser angewachsen. In der Sunderland beobachtete man, wie etwa 15 Besatzungsmitglieder ins Wasser sprangen, von wo sie dem Flugzeug wild zuwinkten. Um 1940 Uhr versank das Heck des Boots unter der Oberfläche, und der Bug folgte kurz darauf. Er tauchte noch zweimal mit etwa 30° Schräglage aus den Wellen auf. Das Opfer war U-465 (Kptlt. Heinz Wolf, 28 Jahre alt, aus Emmerich am Rhein), das sich auf seiner dritten Feindfahrt befunden hatte. Smith blieb noch etwa dreißig Minuten am Versenkungsort, dann mußte er mitsamt seiner Siegesfotos zum Pembroke Dock in Südwales zurück, da ihm der Kraftstoff ausging.[46]

Am 3. Mai wurden zwei Tagesangriffe gegen Boote geflogen, die aufgetaucht im »Derange«-Streifen gesichtet worden waren: um 1044 Uhr durch die Sunderland »S« des 461. Geschwaders und durch die Whitley »R« der 10. Geschwaders. Im ersten Fall wurde das Boot durch optische Sichtung entdeckt, und vier Wasserbomben wurden 22 Sekunden, nachdem das U-Boot unter der Wasseroberfläche verschwunden war, geworfen. Auch im zweiten Fall wurde das Boot mit bloßem Auge gesichtet; fünf Wabos wurden auf das noch nicht getauchte Boot geworfen, wobei eine Wabo im Bombenschacht steckenblieb. In beiden Fällen gab es keine sichtbaren Erfolge. Am nächsten Tag befand sich die Halifax »S« des 58. Geschwaders auf dem Morgenflug. Sie war um 0555 Uhr in Richtung »Derange«-Streifen gestartet; die See war sehr grob, die Bedeckung 7/10 bis 8/10, die Sicht 8–10 Seemeilen. Um 1740 Uhr entdeckte die Flugzeugbesatzung ein schaumiges Kielwasser in Peilung 090° an Steuerbord, das von einem aufgetauchten U-Boot stammte, das auf Kurs 270° mit 6–8 Knoten in Richtung Atlantik unterwegs und im Augenblick der Sichtung 4–5 Seemeilen vom Flugzeug entfernt war.

Der Pilot, Flying Officer John M. Hartley, drehte nach Steuerbord, ging in steilen Sinkflug über und flog das U-Boot aus der Sonne an. Bei 1300 Meter Abstand eröffnete das U-Boot das Feuer. Hartley dachte, daß das Boot ganz schön bewaffnet war: »schwere Geschütze« auf dem Achterdeck; dann, bei 1100 Meter, schossen auch »Kanonen auf dem vorderen Teil der Brücke«, und später kamen noch Waffen auf dem Vorschiff und Maschinengewehre auf einer abgestuften Plattform vor der Brücke hinzu. Der Pilot zählte etwa fünfzehn Mann an Deck, die meisten an den Geschützen und Maschinengewehren. Bis auf zwei trugen alle schwarze Uniformen; einer hatte einen weißen Pullover an, und alle hatten Schiffchen auf dem Kopf. Einige standen auf der Backbordseite des Turms an Deck.

Hartley ließ mit seinen Bordkanonen das Feuer des streitbaren U-Boots erwidern, das einige U-Boot-Männer von den Geschützen und Maschinengewehren vertrieb, während der Rest mit der schweren und leichten Flak weiter schoß. Hartley gelang es mit Ausweichmanövern, Treffer an seiner viermotorigen Halifax zu vermeiden. Als er bis auf eine Viertelmeile an das Ziel heran war, ging er in geraden Flug über, flog von der Backbordseite des U-Boots in einem Winkel von 60–70° zu dessen Kurslinie an und warf sechs Wabos Mark XI. Der Navigator, der die vordere Bordkanone des Flugzeugs besetzt hatte, sah, daß einer der Männer an Deck des U-Boots getroffen über Bord stürzte. Die Flughöhe war beim Abwurf der Bomben mit 60 bis 120 Meter ziemlich hoch. Der achtere Bordschütze meldete, das Boot sei durch die Wasserbomben achteraus vom Turm eingegabelt worden; zwei Bomben seien an Backbord achteraus und zwei an Steuerbord querab detoniert. Darüber hinaus hatte er beim Überflug 500 Schuß auf den Turm und den Rumpf des U-Boots abgegeben. Eine halbe Minute, nachdem die Halifax, die kehrtgemacht hatte, es wieder in Sicht bekam, tauchte das U-Boot. Es war kein Schaden zu sehen, nur der normale Schaum nach Wabo-Explosionen. Hartley folgte jetzt dem Lockverfahren und kehrte um 0910 Uhr an die Stelle zurück, wo das U-Boot getaucht war, aber er konnte seine eigenen Markierungen vom Wabo-Abwurf nicht mehr finden. Um 1000 Uhr erreichte seine Halifax die Grenze ihrer Flugausdauer, und er flog zum Stützpunkt zurück. Bei der späteren Bewertung durch die NHB/MOD wurde das Boot als U-190 identifiziert, das »leichte Schäden« erlitten habe, jedenfalls keine, die es an der Fortsetzung der Feindfahrt hätte hindern können.[47]

Im Lauf des Tages wurden drei weitere Angriffe in der Biskaya geflogen: um 1920 Uhr durch die Halifax »A« des 502. Geschwaders, um 2110 Uhr durch die Catalina »J« des 202. Geschwaders und um 2309 Uhr durch die Leigh-Licht-Wellington »P« des 407. Geschwaders. Beim ersten Angriff wurde das U-Boot durch das menschliche Auge entdeckt, und 37 Sekunden, nachdem das U-Boot getaucht war, wurden fünf Wabos geworfen, von denen eine im Bombenschacht hängenblieb. Beim dritten Angriff wurde das Ziel durch 10-cm-Radar entdeckt, und sechs Wasserbomben wurden 10 Sekunden, nachdem der Turm des Bootes unter den Fluten verschwunden war, abgeworfen. Es waren keine Erfolge erkennbar; U-405 (Korvettenkapitän Rolf-Heinrich Hopmann) erlitt bei dem Angriff geringe Schäden. Das Ziel der Catalina war nach späterer Analyse U-600 (Kptlt. Bernard Zurmühlen) gewesen.[48]

Am 7. Mai gab es im »Derange«-Streifen drei Angriffe bei Tageslicht. Die ersten beiden unternahm Wing Commander Wilfrid E. Oulton vom 58. Geschwader gegen Boote, die gerade im Begriff waren zu tauchen. Um 0656 Uhr, kurz nach der Morgendämmerung, sichtete Oulton aus dem Cockpit seiner Halifax »S« das Kielwasser eines U-Boots, flog darauf zu und warf 10–15 Sekunden nach dem Untertauchen des Boots sechs Wasserbomben in den Tauchstrudel. Um 1015 Uhr ging Oulton über dem Kielwasser eines weiteren U-Boots in den Sinkflug über und klinkte drei Wabos über dem tauchenden Ziel aus, dessen Turm noch sichtbar war. Der erste Angriff brachte keinen erkennbaren Erfolg. Beim zweiten, dessen Ziel das auslaufende U-214 war, wurde der Kommandant, Kptlt. Rupprecht Stock, schwer verwundet. Das Boot mußte in den Stützpunkt nach Brest zurückkehren. Oultons Maschine hatten beim Anflug Maschinengewehrtreffer erhalten.[49]

Der dritte Angriff wurde durch die Sunderland »W« des 10. Geschwader der RAAF geflogen. Flight Lieutenant Geoffrey G. Rossiter und seine elfköpfige Besatzung, die um 0635 Uhr in Mount Batten in Cornwall gestartet waren, sichteten um 1023 Uhr an Steuerbord querab, Entfernung 10 Seemeilen, ein Kielwasser und dann einen U-Boot-Turm. Als das Flugboot andrehte um anzugreifen, tauchte das U-Boot – um U-603 unter Oblt. Rudolf Baltz – und vereitelte so den Angriff. Das Flugboot nahm in 600 Meter Höhe, knapp unter der Wolkendecke, seine Patrouille wieder auf. Um 1220 Uhr wurde durch ein Fernglas an Steuerbord voraus in 17 Seemeilen Entfernung auf Position 47°06′N, 10°58′W ein aufgetauchtes U-Boot gesichtet. Die See war mäßig bewegt, der Wind wehte aus 235° mit 26 Knoten, die Sicht lag bei 20 Seemeilen. Rossiter schätzte, daß das U-Boot 12 Knoten lief und Richtung Atlantik 280° steuerte. Er stieg in die Wolken und änderte den Kurs Richtung U-Boot. In vier Meilen Abstand vom U-Boot stieß er durch die Wolken. Das U-Boot war immer noch aufgetaucht.

Als das Flugboot in den steilen Sinkflug überging, änderte das

Boot den Kurs nach Steuerbord. Rossiter drehte mit und näherte sich ihm von Steuerbord achteraus in einem Winkel von 60° zu seiner Kurslinie. Der vordere Schütze des Flugboots eröffnete mit 100 Schuß auf 700 Meter das Feuer; er traf den Turm des Bootes, auf dem zwei Mann zu sehen waren. Aus einer Flughöhe von fünfzehn Metern klinkte Rossiter vier Wasserbomben aus, die das Boot knapp vor dem Turm eingabelten, so daß die Explosionssäulen das Boot völlig überschwemmten. Noch vor der Explosion der Bomben gab der achtere Bordschütze 600 Schuß auf den Turm des U-Boots ab. Rossiter legte das Ruder hart Backbord, um schnell wieder zum Ziel zurückzukommen und es ein zweites Mal anzugreifen, diesmal von Backbord achteraus, mit 45° zum Kurs des U-Boots. Wieder fielen aus fünfzehn Meter Höhe vier Wasserbomben. Die erste schlug auf der Backbordseite sieben Meter neben den Turm auf, die drei anderen gingen daneben.

Das U-Boot, das offenbar beschädigt war, drehte mit 4–5 Knoten mehrere Vollkreise über Steuerbord, wobei es eine Ölschleppe hinter sich herzog und allmählich langsamer wurde. Um 1300 Uhr sank es, weiterhin Öl verlierend, auf Kurs 090° langsam unter die Wasseroberfläche. Vier Minuten später verschwand als letztes der Bug in den Wellen. Um 1330 Uhr bedeckte ein sichelförmiger Ölteppich von 230 Metern Durchmesser und 450 Meter Umfang die Untergangsstelle. Die Sunderland blieb noch eineinhalb Stunden über der Untergangsstelle, dann flog sie mit ihren Fotos nach Mount Batten zurück. Rossiter erhielt für seinen Erfolg das Distinguished Flying Cross. Die Untersuchung durch die NHB/MOD hat das getroffene Boot als U-663 (Kptlt. Heinrich Schmid) identifiziert. Es war schwer beschädigt worden und sank am nächsten Tag mit allen Mann, vermutlich wegen der bei diesem Angriff erlittenen Schäden.[50]

Danach gab es eine achttägige Durststrecke für die Jäger, da die Sicht aufgrund des Wetters erheblich geringer wurde. Als am 15. Mai die Sicht wieder besser geworden war – sie betrug jetzt sogar 25 Seemeilen –, wurden an einem Tag sechs Angriffe geflogen, allesamt bei Sonnenschein und nach optischer Sichtung. Zuerst sichtete um 0936 Uhr die Liberator »O« des 224. Geschwaders ein U-Boot, das 15 Sekunden, bevor die Wasserbomben ausgeklinkt wurden, unter der Wasseroberfläche verschwand. Es handelte sich um U-168 (Kptlt.

Helmuth Pich), das gerade von seiner ersten Feindfahrt zurückkehrte, auf der es am Kampf um ONS.5 teilgenommen hatte. Es wurde bei dem Angriff nicht beschädigt. Um 1127 Uhr wurde von der Whitley »M« des 10. Geschwaders der zweite Angriff des Tages geflogen, bei dem sie fünf Wabos auf ein aufgetauchtes Boot abwarf, von denen eine sich nicht vom Flugzeug löste. Das Boot wurde nachträglich als U-648 identifiziert; es blieb unbeschädigt.

Der dritte Angriff, um 1233 Uhr wiederum durch die Whitley »M« vorgetragen, galt dem aufgetaucht Richtung Atlantik laufenden U-591 (Kptlt. Hans-Jürgen Zetzsche). Während die letzte Wasserbombe der Whitley – jene, die vorher nicht gefallen war – dem U-Boot keinen Schaden zufügte, wurden der Kommandant des Boots und ein Besatzungsmitglied von der vorderen Bordwaffe des Flugzeugs verwundet, und das Boot mußte in den Stützpunkt zurückkehren. Um 1314 Uhr wurde der vierte Angriff auf ein ebenfalls über Wasser fahrendes U-Boot geflogen, diesmal von der Whitley »B« des 10. Geschwaders. Deren sechs Wasserbomben beschädigten das Boot, U-305 (Kptlt. Rudolf Bahr), leicht. Den fünften Angriff flog die Whitley »S« des 10. Geschwaders gegen das aufgetaucht Richtung Atlantik fahrende U-211 (Oblt. Karl Hause), das jedoch nicht beschädigt wurde.[51]

Der sechste und letzte Angriff des Tages wurde bei tiefem Sonnenstand und gleißendem Sonnenlicht durchgeführt. Wing Commander Oulton vom 58. Geschwader war mit der Halifax »M« um 1208 Uhr in St. Eval gestartet und suchte jetzt, während er im »Derange«-Streifen patrouillierte, auf Position 45°28′N, 10°20′W durch seine Polaroidbrille die See ab. Der Himmel war zu 1/10 bedeckt, die Wolkenuntergrenze befand sich bei 1800 Meter, die See war mäßig bewegt bis grob, der Wind wehte aus 080° mit vierundzwanzig Knoten, die Sicht war 10–15 Seemeilen, und es war leicht diesig. Voraus in 30° an Backbord wurde in einer Entfernung von etwa zehn Seemeilen langsam eine V-förmiger Wellenkeil erkennbar. Da er in Richtung der Sonne stand und so die Möglichkeit zum unbemerkten Anflug sah, ließ Oulton die Maschine langsam auf 750 Meter sinken. Bei einer Entfernung von vier Seemeilen sichtete er ein aufgetauchtes U-Boot, daß mit 10 Knoten auf Einlaufkurs 070° fuhr. Er drehte einen Kreis über Steuerbord und ließ sich auf 450 Meter Flughöhe sacken, um zum Angriff anzusetzen. Bei 1000 Meter Abstand begann der Navigator den Beschuß mit der vorderen Bordkanone, wobei er sowohl am Turm als auch am Rumpf Treffer beobachtete. Oulton warf bei einem Anflug von Backbord achteraus, 10° zur Kurslinie des U-Bootes versetzt, aus einer Flughöhe von 30–35 Metern sechs Wasserbomben. Nach dem Überflug beschoß der achtere Bordschütze das Boot und beobachtete die Einschläge und Explosionen der Wasserbomben. Er meldete, daß die letzten beiden Bomben des Sechserknüppels auf der Backbordseite des Boots aufgeschlagen seien.

Als die Wassersäulen der Explosionen in sich zusammengebrochen waren und das U-Boot wieder sichtbar wurde, schien sich der vordere Teil des Rumpfs anzuheben. Zwei oder drei Sekunden später schüttelte sich das Boot und stellte sich senkrecht auf das Heck. Nachdem Oulton zum zweiten Angriff gedreht hatte, sah er einen großen hellblauen Ölflecken und »grünweißes« Wasser, das rund um den sechs Meter aus dem Wasser ragenden Bug zu kochen schien. Oulton entschied, daß das Opfer bereits in einem Zustand war, der es ihm erlaubte, sich die verbliebenen Wasserbomben für ein anderes U-Boot aufzuheben. Zwei Minuten später verschwand das Boot wie eine »graue, mit braunen Flecken versetzte« Erscheinung unter Wasser. Um 1827 Uhr ging Oulton auf Heimatkurs. Das U-Boot, das er versenkt hatte, war U-266 (Kptlt. Rolf von Jessen), der in der Gruppe »Fink« in den Gefechten um ONS.5 die meisten Erfolge erzielt hatte.[52]

Das gute Wetter hielt an, und die Gruppe 19 hatte am 16. Mai einen weiteren guten Tag mit fünf Angriffen, die allesamt das Ergebnis von optischen Sichtungen waren. Der erste wurde um 1143 Uhr auf ein im Tauchvorgang befindliches Boot geflogen, das im nachhinein als U-648 (Oblt. Peter-Arthur Stahl) identifiziert wurde. Es blieb unbeschädigt. Der zweite Angriff wurde um 1410 Uhr von der Wellington »H« des 311. Geschwaders auf ein voll aufgetauchtes Boot geflogen, U-662 (Kptlt. Heinrich Müller), das gleichfalls nicht beschädigt wurde. Um 1450 Uhr griff die Liberator »M« des 224. Geschwaders U-648 (Stahl) an, das die Whitley »E« drei Stunden zuvor schon mit sechs Wasserbomben angegriffen hatte. Jetzt wurde das Boot im aufgetauchten Zustand erneut mit sechs Wabos beworfen, hatte aber wieder Glück und kam unbeschadet davon. Ziel des vierten Angriff, den die Liberator »E« des 224. Geschwaders um 1650 Uhr gegen ein tauchendes Boot flog, war U-662 (Müller), das zweieinhalb Stunden zuvor bereits von der Wellington »H« angegriffen worden war. Das Boot hatte Glück und erlitt nur geringfügige Schäden. Aber wie U-648 sollte es innerhalb der nächsten zwölf Monaten versenkt werden.[53]

Eine Versenkung wurde in der Abenddämmerung um 2007 Uhr erzielt. Der Himmel war zu 1/10 bedeckt, die Wolkenuntergrenze lag bei 6000 Meter, und die Sicht war 10 Seemeilen bei leichtem Dunst, als die Halifax »R« des 58. Geschwaders auf der abendlichen dunkelgrauen Wasseroberfläche eine dünne Wellenfront sichtete. Das Ziel stand in Peilung 100° an Backbord, 6–7 Meilen Entfernung. Flight Officer A. J. W. »Tony« Birch änderte den Kurs nach Backbord. Das U-Boot lief auf Kurs 270° mit 10 Knoten Richtung Atlantik. Da Birch auf der vor dem Angriff verbliebenen Flugstrecke nicht die ganze Höhe abbauen konnte, drehte er noch eine Schleife, um auf Angriffshöhe hinunterzugehen. Dabei achtete er darauf, daß er, vom Ziel aus gesehen, in Richtung Sonne blieb. Schließlich griff er aus Westen, genau aus der Abendsonne heraus, an. Doch das Boot entdeckte ihn trotzdem und versuchte zu tauchen. Birchs sechs Wasserbomben fielen, als der Turm noch sichtbar war. Da die Sonnenspiegelungen auf dem Wasser blendeten, konnte der achtere Schütze der Maschine nicht genau erkennen, wie der Knüppel gefallen war. Dennoch meldete das Flugzeug in seinem Einsatzbericht, eine Bombe sei vermutlich 30 Meter vor den Tauchstrudel und der Rest des Knüppels in den Strudel oder das Kielwasser gefallen.

Als Birch nach dem Angriff über der Abwurfstelle kreiste, beobachtete er einen bläulichen Ölflecken. Kurz darauf bemerkte einer der Bordschützen etwas, das aussah wie ein menschlicher Körper. Birch warf eine Markierung und Brandfackeln ab, bevor er um 2018 Uhr abdrehte, um zusammen mit der Halifax »B« die Locktaktik anzuwenden. Die Halifax war fünf Meilen weiter im Westen im Einsatz gewesen und hatte den Angriff verfolgt. Als beide Maschinen nach Verstreichen der Lockzeit zum Angriffsort zurückkamen, fanden sie einen unregelmäßig geformten Ölflecken, der etwa eine viertel bis halbe Meile groß war. In der Nähe patrouillierte auch noch eine Sunderland (»T« vom 10. Geschwader), die über Funk meldete, daß sie

Wrackteile gesichtet und fotografiert habe. Wenig später entdeckte die Sunderland zwei Körper und Holzplanken, die auf den Fotos allerdings hinterher nicht zu erkennen waren. Die Halifax »R« und »B« waren an der Grenze ihrer Flugausdauer angekommen und flogen zurück. Das angegriffene U-Boot war U-463 (Typ XIV, Korvettenkapitän Leo Wolfbauer) gewesen, eines der von Dönitz gerühmten Tankerboote, das gerade seine fünfte Reise zur Versorgung anderer Boote hatte antreten wollen. Es war die erste Milchkuh, die versenkt wurde. Überlebende gab es nicht.[54]

Am 17. Mai warf die Halifax »D« des 58. Geschwaders sechs Wasserbomben auf Hasenschars U-628, den Fühlunghalter von ONS.5, das auf dem Weg zum Stützpunkt war und bei dem Angriff nicht beschädigt wurde. Am 20. Mai um 1721 Uhr ging die Wellington »G« des 172. Geschwaders gegen ein durch 10-cm-Radar entdecktes Boot vor. Aber das Boot, dessen Identität immer noch ungeklärt ist, war bereits 40 Sekunden getaucht, als die Bomben fielen. Am nächsten Tag folgten drei Angriffe, allesamt gegen Ziele, die mit bloßem Auge gesichtet worden waren. Um 1459 Uhr griff die Whitley »Q« des 10. Geschwaders U-634 (Oblt. Eberhard Dahlhaus) 21 Sekunden nach dem Tauchen an. Das schon in den Gefechten um ONS.5 beschädigte Boot kam diesmal ohne weitere Schäden davon. Um 1756 Uhr war die Whitley »H« des gleichen Geschwaders über einem 30 Sekunden zuvor getauchten Boot, bei dem es sich um U-230 (Kptlt. Paul Siegmann) gehandelt haben könnte. Und um 2301 Uhr griff die Liberator »D« des 224. Geschwaders ein Boot an, das seit 15–20 Sekunden unter Wasser war, möglicherweise U-525 (Kptlt. Hans-Joachim Drewitz).

Am 22. gab es drei Angriffe. Um 1123 Uhr zielte die Halifax »O« auf ein auch später nicht identifiziertes Boot, das 30 Sekunden zuvor getaucht war; um 1154 Uhr griff die Whitley »D« ein aufgetauchtes Boot an, dessen Identität gleichfalls unbekannt geblieben ist, und um 1227 Uhr belegte die Whitley »G« ein weiteres nicht identifiziertes Boot 12 Sekunden, nachdem der Turm unter der Wasseroberfläche verschwunden war, mit Wasserbomben. Die beiden ersten Angriffe des 24. Mai wurden von der Whitley »J« des 10. Geschwaders um 1122 Uhr gegen ein nicht identifiziertes aufgetauchtes Boot durchgeführt, das seinerseits nicht das Feuer eröffnete.[55] Die Sunderland »L«

des 228. Geschwaders aus Pembroke hatte nicht soviel Glück, als sie viereinhalb Stunden später auf U-441 traf, eins von zwei VIIC-Booten, die besonders für die Flugabwehr ausgerüstet waren (das zweite war U-256).

Bei diesen Flak-U-Booten war auf eine erhöhte Plattform vor der Brücke ein 20-mm-Geschütz mit vier Rohren gesetzt worden; am hinteren Ende der Brücke standen zwei einrohrige 20-mm-Waffen, auf einer Plattform hinter dem Turm befand sich ein 3,7-cm-Geschütz und auf einem Anbau dieser Plattform schließlich ein 20-mm-Vierling. Mit einer solchen Bewaffnung konnte ein gewaltiges Sperrfeuer abgegeben werden. U-441 (Kptlt. Götz von Hartmann) war am 22. Mai mit dem Auftrag aus Brest ausgelaufen, in der Biskaya nur aufgetaucht zu operieren, alliierte Flugzeuge anzugreifen und eigenen Booten, die tauchunklar waren, Schutz zu bieten. Als die Sunderland »L« das Boot um 1400 Uhr angriff, durchflog sie einen wahren Hagel von Geschossen und wurde mehrmals getroffen. Flying Officer H. J. Debden gelang es dennoch, das U-Boot mit seinen Wasserbomben einzugabeln, bevor seine Maschine, von den Geschützen des U-Boots tödlich getroffen, ins Meer stürzte. Die elfköpfige Besatzung des Flugboots kam uns Leben. Aber auch U-441 war schwer beschädigt und mußte zurück nach Brest, von wo es erst am 8. Juli wieder auslief. Das Schwesterboot U-256 lief im Oktober zum ersten Mal aus und wurde nach einem wenig erfolgreichen Einsatz wieder zu einem normalen U-Boot umgerüstet.[56] Die Flak-Boot-Idee wurde nicht weiterverfolgt.

Am 29. wurde ein getauchtes Boot von der Beaufighter »O« des 236. Geschwaders angegriffen, wobei ein neuer Sprengkörper mit Raketenantrieb (siehe Kapitel 10) zum Einsatz kam. Am nächsten Tag geriet ein aufgetauchtes Boot ins Visier der Liberator »G« des 224. Geschwaders, und ein anderes wurde von der Halifax »E« des 502. Geschwaders angegriffen. Allen drei Angriffen waren optische Entdeckungen vorausgegangen. Bei keinem der Angriffe wurden die U-Boote beschädigt.

Der letzte Maitag bildete einen Höhepunkt. An diesem Tag flogen sieben Flugzeuge der Gruppe 19 insgesamt elf Angriffe, wenn man die zweiten Angriffe, die einige Flugzeuge auf ein schon einmal angegriffenes Ziel unternahmen, mitzählt. Zwei U-Boote wurden vernich-

tet, ein weiteres mußte zurück in den Stützpunkt. Die Liberator »Q«
des 224. Geschwaders hatte am Tag eine 10-cm-Radarortung, warf
sechs Wasserbomben auf ein aufgetauchtes Boot, erzielte jedoch keinen sichtbaren Schaden. Den ersten Erfolg des Tages erzielte die Fortress »A« des 206. Geschwaders, als sie um 1151 Uhr zunächst Kielwasser und dann ein aufgetauchtes U-Boot sichtete, das schräg von
Steuerbord achteraus mit sechs Wasserbomben angriff, von denen
zwei auf der Steuerbord- und vier auf der Backbordseite des U-Boots
detonierten. Während des Anflugs wurden zwei Besatzungsmitglieder beobachtet, die das Geschütz im Wintergarten besetzten, aber es
folgte kein Abwehrfeuer. Während die Besatzung der Fortress an der
Abwurfstelle nur einen Ölflecken sah, erfuhren britische Offiziere
später beim Verhör gefangengenommener Besatzungsmitglieder des
angegriffenen Boots (U-523, Kptlt. Werner Pietzsch), das am 25.
August schließlich versenkt worden war, daß bei dem Wabo-Angriff
der Fortress »A« zwei Tanks beschädigt worden waren und das Boot
in den Stützpunkt zurückkehren mußte.[57]

Das dramatischste Ereignis des 31. Mai war aber der gemeinsame
Angriff von vier Flugzeugen auf ein optisch auf Position 46°35′N,
10°40‹W entdecktes U-Boot. Die Bedeckung war 5/10, Wolkenuntergrenze 900 Meter und die Wolkenobergrenze 1500 Meter hoch, die
Sicht lag bei 15 Seemeilen, die See war mäßig bewegt, der Wind
wehte aus 260° mit 25 Knoten. Wing Commander Oulton vom 58.
Geschwader tauchte mit seiner Halifax »R« regelmäßig unter die
Wolken und verschwand dann wieder in ihnen. Um 1550 Uhr sichtete
sein Bordmechaniker »weiße Pferde« (Kielwasser eines U-Boots) in
Peilung 20° an Backbord, Entfernung sechs Meilen. Oulton änderte
den Kurs, kletterte in die Wolken und erhöhte die Propellerdrehzahl.
In vier Meilen Entfernung von der geschätzten U-Boot-Position verließ er in steilem Winkel die Wolken – er wollte seinen Bordschützen
Gelegenheit geben, den Turm des U-Boots zu beschießen, um die
deutschen Artilleristen »ein bißchen von der Arbeit abzuhalten«.

In 25 bis 30 Metern Höhe ging er in den ebenen Flug über und griff
von Steuerbord achteraus in einem Winkel von 30° zur Kurslinie des
U-Boots an. Er warf sechs Torpex-Wasserbomben Mark XI, die auf
geringe Detonationstiefe eingestellt waren und 26 Meter voneinander
entfernt im Wasser aufschlugen. Das U-Boot war noch aufgetaucht.

Fotografien zeigten hinterher, daß es zwischen Turm und Vorsteven eingegabelt worden war. Nachdem es zusätzlich mit der Bordkanone beschossen worden war, meldete der achtere Bordschütze, daß es, nachdem die Explosionssäulen zusammengebrochen waren, »in den Wasserbombentümpeln hin und her schaukelt«. Oulton drehte einen Halbkreis über Backbord und kehrte auf westlichem Kurs von achteraus zum U-Boot zurück. Wieder wurde das Boot mit den Bordkanonen beschossen und mit drei Wasserbomben beworfen. Als das Wasser nach den Detonationen wieder ruhiger geworden war, lag das U-Boot gestoppt im Schaum der Wabo-Explosionen.

Da er keine Wasserbomben mehr hatte, drehte Oulton und flog einen Angriff mit den Bordkanonen, wozu er knapp 300 Meter an der Backbordseite des Boots vorbeiflog. Das U-Boot lag jetzt auf nördlichem Kurs quer zur See inmitten von Wrackteilen und Ölflecken. Als Oulton noch zweimal zurückkehrte, um das Boot erneut mit den Bordkanonen zu beschießen, sah er, wie Besatzungsmitglieder aus dem Turm kletterten und das Deck entlangliefen. Bald darauf erwiderte das U-Boot mit seinem 20-mm-Geschütz das Feuer, aber es war schlecht gezielt und wurde durch die Bordwaffen des Bombers schnell erstickt. Als Oulton ein weiteres Mal an dem Boot vorbeiflog, sah er leblose Körper auf der Brücke liegen. Er stieg auf 900 Meter, setzte einen Bericht an St. Eval ab und schlug vor, Verstärkung heranzuführen.

Daraufhin flog um 1710 Uhr die Halifax »J« des 58. Geschwaders das von Oulton ausgesendete Peilzeichen an. Da der Pilot das U-Boot nicht finden konnte, führte Oulton ihn hin und drehte dann ab, um die »J« zu decken. Das U-Boot drehte jetzt nach Backbord. Der Pilot der »J« griff an, aber seine sechs Wasserbomben fielen 30 Meter neben das Ziel, und ein zweiter Angriff war ebenso ungenau. Oulton sagte später mit viel Wohlwollen aus, der Pilot sei noch jung und unerfahren und deshalb »übereifrig« gewesen. Außerdem gab die »J« noch etwa 200 Schuß aus den Bordkanonen auf den U-Boot-Turm ab, auf dem fünf Besatzungsmitglieder gesehen wurden. Als der Pilot um 1725 Uhr in 180° eine Sunderland sichtete, flog er sie an, um sie mit Lichtsignalen auf die Situation aufmerksam zu machen. Es war die Sunderland »E« des 10. Geschwaders. Fast zur selben Zeit erschien die Sunderland »X« des 228. Geschwaders am Angriffsort, und auch sie wurde aufgefordert, den Versuch zu unternehmen, dem U-Boot den Gnadenstoß zu versetzen.

Die Sunderland »E« des 10. Geschwaders flog in einem Winkel von 40° von Steuerbord voraus an und warf vier Wasserbomben, die das Ziel eingabelten. Vorher hatte das Boot noch manövrieren können, obwohl es Öl verlor, doch jetzt wurde es erneut durchgeschüttelt und stoppte. Die »E« drehte und griff um 1747 Uhr ein zweites Mal an, diesmal von Steuerbord querab. Vier weitere Wasserbomben sausten auf das zähe Boot hinab. Drei gingen zu weit, aber eine explodierte vor dem Turm etwa neun Meter neben dem »gelblich-braunen« Rumpf.

Die Sunderland »X« vom 228. Geschwader, die bei den beiden Angriffen der »E« zugesehen hatte, flog um 1750 Uhr einen Angriff von Steuerbord achteraus und gabelte das Boot mit vier Wabos ein. Zwei Minuten später warf sie noch einmal vier Wasserbomben, die vor dem Turm im Wasser aufschlugen. Als dieser zweite Knüppel detonierte, schüttelte sich das ganze Boot, und mit dem Wasser wurden menschliche Körper emporgeschleudert. Kurz darauf trieben dreißig bis vierzig Menschen im Wasser, von denen einige noch am Leben waren. Offenbar war die Besatzung beim letzten Angriff im Begriff gewesen, das Boot aufzugeben. Oulton, der immer noch die Kampfstelle umkreiste, überflog die Szene und warf zwei Schlauchboote und zwei Schwimmwesten ab. »Mir taten die armen Teufel im Wasser jetzt leid«, sagte er später. »Sie hatten doch nur ihre Pflicht getan, so wie sie sie verstanden, und waren genauso tapfer gewesen wie alle anderen.«[58]

Als das U-Boot dann endlich sank, drehten die beiden Sunderlands in der Überzeugung ab, daß das derart mit Wasserbomben überschüttete Ziel vernichtet worden war. Das Komitee zur Bewertung von Angriffserfolgen gab ihnen recht und gestand Oultons Halifax »R« das Hauptverdienst an diesem Erfolg zu. Er hatte die ersten beiden Angriffe durchgeführt, das Boot schwer beschädigt und die anderen Maschinen herangeführt. Aber auch die anderen Teilnehmer an der Aktion erfuhren Anerkennung. Mit einem seltenen Urteil lobte das Komitee die Leistung aller Beteiligten als »Triumph der Kooperation und guten Zusammenarbeit bei der Vernichtung«.[59] Oulton wurden für diesen und vorherige Einsätze der Distinguished Service Order und das Distinguished Flying Cross verliehen. Die Piloten der »E« vom 10. Geschwader und der »X« vom 228. Geschwader, Flight Lieutenant Maxwell S. Mainprize und Flight Officer William F. French, erhielten beide das Distinguished Flying Cross. Das versenkte Boot wurde später als das VIIC-Boot U-563 (Kptlt. Gustav Borchardt) identifiziert, das zwei Tage zuvor zu seiner achten Feindfahrt aus Brest ausgelaufen war.

Während dieses bemerkenswerten Gruppenangriffs auf ein einziges Boot patrouillierte die Sunderland »R« vom 201. Geschwader im »Derange«-Streifen. Sie befand sich auf Position 45°38′N, 13°04′W, als sie um 1711 Uhr in Peilung rechtweisend 240°, Entfernung acht Meilen, ein aufgetauchtes U-Boot sichtete, das mit 5–6 Knoten den Atlantik ansteuerte. Flight Lieutenant Douglas M. Gall flog sofort im Sinkflug mit 150 Knoten darauf zu. Es war nach vielen ergebnislosen fünfzehnstündigen Patrouillen das erste Mal, daß seine Besatzung ein U-Boot zu Gesicht bekam, und er wollte sich diese Chance auf keinen Fall entgehen lassen. Es befürchtete nur, daß es ein eigenes U-Boot sein könnte. Als er Lichtsignale von dem U-Boot sah, glaubte er, es wäre eine Morselampe, die den Erkennungsbuchstaben des Tages durchgab. Aber ein Schütze aus Schottland beruhigte ihn: »Das ist keine Morselampe, der schießt!«

Gall griff in Kursrichtung des U-Boots in 15 Meter Flughöhe an. In den letzten Sekunden des Anflugs sah es so aus, als ob seine vier Wabos an Steuerbord neben dem Boot einschlagen und es verfehlen würden. Doch das Boot drehte plötzlich hart nach Steuerbord genau in den Wabo-Knüppel hinein. Als die Wassersäulen nach den Explosionen in sich zusammengebrochen waren, war zu sehen, daß das Boot noch etwa eine halbe Minute weiterlief, bevor es über den Achtersteven in die dunklen blauen Tiefen der Biskaya glitt. Nachdem Gall über Backbord gedreht hatte, beobachteten er und seine Besatzung, wie unter der Wasseroberfläche zwei starke Explosionen aufblitzten. Ein oder zwei Minuten später sahen sie, daß auf einer Fläche mit 60 bis 90 Meter Durchmesser Blasen an die Wasseroberfläche stiegen. Das Wasser färbte sich hellblau und braun, und ein großer Ölflecken erschien an der Oberfläche und dehnte sich bis auf eine halbe Seemeile Durchmesser aus. Um 1753 Uhr nahm Galls Maschine die Patrouille wieder auf. Die Besatzung brüllte vor Begeisterung über ihren Triumph. Galls Gefühle entsprachen seiner eigenen Aussage zufolge jedoch eher denen, die Oulton nach der Vernichtung von U-563 gehabt hatte: »Die armen Teufel!«[60] Für diesen Erfolg bekam er das Distinguished Flying Cross. Das U-Boot wurde im nachhinein als U-440 (Oblt. Werner Schwaff) identifiziert. Es war am 26. Mai zu seiner fünften Feindfahrt aus Saint-Nazaire ausgelaufen.[61]

Gruppe 19 und die ihr zugeteilten Einheiten der Gruppe 15 erzielten die sechs Versenkungen und sieben Beschädigungen von U-Booten in der Biskaya nicht ohne eigene Verluste. Neunzehn Flugzeuge gingen bei Tageseinsätzen und zwei bei Nachteinsätzen verloren. Achtundzwanzig Prozent dieser Verluste waren von feindlichen Flugzeugen abgeschossen worden, zumeist von schweren Jäger des Typs JU88 C6, die in Kerlin Bastard bei Lorient oder in Bordeaux Mérignac stationiert waren. Darüber hinaus waren viermotorige FW 200 (Focke Wulf) aus Bordeaux und FW 190 aus Brest mit kürzerer Reichweite im Einsatz, die für die Verluste bei Tageslicht »ohne bekannten Grund« verantwortlich gewesen sein könnten. 28 Prozent der Verluste (6) waren bei Starts und Landungen, 24 Prozent (5) durch Flugabwehr der U-Boote und 21 Prozent (4) »ohne bekannten Grund« verlorengegangen. Zu letzteren gehörten auch zwei Leigh-Licht-Wellingtons, die von Nachteinsätzen nicht zurückgekehrt waren; manchmal fiel bei den Maschinen ein Motor aus, und die zweimotorige Wellington VIII konnte mit einem Motor nicht in der Luft bleiben. Einige Flugzeuge flogen, wie schon erwähnt, in Schlechtwettergebiete ein, andere gingen wegen Kraftstoffmangels verloren, weil sie Navigationsfehler begangen hatten, und wieder andere flogen zu tief, streiften mit einer Tragfläche die Wasseroberfläche und überschlugen sich.
Beim Einsatz über der Biskaya wurden im Mai vierundneunzig Besatzungsmitglieder von Flugzeugen getötet, sieben wurden vermißt gemeldet, und sechs gerieten in deutsche Gefangenschaft (von der am 30. Mai abgeschossenen Whitley »N« des 10. Geschwaders). Zweiundfünfzig Männer, darunter zwei Verwundete, wurden von ihren Landsleuten gerettet. Die Zahl der gefallenen und vermißten Flieger (101) ist deutlich geringer als die Zahl der bei sechs Versenkungen gefallenen U-Boot-Fahrer (264), wenn man von der normalen

Besatzungsstärke von der VIIC-Boote (44 Mann) ausgeht. Die Zahl der auf den beschädigten U-Booten gefallenen Besatzungsmitglieder ist nicht bekannt. Zusammen brachten es die RAF und die RAAF, vom Start bis zur Landung, auf insgesamt 6181 Flugstunden am Tag und 1314 Stunden in der Nacht. In dieser Zeit versenkten sie sechs U-Boote und beschädigten sieben. Pro versenktem U-Boot mußten also 1249 Flugstunden aufgewandt werden, pro versenktem oder beschädigtem U-Boot 576.

Aus diesen Zahlen läßt sich nicht schließen, ob die Taktik des BdU, bei Nacht möglichst getaucht zu fahren, mehr U-Boote vor der Versenkung bewahrte, als dies bei Beibehaltung der alten Vorschrift, am Tag möglichst getaucht zu fahren, der Fall gewesen wäre. Gewiß war es ein Erfolg der neuen Vorgehensweise, daß die U-Boote bei Tageslicht fünf Flugzeuge abgeschossen hatten, wodurch nicht nur die jeweiligen Boote vor der Versenkung bewahrt, sondern auch dem Gegner materielle und Personalverluste beigebracht worden waren. Bei Nacht wären diese Erfolge kaum möglich gewesen. Ohne eindeutige Zahlen bleibt die Antwort auf diese Frage spekulativ. Das Urteil der Historiker lautet jedoch, daß die von Dönitz und Godt angeordnete Vorgehensweise falsch gewesen sei.[62]

Obwohl die Gruppe 19 nie über die sowohl im Stark-Plan als im Plan der Admiralität geforderten 260 Flugzeuge verfügte, hatten die Ergebnisse der Operation »Derange« nach Ansicht Slessors und des Luftwaffenministeriums die Vorhersagen des Raushenbush-Papiers bestätigt, wenn man den geringeren Aufwand in Rechnung stellte. Und dieses Ergebnis war erzielt worden, obwohl die geänderte Taktik des BdU (Tauchfahrt bei Nacht) ein überraschender Störfaktor gewesen war. Die im Mai zu verbuchenden 103 Sichtungen und 68 Angriffe auf U-Boote in der Biskaya unterstrichen nachdrücklich den Wert von Raushenbushs »Rechenschieberstrategie«.[63]

Zwei Aussagen von Slessor sind in diesem Zusammenhang zu Protokoll genommen worden, die erste am 12. Mai auf der 18. Sitzung das Anti-U-Boot-Komitees, in der er sagte: »Eine Analyse der Biskaya-Operationen in den letzten vier Wochen hat ergeben, daß die Anzahl der Sichtungen und Angriffe vollauf dem entspricht, was die vorherigen Berechnungen, die auch dem Komitee vorgelegt wurden, erwarten ließen.«[64] Bei der zweiten Gelegenheit, der Komiteesitzung vom 23. Mai, teilte Slessor den Anwesenden mit, aufgrund eines Vergleichs der tatsächlichen und der vorhergesagten Ergebnisse sei es »seine grundsätzliche Überzeugung«, daß im Fall der Operation »Derange« der »Unterschied zwischen Theorie und tatsächlichen Ergebnissen sehr gering ist – in der Tat kann man im Krieg nicht erwarten, daß beide noch besser übereinstimmen«. Eine klarere Aussage zugunsten der Rechenschieberstrategie war kaum möglich. »Es kann davon ausgegangen werden, daß die Analyse dieser Operationen die Berechnungen, die dem Komitee in den Dokumenten 84 und 86 vorgelegt worden sind, bestätigt hat.«[65]

Das Dokument mit der Nummer 86 war Raushenbushs Papier (Stark-Plan). Das andere – und hier zeigt sich eine gewisse Schlitzohrigkeit – war Slessors eigene Stellungnahme zum Wert der Patrouillenflüge über der Biskaya, in dem er Einsätze über der Biskaya »nur im Rahmen freier Kapazitäten« als sinnvoll bezeichnet hatte. Niemand wußte besser als Slessor, daß es im Mai nicht nur in der Biskaya Sichtungen (103) und Angriffe (68) gegeben hatte, sondern auch im restlichen Atlantik, wo es zu 110 Sichtungen und 67 Angriffen gekommen war, und während in der Biskaya sechs U-Boote versenkt und sieben beschädigt worden waren, hatten im Rest des Atlantiks die zum Schutz an gefährdeten Konvois eingesetzten Maschinen des Küstenkommandos neun U-Boote versenkt und vier beschädigt. Slessor war zwar ein loyaler Verfechter von Raushenbushs Taktik geworden, aber er hatte auch recht behalten.

Es ist nicht anzunehmen, daß Raushenbush diese Überlegungen kannte. Nach der Operation »Enclosure« I erfuhr er, daß sein Posten im Innenministerium gefährdet war, worauf er kündigte und nach Washington flog, um dort wieder seine alte Stelle anzutreten. Bis heute ist die kurze, aber gewichtige Rolle, die er für den Schwarzen Mai spielte, so gut wie unbekannt geblieben. Im Alter von fünfundneunzig Jahren ist er 1991 in Sarasota, Florida, gestorben.[66] Evan James Williams starb, wie berichtet, 1945. Patrick Maynard Stuart Blackett, Baron Blackett of Chelsea, lebte bis 1974.

9

Die U-Boot-Fahrer
Die Abhöraktion im Latimer House

HERMANN KOHLER (U-175): Als Kriegsgefangener darfst du nur vier
Sachen aussagen, sonst ist es Landesverrat, das hat unser Alter uns
vorgelesen – Namen, Dienstgrad, Stammrollennummer,
Heimatanschrift – vier Sachen – nicht mehr.
29. April 1943

HELMUT KLOTZSCH (U-175): Es wird auch immer schlechter,
die U-Bootfahrer meckern auch alle.
ADOLF MARCH: (U-175): Das läuft jetzt auf folgendes raus: Sobald ein
neues Boot in Dienst gestellt wird, geht im gleichen Augenblick
ein anderes verloren.
26. Mai 1943

KLOTZSCH: Es sieht sehr schlecht aus für uns. Die Boote
saufen ab wie die Karnickel.
13. Mai 1943

WILHELM RAHN (U-301): Ich will dir ehrlich sagen. Ich habe nicht viel
Hoffnung. Die erdrücken uns mit der Zeit.
3. Mai 1943

Während des Krieges gerieten etwa 5000 deutsche U-Boot-Fahrer
von 181 Booten in Kriegsgefangenschaft. Die meisten von ihnen wurden ungeachtet ihres Dienstgrads durch das Verhörzentrum der britischen Streitkräfte geschleust, das 1943 im Latimer House, Chesham,
Buckinghamshire, im Nordwesten von London angesiedelt war. Dort
wurde jeder U-Boot-Fahrer zusammen mit einem deutschen Kriegsgefangenen untergebracht, der von einem anderen U-Boot, Überwasserschiff oder einem Bomber- beziehungsweise Jagdgeschwader der
Luftwaffe kam. Die Briten hofften, daß der U-Boot-Mann, der

seine(n) neuen Stubenkameraden vorher nicht gekannt hatte, seine Erlebnisse auf See, die Umstände der Versenkung seines Bootes, die Betriebs- und Waffensysteme seines Boots, die Verhältnisse in seinem Heimatstützpunkt und seine allgemeinen Gedanken über den Krieg mitteilen würde. Der britische Nachrichtendienst war offenbar der Auffassung, daß solche einfachen, unmittelbaren Darstellungen den gleichen oder einen höheren Wert besaßen als die Ergebnisse der Verhöre durch die Vernehmungsoffiziere. Deshalb wurden alle Unterkünfte mit versteckten Mikrofonen ausgestattet, die fast alles aufnahmen, was die Kriegsgefangenen zueinander sagten, und ein ganzes Team von »Zuhörern« mit Deutsch als Muttersprache, die in der Lage waren, die Stimmen den Sprechern zuordnen zu können, schnitten die Unterhaltungen auf mit Schellack überzogenen Metallscheiben mit.

Die Mitschriften dieser Aufnahmen wurden dann sowohl in der deutschen Originalversion als auch in englischer Übersetzung in Formulare eingetragen, die am Kopf folgenden Vermerk trugen: »Dieser Bericht ist streng geheim. Wenn eine Weitergabe notwendig ist, muß sie so gestaltet werden, daß weder die Quelle der Informationen noch die Mittel, mit denen sie gewonnen wurden, identifiziert werden können.« Es gibt keinen Hinweis darauf, daß die Lauscher moralische Skrupel hatten, weil sie etwas taten, was in späteren Zeiten als »Verletzung der Privatsphäre« bezeichnet worden wäre. Eine ähnliche Abhöraktion wurde auch unmittelbar nach dem Krieg von Juli bis Dezember 1945 durchgeführt, als in Farm Hall in Godmanchester bei Cambridge zehn deutsche Atomwissenschaftler gefangengehalten wurden. Latimer House war aber offenbar der erste Fall, in dem in einer großangelegten Operation heimlich Unterhaltungen mitgehört wurden.[1]

Die Latimer-House-Aufzeichnungen befinden sich heute unter dem Crown Copyright im Public Record Office in Kew.[2] Im folgenden werden hauptsächlich Gespräche von U-Boot-Männern wiedergegeben, die im April und Mai 1943 in Gefangenschaft gerieten, aber auch im Mai geführte Unterhaltungen von U-Boot-Fahrern, die vorher gefangengenommen worden waren. Außerdem werden einige Unterhaltungen aus dem März, Juni und August abgedruckt, weil sie besonders interessante Informationen enthalten. Der Autor hat sich bemüht, eine repräsentative Auswahl zu treffen. Die Auszüge betreffen vor allem vier Themenbereiche: die operativen Erfahrungen auf See; das technische Gerät, einschließlich der Torpedos; die Heimatfront und die Biskaya-Stützpunkte; sowie den Kampfgeist und weiteren Kriegsverlauf.

Der Leser wird feststellen, daß die Unterhaltungen zumeist beiläufig und leidenschaftslos geführt wurden und manchmal oberflächlich und banal waren. Es ist das typische Gerede von Seeleuten: Vorgesetzte werden kritisiert, es wird gemeckert, man hört Übertreibungen, falsche Vorstellungen und Gemeinheiten, aber auch authentische Erfahrungen und Gefühle. Nur gelegentlich blitzen Witz und Humor auf, was angesichts der Umstände nicht verwunderlich ist. Wieviel wichtige Informationen der Nachrichtendienst aus den hier abgedruckten Unterhaltungen ziehen konnten, ist nicht bekannt. Vermutlich gingen einige Punkte in die zusammenfassenden Berichte über die Gefangenenverhöre ein, die regelmäßig geschrieben wurden.[3]

Was also ist der besondere Wert dieser Abhörprotokolle für die Darstellung des U-Boot-Kriegs? Die Antwort kann nur sein, daß sie fünfundfünfzig Jahre nach den Ereignissen im Frühjahr 1943 die einzigen noch vorhandenen ungeschminkten Äußerungen der U-Boot-Fahrer sind, die erkennen lassen, was die Männer *damals* dachten und fühlten. Die ehemaligen Offiziere und Mannschaften der U-Boot-Waffe, die in den Jahren nach 1990 interviewt wurden, haben allesamt eingeräumt, daß die einst frisch in der Erinnerung haftenden Einzelheiten mittlerweile verblaßt sind. Durch die im Latimer House aufgenommenen Gespräche erlangen wir Zugang zur Gedankenwelt der U-Boot-Fahrer, wie sie damals in jenen entscheidenden Monaten war.

Nach den Listen des Verbandes Deutscher U-Bootfahrer e. V. in Hamburg sind bis auf eine Ausnahme alle Teilnehmer an den hier abgedruckten Unterhaltungen inzwischen verstorben. Auf den Formblättern der Abhörprotokolle werden sie nur durch Nummern identifiziert. Walter Köhler zum Beispiel, ein Matrosenobergefreiter, der am 23. Mai von U-752 in Gefangenschaft geraten war, wird als N 1635 geführt; Helmut Klotzsch, Obersteuermann von U-175, gefangengenommen am 17. April, läuft unter der Nummer N(Am) 15, wobei das »Am« darauf hinweist, daß er durch amerikanische Kräfte gefangengenommen wurde, nämlich infolge des Wasserbomben- und Artillerieeinsatzes des US-Küstenwachkutters *Spencer*. Irgendwann

336

in der darauffolgenden Zeit schrieb jemand die Nachnamen der Kriegsgefangenen neben die Nummern. Diese Namen stimmen mit den Listen der U-Boot-Besatzungen im U-Boot-Archiv in Cuxhaven-Altenbruch überein. Der Gründer und Leiter des Archivs, Horst Bredow, konnte viele der Vornamen hinzufügen.

Weil nicht jedes Wort oder jeder Satz, den die Kriegsgefangenen aussprachen, von den Mikrofonen richtig übermittelt worden ist, gibt es in den Protokollen zahlreiche Stellen, an denen durch Punkte das Fehlen von Text angezeigt wird. Der Autor hat in den folgenden Auszügen uninteressante Details und verwirrende Formulierungen fortgelassen und diese Stellen ebenfalls durch Punkte gekennzeichnet. Hin und wieder ist auch ein Wort oder Satz in Klammern hinzugefügt, um Personen und Boote zu identifizieren oder die Lesbarkeit zu verbessern. In zwanglosen Unterhaltungen drückt man sich eben nicht immer in ganzen Sätzen aus.

Die Sprecher werden in den Anmerkungen identifiziert, dort findet der Leser neben den vollständigen Namen der Kriegsgefangenen, soweit sie bekannt sind, das Datum der Gefangennahme, ihren Dienstgrad oder ihre Funktion sowie die Boote, auf denen sie gefahren sind.[4] (*Anmerkung des Übersetzers:* Die in der deutschen Ausgabe abgedruckten Gesprächstexte sind den deutschsprachigen Protokollen der Abhöraktion entnommen.)

Der erste Teil der Gesprächsauszüge, der sich mit den Erfahrungen auf See beschäftigt, beginnt mit der Unterhaltung von Leutnant zur See Heinrich SCHAUFEL von U-752 (gefangengenommen am 23. Mai) mit Oberleutnant zur See Werner Opolka von U-528 (gefangengenommen am 11. Mai) und Leutnant zur See (Ing.) Karl-Heinz Foertsch von U-659 (gefangengenommen am 4. Mai). Das Datum der Aufnahme ist am Ende jeder Unterhaltung angegeben.

SCHAUFEL: Der WOLF hat eine Fliegerbombe aufs Deck gekriegt, achtern. Alles aufgerissen und die Bombe ist nicht losgegangen. Da haben wir mal eine Wasserbombe an Deck gehabt und da konnte man ja nicht mehr damit tauchen und die konnten sie nicht 'rauskriegen. Durch's Holz und die war so verklemmt da, die konnte man nicht 'rauskriegen. In der BISKAYA gewesen, da hatten wir noch zwei Tage gekämpft gegen Flugzeuge.

FOERTSCH: Der Kapitänleutnant Schmidt, der kriegte richtig metallischen Aufschlag auf den Außenbunker, und da rutscht es ab.

SCHAUFEL: Hast du gehört, daß einem Boot der Außenbunker abgefallen ist?

FOERTSCH: Nicht der ganze Außenbunker, nur die Verkleidung ist heruntergerissen; sind ja Doppelspanten da drinnen, die kriegst du nicht 'runter. Der HAUSER lief mal ein, dem hatten sie den ganzen Regelbunker zermust. Auch in der BISKAYA, der kriegte acht Stück, vier oben und vier unter Wasser; und zwar ist der Außendruckanschluß für die Untertriebszellen gebrochen, dann die Regelbunker und die Regelzelle ...

SCHAUFEL [?]: Ja, unsere Boote können kolossal was ab.

FOERTSCH [?]: Ach, die kannst du auf den Kopf stellen.

Aufgenommen am 10. Juni 1943[5]

FOERTSCH: Unweit der amerikanischen Küste ... haben wir umgeladen [?] die Minen 200er [?]. Zuerst wollte der Alte mal zugucken, wie das da aussah, dann sind wir mit zweimal Halbe losgerast und das ging herunter bis an eine E-Maschine »kleine«. So sind wir da an der Sache marschiert. War nicht so schön, so den Arsch im Hafeneinfahrt hier.

SCHAUFEL: Welcher Hafen war das?

FOERTSCH: Drüben in JACKSONVILLE

SCHAUFEL: JACKSONVILLE, das ist im Süden, nicht?

FOERTSCH: FLORIDA.

SCHAUFEL: Hauptsache ist, daß welche aufgelaufen sind.

FOERTSCH: Ja, drei Stück.

SCHAUFEL: Zählen Ihnen das?

FOERTSCH: Sicher, die zählen wüste Punkte ...

Aufgenommen am 7. Juni 1943[6]

OPOLKA: Im Rundfunk kam: »RÖSING ist weg.« Da hat der Rösing vielleicht gelacht!

SCHAUFEL: Das ist ein schicker Kerl.

OPOLKA: Prima Kerl, der sieht gut aus, hat aber graue Haare.

SCHAUFEL: Der hat doch noch nicht viele Fernfahrten gemacht.

OPOLKA: Ich glaube, drei.

338

SCHAUFFEL: Der hat das Ritterkreuz gekriegt – wofür?

FOERTSCH: Der hat seine 100 000 Tonnen zusammengeschossen.

SCHAUFFEL: KRETSCHMER war wohl am beliebtesten beim B.d.U., was?

OPOLKA: Der B.d.U. hat schon so seine Lieblinge, das ist schon richtig. TOPP, KRETSCHMER, Bertel ENDRASS, SUHREN.

SCHAUFFEL: ENDRASS war immer ziemlich still.

OPOLKA: Sehr still, ja; schade, daß der weg ist. Man weiß gar nicht, wie das passiert ist. Da haben wir fünf Boote verloren.

SCHAUFFEL: An einem Geleitzug?

OPOLKA: Ja, GIBRALTAR-Geleitzug. ENDRASS, HOFFMANN [?] –

FOERTSCH: Der Niko CLAUSEN wäre ja auch bald draufgegangen.

OPOLKA: Wenn er nicht vorher den Dampfer gerammt hätte – der ist ja noch nach Hause gefahren.

SCHAUFFEL: … hat auch graue Haare gekriegt.

OPOLKA: Von der letzten Fahrt.

SCHAUFFEL: Ja, wegen Aussteigen und Wasser usw.

OPOLKA: Die haben so ein Scheibenschießen auf das U-Boot gemacht, Flak und 10,5. Der ganze Turm war zerfetzt. Der hat das halbe Luk auf den Kopf gekriegt. Der ganze Kopf saß voller Splitter bei ihm; Unterkiefer kaputt geschlagen, unter seinem Auge alles aufgerissen gewesen; das Maul konnte er nicht … sehen konnte er nicht. Mit dem Kutter aufgefischt.

SCHAUFFEL: Wo ist denn das passiert?

OPOLKA: Mitten im Atlantik, direkt vor der Haustüre [?] hier – Geleitzug

Aufgenommen am 11. Juni 1943[7]

SCHAUFFEL: HARTMANN fährt auch wieder, nicht?

FOERTSCH: Ja, hat auch schon Erfolge. HALLE wäre Kapitän zur See jetzt.

SCHAUFFEL: HARTMANN ja auch.

FOERTSCH: Ist der Kapitän zur See jetzt?

SCHAUFFEL: Hm.

FOERTSCH: ZOBBE ist weg, nicht?

SCHAUFFEL: ZOBBE ist weg. Mensch, der BÜLOW, der hat Erfolg gehabt!

FOERTSCH: Flugzeugträger …

SCHAUFFEL: Er ist ein schicker Kerl.

FOERTSCH: Mein Schulbootskommandant ist das gewesen – feiner Kerl. Ich kenne ihn sehr gut; der konnte gar nicht mit BÜCHEL – der hat ihn persönlich direkt schlecht, direkt ordinär behandelt. Ich konnte den BÜCHEL überhaupt nicht leiden.

SCHAUFFEL: Am besten war SCHUHART.

Aufgenommen am 9. Juni 1943[8]

APEL: Ich weiß einmal bei der ersten Fahrt, der erste Geleitzug. Der Alte 'ran – den ganzen Tag haben uns Flugzeuge und Zerstörer abgedrückt, immer abgedrückt. Wir waren gerade da schön 'ran, und wollten uns vorsetzen, »Zerstörer«, 'runter. Wir waren wieder so weit – »Flugzeug!« 'runter. Der Geleitzug immer weg, immer weg bis auf einmal, nachts, da hatten wir uns wieder 'rangepirscht und uns prima vorgesetzt, wir waren glatt durchgekommen, waren schon zum Angriff gegangen, auf Gefechtsstation, Mündungsklappen auf, wir wollten schießen, der Alte hatte einen schönen Dampfer von 8000 Tonnen gehabt, den wollte er knacken, auf einmal: »Pschew, pschew, pschew! Leuchtgranaten! Fumm! Alles Hölle, der Alte: »Zerstörer! Zerstörer! Zerstörer!« Alle drei auf uns zu. »Alle Aale ins Rohr [?]!« Bums, da hört man aber die Schraubengeräusche und Tsch, tsch, tsch, zack! Ging's los. Das waren dann nur ein paar Sekunden, da hätten wir geschossen, wo der Dampfer liegt, da hatten die uns durch Funkmeß – das war damals noch ganz neu – geortet. Die haben uns selber nicht gesehen, es war sehr schlechtes Wetter – das war hier oben zwischen ISLAND und ENGLAND. Leuchtgranaten geschossen und gleich im selben Moment, wie die Leuchtgranaten aufgehen, haben sie natürlich mit Artillerie geschossen, mit allen Kalibern, 2 cm auch 15 cm, immer: fum, fum! – das krachte ringsherum, wir gleich getaucht, gab's ein paar Wasserbomben, nicht viel. Der hat uns nur acht Stück sehr nahe geworfen und dann noch ein paar weiter weg, und dann haben sie uns nicht mehr gefunden. Auf einmal sind wir wieder aufgetaucht, aber der Geleitzug war weg. Da ging's wieder hinterher. Am Tage haben wir wieder … vollgekriegt von Flugzeugen. Am anderen Tag: »Zerstörer!« »Alarm auf Sehrohrtiefe!« »Auf Gefechtsstation!« Der Alte sagte: »Der Zerstörer, den knalle ich ab. Ist alles klar?« Zwei Zerstörer, auf einmal macht er ein Zack! Der ganze ... haut ab. War wieder eine Pleite für uns!

Aufgenommen am 19. Mai 1943[9]

STEUERMANN des deutschen Dampfers REGENSBURG: Die suchen doch bestimmt die BISKAYA ab, oder?

APEL: Da muß es eine Art regelmäßige Überwachung geben. Da löst einer den anderen ab, die wissen ja, daß alle U-Boote da durch müssen. Meistens fahren wir da getaucht. Man taucht nur auf, um frische Luft ins Boot zu lassen und um die Batterien aufzuladen und selbst dabei wird man noch öfters erwischt. Bei unserer letzten Fahrt hatten wir auf dem Rückmarsch Probleme. Wir waren schon in Landnähe, wir konnten die französische Küste sehen, aber wir waren ziemlich weit im Süden in der BISKAYA und wir mußten noch die französische Küste hochfahren. Wir hatten noch vier Stunden bis zu dem deutschen Schnellboot, und da wurden wir von einem Flugzeug geortet. Das Wasser war da nur ungefähr fünfundsechzig Meter tief, außerdem lagen in dem Gebiet mehrere Wracks, vielleicht sogar auch noch alte Grundminen. Egal, wir konnten also nicht tauchen. Das Flugzeug kam immer wieder an, aber wir hatten Glück, bis wir unser Geleit trafen, und dann kam es nicht mehr wieder.

Aufgenommen am 21. Mai 1943[10]

APEL: Wir hatten einen Geleitzug verfolgt von AMERIKA bis herüber. Den haben wir herübergebracht bis nach ENGLAND beinahe. Da haben wir Alarm von Flugzeugen gehabt, das Flugzeug war ein bißchen spät gesehen worden. Wir haben sofort die Entlüftung aufgerissen, also das heißt getaucht, der Bug und der Turm waren unter Wasser. Weißt du überhaupt, wie wir tauchen? Die Engländer, die Italiener, die Japaner, alle, die kommen an mit Fahrt, beide Maschinen stop und lassen sich so wegsacken. Wir, die Deutschen, sind zuerst auf den Dreh gekommen. Jetzt macht's der Italiener uns nach, das heißt, nur der Kommandant machts nach, der in DEUTSCHLAND in GOTENHAFEN das gelernt hat. Wir kommen an, Alarm, mit der größten Fahrtstufe, zack, runter, da mußt du dich festhalten, sonst fällst du auf die Nase. Alle beiden Tiefenruder, ganz hart unten. Große Fahrt, so runter. Ausnahmsweise ist es manchmal – der L.I. sorgt dafür, daß es nie so stark geschieht – aber diesmal haben wir ausgesprochen viel Vorlastigkeit gehabt, also ganz besonders schief, schräg gehangen. Und diese Vorlastigkeit wird auch gesteigert dadurch, daß die letzte Entlüftung von der letzten Tauchzelle später aufgerissen wird, dadurch wird das Boot noch mehr vorlastig. Jetzt war der Bug, Turm, alles unter Wasser, das Heck guckte noch 'raus. Da kriegen wir fünf Fliegerbomben, genau über das Boot, hat furchtbar gerumpst. Alles ist hin und her geflogen. Die Folge davon, daß wir nicht so … tief waren und die Bomben so nahe waren: alle mechanischen und elektrischen Einrichtungen ausgefallen. Das Licht war aus, dunkel. Beide Maschinen, also Antriebsmaschinen, E-Maschine ausgefallen. Die Hauptschalttafeln waren 'rausgeflogen, die automatischen Sicherungen gebrannt. Unsere Tiefenrudermotoren waren ausgefallen. Tiefenruder lagen noch hart unten. Wenn die Maschinen sich noch gedreht hätten, wären wir unweigerlich mit harter Tiefenruderlage immer tiefer gegangen, bis es einen Knall gegeben hätte. Vielleicht aber hätten wir im rechten Moment das Tiefenruder mit Hand hochkurbeln können, das dauert aber immerhin eine geraume Zeit und die große Fahrtstufe … wir wären wohl sicherlich durchgerauscht. Tiefenruderlagenanzeiger, also wir hatten einen mechanischen und einen elektrischen Anzeiger, war auch ausgefallen. Also wußten wir gar nicht, wenn du jetzt auf den Knopf gedrückt hättest, wo liegt das Ruder eigentlich. Hauptruder ausgefallen. Kurz und gut, noch viele Sicherheitseinrichtungen, und alles war ausgefallen. Das Licht war gleich wieder, nur umgeschaltet. Das Licht war dann an, Hauptschalter haben wir 'reingeworfen, die Maschinen drehten sich wieder, die Motoren wieder ganz gemacht, das ging ja alles schnell, auf jeden Fall, das Boot war wieder klar um auf Tiefe zu gehen. Alles Glücksache.

Aufgenommen am 19. Mai 1943[11]

APEL: Unser Boot war achtundsechzig Meter lang. Es war bis zur letzten Ecke mit Vorräten vollgestopft. Alle paar Tage bekommt man keinen Schlaf. Entweder müssen Torpedos umgestaut oder nachge-

342

laden werden, oder es wird ein Geleitzug gemeldet, oder es sind Zerstörer oder sonstwas da, oder der Horchraum meldet Schraubengeräusche.

Mein Boot war das erste, das es schaffte, ungehindert zwischen Island und Irland durchzukommen, ohne entdeckt zu werden. Nach uns wurde jedes weitere Boot angegriffen. Aber wir haben es nur dem extrem schlechten Wetter zu verdanken, daß wir nicht von Flugzeugen entdeckt wurden. Da sind eine ganze Reihe Boote draufgegangen ... Der deutsche Nachrichtendienst ist ganz gut auf Zack. Wir wußten praktisch von jedem Geleitzug vorher, wir wußten, wann er aus New York oder wo auch immer auslief, und wir wußten auch was für Dampfer im Geleitzug waren.

Aufgenommen am 20. Mai 1943[12]

APEL: Auf der vorletzten Fahrt, da waren uns zwei Zerstörer auf den Fersen, zwei Zerstörer, zwölf Stunden lang haben sie uns unter Wasser gedrückt und Wasserbomben abgeladen. Da haben wir sechsunddreißig Wasserbomben gekriegt – die wir gezählt haben, die ganz nahe waren – die anderen waren weiter weg, die haben wir gar nicht gezählt. Der schmeißt Wasserbomben, das gibt einen kolossalen Krach, der Zerstörer läuft große Fahrt und kann in dem Moment selbst nichts hören. Und diesen Moment, wenn der Wasserbomben schmeißt, nützt jedes U-Boot aus, da läuft es auf große Fahrt, harte Ruderlage, und vor allen Dingen, wir haben uns das schon angewöhnt, so wie wir Wasserbomben kriegen, haben wir gleich die Lenzpumpen angeschmissen, denn der konnte nicht hören, und haben immer versucht, noch vielleicht ein wenig Restwasser aus dem Regler heraus zu kriegen. Noch nie Glück gehabt, ist immer Luft dazwischen ... Bis auf einmal, waren fast so zehn Stunden 'rum, da glückte es meinem Kameraden und mir – die Pumpe saugte an und wir konnten tatsächlich aus zwei Zellen insgesamt 1000 Liter 'rausschmeißen. Da war das Boot wieder so leicht, daß es sich ohne Mühe, ohne Fahrtstufenveränderung auf einer gleichmäßigen Tiefe halten konnte. Jetzt braucht man nicht Fahrtstufe zu wechseln. Gingen auf Schleichfahrt, ganz leise, und da hat er uns nicht mehr hören können, hat uns verloren, er ist in einer ganz anderen Richtung weitergefahren, wir sind 'rausgekommen. Der Engländer hat solche guten Horchgeräte gehabt. Dann hörst du die Peilstrahlen manchmal hier. Bip, bip, bip; und dann das, was ich selber nicht begreifen kann, das können wir uns gar nicht erklären. Da haben wir einmal Alarm von Flugzeug gehabt. Ein Sunderland Flugboot. Der Bruder hat es fertig gebracht, uns sieben Stunden lang unter Wasser zu drücken. Alle zehn Minuten, genau alle zehn Minuten bei der Uhr, hat er eine Bombe geschmissen, aber immer in unserer Umgebung. Konnten wir nicht auftauchen. Entweder – ich kann mir gar nicht vorstellen, daß das dieselbe Maschine gewesen sein soll, oder der ist vielleicht immer abgelöst worden .... Da hat der Hund noch – sowas ganz eigentümliches, hat uns auch geortet von der Luft aus, das ist eine ganz neue Sache von ENGLAND, ich weiß nicht, ob wir die kennen, uns war es auf jeden Fall noch unbekannt ....

STEUERMANN von dem deutschen Dampfer REGENSBURG: Die Dampfer sind weg?

APEL: Die Dampfer? Die waren weg!
Ich weiß von einem Boot, da wollte der Alte mit aller Gewalt unbedingt richtig treffen. Der ist so nahe herangefahren an den Dampfer und geschossen, daß er von der eigenen Detonation des Torpedos so stark beschädigt wurde, daß er mit Ach und Krach nach Hause gekommen ist.

Aufgenommen am 19. Mai 1943[13]

KLOTZSCH: Die Brüder sollen sich wehren gegen Flugzeuge.
ARENDT: Ja.
KLOTZSCH: Über Wasser mit hoher Fahrt zig-zag fahren – mehr Erfolg haben als mit Tauchen.
ARENDT: Ja, es werden so direkt Flakkreuzer gebaut jetzt – U-Flakkreuzer für die BISKAYA.
KLOTZSCH: Na ja, das hilft auch nicht, wenn sie jetzt erst gebaut werden. Die hätten schon Anfang des Krieges fertig sein müssen.

Aufgenommen am 14. Mai 1943[14]

ARENDT: Das Kreuz haben wir gehabt.
KLOTZSCH: Wir hatten das feste Funkmeß-Beobachtungsgerät.
ARENDT: Dies Auge hier dran?

KLOTZSCH: Ja.

ARENDT: Das hat ein Funkmaat von unserer Flottille erfunden, draußen auf See; der hat das E.K.1 dafür gekriegt, und 500 Mark.

KLOTZSCH: Ach, Gott, wie spärlich!

ARENDT: Das haut ja auch nicht richtig hin. Die haben schon wieder was anderes.

KLOTZSCH: Wir haben keine Ortung gehabt mit dem Auge, nur gehört, also wie das alte Fu.M.B. funktionierte, in derselben Form haben wir es.

ARENDT: Wie wir hier 'reinkamen von der vorigen Fahrt – zweitletzte Nacht – Scheinwerfer, drin, genau so im Scheinwerfer, es hatte gerade hier Steuermann Wache, da kam er 'runtergebraust.

KLOTZSCH: Getaucht?

ARENDT: Ja, weggekommen. Die haben einen … Scheinwerfer. Direkt von voraus sind sie gekommen. Da hat er sich verschätzt, vielleicht die Bomben nicht gleich klar gehabt, bloß Lampen im U-Raum 'runter, weiter nichts kaputt. Vier Stück. Jetzt genau dasselbe, wie wir 'rausfuhren da. Wir getaucht, weg, und der Kerl hat auch ganz weit geschmissen. Gar nichts getroffen. So sind wir immer heil durchgekommen, weiter nichts, bloß die letzten zwei Mal, die letzte Reise wie wir 'reinkamen, und jetzt wie wir 'rausfuhren. Sonst haben wir nie früher Flugzeug gehabt.

Aufgenommen am 13. Mai 1943[15]

KLOTZSCH: Wir sind auf der vergangenen Reise – waren wir erst auf 18 Meter, das Flugzeug war sehr nah, unser jetziger 1. W.O. hatte Wache, der hatte es zu spät gesehen, nach Alarm, und da kurvte der auf uns zu und schmiß seine Ladung 'runter, und da sind sie auf 18 oder 20 Meter explodiert. Da sind wir durch den Druck 'rausgeworfen worden, an die Oberfläche, und dann ist es abgesoffen. Also 20 Meter hochgeworfen worden, so daß das ganze Boot wieder an der Oberfläche war und dann wieder runter, und dann sind wir durchgefahren bis auf Tiefe, und dann haben wir uns gehalten, aber dann haben wir angeblasen, so daß das Boot stieg und nun haben wir es geflutet wieder und das fluten ging nicht schnell genug. Da haben wir sieben Minuten an der Wasseroberfläche gehangen, mit dichtem Turmluk. Der Alte gleich wieder an's Sehrohr und sagt: »Flu-

ten, fluten, neuer Anflug, fluten.« Mensch, war alles kaputt.
»Neuer Anflug, fluten,« und hat sich wie ein Blöder da oben im
Turm benommen, hat geschrien: »Fluten Sie doch, fluten Sie doch,
neuer Anflug, L.I.« Ach, du ahnst es nicht. In der Zentrale stand
ich, denke ich: »Jetzt noch ein Ei oben drauf und es ist alles klar!«
Jetzt hatte der doch Ruhe zum Zielen. Wir schwabbern doch herr-
lich an der Oberfläche mit dichtem Turmluk. Der hat aber keine
Bomben mehr gehabt. Da hat er uns nur mit seinen Bordwaffen
beschossen, hat nur ein paar Treffer im Oberdeck gehabt, also im
Holz und in der Turmverkleidung. Ach, wenn der Bomben gehabt
hätte, du, da wären wir dran gewesen, noch und noch. Das ist das
Gemeine, da stehst du und wartest und kannst dich nicht wehren.
Aufgenommen am 3. Mai 1943[16]

KLOTZSCH: Wir werden es bald so weit gebracht haben, daß wir 1000
   U-Boote gebaut haben, und wenn so fünfzig U-Boote an einem
   Geleitzug sind und wenn auch zwanzig Zerstörer Begleit machen
   – können die nichts dagegen tun. Die schmeißen sich leer, und wis-
   sen nicht, wo sie hinschmeißen sollen. Das hat man bei diesem
   Geleitzug gesehen, wo wir 300 000 [*sic!*] Tonnen 'rausgeschossen
   haben.
FUNKER von dem deutschen Schiff SILVAPLANA: Sie waren selbst
   nicht dabei, was?
KLOTZSCH: Nein. Aber Leute, die diesen Hexenkessel mitgemacht
   haben, sagen, es fährt wohl kein Mann wieder, der diese Schießerei überstanden hat, kein Mann von den Engländern fährt wieder.
   Das ist eine derartige Hölle gewesen von Feuer, von Flammen, von
   Krachen und Detonieren, von Toten und Schreien, also, da fährt
   kein Mensch mehr von den ganzen Schiffsbesatzungen. Das ist
   auch ein erhebliches Plus für uns, ein moralisches Plus. Wenn der
   andere derartig moralisch deprimiert wird, daß er eben keine Lust
   mehr hat zum Fahren. Aber wenn das tatsächlich knapp wird, würden die genau wie bei uns das gemacht wird, die Besatzungen
   zwingen zu fahren.
FUNKER von dem deutschen Schiff SILVAPLANA: Die Engländer werden heute schon gezwungen …
KLOTZSCH: Ein Boot bei FINISTERRE kriegte Wasserbomben und hatte

einen wüsten Wassereinbruch, soff gleich ab, auf 150 Meter und
setzte sich auf den Grund. Die standen bis zu den Knien im Wasser und da warteten sie, bis oben alles ruhig war und dann haben
sie mit Lenzpumpen ausgepumpt und kamen wieder hoch und bei
Nacht haben sie am Oberdeck geschweißt, und sind wieder heil
nach Hause gekommen.

Auf einer früheren Fahrt haben wir noch schwereren Schaden
gekriegt, als auf dieser letzten Fahrt. Von zwei Uhr nachmittags bis
um elf Uhr abends haben wir uns auf 200 Meter gehalten mit Batte-
riegas im Boot, nur mit Männern getrimmt.
Bei BARBADOS, vor dem Hafen von KINGSTON haben wir gesehen, wie die englischen Offiziere am Strand mit den eingeborenen
Frauen spazierten.
Aufgenommen am 6. Mai 1943[17]

KLOTZSCH: Wir kriegen 25 Zentner Frischkartoffeln; davon schmeiße
ich 10 Zentner weg. Dann schmeckt alles nach Öl. Gemüse langt
vielleicht acht Tage, Frischgemüse. Mehr kann ich nicht mitnehmen, sonst würde mir das verderben. Dann Frischbrot, das langt
vielleicht vierzehn Tage höchstens. Das liegt überall im Boot, wir
haben ja keine Proviant …; überall in den Bilgen liegt's, unterm
Diesel liegt das Brot, hinter der E-Maschine der Zucker, das Mehl,
alles in Büchsen, Mehl, Reis, Sago, Gries und alles mögliche. Da
kriegen wir ungefähr 3500 Dosen Milch und 4000 Eier mit. Also,
da gibt es jeden Morgen zwei Eier, und wenn sie anfangen schlecht
zu werden, jeden Abend auch nochmal zwei, damit sie aufgefres-
sen werden, damit wir nicht alle schlechten außenbords werfen.
Dann stinken die faulen Eier, die liegen alle 'rum. Zehn Kisten mal
360 Eier sind 3600 Eier. Also die letzten stinken schon verfault,
und dann die Eier, die da mitten drin liegen, die kann man natürlich nicht 'raussuchen, 'rausnehmen, die fangen auch schon an zu
stinken, das stinkt immer irgendwo. Die beiden Lokusse stinken
immer, und alles mögliche, also, das ist ein Gestank und ein Mief
und ein Mist da und ein Dreck, noch und noch, und dann fängst du
an, dieses Büchsenzeug zu fressen! Dann geht diese Pillen-
schluckerei an, da fällt man bald um, gegen Skorbut oder Paraden-

tose, dann gegen – damit die Sehschärfe der Augen nicht nachläßt, der Brückenwart kriegt dann Pillen zu fressen.

FUNKER von dem deutschen Schiff SILVAPLANA: Hast du dich freiwillig gemeldet?

KLOTZSCH: ... aus der altbekannten Tatsache heraus, jeder freiwillig. Also, ich wollte mich nicht freiwillig melden, ich wollte mir, wenn mir was passiert, nicht selber den Vorwurf machen – sondern ich hab mich kommandieren lassen.

FUNKER von dem deutschen Schiff SILVAPLANA: Da sind ja sowieso die ganzen Dickschiffe außer Dienst gestellt, alle.

KLOTZSCH: Diese Bootsmaate sind so saudoof, Mensch, was sich jetzt alles so Unteroffiziere ... sowas Saudoofes habe ich in meinem Leben noch nicht gesehen.

Aufgenommen am 3. Mai 1943[18]

KLOTZSCH: Auf der vergangenen Reise ist der 1.W.O. ausgestiegen, der ist jetzt Kommandant.

FUNKER von dem deutschen Schiff SILVAPLANA: Wer ist das?

KLOTZSCH: EHRLICH war das, Oberleutnant. Das war so ein Pippel, Mensch. Am hellichten Tage, südlich der Azoren – der hatte den Backbord voraus Sektor, also den Sonnenaufgangssektor – wir steuerten süd – und singt da die Schlager und alles mögliche auf der Brücke. Auf einmal meldet sein Unteroffizier neben ihm: »Herr Oberleutnant, in Ihrem Sektor ist ein Dampfer.« Da lag ein Zwei-Schornstein-Passagierdampfer, gestoppt, neutral und hatte schon das Unterscheidungssignal gesetzt. Also der hat uns schon, weil er mit der Sonne guckte, ewig gesehen und wir hielten stur auf ihn zu, und da hat er sich gesagt: »Da kommt ein U-Boot, der wird mich wohl gleich anhalten und Unterscheidungssignal anfordern,« stoppte schon, weil die das ja alle schon kennen, die Neutralen, die sind schon zigmal angehalten worden. Da hat er den bis auf 800 Meter herankommen lassen. Hat den nicht gesehen. Das hätte auch bloß mal ein Zerstörer sein müssen, oder ein feindlicher bewaffneter Dampfer. Mensch, wir wären drauf gegangen, noch und noch! Ach, ist das eine Pflaume gewesen, unser 1.W.O.

FUNKER von dem deutschen Schiff SILVAPLANA: Stell dir mal vor – so ein Kerl, der wird jetzt Kommandant!

348

KLOTZSCH: Ach, die arme Besatzung, die bedaure ich. Die haben das noch vor sich, was wir hinter uns haben, aber auch jeder im Boot sagt, die arme Besatzung, die der kriegt.

FUNKER von dem deutschen Schiff SILVAPLANA: Ich möchte mit so einem Menschen nicht zusammen fahren.

KLOTZSCH: Ja, ich auch nicht. Aber was willst Du machen …. Unser 2.W.O., der jetzt 1.W.O. geworden ist – am hellichten Tage, 360 Meilen von Land, übersieht da ein Flugboot, einen Riesenkasten. Wir steuerten nord und der steuerte west, also der schnitt uns rechtwinklig, kam von Steuerbord heran, weit voraus. Der guckte voraus, der Idiot, da sieht der, wie der Brummer auf uns zudreht, als er uns gesehen hat, und statt mit großer … über Wasser auszuweichen und abzuhauen und zickzack zu fahren, ihn drüber [?] wegfliegen zu lassen, so daß er seine Bombe ablegt und dann zu tauchen – denn da ist ja viel mehr Zeit – da gibt er Alarm – Ende vom Lied war, daß der ganze Scheiß kaputt im Boot war, und wir direkt durchgerauscht sind. Das waren diese Wabos vom Flugboot. Auch Versager der Brückenwache, 1.W.O. und 2.W.O., du, da konntest du was erleben mit den Leuten. Auf der SÜDAMERIKA-Reise habe ich mal ein Flugzeug, das war allerdings nicht in meinem Sektor – ich gucke voraus – das war Steuerbord achteraus, ein Sektor von einem Mann, da ruft der: »Flugzeug!« Ich sah es auch sofort und bin auf Tiefe gegangen und da hat er vier Bomben geworfen, die lagen in der Tauchstelle. Wir waren schon ziemlich weit weg, da sagte der Obersteuermann: »Ihre Wache muß besser aufpassen.« usw. Das ist verheerend, du, wenn die Herren dich absaufen lassen. Bei Nacht, allerdings mitten im Atlantik war das, da haben wir keine Flugzeuge zu erwarten, aber – ich denke, Mensch, was ist denn das? – Wir steuerten nach Hause … auf einmal kommt der voraus an Steuerbord … Das Ruder Backbord 15, und eingeschlafen der Kerl. Da habe ich ihm aber im Arsch getreten. Ach, das passiert laufend, daß der Rudergänger einschläft, weil die da im Turm sitzen, und immer vier Stunden nichts weiter machen als steuern, und wenn du da die Mittelwache hast, wo nichts los im Turm ist, wo wenig Raucher kommen – dann – im Turm ist das Rauchen erlaubt.

FUNKER von dem deutschen Schiff SILVAPLANA: Auch bei geschlossenem Luk?

KLOTZSCH: Nein, auf die Brücke dürfen keine mehr 'rauf in flug-
zeuggefährlichen Gebieten, als vier Mann, und der Alte kommt ab
und zu mal 'rauf. Im Turm rauchen dann zwei oder drei Mann.
Wenn einer 'runter geht, kann der nächste 'rauf. Wenn wir mitten
im Atlantik sind oder weit ab, dann können welche auf die Brücke.
Aufgenommen am 7. Mai 1943[19]

VOELKER: Ich fuhr durch die BISKAYA, ... auftauchen: »Achtung!«
Wieder hinunter. Nach einer Stunde ungefähr wieder auftauchen,
»Achtung!« Wieder hinunter. So ging das die ganze Nacht durch
und das hat zwei Nächte gedauert. Kaum waren wir zwei Minuten
oben oder eine Minute, kaum hatte die Spitze vom Turm 'rausge-
guckt, da schrie der schon: »Achtung!« und da sind wir schon wieder hinunter. Auf Station auch. Da muß ein Flugzeug neben dem
anderen sein, da oben. Das ist immer ein Palaver, wenn Alarmtauchen ist!
Da war einer im Boot, hat die Schirmmütze auf, und die hat sich
zwischen Turmluke geklemmt und wir sind getaucht, und da
konnte er das Turmluk nicht zubringen. Jetzt kommt das ganze
Wasser oben 'rein, und da drückte das Wasser oben drauf und
haben sie mit zwei Mann an der Mütze gezogen.
Aufgenommen am 4. Mai 1943[20]

FUNKGEFREITER von dem deutschen Tanker GERMANIA: Wovon seit ihr
noch angegriffen worden?
KALISCH: Zerstörer, Korvetten und diese schnellen Bomber auch.
FUNKGEFREITER von dem deutschen Tanker GERMANIA: Schnell ist
etwas übertrieben.
KALISCH: Draußen auf See sind sie immer schnell da, die Jungen. Hast
du eine Ahnung! Wir orten ja die Vögel; da sind sie auch schon im
Nu da. So schnell kannst du gar nicht ... wie die Vögel da sind.
FUNKGEFREITER von dem deutschen Tanker GERMANIA: Wo wärt ihr
denn jetzt, wenn ihr nicht geschnappt worden wärt?
KALISCH: Im NORDATLANTIK. Jetzt wären wir auf der Heimreise.
Aufgenommen am 13. Mai 1943[21]

VOELKER: [Zur Versenkung von U-175] Die hatten uns gesehen, das Sehrohr, und hatten uns auch gepeilt. Wir waren auf 20 Meter, tauchten dann, kamen aber nicht mehr 'rauf. Der Druck von den Wasserbomben war unheimlich, wir konnten uns nicht halten, war alles kaputt. Wir hatten Wassereinbruch und da krachte und knackte und knirschte alles. Wir waren 230–240 Meter. Das war reiner Zufall, daß wir uns noch hochrackern konnten, reines Glück. Als wir tauchten, war die Mündungsklappe auf, die haben wir nicht zugekriegt, die waren verzogen durch die Bombentreffer. Da sind wir abgesoffen auf 200 Meter.

STEUERMANN des deutschen Dampfers REGENSBURG: Hätte man sie nicht lieber schnell 'rausschießen können?

VOELKER: Geht doch nicht. Kriegst sie doch nicht 'raus.

STEUERMANN des Dampfers REGENSBURG: Wasserdruck 20 Atü.

VOELKER: Wir schießen doch mit 15 Atü. Die armen Kumpels, die jetzt draußen 'rumschwimmen! Früher waren das Vergnügungsfahrten, selbst in den kleinen 250er Booten. Aber jetzt –!

Aufgenommen am 9. Mai 1943[22]

ROSS: In der BISKAYA nachts sind wir unter Wasser gefahren, früher war das umgekehrt. Wenn du so gearbeitet hast, die vier Stunden am Boot, wenn jetzt plötzlich die frische Luft dran kommt, dann ist die, als ob dir die ganze Kraft … ausgeht. Und schlapp, hast du zu nichts Lust, haust dich hin. Wenn sie tauchen mal so – jetzt nennt sich das »tauchen« – einfach … das ist genau wie Alarmtauchen, geht genauso schnell, bloß eben, daß nicht geklingelt wird. Haben sie wieder einmal was neues, bis das Wort tauchen eben doch verpönt sein wird. Aber das merkst du sofort. Wenn »tauchen« kommt oder »Alarm« gerufen wird, »Gefechtsstation« oder irgend so was, das hörst du ja im Schlaf.

In der BISKAYA haben wir jeden Tag zwei Uhr … Punkt zwei Uhr und am anderen Tag war es fünf Minuten nach zwei Uhr, vor zwei Uhr, um zwei Uhr pünktlich war der Hund da. Wir fuhren an der spanischen Küste, da sagt der Alte: »Wollen wir mal aufpassen, der muß gleich kommen.« Der Alte ist auf die Brücke gegangen und da gab er den Alarm. Da haben sie … schon gesehen, da – der hatte wüste Augen, der SCHULTZE guckte.

351

MARCH: Bei unserem Kahn auch. Hast Du noch nichts gesehen, hat der Alte schon längst was entdeckt.

ROSS: Der hat so Augen dafür, Jahre auf See.

Aufgenommen am 26. März 1943[23]

PINZER: Auf der langen AFRIKA-Fahrt, da hat der HODUM [?] nicht Obacht gegeben, schaue ich hin, plötzlich sehe ich einen Zerstörer, siehst ihn mit dem bloßen Auge schon. Die haben was gesehen, aber wußten nicht, ob sie 'was gesehen haben oder nicht. Wie wir tauchten, da waren wir auf 45 Grad vorlastig. In der E-Maschine, da waren die Trockenkartoffeln in Säcken und die sind da plötzlich aufgeplatzt. Da lagen sie im U-Raum und in der ganzen Kombüse – der ganze Diesel, alles, lag voll Trockenkartoffeln. Im Bugraum vorne, ach du Scheiße! Im Offiziersraum da war auch ... Das ganze Geschirr im Bugraum vorne, da war ein Haufen.

RICHTER: ... gleich in der ersten Fahrt. Ein ganz wüster Seegang. Die alten U-Bootsfahrer, die da mitfuhren, die sagten, so einen Seegang hatten sie nie mitgemacht. Es war nämlich gerade Weihnachten hier. Am Heiligen Abend fuhren wir zwischen ISLAND und FARÖERN.

PINZER: Wann, jetzt zu Weihnachten?

RICHTER: Heiligen Abend. Ich habe Lunge und Galle 'rausgekotzt.

Aufgenommen am 2. Juni 1943[24]

ELEBE: Eine Stimmung war bei uns, als wenn wir zur Schlachtbank geführt würden. Die erste Fahrt mußt du dir vorstellen und dann sehen wir mal was. Schon 'runter. Die W.O.s haben sich ausgezählt, daß die sich nicht gekloppt haben!

KEITLE: Ja, das stimmt alles.

ELEBE: Bei uns haben sie ja nie die Klappe aufreißen können, weil sie zuwenig Ahnung hatten und es waren alles so ältere Unteroffiziere und Feldwebel.

KEITLE: Das war ja gerade das Traurige: »Ich bin Offizier, Sie haben mir gar nichts zu sagen.« Was willst du dem Pimpf so sagen, der ist neunzehn Jahre.

GRÄTZ: Die wären bei uns nicht so durchgekommen.

KEITLE: Das war ein Dampfer! Der mußte absaufen! Das haben wir alle gesagt am ersten Tag.

ELEBE: Aber wir sagten das von vornherein. Die, die den Dampfer in Dienst gestellt hatten – wir stellen ihn wieder außer Dienst. Das war schon klar von vornherein. Zuerst spaßeshalber und nachher – Mensch, wie haben wir uns gegraut vor dieser Fahrt alle, so die älteren. Diese Fahrt müssen sie ausfallen lassen und gleich die nächste machen. So ungefähr war es beim Reden. Das ist auch richtig gewesen, denn die haben da nämlich so einen militärischen Ton angefangen da unten in unserer Bude, mit Frühsport jeden Morgen und so einen Mist.

Wir waren bestimmt nicht schlecht eingefahren, sonst läuft die Maschine schon ganz gut. Daß dieses blöde Flugzeug gerade das »Bömbchen« dahin setzen muß, wo die Außenbunker am Druckkörper sind. Da ist gleich »27« kaputtgegangen, denn die Sicherheitsventile, die waren durchgeschlagen im Diesel und da kam gleich Treiböl 'raus. Oben Außenspind, von der L.I.Koje kam ein Wasserstrahl heraus. Wenn nur das Wasser 'reingekommen wäre, hätte der L.I. das Boot gehalten, aber es kam Brennstoff hinein. Das stand schon über den Flurplatten in der Zentrale, das ist ja fast die Hälfte vom Boot, und fing an, in die Batterie einzulaufen. In der Batterie waren sowieso schon Zellen geplatzt. Da war eine Luft im Boot! Also, kalt, kalt war es! Du hast ein Gefühl gehabt, als wenn es 60° gewesen wäre, und dann wurden wir achterlastig … große Fahrt, kleine Fahrt. Das Hauptangasventil war abgeflogen.

Aufgenommen am 31. Mai 1943[25]

SCHAUFEL: Ach, was sind das für »chic«, Mensch, die IX C-Boote.

NOWROTH: Ja, stimmt.

SCHAUFEL: Ach, herrlich, herrlich! Und wie ist die Tauchzeit – gut, was?

NOWROTH: Die war sehr gut.

SCHAUFEL: Einmal ausgespuckt, dann ist das Boot weg.

NOWROTH: … aber die beste Zeit, die wir hatten, war 36.

SCHAUFEL: Gut, sehr gut.

NOWROTH: HENKE sein Boot soll allerdings zweiunddreißig erreicht haben.

Aufgenommen am 1. Juni 1943[26]

SCHAUFEL: Jetzt will ich dir mal von uns erzählen.

NOWROTH: Wer war denn der Kommandant?

SCHAUFEL: SCHRÖTER, der Ritterkreuzträger, und da war ein Boot unter Wasser gedrückt von Flugzeugen.

NOWROTH: Bei Tag war das …?

SCHAUFEL: Nachts war die Sache. Wir haben die ganze Zeit doch nichts gesehen. Wir waren doch schon fünf Wochen unterwegs. Da kamen nachher … von einem U-Boote, ich weiß nicht, wer das war. Unter Wasser gedrückt, … Peilung sowieso. »Der Gegner setzt sich so und so ab.« »Mensch«, sagt der Alte, »wollen wir mal sehen. Ich glaub das nicht, aber wir können ja mal so absetzen, daß wir morgen früh da sind.« … ändern Kurs und dann los. Morgens um acht werden wir unter Wasser gedrückt mit Flugzeugen und dann liegen wir unter Wasser bis um elf.

NOWROTH: In welchem Breitengrad war das ungefähr?

SCHAUFEL: Das muß um 50 'rum gewesen sein.

NOWROTH: Und Länge?

SCHAUFEL: 40 so, grob genommen. Wir tauchen um elf Uhr auf. Ich hatte Wache … mit einem Mal kommt ein Flugzeug von Backbord. Mensch, da war keine Aussicht mehr … Da schmiß er schon … und ich an das MG 'ran. War aber schon zu spät. Der war 40 Meter hoch – stell dir das mal vor. Also, wo die ihre Augen gehabt haben, das weiß ich auch nicht. Na, dann müssen wir tauchen. Sind wir, und dann waren wir gerade eben weg: aus. Da war der Offiziersraum, schon … und wieder hoch. Der kam natürlich noch einmal an, die 2 cm, … wir hätten den Vogel abgeschossen … Da war Munitionsversager … Da konntest du kein Dauerfeuer mehr geben, und dann mit einem Mal war der Jäger da und haut uns die Brücke leer … alle tot. Ich saß gerade in der Mitte – rechts und links schießt er und ich so in der Mitte. Ich bin nicht getroffen worden.

Aufgenommen am 31. Mai 1943[27]

TILLMANNS: Einen 8000 Tonnen Dynamit-Dampfer haben wir torpediert. Überwasserschuß gemacht, so hoch aus dem Wasser ist er geflogen, wir waren ziemlich nahe dran … Schalttafel, Birnen, alles kaputt.

Aufgenommen am 1. Juni 1943[28]

NAME UNBEKANNT: Ich konnte in Rußland jeden Baum unterscheiden ... Sträucher ... und in AMERIKA – also die Küstenstraße ging so – die einzelnen Villen haben wir gesehen, hell erleuchtet so, von den Millionären, die Autos, die da strahlen, die Lichter kannst du sooft in den Kurven, die scheinen ja auch auf's Meer 'raus. Kannst du richtig den Betrieb da ...

STOCK: Na ich meine, wie unser Boot durch GIBRALTAR durch ist, ich kann dir erzählen, das ist verdammt eng, da kannst du 'rüber spucken.

NAME UNBEKANNT: Daß ihr da durch kommt mit euren Booten! Sind die nicht gehört worden?

STOCK: Nachts durch, sind sogar von Scheinwerfern angeleuchtet worden. Mit E-Maschine sind wir durchgerauscht, langsame Fahrt, ganz langsam. Damals hatten sie nicht soviel Peilgeräte usw.

Aufgenommen am 29. Mai 1943[29]

LINK: Wie haben sie euch denn 'runtergekriegt? [Die Frage bezieht sich auf die Versenkung von U-752 am 23. Mai durch die Swordfish »G« des 819. Geschwaders und die Marlet »B« des 892. Geschwaders der Royal Navy, beide gestartet vom Geleitträger *Archer.*]

PINZER: Aufgetaucht und eine Fliegerbombe vor den Arsch.

LINK: Wieviel haben sie gerettet bei euch?

PINZER: Auf dem Zerstörer, wo wir waren, waren wir zwölf Mann, aus dem Boot sind ungefähr so fünfunddreißig Mann 'rausgekommen. Wir standen oben bei GRÖNLAND. Du kamst hoch mit Mühe und Not, dann haben sie die Leinen hinausgehängt, Seerettungsleitern, so fünf Stück nebeneinander, aber oben über die Reeling kam keiner rüber, kälter wie in RUSSLAND. Aber die auf dem Zerstörer, die waren sehr anständig. Wir hatten zu rauchen – alles.

Bei uns waren sechs Mann, die waren in der Maschine, die konnten nicht aussteigen, die waren hinten drin, die anderen sind alle 'rausgekommen. Wir hatten noch wüsten Seegang dabei. Wir hatten nur Angst, daß die Flugzeuge schießen.

LINK: Warum denn?

PINZER: Weil die bis zur letzten Minute geschossen haben. Wir konnten annehmen, daß sie schießen wollten, weil wir ja auch geschossen haben. Bis zum letzten Geschoß haben wir es 'rausgejagt.

LINK: Nachts war das?

PINZER: Nein, am Tage, zwölf Uhr, so was. Wir waren getaucht wegen der Flugzeuge und Zerstörer, sind aufgetaucht und hat der Alte durchs Sehrohr immer wieder ein Flugzeug gesehen und jetzt haben uns die erzählt, daß das kleine Flugzeug uns schon unter Wasser gesehen hätte, auf Sehrohrtiefe. Dann muß sich es genau über uns gehalten haben ... tauchen sie auf, ausblasen und plötzlich: »Flugzeug in 100 Meter Entfernung«, und statt daß er schießt, tauchen wir weg, und da waren wir so auf 3–4 Meter, fällt die Bombe, und gleich Wassereinbruch, ganz großer Strahl.

LINK: Wo habt ihr denn gelegen?

PINZER: In ST. NAZAIRE.

LINK: Auch stark im Arsch.

PINZER: Stadt ist kaputt, aber die Bunker nicht.

LINK: Nein, die Bunker nicht, das ist in LORIENT auch so.

PINZER: Da haben sie das letzte Mal einen Angriff drauf angesetzt, da haben sie vierzehn Maschinen abgeschossen, nachts. Da haben sie Bomben geworfen, da war die Stadt in einer Nacht nur noch ein Trümmerhaufen, aber am Bunker, da haben sie nichts dran gemacht.

Aufgenommen am 28. Mai 1943[30]

WEISSEFELD: Wir haben noch auf hoher See Strafen gehabt, mit schweren Eisenblöcken in der Hand zehn Kniebeugen machen müssen. Wenn ich wirklich was schweres verbrochen habe, ist's gut, aber für nichts wurde man bestraft – wenn ich so ein Ventil vergesse zuzudrehen, oder so, was an und für sich noch nie etwa das Boot gefährdet hätte. Das war eben Befehl, und man hat so was vergessen, einfach zwanzig Stück bekommen. Da habe ich mich innerlich gar nicht drüber empört, ich habe Mist gemacht. Auf der ersten Feindfahrt – wenn man nachts durch den Unteroffiziersraum geht, sollte man die Mütze abnehmen, und nachts filzen alle sowieso, und wenn die alle filzen, da nehme ich meine Mütze doch nicht ab. Der eine Obermaat hat immer Wache draufgehalten, der hat einen durchschleichen sehen, der die Mütze auf dem Kopf hätte. Nächsten Tag, fünfzig Stück machen. Der L.I. war genauso kleinlich.

Wenn wir nach Hause gekommen wären, das hätte eine schöne Liegezeit gegeben, wenigstens ein Vierteljahr. War alles kaputt, an Manometern war alles kaputt. Diese Lampen, da sind so Drahtkörbe drüber, die Seitenlampen – die sind gerissen, und natürlich die meisten Glühlampen, alles geplatzt. Die Notbeleuchtung war noch klar. Die Koje, das sind solche Lederpolster, die flogen durch die Gegend im Bugraum. Im Nu war das ganze Boot verwüstet, nach der ersten Serie. Es waren Sekunden, da war das ganze Boot auf den Kopf gestellt.

Aufgenommen am 17. März 1943[31]

FUNKER von dem deutschen Tanker GERMANIA: Wird ein Boot jedesmal gestrichen, wenn es 'rausfährt?

SPITZ: Ja, abgekratzt und angestrichen.

KALISCH: STRELOW sein Boot ist einmal angekommen, der war zwölf oder dreizehn Wochen draußen, der Kasten war vollkommen verrostet. Das Boot sah ganz rotbraun aus.

FUNKER von dem deutschen Tanker GERMANIA: Was ist das für ein Boot, 500er?

KALISCH: Ja.

FUNKER von dem deutschen Tanker GERMANIA: Zwölf, dreizehn Wochen? ... braucht Versorgung.

KALISCH: ... sind auch Boote, die sind sechzehn Wochen draußen ... kriegen einen Versorger.

FUNKER von dem deutschen Tanker GERMANIA: Aber sechzehn Wochen, das können doch bloß 750er Boote.

KALISCH: Auch 500er schon. Warum soll ein 500er keine sechzehn Wochen draußen bleiben? Wenn alles so verbraucht ist, übernimmt er draußen Brennstoff, Proviant, wenn er es braucht, auch Aale, manchmal nehmen sie draußen auch Aale.

SPITZ: Das ist höchstens zwei-, dreimal vorgekommen.

KALISCH: Geht aber zu machen, muß ruhige See sein, dann bauen sie das Gerät auf.

... wenn man auf See einen Torpedo von einem anderen Boot übernehmen will, dann läßt das andere Boot den Torpedo ins Wasser.

357

FUNKER von dem deutschen Tanker GERMANIA: Was, die werfen ihn einfach ins Wasser?

KALISCH: Ja, der schwimmt doch.

SPITZ: Hat der Kran so viel Auslagestrecke, daß er Sachen von einem anderen Boot übernehmen kann?

KALISCH: So dicht können die Boote auf See nicht aneinander 'ran. Die Dünung würde sie dann zusammenstoßen lassen. Der Torpedo wird ins Wasser gelassen und du ziehst den Torpedo an dein Boot 'ran, legst die Schlinge um das Ding und hievst ihn hoch. Da darf man sich nur nicht bei überraschen lassen, das wäre natürlich großer Mist.

Aufgenommen am 16. Mai 1943[32]

APEL: Die Korvetten sind bei weitem die besten U-Bootsbekämpfungswaffen, viel besser als Zerstörer. Wir können uns nicht 'ranmachen, weil sie so flach gebaut sind.

Aufgenommen am 21. Mai 1943[33]

SCHMELING: Die schöne Zeit im U-Bootfahren ist vorbei.

TILLMANNS: Ich fahre seit April '38 U-Boote.

SCHMELING: Mein Cousin ist abgesoffen, zwischen 26. und 28. Juni letzten Jahres, im Rosengarten da oben, zwischen SCHOTTLAND und ISLAND. Da haben wir Funkspruch von ihm aufgefangen, da war er weg; da war nichts mehr. Und das hat sechs Wochen gedauert, da haben seine Eltern Nachricht bekommen: »Boot ist seit einiger Zeit überfällig, es ist mit Verlust zu rechnen.« Und wieder vier Wochen später, da haben sie erst Bescheid bekommen, daß er auf Feindfahrt den Seemannstod gefunden hat. »Er fiel für Großdeutschland.«

Aufgenommen am 28. Mai 1943.[34]

Der zweite Teil der ausgewählten Abhörprotokolle befaßt sich mit Waffen und Ortungsgeräten, deutschen wie alliierten. Es gab sehr viel mehr Unterhaltungen über technische Themen, als die wenigen abgedruckten vermuten lassen. In der Annahme, daß die meisten Leser sich nicht zu sehr mit der verwirrenden Welt der Maschinen und Elektronik beschäftigen wollen, werden hier nur sechs solche Gespräche wiedergegeben. Diese Unterhaltungen sind nicht sosehr auf den Mai 1943 konzentriert, sondern erstrecken sich über den Zeitraum von März bis August 1943. Das beliebteste Gesprächsobjekt war der neue FAT-Torpedo, der Zickzackkurse steuern konnte.

BRÖHL: Das ist ein ganz normaler Torpedo, der eine Einstellvorrichtung hat, so daß der Torpedo nach einer bestimmten Laufstrecke -
PILOT einer FW 190 Jagdmaschine: Laufstrecke von –?
BRÖHL: Verschieden – das ist einstellbar, daß er da nicht, wenn er am Ziel vorbeigeht, geradeaus läuft bis am Ende seiner Laufstrecke und dann absäuft, sondern daß er bzw. nach vorbeigehen nach dem Ziel, kehrtmacht und Zacks macht und so die Möglichkeit besteht, daß er, nachdem er erstmal vorbeigegangen ist, das Ziel doch nochmal trifft. Ich kann ja schätzen, wie weit das Ziel entfernt ist. Dann sage ich 2500 Meter wird eingestellt, und von da ab macht der Aal Zacks.
PILOT einer FW 190 Jagdmaschine: … wie viele Zacks kann er da machen?
BRÖHL: Bis am Ende seiner Laufstrecke.
PILOT einer FW 190 Jagdmaschine: Ja, wie lange läuft so ein Torpedo?
BRÖHL: 17 000 Meter.
PILOT einer FW 190 Jagdmaschine: Das sind elektrische Torpedos, nehme ich an?
BRÖHL: Auch die ›Atos‹.
PILOT einer FW 190 Jagdmaschine: Ach, das sind ganz gewöhnliche Torpedos. Die laufen gerade, und da ist noch ein Mechanismus drin, und das wird wahrscheinlich dieses Ding sein, was er [der britische Befragungsoffizier] da nannte.
BRÖHL: Es kann auch sein, daß er einen ganz anderen meint.
PILOT einer FW 190 Jagdmaschine: Ihr Torpedo ist der F.A.T., den sie an Bord hatten?
BRÖHL: Ja.
PILOT einer FW 190 Jagdmaschine: Und das heißt?
BRÖHL: Federapparat.
PILOT einer FW 190 Jagdmaschine: Da ist also im gewöhnlichen Torpedo dieser Federapparat hineingebaut, nehme ich an.

Bröhl: Ja.

Pilot einer FW 190 Jagdmaschine: Der Federapparat, das ist eine einfache Einstellungssache, so wie meine Kurssteuerung.

Bröhl: Allerdings technisch ist es ziemlich schwierig, also, daß er zackt und so und das und das und das macht. Kann man einstellen. Man schießt z.B. diesen Torpedo zumeist auf Geleitzüge, wo mehrere Dampfer auf einem Punkt zusammenfahren. Angenommen man schießt auf diesen Dampfer, dann kurvt er hier in der Gegend herum, und wenn man angenommen zwei oder drei oder vier von diesen hier schießt, dann kann man sagen, daß zu 90% einer bestimmt trifft. Beim Viererfächer bestimmt, denn da fahren meistens drei bis vier Dampfer.

Pilot einer FW 190 Jagdmaschine: Sie hatten nur sechs von denen mit. Warum?

Bröhl: Das war wahrscheinlich nicht so weit oder man hat sie erst allen Booten mal zum Einüben gegeben.

Pilot einer FW 190 Jagdmaschine: Die Einstellung erfolgt wie –?

Bröhl: [Zeichnet] Die Grundidee ist die, daß man sich sagt: Ich habe einen Torpedo, der hat die und die Laufzeit und die Laufstrecke. Wenn ich auf 500 oder 1000 Meter schieße, dann sind die übrigen 16 000 Meter völlig erfolglos. Also, wie können wir die irgendwie nutzvoll anbringen?

Pilot einer FW 190 Jagdmaschine: Nun – ich sage, er dreht, er macht eine 180° Kurve, wenn er fertig ist. Wie ist denn die Einstellung?

Bröhl: Die Einstellung, die kann ich nach meinem eigenen Ermessen machen, wie die Situation liegt.

Pilot einer FW 190 Jagdmaschine: Nehmen wir an, drei Schiffe in dreitausend Meter Entfernung mit ein paar hundert Meter Abstand – Sie schießen auf das mittlere –

Bröhl: Ich schieße auf das erste Schiff, das am weitesten nach vorne ist und das mir am günstigsten liegt. Das liegt in 3000 Meter und ich stelle dann 3500 ein und wenn er vorbei geht, dann macht er einen Zack.

Pilot einer FW 190 Jagdmaschine: Ja, wie macht er diesen Zack – kommt er wieder zurück auf der gleichen Linie? … Wenn das am Schiff vorbei geht, denkt er sich, alles vorbei – erledigt, und auf einmal, rumps von der anderen Seite, da kommt er halt zurück?

360

BRÖHL: Den können sie ja nicht sehen – die Laufstrecke.

PILOT einer FW 190 Jagdmaschine: Ach, weil es ›E‹ ist – dann kann es ja kein ›A‹ Torpedo sein.

BRÖHL: Das kann man in den ›A‹ einbauen, dann schießt man eben ›A‹ Torpedos in der Nacht. Da kann man die Blasenbahn nicht sehen.

PILOT einer FW 190 Jagdmaschine: Ist der nicht sehr groß, der Mechanismus?

BRÖHL: Der Mechanismus, der ist ungefähr dreißig mal dreißig Zentimeter, so ein Kasten.

PILOT einer FW 190 Jagdmaschine: Der liegt im Torpedo drin, und muß man nicht den Torpedo aus dem Rohr 'rausnehmen, um das einzustellen vorher?

BRÖHL: Wird eingedreht, mittels einer Spindel.

PILOT einer FW 190 Jagdmaschine: Vom Kommandanten oder von Ihnen aus?

BRÖHL: Von mir aus. Eine Spindel, die geht in den Torpedo 'rein und stellt diese Einstellung da ein und rastet dann aus vorm Schuß. Diese Einstellung usw., die macht der Mechaniker. Ich gebe ihm die Werte durch.

PILOT einer FW 190 Jagdmaschine: Man muß aufpassen, daß man nicht mit dem eigenen Aal getroffen wird.

BRÖHL: Ja.

PILOT einer FW 190 Jagdmaschine: Wie machen Sie das?

BRÖHL: Hart Steuerbord oder Backbord mit großer Fahrt ablaufen.

PILOT einer FW 190 Jagdmaschine: Nach dem Schuß sofort?

BRÖHL: Ja.

PILOT einer FW 190 Jagdmaschine: Wie schnell läuft so ein Torpedo?

BRÖHL: Hat eine Stundengeschwindigkeit von dreißig Seemeilen oder fünfzig Kilometern.

Aufgenommen am 21. März 1943[35]

GASSAUER: Die neueste Neuerung – das ist ja auch schon älter – daß der Torpedo zuläuft und dann solche kurzen Schleifen macht.

PILOT eines JU 88 Bombers: Hin und her? Zickzack?

GASSAUER: Das gibt es bei uns auch. Das gibt es, das kann ich Ihnen genau sagen – F.A.T. heißt das bei uns. Dieser Torpedo ist ja sehr schön. Da stellt man die Vorlaufstrecke ein, also schätzt man die Entfernung oder man mißt sie. Das Schiff, sagen wir mal, ist 2000 Meter weit weg, da stelle ich 2000 Meter als Vorlaufstrecke ein, dann kann ich jetzt einstellen: soll der Torpedo nach rechts laufen oder nach links. Habe ich die Entfernung genau, dann stelle ich ›kurze Schleife‹ ein; der kann entweder eine kurze Schleife machen oder eine lange, das ist zickzack: die ›Zack‹ entweder kurz oder lang. Dann läuft er immer stur gerade aus die 2000 Meter, mit Vorhaltewinkel. Und trifft er also nicht, daß er irgendwie zu kurz geschossen ist oder zu weit, dann fängt er an hier, dann läuft er noch 300 Meter weiter und dann dreht er um, läuft wieder zurück.

PILOT eines JU 88 Bombers: Wie weit?

GASSAUER: Ja, 600 Meter wieder zurück. Dann läuft er wieder 600 Meter und hat also noch eine – Also wenn das Schiff nach links fährt, ›Schleife rechts‹. Und da hat er noch immer eine Vormarschgeschwindigkeit, glaube ich, von sechs Meilen.

PILOT eines JU 88 Bombers: In der Stunde?

GASSAUER: Sechs Meilen Stundengeschwindigkeit, also Vormarschgeschwindigkeit. Also nicht die eigentliche Geschwindigkeit, die bleibt ja gleich; also die Vormarschgeschwindigkeit. Jetzt kann ich die Sache ja noch schöner machen. Jetzt habe ich da einen Geleitzug: den beschieße ich mit Viererfächer. Den einen Torpedo stelle ich auf 2000 Meter ein, den anderen auf 2300 Meter und immer so weiter, und lasse die alle nach links laufen. Da habe ich ein Bild, ein Trefferbild, das ist enorm. Das hat sich wunderbar bewährt dieser sogenannte F.A.T.

Aufgenommen am 5. August 1943[36]

PILOT eines JU 88 Bombers: Wissen da die Soldaten drüber näher Bescheid?

BRINE: Die wissen da gar nichts.

PILOT eines JU 88 Bombers: Ja, wissen Sie dann und der Torpedomechaniker?

BRINE: Ja, unser Torpedomechaniker ist ein alter … Ja, der sagt da nichts. Der Alte, den ich hatte, das war ein ganz alter, der hatte schon zwölf Feindfahrten, den könnte er nicht erschüttern.

Der soll laufen, einfach so. Natürlich mit einer ganzen Reihe von

Einstellungsmöglichkeiten. Kurze Zacks, große Zacks, Nahzacks, weite Zacks, und mit Fächer. Also mit dem Aal bestehen 98 bis 99% Treffer ...

PILOT eines JU 88 Bombers: Ist das denn nicht eine Daumensache?

BRINE: Nein, ich schieße gezielt. Ja, selbstverständlich, wenn ich den gezielt treffe, dann ist es ja gut, dann ist der Dampfer sowieso unter Wasser, und wenn er vorbeigeht beim falschen Schuß ... geschätzt hat, die Entfernung zu nah oder zu weit – Man schätzt ja meistens zu nah, oder er hat seine Fahrt unterschätzt – Lagewinkel, den kann man doch auch kaum verschätzen – dann daß er vorbeigeht oder er abzackt im Moment des Schusses. Es ist ja jetzt beinahe so, daß die Handelsdampfer S-Gerät haben, Horchgerät haben, und dann genau im Moment des Abschusses abhorchen und auch abpassen, die Zack und ... drehen sie ab, geht der Aal vorbei; und wenn der nun vorbeigeht, angenommen hier, dann hatte er diesen Vorlauf eingestellt und macht der Aal dann diesen Zack mit dem Ziele, da bestehen dann immer noch soundso viele Möglichkeiten, daß er wieder trifft. Ich meine, der Aal ist die richtige Waffe für Geleitzugangriffe.

Aufgenommen am 31. März 1943[37]

KLOTZSCH: Das ist doch der beste Beweis, daß die Burschen [die Engländer] wunderbare Geräte haben. Haben sie es da oben gesehen, dieses Halbrund, was da kreist? So ein halbrund von dieser Größe etwa, das drehte sich immer in diesem Tempo. Das ist das, was unser Fu.M.B. empfängt.

MARCH: Ja, das ist das Fu.M.G., das ist derselbe – die haben Fu.M.G., die strahlen damit aus ...

KLOTZSCH: Und dann hat er so ein Geflecht um den Mast gehabt und das auf dem Topp, ganz oben, so ein Geflecht. Das ist das Überwasser. Das entspricht unserem Fu.M.B.

MARCH: Ja, die empfangen damit.

KLOTZSCH: Das ist ihr Empfang und unten darunter ist ihr Sender. Dann haben sie ein ausgezeichnetes Horchgerät und dieses ASDIC-Gerät.

MARCH: Dieses ASDIC-Gerät muß wunderbar sein.

KLOTZSCH: Ja! Und jetzt natürlich neuerdings auch noch da oben dieses »magische Auge«, also Strahlen, die von über-Wasser auf unter-Wasser auch 'reinhauen können, z.B. Flugzeuge. Flugzeuge können unter Wasser jetzt ein Boot feststellen. Das sind die sogenannten …

MARCH: Das gibt … ultraviolette Strahlen.

KLOTZSCH: Ja, es hat etwas, nein, ultraviolett nicht. Ultraviolett sind ja Strahlen, die unsichtbar gemacht werden bzw. die so kurzwellig sind, daß sie nicht zu sehen sind, also nicht zu hören sind. Nein, das ist noch eine andere – also, das sind Frequenzen, wo das Medium »Wasser« keinen Widerstand bietet.

MARCH: Das muß aber eine ganz andere Sache sein.

KLOTZSCH: Die sind kürzer als – ich glaube Wellenlänge von Null sagt man, also von Null bis, ich glaube, zehn Zentimeter, also ganz kurzwellige, dann noch, daß die mit einer derartigen Wucht durchs Wasser hauen, daß das Wasser keinen Widerstand bietet.

MARCH: Die müssen aber verflucht große Energie haben.

KLOTZSCH: Ja, haben die auch.

Aufgenommen am 26. Mai 1943[38]

BRÖHL: Das ist ein normaler Empfänger, aber etwas spezialisiert für bestimmte Frequenzen.

PILOT eines Jägers FW 190: Was für Frequenzen sind das?

BRÖHL: Zerstörer Frequenzen, arbeiten gewöhnlich auf 180 Meterband und Flugzeuge 140 Meter. Kiloherz weiß ich im Moment nicht.

PILOT eines Jägers FW 190: Also, das ist ein Empfänger und da sitzt einer dran, immer?

BRÖHL: Das ist ein normaler Empfänger, und da sitzt einer mit Kopfhörer dran.

PILOT eines Jägers FW 190: Und auf was für eine Entfernung kann der ein Flugzeug peilen?

BRÖHL: Die Reichweite ist ziemlich groß.

PILOT eines Jägers FW 190: 10 Meilen oder so?

BRÖHL: Schon auf 20 Meilen.

PILOT eines Jägers FW 190: Und einen Zerstörer?

BRÖHL: Einen Zerstörer auch so weit. Es hängt auch von der gegebenen atmosphärischen Lage ab.

PILOT eines Jägers FW 190: Hat man da eine Spezialantenne oder was, nein?

BRÖHL: Ja, man hat eine besondere Antenne, die auf der Brücke aufgebaut wird, ein einfaches Kreuz, und horizontal und vertikal, die Zerstörerpeilfrequenzen sind vertikal und die Flugzeugpeilwellen sind horizontal, vielmehr umgekehrt. Die Zerstörerpeilwellen sind horizontal und die Flugzeugpeilwellen sind vertikal und dann hat man natürlich zwei Felder, genau wie beim Funkpeiler. Der normale Funkpeiler arbeitet für vertikal, für Vertikalfrequenzen, die dann durch ein Magnetfeld durchgehen, da kann man dann durch Plus und Minus die Richtung feststellen.

PILOT einer FW 190 Jagdmaschine: Und das ist eine Kreuzantenne, einfach?

BRÖHL: Ja, es ist eine Kreuzantenne, wo ... noch ein vertikales Magnetfeld haben und ein horizontales.

PILOT eines Jägers FW 190: Kann nicht gleichzeitig Zerstörer und Flugzeuge fangen, weil ihr auf zwei verschiedenen Frequenzen horcht?

BRÖHL: Man kann schnell umschalten.

PILOT eines Jägers FW 190: Ach, umrasten?

BRÖHL: Ja.

PILOT eines Jägers FW 190: Das ist wahrscheinlich gerastet, nicht?

BRÖHL: Ja.

PILOT eines Jägers FW 190: Da muß ein Mann immer eigentlich aufsitzen?

BRÖHL: Ja, da ist immer einer dabei, in den luftgefährdeten Gebieten, besonders in der BISKAYA und bis ungefähr 20–25 Grad West.

PILOT eines Jägers FW 190: Bis 20–25 Grad West, so weit ist die Reise?

BRÖHL: Na also, so weit schon. Wir waren im Quadrat Bruno/Emil, ich glaube das sind 350 Seemeilen westlich von CAP FINESTERRE. Das ist die Nordwestecke Spaniens. Wir standen noch etwas südlicher und am selben Tag bekam ein anderes Boot, was nördlich von uns stand, also man kann sagen Höhe BISKAYA ..., da bekam der Fliebos, schwer beschädigt und mußte wieder einlaufen. Soweit müssen wir mit Fu.M.B. arbeiten. Man kann sagen, ungefähr 200 Seemeilen westlich Portugal, die gesamte Küste entlang bis in die Höhe GIBRALTARS, das sind alles luftgefährdete Gebiete.

PILOT eines Jägers FW 190: Im selben Moment, wo das Flugzeug anfängt zu suchen, hört ihr das?

BRÖHL: Ja. Zuerst war das so, daß man da dauernd einen etwas leiser ansetzenden und dann lauter werdenden Dauerton hörte, und nachher wurden die Boote gewitzter in ihrer Art. Die Einpeilung macht er dann so, daß man den kurzen Dauerton hört. Weg, stellen sie ab. Und nach ein paar Minuten wieder kurz eingestellt. Wenn dann der Ton lauter ist, da kann man sagen, die Brüder sind im Anfliegen, haben eingepeilt. Wenn es nicht mehr wieder kommt, dann kann man wahrscheinlich annehmen, daß es reiner Zufall gewesen ist. Kontrollpeilungen müssen sie ja immer zur eigenen Überzeugung machen.

PILOT eines Jägers FW 190: Ja, was wäre denn da z.B., wenn der spitz kriegt, daß ihr so was habt?

BRÖHL: Das wissen die. Das haben die selbst gemerkt an Hand des Ausbleibens [von Erfolgen]. Zuerst haben wir ja ziemlich viel Verluste gehabt dadurch in der BISKAYA, aus- und einlaufende Boote, und auf einmal blieben die Erfolge aus. Da wußten sie, daß wir was dagegen hatten.

PILOT eines Jägers FW 190: Wenn der seine Frequenz ununterbrochen ändert, wenn das Flugzeug jede Peilung auf einer anderen Frequenz macht?

BRÖHL: Das können sie ruhig machen. Wir streichen sowieso immer mit dem Apparat über die ganze Skala.

PILOT eines Jägers FW 190: Also, wenn sie außerhalb der Skala arbeiten würden?

BRÖHL: Auf jeden Fall, der Funker – zur Kontrolle geht er immer über den gesamten Wellenbereich.

Aufgenommen am 21. März 1943[39]

MARCH: Hast du Fu.M.B. Kursus gemacht?

FUNKER von dem deutschen Schiff SILVAPLANA: Ja, in LE TOUQUET. Ich war ein halbes Jahr da als Lehrer.

MARCH: Du bist also Spezialist in Fu.M.B., was? Die haben uns tödlich gelangweilt, die eine Woche, da.

FUNKER von dem deutschen Schiff SILVAPLANA: Wer hat euch denn da unterrichtet?

MARCH: Ja, ach, der Lehrer war gut. Wie hieß denn der, das war einer mit der Brille – Rass [?], glaube ich.

FUNKER von dem deutschen Schiff SILVAPLANA: Heinz Rass [?], ja. Ach, der macht das jetzt?

MARCH: Was hast du da für einen Lehrgang gehabt? Auch so Kurzlehrgang?

FUNKER von dem deutschen Schiff SILVAPLANA: Nee, ich hab den ganzen gehabt ...

MARCH: So werden jetzt hier Funkgäste direkt nur für Fu.M.B. ausgebildet, was?

FUNKER von dem deutschen Schiff SILVAPLANA: Hm. Fu.M.B., Fu.M.G.

MARCH: Das ist auch Scheiße, weißt du. Ach! Zu langweilig. Wir haben so am Boot immer zwei Mann, die Wache, einen im Funkraum, einen drüben, immer zwei Stunden. Mensch, da hattest du aber die Schnauze voll, wenn du stur an dem Ding dran gesessen hast und hast gekurbelt. Auf der ersten Fahrt hatten wir das Fu.M.B. noch nicht. Da war's schneidig, Mensch, da war's immer so ein Maat und ein Gast und am Tag, Mensch ... hast du also immer regelrecht vier ... vier frei, aber jetzt, wie das Scheiß-Fu.M.B. kam – der Alte wollte meistens nachts ... haben, da waren im ganzen drei Männer immer auf Wache, du. Oder wenn wir auch viel zu tun haben, da kommt der eine Mann mit dem Schlüssel nicht klar, mußten wir auch mit drei Männern dasitzen, wegen dem Scheiß.

Aufgenommen am 25. April 1943[40]

In den folgenden Auszügen sprechen die Kriegsgefangenen über die Heimat, allgemein über den Krieg, über hohe Regierungsmitglieder und über ihre U-Boot-Stützpunkte. Letztere waren mit ihren Bunkern ein beliebtes Gesprächsthema. Aber die Unterhaltungen wiederholen sich inhaltlich, so daß hier nur einige repräsentative Gespräche ausgewählt sind.

VOELKER: Wie ich das letzte Mal in DEUTSCHLAND war und mit meiner Frau aus dem Kino 'rauskam, da hörten wir die tollsten Sprachen – französisch, holländisch, dänisch, polnisch usw., nur kein deutsch. Die Deutschen sind an der Front und hauen sich die Köpfe blutig und die verdammten Ausländer sitzen in unseren Kinos. Der Nationalsozialismus, der steht mir hier, das kannst du mir glauben.

Wenn wir den Krieg gewinnen, da werden wir DEUTSCHLAND aufbauen, da zahlen wir keinen Pfennig. Da müssen die sich blutig zahlen, da verrecken die erst.

STEUERMANN des deutschen Dampfers REGENSBURG: Wenn's schiefgeht, geht der ADOLF in die Schweiz.

VOELKER: Nein, der steckt sich selbst ein. Der HERMANN [Göring] geht zu seiner Tochter, die ist in SCHWEDEN verheiratet. Der HIMMLER steckt sich ein Feigenblatt vor und geht nach AFRIKA.

Wenn es schiefgeht, läßt sich der FÜHRER auf einen Frieden ein.

STEUERMANN des deutschen Dampfers REGENSBURG: Nein, ENGLAND und AMERIKA lassen sich auf keinen Frieden ein.

VOELKER: Wenn jetzt Frieden gemacht wird, machen wir nochmals einen Krieg mit. Aber ich hoffe immer noch auf die Japsen, daß die AMERIKA fertig machen.

Aufgenommen am 9. Mai 1943[41]

NOWROTH: Was meinst du, was da für Gefangene in DEUTSCHLAND auskneifen – täglich!

SCHAUFEL: Ach, ja!

NOWROTH: Als ich jetzt in Urlaub war, in Bonn, war plötzlich alles gesperrt. Ich in Zivil mit meiner Frau ... wollten auf der anderen Seite zum Rhein mit der Straßenbahn, das ist eigentlich die Rheinuferbahn, die Schnellbahn. Ich hatte den Truppenausweis bei mir. Bums – die Straßenbahn bleibt auf der Brücke stehen, der ganze Verkehr stockt, alles. Schutzpolizei 'rein: »Ihre Ausweise, bitte.« Alles was keine Ausweise hatte, mußte aussteigen und wurde mitgenommen. Ich hatte meinen Truppenausweis bei mir und da ist ein Bild da drin, und da hat er mich erst gemustert. Ich habe da noch ein Bild als Fähnrich drin gehabt – ich ähnelte dem ja noch. »Und Sie, meine Dame?« »Ja, ich habe meine Kennkarte nicht.« »Da müssen Sie mitkommen.« Sage ich: »Ja, das ist meine Frau und hier ist ihr Name usw. aufgeschrieben.« »Ja. Sie müssen trotzdem mitkommen.« Blieb nichts übrig, und nun – wir haben zu Hause

Telefon und da haben wir angerufen; mußte der Schwiegervater
'ran und bezeugen, daß es seine Tochter ist. (Gelächter) Dann
wurde sie wieder frei. Dann setzen wir uns in die Bahn, kommt auf
der Brücke dasselbe, wurde jede Bahn angehalten. Ich sage: »Es
hat keinen Zweck, wir geben's auf.« Bin ich unterwegs noch zweimal angehalten worden. Da war eine Großrazzia – sind sechsundvierzig englische Offiziere ausgebrochen auf einmal, stell die nur
so was vor, und neununddreißig haben sie nur geschnappt. Der
Kellner, der dabei war, ist Hilfspolizei und in der Freistunde arbeitet er als Kellner und der wußte ganz schwer Bescheid, was da los
war, was sie davon wiedergekriegt haben, und so sieben waren ganz
verschwunden. Die haben sie nicht wieder gekriegt. Gemein-
heit … da war so eine Schweinerei. Wie können da überhaupt
sechsundvierzig Offiziere alle ausbrechen?

SCHAUFEL: Deutsche machen das jetzt auch.

NOWROTH: Ganz DEUTSCHLAND ist doch heute ein Militärapparat. Es
sind Italiener, Kroaten … Belgier. Die ganzen – sämtliche Rassen
sind vertreten. Es ist doch Tatsache – sollten wir den Krieg verlieren, ist der Feind ja schon in der Übermacht schon im Lande drin.

SCHAUFEL: Ja. Traurig sind wir dran. Ja, meine Frau schießt Gewehr
und Pistole. Pistolen schießen habe ich geraten. Ich habe ihr
gesagt: »Du weißt, was du zu tun hast, falls ich nicht wiederkom-
men sollte, was wir nicht hoffen wollen, daß du wenigstens auch …
bist. Erschieße, was du erschießen kannst.«

NOWROTH: … Es war immer das Ziel der Juden, sich die Christen zu
Sklaven zu machen und das konnte ihnen nur gelingen durch einen
Krieg zwischen Christ und Christ.

SCHAUFEL: Wir können Gott danken, daß wir den Führer haben, ihn
und HERMANN.

NOWROTH: Ja, ja.

SCHAUFEL: Ich habe nichts gegen den Engländer und der Engländer
hat nichts gegen uns. Es ist nur der Jude, der für den Krieg verantwortlich ist.

NOWROTH: Das stimmt.

Aufgenommen am 31. Mai 1943[42]

KLOTZSCH: Ich bin mit meiner Frau nach Weimar gefahren; also die tiefste, idyllischste und ruhigste Stadt im Reich, aber überall triffst du Stänkerer. Ich habe manchmal Karambolagen gehabt, daß meine Frau sagte: »Laß sie doch reden.« Ich sagte: »Das ist doch ausgeschlossen, das sind Leutchen, die überhaupt keine Feindberührung haben und die fangen an zu quaken und zu miesmachen. Unsereiner kommt noch dazu vom U-Boot und soll sich das noch mit anhören!«

Ich bin vom Urlaub zurückgekommen. Es waren nicht ganz vierzehn Tage, da sind wir ausgelaufen. Da habe ich glatt RM 304,- versoffen.

Mein Gott, mein Gott, wie hat sich DEUTSCHLAND geändert, geän-dert; das sind keine Nationalsozialisten mehr, das sind nur Hetzer! Hetzer! Die lassen ihre Gegner ruhig an der Wand verbluten!

Ich habe meiner Frau gesagt, wenn wir je einen Buben haben, NUR NICHT IN DER HITLERJUGEND stecken. Wir sind für das Kind verantwortlich.

Aufgenommen am 3. Mai 1943[43]

OPOLKA: Wenn Partisanen hinter der Front erwischt werden, werden sie natürlich erschossen, aber es hat ja auch nachgelassen, diese Partisanenkämpferei da. Die haben, wo das so schlimm war, daß sie da vorne immer welche erschossen haben und die Leute nie erwischt haben, für einen erschossenen Deutschen 100 000 umgelegt. Das hat gezogen.

SCHAUFEL: Nun ja, ich weiß es nicht, ob das prinzipiell was zieht.

OPOLKA: O doch.

SCHAUFEL: Was? Für einen erschossenen Deutschen 100 000 umzulegen?

OPOLKA: Das hat aber gezogen.

SCHAUFEL: Nee, bei Frankreich hat das wenigstens nicht gezogen. In Polen auch nicht.

OPOLKA: In Polen. In Polen hat's auch gezogen. Da waren ja keine mehr nachher. Das stimmt schon, was die Engländer da sagen, daß wir einen Haufen da umgebracht haben.

SCHAUFEL: Na, das mußte sein.

OPOLKA: Na, ich möchte mal den Infanterieoffizier sehen hier, der

370

nicht auch so einen Verein umlegt, wenn der mit Panzerwagen in die Stadt 'reinfährt und da kommen so ein paar Polen aus der Erde 'rausgekrochen und die haben die Hände hoch und der macht den Deckel auf und da schmeißen die eine Handgranate 'rein. Das gehört sich ja nun nicht!

FOERTSCH: Es sind auch schon Sachen passiert, die nicht passieren durften.

OPOLKA: Wie dem auch sei – es geht ja »auf Biegen und Brechen«. Entweder die Sache läuft gut aus – dann war das auch gut, denn da ist ein Problem aus unserem Reich weggebracht worden, mit einer plötzlichen, im Moment wehtuenden Brutalität, aber auf die Dauer eben günstigen – und geht es schief aus, ist es sowieso Scheiße mit uns. Es ist schade. Wir hätten mit England nicht Krieg haben sollen und die ganze Welt gehörte uns.

FOERTSCH: Das ist auch die Ansicht der Engländer.

[?]: Ja, ich möchte nur wissen, was da schiefgegangen ist, damals hier, mit CHAMBERLAIN.

OPOLKA: CHAMBERLAIN war durchaus deutschfreundlich. Vielleicht, wenn auch nicht deutschfreundlich, so doch zumindest sah er ein, daß die Vernunft ... mit DEUTSCHLAND zusammen zu bleiben.

FOERTSCH: Was da schiefgegangen ist: da ist damals – und das ist meine Ansicht, ich weiß zwar nicht, ob es so ist – damals in München was daneben gegangen.

OPOLKA: Da ist überhaupt nichts daneben gegangen. Das ist uns alles zugestanden worden, bloß nicht der KORRIDOR.

Aufgenommen am 10. Juni 1943[44]

KLOTZSCH: Der ADOLF ist unverheiratet – der haßt ja die Menschheit, und da stürzt er das ganze deutsche Volk ins Elend – er kann nicht empfinden wie jeder einzelne – der haßt die Menschheit wie ein Tier. In RUSSLAND verbluten wir – Tunesien ist gefallen. Hier wird man gut behandelt – in DEUTSCHLAND liegen die Tommies in Ketten. Den GOEBBELS, mit seinem gottlosen Maul, den hasse ich, diesen Erzlügner – er mit seinen 22 000 000 versenkten Tonnen. Dann der LEY, der vier bis fünf Villen am Rhein hat, dieser Scheißlump mit seinen drei Ehen, mit seinen unzähligen unehelichen Kindern – gleich wie der Krieg ausgeht, den ermorden sie mal. Hier sagen

sie einem die Wahrheit. Jeder Engländer kann Radio aus DEUTSCH-
LAND hören. Hier ißt man im Restaurant ohne Karten. Jetzt auf
Urlaub hat mein Vater mich gewarnt vor der einseitigen Propa-
ganda – jetzt muß ich dem Alten recht geben.

Aufgenommen am 13. Mai 1943[45]

OBERFUNKMEISTER von dem deutschen Schiff SILVAPLANA: Die
ganzen deutschen Schlüssel habe ich in Frankreich gehabt. M-all-
gemein, M-Offiziere, die ganzen E.S.-Signale für die Zeit von Juni
bis Mai. Ich fühle mich darüber erhaben, aber ich habe oft gedacht,
das ist eine Schweinerei, daß sie tatsächlich einen Nicht-Offizier
solche Sachen zu verwalten geben, solche Sachen in Verwahrung
geben. Ich hätte die Sachen photographieren lassen können, kein
Mensch hätte mir auch nur einen Finger krümmen können, es hätte
kein Mensch gemerkt. Dann die ganzen Zivilisten, da sind doch so
viele Zivilisten, die als Funkoffiziere fahren auf den Handels-
dampfern, die kriegen auch diese Codes usw. in Verwahrung, ist
doch nicht richtig – und dann wie gesagt, noch in FRANKREICH, wo
also die Spionagetätigkeit noch größer ist.

KLOTZSCH: Ich habe auch auf der Quadratkarte ... sämtliche eigenen
Minensperren, die wir gelegt hatten auf der Nordhalbkugel. Da
sagte ich auch: »Für die Karte da gibt mir ein Engländer sehr viel
Geld.«

Aufgenommen am 9. Mai 1943[46]

FOERTSCH: Mit Pistolen sind wir dann hier an Land gezogen, dann
haben wir das Puff zusammengeschossen, und kamen wir mit weit
mehr Geld wieder, wie wir dahin gegangen waren. Das Puff, das
haben sie nachher ausgeräumt. Da waren so Agentinnen drin, sind
doch meistens in den Lokalen, Mensch. So ein Mädchen, die da
bediente, in zehn Minuten verdiente die fünf Mark. Aber keine
Seeleute [sind da], die bezahlen nichts.

Aufgenommen am 8. Juni 1943[47]

FOERTSCH: Im Royal [Puff in PARIS] da war eine Spionin, eine Eng-
länderin. Die ist geschnappt worden. Die Deutschen hatten das
nicht gemerkt gehabt, aber die Französinnen haben es gemerkt. Mit

der französischen Polizei ist sie in Konflikt gekommen auch. Da stimmten irgendwelche Angaben nicht so richtig, und da haben sie sie dann gegriffen. Die hat noch gar nichts angerichtet gehabt. Die war nur mit jemand zusammen da.

Wenn wir diesen Krieg verlieren, das ist die Schuld von RAEDER. Der hat nicht genügend U-Boote gebaut, bzw. nicht schnell genug umgestellt.

SCHAUFEL: Das muß man sagen, der CHURCHILL ist ja schwer auf Zack, alle Achtung!

Aufgenommen am 8. Juni 1943[48]

SCHMELING: Bei uns in DANZIG – wir haben aber bloß einen richtigen [Luftangriff] erst gehabt in DANZIG, wie sie die Dreckbomben so in die Stadt geschmissen haben. Wir waren gerade da mit dem Boot von taktischer [Übung] gekommen, Sonnabend nachmittag um drei Uhr liefen wir im DANZIGER Hafen ein. Um ungefähr sieben Uhr ging die Sirene. Die Flak hat da vielleicht was zurecht geschossen! Und da lagen den Abend so ungefähr zweiundzwanzig Boote, also da waren drei 750er und das war damals schon 'rausgekommen, hier in DANZIG, daß immer eine Wache an Bord sein mußte, also entweder Backbord- oder Steuerbordwache, damit sie die Boote verholen können. Dann haben sie ja geschossen, alle zweiundzwanzig Boote, kannst dir den Palaver vorstellen; und dann denn von der Schichau die Werftflak, dann auf dem HARALDS- BERG [?] die schwere Flak, die da steht, die haben alle 'rumgeknallt. Dann etliche Flakzüge standen da. Zwölf Flugzeuge haben ange- griffen, und davon haben sie vier Stück direkt so in DANZIG abge- schossen, und zwei nachher noch, wie sie dann losgeflogen sind, also genau die Hälfte. Da hatten sie hier mitten in der Stadt Brand- bomben abgeschmissen, in der Altstadt hauptsächlich, hier Wohn- gebäude. Eine ins Diakonissen-Krankenhaus in die Kinderstation, da waren vierundachtzig Tote. Eine haben sie auf die DANZIGER Werft fallen lassen, auf den Sportplatz genau ins Fußballtor .... Da haben sie bei uns die DANZIG Jugendflak – H.J. oder Schüler. Sie sind auch an den Scheinwerfern.

Aufgenommen am 28. Mai 1943[49]

KALISCH: Der U-Bootsbunker in Brest ist bestimmt ein großes Ding.
SPITZ: Ist das von einer Flottille?
KALISCH: Ja.
SPITZ: Wieviel Boxen sind das?
KALISCH: Es sind fünf Boxen und zehn Docks.
SPITZ: In jede Box gehen drei Boote 'rein?
KALISCH: Ja.
SPITZ: Menschenskind, das wäre ja für eine Flottille ...
KALISCH: Ja, ja. Da ist vorläufig noch die neunte und die erste zusammen. Aber die vergrößern die Dinger erst. Fangen jetzt wieder an zu bauen.
SPITZ: Ist jetzt eine Reihe?
KALISCH: Na ja, nebeneinander. Setzen noch fünf Boxen heran jetzt. Stelle dir mal vor, was da für Boote 'reingehen.
SPITZ: Fünf Boxen, das sind fünfzehn Boote.
KALISCH: Da sind über fünfzehn Boote.
SPITZ: Zehn Docks.
KALISCH: Das sind fünfundzwanzig und nochmals fünfzehn.
SPITZ: Das sind vierzig Boote.
KALISCH: Jetzt haben sie da eine Decke von vier Meter, jetzt machen sie nochmals vier Meter drauf.

Aufgenommen am 13. Mai 1943[50]

GEIMEIER: Die U-Boote liegen da in Boxen drin, wie in so einer Autogarage. Dann bei Fliegeralarm muß alles 'rein. Franzosen, alles was da ist, 'rein. Dann haben wir die Schotten abgeschlossen, da kam keine Sau 'rein und keine Sau 'raus.
PHILLIPPS: Wie wohnen die Kumpels in dem 1000-Mann-Bunker?
GEIMEIER: Da haben sie ihre Zimmer.
PHILLIPPS: So groß wie diese hier?
GEIMEIER: Ja, größer.
PHILLIPPS: Mit wieviel Mann wohnen die da drauf?
GEIMEIER: Das ist verschieden, vier Mann, fünf Mann. Acht Tage nach dem Einlaufen und acht Tage vor dem Auslaufen bist du da in dem Bunker. Da liegt alles zusammen, da liegen Unteroffiziere und Mannschaften zusammen im Bunker drinnen, also in einer Abteilung. Und diese Schotten, Zugschotten, sind alle ... draußen

374

Posten, Drahtverhau und Stacheldraht. Da haben wir drinnen gewohnt .... Da ist alles verschalt so in dem Bunker mit Holz, sind Kojen drinnen. Da liegt man mit vier Mann, acht Mann, je nachdem. Unteroffiziere liegen getrennt, Mannschaften liegen getrennt und Offiziere. Die acht Tage, bevor das Boot ausgefahren und der Werft übergeben ist, wo es im Trockenbunker in der Box liegt, wohnten wir im großen Bunker, alle zusammen. Das liegt direkt am Hafen; bis zum Boot haben wir ungefähr zehn Minuten zu laufen. Die bauen jetzt noch Bunker, ... Hunderte von Franzosen beschäftigt. Da stehen die Mischmaschinen, zwölf Stück, alle im Gang, wo der Bunker wird. Da sind zwei Schichten Franzosen, die so schaufeln, die eine Schicht guckt und raucht Zigaretten, die andere arbeitet, dann löst sie die andere ab. Und dann noch mal diese neue Anlage; da sind 5 Meter Beton, und dann waren noch mal oben so Gerüste aufgebaut, da kommt noch mal ein Meter drauf.

PHILLIPPS: Auf die Bunker noch?

GEIMEIER: Ja. Jetzt wohnen die Leute auch nicht mehr im Luftschutzbunker. Das ist noch weiter draußen, ungefähr 30 km weg, mitten im Wald. Da ist ein künstlicher See angelegt worden, ein großes Kasino gebaut worden, Baracken, alles drin; Dampfheizung und alles. Die werden jeden Tag mit Autobussen weggefahren. Wenn wir jetzt von den Feindfahrten zurückgekommen wären, wäre das Lager fertig gewesen. Da sind mehrere Flottillen. In LORIENT ist die 10. und die 2., glaube ich, und dann kommen noch die von St. Nazaire dazu.

PHILLIPPS: Und die U-Bootsfahrer sollen jetzt auch draußen wohnen? Nicht mehr in den Bunkern?

GEIMEIER: Die wohnen alle draußen.

PHILLIPPS: Eine Flottille wohnt da oben im Wald?

GEIMEIER: Ja, das ist die 2. Flottille. Wie wir da waren, war deren Lager schon fertig, die waren ungefähr 40 Kilometer weggelegen von uns und wir waren aber, weil es bei der 10. noch nicht fertig war – wir waren bei der 10. – noch im Bunker drin, und wenn wir zurück gekommen wären, wären wir auch nicht mehr da in den Bunker gekommen.

PHILLIPPS: ... Wohnen denn die 10. und die 2. zusammen?

GEIMEIER: ... Die Boote selbst liegen zusammen, aber die Leute liegen getrennt .... Sechzehn Wochen ist das längste Boot von uns draußen gewesen. Sonst Durchschnittsfahrt ohne Versorgung fünf Wochen, fünfeinhalb Wochen, mit Versorgung acht Wochen, neun Wochen höchstens.

In was für einem Puff [?] wart ihr? In LA ROCHELLE?

PHILLIPPS: Ja.

GEIMEIER: Kennst du es da in LA PALLICE auch ... oben 'raus nach dem ... dort ist das Benzinlager.

PHILLIPPS: Ja, das kenne ich auch.

GEIMEIER: ... Ja, in LORIENT ist eine Anlage, die läßt sich sehen, weil das Ding durchdacht ist wie ein Wespennest. Wie im Labyrinth, du kommst nicht klar dabei. Da sind die ganzen Werkstätten da 'drin in dem Bunker – Torpedowerkstätten, ... LORIENT ist zusammengeschmissen, das macht garnichts aus. Garnichts – nur die Bevölkerung hat den Schaden, die französische Bevölkerung, sonst keiner. Du mußt dir die KIELER Werft ... Die DEUTSCHEN WERKE, die mußt du dir vorstellen, mit einem großen Betonbunker drüber, nur übersichtlicher noch. Auf der einen Seite hast du ... Maschinen, dann sind hier Wäschereien, wo die ganzen Kolben abgewaschen werden und alles, dann sind hier die ... Werkstätten, und hier sind die Torpedowerkstätten, da ist hier Kompressor-Raum, wo die Luftverdichter abgenommen werden, da ist wieder eine Box, alles boxenweise angeordnet und alles neben am Boot.

PHILLIPPS: Habt ihr eigentlich einen Ju.-Verdichter bei euch gehabt?

GEIMEIER: Ja.

KUFFNER: Da gehst du durch, da sind da die einzelnen Boote in den einzelnen Boxen und zwischen jedem Boot sind da die Werkstätten. Es geht hoch 'rauf, bis an die Decke geht das. Dann noch einiges extra wieder – JUNKERS ist extra, und das ist extra, die ganzen Versuchsstände sind extra.

GEIMEIER: Wenn du es nicht selbst siehst, kannst du dir gar kein Bild machen.

KUFFNER: Ja – JUNKERS-Verdichter ist Scheiße!

PHILLIPPS: Da führt nur eine Treppe hoch, zum 1000-Mann-Bunker, da können sie nur einen Weg gehen, was?

GEIMEIER: Zwei Eingänge sind es, zwei reguläre Eingänge. Einer ist aber tagsüber immer zu, der wird nur aufgemacht, wenn es Kaffee gibt und wenn Essensausgabe ist … Sonst ist nur ein Aufgang.

KUFFNER: Und da gab es zu kaufen dort drin, du konntest alles haben in der Kantine, Stoff, Wein, alles was du gebrauchen kannst, hast du dort drin gekriegt. Was sind wir immer in Urlaub gefahren, was haben wir gehabt! Strümpfe, Stoffe, alles kannst du kaufen.

GEIMEIER: Ich habe immer meiner Frau Strümpfe gekauft, teure.

KUFFNER: Ich habe meiner Frau noch ein Paket geschickt, bevor ich auslief, da habe ich ihr 5 Meter Stoff gekauft. Der Meter Stoff kostet RM 24 – Mantelstoff, blauer Mantelstoff, prima Stoff.

Aufgenommen am 11. Mai 1943[51]

ROSENKRANZ: Wo die Baracken von der zehnten Flottille sind, das finden die Tommies nie. Die sind im Walde drin, alles mitten drin und dann getarnt. Mensch! Alles, sogar der Teich ist getarnt. Wurde alles mit solchen Matten überzogen, so Gras. Du siehst überhaupt nichts. Haben sie da auch keinen Anhaltspunkt. Die Baracken sind alle mit Matten überzogen, siehst du nichts davon. Da ist nämlich ringsherum alles so Wiese und dann alles vom Wald umgeben. Finden sie bestimmt nicht. Und diesen See, den sehen sie nicht, ein See ist es nicht, ist ein kleiner Teich. Die wissen überhaupt nicht, wo das Lager ist.

GRÄTZ: Waren die Baracken von der zweiten Flottille oder von der zehnten? Oder liegen die beiden Flottillen zusammen?

ROSENKRANZ: Nee, vielleicht eine Viertelstunde auseinander, die Lager.

Aufgenommen am 15. Mai 1943[52]

KALISCH: [Über LORIENT] Die Decke vom Bunker ist vier Meter dick.

FUNKER von dem deutschen Dampfer GERMANIA: Und jetzt hauen sie nochmal vier Meter drauf. Die Bunker kannst du nur vernichten durch einen Invasionsversuch.

KALISCH: Ja.

SPITZ: Aber die Boote, die drin liegen, die kannst du vernichten, wenn ein Flugzeug vorne auf den Bunker zufliegt, nach der Öffnung zu, und schmeißt einen Torpedo?

KALISCH: Nee, kann er nicht machen. Kommt er nicht 'ran.

SPITZ: Warum nicht?

KALISCH: Da steht hier ein Bunker, hier ist die Mole, da sind hier überall oben erstmal Ballons, Bunker-Ballonsperre, jeder Ballon mit drei Seilen. Stehen ungefähr achtzehn Ballons davor, einer neben dem anderen, die bilden eine dichte Wand sozusagen. Da kommt ja keine Maschine durch, und dann sind ja auch gleich überall die Berge [?], da steht wüst Flak drauf.

SPITZ: Auf den Bunkern selbst steht Flak?

KALISCH: Wenn da einer von vorne anfliegen will, wenn er Torpedos werfen will, muß er tief 'runter kommen, dann knallen sie ihn ab, da ist nichts zu wollen.

Aufgenommen am 16. Mai 1943[53]

ROSENKRANZ: Er [der britische Vernehmungsoffizier] hat mich über Verluste gefragt.

GRÄTZ: … Von der zehnten Flottille, da sind eine Masse Boote weg. Da waren fünfzig Boote in der Flottille, nicht wahr?

ROSENKRANZ: Wieviel die zehnte hatte, weiß ich nicht. Ja, ich denke an sechzig Boote ungefähr.

GRÄTZ: Jetzt?

ROSENKRANZ: Ja, ich denke. Warte mal, ein Kumpel machte doch die Offiziersbesoldung – zweiundsechzig Boote hat der gehabt.

GRÄTZ: Hat vielleicht noch eine andere Flottille.

ROSENKRANZ: Nee, nur die zehnte. Die 2. Flottille hat auch eigene Verwaltung.

Der Name des Kommandanten ist geheim. Und die wissen das bestimmt so wie wir, sind besser unterrichtet in der Sache wie manche U-Bootsfahrer.

Aufgenommen am 9. Mai 1943[54]

W. RAHN: Der Kommandant hat dem 1.W.O. eine Flasche über den Kopf geschlagen. Die waren so besoffen und da hat der 1.W.O. einen Besen genommen und hat den Kommandanten verarscht.

FUNKER von dem deutschen Schiff GERMANIA: Wie ist denn da unten der Italiener?

W. RAHN: Die hassen uns wie die Pest. Wenn die Lords besoffen sind, machen sie die »Bullseyes« auf und schmeißen die Flaschen auf die Straße hinaus, auf die Italiener, die da vorbeigehen.

Aufgenommen am 3. Mai 1943 [55]

GRÄTZ: Ich glaube, daß die alten [Kommandanten] alle wieder einmal fahren werden, wenn es wieder heruntergeht jetzt mit den Versenkungen.

ELEBE: Ja, aber es ist auch so: die sind ja zum größten Teil vor zwei Jahren zuletzt gefahren, die kennen also die ganze modernste Abwehr alles gar nicht, und die können sich gar nicht so ein Urteil erlauben.

Aufgenommen am 1. Juni 1943 [56]

OPOLKA: Es gibt ja für uns nur, daß wir die Sache gewinnen. Es ist ja anzunehmen, wenn die Sache schiefgeht, daß dann die Russen unser Land überfluten; und wenn die Russen auch nicht ganz bis 'rein kommen, sondern sich beschränken, weil sie auch eben schon ziemlich was verloren haben – so kommen doch diese Kanaken alle wieder an, die Polacken und die Tschechen. Ich bin aus dem Grenzlande, gerade von dort: ich hasse die Polen, denn das ist wirklich ein niederträchtiges Volk. Ich fürchte für meine Eltern.

Aufgenommen am 10. Juni 1943 [57]

In der Nachrichtendienstabteilung der britischen Admiralität wurde am 2. April 1943 ein Bericht erörtert, der die Moral unter den kriegsgefangenen U-Boot-Fahrern zum Gegenstand hatte. Dieser Bericht war nach dem Motto »einerseits, andererseits« geschrieben. Er stellte fest, daß bei den in letzter Zeit in Gefangenschaft geratenen U-Boot-Fahrern keine Abnahme des Kampfgeists erkennbar sei. Bei selbstbewußter, phantasievoller und gekonnter Führung durch den Kommandanten würden sich junge, unerfahrene Wehrpflichtige auch im Angesicht des Feindes als entschlossene Kämpfer erweisen. In der Gefangenschaft hätten die in jüngster Zeit hinzugekommenen Besatzungen einschließlich der Offiziere eine bisher nicht vorhandene Tendenz gezeigt, Informationen auszuplaudern, von denen sie wissen mußten, daß ihr Bekanntwerden dem eigenen Land schaden würde. Die britischen Nachrichtendienstoffiziere vermuteten, daß dies auf die deutschen Verluste an der Ostfront zurückzuführen war, wo am 2. Februar die deutsche 6. Armee in Stalingrad kapituliert hatte; zudem stand der Zusammenbruch des deutschen Afrika-Korps in Tunesien bevor, der dann am 7. Mai eintrat. Als weitere Gründe wurden das Mißfallen katholischer U-Boot-Fahrer an der Behandlung ihrer Kirche durch die Nationalsozialisten und die auch bei den U-Boot-Fahrern wachsende Überzeugung, daß Deutschland den Krieg verlieren würde, genannt. Dennoch betrachteten sich nach Einschätzung des Nachrichtendienstes auch die neuen Kriegsgefangenen als loyale Deutsche. Nichts weise darauf hin, daß der Kampfgeist und die Effektivität der U-Boote in See nachgelassen hätten, und es gebe auch keine Anzeichen dafür, daß dies in absehbarer Zukunft der Fall sein würde.[58]

Angesichts der angeblich erhöhten Aussagefreudigkeit der Kriegsgefangenen ist es verwunderlich, daß in ihren heimlich abgehörten Unterhaltungen die erklärte Absicht geäußert wird, die britischen Befragungsoffiziere irrezuführen oder jede Aussage zu verweigern. Weiterhin gibt es in der großen Masse der aufgenommenen Unterhaltungen relativ wenig, das auf Verzagtheit oder den erwarteten »Zusammenbruch der Moral« hinwies. Es gab natürlich die Furcht vor der unvermeidlichen Niederlage, die auch klar artikuliert wurde. Wie schon an anderer Stelle in diesem Buch angemerkt, spricht nichts dafür, daß die U-Boot-Besatzungen irgendwann ihre kämpferische Einstellung verloren hätten, und das schließt die letzten Monate des Krieges ein. Man mag einwenden, Kampfgeist, Moral und Mut seien verschiedene Dinge, und zumindest der Kampfgeist nehme vor einer unausweichlichen Niederlage zwangsläufig ab. Vielleicht ist das so. Wenn überhaupt irgendwann eine Unterscheidung zwischen diesen Begriffen möglich war, dann war jetzt der Augenblick dazu. Aber der Zusammenbruch der Moral und des Kampfgeistes, der in den Plänen der Briten häufig als Ziel genannt wurde, scheint, wenn er denn jemals stattgefunden haben sollte, jedenfalls keinen nennenswerten Einfluß auf den Willen der deutschen Besatzungen gehabt zu haben weiterzukämpfen. Man ist an Napoleons Armee erinnert, von der berichtet wird, sie sei ohne Furcht und ohne Hoffnung nach Waterloo marschiert.

MARCH: Ich möchte jetzt nicht mehr U-Boot fahren, ich habe die Schnauze voll.

FUNKER des deutschen Schiffes SILVAPLANA: Glaube ich, Mensch!

MARCH: Die U-Bootabwehr, die wird zu groß, die haben Geräte gehabt, die Leute, die haben dich genau eingepeilt, und drei Zerstörer, die haben uns genau in der Mitte gehabt – und wir wären nie mehr 'rausgekommen, wir hätten noch so auf große Tiefe gehen können. War aussichtslos. Die haben den Tag, glaube ich, drei U-Boote geknackt.

FUNKER des deutschen Schiffes SILVAPLANA: So? Am Tag drei Stück, das ist bald zuviel.

Aufgenommen am 25. April 1943[59]

OPOLKA: In LORIENT war ich ein ganzes Jahr beim B.d.U. Adjutant des Befehlshabers.

Mein Bruder ist Soldat, mein Schwager ist Soldat ... ich habe den Krieg nicht gewollt – ich bin zwar nicht Pazifist und habe es bedauert, daß ich sehr lange im Stab stecken mußte; ich habe mich immer wieder weggemeldet. Aber, daß ich am Krieg Gefallen finde – ausschlaggebend für mich ist, daß meine Eltern den ganzen Scheißdreck das zweite Mal mitmachen müssen – alles verloren haben, sich mühsam wieder hochgerettet haben.

Aufgenommen am 9. Juni 1943[60]

OPOLKA: Sie sind also fest überzeugt, daß wir den Krieg gewinnen?

SCHAUFEL: Ja, wir beide haben gesagt: »Wir verlieren nicht.«

OPOLKA: Ich will was sagen, gewinnen tut keiner im Krieg.

SCHAUFEL: An Bord bin ich immer ein Mensch, der gerne so einen Widerspruch hervorruft, denn die anderen kamen immer an: »Wir gewinnen den Krieg.« Ist ja Unsinn, man muß ja auch Logik dabei walten lassen.

Ich fürchte nur, daß sie meinem alten Herren auch noch den Pott unter dem Hintern wegschießen da oben.

Aufgenommen am 9. Juni 1943[61]

LINK: Glaubst du nicht, daß wir in der letzten Instanz Gas verwenden?

MARCH: Glaube ich nicht – aber ich meine, wir werden den Krieg verlieren – die Zeit ist nicht mehr unser Verbündeter – diese Angriffe jetzt auf DEUTSCHLAND – unsere Verluste im Felde!

LINK: Im letzten Krieg sind 2 000 000 gefallen – bis jetzt in diesem Krieg nur 200 000!

MARCH: Aber die Engländer und Amerikaner halten's länger aus – und die Verwendung von Gas würde unser Ende nur beschleunigen.

Aufgenommen am 25. Mai 1943[62]

KOHLER: Ich habe den Eindruck, daß die Engländer uns auch als Gefangene lassen, mehr wie wir die Franzosen. Wenn DEUTSCHLAND den Krieg verliert, dann behandeln sie uns als Sklaven; wenn es denen gefällt, schicken sie uns als Arbeitssklaven in die Kolonien. Als Parias! Wer soll die dann hindern – Gewissen haben sie doch keines. Wenn es gerecht ginge, müßten wir siegen, gerade gegen ENGLAND. Ich hasse den Engländer. Man ist leicht dazu geneigt, sich hier beeinflussen zu lassen durch diese Propaganda-Eier. Der Geste nach ist der Engländer sportlich und liebenswürdig, aber er ist hart wie Stein – er hat kein Herz. Wenn ein Deutscher etwas gibt, gibt er es von Herzen.

Bist du auch katholisch oder gottgläubig?

GRÄTZ: Es muß etwas geben!

KOHLER: Es muß etwas geben. Wenn meine Mutter wüßte! In der Sekunde, da habe ich noch gebeichtet. Das habe ich noch niemandem gesagt, aber ich glaube an Gott, an die Auferstehung der Seele. Die Kirche hat einen guten Einfluß auf mich gehabt. Ich wäre ohne die Kirche ein schlechter Mensch geworden. Ich habe meiner Frau gesagt, ich werde versuchen, der katholischen Kirche anzugehören. Ich habe gebetet, bis ich siebzehn Jahre alt war, auch später, während dieser Fahrt habe ich gebetet, abends, dreimal. Ich habe gebetet, daß meine Frau und Kind leben, daß ich diese Fahrt überlebe. Auch wie ich gerettet war! Ich glaube an ein Weiterleben nach dem Tod.

Aufgenommen am 29. April 1943[63]

KLOTZSCH: Das ist ein Trauerspiel. Das ganze U-Bootsfahren ist nur noch was für Sträflinge geworden.

382

ARENDT: Na, du wirst auch bald so behandelt, machst du mal was, dann sperren sie dich ein.

Aufgenommen am 13. Mai 1943[64]

ARENDT: Ich will nicht mehr zur See fahren, ich habe die Schnauze voll. Ich wollte jetzt heiraten.

Aufgenommen am 14. Mai 1943[65]

KLOTZSCH: Ich bin wirklich nicht böse, daß der Scheiß zu Ende ist.

Aufgenommen am 13. Mai 1943[66]

KLOTZSCH: Es wird auch immer schlechter, die U-Bootsfahrer meckern auch alle.
MARCH: Das läuft jetzt auf folgendes 'raus: Sobald ein neues Boot in Dienst gestellt wird, geht im gleichen Augenblick ein anderes verloren.

Aufgenommen am 26. Mai 1943[67]

KLOTZSCH: Es sieht sehr schlecht aus für uns. Die Boote saufen ab wie die Karnickel.

Aufgenommen am 13. Mai 1943[68]

RAHN: Ich will dir ehrlich sagen. Ich habe nicht viel Hoffnung. Die erdrücken uns mit der Zeit.

Aufgenommen am 3. Mai 1943[69]

10

Die Gefahren der See
Tenebrae

Oben greifen uns Schiffe an / von unten droht auch die Gefahr / Wir stehen,
wir liegen, wir halten uns ran, / Der Tod lauert dauernd, das ganze Jahr.

Rudyard Kipling

Wer die Auffassung vertritt, daß offensives Vorgehen gegen die Konvois
nicht mehr möglich sei, ist ein Schwächling und kein echter
U-Boot-Kommandant. Die Schlacht im Atlantik nimmt an Härte zu,
aber sie ist der entscheidende Faktor in diesem Kriege.
Seien Sie sich ihrer großen Verantwortung bewußt, und seien Sie auch
sicher, daß Sie sich für ihre Taten rechtfertigen müssen.

Karl Dönitz am 21. Mai 1943

Von einem Nachlassen beim U-Boot-Krieg kann nicht die Rede sein. Der
Atlantik ist im Westen meine erste Verteidigungslinie. Und auch wenn ich
dort Rückzugsgefechte führen muß, dann ist das immer noch viel besser,
als wenn ich warte, bis ich mich an der europäischen Küste verteidigen
muß. Die feindlichen Kräfte, die durch unsere U-Boote gebunden
werden, sind gewaltig, auch wenn wir keine großen Versenkungserfolge
mehr erzielen. Ich kann es mir gar nicht leisten, diese Kräfte freizusetzen,
indem ich den U-Boot-Krieg beende.

Adolf Hitler am 31. Mai 1943

Nach dem schicksalhaften Kampf um den Konvoi ONS.5 überquerten in den verbleibenden drei Wochen des Mai in vierzehn Konvois
fast 600 alliierte Schiffe den Atlantik, von denen nur sechs durch U-
Boote versenkt wurden. Diese bemerkenswert kleine Zahl war allerdings nicht das Ergebnis mangelnden Einsatzwillens der U-Boote,
die vielmehr, von Dönitz gedrängt, verzweifelt darum kämpften,
wieder die Oberhand zu gewinnen. Aber es war zu spät. Sowohl die
Initiative als auch die zahlenmäßige Überlegenheit war jetzt an die
Alliierten übergegangen. Es gab zu viele erfahrene Geleitfahrzeuge

an den Konvois, und auch die Unterstützungsfahrzeuge auf den Konvoirouten waren zu zahlreich. Am Himmel kreisten zu viele landgestützte Bomber, die inzwischen auch von trägergestützten britischen Fairey-Swordfish-Bombern und Marlet-Jägern (Grumman F4F-4 Wildcat) sowie amerikanischen Avenger-Bombern (Grumman TBF-1) unterstützt wurden. In diesen Wochen erzielten diese auf einem in Amerika gebauten Geleitträger stationierten Flugzeuge ihre erste eigenständige Versenkung eines U-Boots. Ebenfalls in diesen Wochen wurden die ersten amerikanischen aus der Luft einsetzbaren, zielsuchenden Torpedos mit dem Decknamen Mine Mark XXIV und die britischen Raketenprojektile (R.P.) eingesetzt. Das war zuviel für die U-Boote, die einstigen Angreifer, die jetzt hoffnungslos der Entwicklung hinterherhinkten. Viele fanden einen nassen Tod. In diesem Kapitel sollen kurz die wichtigsten transatlantischen Konvois der letzten drei Maiwochen, die entscheidenden Flugzeugeinsätze außerhalb der Biskaya und schließlich die U-Boot-Verluste in anderen Seegebieten des Atlantiks und weltweit zusammengefaßt werden.

Die U-Boote, die den Einsatz gegen ONS.5 überlebt hatten, verlegten ihre Operationen in weiter östlich und südlich gelegene Seegebiete. Etwa fünfzehn Boote waren noch einsatzbereit, zehn weitere konnten sich ihnen bald wieder anschließen, nachdem sie von den Milchkühen versorgt worden waren, und neun befanden sich auf dem Rückmarsch in die Stützpunkte. Das Kommando der Western Approaches wußte nichts von diesen Bewegungen, da die Entschlüsselung des deutschen Funkverkehrs seit dem kryptographischen Blackout vom 26. April bis zum 5. Mai immer noch nicht mit den Ereignissen Schritt hielt. Es wurde aber vermutet, daß im Seegebiet der Gefechte um ONS.5 weiterhin einsatzfähige U-Boot-Rudel standen. Der nächste, im Acht-Tage-Zyklus nach Westen laufende Konvoi, ONS.6, der am 30. April ausgelaufen war, wurde daher westlich um dieses Gebiet herumgeführt. Am Konvoi stand die Eskortgruppe B6 mit dem Zerstörer HMS *Viscount*, der zugleich Geleitführer war, sowie fünf Korvetten und zwei Trawlern; ab 3. Mai flogen Maschinen aus Island Geleitschutz. Trotz der Ausweichroute wurde der Konvoi vom Gegner entdeckt. Zwei U-Boote, U-418 und U-952 von der neuen Gruppe »Isar«, die zwischen Grönland und Island auf der

385

Lauer lagen, sichteten den Konvoi am Morgen des 6. Mai auf Position 60°15′ N, 24°20′ W. Die Sichtmeldungen der U-Boote wurden von der *Viscount* und den Stationen an Land eingepeilt, was den Befehlshaber der Western Approaches veranlaßte, ab Mittag den Schutz aus der Luft zu verstärken. Bis 2100 Uhr hatten die Flugzeuge 10 U-Boote entdeckt, zwei davon 55 und 73 Meilen vor dem Konvoi, sieben 18 bis 32 Meilen an Steuerbord achteraus und eins 58 Meilen hinter dem Konvoi. Es wurden mehrere Angriffe geflogen.

Inzwischen hatte eine Korvette um 1946 Uhr an Steuerbord achteraus vom Konvoi ein U-Boot gesichtet. Die starke Luftbedrohung, die vorzüglichen Fernmeldeverbindungen zwischen Geleitfahrzeugen und Flugzeugen und die Umleitung auf einen Ausweichkurses ab 2300 Uhr hatten zusammen den gewünschten Effekt: Die U-Boote verloren den Kontakt. Durch eine zweite Kursänderung am Mittag des 7. Mai blieb man in sicherem Abstand zu den U-Booten, von denen man wußte, daß sie weiter im Norden standen. Am 8. war bis zur Abenddämmerung alles ruhig. HF/DF-Peilungen ließen jedoch vermuten, daß die U-Boote sich wieder dem Konvoi näherten. Die *Viscount* sichtete einen U-Boot-Turm, der 6400 Meter vom Schiff entfernt aus dem Wasser auftauchte, und lief darauf zu. Das U-Boot tauchte, und die *Viscount* warf einen Zehner-Teppich in den Tauchwirbel, erzielte aber keinen erkennbaren Erfolg. Die U-Boote zogen sich, vorsichtig geworden, wieder zurück; vielleicht hatten sie sogar die Nerven verloren, immerhin standen ihnen erhebliche Kräfte gegenüber. Die folgende Nacht verlief jedenfalls ruhig.

Am folgenden Morgen um 0700 Uhr wurde der Schutz des Konvois durch die Ankunft einer Unterstützungsgruppe verstärkt (Vierte Eskortgruppe), die aus dem Zerstörer *Faulknor* (zugleich Verbandsführer), zwei weiteren Zerstörern und einem der neuen britischen Geleitträger bestand, der *Archer*. Aber die Gefahr war bereits vorüber, und nach 48 Stunden verließ die Unterstützungsgruppe den Verband wieder, um zum Konvoi ON.182 zu stoßen. Die Schiffe des Konvois ONS.6 erreichten ihre Zielhäfen ohne weitere Zwischenfälle. Die sichere Passage des Konvois durch die immer kleiner werdende Luftüberwachungslücke, in der die Gruppe »Fink« den vorherigen Konvoi aufgespürt und in ihre tödliche Umklammerung genommen hatte, war ein deutliches Zeichen dafür, daß sich die Lage entspannt hatte.[1]

Den regelmäßigen Abfahrtzyklen der Konvois konnte der BdU in Berlin entnehmen, daß in den ersten Maitagen wieder zwei ostwärts laufende Konvois ihre Atlantiküberquerung beginnen würden, ein langsamer SC-Konvoi aus Halifax und ein schnellerer HX aus New York. Da er annahm, daß diese Konvois um den 8. Mai herum den 42. Längengrad passieren würden, stellte er zwei U-Boot-Streifen quer zum Kurs der Konvois auf: Gruppe »Rhein« mit zehn Booten der ehemaligen Gruppen »Amsel« III und IV, die im Abstand von jeweils zwanzig Meilen zwischen 47°33′ N, 40°55′ W und 43°57′ N, 40°05′ W in Stellung gingen, und Gruppe »Elbe« mit siebzehn Booten – von denen die meisten vom Einsatz an ONS.5 kamen –, die im selben Abstand voneinander zwischen 52°45′ N, 43°55′ W und 47°51′ N, 41°05′ W aufmarschierten.[2] Vorher schon hatte der B-Dienst, dessen Funkaufklärung Francis Harry Hinsley in Hütte 8 in Bletchley Park so viele Sorgen bereitete, aus entschlüsselten alliierten Funksprüchen erfahren, daß der nach Osten dampfende Konvoi HX.237 am 3. Mai etwa auf 40°50′ N, 67°(31-49′?)W stand mit 9,5 Knoten auf 056° steuerte und der ebenfalls nach Osten laufende Konvoi SC.129, dessen Kurs und Geschwindigkeit der B-Dienst nicht kannte, am 5. Mai die Position 44°50′ N, 47°01′ W erreicht hatte.[3] Wahrscheinlich würde der schnellere Konvoi HX.237, auch wenn er später ausgelaufen war, als erster die Linien überqueren würde, die Dönitz und Godt über den Atlantik gelegt hatten.

Am Abend des 6. Mai informierte der B-Dienst den BdU, daß HX.237 um 2130 Uhr in Quadrat BC 7684 (43°56′ N, 48°27′ W) gestanden habe. Diese Information wurde umgehend an die Streifen »Rhein« und »Elbe« weitergeleitet.[4] Am 7. Mai ermittelte der B-Dienst, daß HX.237 einen südlicheren Kurs (128°) eingeschlagen hatte, während SC.129 seinen östlichen Grundkurs beibehalten hatte.[5] Die Nachricht, daß beide Konvois einen südlicheren Kurs eingeschlagen hatten, so daß HX.237 den Streifen völlig umgehen und SC.129 gerade noch die südlichste Spitze der Gruppe »Rhein« streifen würde, hatte drei unmittelbare Auswirkungen: Erstens befahl der BdU den Booten der Gruppe »Rhein«, mit höchstmöglicher Fahrt Kurs 120° zu steuern, um den Streifen so umzulegen, daß das südlichste Boot auf Position 39°45′ N, 35°02′ W stand. Die Boote der Gruppe »Elbe« wies er an, mit 10 Knoten ebenfalls 120° zu steuern, um SC.129 abzufangen. Er mußte allerdings einräumen: »Anhalte über den derzeitigen Standort dieses Geleitzuges liegen nicht vor.«[6] Zweitens wurden die sechs Boote der Gruppe »Drossel«, die gegen den Küstenverkehr auf der Route Westafrika-Gibraltar-Großbritannien operierten, zur Verstärkung der Gruppen »Rhein« und »Elbe« nach Westen beordert. Drittens verlangte der BdU eine Erklärung dafür, »wie es möglich war, daß der Gegner unseren Streifen kannte« und so in der Lage war, die Konvois um die U-Boote herumzuführen.

Der BdU erwog jede mögliche Ursache, von der Entdeckung durch Aufklärungsflugzeuge über die Möglichkeit, daß die Funksprüche der Boote während der Operation gegen ONS.5 eingepeilt worden waren, bis hin zu der »für unwahrscheinlich gehalten« Erklärung, daß dem Gegner ein »Einbruch in unsere Schlüsselmittel« gelungen war. Immerhin befahl er die sofortige Änderung der Enigma-Einstellungen. Aber was auch immer nun der Grund war: Die »fast kreisförmige Umgehung der U-Boot-Streifen blieb bedenklich«[7]. Es ist eine Ironie des Schicksals, daß ausgerechnet dieser Fall einer der ganz wenigen im Jahr 1943 war, in denen die Entschlüsselung der Enigma-Sprüche keine Rolle für die Umgehung der U-Boot-Rudel spielte. Soweit es noch nachvollziehbar ist, hatten die Alliierten vor dem Auslaufen der Konvois keine Kenntnis davon, wo die Gruppen »Rhein« und »Elbe« aufgestellt worden waren. Der erste von den Briten entschlüsselte Funkspruch, der eine Verbindung zur Gruppe »Rhein« hat, stammt den noch existierenden Unterlagen zufolge vom 7. Mai um 1015 Uhr, wurde aber erst am 9. Mai um 1304 Uhr entschlüsselt; die Gruppe »Elbe« wird zum ersten Mal in einem am 12. Mai um 1320 Uhr aufgefangenen und am 14. Mai um 1016 Uhr entschlüsselten Funkspruch erwähnt.[8] Sehr wahrscheinlich wurden die Konvois auf südlichere Kurse geschickt, um U-Boote zu umgehen, die man in größerer Konzentration östlich von Neufundland und zwischen Grönland und Island vermutete. Südlichere Kurse brachten zudem besseres Wetter für den Einsatz der Flugzeuge des Geleitträgers HMS *Biter* mit sich, der im weiteren Verlauf der Ereignisse beiden Konvois, HX.237 und SC.129, Schutz bot.

Am Konvoi HX.237 standen zwei Eskortgruppen: C2, die aus dem Zerstörer HMS *Broadway* (Lieutenant Commander E. H. Chavasse, zugleich Verbandsführer), einer Fregatte, vier Korvetten (darunter drei kanadische), einem Trawler und einem Schlepper bestand, und EG5, die als Unterstützungsgruppe agierte und neben der *Biter* (Captain E. M. C. Abel-Smith, zugleich Verbandsführer) drei Zerstörer umfaßte. Wegen starken Nebels löste C2 einen Tag zu spät ab, am 7. Mai um 1400 Uhr. Die *Biter* und ihre Zerstörer kamen noch später; sie stießen am 9. Mai zum Konvoi, doch das schlechte Wetter verhinderte an diesem Tag den Einsatz von Flugzeugen. Am 7. und 8. Mai waren die Flugzeuge der *Biter* bei besserem Wetter bereits zum Konvoi vorausgeflogen und über ihm patrouilliert, was »den Kapitänen und Besatzungen Mut gemacht« hatte. Insgesamt waren achtunddreißig Handelsschiffe versammelt, zuzüglich neun Nachzügler. Zwei der Nachzügler liefen in St. John's ein, vier stießen später wieder zum Konvoi und drei, *Fort Concord, Brand* und *Sandanger*, fuhren als Einzelfahrer weiter und wurden alle drei am 12. versenkt; es waren die einzigen Schiffsverluste von HX.237, zu dem sie formal gehörten. Dieser Fall bewies wieder, wie lebenswichtig es für die Handelsschiffe war, ihre Station im Konvoi zu halten.

Am 9. Mai um 1300 Uhr sichtete U-359 (Oblt. Heinz Förster) von der Gruppe »Rhein« den Konvoi auf Position 41°09′ N, 26°54′ W. Die Sichtung war nur durch die Neustationierung des BdU möglich geworden. U-359 wurde durch Befehl des BdU zum Fühlunghalter bestimmt. Die Funksignale des U-Boots wurden von der *Broadway* mit HF/DF eingepeilt, und die Korvette *Primrose* dampfte die Peilung ab, sichtete das U-Boot und warf einen Zehner-Teppich, nachdem das Boot getaucht war. Ein Erfolg konnte jedoch nicht beobachtet werden. Chavasse ließ den Konvoi eine Kursänderung von 40° nach Steuerbord machen. Im Lauf des Tages wurden weitere U-Boot-Funksprüche mit HF/DF erfaßt, was den Schluß nahelegte, daß mindestens zwei U-Boote am Konvoi standen. Sichtungen wurden allerdings nicht mehr erzielt, und da die Luft weiterhin stark diesig war, konnten die neun Swordfish und die eine Marlet des 811. Marine-Fliegergeschwaders auf der *Biter*, die hinter dem Konvoi herfuhr, die Geleitfahrzeuge nicht unterstützen. Ursprünglich waren drei Marlets an Bord gewesen, aber am 7. Mai waren zwei nicht von einer Patrouille zurückgekehrt, obwohl alle Anstrengungen unternommen wurden, sie zurückzuführen. Da sie die Orientierung verloren hatten, landeten sie beide 90 Meilen nordöstlich des Konvoi neben anderen Schiffen, einem Nachzügler und einem Trawler; die Piloten wurden gerettet. Drei Tage später verirrte sich eine Swordfish, deren Besatzung ebenfalls von einem anderen Schiff gerettet wurde.

Am nächsten Morgen, dem 10. Mai, die Luft war etwas klarer geworden, sichtete U-403 (Kptlt. Hans Clausen), das den Schlepper der Gruppe C2 entdeckt hatte und ihm über Wasser gefolgt war, den Konvoi. Um 1647 Uhr wurde das U-Boot auf der Steuerbordseite des Konvois von den Geleitfahrzeugen entdeckt. Zwei Korvetten setzten dem Eindringling nach, und von der *Biter* startete die Swordfish »M«, die das Boot sechs Meilen von den Korvetten entfernt immer noch aufgetaucht vorfand. Als der mit Segeltuch bespannte Doppeldecker bis auf 1400 Meter an das U-Boot herangekommen war, drehte er scharf ab, weil er von Maschinengewehrfeuer empfangen wurde. Kaum ging das U-Boot in den Keller, flog die Maschine wieder mit Höchstgeschwindigkeit von 120 Knoten an. Sie näherte sich der Tauchstelle in einem Winkel von 45° zum Kurs des U-Boots und warf aus einer Höhe von 18 Metern vier Wasserbomben Mark XI, die auf 7 Meter Detonationstiefe eingestellt waren und im Abstand von je 18 Metern fielen, aber alle hinter dem U-Boot aufschlugen. Das überraschte Boot, das den Angriff ohne Schaden überlebte, teilte dem BdU mit, daß es von einem Flugzeug mit Rädern als Fahrgestell angegriffen worden sei. Das war für den BdU sicherlich eine große Neuigkeit, hatte er den Booten der Gruppe »Rhein« doch gerade gefunkt, daß der Einsatz von Flugzeugen nicht zu erwarten sei, da sich der Konvoi außerhalb der Reichweite der landgestützten Maschinen befand: FLUGZEUGE KÖNNEN DEN KONVOI KAUM ERREICHEN.[9] Das Flugdeck der *Biter* hatte also für eine große Überraschung gesorgt. Ein für das Starten und Landen auf Betonpisten konstruiertes Flugzeug hatte das Deck eines Schiffes benutzt, um sich mitten auf dem Ozean in die Luft zu erheben.

Der Geleitträger war ein Kriegsschifftyp, dessen erste Vertreter eher zufällig im Juni 1941 von Royal Navy und US Navy gleichzeitig gebaut worden waren. In beiden Fällen hatte man ein Flugdeck auf einen Handelsschiffsrumpf aufgesetzt. Auf dem ersten Schiff dieses Typs der Royal Navy konnten sechs Marlet-Jagdbomber stationiert werden. Dieses Schiff, die *Audacity*, war durch Umbau aus dem erbeuteten deutschen Handelsschiff *Hannover* entstanden. Die *Auda-*

city wurde den Großbritannien-Gibraltar-Konvois zugeteilt und hatte einen außergewöhnlichen, wenn auch nur sechs Monate kurzen Lebenslauf. Ihre Flugzeuge schossen fünf Maschinen der Luftwaffe ab und sichteten neun U-Boote. Am 17. Dezember versenkten sie zusammen mit der 36. Eskortgruppe (Commander Frederic John Walker) U-131 (Korvettenkapitän Arend Baumann), wobei allerdings die angreifende Marlet dem Abwehrfeuer des U-Bootes zum Opfer fiel. In der Nacht vom 21. auf den 22. Dezember, als die *Audacity* den Konvoi HG.76 geleitete, wurde sie ihrerseits das Opfer dreier Torpedos von U-751 (Kptlt. Gerhard Bigalk) und sank.[10]

Das amerikanische Gegenstück, der Träger *Long Island*, der zweiundzwanzig Flugzeuge an Bord nehmen konnte, wurde weder im Atlantik noch im Pazifik bei Gefechtshandlungen eingesetzt, sondern diente sein ganzes Leben dazu, Trägerflugzeuge zu transportieren und zu testen und Flugpersonal auszubilden. Ab Anfang 1942 steckte die US Navy erhebliche Mittel in das Geleitträgerprogramm. Die amerikanischen Werften begannen in großer Zahl Handelsschiffe in ständig verbesserte Modelle von Geleitträgern umzubauen; bis zum Kriegsende hatten sie insgesamt 128 Stück gebaut.[11] In Großbritannien liefen fünf solcher Schiffe vom Stapel. Viele der in den USA gebauten Träger wurden anfangs der Royal Navy übergeben, die weitere technische Änderungen an ihnen vornahm, die insbesondere das Flugbenzinsystem an Bord betrafen, um Explosionen der Benzingase möglichst auszuschließen. Zwei dieser Träger, die *Archer* und die *Biter*, dienten im Schwarzen Mai auf den atlantischen Konvoirouten. Die Swordfish »L« der *Biter* hatte am 25. April zusammen mit dem Zerstörer HMS *Pathfinder* U-203 (Kptlt. Hermann Kottmann) versenkt, als beide Schiffe mit EG5 zur Verstärkung der Eskortgruppe B2 am Konvoi ONS.4 eingesetzt waren. Der wichtigste Beitrag des Flugzeugs an dieser Versenkung waren zwei gut plazierte Calcium-Seemarkierungen gewesen. Die beiden Wasserbomben, die es 20 Sekunden nach dem Tauchen des U-Boots geworfen hatte, waren offenbar ohne Wirkung geblieben. Am 10. Mai war die *Archer* zusammen mit der Vierten Eskortgruppe zur Unterstützung der EG B6 am Konvoi ONS.6 im Einsatz.

Der britische Marinehistoriker Davis Hobbs, der die Verdienste der landgestützten und der schiffsgestützten Flugzeuge in jener Periode miteinander verglichen hat, weist darauf hin, daß erstere die meisten Flugstunden für den Flug zum und vom Einsatzgebiet benötigten, aber meist nur wenig Zeit für den Einsatz selbst hatten. Zieht man zudem in Betracht, daß die meisten landgestützten Bomber mit ihren Besatzungen in Rotation ständig zu den Konvois oder von dort zu ihren Flugplätzen unterwegs waren, dann wird der Vorteil der Trägermaschinen klar, die sich stets in unmittelbarer Nähe des Einsatzortes befanden. Hinzu kommt, daß es den Flugzeugen des Küstenkommandos keineswegs immer gelang, den Konvoi, den sie schützen sollten, zu finden; 1942 trafen zum Beispiel 34 Prozent aller gestarteten Maschinen nicht bei »ihrem« Konvoi ein. Schließlich eigneten sich die Trägermaschinen im Gegensatz zu landgestützten Bombern auch für den raschen Einsatz durch den taktischen Befehlshaber vor Ort, wofür der Angriff auf U-403 ein gutes Beispiel ist.[12] Sieht man einmal davon ab, daß die Piloten dazu neigten, sich bei der Navigation zu vertun, und dann wegen Treibstoffmangels Probleme bekamen, bestand das einzige Problem in diesen Tagen in der geringen Geschwindigkeit und Festigkeit der Swordfish.

Nach dem Angriff auf U-403 kam der BdU zu dem Schluß, daß die Gruppe »Rhein« 90 Seemeilen hinter dem schnellen Konvoi stand und kaum eine Chance hatte, ihn einzuholen. Er befahl ihr also – mit Ausnahme von U-403 –, die Operation gegen HX.237 abzubrechen und statt dessen gegen den langsameren SC.129 vorzugehen, der bessere Erfolgsaussichten zu bieten schien. Der schnelle Konvoi sollte dem Fühlunghalter U-403 und den sechs Booten der Gruppe »Drossel« überlassen werden, die sich ihm von Osten näherten.[13] Die Stunden des Tageslichts vergingen am 11. Mai ruhig, allerdings nahm die Anzahl der mit HF/DF-Peilungen zu, und Chavasse schickte zwei Zerstörer voraus, die das Gebiet nach Bedrohungen absuchen sollten. Zwei Maschinen von der *Biter* patrouillierten um den Konvoi herum. Im weiteren Verlauf des Tages entdeckte U-436 (Kptlt. Günther Seibicke) von der Gruppe »Drossel« den Konvoi HX.237 im Quadrat BD 9554 (44°15′ N, 27°25′ W). Er meldete die Anwesenheit von Maschinen, »wie sie von Flugzeugträgern eingesetzt« würden, was für den BdU entweder eine Bestätigung oder eine neue Erklärung dafür war, daß das Flugzeug, das U-403 angegriffen hatte, von einem Träger stammte.

Um 2013 Uhr erwischte eine der Maschinen der *Biter*, die Sword-fish »L«, U-436 über Wasser und griff es mit vier Wasserbomben aus 45 Meter Höhe an. Beim Anflug schlug dem »Einkaufsnetz« *(string-bag)*, wie der wackelige Doppeldecker von den Piloten genannt wurde, das Flugabwehrfeuer des U-Boots entgegen. Pilot und Bordschütze beobachteten, wie die Leuchtspurgeschosse auf der Backbordseite zwischen den Tragflächen hindurchpfiffen, ohne Schaden anzurich-ten, und der Pilot erwiderte das Feuer mit seiner vorderen Bordka-none. Nachdem er die Wasserbomben abgeworfen hatte, machte er kehrt, um ein zweites Mal anzufliegen, aber als er das langsame Flug-zeug endlich herumgedreht hatte, war das U-Boot verschwunden. Der Pilot warf einen Rauchmarkierer ab und nahm seinen Patrouillenflug wieder auf.[14] Um 2100 Uhr meldete U-89, der Konvoi laufe auf Kurs 000°, also nach Norden.[15] Erst gegen Tagesanbruch am 12. konnten die U-Boote den Kontakt zu ihm wiederherstellen. Das aufgetauchte »Drossel«-Boot U-230 (Kptlt. Paul Siegmann) sichtete bei starker Dünung in BD 2826 Handelsschiffskolonnen, was bestätigte, daß der Konvoi mit etwa 9,5 Knoten einen Ausweichkurs nach Norden einge-schlagen hatte.[16] Kurz darauf wurde U-230 auch schon von einer Swordfish angegriffen, die es geschafft hatte, von dem wegen der Dünung recht bockigen Deck der *Biter* zu starten. Das war am 23. Geburtstag des Ersten Wachoffiziers des U-Boots, des Schwarzwäl-ders Herbert A. Werner, der gerade die Brückenwache hatte:

»Flugzeug von achtern!« Zum Tauchen war es zu spät. Die einmo-torige Maschine kam von recht achteraus, genau entlang unseres Kielwassers. Ich steckte den Finger in den Abzug meines Maschi-nengewehrs. Das Ding hatte wieder Ladehemmung. Ich schlug auf das Magazin, dann war es besser und ich schoß das ganze Maga-zin leer. Das Geschütz ballerte los. Das Boot drehte hart nach Steu-erbord, dadurch wurde aus dem Bombenanflug der Maschine nichts. Der Pilot gab ordentlich Gas, drehte und flog erneut an, diesmal von recht voraus. Die Maschine ging sehr tief 'runter, der Motor stotterte und blieb stehen. Das Flugzeug krachte mit einer Tragfläche voran in die See, die andere Tragfläche knallte gegen unseren Aufbau. Der Pilot, der aus dem Cockpit geschleudert wor-den war, winkte mit den Armen, er wollte, daß wir ihm halfen.

Dann sah ich nur noch, wie er sich in Nichts auflöste, als seine vier Wasserbomben detonierten, die eigentlich für uns gedacht waren. Vier heftige Erschütterungen packten uns von Steuerbord achteraus, aber wir kamen ohne Schaden davon.[17]

Dieser Verlust hatte einen ernüchternden Effekt auf die *Biter.* Sie entschied, daß sich die antiquierten Swordfishs nicht mehr auf Schießereien mit U-Booten einlassen und auch nur noch dann mit Wasserbomben angreifen sollten, wenn klar erkennbar war, daß das U-Boot tauchte oder gerade getaucht war. Andernfalls sollte der Pilot das U-Boot beobachten und, wenn möglich, ein Schiff herbeirufen. Der nächste Angriff eines Flugzeugs der *Biter* sollte gleich ein ausgezeichnetes Beispiel für einen solchen Fall sein: Um 1230 Uhr eilten HMS *Broadway* und die Fregatte HMS *Lagan* bei gutem Wetter und 20 Seemeilen Sicht einer Swordfish »B« zu Hilfe, die ein Kielwasser entdeckt und danach in vier Meilen Entfernung ein U-Boot gesichtet hatte, das 12 Knoten lief und 060° steuerte. Das U-Boot – es handelte sich um U-89 – hatte ungefähr im selben Augenblick das Flugzeug entdeckt, den Kurs geändert und unter Wasser Zuflucht gesucht. Bis die Swordfish es erreicht hatte und auf 15 Meter Höhe herunter war, war das U-Boot schon über 30 Sekunden getaucht. Die Maschine warf ihre vier Wabos; doch als der Pilot zur Abwurfstelle zurückkehrte, konnte er nichts besonderes entdecken. Er warf einen Rauchmarkierer und meldete den Vorfall über Funk. Die *Broadway* reagierte und lief mit 24 Knoten zur Angriffsstelle, während die Swordfish die *Biter* anflog, weil ihr der Treibstoff ausging.

Die *Broadway* erreichte die Markierung um 1301 und hatte sofort ASDIC-Kontakt in Peilung 045°, Entfernung 1400 Meter. Chavasse entschied sich für einen Hedgehog-Angriff, doch als er diesen fuhr, beschleunigte U-89 mit Kurs quer vor dem Bug der *Broadway.* Es gab keine Detonationen. Inzwischen war die *Lagan* eingetroffen, um sich an der U-Jagd zu beteiligen, und unternahm zwei erfolglose Hedgehog-Angriffe. Zehn Minuten später empfing die *Broadway* wieder starke ASDIC-Echos und schoß mit 15° Vorhalt nach rechts erneut eine Hedgehog-Salve mit vierundzwanzig Projektilen. Diesmal, um 1359 Uhr, gab es eine einzelne scharfe Detonation, die man im ganzen Schiff hören konnte. Zwanzig Sekunden später war eine weitere gedämpfte Detonation zu hören, und die *Broadway* warf einen Markierer ins Wasser.

Die *Lagan* unternahm auf die markierte Position zwei weitere erfolglose Hedgehog-Angriffe. Doch eine Dreiviertelstunde nach dem Hedgehog-Treffer, den die *Broadway* auf dem Rumpf des U-Boots erreicht hatte, tauchten Wrackteile an der Oberfläche auf – ein Stück Holz mit einem Schalter daran, Dosen für Bananenstecker, ein Schild mit der Aufschrift *»Schlüssel M«* (Enigma-Gerät), etliche Stücke furniertes Holz, das auf der einen Seite lackiert und auf der anderen Seite weiß gestrichen war, ein Wollpullover mit einem Naziemblem und andere Bekleidungsstücke, die nicht aufgefischt wurden. Das Hedgehog-Projektil hatte offenbar ein großes Loch in das U-Boot gerissen. Leichen wurden nicht entdeckt. Sie lagen alle unten in ihrem eisernen Sarg vom Typ VIIC.[18] Es blieb nicht die einzige Beisetzung an diesem Tag. In derselben Stunde, als die *Broadway* ihren tödlichen Treffer erzielte, wurde ein anderes »Drossel«-Boot beschädigt, das nach dem Treffer nur noch mit sich selbst beschäftigt war und verzweifelt um Hilfe schrie. Zum Schluß wurde es durch eine Waffe vernichtet, die vorher noch nie auf See benutzt worden war. Ironischerweise befand sich U-89 auf dem Weg zu diesem Boot, um ihm zu helfen, als der Tod es ereilte.

Am 10. Dezember 1941, drei Tage nach dem Angriff auf Pearl Harbour, trat in den USA das Nationale Komitee für Forschungen im Verteidigungsbereich zusammen und behandelte einen Vorschlag, der ihm einige Zeit zuvor von der US Navy gemacht worden war. Auf dem streng geheimen Treffen in der Universität Harvard besprachen Wissenschaftler und Ingenieure die Machbarkeit eines leichten zielsuchenden U-Jagd-Torpedos, der aus der Luft eingesetzt werden konnte. Nachdem man sich geeinigt hatte, daß so etwas machbar war, traf sich das Komitee zwei Wochen später erneut, um die Anforderungen an eine solche Waffe zu spezifizieren und die Verantwortlichkeiten für die Entwicklung und Erprobung festzulegen. Vereinfacht dargestellt bestanden die Anforderungen darin, daß ein solcher zielsuchender Torpedo in der Lage sein sollte, eine Geräuschquelle unter Wasser zu entdecken, zu verfolgen und zu treffen. Ein Beispiel für eine solche Geräuschquelle war die von der Kavitation eines Propellers erzeugte Schallausstrahlung von vierundzwanzig Kilohertz, die durch die plötzliche Bildung und das ebenso plötzliche Zusammenbrechen von Blasen an den schnell rotierenden Schiffsschrauben entstand. Weiterhin mußte der Torpedo in die vorhandenen Bombenschächte der Flugzeuge oder an deren Aufhängevorrichtungen für 1000-Pfund-Bomben passen; er sollte von Flugzeugen, die mit 120 bis 150 Knoten in Flughöhen von 60 bis 90 Metern flogen, geworfen werden können; der Antrieb sollte durch Bleiakkus erfolgen und dem Torpedo für fünf bis fünfzehn Minuten eine Geschwindigkeit von 12 Knoten geben, und er sollte 45 kg Sprengstoff tragen.

Die Bell-Laboratorien, eine Abteilung der Western Electric Company, und das Unterwasserschall-Labor der Universität Harvard kamen überein, unabhängig, aber in ständiger Verbindung und unter Austausch der Informationen die Entwicklungsarbeiten durchzuführen. Die General Electric Company sollte den Antrieb und die Servomotoren konstruieren; möglicherweise stammt auch ein Teil oder sogar die ganze hydrostatische Tiefensteuerung von dieser Firma. Von der Electric Storage Battery Company wurde ein leichter, schockfester 48-Volt-Akkumulator entwickelt.[19] Das Unterwasserschall-Labor der Universität Harvard maß das vom Torpedopropeller erzeugte Geräuschniveau und löste die damit zusammenhängenden Probleme. Diese Aufgabe erwies sich als weniger schwierig, als erwartet worden war, da der David-Taylor-Schlepptank in der Marinewerft in Washington genutzt werden konnte. Dort zog Dr. Karl Schoenherr, nachdem er mit Besuchern von den Bell-Laboratorien zwanzig Minuten über Propellergeräusche diskutiert hatte, ein Stück Papier aus der Tasche und zeichnete darauf freihändig einen Propeller. »Hier haben Sie Ihren Propeller«, sagte er und legte den Entwurf für einen Propeller mit 37,5 Zentimeter Durchmesser und 30,5 Zentimeter Steigung vor. Als die Leute von den Bell-Laboratorien einwandten, ein derart grober Entwurf reiche ihnen nicht, ließ Schoenherr von einem Zeichner einen genaueren, maßstabsgerechten Entwurf anfertigen. Der danach hergestellte Propeller genügte nicht nur für den Prototypen des akustischen Torpedos, sondern blieb unverändert im Gebrauch, bis fünf Jahre nach Ende des Krieges die erste Verbesserung vorgenommen wurde. Auch als das Gehäuse für die Mittelsektion gebaut werden sollte, trat der mitunter improvisierte Charakter der Entwicklung des

Torpedos zutage. Die Ingenieure von Western Electric und den Bell-Laboratorien wandten sich an einen Badewannenhersteller, dessen »genauestes Meßinstrument offenbar ein hölzerner Zollstock war«. Doch die Firma stellte austauschbare Sektionen her, die in bemerkenswerter Weise fehlerfrei waren.[20]

Am Ende bestand der einzige signifikante Unterschied zwischen der Lösung der Bell-Laboratorien und der Universität Harvard in der Art der Schallempfänger und ihrer Unterbringung. Im Bell-Modell waren Rochellesalzkristallhydrophone rund um die Mittelsektion des Torpedos angebracht, während beim Harvard-Modell Magnetostriktionshydrophone in der Spitze des Torpedos eingebaut waren. Beim Vergleich der Leistungsfähigkeit der Systeme ergab sich kein wesentlicher Unterschied, dennoch entschied sich das Forschungskomitee für das Bell-Modell. Es hatte den Vorteil, daß die Torpedospitze mit dem 40 kg schweren Sprengkopf aus HBX-1-Torpex und dem Aufschlagzünder Mark 142 vom Rest des Torpedos getrennt transportiert und erst kurz vor dem Einsatz im Flugzeug mit dem Torpedo zusammengesetzt werden konnte. Die vier akustischen Sensoren – links, rechts, oben und unten – führten den Torpedo nach dem Prinzip der Abschattung. Das Hydrophon auf der rechten Seite hörte zum Beispiel keine Geräusche links vom Torpedo, da diese Seite durch den Torpedo selbst abgeschattet war; die Steuerung des Torpedos lenkte ihn dann nach links. Die oben und unten angebrachten Sensoren arbeiteten in der Vertikalen nach demselben Prinzip.[21]

Prototypen des neuen Torpedos wurden sowohl von Booten als auch von Flugzeugen aus erprobt, um ihre Leistungsfähigkeit zu prüfen und zu messen. Die Haupterprobung fand auf der Salomon-Insel auf dem tiefen Fluß Patuxent in Maryland und auf Key West in Florida statt. Auf Key West wurde ein amerikanisches U-Boot mit einem Schutzkorb um die Propeller als Ziel für aus der Luft abgeworfene Torpedos benutzt, die jedoch anstelle des Sprengstoffs mit Gips gefüllt waren. Nachdem die ersten drei von sechs Versuchstorpedos wiederholt gegen die Schutzgitter des U-Boots geknallt waren, bis sie sich selbst zerstört hatten, brach der Captain, der die Erprobung leitete, die Versuche ab. Er erinnerte alle Beteiligten an ihre Geheimhaltungspflicht und gab den Männern der US Navy den Rat, lieber nicht auf U-Booten zu fahren.[22]

Da die Erprobungen beendet waren, wurde die Entwicklung im Oktober 1942 abgeschlossen, und Western Electric begann als einziger Hersteller mit der Fertigung der Torpedos. Das erste Serienmodell wurde im März 1943 an die US Navy ausgeliefert, nur fünfzehn Monate, nachdem das Forschungskomitee seine Entwicklung beschlossen hatte. Der Durchmesser des Torpedos betrug 48,25, die Länge 213 cm, das Gewicht 310 kg. Die maximale Geschwindigkeit reichte mit 12 Knoten aus, ein mit maximaler Unterwassergeschwindigkeit laufendes U-Boot einzuholen. Die Einsatzdaten erfüllten annähernd die im Dezember 1941 geforderten Parameter. Da die Hydrophone in der Mittelsektion des Torpedos in seitlicher Richtung am empfindlichsten waren, erwartete man nicht, daß das ausgewählte Bell-Modell, wenn es die eingestellte Tiefe erreicht hatte, mit direktem Kurs, Nase voran, auf das Ziel zusteuern würde, selbst dann nicht, wenn der Torpedo direkt auf der Kiellinie des U-Boots ins Wasser geworfen wurde. Eine OR-Studie berichtete im August 1946:

Der Torpedo hat für seine Flugphase einen hölzernen Aufsatz und Heckstabilisatoren, die abgeworfen werden, sobald er auf dem Wasser aufschlägt. Nach dem Wassereintritt fängt der Torpedo für gewöhnlich an, in einer Tiefe von über 12 Metern Kreise mit einem Radius von 15 bis 45 Metern zu ziehen. Wenn er in den Einflußbereich einer Schallquelle kommt, die stark genug ist, seine Sensoren anzusprechen, geht er auf einen Verfolgungskurs, bis er das Ziel erreicht hat (oder es verliert). Bei voller Batteriekapazität läuft der Torpedo zwischen 12 und 15 Minuten und legt dabei etwa 5500 Meter zurück. Am Ende der Laufstrecke sinkt er, da er zum Schwimmen nicht genug statischen Auftrieb hat.[23]

Bei den Fliegern erhielt die neue Waffe den Spitznamen »Wandering Annie«. Offiziell bezeichnete man sie um der Geheimhaltung willen und um durch den Namen nicht schon den Zweck zu verraten als Mine Mark XXIV. Es ist auch spekuliert worden, daß der Begriff »Mine« gewählt wurde, um zu vermeiden, daß das aufgeblähte, schwerfällige Torpedoamt der US Navy für die Waffe zuständig wurde.[24] Anfangs wurde sie auch FIDO genannt, doch man fand auch dieses Wort noch zu verräterisch und ersetzte es durch den Codenamen PROCTOR. Der

Torpedo Mark XXIV stand von Anfang an unter strengster Geheimhaltung, denn wenn den Deutschen seine Funktionsweise bekannt geworden wäre, hätten die U-Boote nach dem Tauchen nur auf ganz langsame Unterwasserfahrt zu gehen brauchen; dann war die Kavitation so gering, daß der Torpedo sie nicht mehr wahrnehmen konnte. Als das erste Los Mark XXIV fertig war und von Kearny in New Jersey abgeholt werden konnte, wurde es versteckt aufbewahrt und in besonders geschützten Bereichen in die Flugzeuge verladen. Normalerweise begleitete eine eigene Wachmannschaft aus einem Offizier und fünf Technikern die besondere Fracht, bis sie der US Navy oder der Royal Navy ausgeliefert worden war.

Der erste für die Royal Navy bestimmte Torpedo wurde jedoch unter der Bewachung von nur einem Offizier, Group Captain Jeaff Greswell von der RAF, auf dem britischen Passagierdampfer *Empress of Scotland* nach England befördert. Greswell war als Verbindungsoffizier bei mehreren Stellen in den USA gewesen und hatte den Befehl erhalten, diese Bewachung zu übernehmen. Schon an der Entwicklung des Leigh-Lichts hatte Greswell mitgearbeitet und später das erste einsatzfähige Geschwader mit Leigh-Licht-Flugzeugen aufgestellt (das 172.). In der Nacht des 4. Juni 1942 war er den ersten Angriff mit einem Leigh-Licht geflogen, dessen Ziel das italienische U-Boot *Luigi Torelli* gewesen war; später hatte er auch noch das italienische U-Boot *Morosini* angegriffen. Auf der Pier in New York, so berichtete Greswell dem Autor, übernahm er den Torpedo von einem Laster der US Navy, der von mehreren bewaffneten Matrosen bewacht wurde. Sie trugen ihn in drei neutralen Kisten (Spitze, Mittelsektion und Heck) an Bord. Greswell unterschrieb die Frachtdokumente der US Navy, dann ließ der Schiffskapitän die Kisten in einem besonderen Verschlußraum unterbringen und stellte Greswell auf dessen Verlangen eine Quittung aus. Nach der Ankunft in Liverpool wurden die drei Kisten unter größter Geheimhaltung auf einem schwer bewachten Lastwagen der RAF abtransportiert. Man stelle sich Greswells Überraschung vor, als er kurz darauf mit der Post eine Anfrage des britischen Zolls erhielt, der wissen wollte, warum er die Einfuhr eines »zielsuchenden Torpedos für den Einsatz aus der Luft gegen U-Boote« nach Großbritannien nicht ordnungsgemäß angemeldet habe.[25]

Die Sicherheitsvorkehrungen der ersten größeren Lieferung von Mk 24 nach Nordirland am 27. April und nach Island am 1. Mai waren wirksamer. Ursprünglich war beabsichtigt gewesen, die neue Waffe zunächst gegen einzeln operierende japanische U-Boote im Pazifik einzusetzen. Der britischen Delegation auf der Konvoikonferenz in Washington war es aber gelungen, Admiral King zu überreden, den gleichzeitigen Einsatz gegen deutsche U-Boote zu genehmigen. Als erstes Einsatzdatum war der 8. Mai vorgesehen; später wurde dieser Termin auf den 6. Mai vorgezogen. Für alle Beteiligten von US Navy, Küstenkommando und Luftwaffe der Royal Navy, die mit der Verwendung des Torpedos zu tun hatten, war strengste Geheimhaltung angeordnet. Der Torpedo durfte zum Beispiel nicht abgeworfen werden, wenn das Turmluk des U-Boots noch nicht geschlossen und es noch nicht getaucht war (andererseits sollte er spätestens zwei Minuten, nachdem das U-Boot getaucht war, abgeworfen werden). Es war grundsätzlich darauf zu achten, daß der Abwurf des Torpedos nicht beobachtet wurde. Auch in Anwesenheit eigener Überwasserschiffe durfte er nicht eingesetzt werden, zum einen, weil ihre Propellergeräusche ihn von seinem Ziel ablenken konnten, und zum anderen, weil die Besatzungsmitglieder der alliierten Schiffe, die nicht speziell zur Geheimhaltung verpflichtet worden waren, die Waffe nicht sehen sollten. Ebenso war der Einsatz im Mittelmeer und in Küstennähe verboten, wo der Torpedo möglicherweise ans Ufer gelangen und dem Gegner in die Hände fallen konnte. Darüber hinaus wurden den Flugzeugbesatzungen nur die erforderlichen Handgriffe für Wartung, Scharfmachen und Abwurf beigebracht, um die Funktionsweise des Mk 24 vor ihnen geheimzuhalten, obwohl die meisten Besatzungen sich denken konnten, wie »Wandering Annie« funktionierte. Diese Sicherheitsvorkehrungen wurden so sorgfältig eingehalten, daß die Deutschen erst nach dem Krieg von der Existenz der Waffe erfuhren.

Beim neu aufgestellten VLR-Liberator-Geschwader Nr. 86 in Aldergrove in Nordirland fanden die Flugzeugbesatzungen heraus, daß ihre Maschinen zwei Mk 24 und vier Wasserbomben tragen konnten, was dann zur Standardbeladung wurde. Die ersten Flüge mit den zielsuchenden Torpedos fanden am 7. Mai statt, aber an diesem Tage ergab sich keine Gelegenheit für einen Angriff. In dieser Phase, das sollte noch erwähnt werden, gab es kaum taktische Einsatzvorschriften. Erst nachdem man im operativen Einsatz einige Erfahrungen gesammelt hatte, stellte sich heraus, daß es am besten war, nach der Ortung eines U-Boots zunächst einen Wasserbombenangriff oder einen Angriff mit den Bordwaffen zu unternehmen, um das U-Boot unter Wasser zu drücken. Danach konnte dann der Mk 24 eingesetzt werden. In der US Navy arbeiteten die Trägerflugzeuge später zu zweit: Die F4F4 Wildcat brachte das U-Boot zum Tauchen, und die TBM-1 Avenger warf den Mk 24. Am 12. Mai kam es schließlich zu den ersten Angriffen mit der neuen Waffe. Sie erfolgten allesamt zur Unterstützung des Konvois HX.237, der von den U-Booten der Gruppe »Drossel« auf Position 46°40′ N, 26°20′ W bedrängt wurde. Drei Langstreckenmaschinen des 86. Geschwaders sichteten unabhängig voneinander Boote der Gruppe und warfen Mk 24, nachdem diese getaucht waren.[26] Zwei der Torpedos verfolgten die vorgesehene Beute nicht. Aber der dritte traf, und zwar genau.

Die Liberator »B« mit Pilot Flight Lieutenant John Wright war um 0334 Uhr Richtung Konvoi HX.237 gestartet. Siebeneinhalb Stunden später, um 1113 Uhr, sichteten Wright und seine siebenköpfige Besatzung ein aufgetauchtes U-Boot in Position 46°40′ N, 26°20′ W, das sie angriffen. Das Ziel war das VIIC-Boot U-456, das am 24. April zu seiner dritten Feindfahrt aus Brest ausgelaufen war. Der Kommandant, der 1915 in Kiel geborene Kptlt. Max-Martin Teichert, Träger des Ritterkreuzes, hatte neben vielen anderen Schiffen am 30. April 1942 den britischen Kreuzer *Edinburgh* torpediert, der den Konvoi OP.11 auf der Fahrt nach Murmansk begleitet hatte; der Kreuzer mußte später durch einen britischen Torpedo endgültig versenkt werden. Erst vor kurzem, am 11. Mai 1943, hatte Teichert zusammen mit Clausen (U-403) den Nachzügler *Fort Conrad* versenkt. Doch jetzt, am 12. Mai, sollte die *Edinburgh* gerächt werden.

Als die Ausgucks auf U-456 die anfliegende Liberator sichteten, gab Teichert den schicksalhaften Tauchbefehl. Da der Turm des U-Boots unter Wasser und kein Überwasserschiff in der Nähe war, löste der Wrights Bombenschütze einen Mk 24 aus. Nachdem der Torpedo in der See verschwunden war, kreiste die Maschine, und alle Augen beobachteten die rauhe Wasseroberfläche. Zwei Minuten später erschien knapp eine halbe Seemeile vom Tauchstrudel entfernt ein

»brauner Flecken« von etwa 30 Metern Durchmesser. Kurz darauf tauchte U-456 auf und feuerte, mit hoher Fahrt über Wasser im Zickzack fahrend, mit seiner Flugabwehrbewaffnung auf die Liberator. Das Flugzeug erwiderte das Feuer und flog einen Wabo-Angriff, warf aber den Dreierknüppel zu weit voraus. Da er keine Wasserbomben mehr hatte, rief Wright über Funk die Geleitschiffe heran, und die Zerstörer HMS *Pathfinder* und *Opportune* nahmen mit hoher Fahrt Kurs auf die Position des U-Boots. Die Liberator blieb bis 1435 Uhr, dann hatte sie die Grenze ihrer Flugausdauer erreicht und mußte zum Stützpunkt zurück.[27]

Teichert funkte um 1130 Uhr ein erstes Notsignal an den BdU und die in der Nähe stehenden Boote. Um 1151 Uhr ergänzte er mit einem zweiten Funkspruch: BIN TAUCHUNKLAR. QU BD 6646. FLUGZEUG HÄLT KONTAKT. ERBITTE DRINGEND HILFE.[28] Der Grund für sein Problem wurde durch einen Funkspruch klar, den er um 1325 Uhr absetzte: STEUERE 300° MIT HOHER FAHRT. GROSSES LECK IM ACHTERSCHIFF. BENÖTIGE DRINGEND HILFE.[29] Der Treffer war offenbar nicht an den Propellern, sondern an einer anderen Stelle im Achterschiff erfolgt, da das Boot aufgetaucht noch hohe Fahrt laufen konnte. Der BdU befahl U-89 (Lohmann), mit Höchstfahrt Teichert zur Hilfe zu kommen; später teilte er U-603 (Oblt. Rudolf Baltz) und U-190 (Kptlt. Max Wintermeyer) die gleiche Aufgabe zu.[30] Teichert mag aus dem Befehl an U-89 Mut geschöpft haben; jedenfalls ließ er Peilsignale senden, die Lohmann heranführen sollten. Aus seinen Funksprüchen wird aber klar, daß er sich mit der Zeit immer mehr Sorgen darüber machte, wo U-89 steckte. Um 1526 und um 1606 Uhr setzte er folgende Sprüche ab:

FRAGE WO STEHT EIGENES BOOT … WASSEREINBRUCH KANN NOCH EINE ZEITLANG UNTER KONTROLLE GEHALTEN WERDEN.[31]

AN LOHMANN. WO STEHEN SIE? EMPFANGEN SIE MEIN PEILSIGNAL? MEINE POSITION IST BD 6569, KURS 220, FAHRT 11 KNOTEN.[32]

Lohmann stand auf dem Meeresgrund, wo er nichts mehr empfangen konnte, und Teichert konnte niemand mehr helfen. Um 1640 Uhr sichtete der Zerstörer *Opportune*, der sich mit hoher Fahrt näherte, in zehn

Meilen Entfernung den Turm des U-Boots, das seinerseits das Kriegsschiff gesichtet haben dürfte. In dieser Extremsituation muß Teichert
gedacht haben, daß es nur eine Lösung gab, nämlich zu tauchen. Um
1645 Uhr beobachtete die *Opportune,* wie das U-Boot unter Wasser
verschwand. Wollte sich Teichert lieber auf dieses Risiko einlassen,
als sich zu ergeben? Wir werden es nie erfahren. Das Boot blieb mit
allen Dienstgraden und Mannschaften für ewige Zeiten auf seiner
Tauchstation.

Obwohl die *Oportune,* zu der bald darauf die *Pathfinder* stieß, das
ganze Gebiet (wahrscheinlich BD 6594 oder 46°39′ N, 26°54′ W)
absuchte, fand man kein Spur des U-Boots mehr. Der Mk 24 hatte
ganz ohne Mitwirkung eines anderen Mittels seine Aufgabe erfüllt,
nur siebzehn Monate nach der ersten Besprechung über die Entwicklung einer solchen Waffe. Die Liberator »B« des 86. Geschwaders hat
U-456 versenkt.[33] Dönitz und Godt, die genausowenig wie Teichert
wußten, was wirklich mit U-456 passiert war, spekulierten am 13.
Mai im Kriegstagebuch des BdU, das Boot sei »wahrscheinlich wegen
Fliebostreffer am Heck« versenkt worden.[34]

Zusätzlich zur Versenkung der zwei Boote wurden bei den Angriffen
auf HX.237 mehrere U-Boote von Geleitfahrzeugen und Flugzeugen
so schwer beschädigt, daß sie sich zu Reparaturen zurückziehen mußten. Dem Stab des BdU muß klar gewesen sein, daß die Gruppe
»Drossel« eine Niederlage erlitten hatte. Am 13. Mai um 0821 Uhr
wurden alle noch einsatzklaren Boote, die nicht vor dem Konvoi
HX.237 standen, angewiesen, die Operation gegen diesen Konvoi zu
beenden und sich nach Südwesten zurückzuziehen. Dort sollten sie zu
den Gruppen »Elbe« I und II stoßen, die drei Tage zuvor aus den
Gruppen »Elbe« und »Rhein« gebildet worden waren, um den Konvoi SC.129 abzufangen. Bevor sie sich aber absetzen konnten, wurde
den »Drossel«-Booten ein weiterer Schlag versetzt. Um 0635 Uhr
sichtete die Sunderland »G« des 423. Geschwaders der RCAF in Position 48°35′ N, 22°50′ W ein U-Boot, das zehn Seemeilen von der
Steuerbordseite des Konvois entfernt war und auf die Handelsschiffe
zulief. Das Flugzeug griff das aufgetauchte Boot erfolglos mit Wasserbomben an und lieferte sich dann, über ihm kreisend, ein Feuergefecht mit ihm. Die Korvette HMS *Drumheller* bemerkte die tiefen

Manöver des Flugzeugs und lief mit hoher Fahrt auf dessen Position zu. Um 0655 Uhr eröffnete sie mit dem 10-cm-Geschütz das Feuer. Daraufhin tauchte das U-Boot, und die *Drumheller* fuhr mit Hilfe einer ASDIC-Peilung einen Wabo-Angriff. Die hinzugeeilte Fregatte *Lagan* schloß sich um 0729 Uhr mit einem Hedgehog-Angriff an, der zu zwei Detonationen führte.

Weniger als eine Minute danach stiegen große Luftblasen an die Oberfläche, denen etwa zehn Minuten lang kleine Blasen folgten, bevor sich eine große Menge Dieselöl auf dem Wasser ausbreitete, das am Ende einen Ölflecken von 180 Meter Durchmesser bildete. Die *Lagan* fischte Holzstücke und ein Okular aus Gummi aus dem Wasser. Das versenkte Boot war U-753 (Korvettenkapitän Alfred Mannhardt von Mannstein), das am 5. Mai zu seiner sechsten Feindfahrt aus La Pallice ausgelaufen war. Niemand von der Besatzung wurde gerettet.[35] Nach dieser Versenkung gab es noch einige kleinere Aktionen durch Flugzeuge der *Biter*, da aber am späten Vormittag vom Feind weit und breit nichts mehr zu sehen war, drehten die *Biter* und EG5 nach Südwesten ab, um den Konvoi SC.129 zu unterstützen, der sich in etwa einer Tagesreise Entfernung befand.[36]

Das Geleit an diesem Konvoi, die Eskortgruppe B2, war seit dem Nachmittag des 11. Mai gefordert worden. Nach dem ersten Feindkontakt auf Position 41°N, 33°W hatten die Geleitfahrzeuge fortwährend HF/DF-Peilungen abgedampft, Radarkontakte verfolgt und Wasserbomben auf ASDIC-Kontakte geworfen.[37] Um 1800 Uhr wurden von U-402 (Korvettenkapitän Siegfried Freiherr von Forstner) zwei Handelsschiffe versenkt. In der folgenden Nacht zwischen 0129 und 0232 unternahm Commander Donald Macintyre, der das Geleit von dem Zerstörer *Hesperus* aus führte, vier Wasserbomben-, zwei Hedgehog- und einen Rammangriff. Der Rammstoß ging gegen U-223 (Oblt. Karljung Wächter), als das verfolgte Boot auftauchte und die *Hesperus* es mit ihrem 10-cm-Geschütz und den Oerlikon-Maschinenwaffen beschoß, wobei mindestens drei Treffer beobachtet wurden. Das Boot, das vorgeflutet (mit dem Deck unter Wasser) entdeckt worden war, tauchte daraufhin ganz auf, und mehrere Besatzungsmitglieder erschienen auf dem vom 25-cm-Signalscheinwerfer des Zerstörers angestrahlten Turm. Einige von ihnen wurden von den Oerlikons getroffen, und zwei gingen über Bord. Einer, ein Oberheizer, wurde von U-359 (Oblt. Heinz Förster) gerettet und später wieder an U-223 zurückgegeben.

U-223 drehte mit hart Ruder einen Vollkreis und lief dem Zerstörer vor den Bug. Macintyre hatte noch zehn Tage bis zum nächsten Hafen durchzuhalten und wollte sein Schiff nicht einsatzunfähig machen, da er wußte, daß noch zwei weitere U-Boote am Konvoi standen. Deshalb entschloß er sich, nur einen »halbherzigen Rammstoß« durchzuführen. Er stoppte die Maschinen, und der Zerstörer stieß mit etwa zehn Knoten Restfahrt unmittelbar hinter dem Turm gegen das U-Boot. Gleichzeitig wurde es wieder beschossen, was eine »grelle rote Explosion« auf dem Boot auslöste. Als sich die *Hesperus* zurückzog, meldeten die Ausgucks anlaufende Torpedos von achteraus, die jedoch am Schiff vorbeiliefen. In dem Glauben, daß das gerammte U-Boot sinken würde, kehrte Macintyre zum Geleit zurück. U-223 sank aber nicht, war aber so schwer beschädigt, daß es den Rückmarsch zum Stützpunkt antreten mußte, wo es nach der gefährlichen Biskaya-Passage am 24. Mai eintraf.[38]

Bei Tagesanbruch am 12. Mai versuchte eine ganze Reihe von U-Booten sich vor den Konvoi zu setzen, wobei U-186 (Kptlt. Siegfried Hesemann) als Fühlunghalter fungierte. Dönitz und Godt trieben die Boote voran: NICHT SACKEN LASSEN. NACH VORN MIT HÖCHSTFAHRT.[39] Um 1133 Uhr peilte die *Hesperus* mit dem HF/DF-Gerät einen U-Boot-Sender in 020° etwa 15 Meilen vor dem Konvoi und lief darauf zu. Um 1205 Uhr verringerte das Schiff die Fahrt auf 20 Knoten, begann mit der ASDIC-Suche und erhielt ein starkes Echo, das als »U-Boot« klassifiziert wurde. Zwei Minuten später fuhr Macintyre einen Hedgehog-Angriff, dem jedoch keine Detonationen folgten. Dann, nur 30 Sekunden später, wurde 10° an Steuerbord nur 50 Meter vor dem Schiff ein Periskop sichtbar, das sich von Steuerbord nach Backbord bewegte. Macintyre verfolgte das Boot, warf einen Zehner-Teppich Wasserbomben und schoß um 1219 Uhr eine zweite Hedgehog-Salve. Aber auch diesmal war ihm kein Erfolg vergönnt. Danach verlor die *Hesperus* den ASDIC-Kontakt, und Macintyre nahm an, daß das U-Boot in große Tiefe getaucht war. Mit dem Horchgerät entdeckte er das Ziel aber erneut und warf zehn Minol- und Amatol-Wasserbomben mit großer Tiefeneinstellung (105 und 150 Meter). Achtzehn Minuten später, gerade als er einen Abwurf in noch größere Tiefe plante, war eine Serie von Explosionen zu hören. Um 1233 Uhr fuhr Macintyre einen letzten Angriff mit Wasserbomben mit einer Tiefeneinstellungen von 165 und 210 Metern. Um 1245 Uhr war eine einzelne, scharfe Explosion zu vernehmen; außerdem traten dicht am Zerstörer »seltsame Geräusche« auf, und bald darauf stiegen Wrackteile und Öl an die Oberfläche. Das Opfer war der Fühlunghalter, U-186, das sich auf seiner zweiten Feindfahrt befunden hatte.[40]

Auch am Nachmittag wurden viele HF/DF-Peilungen erzielt. Zwischen 1530 und 1930 Uhr sichteten die Geleitfahrzeuge sechs U-Boote und führten zwei Angriffe durch. In der Abenddämmerung änderte der Konvoi seinen Kurs um 40° nach Backbord auf 343°, um die U-Boote abzuschütteln. Macintyre befürchtete einen groß angelegten Nachtangriff. Zwar war ein Boot versenkt worden, und zwei hatten mit Schäden den Rückmarsch antreten müssen, aber es standen immer noch zweiundzwanzig Boote in diesem Seegebiet. Doch zu Macintyres Überraschung fand kein Massenangriff statt. Der Angriffsversuch eines einzelnen Boots wurde von der *Hesperus* zusammen mit der Korvette HMS *Clematis* abgewehrt. Gegen Morgen ließ der Funkverkehr der U-Boote stark nach, und als später am Tag VLR-Liberators über dem Konvoi erschienen, dürfte es das Selbstvertrauen der aggressiv vor dem Konvoi patrouillierenden Eskortgruppe B2 weiter erhöht haben. Der BdU erhielt vom »Elbe«-Boot U-642 einen Funkspruch, daß es einen Flugzeugträger (die *Biter*) gesichtet habe, der mit hoher Fahrt einen südwestlichen Kurs steuerte. Daraus folgerte der BdU, daß der Träger den Konvoi SC.129 unterstützen sollte, und beschloß, die Operationen gegen diesen Konvoi am 14. Mai abzubrechen. So kam es, daß die U-Boote, als die *Biter* SC.129 am 14. Mai um 1400 Uhr erreichte, schon verlegt worden waren. Da keinerlei Feindberührung stattgefunden hatte, verließen die *Biter* und EG5 zwei Tage später auch diesen Konvoi, der fünf Tage darauf sicher und pünktlich die Heimatgewässer erreichte.

Wenngleich im Kriegstagebuch des BdU »starke Luft[überwachung]« als Hauptgrund für den Abbruch der Operation genannt wurde, war man in Berlin auch darüber besorgt, daß die zwölf auf den Konvoi angesetzten Boote auch am 12. Mai, als der Konvoi noch nicht aus der Luft geschützt worden war, keine Erfolge erzielt hatten. Daraus war nur zu schließen, daß es auf den Geleitfahrzeugen ein unbekanntes Ortungsgerät geben mußte (HF/DF und 10-cm-Radar) und daß »der Gegner mit erstaunlicher Sicherheit alle Boote am Geleit erfaßt haben mußte«. Ein »derartig promptes Erfassen der Boote« habe »bisher nicht in diesem Umfang stattgefunden«.[41] Die Operationen gegen HX.237 und SC.129 waren nur mit Schwierigkeiten angelaufen und dann fehlgeschlagen, obwohl ausgezeichnete nachrichtendienstliche Informationen über Positionen und Kurse der Konvois vorgelegen hatten und insgesamt etwa sechsunddreißig U-Boote gegen die beiden Konvois in den Kampf geschickt worden waren.

Es war nicht mehr zu übersehen, daß die deutschen U-Boote mit ihrer (von einigen Verbesserungen bei den Torpedos abgesehen) aus dem Jahr 1939 stammenden Technologie für die hochentwickelten Ortungsgeräte, die Methoden der Zielverfolgung und die moderne Bewaffnung der alliierten Geleitfahrzeuge des Jahres 1943 keine Gegner mehr waren. Hinzu kamen die von der Operations Research entwickelten Taktiken der Flugzeuge und deren neue »Mine« Mark XXIV. Herbert Werner, der IWO von U-230, sagte dem Autor gegenüber, die Katastrophe des Schwarzen Mai sei die Folge »der gewissenlosen Vorgehensweise der U-Boot-Führung« gewesen, die in dieser späten Phase des Krieges die Besatzungen weiterhin mit »veralteter und unzureichender Ausrüstung, Waffentechnik und Taktik« hinausschickte. Der Stab des BdU sei »auf diese Katastrophe in keiner Weise vorbereitet« gewesen: »Die Berichte der Kommandanten galten nichts. Man wollte den Tatsachen nicht ins Auge sehen – dem Unausweichlichen, das kommen mußte.«[42]

Auch wenn diese Ansicht von anderen U-Boot-Veteranen des Schwarzen Mai als extrem angesehen werden mag, steht doch außer Frage, daß das U-Boot im Mai 1943, wenn nicht schon früher, als Aufklärungs- und Kampfmittel für die Hochsee von der Qualität der alliierten Streitkräfte sowohl auf dem Wasser als auch in der Luft deklassiert worden war. Zahlenmäßig waren die U-Boote überlegen, aber der Unterschied in der Qualität war offensichtlich. Zieht man darüber hinaus die immer größer werdende Kluft zwischen der Erfahrung und dem Können der Beteiligten auf beiden Seiten in Betracht, dann liegen die Gründe für den Schwarzen Mai offen zutage. Die materiellen Unterschiede wurden auch in den Balkendiagrammen des BdU deutlich: Seit dem entscheidenden Kampf um ONS.5 waren die U-Boot-

Verluste pro versenktem Handelsschiff ständig angestiegen. Bei den Gefechten um HX.237 waren drei U-Boote verlorengegangen, während vier Nachzügler versenkt wurden; im Fall von SC.129 waren es ein versenktes und zwei schwer beschädigte U-Boote bei zwei versenkten Konvoischiffen gewesen. Beim nächsten Konvoi, ONS.7, betrug das Verhältnis eins zu eins, und dieses eine Handelsschiff sollte auch das letzte gewesen sein, das in den verbleibenden Tagen des Mai und im Juni auf den Konvoirouten des Nordatlantiks durch Feindeinwirkung verlorenging.

Am 11. und 12. Mai faßte der BdU insgesamt fünfundzwanzig, zum Teil neu in den Atlantik entsandte Boote aus deutschen, norwegischen und französischen Häfen zusammen. Hinzu kamen Boote, die von den Milchkühen U-459, U-119, U-461 und U-514 versorgt worden waren. Aus diesen Booten bildete er fünf kleine Gruppen, die er nach kleineren deutschen Flüssen benannte – Lech, Isar, Inn, Iller und Naab – und südöstlich von Grönland stationierte. Der nach Westen gehende Konvoi ONS.7, der England am 7. Mai unter dem Schutz der Eskortgruppe B5 verlassen hatte, traf am 13. auf die Gruppe »Iller«. U-640 (Oblt. Karl Heinz Nagel) meldete die Sichtung der Kolonnen des Konvois im Quadrat AL 1265. Später am selben Tag wurden die Gruppen »Inn« und »Isar« angewiesen, zusammen einen neuen Streifen zu bilden, und die Gruppen »Donau« I, »Lech« und »Naab« wurden zur Gruppe »Donau« II zusammengefaßt. Beide Gruppen erhielten den Auftrag, den von U-640 gemeldeten Konvoi abzufangen. Die Gruppe »Iller« mit U-640 wurde getrennt gegen den Konvoi angesetzt.

Der Fühlunghalter sollte die Geschehnisse nicht mehr lange verfolgen können. Schon früh am nächsten Tag wurde U-640 aufgetaucht in Position 60°32′ N, 31°05′ W von der Catalina »K« des auf Island stationierten 84. Geschwaders der US Navy entdeckt. Bei einer Bedeckung von 7/10, Wolkenuntergrenze 500 Meter und zehn Meilen Sicht bemerkte das Flugzeug das U-Boot sechzehn Meilen vom Konvoi entfernt und flog um 0739 Uhr einen Angriff von der Backbordseite des immer noch aufgetaucht fahrenden Boots. Aus 25 Meter Flughöhe warf der Pilot drei 150-kg-Wasserbomben, die auf nur sieben Meter Wassertiefe eingestellt waren. Das »blau-schwarze U-

Boot« wurde von der zweiten und dritten Bombe eingegabelt und verlor nach den Detonationen, eine 20 Meter breite Blasenspur hinter sich herziehend, an Fahrt. Schließlich blieb es liegen, bekam starke Schlagseite und sank.[43]

Während der weiteren Überfahrt von ONS.7 gab es bis kurz nach Mitternacht am 17. Mai keine Zwischenfälle. Zu diesem Zeitpunkt gelang es dem auf seiner ersten Feindfahrt befindlichen U-657 aus der Gruppe »Iller«, den britischen Dampfer *Aymeric* zweimal zu torpedieren. Die unglückliche *Aymeric* wurde damit zum letzten Handelsschiff unter britischer Flagge, das im Mai und Juni auf dem Nordatlantik sank. Der Vormast des Schiffes brach in sich zusammen, die Lukendeckel von Luke 1, die Halterungen für die Takelage und sogar die vorderen Ladebäume flogen außenbords. Schlacke, die als Ballast gefahren worden war, wurde über das ganze Schiff verteilt. Kurz nach dem zweiten Torpedotreffer explodierten die Kessel, wobei in beide Bordwände Löcher gerissen wurden. Ein Teil der aus Laskaren bestehenden Besatzung geriet beim Aussetzen der Boote in Panik, so daß die Boote verlorengingen und viele Männer ihr Leben verloren. Das Schiff ging innerhalb von fünf Minuten nach der ersten Explosion unter. Männer schwammen in dem bitterkalten Wasser, und viele ertranken in den Fluten. Einige Überlebende wurden von einem zur Rettung herbeigeeilten Rettungsschiff und einem Trawler aufgenommen. Von den achtundsiebzig Mann der Besatzung waren dreiundfünfzig ums Leben gekommen. Das war einer der schwersten Verluste an Menschenleben im ganzen Monat.[44] Aber die Ertrunkenen und Erfrorenen sollten gerächt werden.

HMS *Swale*, das Führungsschiff von EG B5, befahl die Ausführung des Suchmusters »Artichoke« und dampfte selbst bis 5500 Meter hinter die Position des Opfers zurück. Dort hatte sie um 0138 Uhr in Peilung 285°, Entfernung 800 Meter, einen ASDIC-Kontakt, der als »U-Boot« klassifiziert wurde. Drei Minuten später war sie über dem Kontakt und warf zehn Wasserbomben. Als das kein Ergebnis zeigte, schoß sie um 0203 Uhr eine Hedgehog-Salve. Es gab zwar keine Detonation, aber von der Brücke wurden Ölflecken gesichtet, auf denen seltsamerweise kleine Flammen erschienen. Die Fregatte der *River*-Klasse feuerte eine weitere Hedgehog-Salve und hörte 33 Sekunden später eine einzelne laute Explosion, der 107 Sekunden darauf zwei gedämpfte Explosionen folgten. Um 0231 Uhr warf die *Swale* auf dieser Position einen weiteren Zehner-Teppich Wasserbomben mit Tiefeneinstellungen von 45 und 105 Metern; fünfeinhalb Minuten später waren in der Tiefe zwei laute Explosionen zu hören, und an der Oberfläche breiteten sich Ölflecken aus. Der Angreifer der *Aymeric* würde nie wieder auftauchen. Die Position, an der vierundvierzig junge Deutsche den hohen Preis für die Versenkung bezahlten, war 58°54′ N, 42°33′ W.[45] Konvoi ONS.7 setzte die Reise ohne weitere Behinderungen fort. Am 18. stieß während der Tagesstunden noch kurz die Unterstützungsgruppe EG3 mit vier Zerstörern zum Konvoi. Die Eskortgruppe B5 wurde am WESTOMP von einer örtlichen Geleitgruppe abgelöst, und vier Tage später lief der Konvoi in Halifax ein.

Schon im Februar hatte Commander Peter Gretton, der Führer der Eskortgruppe B7, einen Termin Ende Mai festgelegt, an dem er mit einer Wren, die er an Gilbert Roberts' Taktikschule kennengelernt hatte, in der Londoner St. Mary's Kirche am Cadogan Square in den Bund der Ehe eintreten wollte. Gretton war bei seiner Zusage im Februar von dem achttägigen Abfahrtzyklus der Konvois ausgegangen. Am 14. Mai um 1330 Uhr begann seine letzte Reise vor der Hochzeit, als seine uns mittlerweile gut bekannte Gruppe von Kriegsschiffen – *Duncan, Vidette, Tay, Loosestrife, Snowflake* (ihr Schwesterschiff, die beschädigte *Sunflower,* sollte später folgen) und *Pink* – in St. John's auf Neufundland die Leinen loswarfen und durch den unvermeidlichen dicken Nebel ostwärts liefen. Auf See stießen noch der Rettungstrawler *Northern Spray* und die Korvette *Kitchener* zu B7. Um 0600 Uhr am 15. traf die Gruppe – es herrschte immer noch Nebel – den ihr anvertrauten Konvoi, SC.130, der aus neununddreißig Handelsschiffen und dem Rettungsfahrzeug *Zamalek* bestand.

Schwer beladen mit Getreide, Zucker, Pflanzenbrei, Holz, Brennstoff, Benzin und Stückgut, konnten die Handelsschiffe, von denen einige noch Kohledampfkessel hatten, kaum über siebeneinhalb Knoten laufen. Gretton war aber zuversichtlich, den Konvoi trotz ungünstiger Wetterverhältnisse und lästiger U-Boote pünktlich zum 25. Mai nach Großbritannien bringen zu können. Als in der ersten Nacht in dichtem Nebel ein Eisberg gesichtet wurde, setzte sich die *Vidette* mit voller Beleuchtung und blasender Dampfpfeife zwischen den Eisberg und die herandampfenden Konvoikolonnen. Der Rest der Nacht verlief ruhig. Bei Tagesanbruch am 16. lichtete sich der Nebel, und die Kolonnen fuhren zügig mit acht Knoten durch die See. Gegen 1100 Uhr traf auch die *Sunflower* ein. Das gute Wetter hielt am 17. an, und fünf Flying Fortresses der RCAF patrouillierten über dem Seegebiet. Dennoch beklagte sich Gretton: »Die Flugzeuge aus Neufundland sind nicht richtig für die Einsätze an den Konvois ausgebildet. Sie beherrschen weder die Fernmeldeverbindung noch die Peilverfahren.«[46] Besonders mißfiel ihm, daß er ausgerechnet an dem Tag, an dem der Konvoi keine Luftunterstützung hatte, der 18. Mai, vom Feind aufgespürt wurde.

Um 2219 Uhr, auf Position 54°39′ N, 36°47′ W, meldete das Rettungsschiff *Zamalek*, das mit einem HF/DF-Gerät FH3 ausgerüstet war, den Empfang einer Bodenwelle aus dem Norden. Ab 0116 Uhr am 19. Mai empfingen und peilten die Schiffe zahlreiche Funksignale – die *Duncan* hatte FH4 und *Tay* FH3 an Bord –, und aus den Schnittstellen der Peilungen zog man den Schluß, daß vier U-Boote in der Nähe standen, eins voraus auf jeder Seite der Kursrichtung des Konvois und eins auf jeder Seite achteraus. Die *Duncan* ging zur Offensive über und lief auf das an Backbord voraus im Abstand von vier Meilen stehende Boot zu. Auf 4600 Meter wurde das Boot mit Radar geortet, aber es tauchte, bevor es optisch auf der im Mondschein daliegenden See entdeckt werden konnte. Die *Duncan* warf an der vermuteten Tauchstelle fünf Wasserbomben und begann danach die Suche nach dem Muster »Observant«.[47] Auch wenn dieser erste Angriff keinen sichtbaren Erfolg hatte, so hielt er das U-Boot doch unter Wasser und schreckte es vorerst von einem Angriff auf den Konvoi ab. Außerdem war das Verhalten der *Duncan* ein gutes Beispiel für die aggressive Einstellung, welche die Eskortgruppe B7 in den nächsten achtundvierzig Stunden an den Tag legte. Immerhin stand sie einer feindlichen Streitmacht von dreiunddreißig U-Booten gegenüber, obwohl vermutlich nicht mehr als zwanzig Kontakt zum Konvoi herstellen konnten.

Mit dieser Konzentration von Booten hatte der BdU auf einen vom B-Dienst aufgefangenen und entschlüsselten alliierten Funkspruch vom 15. Mai reagiert, der ihm am 17. übermittelt worden. Diesem

Funkspruch hatte er Position, Kurs und Geschwindigkeit des Konvois SC.130 sowie die Information entnehmen können, daß dieser von der Eskortgruppe B7 beschützt wurde.[48] Das war die Chance für den BdU, Rache für die Katastrophe am ONS.5 zu nehmen. Er stellte quer zum Kurs des Konvois zwei Streifen auf, die bis zum 18. Mai um 2000 Uhr besetzt sein sollten: »Donau« I sollte sich mit dreizehn Booten (zwei davon, U-640 und U-657, waren schon versenkt worden, aber das wußte der BdU nicht), von AK 4258 (56°03′ N, 37°55′ W) bis AK 8141 (53°31′ N, 35°25′ W) auf die Lauer legen, und »Donau« II wurde mit zwölf Booten von AK 4944 (53°09′ N, 35°15′ W) bis AK 8734 (50°33′ N, 33°35′ W) aufgestellt. Daneben bildete eine Gruppe »Oder« mit acht aus Häfen an der Biskaya oder von Kraftstoffübernahmen in See kommenden Booten einen Streifen zwischen ED 2181 (50°21′ N, 33°25′ W) und DD 2769 (48°39′ N, 32°35′ W). Nach den Unterlagen von Hütte 8 in Bletchley Park wurden die entsprechenden Befehle des BdU dort erst zwischen dem 19. und 22. Mai entschlüsselt, so daß sie nicht der Anlaß dafür gewesen sein können, die Konvois auf Ausweichkurse umzuleiten. Rodger Winn im Lagezimmer der Admiralität besaß aber offenbar die eine prophetische Gabe, denn er wußte trotzdem, wo die Streifen lagen. Am 17. Mai schrieb er in seinem Informationsbericht:

Als nächstes werden neue Patrouillen über einen Bogen von 020° bis 140° von Virgin Rocks mit einem Radius von 600 Seemeilen von Gander auf Neufundland aufgestellt. Zwanzig oder noch mehr U-Boote sind jetzt unterwegs, um sie zu bilden, und die offensichtliche Lücke, durch die wir SC.130 führen wollen, wird bald geschlossen sein: Es wird eng werden, wenn wir den Konvoi noch hindurchbekommen wollen.[49]

Gretton erhielt die erste Warnung am 18. um 2219 Uhr, als das Rettungsschiff *Zamalek* die HF/DF-Peilung meldete. Später, als er wieder im Hafen war – er hatte keine Ahnung von den kryptographischen Erfolgen des B-Diensts und von Bletchley Park –, fragte er sich laut, wie es geschehen konnte, daß sich derart viele U-Booten an seinem Konvoi versammelten, ohne daß er von dem landgestützten HF/DF-Peilsystem gewarnt worden war.[50] Die Antwort darauf lautete zweifel-

los, daß ihre Streifen in völliger Funkstille gebildet worden waren.[51]
Aber zurück zur Nacht vom 18. auf den 19. Mai. Um 0300 Uhr, kurz
vor der Morgendämmerung, war Gretton klar, daß er beschattet wurde
und vielleicht schon umstellt war. Er änderte den Kurs des Konvois
um 90° nach Steuerbord, um Angriffen in der Dämmerung aus dem
Weg zu gehen, was auch gelang, und als die erste Liberator (die »T«
des 120. Geschwaders) aus Reykjavik am Konvoi eintraf und zwei
Angriffe auf U-731 (Oblt. Werner Techland) flog, stand das Boot etwa
da, wo der Konvoi gewesen wäre, wenn er nicht auf den Ausweichkurs eingeschwenkt wäre. Das U-Boot überstand den Angriff der
Liberator unbeschädigt, und der Konvoi ging um 0400 Uhr wieder auf
den alten Kurs 081° zurück.

Die Liberator sichtete noch fünf weitere Boote in der Nähe des
Konvois und stellte so mit insgesamt sechs Sichtungen einen Rekord
für einen einzelnen Flug auf.[52] Da so viele U-Boote in der Nähe standen, muß sich Gretton gefreut haben, als er erfuhr, daß sowohl Flugzeuge aus Island und Nordirland als auch eine zusätzliche Unterstützungsgruppe zu ihm stoßen würden. Letztere war dieselbe Erste
Eskortgruppe, die B7 schon in den letzten Stunden des Kampfs um
ONS.5 unterstützt hatte. Die Fregatten *Wear* (zugleich Gruppenführer), *Spey* und *Jed* sowie der ehemalige US-Küstenwachkutter *Sennen*
– die *Pelican* war wegen Maschinenschadens ausgefallen – liefen am
16. um 1930 Uhr aus St. John's aus. Am späten Vormittag des 19. Mai,
als die Schiffe sich von Steuerbord dem Konvoi näherten, sichtete die
Wear in 12 Meilen Abstand, Peilung 034°, ein aufgetauchtes U-Boot.
Um 1135 Uhr wurde beobachtet, wie das Boot tauchte. Es wurde später als U-952 (Oblt. Oskar Curio) identifiziert. Um 1209 Uhr sichtete
der Ausguck im Mastkorb der *Jed* ein weiteres U-Boot, das später von
der *Jed* und der *Sennen* gejagt wurde.

Das zuerst entdeckte U-Boot schoß einen Viererfächer, der zwischen der *Wear* und der *Jed* durchging. Die *Wear* änderte den Kurs,
ging auf Gegenkurs zu den Torpedolaufbahnen und erhielt auf 1650
Metern einen ASDIC-Kontakt. Um 1245 Uhr fuhr sie einen Hedgehog-Angriff, aber nur zwölf Projektile verließen den Werfer, weil eine
Feder im Sicherheitsschalter brach. Es gab keine Detonationen. Noch
schlimmer war, daß das Ruder der *Wear* in Lage »Hart Backbord«
klemmte und es eine Stunde dauerte, bis dieser Schaden behoben war.

Inzwischen war die *Spey* herangekommen, hatte ASDIC-Kontakt und fuhr um 1319, 1335 und 1415 Uhr drei Wabo-Angriffe. Nachdem die *Wear* ihre Reparatur beendet hatte, fuhr sie mit der *Spey* einen gemeinsamen Angriff, eine Art Sperre mit 16 Wasserbomben von jedem Schiff, die um 1533 Uhr mit großer Tiefeneinstellung im Abstand von sechs Sekunden geworfen wurden. An der Wasseroberfläche war nichts zu sehen, aber U-952 wurde beim letzten Angriff in 170 Meter Tiefe schwer beschädigt und mußte zum Stützpunkt zurückkehren.

Inzwischen (um 1227 Uhr) war das zweite U-Boot von der Brücke der *Jed* zu sehen; die Entfernung wurde auf acht Meilen geschätzt. Da das Boot die *Jed* bemerkte, tauchte es, als der Abstand fünf Seemeilen betrug. Die *Jed* erzielte um 1312 Uhr einen ASDIC-Kontakt; kurz darauf blies das U-Boot aus unerfindlichen Gründen die Tanks an, tauchte kurz auf und verschwand dann wieder unter der Wasseroberfläche. Die *Jed* warf um 1316 Uhr einen Fünfer-Teppich; eine Wasserbombe des Steuerbordwerfers fiel direkt in den Tauchstrudel, und kurz darauf erschien ein Ölflecken an der Oberfläche. Erst um 1324 Uhr wurde wieder ein schwaches ASDIC-Echo geortet; die *Jed* reduzierte die Fahrt auf 10 Knoten und führte um 1334 Uhr einen Hedgehog-Angriff durch. Es gab keine Detonation, und die *Jed* hatte Zweifel, ob dieser zweite ASDIC-Kontakt wirklich das U-Boot gewesen war.

Während die Fregatte rund um die Position des ersten Angriffs eine Suche nach dem Muster »Observant« begann, kam der Kutter *Sennen* hinzu und feuerte um 1405 Uhr einen Zehner-Teppich auf einen ASDIC-Kontakt. Den Explosionswassersäulen folgten um 1427 Uhr Öl und Blasen. Um 1440 Uhr tauchten zudem zersplitterte Holzstücke und ein kleiner roter Gegenstand auf, der wie Fleisch oder ein Teil eines menschlichen Körpers aussah. Um 1443 Uhr meldete der ASDIC-Bediener seltsame Geräusche, etwa wie das Ausströmen von Preßluft. Die *Jed* unternahm um 1447 Uhr einen Hedgehog-Angriff auf diese Geräuschquelle, erzielte aber keine Detonation eines Projektils. Es trat weiterhin Öl an die Oberfläche, und als den beiden Geleitfahrzeugen um 1515 Uhr befohlen wurde, zum Konvoi zurückzukehren, wenn sie keinen ASDIC-Kontakt mehr hatten, war der Ölflecken auf eine Größe von einer Viertel Seemeile im Durchmesser angewachsen. Nach den neuesten Bewertungen dieser Angriffe war das Ziel der ersten beiden Angriffe U-760 (Oblt. Otto Erich Blum), bei dem die Behälter an Deck beschädigt wurden. Die weiteren Angriffe wurden gegen U-954 (Kptlt. Odo Loewe) gefahren, das durch den Zehner-Teppich der *Sennen* um 1405 Uhr vernichtet wurde.[53] Es gab von diesem Boot, das am 8. April zu seiner ersten Feindfahrt aus Kiel ausgelaufen war, keine Überlebenden. Unter den Toten war der einundzwanzigjährige Leutnant zur See Peter Dönitz, der jüngere Sohn des Großadmirals.[54]

In der Nähe des Konvois SC.130 wurde an diesem Tag noch ein zweites U-Boot versenkt, das nicht zu den Gruppen »Donau« und »Oder« gehörte. Es lief mit Westkurs und stand vier Grad nördlich vom Konvoi, als es von der Hudson »M« des 269. Geschwaders entdeckt wurde. Es handelte sich um U-273 (Oblt. Hermann Rossmann), das sich ebenfalls auf der ersten Feindfahrt befand. Um 1627 Uhr griff der Hudson-Pilot das unerfahrene Boot mit einem Vierer-Knüppel an und gabelte den Turm des Boots mit seinen Wabos ein. Es wurde beobachtet, daß die dritte Bombe weniger als zehn Meter neben dem immer noch aufgetauchten Boot im Wasser einschlug. Aus dem Achterschiff trat sofort Öl aus; der Ölflecken war zum Schluß 30 Meter breit und 550 Meter lang. U-237 blieb noch sieben Minuten an der Oberfläche, drehte beständig Kreise über Steuerbord und wehrte sich mit seiner Flugabwehrbewaffnung. Die Hudson erwiderte das Feuer, traf Turm und Rumpf und versetzte damit Ausgucks und Schützen des U-Boots in Panik.

Schließlich, um 1634 Uhr, begann das Boot zu tauchen. Abgesehen von ein paar Wrackteilen, sollte es nie wieder auftauchen. Weitere vierundvierzig Männer fanden in der Tiefe ihr Grab, während der Pilot der Hudson, Flying Officer J. N. F. Bell, zum Flugplatz zurückflog. Damit war eine weitere atlantische Gefechtshandlung wie inzwischen fast alle zuungunsten der deutschen Seite ausgegangen.[55] Geheimnisvoller war und ist das Verschwinden von U-381 (Kptlt. Graf von Pückler und Limpurg), das am 31. März aus Saint-Nazaire ausgelaufen war und seinen letzten Funkspruch an den BdU am 9. Mai um 1502 Uhr aus dem Marinequadrat AK 7962 abgesetzt hatte. Das Boot wurde mit drei weiteren Booten angewiesen, die Gruppe »Inn« zu bilden und sich später der Gruppe »Donau« I anzuschließen.

Ob es das noch getan hat, ist nicht bekannt. Am 21. Mai forderte der BdU es auf, seine Position zu melden, weil er seit dem 9. Mai nichts von ihm gehört hatte. Da er keine Antwort erhielt, wurde das Boot von diesem Tag an als vermißt eingestuft. Dieser Verlust konnte bis heute keinem der Angriffe von EG1 und B7 zugeordnet werden, und auf den Einsatz eines Flugzeugs ist er ebenfalls nicht zurückzuführen.[56]

Im Lauf des 19. Mai und in der darauffolgenden Nacht, also vor und nach der Versenkung von U-954 durch die *Jed* und die *Sennen,* fuhren die Geleitfahrzeuge am Konvoi SC.130 nicht weniger als 27 Angriffe auf U-Boote, die von Flugzeugen, aus den Krähennestern und von den Brücken der Schiffe, von Radar oder HF/DF entdeckt und dann zum Teil mit den ASDIC-Geräten weiter unter Wasser verfolgt worden waren.[57] Jede Sichtung und jeder Kontakt wurden sofort energisch verfolgt, was der Erkenntnis des Kommandos der Western Approaches entsprach, daß in den ersten Monaten des Jahres 1943 die meisten U-Boote versenkt worden waren, bevor sie ihre Angriffe auf die Konvois durchführen konnten (siehe Kapitel 3). Allerdings sollten keiner der Angriffe von B7 und keine der weiteren Aktionen von EG1 zu einer Versenkung führen.

Die *Duncan* und *Snowflake* waren sicher, daß sie durch eine Serie von sechs Angriffen zwischen 0755 und 0918 Uhr am 19. ein U-Boot vernichtet hatten, wobei die *Duncan* nach eigener Überzeugung den vernichtenden Schlag geführt hatte. Bestärkt wurde sie darin durch die Tatsache, daß ihre Wasserbomben genau plaziert und bei einem Hedgehog-Angriff sieben Sekunden, nachdem die Projektile ins Wasser eingetaucht waren, deutlich eine Detonation zu hören gewesen war. Aber nach neuen Erkenntnissen kam das von der *Snowflake* geortete U-Boot, U-304 (Oblt. Heinz Koch), bis auf den Ausfall eines Brennstoffbunkers unbeschädigt davon und war der von der *Duncan* angegriffene Kontakt ein anderes Boot, vermutlich U-636 (Kptlt. Hans Hildebrandt), das unbeschädigt blieb.[58] Zwischen 1245 und 1533 Uhr verursachten die *Wear* und die *Spey,* wie schon erwähnt, erhebliche Schäden auf U-952, und am 20. Mai zwischen 0346 und 0542 Uhr beschädigte die *Spey* U-413 (Poel) leicht, und die *Jed* fügte U-91 (Oblt. Heinz Hungershausen) zwischen 0420 und 0439 Uhr ebenfalls leichten Schaden zu.[59]

Trotz dieses offenbaren Mangels an Erfolgen, was die Vernichtung von U-Booten anging, erzielten die Geleitfahrzeuge einen Erfolg, der an Land höher bewertet wurde als die U-Boot-Trophäen, die man in den Offiziersmessen an die Schotten hing: Sie bewahrten die Handelsschiffe ihres Konvois vor Schäden. Dies hatten sie unter der erprobten Führung von Commander Gretton erreicht, indem sie jedes feindliche Boot, das gesichtet oder geortet wurde, sofort unter Wasser drückten und die über den Wolken schwebenden Liberator-Bomber jede HF/DF-Peilung abfliegen ließen. Die Anzahl der HF/DF-Kontakte war überraschend groß, selbst wenn man die Geschwätzigkeit der deutschen Funker in Betracht zieht: Am 19. und 20. Mai bekam die *Duncan* einundfünfzig, die *Tay* einunddreißig und die *Sennen* dreiundzwanzig HF/DF-Peilungen.[60] Wenn die Schnittstellen in seiner Operationszentrale eingezeichnet waren, schickte Gretton die VLR-Liberators an die ermittelten Orte, wo sie ihre Suchmuster flogen, die Namen wie »Frog« (Frosch), »Adder« (Otter) und »Viper« (Viper) trugen. Häufig waren die U-Boot-Kommandanten völlig überrascht, wenn sie eine Liberator anfliegen sahen, nachdem sie eine Funkmeldung abgesetzt hatten – manchmal sogar noch während sie sendeten. In den Eintragungen im Kriegstagebuch des BdU für den 19. und 20. Mai beklagten Dönitz und Godt die »dauernden Überraschungsangriffe aus tiefhängenden Wolken«.[61] Der BdU schob diese Vorfälle auf das Radar, aber in Wirklichkeit waren sie nur ein weiterer Beweis für die Bedeutung des HF/DF für die Atlantikkriegführung der Alliierten.

Die letzte Versenkung eines U-Boots bei der Atlantiküberquerung von SC.130 wurde durch eine Maschine des in Reykjavik stationierten 120. Geschwaders erzielt, dessen Flugzeuge am 19. und 20. Mai siebenundzwanzig Sichtungen von U-Booten zu verbuchen hatten. Zwei Langstreckenmaschinen griffen U-707 (Kptlt. Günter Gretschel) an, das wie U-413 (Poel) schon gegen ONS.5 operiert hatte: Am 19. um 1340 Uhr warf die »P« vier Wasserbomben auf das aufgetaucht fahrende Boot, jedoch ohne Erfolg. Aber am nächsten Tag um 0810 Uhr sichtete die »N« dasselbe Boot und griff es zehn Sekunden, nachdem es getaucht war, an. Das Boot wurde schwer beschädigt und mußte sich aus dem Gefechtsgeschehen zurückziehen. Am 20., um 0745 Uhr, wurde U-418 (Oblt. Gerhard Lange) von vier Wasserbomben beschädigt, die von der Liberator »X« des 59. Geschwaders aus Ballykelly in Nordirland abgeworfen worden waren. Die Versenkung wurde am 20. Mai von der »P« des 120. Geschwaders von dem Piloten Squadron Leader J. R. E. Proctor erzielt. Um 0954 Uhr in Reykjavik gestartet, stieß Proctor um 1430 Uhr in Position 55°N und 30°W zum Konvoi SC.130 und führte auf Anweisung Grettons eine Reihe von Suchflügen durch. Dabei sichtete er um 1448 Uhr ein U-Boot, das er jedoch nicht angreifen konnte. Um 1710 Uhr entdeckt er in Peilung 15° an Backbord, Entfernung sechs Seemeilen, erneut ein U-Boot und gabelte es mit vier Wasserbomben ein, als es erst teilweise getaucht war. Es handelte sich um U-258 (von Mässenhausen), ein weiteres der ONS.5-Boote, das zweiundzwanzig Tage zuvor den amerikanischen Dampfer *McKeesport* versenkt hatte.

Der achtere Schütze der Liberator sah, wie der Turm des U-Boots durch die Explosionen für drei Sekunden aus dem Wasser gehoben wurde. Als die Detonationswassersäulen in sich zusammengebrochen waren, war das Boot nicht mehr zu sehen, dafür aber ein Ölflecken, der sich in der nächsten halben Stunde auf 60 Meter Durchmesser ausdehnte, mit einer »fast weißen Stelle« an einer Seite, die aussah, als stiegen dort Luftblasen auf. Ironischerweise setzte der BdU nur eine Stunde und acht Minuten nach diesem Angriff einen Funkspruch an U-258 ab, in dem er das Boot anwies, zum Stützpunkt zurückzukehren und dabei im Lauf der nächsten drei Tage häufig mit Kurzwelle zu senden, um den Feind zu täuschen. Von Massenhäuser und seine Besatzung waren nicht mehr in der Lage, diesem Befehl nachzukommen.[62] Unterdessen hatte die »P« des 120. Geschwaders ihre Suchflüge fortgesetzt und sichtete um 1924 Uhr in drei Meilen Entfernung ein aufgetauchtes Boot. Während des Sinkflugs entschied sich Proctor, den Turm des Boots mit den Bordwaffen zu beschießen; offenbar wollte er es unter Wasser drücken, um eine »Mine« Mk 24 einsetzen zu können. Auf der Brücke des U-Boots standen sechs Besatzungsmitglieder, die das Feuer des Flugzeugs erwiderten. Das Boot blieb über Wasser.

Proctor warf seine schwere Maschine herum, flog erneut an dem Boot vorbei und gab 180 Schuß auf Turm und Vorschiff ab. Obwohl er es in seinem Bericht nicht erwähnte, scheint das U-Boot dann doch getaucht zu sein, denn er warf um 1931 Uhr einen Torpedo Mk 24. Drei Minuten später, berichtete er weiter, kam das U-Boot an die

Oberfläche, lag aber mit dem Heck tief im Wasser und »hatte Schwierigkeiten«. Um 2143 Uhr trat er den Rückflug Richtung Flugplatz an. In seinem Gefechtsbericht in der Sammlung des Geschwaders wird der Mk 24 nicht genannt; dort steht vielmehr, daß er eine »270-kg-Wabo« geworfen habe. Doch das war der Codename für den Mk 24, und er war geschickt gewählt, denn es gab eine 270-kg-Bombe, die gerade neu an die Truppe ausgeliefert wurde. War in den Berichten von einer »Wasserbombe« die Rede, dann war die neue Wasserbombe gemeint; wurde von einer »270-kg-Wabo« gesprochen, meinte man den Torpedo Mk 24. Ein weiterer Hinweis darauf, daß die von Proctor geworfene »Wabo« in Wirklichkeit ein Torpedo war, ist die Tatsache, daß sein Geschwader noch nicht mit den neuen Wasserbomben ausgerüstet war.[63] Aber wie dem auch gewesen sein mag, der Angriff war erfolglos: Das Ziel, U-418, entkam ohne weitere Schäden – allerdings nur bis zum 1. Juni: An diesem Tag wurde das Boot durch die Beaufighter »B« des 236. Geschwaders in der Biskaya versenkt.[64]

Während all dieser Gefechte blieben die Handelsschiffe des Konvois SC.130 trotz der zwanzig Kursänderungen, die Gretton als Notmanöver durchführen ließ, auf ihren Stationen. In seinem Bericht kommentierte er: »Der Konvoi führte die Kursänderungen mit der Präzision einer Schlachtflotte aus.«[65] Das letzte Ausweichmanöver wurde in der Morgendämmerung des 21. Mai durchgeführt, als es nicht mehr nötig war, da der BdU seinen Booten am Vorabend befohlen hatte, die Angriffe einzustellen und nach Westen abzulaufen.[66] Der Rest der Atlantikpassage von SC.130 verlief ruhig; nur das Wetter wurde schlechter, und als am 22. Mai ein Sturm aus Osten blies, verringerte sich die Vormarschgeschwindigkeit des Konvois auf 4 Knoten. Um 1100 Uhr dieses Tages entließ Gretton auf Anordnung des Befehlshabers der Western Approaches die Unterstützungsgruppe EG1. Die Hauptarbeit für die Geleitfahrzeuge war erledigt. Obwohl er stark bedrängt worden war, traf der Konvoi SC.130 am 25. Mai wohlbehalten und pünktlich in den Heimatgewässern vor Großbritannien ein. Einige Handelsschiffe fuhren in Begleitung der *Loosestrife* nach Loch Eve, der Rest ankerte zusammen mit der *Vidette* vor dem Mull of Kintyre. Die *Duncan* und die anderen Geleitfahrzeuge der Eskortgruppe B7 liefen in Moville in der Nähe von Londonderry ein.

Und Gretton kam pünktlich in die Kirche. Es war wirklich eine »sichere und zeitgerechte Ankunft« gewesen.

In der Schlußbesprechung der Admiralität wurde die erfolgreiche Atlantiküberquerung dieses Konvois auf vier Einflußfaktoren zurückgeführt: die starke Luftunterstützung, als U-Boote den Konvoi bedrohten, die pünktliche Ankunft von EG1 am 19. Mai, die sachgerechte Lagebeurteilung durch den Geleitführer und die erfolgreichen Ausweichmanöver, wenn U-Boot-Positionen bekannt waren, beziehungsweise täglich vor der Morgendämmerung, so daß die U-Boote häufig das Nachsehen hatten, weil sie sich falsch aufgestellt hatten.[67] Man hätte hinzufügen können, daß der geschickte und erfolgreiche Gebrauch von HF/DF durch *Duncan, Tay, Sennen* und *Zamalek* es Gretton ermöglicht hatte, Flugzeuge und Schiffe schon auf erhebliche Entfernungen gegen die U-Boote anzusetzen. In seiner Stellungnahme als Geleitzugführer führte Gretton aus: »Ein Geleit ohne zuverlässige HF/DF-Information zu führen wäre, als würde man einen Boxer mit einer Augenbinde in den Ring schicken.«[68]

In der Rückschau nach mehr als einem halben Jahrhundert erscheint die Fahrt von SC.130 als besonders wichtige Atlantiküberquerung, weil sie vor Augen geführt hatte, wie wirksam die alliierten Geleitschutzmaßnahmen geworden waren und wie schlecht es um die Erfolgsaussichten der U-Boote stand, die Anfang Mai noch so vielversprechend ausgesehen hatten. Es fällt auch auf, wie wenige Boote aus den Gruppen »Donau« und »Oder« sich überhaupt noch an das Geleit herangewagt hatten. Waren die Kommandanten so vorsichtig, um nicht zu sagen ängstlich geworden? Oder hatten sie einfach keine Möglichkeit gehabt, an den Konvoi heranzukommen? Wir werden es wahrscheinlich nie erfahren, denn die wenigen noch lebenden U-Boot-Fahrer können nicht für alle und nicht einmal für eine Mehrheit sprechen.[69] Klar ist aber, daß die Verluste bei den U-Booten pro versenktem Handelsschiff weiter angestiegen waren: Bei ONS.7 hatte das Verhältnis noch bei eins zu eins gelegen; bei SC.130 gingen drei U-Boote (mitgerechnet ist U-273, aber nicht U-381), aber keine Handelsschiffe verloren. Der BdU konnte seine Balkendiagramme mit schwarzen Schleifen behängen, so schrecklich waren die Wahrheiten, die sie verkündeten. Die mächtige U-Boot-Waffe, einst die Geißel der Meere, hatte nur fünfundzwanzig Tage nach dem besten Monatsbeginn, den sie je gehabt hatte, immer schlechtere Bilanzen. *Fortuna secunda, denique adversa, uti.*[70]

Am 21., 22. und 23. Mai gelang den Alliierten, was man einen Hattrick nennen könnte. An diesen drei Tagen versenkte zunächst ein britisches U-Boot ein deutsches U-Boot, dann erzielte ein amerikanischer Geleitträger (*Bogue*) seinen ersten Erfolg, und am dritten Tag wurde zum ersten Mal in der Geschichte des Seekriegs ein U-Boot mit einer Rakete versenkt. Obwohl es nicht ohne weiteres einleuchten mag, wie es dazu kommen konnte, daß ein U-Boot ein anderes versenkte – denn es waren zwei Skorpione, die selten zusammen in eine Flasche gesperrt wurden –, so war das doch gar nicht so selten: Seit Beginn des Krieges waren acht U-Boote durch britische Submarines, um Churchills Terminologie zu übernehmen, versenkt worden. Das letzte war U-644 (Oblt. Kurt Jensen) gewesen, das am 7. April in der Nordsee nordwestlich von Narvik von HMS *Tuna* (einem U-Boot) versenkt wurde. Am 18. desselben Monats versenkte das deutsche U-Boot U-123 (Oblt. Horst Schroeter) südlich von Freetown das britische Boot *P.615*.

Am 21. Mai patrouillierte HMS *Sickle* im Mittelmeer vor der Küste Südfrankreichs. Um 1456 Uhr beobachtete das Boot ein deutsches VIIC-Boot, das aus Toulon zu einer Probefahrt auslief. Die *Sickle* ging bis auf 2400 Meter heran und schoß um 1510 Uhr und 29 Sekunden in $2^{1}/_{2}$ Sekunden Abstand zwei Torpedos Mark VIII, die auf 2,4 und 3 Meter Lauftiefe eingestellt waren und von denen einer das U-Boot mit einer großen Detonationswassersäule und viel Rauchentwicklung 9 Meter hinter dem Turm traf. Das deutsche Boot lag achtern tief im Wasser, und die *Sickle* beobachtete, daß die Besatzung ins Wasser sprang. Um 1512 Uhr und 20 Sekunden hob sich das Vorschiff des U-Boots in einem Winkel von 50° aus dem Wasser, dann glitt das Boot in die Tiefe. Die *Sickle* machte keinen Versuch, Überlebende zu retten, denn das hätte sie »unnötigerweise gefährdet«. Das Opfer war U-303 (Kptlt. Karl-Franz Heine). Zwanzig Mann der vierundvierzig Mann starken Besatzung verloren das Leben.[71]

Am 20. Mai stellte die US Navy die Zehnte Flotte auf, einen Verband, der nur auf dem Papier existierte und über keine eigenen Kriegsschiffe verfügte. Doch sie erlaubte es Admiral King, der inzwischen ein Faible für die U-Jagd entwickelt hatte, alle Geleitfahrzeuge, U-Jagd-Flugzeuge, Waffen, Radar, HF/DF, Nachrichtendienste, OR-Stellen, Fernmeldestationen, Konvois und Ausbildungsstellen, soweit sie den U-Boot-Krieg betrafen, unter einen zentralen Befehl zu bringen: seinen eigenen. Der Chef des Stabes der Zehnten Flotte, Rear Admiral Francis S. »Frog« Low, war für die Tagesarbeit zuständig, und Admiral Royal E. Ingersoll, der Befehlshaber der Atlantikflotte, befehligte die Operationen auf See. King beaufsichtigte die ganze Organisation und Low in ähnlicher Weise wie Dönitz den Stab des BdU und Godt. Von kritischen Geistern, insbesondere in der US Army und deren Luftwaffe, die der US Navy vorwarfen, im U-Boot-Krieg nur zu reagieren und zu unmethodisch vorzugehen,[72] war dieser Schritt schon lange erwartet worden. Am Tag der Gründung der Zehnten Flotte dampfte ihre beste U-Jagd-Plattform, die *Bogue*, der erste in den USA gebaute Geleitträger, der auch unter amerikanischer Flagge deutsche U-Boote bekämpfen sollte, mitten im Atlantik einem Rudel von zwölf Wölfen entgegen.

Das Schiff war in Tacoma, Washington, aus einem C-3-Handelsschiffsrumpf entstanden und am 15. Januar 1942 vom Stapel gelaufen; Namensgeber war der Bogue Sound in North Carolina. Am 26. September desselben Jahres war es von Captain Giles E. Short in Dienst gestellt worden. Die *Bogue* wurde zunächst als Hilfsflugzeugträger (ACV) bezeichnet, im Juli 1943 jedoch unter der Bezeichnung CVE-9 als Geleitträger eingestuft. Von den Seeleuten wurden diese Schiffe »Jeep-Carrier« genannt. Das Flugdeck der *Bogue* war 144 Meter lang; auf der Steuerbordseite stand eine schmale, 1,5 Meter breite, 7,5 Meter lange und 4,5 Meter hohe Insel. Die Dampfturbinen des Schiffs beschleunigten es mit einer Schraube auf 17,75 Knoten. Die Normbesatzung von 890 Mann wurde bald auf 97 Offiziere und 921 Mann erhöht, so daß das Schiff immer überfüllt war.[73] Im November 1942 nahm die *Bogue* in San Diego ihre Flugzeuge an Bord: neun Grumman TBF-1 Avenger-Torpedobomber und zwölf Grumman F4F4 Wildcat-Jagdbomber. Zusammen bildeten sie das Geleit- und Aufklärungsgeschwader Neun (VGS-9), das ab März 1943 in Mehrtyp-Geschwader Neun (CV-9) umbenannt wurde. Führer des Geschwaders war Lieutenant Commander William M. Drane.

In vieler Hinsicht, wenn auch nicht auf allen Gebieten, stellten die

Avengers gegenüber den Fairey Swordfishs der *Biter* und *Archer* einen großen Fortschritt dar. Letztere waren mit Segeltuch bespannt und wogen 4200 kg, ihre Höchstgeschwindigkeit betrug 120 Knoten und die maximale Flugstrecke 500 Seemeilen. Die Avenger war ein Aluminium-Eindecker, wog 7200 kg und hatte eine maximale Geschwindigkeit von 220 Knoten und eine Reichweite von 1000 Seemeilen. In zwei Punkten waren die Maschinen ähnlich: Die Swordfish hatte eine Besatzung von zwei oder drei Mann, die Avenger eine von drei Mann (Pilot, Funker und Schütze), und beide Maschinen erlaubten eine Bombenzuladung von 700 kg.

Aufgrund der höheren Geschwindigkeit konnte die Avenger Angriffe fliegen, bevor die U-Boote tauchen konnten, und war zugleich selbst nur kurz dem Beschuß durch das U-Boot ausgesetzt. Die längere Flugzeit ermöglichte es ihr darüber hinaus, ausreichend lange Patrouillen zu fliegen oder über einem U-Boot zu kreisen. Die beste Angriffsmethode mit dieser Maschine bestand darin, im schnellen Sinkflug mit Höchstgeschwindigkeit aus den Wolken anzufliegen und anschließend in einen 20° steilen Sturzflug mit ausgefahrenem Fahrgestell überzugehen, wobei durch das Fahrgestell die Geschwindigkeit auf den für einen Wasserbombenabwurf erforderlichen Wert reduziert wurde. Die Detonationstiefe der Wasserbomben wurde auf 7,5 Meter eingestellt, wie es an der U-Jagdschule in Ballykelly in Nordirland, die alle TBF-1-Piloten durchliefen, gelehrt wurde. Der Abstand zwischen den Bomben wurde wegen der hohen Geschwindigkeit der Maschinen von 30 Meter auf 24 Meter verringert.

Die Wildcats hatten vor allem die Aufgabe, Angriffe aus der Luft abzuwehren, die mitten auf dem Atlantik sicher sehr unwahrscheinlich, in der Nähe Großbritanniens aber durchaus möglich waren. Aber sie konnten auch mit ihren Bordwaffen auf aufgetauchte U-Boote schießen, wenn sie zusammen mit den TBF-1 Einsätze flogen. In diesem Fall verlangte Lieutenant Commander Drane, daß die Wildcats sich zurückhielten und keine Hochgeschwindigkeitsmanöver flogen, die bei feuchter Luft zur Kondensation von Dampf geführt und ihre Anwesenheit in weitem Umkreis bekanntgemacht hätten. Dadurch wären die U-Boote nur zum vorzeitigen Tauchen gebracht worden. Im Idealfall sollte die Wildcat das U-Boot in den letzten drei bis fünf Sekunden vor dem Abwurf der Wasserbomben beschießen. Die Flugausdauer der beiden Flugzeugtypen lag 125 Knoten für die TBF-1 bei 6 Stunden und für die F4F4 bei 3,5 bis 4 Stunden. Beide Typen konnten vom Katapult des Trägers gestartet werden, ohne daß der Träger in den Wind drehen mußte. Die erforderliche Windkomponente entlang der Startbahn auf dem Träger betrug bei einer voll beladenen TBF-1 nur 16,5 Knoten; bei der F4F4 waren es sogar nur 6 Knoten. Ohne Katapult waren für den Start der Flugzeuge Windgeschwindigkeiten entlang des Flugdecks von 31 beziehungsweise 24 Knoten erforderlich.[74]

Die *Bogue* war das Kernstück eines neuartigen aggressiven Stoßverbandes der US Navy, der als »Hunter-Killer«-Gruppe bezeichnet wurde und wie die *Biter* und die *Archer* den Auftrag hatte, U-Boote in der Nähe von Konvois zu orten und zu vernichten. Nach Ingersolls Vorstellung sollte die *Bogue* am besten im Mittelatlantik auf den Konvoirouten nach und von Gibraltar eingesetzt werden, wo das meist gute Wetter den Einsatz der Trägerflugzeuge begünstigte. Tatsächlich wurde sie dann aber von Anfang an in die schweren Wetter und hohen Seen des Nordatlantiks geschickt. Von Argentia auf Neufundland kommend, stieß sie am 6. März 1943 in Begleitung der beiden Geleitzerstörer USS *Belknap* und *George E. Badger* zum Konvoi HX.228. Vier Tage später sichtete der Avenger-Pilot Ensign Alexander C. »Goose« McAuslan ein U-Boot und ging in den Sturzflug über, um es anzugreifen. Aber beide Wasserbomben, die er mitführte, blieben beim Abwurfversuch in den Halterungen am Flugzeug hängen. (Bei rauher See gab dieses Geschwader den Maschinen nur zwei Wasserbomben mit, um den Start zu erleichtern.) Das U-Boot führte Alarmtauchen durch, während McAuslan drehte, um einen zweiten Angriff zu fliegen. Wieder fielen die Wasserbomben nicht. Die *Bogue* wurde daraufhin nach Argentia zurückbeordert. Auf dem Wege dorthin verwechselte TBF-1-Pilot Lieutenant H. S. »Stinky« Roberts eine Gruppe Delphine mit einem U-Boot; aber auch in diesem Fall fielen die Wasserbomben nicht. Dagegen mußte etwas geschehen, und es gelang, das Problem im Hafen abzustellen.

Am 20. März begann die *Bogue* zur Erprobung eine zweite Atlantiküberquerung als Geleitschutz des Konvois SC.123. Aber grobe See und ständige schlechte Sicht sorgten dafür, daß die Flugzeuge während des größten Teils der Reise nutzlos an Deck herumstanden. Am

26. März trat die *Bogue* die Rückreise nach Argentia an, wo sie vier Tage später eintraf. Am 25. April stieß der Träger zum Konvoi HX.235, der weiter südwärts durch Gebiete mit besserem Wetter lief. Diesmal bestand sein Begleitschutz aus fünf Schiffen: Zur *Belknap* und *George E. Badger* waren die Zerstörer USS *Greene*, *Lea* und *Osmond Ingram* hinzugekommen. Die gesamte Gruppe wurde als Task Group (TG) 92.3 bezeichnet. Ihre Atlantiküberquerung verlief zunächst ruhig, bis der Avenger Pilot Lieutenant Rodger »Stomp« Santee bis am Nachmittag des 28. April ein aufgetauchtes U-Boot in etwa fünfzig Meilen Entfernung vom Konvoi entdeckte. Er griff das Boot mit zwei Wasserbomben an, die auch wie vorgesehen fielen, aber von der Wasseroberfläche abprallten und in ziemlich großer Entfernung vom U-Boot detonierten. Santee war beim Abwurf zu schnell geflogen.

Zwei Tage später wurde TG 92.3 nach Belfast entlassen, wo die Offiziere der *Bogue* einen Kursus an der U-Jagdschule in Ballykelly durchliefen, während auf der Insel des Trägers ein britisches HF/DF-Gerät installiert wurde (siehe Kapitel 2). Außerdem wurde die Zusammenstellung der Flugzeugtypen an Bord verändert: Die Zahl der TBF-1 wurde von neun auf zwölf erhöht und die der F4F4 von zwölf auf sechs vermindert.[75] Interessanterweise schlug Captain Short in seiner Stellungnahme zu der neuen Flugzeugzusammensetzung vor, anstelle von drei Avenger-Maschinen vier langsamere Flugzeuge, wie zum Beispiel Swordfishs, an Bord zu nehmen: »Die Swordfish kann beispielsweise noch bei Wetter gestartet und gelandet werden, das einen Einsatz der TBF (außer mit Gebrauch des Katapults) ausschließt. Man könnte diese Maschinen bei Nacht und bei schwerem Wetter einsetzen, wenn das Starten und Landen der schnelleren und schwereren TBF auf einem Schiff vom Typ der *Bogue* zu riskant ist. Außerdem ist ein langsames Flugzeug bei Nacht besser für die U-Boot-Suche geeignet als ein schnelles.«[76] Die Anregung wurde aber nicht aufgegriffen.

Die *Bogue* lief am 15. Mai um 1837 Uhr aus Belfast aus. Dreieinhalb Stunden später traf sie sich mit ihren Geleitfahrzeugen – nur die *Lea* fehlte – und lief als Sechste Eskortgruppe nach Island. Von dort nahm die Gruppe den Frachter *Toltec* mit zum Konvoi ON.184, dessen vorhandenen Geleitschutz sie unterstützen sollte. Der Zerstörer

Lea holte die Gruppe am 18. Mai ein, und in der Morgendämmerung des folgenden Tages nahmen die *Bogue* und ihre Geleitzerstörer ihre Stationen am Konvoi ein; die *Bogue* ging in die Kolonne des Konvoikommodore, achteraus vom Tanker für die Geleitfahrzeuge. Schweres Wetter schloß bis zum 21. Mai jeden Flugbetrieb aus. An diesem Tage traf ON.184 durch reinen Zufall auf ein U-Boot-Rudel, das an dieser Stelle aufgestellt worden war, um den ostwärts gehenden Konvoi HX.239 (begleitet von der *Archer*) abzufangen. Dieser lief jedoch dreißig Meilen weiter im Süden. Die Route von HX.239 war den Deutschen wiederum durch Entschlüsselung des alliierten Konvoischlüssels Nr. 3 bekanntgeworden. Wie bei SC.130 hatte der B-Dienst Position, Kurs und Fahrt ermittelt, und der BdU hatte eine Abfanggruppe aus einundzwanzig Booten aufgestellt, der er den Namen »Mosel« gab.[77]

Aus späteren Informationen des B-Diensts erfuhr der BdU die Konvoipositionen für den 20., 21., und 22. Mai.[78] Da diese Positionen weiter im Süden lagen, als er erwartet hatte, wurden zwölf »Mosel«-Boote dorthin verlegt, um Fühlung mit dem Konvoi herzustellen. Außerdem setzte er Boote der Gruppe »Donau« auf den Konvoi an, die ihn im Quadrat AK 97 (51°25′ N, 30°15′ W) abfangen sollten. Alle diese Befehle des BdU wurden erst nach dem 22. Mai von den Alliierten entschlüsselt, einige Funksprüche, die mit der Bildung des südlichen Teils der Gruppe »Mosel« zusammenhingen, sogar erst am 3. Juni.[79] Am 20. Mai fing der B-Dienst einen Funkspruch auf, der die Position von ON.184 mit 51°01′ N, 33°50′ W angab.[80] Ironischerweise war es der Geleitträger von ON.184, den die südlichen »Mosel«-Boote zuerst entdeckten, als die beiden Konvois etwa 520 Meilen südlich von Kap Farewell aneinander vorbeifuhren.

Der Morgen des 21. brachte einen wolkenlosen Himmel und unbegrenzte Sicht. Das Geschwader VC-9 flog durchgehend Suchpatrouillen. In der Abenddämmerung sichtete der Geschwaderkommandeur in seiner mit vier Wasserbomben beladenen Avenger auf dem Wasser einen Silberstreifen mit einem schwarzen Punkt an der Spitze. Er beschleunigte auf 200 Knoten, umflog das Ziel und griff dann direkt von vorn an. Auf dem letzten Stück des Anfluges fuhr er das Fahrgestell aus, um die Geschwindigkeit zu reduzieren und zu vermeiden, daß die Wasserbomben wie einen Monat zuvor beim Angriff von

Lieutenant Santee vom Wasser abprallten. Die vier Wabos Mark 44, die vom Intervalometer im Abstand von jeweils 15 Metern ausgeklinkt wurden, fielen wie vorgesehen, und kurz darauf war das U-Boot von Sprengsäulen umgeben. Danach war, außer ein paar dunklen Flecken zwischen den Abwurfstellen der Wabos, nichts mehr von ihm zu entdecken. Als die Maschine die Grenze der Flugausdauer erreicht hatte, rief Drane Zerstörer herbei und kehrte zur *Bogue* zurück. Nach dem Krieg stellte sich heraus, daß er U-231 (Kptlt. Wolfgang Wenzel) so stark beschädigt hatte, daß es in den Stützpunkt zurückkehren mußte.[81]

In der Nacht gab es keine weiteren Einsätze, aber am 22. Mai, der klare Sicht mit gelegentlichen Regenschauern brachte, flogen Avengers des Geschwaders VC-9 nicht weniger als fünf Angriffe auf drei Boote des südlichen Teils der Gruppe »Mosel«. Den ersten unternahm Lieutenant Junior Grade Roger C.»Bud« Kuhn, der vier Wabos ins Kielwasser von U-468 (Oblt. Klemens Schamong) warf, das daraufhin, einen bläulich schimmernden Ölstreifen hinter sich her ziehend, langsam im Kreis fuhr und eine Stunde lang tauchunfähig war. Kuhns Bitte um Unterstützung wurde nicht erfüllt, da er sich bei seiner Positionsermittlung vertan hatte und sich in einer Position befand, wo das Schiffsradar ihn nicht orten konnte. Das U-Boot verschwand dann mit dem Heck voran im Wasser, schaffte aber, obwohl es erheblich beschädigt war, den Rückmarsch zum Stützpunkt.[82]

Beim zweiten Angriff an diesem Tage entdeckte Ensign Stewart E. Doty 18 Meilen vor dem Konvoi ein mit hoher Fahrt laufendes aufgetauchtes U-Boot. Kurz bevor er es angriff, wurde das Boot auch von der *Bogue* mit HF/DF eingepeilt. Doty kam aus den 500 Meter hoch hängenden Wolken, überstand den Flugabwehrbeschuß des U-Boots und warf vier Wasserbomben. Eine von ihnen detonierte offenbar zwischen Turm und Vorsteven unter dem Rumpf des Boots, die anderen drei fielen auf der Backbordseite weit neben das Ziel. Als die Detonationssäulen zusammengefallen waren, beobachtete der Pilot, wie sich das Boot nach Steuerbord legte und dann langsam unterging. Eine bläuliche Ölblase stieg an die Oberfläche. Kurz darauf durchbrach der Steven des Bootes noch einmal in einem Winkel von 45° die Wasseroberfläche, dann verschwand das Boot im selben Winkel langsam unter der Oberfläche. Versenkt war es aber genausowenig wie das von »Bud« Kuhn angegriffene Boot, doch wie dieses mußte auch U-305 (Kptlt. Rudolf Bahr) die Feindfahrt abbrechen und in den Stützpunkt zurückkehren.[83]

Um 1325 Uhr sichtete Lieutenant Junior Grade Robert L.Stearns, der 26 Seemeilen an Steuerbord hinter dem Konvoi flog, ein »großes dunkles Objekt«, das ein langes Kielwasser zog und sich mit Kurs 035° genau auf Gegenkurs zum Konvoi befand. Es war dasselbe U-305, das sich auf dem Rückmarsch zum Stützpunkt befand und sowieso schon erhebliche Probleme hatte. Stearn griff im Sturzflug aus den Wolken an und warf trotz heftigen Flugabwehrbeschusses vier Wasserbomben aus 40 Meter Flughöhe. Die Bomben detonierten ganz in der Nähe von U-305 und verursachten weitere Schäden am Boot (die Instandsetzung in Brest sollte drei Monate dauern), das in den Keller mußte, um seine Wunden zu lecken.[84]

Lieutenant Junior Grade William F. »Champ« Chamberlain, der um 1757 Uhr vom Deck der *Bogue* katapultiert worden war, hatte den Ruf eines wagemutigen Piloten, der mit den Maschinen, die er flog, nicht gerade schonend umging. Deshalb wunderte sich keiner der Zuschauer an Deck, als er sah, wie hart Chamberlain mit der großen Avenger nach dem Start in die Kurve ging. Er hatte die Angewohnheiten der Wildcat-Piloten; bis vor kurzem war er noch Wildcats geflogen, bis er sich eines Tages darüber beklagte, daß sie nicht genug Flugstunden bekamen. Chamberlain war in Hoquiam in Washington geboren und hatte an der Universität in Washington Luftfahrttechnik studiert. Nebenher hatte er zunächst die Reserveausbildung der US Navy und anschließend die Pilotenausbildung absolviert. Er war klein und untersetzt, ohne Zweifel mutig und hatte, wie einmal ein Bekannter von ihm sagte, »keinen einzigen schüchternen Knochen« in seinem Körper. Sowohl im Zivilleben als auch beim Militär hatte er schon mehrere Unfälle und Bruchlandungen hinter sich. Flugzeugfunker James O. Stine, der im Mai 1943 mit ihm flog, berichtete dem Autor: »Unser alter Stabsbootsmann ›Dusty‹ Rhodes, der die Flugzeugbesatzungen einteilte, fand nie jemanden, der mit Chamberlain fliegen wollte. Da hab' ich mich eben gemeldet. Ich war älter als Chamberlain und damals eine Art Fatalist. Ich war an Bord, als wir in den Bach fielen, aber wir haben ja überlebt.«[85]

Chamberlain sollte einer U-Boot-Peilung nachgehen, welche die *Bogue* um 1723 Uhr mit ihrem neuen britischen HF/DF-Gerät erhalten hatte, und flog jetzt auf Kurs 067° mit 170 Knoten in einer Höhe von 450 Metern unmittelbar unter der aufgelockerten Kumulusbewölkung die HF/DF-Peilung entlang. Schon sieben Minuten nach dem Start sichtete er 25 Meilen vom Träger entfernt das Boot, das auf Kurzwelle gesendet hatte; es steuerte mit hoher Fahrt Kurs 080°. Chamberlain stieg mit seiner Maschine in die Wolken und flog so an, daß er das Boot im Sturzflug direkt von achteraus angreifen konnte. Er hoffte natürlich darauf, möglichst lange unentdeckt zu bleiben. Als er den richtigen Punkt erreicht hatte, begann er den 20° steilen Sturzflug, und in einer Flughöhe von 30 Metern warf er, immer noch tiefer gehend, im Abstand von je acht Metern vier TNT-Wasserbomben Mark 17-2, die das Boot einzugabeln schienen. Zwei von ihnen bannte Funker Stine in einer bemerkenswerten Aufnahme während des Falls auf Foto. Unterdessen belegte der Bordschütze Donald L. Clark die verblüffte Brückenwache des U-Boots mit MG-Feuer. Chamberlain stellte zufrieden fest, daß die U-Boot-Besatzung völlig überrascht worden war, und beobachtete, wie das Boot langsam im Schaum der Wabodetonationen versank.[86] Dann informierte er die *Bogue* und forderte eine weitere TBF-1 mit Wabos an, denn er erwartete, daß die Deutschen bald wieder auftauchen würden, falls ihr Boot schwer beschädigt war.

U-569 war am 19. April zu seiner neunten Feindfahrt aus La Pallice ausgelaufen. Es war ein besonders erfolgloses Boot, das in einundzwanzig Monaten nur drei Schiffe versenkt hatte. Seitdem 30. Januar 1943 hatte der zweiunddreißigjährige Hamburger Oblt. d.R. Hans Johannsen, der vor dem Krieg als Handelsschiffsoffizier bei der Holland-Amerika-Linie zur See gefahren war, als zweiter Kommandant den Befehl über das Boot. Bei seiner Kommandoübernahme hatte er die Besatzung – vermutlich wegen des Mangels an Erfolgen – lustlos und wenig selbstbewußt vorgefunden. Deshalb hatte er das Motto ausgegeben: »Los geht's«, und auf beide Seiten des Turms eine Kompaßrose malen lassen, um den Kampfgeist der Besatzung zu wecken. Manche Probleme waren allerdings nicht so leicht zu lösen. Die Mehrzahl der Männer hatte keine Lust mehr, bei der U-Boot-Waffe zu dienen, und war überzeugt, daß Deutschland den Krieg verlieren würde.[87]

Am 18. Mai hatte U-569 von der Milchkuh U-459 Kraftstoff und Lebensmittel übernommen, und am 22. Mai operierte es als Teil der südlichen »Mosel«-Kette, war also gegen HX.239 angesetzt worden. Als es von Chamberlain überrascht wurde, stand es etwa auf 50°00′ N, 35°00′ W.[88] Nach den Berichten der Überlebenden rissen die Wasserbomben der Avenger Dichtungen auf, und Wasser begann in das Achterschiff einzudringen. Das Boot tauchte in 120 Meter Tiefe, doch als das Wasser in die Zentrale vordrang und das Boot achtern immer schwerer wurde, konnte der Trimm nicht mehr gehalten werden. Die Besatzung wurde in dem verzweifelten Versuch, das Boot wieder in den Griff zu bekommen, in den vorderen Torpedoraum geschickt. Als auch das nichts nutzte, gab Johannsen den Befehl zum Auftauchen.[89]

Im selben Augenblick, als U-569 um 1840 Uhr die Oberfläche durchbrach, erreichte Lieutenant »Stinky« Roberts in der Avenger »7« den Schauplatz. Als er 900 Meter unter seiner linken Tragfläche den Bug des U-Boots sichtete, war ihm klar, daß er nur wenig Zeit hatte, bevor das Turmluk aufgestoßen und man ihn entdecken würde. Er ging also sofort in einen 50° steilen Sturzflug über, löste bei 200 Meter Flughöhe nacheinander die vier Wasserbomben aus und zog das Flugzeug in 30 Meter Höhe wieder hoch. Roberts berichtete hinterher:

Als die Wasserbomben im Wasser aufschlugen, war das U-Boot ganz aufgetaucht. Auf halbem Wege zwischen Turm und Heck haben wir zwei Explosionen beobachtet, eine auf jeder Seite des Boots. Die Wassersäulen dieser Explosionen trafen sich in der Mitte über dem Boot. Man konnte sehen, wie das U-Boot aus dem Wasser gehoben wurde, dann sackte es wieder ab, wurde aber ein zweites Mal hochgeschleudert, diesmal in Seitenlage. Es sackte wieder weg, wurde aber noch ein drittes Mal hochgerissen, jetzt auf ebenem Kiel. Unser Schütze eröffnete sofort das Feuer mit dem schwerem MG, als die Besatzung aus dem Turm quoll und ins Wasser zu springen begann. Die Leute, die noch an Bord waren, winkten wie verrückt mit einer weißen Flagge. Wir haben alles versucht, die Besatzung durch Beschuß mit unseren Bordwaffen im Boot zu halten und so die Selbstversenkung des Boots zu verhindern, aber sie sprangen weiter über Bord. Irgendwann war dann unsere Munition alle.[90]

Johannsen hatte versucht, sich zu ergeben, indem er mit einer weißen Serviette winkte. Als die Avenger weiterfeuerte, wurde ein weißes Bettlaken auf den Turm geholt und damit gewinkt. Die *Bogue* hatte inzwischen den kanadischen Zerstörer *St. Laurent* um Unterstützung gebeten. Chamberlain, der in Richtung Träger geflogen war, als Roberts ihn abgelöst hatte, kehrte noch einmal zurück, um seinem Schützen Clark noch ein paar Garben auf das Boot zu ermöglichen, bevor dessen Besatzung mit dem Laken winkte. Obwohl anzunehmen ist, daß die meisten Männer Schwimmwesten trugen, als sie ins Wasser sprangen, wurden doch viele von der schweren See abgetrieben und nicht mehr gefunden. Einer von Johannsens Offizieren band sich eine Leine um den Bauch und sprang ins Wasser, um zwei Besatzungsmitglieder zu retten. Als schließlich die *St. Laurent* in Sicht kam, stieg der Leitende Ingenieur die Leiter hinunter und öffnete die Seeventile. Danach sank das Boot, mit dem LI an Bord. Insgesamt fischte der Zerstörer fünfundzwanzig Überlebende aus dem Wasser; der LI und der IIWO waren nicht dabei. Ein Besatzungsmitglied, das schwer verwundet war, kam in St. John's ins Lazarett. Die übrigen wurden zur Befragung an Stellen der US Navy in Boston übergeben.[91]

Zum ersten Mal in der Geschichte des Seekriegs hatte sich ein U-Boot den Flugzeugen eines Flugzeugträgers ergeben, und es war auch das erste Mal, daß ein U-Boot allein von Trägerflugzeugen vernichtet wurde. In insgesamt neunzehn Monaten Einsatz versenkte das Mischgeschwader Neun der *Bogue* neun U-Boote und beschädigte acht. Damit war es das erfolgreichste U-Jagd-Geschwader der US Navy im gesamten Krieg. Die *Bogue*, die auf ihr eingeschifften Flugzeuge und ihre Geleitzerstörer versenkten im Lauf des Krieges elf weitere U-Boote, neun deutsche und zwei japanische. »Champ« Chamberlain wurde für seinen Einsatz gegen U-569 mit dem Distinguished Flying Cross und dem Silver Star ausgezeichnet. Im März 1944 wurde das Mischgeschwader Neun in Norfolk, Virginia, auf USS *Salomons* (CVE-67) verlegt. Während eines Einsatzes im Südatlantik vor Recife in Brasilien bewies Chamberlain, daß er den Ruf als »Flugzeugknacker« zu Recht hatte. Als er auf der *Solomons* landete – wie seine Kameraden erzählten, achtete er nie so richtig auf die Zeichen des Landungsoffiziers –, kollidierte er mit der Flugdeckkante und zerlegte das Flugzeug in zwei Teile. »Champ« landete an Deck, aber seine beiden Besatzungsmitglieder im achteren Teil der Maschine knallten gegen einen 12,7-cm-Geschützturm und flogen von dort ins Wasser. Zum Glück wurden sie von dem hinter dem Träger fahrenden Zerstörer aufgefischt.

Am 15. Juni 1944 war Chamberlains Glückssträhne zu Ende. Er griff U-860 (Fregattenkapitän Paul Büchel) an, das schon Ziel von sechs Maschinen des Geschwaders gewesen war, und flog gegen heftigen Flakbeschuß sehr niedrig an, in weniger als 15 Meter Flughöhe. Dabei wurde seine Avenger entweder durch die Flak, die Detonation einer eigenen Wasserbombe oder eine Explosion auf dem beschädigten U-Boot in Brand gesetzt, und obwohl er es noch schaffte, abzudrehen und vor dem U-Boot auf dem Wasser aufzusetzen, wurden weder er noch eines seiner Besatzungsmitglieder (James Stines war inzwischen durch seinen besten Freund ersetzt worden) von den zur Rettung herbeieilenden Zerstörern gefunden.

In dieser Nacht meldete einer der Ausgucks auf der *Salomons* der Brücke, er habe Rufe aus dem Wasser gehört, die wie von einer menschlichen Stimme kommend geklungen hätten. Der Kommandant des Trägers befahl, die Fahrt auf 2 bis 3 Knoten zu senken, obwohl das in von U-Booten befahrenen Gewässern gefährlich war. Bei dieser geringen Geschwindigkeit waren die Maschinengeräusche und das Klatschen der Bugwelle nicht mehr zu hören. Die ganze Besatzung – über tausend Mann – wurde rund um das Flugdeck aufgestellt, um auf Rufe aus der schwarzen, dunklen See zu lauschen. Aber, sosehr sie sich auch anstrengten, außer dem Plätschern der Wellen am den Rumpf hörte niemand etwas. Nach dieser würdigen, mitfühlenden Pause wurden die Männer wieder an ihre normale Arbeit geschickt. Ihr einziger Trost lag in dem Wissen, daß auch U-860 mit der halben Besatzung versenkt worden war.[92]

Am Sonntag, dem 23. Mai 1943, entschied der BdU, daß die »Mosel«-Boote zu weit hinter ON.184 zurückgesackt waren, als daß ein weiterer Einsatz gegen diesen Konvoi noch möglich gewesen wäre. Außer-

432

dem kam er zu dem Schluß, »daß es z. Zt. nicht möglich ist, mit den vorhandenen Waffen einen stark luftgesicherten Geleitzug zu bekämpfen«. Er befahl den Gruppen »Donau« und »Mosel«, die Operationen gegen ON.184 und HX.239 abzubrechen.[93] Die Kolonnen von ON.184 setzten ihre Reise nach New York ohne weitere Zwischenfälle fort und trafen dort am 31. ein. Am 23. Mai hielten die U-Boote aber noch Fühlung mit HX.239, und das sollte das Ende für U-752 (Kptlt. Karl-Ernst Schroeter) bedeuten. Das Boot, das sich auf seiner achten Feindfahrt befand, machte den Fehler, am Tag aufzutauchen, um eine Feindmeldung abzusetzen. Dabei wurde es von einer Swordfish des Geleitträgers *Archer* erwischt, die eine Waffe an Bord hatte, die an diesem Tag zum ersten Male erfolgreich im Seekrieg eingesetzt wurde: eine Rakete mit einem 12 kg schweren panzerbrechenden Sprengkopf, das bereits erwähnte R.P. (Raketenprojektil).

Raketen waren schon im Ersten Weltkrieg von britischen Fliegern eingesetzt worden, aber mit wenig Erfolg. In den Jahren vor dem Zweiten Weltkrieg wurde erneut an Boden-Luft- und Luft-Luft-Raketen zur Flugzeugabwehr gearbeitet. In der Entwicklungsphase wurden die Raketen vom britischen Heer als U.P. (Unrotated Projectiles, Geschosse ohne Drall) und von der RAF als R.P. bezeichnet. Die RAF entwickelte zwei verschiedene Sprengköpfe, einen mit 25 kg Sprengstoff und begrenzter panzerbrechender Wirkung für Angriffe gegen U-Boote und Handelsschiffe und einen mit 12 kg Sprengstoff und panzerbrechender Wirkung für Angriffe gegen Landziele wie Panzer und Betonbunker. Dies war wieder einer der paradoxen Fälle, die charakteristisch waren für die OR-Untersuchungen der Alliierten: Man fand nämlich heraus, daß der panzerbrechende Sprengkopf bessere Wirkung gegen Schiffe und U-Boote erzielte und der weniger auf panzerbrechende Wirkung ausgelegte Sprengkopf besser gegen Landziele einzusetzen war. Deshalb wurden die vorgesehenen Einsatzfelder ausgetauscht.

Der panzerbrechende Sprengkopf wurde an eine 122 cm lange Stahlröhre geschraubt, die den Raketentreibstoff enthielt. Röhre und Sprengkopf wurden gemeinsam vom Rückstoß vorwärtsgetrieben, der durch das mit hoher Geschwindigkeit aus dem Raketenmotor entweichende Gas entstand. Wenn die Rakete von einer Swordfish gestartet wurde, die schon mit 120 Knoten flog, betrug ihre Höchstgeschwindigkeit, die sie nach 1,5 Sekunden Flugzeit erreichte, 488 Meter pro Sekunde; die Waffe war für die Swordfish rückstoßfrei. Das Flugzeug konnte acht solche Projektile tragen, vier unter jeder der unteren Tragflächen. Die Abfeuerung war so ausgelegt, daß entweder jeweils zwei Raketen (auf jeder Seite eine) oder alle acht auf einmal abgeschossen wurden. Versuche der Erprobungsstelle für Flugzeuge und Waffen in Boscombe Down ließen erwarten, daß eine aus 350 Meter abgefeuerte Rakete beim Aufschlag auf den Rumpf eines U-Boots ein etwa acht Zentimeter großes Loch in den Rumpf brennen würde. Man nahm an, daß ein Loch dieser Größe ein aufgetauchtes Boot am Tauchen hindern und ein schon im Tauchvorgang befindliches Boot versenken würde. Da zusätzlich brennendes Cordit ins Innere des Boots geschleudert wurde, rechnete man damit, daß die Besatzung nicht sofort darangehen konnte, das Loch abzudichten und eingedrungenes Wasser wieder aus dem Boot herauszupumpen.Sollte dem Boot tatsächlich eine vorläufige Reparatur mit Bordmitteln gelingen, würde das Boot dennoch in den Stützpunkt zurückkehren müssen.

Bemerkenswerterweise hatte die Rakete auch eine gute Unterwasserballistik. Der Pilot sollte normalerweise auf die unterste Stelle des U-Boot-Turms zielen. Wenn die Rakete schon vorher auf dem Wasser aufschlug und der Abschuß aus etwa 350 Metern in einem Winkel von 20° erfolgt war, setzte die Rakete ihren »Flug« dreißig Meter in einer Tiefe von vier bis fünf Metern unter Wasser fort und behielt auf den ersten zwanzig Metern dieser Tauchfahrt ihre tödliche Wirkung. War der Abschußwinkel kleiner als zehn Grad, prallte die Rakete meist von der Wasseroberfläche ab. Den Piloten, die diese Waffe im Mai 1943 als erste einsetzen sollten, wurde die taktische Empfehlung mitgegeben, den Anflug in 120 Meter Höhe durchzuführen und dann in einer Entfernung von 350 Metern die Rakete in einem Winkel von 20° auf das U-Boot abzufeuern. Die Angriffe sollten so genau wie möglich von querab gemacht werden, um ein Abprallen vom U-Boot zu vermeiden. Auch wenn das U-Boot auf Periskoptiefe fuhr oder beim Tauchen schon ganz unter der Wasseroberfläche verschwunden war, sollte angegriffen werden. Nach dem Abfeuern der Rakete sollte der Pilot sofort den Kurs nach rechts oder links ändern, da die Rakete beim Aufschlag auf das U-Boot

Splitter aufwirbeln würde. Wenn die Raketen nicht trafen, tauchte ein Drittel von ihnen nach kurzer Unterwasserlaufbahn in steilem Winkel wieder aus dem Wasser auf und konnte bis in Höhen von 60 bis 90 Meter aufsteigen.[94]

Bevor eine solche Rakete gegen ein Landziel oder ein Handelsschiff eingesetzt werden konnte, erzielte die Swordfish »B« des 819. Geschwaders der *Archer* den ersten Treffer mit einem R.P. Die Maschine patrouillierte zum Schutz von Konvoi HX.239 etwa 750 Meilen westlich von Irland. Als die *Archer* aus dem Hafen ausgelaufen war, hatte sie die ersten drei Trägerflugzeuge an Bord, die für den Einsatz der R.P. ausgerüstet waren. Zwei von ihnen wurden bei Landungen in schwerem Wetter beschädigt. Die Maschine »B«, die von Sub-Lieutenant Harry Horrocks geflogen wurde, war also die letzte noch einsatzklare Maschine mit R.P.-Ausrüstung auf dem Träger. U-752 machte den Fehler, Backbord hinter dem Konvoi aufgetaucht zu fahren, denn es wurde um 1015 Uhr aus in 450 Meter Höhe in einer Entfernung von 10 Meilen von Horrocks und seiner zwei Mann starken Besatzung gesichtet. Horrocks verschwand in den Wolken und flog, bis er querab vom U-Boot zu sein glaubte. Dann begann er den Sinkflug und entdeckte das Boot an Backbord nur eine Meile voraus. Er entschloß sich, seine Raketen in vier Paaren abzufeuern und schoß die erste Salve auf 700 Metern, obwohl die empfohlene Entfernung halb so groß war. Die Raketen schlugen aus Sicht des Piloten 150 Meter vor dem U-Boot ein. Das zweite Paar wurde aus der optimalen Entfernung von 350 Meter abgefeuert, aber auch diesmal lagen beide Aufschläge um dreißig Meter zu kurz. Das überraschte U-Boot begann, so schnell wie möglich zu tauchen. Das dritte Raketenpaar trat drei Meter vor dem U-Boot ins Wasser ein, als das Heck des Boots noch sichtbar war, und eine der beiden Raketen durchschlug dessen Druckkörper. Das vierte, aus 200 Metern abgefeuert Raketenpaar traf den Rumpf etwa sechs Meter vor den Rudern.

Das derart durchlöcherte Boot tauchte sofort wieder auf und blieb nach mehreren weiteren Tauchversuchen an der Oberfläche. Es zog eine dicke Spur von Dieselöl hinter sich her. Als die Besatzung die 20-mm-Flak besetzte, rief Horrocks einen in der Nähe fliegenden Jäger zu Hilfe. Die Marlet (Wildcat) »B« erreichte die Szene in weniger als einer Minute und schoß eine lange Garbe mit 600 Schuß auf den Turm des U-Boots. Dabei fielen der Kommandant, Schroeter, und ein Fähnrich. Der IIWO, der neben ihnen stand, wurde nicht getroffen. Unten im Boot befahl der LI die Besatzung aus dem Boot und öffnete die Seeventile. Sowohl der LI als auch der IWO gingen mit dem Boot unter. Elf Überlebende wurden von einem Zerstörer des Geleitschutzes von HX.239 gerettet, und später fischte ein anderes U-Boot, U-91, noch einige weitere Überlebende auf.

An Bord der *Archer* herrschte verständliche Freude darüber, daß das Schiff als zweiter Geleitträger im Alleingang ein U-Boot versenkt hatte. Darüber hinaus war es der erste Erfolg mit einem R.P. Es war, wie es in der offiziellen Geschichte der britischen Marinefliegerei heißt, ein »Schießen nach Manier des Wilden Westens«.[95]

Wie oben ausgeführt, gilt die Aufmerksamkeit in dieser Darstellung vor allem den Konvoigefechten und der Offensive des Küstenkommandos in der Biskaya, da die deutsche Niederlage im Mai 1943 an diesen beiden Fronten besonders deutlich wurde. Dennoch muß man sich im klaren sein, daß den ganzen Monat auch andernorts alliierte Operationen gegen U-Boote im Gang waren. In elf Fällen führten diese Einsätze zu einer Versenkung. Damit dieser Bericht, der sowieso schon stark mit Einzelheiten über Angriffe auf U-Boote belastet ist, sich nicht noch mehr in solche Details verliert, wird im folgenden nur das Wesentliche über diese Versenkungen mitgeteilt.

Am 4. Mai erhielt die Liberator »P« des 86. Geschwaders des Küstenkommandos, die sich auf dem Flug zum Konvoi HX.236 befand, nordöstlich der Azoren auf Position 47°10′ N, 22°57′ W mit dem 10-cm-Radar einen Kontakt und sichtete bald darauf ein aufgetauchtes U-Boot. Sie griff es mit vier Wasserbomben an, und ein Öl-Flecken und Holztrümmer verrieten den Erfolg. Mit alle Mann versenkt wurde U-109 (Oblt. Joachim Schramm).[96] Am 11. Mai hatte U-528 (von Rabenau), der am 29. April als Boot der Gruppe »Star« so stark beschädigt worden war, daß er den Rückmarsch antreten mußte (Kapitel 4), die Position 46°55′ N, 14°44′ W erreicht. Dort wurde es von der Halifax »D« des 58. Geschwaders entdeckt, die zum Schutz des Konvois OS.47 auf dem Wege nach Afrika eingesetzt war. Fünf Wabos fügten dem Boot weitere schwere Schäden zu; den Rest gaben ihm das Geleitboot HMS *Fleetwood* und die Korvette HMS

Mignonette aus dem Geleit des Konvois. Die Schiffe retteten fünfzehn Überlebende aus der See.[97]

Am 15. Mai operierte das IXC-Boot U-176 (Korvettenkapitän Reiner Dierksen) nordwestlich von Havanna, wo es von einer Aufklärungsmaschine vom Typ Vought-Sikorsky OS2U-3 Kingfisher gesichtet wurde, die zum US-Navy-Aufklärungsgeschwader VP-62 gehörte, das über einem aus nur zwei Schiffen bestehenden Konvoi patrouillierte. Als das U-Boot tauchte, markierte der Pilot den Tauchstrudel, flog dann zu den Geleitfahrzeugen, rüttelte mit den Tragflächen und führte den kubanischen U-Jäger CS-13 an die Tauchstelle. Das kubanische Schiff warf drei Wasserbomben, denen unter Wasser vier Explosionen folgten. Es gab keine Überlebenden.[98] Alle Mann gingen auch verloren, als der Zerstörer USS *MacKenzie*, der den Konvoi USG.8 begleitete, 200 Meilen nordwestlich von Madeira auf U-182 (Kptlt. Nicolai Clausen) stieß und das Boot versenkte. Das erfolgreiche Boot vom Typ IXD2 befand sich auf der Rückkehr von einer Feindfahrt vor Kapstadt und Madagaskar.[99]

Am darauffolgenden Tage um 0830 Uhr entdeckte ein Flugboot Martin PBM-3C Mariner des in Natal und Aratu in Brasilien stationierten Geschwaders 74 der US Navy südöstlich von Brasilien das aufgetaucht fahrende U-128 (Kptlt. Hermann Steinert). Das Boot tauchte, wurde aber nur 15 Sekunden später mit sechs vor den Tauchstrudel gesetzten Wasserbomben beworfen. Aufgrund der dabei erlittenen Schäden mußte das Boot drei Minuten später wieder auftauchen, wonach es mit hoher Fahrt auf die brasilianische Küste zufuhr. Doch ein weiteres Flugboot kam herbei und brachte dem Boot mit sechs Wasserbomben weitere Schäden bei. Als die Ausgucks auf der Brücke gegen 0930 Uhr die herandampfenden Zerstörer USS *Moffett* und *Jouett* sichteten, befahl Steinert die Selbstversenkung des Boots. Sieben Mann der Besatzung starben bei den Angriffen, einundfünfzig wurden von der *Moffett* gerettet, vier starben noch an Bord des Zerstörers.[100]

Am selben Tag erwischte die Hudson »J« des 269. Geschwaders U-646 (Oblt. Heinrich Wulff) aufgetaucht zwischen den Shetland-Inseln und Island. Das Flugzeug warf vier Wasserbomben, als der Turm des tauchenden Boots noch gut zu sehen war. Eine Minute später stieg aus dem Schaum der Wabodetonationen eine dreißig Meter hohe graue

Rauchwolke auf, der dreißig Sekunden darauf Öl und Wrackteile an die Oberfläche folgten. Es gab keine Überlebenden.[101] Das VIIC-Boot U-414 (Oblt. Walter Huth) war auf seiner ersten Feindfahrt durch die Straße von Gibraltar durchgebrochen und verfolgte am 21. Mai im westlichen Mittelmeer einen Konvoi. Dabei wurde es von dem brandneuen Zerstörer USS *Nields* mit Wasserbomben angegriffen und auf 36°01′ N, 00°34′O mit allen Mann an Bord versenkt.

Fünf Tage später sichtete die PBY-5A Catalina »F« des in Island stationierten Aufklärungsgeschwaders VP-84 der US Navy südöstlich der Insel ein U-Boot und griff es mit drei 150-kg-Wasserbomben an, die aus 30 Meter Höhe abgeworfen wurden, als das Boot noch aufgetaucht war. Danach tauchte das U-Boot, und Lieutenant R. C. Millard warf beim zweiten Angriff einen Mk 24 ab. Die Hydrophone der Waffe lokalisierten die kavitierenden Schrauben des Boots, und das Ergebnis war, daß Öl und Wrackteile an die Oberfläche stiegen. Es war der zweite Erfolg der neuen Torpedos in diesem Monat. U-467 (Kptlt. Heinz Kummer) sank mit der gesamten Besatzung.[102]

Am gleichen Tag wurde U-436 (Kptlt. Günther Seibicke) auf dem Rückmarsch von einem Atlantikeinsatz im getauchten Zustand von der Fregatte HMS *Test*, die zum Geleit eines Konvois von Großbritannien nach Gibraltar (KX.10) gehörte, mit ASDIC geortet. Die *Test* fuhr zwei Angriffe, verlor danach aber den ASDIC-Kontakt. Die in der Nähe stehende Korvette *Hyderabad* kam hinzu und führte zusammen mit der *Test* eine Suche durch. Um 1434 Uhr hatte die Korvette Kontakt und griff mit einem Zehner-Teppich an. Als sie achtzehn Minuten erneut Kontakt hatte, warf sie einen weiteren Zehner-Teppich. Danach kamen Öl, viel Holz, ein Südwester, ein Handschuh, Zigarren und ein Stück menschliches Fleisch an die Oberfläche. Es gab keine Überlebenden.[103]

Am Nachmittag des 28. Mai sichtete und vernichtete die Hudson »M« des in Blida in Algerien stationierten 608. Geschwaders vor Valencia ein U-Boot mit einem R.P. Es war das erste Mal, daß die RAF die Waffe erfolgreich gegen ein U-Boot einsetzte (die vorherige Versenkung war durch Flugzeuge der Royal Navy erfolgt). Das Opfer war U-755 (Kptlt. Walter Göing). Achtunddreißig Besatzungsmitglieder des Bootes fanden den Tod; neun Überlebende wurden von der spanischen Marine aufgefischt und später nach Deutschland zurück-geführt.[104]

Am gleichen Tage um 2036 Uhr sichtete die Liberator »E« des 120. Geschwaders, die auf dem Flug von Reykjavik zum Konvoi HX.240 war, U-304 (Koch), das uns schon bei den Gefechten um SC.130 begegnet ist. Das Flugzeug griff das noch teilweise über Wasser befindliche Boot mit vier Wasserbomben an. Eine Minute später erschienen ein Ölfleck und Holzteile auf dem Wasser. Das Boot hatte seine erste Feindfahrt beendet und die gesamte Besatzung mit in die Tiefe genommen.[105]

Schon vor dieser letzten Versenkung muß sich Dönitz gefühlt haben wie ein Kompaniechef, dessen Stellung durch immer neue Wellen von feindlichen Truppen überrannt wird. Am 24. Mai zog er widerwillig den Schluß, daß die Verluste in diesem Monat eine »untragbare Höhe« erreicht hatten. Während »vor noch nicht langer Zeit erst« ein U-Boot-Verlust auf 100 000 BRT versenkter Tonnage gekommen sei, was hinnehmbar, wenn nicht sogar gut gewesen sei, werde jetzt ein Boot pro 10 000 BRT Opfer der feindlichen Gegenmaßnahmen. Die »entscheidende« Rolle dabei habe die RAF gespielt; allerdings schrieb Dönitz der RAF fälschlicherweise auch die Erfolge der land-gestützten Maschinen und der Trägerflugzeuge zu – in Wirklichkeit gehörten sie zur Royal Navy. Seine Folgerung aus dem Aderlaß lau-tete: »Die untragbare Höhe der Verluste und Erfolglosigkeit an den letzten Geleitzügen zwingen nunmehr zu entscheidenden Maßnah-men, bis die Boote wieder mit besseren Abwehr- und Angriffswaffen ausgerüstet sind.«

Diese »entscheidenden Maßnahmen« bedeuteten den Rückzug der U-Boote von den nordatlantischen Konvoirouten. Haupteinsatzgebie-te wurden jetzt die westafrikanische und die brasilianische Küste, die Karibik sowie der Zentralatlantik zwischen den USA und Gibraltar. Dönitz erinnerte seine Kommandanten in einem Funkspruch »An Alle [Kommandanten]« jedoch daran, daß der Nordatlantik das eigentliche Haupteinsatzgebiet bleibe. Die Operationen dort sollten wiederaufgenommen werden, sobald die Boote neue Waffen erhalten hätten – er nannte einen wirksamen Radarwarnempfänger, einen ziel-suchenden Torpedo gegen Geleitfahrzeuge (Zaunkönig) und einen

20-mm-Flak-Vierling. Bis dahin müßten die Boote in einer »vorübergehenden Abkehr von den bisherigen Grundsätzen der U-Bootkrieg-
führung« das Gebiet mit der dichtesten Ansammlung von Konvois
meiden. Dies geschah, darauf legte er Wert, »um nicht in einer Zeit
der Unterlegenheit der Waffen durch nutzlose Verluste bei geringen
Erfolgen die U-Bootwaffe zerschlagen zu lassen«.

Selbstverständlich, fügte er hinzu, könne der Nordatlantik aus
einer ganzen Reihe von Gründen nicht sofort und auch nicht völlig
dem Feind überlassen werden. Boote, die schon auf dem Nordatlantik im Einsatz waren, hatten nicht genug Kraftstoff an Bord, um in
andere, weit entfernte Seegebiete fahren und danach noch die deutschen Häfen erreichen zu können. Es würde Zeit kosten, sie mit Kraftstoff zu versorgen, und es wäre gefährlich, sie in großen Zahlen in die
Stützpunkte einlaufen zu lassen, weil in den bombensicheren Bunkern nur eine begrenzte Zahl von Liegeplätzen verfügbar war. Außerdem sollte der Rückzug aus dem Nordatlantik verschleiert werden,
indem einige Boote in diesem Seegebiet verblieben und zur Täuschung Funkverkehr wie bei einer normalen Rudeloperation absetzten. Die neuen Boote, die aus den deutschen Häfen in den Atlantik
kamen, müßten »trotz der schwierigen Verhältnisse« erst einmal dort
ausharren. Von ihnen wurde erwartet, daß sie günstige Gelegenheiten
für Angriffe abwarteten, was bedeutete, daß sie die nächste Vollmond-
periode für ihren Einsatz nutzen sollten, und die würde Ende Juni
sein. Dann sollten erfahrene Boote die Neulinge unterstützen. In der
Zwischenzeit sollten sich die Kommandanten der Aufgabe widmen,
trotz der vorübergehenden Schwierigkeiten die Kampfmoral ihrer
Männer zu heben.[106]

Dönitz ließ am 24. Mai zudem einen Tagesbefehl zur Kenntnis-
nahme durch alle Offiziere funken. Erst am Tag zuvor hatte er ihnen
mitgeteilt, daß die Entwicklung neuer Geräte gegen das alliierte
Radar und die feindlichen Waffen bei allen Stellen in Deutschland
»mit höchstem Druck« betrieben und die neue Ausrüstung bald verfügbar sein werde. Bis dahin seien »List und Vorsicht« gefragt, und
im Kampf selbst sollten die Männer sich auf ihre »alte unerbittliche
Härte« besinnen.[107] Jetzt, am 24. Mai, griff er das Thema erneut auf,
diesmal noch deutlicher:

Ich weiß, daß euer Kampf draußen im Augenblick einer der schwersten und verlustreichsten ist, da uns die Abwehr des Gegners mit neuen technischen Mitteln im Moment überlegen ist. Glaubt mir, daß ich alles getan habe und weiterhin tun werde, um diesen Vorsprung des Gegners mit Gegenmitteln einzuholen. Es wird dann in Kürze der Tag kommen, an dem ihr mit neuen und schärferen Waffen dem Gegner überlegen seid und über eure ärgsten Feinde, das Flugzeug und den Zerstörer, triumphieren könnt ... Wir lassen uns deshalb nicht in die Defensive drücken und werden ... mit noch mehr Härte und Entschlossenheit weiterkämpfen ... Dann werden wir siegen ... Heil dem Führer.[108]

Gegenüber dem Führer erläuterte Dönitz dies am 31. Mai auf dem Obersalzberg bei Berchtesgaden. Als die entscheidenden Faktoren für seinen Befehl zum Rückzug der U-Boote nannte er die alliierten Flugzeuge und das Radar: »Wir wissen noch nicht einmal, mit welcher Wellenlänge der Gegner uns ortet.« Weiter führte er aus:

Die Verluste sind im letzten Monat von bisher etwa 14 U-Booten, d. h. 13% der in See befindlichen U-Boote, auf 36 wenn nicht 37, d. h. rund 30% der in See befindlichen U-Boote, angestiegen. [Zählt man U-439 und U-659, die in der Nacht vom 3. auf den 4. Mai kollidiert waren, sowie U-563 und U-440, die am 31. Mai versenkt wurden, mit, waren im Mai 1943 in Wirklichkeit 41 Boote verlorengegangen.] Die Verluste sind zu hoch. Es kommt darauf an, jetzt Kräfte zu sparen, andernfalls würde nur das Geschäft des Gegners betrieben werden.

Nachdem er die neuen Ortungsgeräte und Waffen aufgezählt hatte, von denen er hoffte, daß sie bald verfügbar sein würden, schlug er Hitler eine völlig neue Lösung des Problems vor: die Aufstellung einer neuen Marineluftwaffe, die den alliierten Flugzeugen mit deren eigenen Mitteln entgegentreten und außerdem Angriffe auf alliierte Konvois fliegen sollte. Dazu müßten die Marineflieger aber »erst das Navigieren über See, die astronomische Navigation, Abdrift, Fühlung am Geleitzug, Zusammenarbeit mit U-Booten durch Peilzeichen, herangeführt werden durch andere Flugzeuge an den Geleitzug usw. und entsprechenden Nachrichtendienst lernen«. Der Stenograph vermerkte: »Der Führer stimmt den Ausführungen sehr zu ...«[109]

Offenbar hatte Dönitz, was die Gefährlichkeit der alliierten Flugzeuge anbetraf, seine Meinung seit dem August 1942, als er behauptete, das U-Boot habe vom Flugzeug nicht mehr zu befürchten »als ein Maulwurf von einer Krähe«, völlig geändert. Aber die gesamte Unterredung mit Hitler hat etwas Irreales an sich, das mit der Wirklichkeit des Krieges nichts mehr zu tun hatte. Auch wenn die U-Boote mit neuen Ortungsgeräten und Waffen ausgerüstet wurden, bestand kaum Aussicht, daß die veralteten Boote es wieder mit den immer stärker werdenden alliierten See- und Luftstreitkräften, die über modernstes Gerät und viele erfahrene Besatzungen verfügten, würden aufnehmen können. Und die Wahrscheinlichkeit, daß Deutschland noch einmal – wie in den dreißiger Jahren schon einmal geschehen – eine eigene Marinefliegerei aufstellen würde (Dönitz dachte an über 700 Flugzeuge), war gering, und das mußte auch den beiden auf dem Berghof klar gewesen sein. »Das war nur Träumerei«, meint der Geschichtsschreiber der deutschen Marinefliegerei dazu.[110] Die U-Boot-Waffe mußte sich weiter mit der von der Reichweite her unbefriedigenden und weitgehend ineffektiven Seekriegführung aus der Luft durch den zur Luftwaffe gehörenden Fliegerführer Atlantik in Westfrankreich abfinden, obwohl noch nicht einmal dessen Quadratkarten des Atlantiks mit denen der U-Boote übereinstimmten.[111]

Dennoch wollte niemand die nahende Niederlage wahrhaben, am wenigsten »der Löwe« und der Führer: ersterer, weil die U-Boot-Waffe sein Lebenswerk war, an dem er von den ersten Anfängen nach dem Ersten Weltkrieg an gebaut hatte; letzterer, weil ihm klar war, daß die U-Boote trotz der Rückschläge im Mai immer noch seine beste Waffe gegen den alliierten Aufmarsch waren, der dem Sprung über den Ärmelkanal hinweg vorausgehen mußte. Dönitz brauchte fünfzehn Jahre, zuzüglich eines zehnjährigen Gefängnisaufenthalts, bis er schriftlich die Hohlheit der Hitler unterbreiteten Vorschläge und die Unredlichkeit der Endsiegparolen, die er den U-Boot-Fahrern mit auf den Weg gegeben hatte, eingestand. In seinen Memoiren erkannte der alte Admiral auf den Seiten, die sich mit dem Ausgang des »Schwarzen Mai« befassen, die nüchterne Realität des 31. Mai 1943:

»Wir waren in der Atlantikschlacht unterlegen.«[112]

Nachwort

Obwohl Dönitz mit dem Versuch, Großbritannien vom Überseehandel abzuschneiden, gescheitert war und es ihm auch nicht gelungen war, den amerikanischen militärischen Nachschub nach Gibraltar und England zu unterbinden, setzte er den U-Boot-Krieg im Zentralatlantik und in anderen Seegebieten fort. Nach eigener Aussage entschied er sich dafür, nachdem er alle Möglichkeiten des Handelns erwogen hatte: Sollte er den U-Boot-Krieg beenden, weil der Gegner an Quantität und Qualität der Ausrüstung weit überlegen war? Oder sollte er die Operationen angepaßter Form fortsetzen, obwohl die anglo-amerikanische Überlegenheit eher zu- als abnehmen würde?

Deutschland befand sich an allen Fronten in der Defensive. Unser Heer hatte schwere Abwehrkämpfe zu bestehen. Die Luftangriffe auf das deutsche Reichsgebiet nahmen ständig zu. Welche Folgen für unsere Gesamtkriegslage würde unter diesen Verhältnissen die Einstellung des U-Boot-Krieges haben? Konnten wir auf ihn verzichten? Durften wir ihn mit Rücksicht auf unsere U-Bootmänner trotz unserer klaren Unterlegenheit noch fortsetzen?[1]

Dönitz kam zu der bitteren Erkenntnis, daß ihm nichts übrigblieb, als den schon verlorenen Seekrieg fortzusetzen. Dafür hatte er folgende Gründe: Erstens waren in den Stützpunkten an der Biskaya nur 110 geschützte Liegeplätze vorhanden, so daß die Kampfboote den Luftangriffen ausgesetzt gewesen wären. Zweitens hätte die Einstellung der U-Boot-Operationen Hunderte alliierte Geleitfahrzeuge und Flugzeuge freigesetzt, die an anderer Stelle gegen Deutschland eingesetzt werden könnten. Ebenso wäre das gesamte Netzwerk der alliierten

Stützpunkte und Flugplätze mit all ihrem militärischen und zivilen Personal und den übrigen durch den U-Boot-Krieg gebundenen Ressourcen für andere Aufgaben verfügbar geworden. Wenn beispielsweise die Bomberflotte des Küstenkommandos, die damals zur U-Jagd eingesetzt wurde, für die Unterstützung der Bombardierung der deutschen Städte freigesetzt worden wäre, dann wäre die Zivilbevölkerung dieser Städte unermeßlichem Leid ausgesetzt worden: »Sollte der U-Bootmann dem zusehen und Frauen und Kindern erklären, sie müßten das ertragen .... Die Frage stellen hieß, sie beantwortet zu haben.«[2]

Dönitz prüfte auch eine Zwischenlösung, die darin bestanden hätte, die Kampfhandlungen einzustellen, bis die nächste Generation von U-Booten, die schnellen Elektroboote vom Typ XXI, verfügbar wurden. Dann könnte die U-Boot-Waffe mit verbesserten Erfolgsaussichten wieder auf die Weltmeere zurückkehren. Aber eine solche Kampfpause hätte die Kampfmoral selbst der besten U-Boot-Besatzungen untergraben. Außerdem mußte die U-Boot-Waffe sich in ständiger Konfrontation mit dem Gegner über dessen Seekriegsmittel, Taktiken und Entwicklungstendenzen informiert halten.

Hitlers Grund für die Fortsetzung des U-Boot-Krieges führte Dönitz nicht an. Der »Führer« nämlich zog es vor, den inzwischen defensiv gewordenen Krieg auf dem Atlantik zu führen, statt an den Stränden der »Festung Europa«. Darüber hinaus diente der U-Boot-Krieg seiner Verzögerungstaktik. Was Friedrich dem Großen im Siebenjährigen Krieg an Land gelungen war, hoffte Hitler auf See zu wiederholen: durch ständigen Verschleiß einer der feindlichen Mächte den Schneid abzukaufen und sie dazu zu bringen, sich aus dem Krieg oder wenigstens den Vorbereitungen der Invasion Kontinentaleuropas zurückzuziehen. Es war eine törichte Hoffnung, aber nach Stalingrad und dem Schwarzen Mai die einzige, die ihm geblieben war.

Angesichts dieser friderizianischen Einstellung Hitlers ist es die Frage, ob Dönitz, als er die ihm offenstehenden Alternativen erwog, tatsächlich frei hätte entscheiden können, ohne seinen Posten zu riskieren. Aber wie auch immer er zu seiner Entscheidung kam, er teilte sie persönlich den Flottillenkommandeuren in den Stützpunkten an der Biskaya mit, die ihm allesamt zustimmten und sich ihrerseits bemühten, die Zustimmung und Unterstützung der Offiziere und Besatzungen ihrer Boote zu erhalten.[3] Das muß Dönitz bestärkt haben. Aber es muß die Flottillenkommandeure auch erschüttert haben, mitzuerleben, wie »der Löwe« von einem lange befolgten Prinzip Abstand nahm: »Strategischer Druck allein reicht nicht, nur Versenkungen zählen.«[4]

Im zwei Jahre dauernden Ausklang der Geschichte der U-Boot-Waffe, der in der historischen Literatur ausführlich beschrieben worden ist, gelang es ihr nicht mehr, der alliierten Schiffahrt bedeutenden Schaden zuzufügen, weder auf den atlantischen Verbindungswegen noch sonst irgendwo. Die U-Boote waren von einer echten Bedrohung zu einer lästigen Störung geworden, und sie banden auch keine an anderer Stelle benötigten alliierten See- und Luftstreitkräfte mehr. Schon zwischen dem 24. und 30. Juli 1943 nahmen die Flugzeuge der U-Jagdgruppen 15 und 19 des Küstenkommandos an den schrecklichen Flächenbombardements auf Hamburg teil.[5] In anderen Seegebieten, etwa vor den Küsten der USA, konnten die U-Boote gelegentlich noch einige Erfolge verbuchen, zumeist gegen Einzelfahrer, aber gegen die amerikanischen Militärkonvois im Mittelatlantik richteten sie nichts aus. Die meisten Versenkungen wurden nach dem Mai 1943 im Indischen Ozean erzielt. Aber die alliierten Verteidigungsmaßnahmen waren überall besser geworden, und die Boote zahlten einen hohen Preis: Neunundsiebzig U-Boote gingen in den drei auf den Schwarzen Mai folgenden Monaten verloren, darunter sieben der zehn vorhandenen Milchkühe, wodurch weitere Langstreckenoperationen erheblich eingeschränkt wurden.

Die Vollmondphasen im Juni, Juli und August 1943 vergingen, ohne daß die U-Boote wieder in nennenswerter Stärke auf den atlantischen Konvoirouten erschienen. Dann, im September, kehrte Dönitz in die geographischen Breiten seiner früheren Erfolge südsüdwestlich von Island zurück und lief bei einer viertägigen Operation von neunzehn Booten gegen die Konvois ONS.18 und ON.202 noch einmal kurzzeitig zur Höchstform auf. Neun Boote waren mit der neuen, lange versprochenen Waffen, ausgerüstet, dem T-V oder »Zaunkönig«, einem zielsuchenden Torpedo, der wie der Mark XXIV auf die Kavitation schnelldrehender Zerstörerschrauben reagierte. Alles in allem wurden fünfzehn Zaunkönige gegen die Geleitfahrzeuge der beiden Konvois abgeschossen, die seit dem 20. September zusammen fuhren.

445

Die Erfolgsmeldungen nach dem Einsatz der neuen Torpedos gehören zu den größten Übertreibungen des Krieges, denn ihren Meldungen nach Berlin zufolge hatten die U-Boote nicht weniger als zwölf Zerstörer sicher und drei weitere wahrscheinlich versenkt. Neun Handelsschiffe wurden nach Angaben der U-Boote durch konventionelle Torpedos versenkt, wobei zwei Boote verlorengingen. Der Erfolg wäre noch größer gewesen, fügten die Boote hinzu, wenn sie Radargeräte gehabt hätten, denn einen Tag und eine Nacht lang wurden die Operationen durch dichten Nebel behindert. In Wirklichkeit beliefen sich die Verluste der Alliierten auf drei versenkte und zwei beschädigte Geleitfahrzeuge sowie sechs versenkte Handelsschiffe. Auf deutscher Seite gingen auch drei U-Boote verloren (eins davon 160 Seemeilen vom Konvoi entfernt, noch bevor die Operation begann); drei weitere wurden beschädigt.[6] Immerhin, die U-Boote hatten einen »Erfolg« erzielt, auch wenn es eine Art Pyrrhussieg war. Es sollte der letzte Erfolg an einem Konvoi im ganzen Krieg sein. Im September und Oktober wurden noch sechs weitere Operationen gegen Konvois unternommen, die aber allesamt unter starken Verlusten fehlschlugen. Im Oktober kam ein versenktes Handelsschiff auf sieben versenkte U-Boote. Die U-Boot-Waffe lag im Sterben. Nach dem völligen Scheitern des Angriffsversuchs auf ONS.29 vom 16. bis 19. Februar 1944 fanden überhaupt keine Angriffe auf Konvois mehr statt. Das Hauptinteresse der U-Boot-Besatzungen war, so schien es, nicht mehr, zu versenken, sondern selbst nicht versenkt zu werden. Das war ein seltsamer Auftrag, wenn man bedenkt, daß die U-Boot-Fahrer auf einem von seinem Charakter her rein offensiven Seekriegsmittel dienten.

Inzwischen waren, was erwähnt werden sollte, sämtliche versprochenen neuen Waffen und Geräte auf den U-Booten installiert worden. Hierzu zählten neben dem Zaunkönig ein 20-mm-Schnellfeuergeschütz in Vierlingsaufstellung, der Radarwarnempfänger Naxos-U, der 10-cm-Radar empfangen konnte und nach unglaublichen Verzögerungen im Oktober 1943 auf dem ersten Boot eingebaut wurde, sowie Aphrodite, eine Radartäuschung, die aus einem Wasserstoffballon mit angehängter Aluminiumfolie bestand und die Radareigenschaften eines U-Boot-Turms haben sollte.[7] Aber laut Günter Hessler konnten »all diese neuen Waffen ... den alten Booten ihre ehemalige

Kampfkraft im Vergleich zu den Alliierten nicht zurückgeben«.[8] Eine technische Entwicklung, die der Sicherheit der Boote diente, auch wenn sie ihren Kampfwert nicht erhöhte, war der Schnorchel, ein vor dem Krieg von der niederländischen Marine erfundenes System aus zwei Rohren, das es dem U-Boot erlaubte, in Periskoptiefe mit Dieselantrieb zu fahren und seine Batterien aufzuladen. Die bis über die Wasseroberfläche ragenden »Atemrohre« beförderten frische Luft für Menschen und Dieselmotoren ins Boot, während gleichzeitig die Abgase entweichen konnten. Der Schnorchel gab den Booten ihren früheren Hauptvorteil zurück: Sie waren wieder schwer zu orten, was in der Praxis bedeutete, daß sie vor Flugzeugen geschützt waren. Der Schnorchel hatte aber auch Nachteile, die den Vorteil weitgehend wettmachten: Die mit den Dieseln unter Wasser zu erreichende Geschwindigkeit war nicht hoch, und das Wohlbefinden der Besatzung, ja sogar ihr Leben, war bedroht, wenn die mit Kohlenmonoxid versetzten Abgase ins Bootsinnere gelangten oder das Schwimmerventil im Schnorchel sich schloß, weil es durch irgendeine Turbulenz überflutet wurde oder die Männer an den Tiefenrudern nicht aufpaßten. Dann wurde die Luft von den Maschinen aus dem Boot gesaugt.

Restlos aufgewogen wurde der Vorteil des Schnorchels dann durch die amerikanische Erfindung des 3-cm-Radars, mit dem die heiße Luft am Ausgang des Schnorchels geortet werden konnte. Aber ob mit oder ohne Schnorchel, als es darum ging, am 6. Juni 1944 die Invasionsflotte im Ärmelkanal abzufangen und anschließend die Nachschubschiffe zu bekämpfen, versagten die U-Boote völlig. Die Maschinen des Küstenkommandos der RAF wurden spielend mit ihnen fertig. Danach ging es mit den U-Booten bis zum Kriegsende weiter steil bergab. Ein letzter Blick auf das Verhältnis zwischen Versenkungen und Verlusten zeigt dies deutlich. Vom Juli 1943 bis zur Kapitulation im Mai 1945 betrug die Rate 0,5 Handelsschiffe pro versenktem U-Boot, also nur noch ein Achtel des Werts, den sie in den acht Monaten vom Oktober1942 bis zum Schwarzen Mai 1943 gehabt hatte, und sogar nur ein Sechsunddreißigstel desjenigen in den acht Monate vor dem Oktober 1942.[9]

Die einzige Waffe, die theoretisch eine Chance hatte, den Seekrieg zugunsten Deutschlands zu wenden, war das 1600 Tonnen große Elektroboot des Typs XXI (und das kleinere, 250 Tonnen große neue

Boot vom Typ XXIII). Dieses erste wahre Unterseeboot (alle vorherigen Modelle hatten nur die Fähigkeit besessen, zeitweise zu tauchen) hatte eine schwere Ladung von Akkumulatoren, die es in die Lage versetzte, unter Wasser eine Stunde lang die bis dahin unvorstellbare Geschwindigkeit von 17,5 Knoten oder 24 Stunden fünf Knoten zu laufen. Mit einer solch hohen Unterwassergeschwindigkeit, die noch durch den stromlinienförmigen Rumpf begünstigt wurde, war das Boot fast völlig sicher vor Wasserbomben und Hedgehog, und die Fähigkeit, sich länger unter Wasser aufzuhalten, verringerte die Wirkung der suchenden Radarimpulse der Flugzeuge. Mit Schnorchel erreichte das Boot bei Unterwasserdieselfahrt eine Geschwindigkeit von 10 Knoten. Der Typ XXI hatte darüber hinaus eine bemerkenswerte Kampfkraft und konnte unter anderem achtzehn seiner insgesamt zwanzig Torpedos innerhalb von 20 Minuten verschießen. Die Konstruktion war so fortschrittlich, daß alle Boote, die nach dem Krieg von der britischen, amerikanischen und russischen Marine in Dienst gestellt wurden, nach dem Vorbild des Typs XXI entworfen waren. Aber in den Zweiten Weltkrieg konnte die neue Bootsklasse nicht mehr eingreifen.

Einer der Gründe dafür war das Bomberkommando der RAF, zu dessen wenigen nicht in Frage gestellten Erfolgen die starken Zerstörungen auf den Werften in Bremen, Hamburg und Kiel gehörten, durch welche die Produktion der Boote vom Typ XXI erheblich verzögert wurde. Auch die Ausbildung in der Ostsee und vor Norwegen konnte nicht wie geplant durchgeführt werden, so daß die deutschen U-Boot-Fahrer bezweifelten, daß sie ihr neues Unterseeboot noch gegen den Feind würden erproben können, denn im Frühjahr 1945 sahen sie die Kapitulation unausweichlich auf sich zukommen. Aber selbst zu diesem späten Zeitpunkt hielt sich die deutsche Marine weiterhin an ein systematisches, konservatives Vorgehen. Nach Hesslers Angaben hatten etwa 30 bis 50 Boote vom Typ XXI die Erprobung fast hinter sich gebracht, wurden aber zurückgehalten, weil die formale Abnahme noch fehlte; sechs Boote befanden sich in Norwegen und erprobten die Schnorchel, und nur eines, U-2511, wurde zum Einsatz freigegeben. Unter dem Kommando von Korvettenkapitän Adalbert Schnee fuhr das Boot in Richtung der Faröer, wo Schnee den »Ihr habt gekämpft wie die Löwen«-Kapitulationsbefehl Dönitz' empfing, der Hitler nach dessen Selbstmord als »Führer« nachgefolgt war:

U-Boots-Männer! Ungebrochen und makellos legt ihr nach einem Heldenkampf ohnegleichen die Waffen nieder .... Kameraden! Bewahrt euch euren U-Boots-Geist, mit dem ihr die langen Jahre hindurch tapfer, zäh und unbeirrt gekämpft habt, auch in Zukunft zum Besten unseres Vaterlandes. Es lebe Deutschland![10]

Einige Stunden, nachdem er den Funkspruch gelesen hatte, sichtete Schnee einen britischen Kreuzer mit Zerstörergeleit. Er entschloß sich, einen Scheinangriff zu fahren, um zu erproben, ob sein Boot so gut war, wie behauptet wurde. Unter Wasser war es ihm ein leichtes, das Zerstörergeleit zu durchbrechen und aus geringer Entfernung einen simulierten Angriff mit sechs Torpedos auf den Kreuzer zu fahren. Es war der erste erfolgreiche »Angriff« eines U-Boots der neuen Generation unter Gefechtsbedingungen. Danach kehrte U-2511, wie befohlen, in den Stützpunkt zurück. Vor diesem schulmäßigen, wenn auch nur simulierten Angriff Schnees hatten zwischen dem 30. Januar und 7. Mai 1945 bereits acht Boote des kleineren neuen Typs XXIII ihre Fähigkeiten auf acht Feindfahrten bewiesen, auf denen sie ohne eigene Verluste oder Beschädigungen sieben Handelsschiffe versenkt hatten. Diese vielversprechenden Entwicklungen kamen jedoch zu spät, als daß sie noch Einfluß auf den Kriegsverlauf hätten nehmen können.

In den zwei Jahren, die dem Schwarzen Mai folgten, wurde von den U-Boot-Fahrern nichts mehr gefürchtet als Bomben aus der Luft. Am 27. April war Dönitz nach sorgfältiger Überlegung zu dem Schluß gekommen, daß die Boote bei der Durchquerung der Biskaya weniger gefährdet seien, wenn sie ihre Batterien am Tag aufluden. Sie konnten dann die anfliegenden Flugzeuge sehen und sich mit ihrer Flugabwehrbewaffnung verteidigen. Das schien besser zu sein, als die Angriffe bei Nacht hinzunehmen, wenn die Boote ohne Verteidigungsmöglichkeit den Scheinwerfern und Bomben der Leigh-Licht-Wellingtons und Catalinas ausgesetzt waren. In einem Punkt irrte Dönitz jedoch: Er glaubte, daß die Flugabwehrbewaffnung der Boote für eine wirksame Verteidigung ausreichte. Die meisten Boote verfügten über einen 20-mm-Zwilling; erforderlich gewesen wäre mindestens ein 20-mm-Vierling, der aber erst später im Jahr auf den Booten eingebaut wurde.

Als weitere Verteidigungsmaßnahme wurden ab Anfang Juni 1943 U-Boot-Konvois zusammengestellt. Den Booten wurde befohlen, aufgetaucht und am Tag in Gruppen von drei bis fünf Booten aus den Stützpunkten auszulaufen und ihre gemeinsame Feuerkraft zum Tragen zu bringen, wenn sie von Flugzeugen angegriffen wurden. Die Idee war, daß die Flugzeuge nur genug Bewaffnung und Bomben mitführten, um ein einzelnes Boot anzugreifen. Aber die Piloten des Küstenkommandos reagierten schnell, indem sie ihrerseits in losen Verbänden flogen. Wenn eine Maschine eine U-Boot-Gruppe entdeckte, konnte sie die anderen zum Angriff herbeirufen. Dönitz gab das Konvoisystem am 12. Juni wieder auf, führte es Ende Juni aber erneut ein. Am 17. Juni wies er die Boote an, am Tag höchstens vier bis sechs Stunden aufgetaucht zu fahren, also die Mindestzeit, die man brauchte, um die Batterien zu laden.

Am 12. Juni hatte der Befehlshaber des Küstenkommandos, Air Marshall Slessor, die Operation »Derange« beendet und zwei neue Suchstreifen mit den Codenamen »Musketry« und »Seaslug« einrichten lassen. In den verbleibenden Tagen des Juni und im Juli erzielten die Flugzeuge des Küstenkommandos in diesen Streifen zahlreiche Erfolge; im Juli wurden elf Boote in der Biskaya versenkt und zwei weitere beschädigt. Der einzige noch halbwegs sichere Weg aus den Stützpunkten war für die U-Boote die nach ihrem Entdecker Korvettenkapitän Adolf Piening (U-155) benannte Piening-Route. Es war der schwierige und zeitraubende Weg an der spanischen Küste entlang.

Als in den ersten zwei Tagen des August vier weitere Boote in der Biskaya versenkt wurden, entschloß sich Dönitz zu einschneidenden Maßnahmen. Er löste alle U-Boot-Gruppen auf, die sich in der Biskaya befanden, rief sechs Boote, die gerade ausgelaufen waren, zurück und ordnete an, daß ab sofort alle Boote die Piening-Route zu nehmen hatten. Außerdem hob er seinen Befehl vom 27. April auf, in dem er die Boote angewiesen hatte, bei Nacht getaucht zu fahren. Beim Durchqueren der Biskaya sollten die Boote jetzt nur noch möglichst wenig aufgetaucht fahren. Außerdem sollten sie sich nicht mehr auf Schießereien mit Flugzeugen einlassen. In den siebenundneunzig Tagen, in denen der Befehl zum nächtlichen Tauchen in Kraft war, hatten die Flugzeuge des Küstenkommandos in der Biskaya sechsundzwanzig U-Boote versenkt und siebzehn beschädigt. Das bedeutete, daß alle 3,7 Tage ein Boot zerstört worden war.[11] So hoch sollte die Verlustrate nie wieder werden, weil Dönitz danach extrem vorsichtig wurde. Diese Periode des Gemetzels unter den U-Booten war ein großer Erfolg für die Gruppe 19 des Küstenkommandos, und Air Marshall Slessor beanspruchte in seinen Reden auch den vollen Erfolg für sich. Offenbar war er immer noch pikiert über die Impertinenz der »Rechenschieberstrategen« Stephen Raushenbush und Evan Williams, die für die Biskaya-Offensive 160 beziehungsweise 190 zusätzliche Flugzeuge gefordert hatten. Slessor wies in scharfen Formulierungen darauf hin, daß das Küstenkommando den Sieg mit den vorhandenen Mitteln errungen habe:

Die wichtigsten Faktoren in jeder Schlacht sind menschliche Eigenschaften wie Führungskraft, Moral, Mut und Können, und die kann man nicht auf eine mathematische Formel reduzieren. Dies sind die Faktoren, die den Sieg in der Atlantikschlacht gebracht haben, sobald die Mindestzahl an geeigneten Flugzeugen verfügbar war. Und tatsächlich wurde der Sieg mit einem Bruchteil der in diesen wissenschaftlichen Studien geforderten Zahl von Flugzeugen errungen.[12]

Diese Aussage enthält zwei Behauptungen, denen man nicht unbedingt zustimmen muß. Ohne die Führungsqualitäten Slessors, Bromets und anderer Kommandeure des Küstenkommandos schmälern zu wollen und den beeindruckenden Mut der Flugzeugbesatzungen in Frage zu stellen, kann gesagt werden, daß der Sieg, wenn der Krieg durch die von Slessor angeführten Eigenschaften entschieden worden wäre, genausogut an Dönitz und seine U-Boot-Männer hätte gehen können. Das Problem der Deutschen waren nie fehlende Führungskraft oder feige Seeleute, sondern die veraltete Technik und die kriminelle Nachlässigkeit der für die Technik verantwortlichen Dienststellen, die zu lange brauchten, um solche Dinge wie einen Warnempfänger für 10-cm-Radar zu entwickeln. Ein solches Gerät hätte den U-Booten sofort zur Verfügung gestellt werden müssen, nachdem das Rotterdam-Gerät in deutsche Hände gefallen war. Die Worte, die Captain Gilbert Roberts an der Taktikschule in Liverpool an Commander Peter Gretton gerichtet hatte (Kapitel 4), kommen einem wieder in den Sinn: Der Seekrieg war anders geworden, Mut und Ausdauer allein genügten nicht mehr; der Sieg hing mehr und mehr vom Fortschritt der Technik ab. Die Deutschen waren mit dem Naxos-U-Empfänger und den Booten vom Typ XXI einfach zu spät dran.

Auch Slessors Behauptung, daß die zusätzlichen 160 oder 190 Flugzeuge für eine effektive Kriegführung in der Biskaya nie erforderlich waren, kann man in Frage stellen. Der Air Marshall übersieht die Tatsache, daß OR-Analytiker wie Raushenbush und Williams stets eine pessimistische Perspektive anlegen müssen. (Genau wie jüngst im Golfkrieg, als keiner der Analytiker die Kürze des Krieges am Boden auch nur ansatzweise vorhergesagt hatte.) Weder Raushenbush noch Williams konnten ahnen, daß die Deutschen sechs Monate benötigen würden, um einen funktionierenden Warnempfänger für 10-cm-Radar auf ihre Boote zu bringen. Eine solche Nachlässigkeit war schlicht undenkbar. Der Sieg fiel leichter als erwartet, und es wurden weniger Flugstunden dafür benötigt, weil die aufgetaucht fahrenden U-Boote leicht zu sichten oder zu orten waren.

Slessor war von Anfang an kein Verfechter einer Offensive in der Biskaya gewesen, weil er sie nur »im Rahmen freier Kapazitäten« für möglich hielt. Er war überzeugt, daß sich beim Schutz bedrohter Konvois mehr Gelegenheiten boten, U-Boote zu versenken. Damit hatte er im Prinzip recht. Bei der Ortung von U-Booten standen die Patrouillenflüge über der Biskaya immer hinter den Einsätzen an gefährdeten Konvois zurück.[13] Was aber nicht vergessen werden darf ist, daß die Anzahl der gefährdeten Konvois begrenzt war, zumal Dönitz seine Boote an einzelnen Konvois konzentrierte. Irgendwann war es dann nicht mehr gewinnbringend, die Anzahl der Flugzeuge an einem Konvoi weiter zu steigern, denn mehr Flugzeuge führten dann nicht zwangsläufig zu mehr Versenkungen, obwohl sie möglicherweise Handelsschiffe retteten, indem sie die U-Boote unter Wasser drückten.[14]

Bei der Beschreibung des Luftkriegs gegen die U-Boote hebt Sles-

452

sor in seinen 1956 veröffentlichten Memoiren hervor, daß 1942 und 1943 mehr U-Boote durch Flugzeuge der RAF als durch die Geleitfahrzeuge der Royal Navy vernichtet worden seien. Insbesondere wies er Churchills Behauptung zurück, die Bomber der RAF hätten »keine geringere Rolle ... als die Kriegsschiffe« gespielt.[15] Auch Churchills Anerkennung für die Leistung der MAC-Flugzeugträger (»Merchant Aircraft Carriers«, Handelsschiff-Flugzeugträger) vermochte er nicht zu teilen: Sie hätten kein einziges U-Boot versenkt. Die MAC-Schiffe waren umgebaute britische Tanker und Massengutfrachter, die je drei oder vier Swordfish an Bord nehmen und auf See einsetzen konnten. Obwohl nicht als Kriegsschiffe klassifiziert, gaben sie 217 Konvois Luftschutz, was gewiß deren Moral stärkte, und wenn ihre Flugzeuge auch kein einziges U-Boot versenkt hatten, so hätte Slessor doch so großmütig sein können zu berichten, daß aus den von MAC-Schiffen begleiteten Konvois kein einziges Handelsschiff verlorenging. Ebenso verwarf er Churchills Urteil, die um einen Geleitträger wie zum Beispiel die *Bogue* gebildeten »Hunter-Killer«-Gruppen seien die »tödlichsten Feinde« der U-Boote gewesen. Wenngleich Slessor die »brillanten Erfolge« einzelner Geleitträger einräumte, legte er doch großen Wert darauf, daß von den insgesamt 771 U-Booten, die von den Alliierten versenkt wurden, nur zwanzig aufs Konto der »Hunter-Killer«-Gruppen gingen, wogegen 255 Opfer von landgestützten Flugzeugen geworden waren. In dieser Zahl waren noch nicht einmal die 17 U-Boote enthalten, die auf von der RAF geworfene Minen liefen und sanken, und ebensowenig die 66, die durch Bombenangriffe im Hafen zerstört worden waren.[16] Über die 72 amerikanischen Langstreckenflugzeuge, die er auf Drängen des Anti-U-Boot-Komitees beantragt hatte, schrieb Slessor: »Die haben wir nie bekommen. Doch das war egal, denn wir sind auch ohne Verstärkung mit den U-Booten fertiggeworden.«[17]

In einer neueren Untersuchung zu den durch Flugzeuge erzielt U-Boot-Versenkungen ist Air Commodore Henry Probert zu folgenden Ergebnissen gekommen: Ohne die Erfolge im Mittelmeer und im Indischen Ozean zu zählen, wurden von den insgesamt 772 auf dem Atlantik, in arktischen Gewässern und rund um die Britischen Inseln vernichteten U-Booten 305 durch alliierte landgestützte Flugzeuge versenkt (davon wiederum 173 durch Maschinen des Küstenkommando); 28 waren Opfer gemeinsamer Aktionen von Geleitfahrzeugen und Flugzeugen. Von den übrigen wurden 52 bei Bombenangriffen der Royal Air Force (Bomberkommando) und der USAAF vernichtet; 17 liefen auf von Maschinen der RAF geworfene Minen, und die meisten anderen wurden bei Einsätzen von amerikanischen und kanadischen Flugzeugen vernichtet.[18] Nach Stephen Roskills Schätzung wurden 288 U-Boote durch alliierte Flugzeuge (ohne Bombardierungserfolge in den Häfen), 246 von alliierten Geleitfahrzeugen und etwa fünfzig bei gemeinsamen Einsätzen von Schiffen und Flugzeugen versenkt.[19]

Laut Probert hatte die RAF im U-Boot-Krieg 5866 Gefallene zu beklagen, von denen 1630 aus den ehemaligen Kolonien und verbündeten europäischen Ländern stammten.[20] Die Gesamtverluste der Royal Navy im Zweiten Weltkrieg betrugen 50 758 Gefallene, 820 Vermißte und 14 663 Verwundete; 7401 Mann gerieten in Gefangenschaft. Es ist schwer, den Anteil zu bestimmen, der davon auf den U-Boot-Krieg entfiel, aber laut dem offiziellen Geschichtsschreiber der Royal Navy, Stephen Roskill, war er erheblich. Darüber hinaus wurden 102 Wrens (Marinehelferinnen) getötet und 22 verwundet.

Von den 830 U-Booten, die in allen Seegebieten zum Einsatz kamen, wurden 480 im Nordatlantik, auf den nördlichen Zufahrtswegen zum Nordatlantik und in den Gewässern rund um Großbritannien versenkt. Auf deutscher Seite starben 27 490 von 39 000 U-Boot-Fahrern, die in den U-Boot-Krieg gezogen waren. Das waren schreckliche 70 Prozent. Etwa 5000 U-Boot-Fahrer gerieten in Gefangenschaft. Dem Prozentsatz nach waren dies die größten Verluste sämtlicher Teilstreitkräfte aller am Zweiten Weltkrieg teilnehmenden Nationen. In den letzten Monaten des Krieges, als es an Selbstmord grenzte, mit einem U-Boot auszulaufen, fuhr dennoch eine Besatzung nach der anderen, ohne zu zögern oder sich zu beklagen, hinaus. 1959 schrieb Roskill: »Was auch immer man über ihre Art, Krieg zu führen denken mag, der Kampfgeist der Besatzungen war kaum jemals auch nur im geringsten erschüttert; zusammengebrochen ist er nie.«[21]

Der Monat Mai 1943 ging in vieler Hinsicht in die Geschichte ein. Ein herausragendes Ereignis war sicher der Kampf um ONS.5, der es verdient, unter die bedeutenden Siege auf See eingereiht zu werden. In

diesem Monat wurde zudem die Überlegenheit der land- und trägergestützten Flugzeuge über die U-Boote demonstriert, die damals noch
nicht den Konstruktionsstand des Typs XXI hatten. Die Einführung
des selbstsuchenden, aus der Luft abwerfbaren Torpedos und der
Raketen veränderte den Seekrieg; die Operations Research nahm großen Einfluß auf die Kriegführung auf See; HF/DF und 10-cm-Radar
erwiesen sich als entscheidende technische Errungenschaften, und
ohne Frage war es auch der Monat, in dem die bis dahin größte Anzahl
von U-Booten – einundvierzig – in den Tiefen des Atlantiks versank.

Es wäre aber unzutreffend, wenn man den Mai 1943 als den ersten
Monat bezeichnete, in dem sich das Schlachtenglück im Atlantik
gegen diejenigen wandte, die den Krieg angefangen hatten. Die alliierten Triumphe im Mai waren das Ergebnis einer ganzen Reihe von
allmählicher, kumulativer Entwicklungen. Dazu zählten: Ausbildung
und lange Erfahrung des Personals von RAF und Royal Navy, durch
die sie ihre Überlegenheit gewannen; die Operations Research, die
das ihre dazu beitrug; die Entwicklung neuer Taktiken, leistungsstar-
ker Waffen und Geräte; Vorgesetzten auf allen Ebenen, die ihre Aufgaben immer besser erfüllten; Handelsschiffer, die Zähigkeit und
Ausdauer an den Tag legten – ihnen drohte nach den U-Boot-Besatzungen die größte Gefahr, aber sie haben nie gekniffen; das unaufhör-
liche Produktionswachstum der amerikanischen Werften und Fabriken; die Behinderung der Ausbildung der deutschen U-Boot-Fahrer
durch Minen, die von der RAF schon 1942 in die Ostsee geworfen
worden waren und deren Auswirkungen sich 1943 zeigten; der auch
nach den Rückschlägen im März nicht nachlassende Eifer der alliierten Kriegsschiffe und ihrer Besatzungen, denen es dank ihres Kamp-
feswillens bis April bereits gelungen war, ein Unentschieden in der
Schlacht gegen die U-Boote zu erreichen. Alle diese schon vorher
wirksamen Faktoren machten den Mai 1943 zur Nagelprobe. Was im
Mai geschah, war nicht völlig überraschend aus dem Köcher des Mars
entsprungen.

Man kann auch nicht behaupten, daß im Mai der unaufhaltsame
Niedergang der U-Boot-Waffe begann, denn dessen Beginn könnte
man schon auf den Sommer oder Herbst 1941 legen, als die Versenkungserfolge der U-Boote zum ersten Mal nachließen und eine unum-
kehrbare Abwärtstendenz einsetzte. Ebensogut könnte man ihn aber

auch etwas später auf den 7. Dezember jenes Jahres legen, den Tag des Kriegseintritts der USA, die mit ihrem riesigen Industriepotential Hitlers Seekrieg in gleicher Weise zum Scheitern verurteilten, wie Rußland mit seinem Menschen- und Industriepotential den Landkrieg zur verlorenen Sache gemacht hatte. Dennoch war das U-Boot eine ernste Bedrohung, die erst einmal besiegt werden mußte. Und dies geschah im Mai 1943, als die U-Boot-Waffe am vorläufigen End- und Höhepunkt einer seit Monaten vorangetriebenen Entwicklung vernichtend geschlagen wurde.

Sowenig wie am Datum läßt sich dieser Erfolg an Einzelpersonen festmachen, die allein oder auch nur vorwiegend für den in diesem Monat errungenen Sieg verantwortlich gewesen wären. Sicher war es auf der alliierten Seite nicht das Verdienst von Churchill, Horton oder Slessor allein oder von Winn, Blackett, Gretton oder Oulton. Auf der anderen Seite war die Niederlage ebensowenig einer Einzelperson anzulasten, weder Hitler noch Dönitz oder Godt, auch nicht dem einen oder anderen U-Boot-Kommandanten. Vielmehr kämpfte Team gegen Team. Bis in den Tod. Und der hatte aus Sicht mancher U-Boot-Offiziere diesen Monat geprägt, in dem es zum »großen U-Boot-Sterben« kam.[22]

Auf englischer Seite trat nach dem Mai 1943 ein einzelner Eskortgruppenführer in den Vordergrund, und vom 1. Juni 1943 an wurde sein Name in der Öffentlichkeit mit der »Aufräumperiode« nach dem Schwarzen Mai identifiziert: Captain Frederic John Walker, ein alter Seemann und bewährter U-Boot-Killer, der sich in den vorangegangenen elf Monaten im Stabsdienst ausgeruht hatte. Als er in der Funktion des Führers der Zweiten Eskortgruppe wieder zur See fuhr, hatte er neben dem eigenen Schiff, dem Geleitboot HMS *Starling*, den Befehl über drei weitere Geleitfahrzeuge, deren Besatzungen genau wie die der *Starling* seinen neuartigen »Schleichangriff« bestens beherrschten. Bei dieser Taktik ging ein Geleitfahrzeug, meist die *Starling*, etwa 900 bis 1400 Meter von dem durch ASDIC entdeckten getauchten U-Boot in Position und folgte ihm leise mit der Geschwindigkeit des U-Boots. Dann stellten sich ein oder mehrere Geleitboote in der Vormarschrichtung des Boots auf und griffen es mit manchmal bis zu sechsundzwanzig Wasserbomben an. Kein einziges Boot, dem Walker auf diese Weise nachgestellt hatte, überlebte den Kampf, auch nicht U-202 (Kptlt. Günter Poser), dem Walker von 1213 Uhr am 1. Juni bis um 1212 Uhr am 2. Juni nachschlich, bis das Boot auftauchen mußte, da die Batterien leer und die Sauerstoffvorräte aufgebraucht waren. Nach dem Auftauchen wurde das Boot vernichtet. Unter Walkers Kommando wurden insgesamt vierzehn Boote versenkt, bevor er am 9. Juli unerwartet einem Schlaganfall erlag. Der britischen Öffentlichkeit, die ihn als »U-Boot-Killer-As« feierte, hatte er bescheiden erklärt, dieser Titel gebühre nicht ihm, sondern seinen »tausend britischen Seeleuten«.[23]

Diese tausend Seeleute mögen symbolhaft für all die Menschen stehen, die auf alliierter Seite aufgeboten werden mußten, um die U-Boot-Waffe zunächst zu besiegen und dann von den Weltmeeren zu vertreiben. In einer neueren Untersuchung ist ermittelt worden, daß auf jeden deutschen U-Boot-Fahrer 100 Personen kamen, die gegen ihn kämpften, und auf jedes U-Boot etwa 25 Kriegsschiffe und 100 Flugzeuge.[24] Für Millionen Männer und Frauen, die in Uniform oder Zivil an den alliierten Kriegsanstrengungen beteiligt waren, zumindest aber für diejenigen, die den Mai 1943 als das einzuschätzen wußten, was er war, nämlich ein mit den Schlachten von Stalingrad und Kursk vergleichbarer Wendepunkt, muß dieser Monat eine große Genugtuung bedeutet haben. Endlich waren sie für die vielen Stunden des Fronteinsatzes oder der Arbeit belohnt worden, die sie im Kampf gegen das Bismarcksche Blut und Eisen aufgewandt hatten.[25]

In Berlin waren die Gefühle genau entgegengesetzt. Im Stab des BdU verschaffte sich Kptlt. Peter »Ali« Cremer einen Überblick über die Zahlen und hörte sich den dazugehörigen offiziellen Kommentar an. »Im Mai 1943 hatte sich das Blatt gewendet. Jeden Tag ging ein U-Boot verloren, manchmal traf es auch zwei. Am Monatsende waren es 41 geworden, und die Rede vom ›Schwarzen Mai‹ kam auf.«[26] Diese Bezeichnung war ein Omen: Für die U-Boot-Männer waren die folgenden Monate bis zum Kriegsende ebenso schwarz wie der Boden der rauhen, gnadenlosen See.

Anmerkungen

Abkürzungen

Captain (D) Newfoundland: NARA, Boxes 1718–1719, Allied Commands, Canadian, Captain (D) Newfoundland

Continuation Report TAY: PRO, ADM 237/113, Convoi ONS.5, Continuation of Report by Commanding Officer HMS *Tay* – SO, Close Escort in absence of HMS *Duncan*

CSIC: Combined Services Interrogation Centre, UK

DHIST/NDHQ: Directorate of History, National Defence Headquarters, Ottawa, Kanada

Interviews mit Überlebenden: PRO, 199/2145, Berichte von Interviews mit Überlebenden britischer Handelsschiffe, die durch feindliche Kräfte angegriffen, versenkt oder beschädigt wurden, 1. April 1943 bis zum 30. September 1943, Sachgebiet Schiffahrtsverluste der Handelsabteilung der Admiralität

KTB BdU: NARA, Kriegstagebuch des Befehlshabers der Unterseeboote

KTB ESF: NARA, War Diary Eastern Sea Frontier

NARA: National Archives and Records Administration, Washington, D. C.

NARA, SRGN: NARA, RG 457, Records of the National Security Agency/Central Security Office: German Navy /U-Boat Messages Translations and Summaries, SRGN

NHB/MOD: Naval Historical Branch, Ministry of Defence, London

OEG: Operations Evaluations Group Study

PRO, ADM: Public Record Office, Kew, London, Admiralit

PRO, DEFE-3: PRO, ADM 223/103, »F« Series, Admiralty Signal Messages, Oktober 1941–Februar 1942, DEFE-3

RG: Record Group

RP: Raushenbush-Papiere, im Besitz von Joan Raushenbush, Sarasota, Florida

U-Boat Operations: PRO, ADM 223/16, Special Intelligence Summary, April 29th–May 5th 1943, Convoy ONS.5, Analysis of U-Boat Operations

1 Middlebrook, *Konvoi,* S. 231 und Anhang 3. Zu den Geleitfahrzeugen gehörten zwei Zerstörer der US Navy, zwei Kutter der US-Küstenwache und zwei Korvetten der kanadischen Marine. Vgl. auch Rohwer, *Geleitzugschlachten im März 1943.*

2 Middlebrook, *Konvoi,* S. 308–310. Die U-Boot-Kommandanten gaben an, 32 Schiffe mit insgesamt 186 000 BRT versenkt zu haben. Tatsächlich gingen 22 Schiffe mit 146 596 BRT verloren. U-384 (Oberleutnant zur See Hans-Achim von Rosenberg-Gruczszynski) wurde von der Boeing B-17 Fliegenden Festung »B« des 206. Geschwaders der Royal Air Force am 20. März 1943 versenkt.

3 Rohwer, *U-Boote,* S. 94. Die Versenkungen alliierter Schiffe durch italienische und japanische U-Boote sind in diesen Zahlen nicht erfaßt (Prof. Rohwer an den Autor in einem Schreiben vom 1. Mai 1997). Vgl. auch Rohwer, *Die U-Boot-Erfolge der Achsenmächte,* S.153–160.

4 Zit. in Roskill, *The War at Sea 1939–1945,* Bd. 2, S.367.

5 Zit. ebd.

6 Ebd.

7 Beesly, *Very Special Intelligence,* S. 216; Interview mit Patrick Beesly, Lymington, 9. Juli 1986.

8 Hessler, *The U-Boat War in the Atlantic 1939–1945* Bd. 2, S. 100.

9 Roskill, *The War at Sea 1939–1945,* Bd. 2, S. 368.

10 PRO, Cabinet 86/4, A.U. (43) 103, Memorandum des Ersten Seelords, 30. März 1943, zit. nach Howard, *Grand Strategy,* Bd. 4, S. 310. Die Austauschrate für das erste Quartal 1943 ist enthalten in Waddington, *OR in World War 2,* S. 37. Siehe auch J. David Brown, »The Battle of the Atlantic, 1941–1943. Peaks and Troughs«, in Runyan/Copes (Hg.), *To die Gallantly,* S. 154. Was die Niedergeschlagenheit in der britischen Admiralität nach dem 20. März anbetrifft, so passendste Formulierung, die der Autor aus jener Zeit gefunden hat, enthalten in PRO, ADM 199/2060, »Monthly Antisubmarine Report« (Dezember 1943), 15. Januar 1944, S. 3. Dort stellte die Anti-U-Boot-Abteilung der Admiralität bei der Erörterung der schweren Verluste von HX.229/SC.122 fest, »daß es möglich schien, daß wir das Konvoisystem nicht mehr als ein wirksames System zur Verteidigung gegen die feindliche Rudeltaktik würden fortsetzen können«. Dies entsprach jedoch nicht der Beurteilung im Lagezimmer und war offenbar auch nicht bis zum Ersten Seelord durchgedrungen. Aber ohne Zweifel war dies die Quelle für Roskills Formulierung. Eine deutsche Sichtweise der Vorgänge im März ist zu finden in Rohwer, *Geleitzugschlachten im März 1943,* S. 271 f.

11 Herzog/Schomaekers, *Ritter der Tiefe,* S. 308–309.

12 Hessler, *The U-Boat War in the Atlantic 1939–1945,* Bd. 2, Plan 60 (gegenüber S. 113). Diese Schätzungen des deutschen Stabes waren zu hoch angesetzt. Die richtigen Zahlen, die nach dem Krieg aus deutschen und britischen Unterlagen ermittelt wurden, waren wie folgt: November 220 BRT; Dezember 96 BRT; Januar 65 BRT; Februar 99 BRT; März 147 BRT.

13 Rössler, *Geschichte des deutschen U-Bootbaus,* S. 206, Diagramm »Abgelieferte U-Boote der Typen VIIB, VIIC und C41«; vgl. auch die monatlich von der Nachrichtenabteilung der britischen Admiralität zusammengestellten Informationen über neu gebaute U-Boote, Indienststellungen und erste Feindfahrten der Boote (19 auslaufende Boote pro Monat) für die Zeit vom 1. April 1942 bis zum 1. April 1943 (PRO, ADM 223/16, »Special Intelligence Summary«, Blatt 115). Die deutsche nachrichtendienstliche Schätzung der erforderlichen Mindesttonnage ist angegeben in Hessler, *The U-Boat War in the Atlantic 1939–1945,* Bd. 2, S. 17.

14 Hessler, *The U-Boat War in the Atlantic 1939–1945,* Bd. 2, S. 101, 103.

15 KTB BdU, 16. April 1943; NARA, Microfilm Publication T1022, Records of the German Navy, 1850–1945, erhalten von der US Naval History Division, Rolle 4065; National Archives Collection of Foreign Records Seized 1941, RG 242.

16 NARA, RG 457, Historic Cryptographic Collection, World War I Trough World War II, Box 94, GC&CS Naval History, Bd. XVIII, »The Battle of the Atlantic« von Lieutenant Commander E. J. Carpenter u. a. (wahrscheinlich 1946), S. 321. Zum ersten Mal wurde die Formulierung, die Angriffe seien »nicht mit Biß durchgeführt« worden, verwendet in: NHB/MOD, Monatsbericht über den Kampf gegen die U-Boote, U-Boot-Abwehrabteilung der Admiralität, April 1943, S. 184. Das Zitat wird in Barley/Waters, *The Defeat of the Enemy Attack on Shipping 1939–1945,* S. 93, und vielen späteren britischen und amerikanischen Werken aufgegriffen.

17 Beesly, *Very Special Intelligence,* S. 223.

18 Interview mit Horst von Schroeter, Bonn, 26. Dezember 1995. Vizeadmiral von Schroeter hatte den höchsten Dienstgrad in der Bundesmarine; er war NATO-Befehlshaber für die alliierten Seestreitkräfte im Bereich der Ostseezugänge von 1976–1979 und lebt jetzt im Ruhestand.

19 KTB BdU, 25. April 1943.

20 BdU an die Boote, 19. April 1943, Funkspruch zit. in NARA, RG 457, Goodman/McMahan/Carpenter u. a., »Battle of the Atlantic«, S. 321.

21 Roskill, *The War at Sea 1939–1945,* Bd. 2, S. 379, Karte 41; vgl. auch: *British Vessels Lost at Sea 1939–1945.* Dort sind die täglichen und monatlichen Verluste britischer Handelsschiffe durch Feindeinwirkung aufgezählt; erfaßt sind die Schiffe des Vereinigten Königreichs, der Dominions, Indiens und der Kolonien, einschließlich solcher, die beschlagnahmt oder gechartert wurden. Die Zusammenstellung dieser Verluste vom 3. September 1939 bis zum April 1943 (ohne Verluste durch Kaperung und Selbstversenkung) ergibt, daß 58 Prozent der britischen Verluste auf U-Boote zurückzuführen waren, 17 Prozent auf Flugzeuge, 13 Prozent auf Minen, 7 Prozent auf Überwasserkriegsschiffe und Hilfskreuzer, 3 Prozent auf Schnellboote und 2 Prozent auf nicht bekannte Ursachen. Der Anteil der von U-Booten verursachten Verluste stieg im Verhältnis zu den anderen Ursachen von 1941 (46 Prozent durch U-Boote, 54 Prozent andere Gründe) über 1942 (74 Prozent durch U-Boote, 26 Prozent andere Gründe) bis zu den ersten vier Monaten des Jahres 1943 (86 Prozent

durch U-Boote, 14 Prozent andere Gründe) an. Minen verursachten 1939 (32 Prozent) und 1940 (23 Prozent) erhebliche Verluste. Danach gingen die Minenverluste deutlich zurück; 1941 und 1942 wurden sie von den Verlusten durch Flugzeuge übertroffen. In den ersten vier Monaten des Jahres 1943 gingen nur noch 5 Prozent der Handelsschiffe durch Minen verloren. Demnach irrt sich Geoffrey Till, wenn er schreibt: »Minen waren eine ernste Bedrohung für die britische Schiffahrt, und tatsächlich gingen auch durch Minen mehr Schiffe verloren als durch die U-Boote« (Till, »The Battle of the Atlantic as History«, in Howarth/Law [Hg.], *The Battle of the Atlantic 1939–1945*, S. 591).

22 Wagner (Hg.), *Lagevorträge des Oberbefehlshabers der Kriegsmarine vor Hitler 1939–1945*, S. 475; vgl. *Geschichte des deutschen U-Bootbaus*, S. 292. Am 31. März gab Dönitz zwölf »Gebote« für seinen Stab heraus, das zweite lautete: »Der Tonnagekrieg hat den Vorrang. Für ihn sind alle Anstrengungen zu machen« (zit. in Padfield, *Dönitz*, S. 321).

Kapitel 1

1 Mulligan, *Lone Wolf*, S. 150. Mulligan gibt eine etwas andere Zahl an, er weist darauf hin, daß eine Versenkung (die der amerikanischen *Antinous*) in Zusammenarbeit mit U-512 (Kptlt. Wolfgang Schulze) erzielt wurde (S. 220).

2 NARA, KTB U-515, 21. Februar 1943–24. Juni 1943, RG 242, PG 30553/1-6, Microfilm Publication T1022, roll 3067, S. 4; vgl. Mulligan (Hg.), *Guides to the Microfilmed Records of the German Navy, 1850–1945, No. 2*.

3 NARA, KTB U-515, 9. April 1943.

4 Ausnahmen sind Gretton, *Atlantik 1943*, und Middlebrook, *Konvoi*.

5 Mulligan, *Lone Wolf*, S. 55.

6 Ebd., S. 62. Vor Freetown schaffte es das IXB-Boot U-123 (von Schroeter) einmal, in einer Zeit von weniger als 30 Sekunden zu tauchen (Interview mit von Schroeter).

7 KTB BdU, 5. Mai 1943.

8 Ebd., 1. Mai 1943. Der Befehl vom 16. April wurde am 5. Mai mit sofortiger Wirkung aufgehoben. Als Grund für die Verluste bei den Booten vom Typ IX wurde ihre »größere Kompliziertheit« angegeben.

9 Zur Nutzung der Artillerie gegen die Schiffahrt durch deutsche U-Boote im Ersten Weltkrieg vgl. Anthony Preston, *Submarines*, New York 1982, S. 18 f.

10 KTB BdU, 6. Mai 1943. Die VIIC-Boote hatten zwei dieser externen Lagerungsbehälter.

11 In *Die Torpedos der deutschen U-Boote*, S. 76, gibt Rössler für die Sprengstoffladung des Gefechtskopfes der Torpedos G7a und G7e 300 kg an, in seiner *Geschichte des deutschen U-Bootbaus*, S. 344, spricht er dagegen von 280 kg Ladungsgewicht. Die Reichweiten der G7e gibt er in ersterem Buch mit 5000 Meter an, in letzterem mit 75 beziehungsweise 50 *km* für G7a und G7e,

was aber offenbar Druckfehler sind. Eine ausgezeichnete Zusammenstellung der Torpedotypen und Gefechtspistolen findet sich in Stern, *Type VII U-Boats*, S. 78–93.

12 Milner, *The U-Boat Hunters*, S. 62–71. Die offizielle alliierte Bezeichnung für den »Zaunkönig« war GNAT (German Naval Acoustic Torpedo).

13 Mulligan behandelt das Alter der U-Boot-Besatzungen in seinem ausgezeichneten Artikel »German U-Boat Crews in World War II «; vgl. ders., *Lone Wolf*, S. 75 f., 80. Letzterem Werk sind die Altersangaben für die Besatzung von U-515 entnommen. Dort wird weiter mitgeteilt: »Als [U-515] verlorenging [am 9. April 1944], waren 19 der 54 Besatzungsmitglieder bei allen sechs Feindfahrten des Boots an Bord gewesen; 15 weitere waren bei den letzten drei bis fünf Feindfahrten dabeigewesen« (S. 83).

14 Mulligan, *Lone Wolf*, S. 85 f.

15 Ebd., S. 3, 21, 216.

16 Ebd., S. 26–57, 122 f., 128.

17 NARA, KTB U-515, S. 14–18, 13.–29. April 1943, zit. in Mulligan, *Lone Wolf*, S. 143–146.

18 NARA, KTB U-515, S. 19, 30. April 1943.

19 Roskill, *The War at Sea 1939–1945*, Bd. 2, S. 371 f.; Mulligan, *Lone Wolf*, S. 146 f.; PRO, CAB 86/4, AU (43) 144, Minute from the Secretary of State for Air to the Prime Minister, 5. Mai 1943.

20 NARA, KTB U-515, 30. April 1943, S. 19.

21 *Lloyd's War Losses. The Second World War*, Bd. 1, S.667.

22 Ebd., S. 666.

23 Interviews mit Überlebenden, Kapitän W. Bird, *Nagina*, 8. Juni 1943, S. 92 f. (Bird nennt die Reihenfolge, in der die Schiffe getroffen wurden); Kapitän E. Gough, *Clan Macpherson*, S. 97; Kapitän A. G. Freeman, *City of Singapore*, S. 105 (Freeman oder sein Befrager nennt das Schiff Nummer 12 zweimal).

24 Ebd., Kapitän W. A. Chappell, *Bandar Shahpour*, 10. Juni 1943, S. 90 f.

25 Ebd., Kapitän P. Leggett, *Corabella*, 18. Juni 1943, S. 87–89.

26 NARA, KTB U-515, 1. Mai 1943, S. 19.

27 Zit. in Padfield, *Dönitz*, S. 294.

28 NARA, PG 32173, Microfilm Publication T1022, roll 1724, RG 242, KTB der Seekriegsleitung, 16. Dezember 1942.

29 Padfield, *Dönitz*, S. 410–415.

30 Blair, *Silent Victory*, S.383–386.

31 Mulligan, *Lone Wolf*, S. 216.

32 NARA KTB U-515, 1. Mai 1943, S. 20. Die Wasserbomben kamen von HMS *Rapid* geworfen, die 42 Stück auf einen Kontakt warf, den sie zunächst für »recht sicher« hielt, dann aber in Zweifel zog (PRO, ADM 199/434, »Report of Attack on U-Boat«, HMS *Rapid*, 0358 bis 0559 Uhr, 1. Mai 1943, auf 07°58′ N, 14° 11′ W).

33 Rohwer, *Die U-Boot-Erfolge der Achsenmächte*, S. 32–34.

34 *Lloyd's War Losses. The Second World War*, Bd. 1, S. 669.

462

35 Interviews mit Überlebenden, Kapitän A. G. Freeman, *City of Singapore*, S. 105–106.

36 *Lloyd's War Losses. The Second World War*, Bd. 1, S.669.

37 Interviews mit Überlebenden, Kapitän E. Gough, *Clan Macpherson*, 10. Juni 1943, S. 97–101.

38 Roskill, *The War at Sea 1939–1945*, Bd. 2, S. 372.

39 PRO, CAB 86/2, War Cabinet, Anti U-Boat Warfare, Sitzungsprotokoll, 12. Mai 1943, S. 2 f.; CAB 86/4, AU (43) 144, Minute from the Secretary of State for Air to the Prime Minister, 5. Mai 1943.

40 NARA, KTB U-515, 1. Mai 1943, S. 20. '

41 NARA, KTB U-107, roll 3034–3035, 1. Mai 1943, S. 4 f.

42 Interviews mit Überlebenden, Kapitän W. G. Higgs, *Port Victor*, 7. Mai 1943, S. 94–96.

43 Interview mit Harald Gelhaus, Bochum, 1. Juli 1997.

44 Hessler, *The U-Boat War in the Atlantic 1939–1945*, Bd. 2, S. 104 und Diagramm 21. Eins der elf Boote kam nie auf der vorgesehenen Position an: U-332 wurde am 29. April in der Biskaya von einer Liberator »D« des 224. Geschwaders des Bomberkommandos der RAF versenkt.

45 Pro, ADM 186/808, »U-301, U-439 und U-659, Interrogation of Survivors, June 1943«, S. 24. Der erste Konvoi bestand aus fünfzehn Küstenfahrzeugen, darunter Schnellboote, die von drei Trawlern geleitet wurde. Zum zweiten gehörten wahrscheinlich achtundzwanzig Landungsfahrzeuge, die von zwei Trawlern und einem Minensucher begleitet wurden. Torpedos hätten gegen diese Fahrzeuge mit ihrem geringen Tiefgang nichts ausrichten können. Nur die kleinen Geleitfahrzeuge waren in geringem Maß für Angriffe anfällig.

46 Stern, *Type VII U-Boats*, passim.

47 Vause, *Wolf*, S. 82–85; Mulligan, »German U-Boat Crews in World War II«, passim. Im November 1940 wurde die U-Boot-Schule umbenannt in U-Boot-Ausbildungsabteilung. Da dringend ausgebildete Leute an die Front gebracht werden mußten, wurde zwischen 1941 und 1944 die Ausbildungsdauer der Offiziere von zwölf auf acht Wochen und die der Mannschaften und Unteroffiziere von sechs auf drei Monate reduziert. Eine Untersuchung der U-Boot-Ausbildung ist enthalten in: NARA, RG 457, Historic Cryptographic Collection, World War I Through World War II, Box 94, GC&CS Naval History, Vol. VII, »The U-Boat-Arm Organisation« (typescript), by Lieutenant H. M. Anderson, RNVR, S. 90–106.

48 PRO, ADM 186/808, »U-301, U-439 and U-659 Interrogation of Survivors, June 1943«, S. 24.

49 Ebd.; PRO, WO 208/4145, CSIC, Kriegsmarine, März–Juni 1943, SRN 1802, 13. Mai 1943; ebd., SRN 1835. Es gibt in den von britischen und amerikanischen Kryptologen entschlüsselten Funksprüchen keinerlei Hinweise darauf, daß der Notruf von U-439 empfangen wurde. Das KTB des BdU läßt vermuten, daß der Notruf dort nicht empfangen wurde: Am 5. Mai wurde U-439 über Funk angewiesen, eine neue Position einzunehmen; am 8. Mai stellte der BdU fest, U-439 habe sich seit dem Auslaufen aus Brest nicht gemeldet, wes-

halb davon ausgegangen werden müsse, daß das Boot »durch die in den letzten Apriltagen sehr starke Luftaufklärung« verlorengegangen sei. Über das Schicksal von U-659 wußte der BdU noch weniger: Am 5. Mai wurde dem Boot befohlen, zusammen mit U-447 durch die Straße von Gibraltar ins Mittelmeer einzulaufen, und erst am 19. Mai, als der BdU feststellte, daß er seither nichts mehr von U-659 gehört hatte, wurde das Boot als Verlust eingestuft (KTB BdU, 5., 8. und 19. Mai 1943).

50 PRO, ADM 186/808, »U-301, U-439 and U-659 Interrogation of Survivors, June 1943«, S. 6.

51 PRO, Wo 208/4145, CSIC, Kriegsmarine, März–Juni 1943, SRN 1837, 21. Mai 1943.

52 Ebd., SRN 1789, 1803, 13. Mai 1943.

Kapitel 2

1 Hessler, *The U-Boat War in the Atlantic 1939–1945* Bd. 2, Plan 59 gegenüber S. 112, Plan 60 gegenüber S. 113, Diagram 7, »Der U-Boot-Krieg im Atlantik vom Kriegsausbruch bis Dezember 1941«, Diagram 31, »Das Anwachsen der U-Boot-Waffe 1939–1945«. Es sei darauf hingewiesen, daß die hier genannten, auf Nachkriegsanalysen beruhenden Zahlen die zutreffenden sind und niedriger liegen als die von den deutschen Stäben im Krieg vorgenommenen Schätzungen.

2 Ebd., Bd. 1, S. 71, 73. Diagram 31 gibt die Zahlen der einsatzfähigen Boote wieder.

3 David K. Brown, »Atlantic Escorts, 1939–1945«, in Howarth/Law (Hg.), *Battle of the Atlantic*, S. 468. Die statistischen Angaben entstammen Mulligan, *Lone Wolf,* S. 221 und Anm. 1.

4 Hinsley u. a., *British Intelligence in the Second World War,* Bd. 1, S. 337 f., Bd. 2, S. 163, 170–174, 664; Kahn, *Seizing the Enigma,* S. 104–184; vgl. auch PRO, ADM 223/88, Use of Special Intelligence in the Battle of the Atlantic, S. 235.

5 Gannon, *Operation Paukenschlag,* S. 170–175; Interviews Patrick Beesley, 9. Juli 1986, und Kenneth A. Knowles (Captain, US Navy, a. D.), 12. Juli 1986, der im Mai 1942 zwei Wochen lang im Lagezimmer der britischen Admiralität Dienst getan hat.

6 Jürgen Rohwer, »The Operational Use of ›Ultra‹ in the Battle of the Atlantik«, unveröffentlichtes Papier, Medlicott Symposium, 1985; Tarrant, *Kurs West,*, S. 137 f., 176; Terraine, *U-Boat Wars 1916–1945,* S. 400 f.; Barnett, *Engage the Enemy More Closely,* S. 267 und Anm. 19. Professor Rohwer ist davon überzeugt, daß der alliierte Triumph bei Ultra, der in der zweiten Hälfte des Jahres 1941 die Ausweichrouten für die Konvois ermöglichte, »für den Ausgang der Atlantikschlacht wichtiger war als die Versenkung der U-Boote in den Konvoigefechten von 1943 oder in der Biskaya-Offensive« (zit. in Terraine, *U-Boat Wars,* S. 400.)

7 Hinsley u. a., *British Intelligence in the Second World War,* Bd. 2, S. 177, 636. Eine Nachkriegsstudie der US Navy kam zu dem Ergebnis, daß 70 Prozent aller zwischen dem 1. Dezember 1942 und dem 31. Mai 1943 von U-Booten angegriffenen Konvois von diesen nur entdeckt wurden, weil Informationen aus dem alliierten Marineschlüssel Nr. 3 vorlagen (vgl. Syrett, *The Defeat of the U-Boats,* S. 148, Anm. 10). Hessler führt in *The U-Boat War in the Atlantic 1939–1945,* Bd. 2, S. 89, aus, daß es im Februar und März 1943 »fast nur noch dem B-Dienst zu verdanken war, daß die U-Boote überhaupt noch Konvois fanden«.

8 Hessler, *The U-Boat War in the Atlantic 1939–1945,* Bd. 1, S. 77–79; Jürgen Rohwer, »Codes and Ciphers«, in Runyan/Copes (Hg.), *Die Gallantly,* S. 52; Hinsley u. a., *British Intelligence in the Second World War,* Bd. 2, S. 681 f.; Timothy P. Mulligan, »The German Navy Evaluates Its Cryptographic Security«, in: *Military Affairs,* Bd. 49, Nr. 2 (April 1985), S. 75–79. Dönitz erläuterte Hitler am 8. Februar 1943 im Führerhauptquartier »Wolfsschanze« seine Sicherheitsbedenken: »Der Ob. d. M. [Oberbefehlshaber der Marine] zeigt an Hand von Karten, wie der Gegner überraschenderweise in diesem Monat die U-Bootaufstellungen nicht nur räumlich, sondern auch zum Teil genau nach Bootszahlen erfaßt hat. Umgehung der ihm bekannt gewordenen U-Bootaufstellungen durch die Geleitzüge ist hinterher festgestellt. Für diese genaue Erfassung können zwei Gründe ursächlich sein: a) Verrat, b) Ortung der Aufstellung durch ungesehen bleibende ASV-Flugzeuge« (Wagner [Hg.], *Lagevorträge des Oberbefehlshabers der Kriegsmarine vor Hitler 1939–1945,* S. 465).

9 PRO, ADM 223/297, »German Success Against British Codes and Cyphers, by R. T. Barrett, based on a report by Tighe«, S. 19. Der Autor ist dem verstorbenen John Castello Dank schuldig, der ihn auf diese Quelle hingewiesen hat. Tighe hat vor dem Krieg an anglo-französischen Schlüsseln gearbeitet. 1942 wurde er in die Fernmeldeabteilung der britischen Admiralität versetzt.

10 Ebd., S. 1, 8.

11 PRO, ADM 223/88, »Admiralty Use of Special Intelligence in Battle of Atlantic«, Kap. 15, S. 258 f.; Interview mit David Brown, Leiter der Marinehistorischen Abteilung des britischen Verteidigungsministeriums, London, 29. Mai 1997. Brown zögert auch, das Ergebnis der Kämpfe um HX.229 und SC.122 als einen deutschen »Sieg« zu bezeichnen, da nur 19 von insgesamt 40 U-Booten Kontakt mit einem der beiden Konvois hatten. »So kann man keinen Krieg gewinnen«, meinte er.

12 Syrett, *The Defeat of the U-Boats,* S. 117 f. und Anm. 65, S. 147 f. und Anm. 9 und 10; vgl. auch Kahn, *Seizing the Enigma,* S. 263.

13 Kahn, *Seizing the Enigma,* S. 263; Hinsley u. a., *British Intelligence in the Second World War,* Bd. 2, S. 554.

14 Telefon-Interview mit Harry Hinsley, London, 19. Juni 1996.

15 Siehe zum Beispiel Barnett, *Engage the Enemy More Closely,* S. 276 f.: »Trotz alles Könnens und aller Ausdauer der britischen Kriegsschiffe und Flugzeuge sowie der Handelsmarine waren einige Zivilisten in den stillen

Hütten von Bletchley Park die ausschlaggebenden Figuren, die Dönitz' Enigmaschlüssel gebrochen hatten. Ihnen gehört nach allem, was wir wissen, die höchste Anerkennung.« Oder Calvocoressi, *Top Secret Ultra*, S. 97: »Die Atlantikschlacht ist die Schlacht, die Hitler fast gewonnen hätte, und wenn es Ultra nicht gegeben hätte, hätte er sie auch gewonnen.« Oder Terraine, *U-Boat Wars 1916–1945,* S. 400 f., der zustimmend Jürgen Rohwers Aufsatz »Der Gebrauch von Ultra in der Operationsführung der Schlacht im Atlantik« zitiert, in dem es heißt: »Viele Faktoren haben den Ausgang der Atlantikschlacht beeinflußt … Ich würde Ultra an die Spitze der Liste dieser Faktoren setzen.«

16 Hinsley u. a., *British Intelligence in the Second World War,* Bd. 2, S. 169 f.; vgl. auch W. J. R. »Jock« Gardner, »The Battle of the Atlantic, 1941 – The first Turning Point?« in: *The Journal of Strategic Studies,* Bd. 17, Nr. 1 (März 1994), S. 109–123.

17 Kahn, *Seizing the Enigma,* S. 183.

18 Hessler, *The U-Boat War in the Atlantic 1939–1945,* Bd. 2, S. 64–67; Jürgen Rohwer, »Codes and Cyphers,« in Runyan/Copes (Hg.), *Die Gallantly,* S. 39–42.

19 Vgl. Marc Milners vorzügliche Studien über die kanadischen Geleitfahrzeuge und die U-Jagd der kanadischen Marine *North Atlantic Run* und *The U-Boat Hunters.*

20 Hessler, *The U-Boat War in the Atlantic 1939–1945,* Bd. 2, S. 82.

21 J. David Brown, »The Battle of the Atlantic, 1941–1943: Peaks and Troughs,« in Runyan/Copes (Hg.), *Die Gallantly,* S. 140, 151.

22 Cole, *Underwater Explosions;* T. Benzinger, »Physiological Effects of Blast in Air and Water«, in: *German Aviation Medicine, World War II,* Washington, D.C., 1950, Bd. 2, S. 1225–1259; Nelson M. Wolf, Lt. M. C., USNR, Report Number 646, »Underwater Blast Injury – A Review of Literature«, Groton, Connecticut, 1970. Der Autor dankt Captain Claude A. Harvery für diese Zitate.

23 Interview mit Robert Atkinson, Winchester, 2. Juni 1997.

24 David K. Brown, »Atlantic Escorts, 1939–1945«, in Howarth/Law (Hg.), *Battle of the Atlantic,* S. 462.

25 Hackmann, *Seek and Strike,* S. 281 und Anm. 46. Was die ASDIC-Technik anbetrifft, hat der Autor sich vollständig auf dieses Werk gestützt. Siehe dort auch S. 216, 279, 281, 296, 337, 279 f. Vgl. Hessler, *The U-Boat War in the Atlantic 1939–1945,* Bd. 2, S. 47.

26 PRO, ADM 186/808, »Interrogation of U-Boat Survivors, Cumulative Edition«, Juni 1944, Kap. 9, »Diving«, S. 299.

27 Middlebrook, *Konvoi,* S. 55; Hezlet, *Electronics and Sea Power,* S. 229; Hackmann, *Seek and Strike,* S. 280 und Anm. 44.

28 PRO, ADM 186/808, »Interrogation of U-Boat Survivors«, S. 295; Hackmann, *Seek and Strike,* S. 321.

29 Beesly, *Very Special Intelligence,* S. 20 f., 116; Kahn, *Seizing the Enigma,* S. 144 f.

30 NARA, RG 457, SRH 149, Lawrence F. Stafford, »A Brief History of Communications Intelligence in the United States«, März 1952; SHR 305, Safford, »History of Radio Intelligence: The Undeclared War«, November 1943; KTB ESF, Juli 1942, S. 30.

31 NARA, RG 38, Box 14, Collection of Memoranda on Operations of SIS, Intercept Activities and Dissemination, 1942–1945, »Report of Technical Mission to England«, 11. April 1941.

32 Williams, K. B., *Secret Weapon,* passim; Rohwer, *Geleitzugschlachten im März 1943,* S. 30.

33 Jürgen Rohwer stellt fest, das der B-Dienst bis zum Frühjahr 1943 klare Beweise dafür gesammelt hatte, daß die alliierten Geleitfahrzeuge Kurzwellenpeiler (HF/DF-Geräte) an Bord hatten. Zum Beleg druckt er den X-B-Bericht Nr. 16/43 vom 22. April 1943 ab. In dessen Verteiler waren auch der Stab des BdU und seine Fernmeldeabteilung aufgeführt, aber dort fand der Bericht offenbar keine Beachtung. Auf Fotos, die deutsche Fotografen aus einem Haus in der Nähe von Algeciras in Spanien von britischen Kriegsschiffen gemacht hatten, die vor Gibraltar ankerten, sind auf den achteren Masten einiger Schiffe die sechseckigen, korbartigen Adcock-HF/DF-Antennen, die wie ein Vogelkäfig aussahen, zu erkennen. Die Auswerter brachten diese Vorrichtungen aber fälschlicherweise mit Radar in Verbindung. Außerdem hatten U-Boot-Kommandanten seit dem Juni 1942, als U-94 (Oblt. Otto Ites) gemeldet hatte, daß es direkt nach dem Absetzen eines HF-Funkspruchs mit Wasserbomben angegriffen worden sei, immer wieder Vermutungen in dieser Richtung geäußert (Rohwer, *Geleitzugschlachten im März 1943,* S. 311–313 und die Fotografien zwischen den Seiten 284 und 289). Axel Niestlé behauptet, die Kriegsmarine habe im Juni 1944 vom Vorhandensein der HF/DF-Geräte an Bord der alliierten Schiffe erfahren (»German Technical and Electronic Development«, in Howarth/Law (Hg.), *Battle of the Atlantic,* S. 438).

34 NARA, Action Report, Box 855, Serial 026, USS *Bogue* (CVE-9), Berichte über die Operationen der »Hunter-Killer«-Gruppe mit USS *Bogue,* die dem Konvoi ON.184 von Island bis in das Gebiet von Argentia Luftunterstützung leistete; Bericht des Kommandeurs der Sechsten Eskortgruppe an den Befehlshaber der Western Approaches, 29. Mai 1943, S. 3.

35 Hezlet, *Electronics and Sea Power,* S. 189.

36 Hessler, *The U-Boat War in the Atlantic 1939–1945,* Bd. 2, S. 75; Sternhell/Thorndike, *Antisubmarine Warfare in WorldWar II,* S. 41; Syrett, *The Defeat of the U-Boats,* S. 12.

37 PRO, ADM 237/113, Convoy ONS.5, Appendix G, HF/DF Report, HMS *Duncan* 24/4/43–5/5/43; HF/DF Report HMS *Tay,* 24/4/43–7/5/43.

38 Gretton, *Convoy Escort Commander,* S. 157.

39 KTB BdU »Abschlußbetrachtung Geleitzug Nr. 41«, 20. Mai 1943.

40 Rohwer, *Geleitzugschlachten im März 1943,* S. 310.

41 Ebd., S. 308 f. Rohwers Beurteilung, die auf der Auswertung der Berichte von Geleitfahrzeugen und Flugzeugen beruht, steht im Widerspruch zu den

Ergebnissen in Hackmann, *Seek and Strike,* S. 239, Tabelle 10.4. Hackmann bezieht seine Erkenntnisse aus den monatlichen U-Boot-Abwehr-Berichten der Admiralität.

42 Buderi, *The Invention,* S. 77–97.

43 Blackett, *Studies of War,* S. 221.

44 Baxter, *Scientists Against Time,* p. 142. Außer dem Magnetron brachte die Tizard-Gruppe neue Waffen und Dokumentationen über neue Waffen mit (vgl. Clark, *The Rise of the Boffins,* S. 138 f.).

45 PRO, AIR 41/47, Captain D. V. Peyton Ward, RN, »The RAF in Maritime War«, Bd. 3, S. 485, 534; Blair, *Hitler's U-Boat War,* S. 319; Price, *Aircraft versus Submarine,* S. 146; vgl. auch Terraine, *U-Boat Wars 1916–1945,* S. 428f. Für die Argumente des Bomber Command spricht, daß die Bombardierung der U-Boot-Werften offenbar die allgemeine Einführung des U-Boot-Typs XXI verhindert hat, der den Verlauf des Seekriegs 1945 möglicherweise noch verändert hätte.

46 Price, *Aircraft versus Submarine,* S. 54–58 und 78; Howse, *Radar at Sea,* passim.

47 Churchill, *Der Zweite Weltkrieg,* Bd. 3.1, S. 157.

Kapitel 3

1 NARA, Box 108, CINCLANT, King to CNO Harold R. Stark, USS *Augusta,* Flagship, ohne Datum (vor dem 14. Dezember).

2 Gannon, *Operation Paukenschlag,* S. 233, Lagekarten der US Navy nach S. 284. Winns Meldungen sind zugänglich in: PRO, DEFE-3, 2. und 10. Januar 1942; NARA, RG 457, National Security Agency, »German Navy/U-Boat Messages Translations and Summaries«, Box 7, SRGN 5514–6196, 9. Januar 1942; NARA, SRMN-033 (Part I), COMINCH File of Messages on U-Boat Estimates and Situation Reports, October 1941–September 1942, Naval Message 12716, 12. Januar 1942; NARA, US Navy Daily Situation Maps, 12.–15. Januar 1942.

3 Meigs, *Slide Rules and Submarines,* S. 46–51, 92.

4 Blair ist der Auffassung, die Kritik des Autors an Kings Entscheidung, die Zerstörer nicht zur Abwehr der U-Boote, sondern für andere Aufgaben einzusetzen, sei nicht gerechtfertigt, eben weil King sie für andere Aufgaben einsetzte (Blair, *Hitler's U-Boat War,* S. 465 f.). Der Punkt, auf den es ankommt, ist jedoch, daß die U-Boot-Abwehr damals die wichtigste Aufgabe war. Die Royal Navy hätte unter den gleichen Umständen mit Sicherheit jedes verfügbare Schiff hinausgeschickt. »Mehr vom Geist von Dünkirchen: ›setz alles ein, was du hast‹«, wie Samuel Eliot Morison in anderem Zusammenhang schrieb, und wenn es auch nur dazu ausgereicht hätte, die U-Boote zum Tauchen zu zwingen und am Jagen zu hindern. Dies war eine der vielen Lektionen, welche die Briten gelernt hatten und an die sich King nicht hielt. U-123 lag aufgetaucht vor Coney Island, und im Hafen von New York ankerten sie-

ben US-Zerstörer. Hätten die Zerstörer die Hauptaufgabe ausgeführt, deretwegen sie hier zusammengezogen worden waren, hätte die US Navy den Paukenschlag erwidern und die nachfolgenden hohen Verluste an Menschen und Material vermeiden können. Statt dessen wurden die meisten Zerstörer beauftragt, amerikanische Truppentransporter nach Island und Nordirland zu geleiten. In einem neuen Buch stellt Peter Padfield völlig zu Recht die Frage, warum diese Transporte Anfang 1942 überhaupt notwendig waren (Padfield, *Der U-Boot-Krieg*, S. 463, Anm. 56). Vgl. auch Gannon, *Operation Paukenschlag*, S. 262–264, 432 f.

5 KTB BdU, 17. Januar 1942.

6 Zit. in Roskill, *The War at Sea 1939–1945*, Bd. 2, S. 99.

7 Dönitz, *Zehn Jahre und zwanzig Tage*, S. 213 f.; Beesly, *Very Special Intelligence*, S. 149. Von den 700 Tonnen Kraftstoff, die ein U-Tanker mitführte, verbrauchte er etwa 100 Tonnen selbst. Die Versorgungsvorgänge aller U-Tanker während des Krieges sind aufgelistet in Rössler, *Geschichte des deutschen U-Bootbaus*, S. 233. Die U-Boote waren nur mit einer oder zwei 20-mm-Flaks bewaffnet. Aufgrund ihrer Schwerfälligkeit und geringen Tauchgeschwindigkeit hat keines der Versorgungsboote vom Typ XIV und XV den Krieg überlebt.

8 KTB ESF, März 1942, S. 231. Einige Marineschriftsteller haben dies nicht wahrgenommen und glauben, daß das Heer auch nach dem März 1942 immer noch einen Teil der Verantwortung trug.

9 KTB ESF, November 1943, S. 31 f.

10 Ebd., S. 32, 37 f.; *Miami Herald*, 8. Juli 1942.

11 King, »Bericht von Admiral Ernest J. King«, S. 279.

12 Gannon, *Operation Paukenschlag*, S. 429 f.

13 Roskill, *The War at Sea 1939–1945*, Bd. 2, S. 97; Robert William Love jr., »Ernest Josef King, 26 March 1942–15 December 1945«, in ders. (Hg.), *The Chiefs of Naval Operations*, S. 154.

14 Terraine, *U-Boat Wars 1916–1945*, S. 92, 413; Sims, *The Victory at Sea*, S. 88–117.

15 Beesly, *Very Special Intelligence*, S. 142; Interview mit Patrick Beesly, Lymington, 9. Juli 1986.

16 King/Whitehill, *Fleet Admiral King*, S. 457. John Slessor argumentiert, daß King mit dieser Aussage wiederum unrecht hatte: »Es stellte sich ... sowohl durch den Einsatz der Träger im Zentralatlantik als auch durch die Erfolge des Küstenkommandos in der Biskaya als falsch heraus« (Slessor, *The Central Blue*, S. 492).

17 George C. Marshall Research Library, Lexington, Virginia, Marshall Papers, Box 73, Folder 12, »King, Ernest J. 1942 May–1942 August«, Marshall to King, 19. Juni 1942.

18 Weinberg, *Eine Welt in Waffen*, S. 413. Die amerikanischen Marinehistoriker Dean C. Allard und Robert W. Love jr. haben argumentiert, die Niederlage in den amerikanischen Küstengewässern sei dadurch wieder ausgeglichen worden, daß die US-Kriegsschiffe von Januar bis August 1942 amerikanische

Truppen sicher über den Atlantik nach Island, Nordirland und auf die Britischen Inseln brachten. Blair hat dieses Argument wiederholt (*U-Boat War,* S. 692). Daß die US Navy den gesamten Krieg über erfolgreiche Arbeit als Geleitschutz der Truppentransporter leistete, verdient Anerkennung. Aber deshalb zu meinen, eine Niederlage sei durch einen Erfolg an anderer Stelle wettgemacht worden, hieße zu unterstellen, die US Navy sei für Fehlschläge nicht verantwortlich, wenn sie nur irgendwo anders etwas richtig gemacht hat. Das hat auch sie selbst damals nicht so gesehen. Hinzu kommt, daß in den fraglichen Monaten relativ wenige deutsche U-Boote auf den transatlantischen Verbindungswegen standen (Blair selbst sagt, daß »alle verfügbaren Atlantikboote, einschließlich der Boote vom Typ VII mit mittlerem Aktionsradius«, vor die Küste der USA geschickt wurden, *U-Boat War,* S. 693) und nur drei kleine Rudel (»Hecht« im Mai, »Endrass« im Juni und »Wolf« im Juli) gebildet werden konnten. »Maritime Siege« werden normalerweise gegen einen starken Gegner errungen. Nach dieser Argumentation hat es auch den Anschein, als sei King gezwungen gewesen, sich zwischen dem Geleiten der Truppentransporter und dem Schutz der Schiffahrt vor den Küsten der USA zu entscheiden (siehe Blair, *U-Boat War,* S. 693). Das war aber nicht der Fall; besonders im Januar hätte man die Abfahrt der Truppentransporter problemlos verschieben können, um erst einmal den Paukenschlag zu verhindern. Später, etwa wation Bolero, wurde die Abfahrt von Truppentransportern häufig verschoben. Blair wendet ein, daß vielleicht »das US Heer wütend gewesen wäre« (*U-Boat War,* S. 466), wenn die Transporter verspätet abgefahren wären. Aber niemand, der King auch nur ein wenig kennt, glaubt, daß es ihm das geringste ausmachte, ob dem Heer etwas gefiel oder nicht. Blair stellt weiterhin fest, daß die Geleitfahrzeuge kanadische Gewässer passieren mußten, wo »mit Abstand die meisten Paukenschlag-Boote standen« (S. 466). Damals standen dort aber gerade einmal zwei Paukenschlag-Boote (U-109 und U-130), während sich drei vor dem Hafen von New York befanden (U-123, U-66, U-124). Kurz, es war eine falsche Prioritätensetzung; die Konvoibildung unter dem Schutz von Zerstörern und kleineren Geleitfahrzeugen wäre durchaus möglich gewesen, wie sich im Mai herausstellen sollte.

19 Dönitz, *Zehn Jahre und Zwanzig Tage,* S. 201 f.; Hessler, *The U-Boat War in the Atlantic 1939–1945,* Bd. 2, S. 16. Obwohl nach dem Einsetzen des Tauwetters die in der Ostsee festsitzenden neuen Boote endlich verfügbar wurden, schreibt Hessler: »Dennoch war es der Mangel an neuen Booten in den ersten Monaten des Jahres 1942, der das entscheidende Handicap bei der ganzen amerikanischen Kampagne ausmachte.«

20 Triton (von der GC&CS SHARK genannt) wurde zum erstenmal am 5. Oktober 1941 operativ eingesetzt und überlappte sich bis zum 1. Februar 1942 mit dem Drei-Rotoren-Schlüssel »Heimische Gewässer«, der von der GC&CS DOLPHIN genannt wurde (vgl. Ralph Erskine/Trade Weierud, »Naval Enigma: M4 and Its Rotors«, in: *Cryptologia,* Bd. 11, Nr. 4 [Oktober 1987], S. 234–244). Der Triton-Schlüssel wurde nicht eingeführt, um den Alliierten das Entschlüsseln zu erschweren – Dönitz wußte nicht, daß sein Funkverkehr

entschlüsselt wurde –, sondern stellte eine interne Sicherheitsmaßnahme dar, die verhindern sollte, daß deutsches Personal, das den Inhalt der Funksprüche nicht zu wissen brauchte, ihn nicht mitbekam.

21 Hinsley spekuliert: »Hätten die U-Boote nach der Änderung des Schlüsselverfahrens weiterhin die Priorität auf die atlantischen Verbindungswege gelegt, hätten sie wahrscheinlich eine solche Steigerung ihrer Erfolge erlebt, daß der BdU möglicherweise den Schluß gezogen hätte, die früheren Mißerfolge seien darauf zurückzuführen gewesen, daß der Enigma-Schlüssel mit drei Walzen unsicher war« (Hinsley u. a., *British Intelligence in the Second World War*, Bd. 2, S. 230).

22 Macintyre, *The Battle of the Atlantic*, S. 218 f.

23 Aus einer Würdigung Blacketts von Edward Bullard, zit. in Sir Bernard Lovell, *P. M. S. Blackett*, Vorwort.

24 Clark, *The Rise of the Boffins*, S. 141.

25 Ebd., S. 146, 215.

26 Blackett, *Studies of War*, S. 216 f.

27 Ebd., S. 214 f. C. H. Waddington, Mitarbeiter und später Leiter der OR-Abteilung, legt Statistiken vor, die den Anstieg der Wirksamkeit nach der Übernahme der Acht-Meter-Einstellung bis zum Dezember 1942 zeigen, räumt aber ein: »Zum Teil war die Gesamtverbesserung auch auf die größere Sprengkraft der neuen Füllung [ab Juli 1942 Torpex Mark XI] zurückzuführen. Hinzu kam die steigende Anzahl der schweren Flugzeuge und damit ein größeres durchschnittliches Zuladungsgewicht« (Waddington, *O. R. in World War II*, S. 177 f.).

28 Ebd., S. 220–225.

29 Ebd., passim; McCue, *U-Boats in the Bay of Biscay*, passim.

30 Waddington, *O. R. in World War II*, S. XVI f. 1942 bildete die US Navy eine zivile Forschungsgruppe, die der britischen OR-Abteilung entsprach und als Anti Submarine Warfare Operational Research Group (ASWORG) bezeichnet wurde.

31 PRO, AIR 41/45–48, »The Royal Air Force in Maritime War« (typescript), 4 Bde.

32 Ein nicht namentlich genanntes Besatzungsmitglied, zit. in Price, *Aircraft versus Submarine*, S. 166. OR-Studien zeigten, daß durchschnittlich 200 Flugstunden auf einen Angriff kamen (Waddington: *O. R. in World War II*, S. 168).

33 NARA, Box 419, Ordner mit der Bezeichnung Command File World War II. Shore Est. Hydrographic Office, »Submarine Supplement to Sailing Directions for the Bay of Biscay,« Juni 1943.

34 PRO, CAB 86/3, AU (43)98, The A/S Offensive by Aircraft in the Bay of Biscay, Memorandum by the First Lord of the Admiralty, 28. März 1943.

35 Bis vor kurzem wurde allgemein angenommen, daß U-206 (Kptlt. Herbert Opitz) am 30. November 1941 in der Biskaya von einem Whitley-Bomber des 502. Geschwaders versenkt wurde, aber eine Untersuchung durch die NHB/MOD ergab, daß das Boot am 29. November vor Saint-Nazaire auf eine Mine lief.

36 Zit. in Price, *Aircraft versus Submarine,* S. 65. Die beste Quelle für die Einsätze von Leigh-Licht-Maschinen ist »Leigh Light Wellingtons of Coastal Command« von Air Commodore Jeaff H. Gresswell, Typoskript, Mai 1995; vgl. Brief von Gresswell an den Autor vom 6. November 1997. Gresswell nahm an der Entwicklung und Erprobung des Leigh-Lichts teil und flog auch den ersten Angriff mit dem neuen Gerät, bei dem eine Beschädigung des Ziels erreicht wurde.

37 Die außergewöhnlichen Abenteuer der *Luigi Torelli* sind dargestellt in Price, *Aircraft versus Submarine,* S. 88–91. Die erste Vernichtung eines U-Bootes bei Nacht wurde von einer normal ausgerüsteten Swordfish des 812. Geschwaders der Marineflieger am 21. Dezember 1941 vor der Straße von Gibraltar erreicht. Opfer war U-451 (Kptlt. Eberhard Hoffmann). Eine genaue Darstellung der Verfahren bei einem Leigh-Licht-Angriff ist enthalten in: PRO, AIR 41/47, Peyton Ward, »RAF in Maritime War«, Bd. 3, Anhang 6, S. 595f. Bei den Wellington-Maschinen war das Leigh-Licht in einem einziehbaren Gehäuse unter dem Flugzeug montiert. Bei den Liberators und Catalinas wurde es später in einer Gondel an den Bombenaufhängungen unter einer Tragfläche angebracht.

38 KTB BdU vom 16. Juli 1942.

39 PRO/AIR 41/47, Peyton Ward, »RAF in Maritime War«, Bd. 3, S. 535 f.

40 Ebd., S. 495–497.

41 Baker, *The Terror of Tobermory.*

42 Zit. in M. Williams, *Captain Gilbert Roberts,* S. III.

43 Ebd., S. 94 f.

44 »Artichoke« und »Observant« werden in Kapitel 4 beschrieben. Die Bezeichnung »Beta Search« geht darauf zurück, daß die Funksprüche des fühlunghaltenden U-Boots mit dem Morsebuchstaben B (Beta) begannen. Die neue Taktik zwang den Beschatter zu tauchen, wonach der Konvoi den Kurs änderte, ohne daß der Beschatter es sehen konnte.

45 McCue, *U-Boats in the Bay of Biscay,* S. 30 f.; Hinsley u. a., *British Intelligence in the Second World War,* Bd. 3, S. 212. Der Historiker David K. Brown hat dem Autor gegenüber ausgeführt, der August 1942 sei für die alliierte Schiffahrt gefährlicher gewesen als das Frühjahr 1943.

46 PRO/AIR 41/47, Peyton Ward, »RAF in Maritime War«, Bd. 3, S. 512, 515. Das Schiff, das torpediert wurde, aber nicht sank, war USS *Thomas Stone.*

47 Zit. in Chalmers, *Max Horton and the Western Approaches,* S. 143.

48 M. Williams, *Captain Gilbert Roberts,* S. 117.

49 Chalmers, *Max Horton and the Western Approaches,* S. 150–155 und passim; Terraine, *U-Boat Wars 1916–1945,* S. 502 f.

50 KTB BdU, 31. Dezember 1942.

51 Padfield, *Dönitz,* S. 301 f. Raeder hat auch Generaladmiral Carls als seinen Nachfolger vorgeschlagen.

52 Graham Rhys-Jones, »The German System: A Staff Perspective«, in Howarth/Law (Hg.), *Battle of the Atlantic,* S. 138–157; Chalmers, *Max Horton and the Western Approaches,* S. 152.

53 Howard, *Grand Strategy*, Bd. 4, S. 621.

54 Slessor, *The Central Blue*, S. 446, 464; Buell, *Master of Sea Power*, S. 276.

55 PRO, AIR 41/47, Peyton Ward, »RAF in Maritime War«, Bd. 3, S. 500.

56 Zahlreiche Bände mit den Unterlagen des Anti-U-Boot-Komitees finden sich in PRO, CAB 86/1,2,3,4. Nach dem 12. Mai, als der Kampf im Atlantik sich zugunsten der Alliierten entwickelte, traf sich das Komitee alle vierzehn Tage und dann ab Juni nur noch monatlich (W. J. R. Gardner, »An Allied Perspective«, in Howarth/Law (Hg.), *Battle of the Atlantic*, S. 524).

57 PRO, CAB 86/3, AU (43)84, »The Value of the Bay of Biscay Patrols, Note by Air Officer Commanding in Chief Coastal Command.« Slessor machte eine interessante Anmerkung zu der OR-Analyse: »Es fällt auf, daß der Anteil der Angriffe von den Sichtungen an den Konvois nur etwa 47 Prozent beträgt, während es in der Biskaya etwa 75 Prozent sind. Der Grund dafür liegt darin, daß es in der Biskaya nur selten vorkommt, daß ein Flugzeug mehr als eine Sichtung pro Einsatz macht, dagegen sind drei oder vier Sichtungen bei einem Einsatz an den Konvois nichts außergewöhnliches; bei einem Flug waren es sogar sieben Sichtungen« (S. 352).

58 Blackett, *Studies of War*, S. 232. Das Verhältnis von Umfang und Größe des Konvois ist noch weiter untersucht worden (NARA, RG 38, Chief of Naval Operations, Intelligence Division, Secret Reports of Naval Attachés, 1940–1946, File F-6-e, Stack Area 10W4, Box 252, Folder »Anti Submarine Operations, Great Britain, Various, 1943–1944, Intelligence Report, Naval Attaché, London, 12 May 1943«). Danach betrug der Umfang eines Konvois mit 40 Schiffen (4 Kolonnen mit je 10 Schiffen) 23 Meilen, wenn die Geleitfahrzeuge 4000 bis 5000 Yards von den äußeren Schiffen entfernt stationiert wurden. Bei 78 Schiffen (6 Kolonnen mit je 13 Schiffen) lag der Umfang bei 27 Meilen, war also nur um ein Sechstel länger. Während der Konvoi mit 40 Schiffen sechs Geleitfahrzeuge benötigte, waren für den mit 78 Schiffen nur sieben erforderlich. Bei gleicher Geschwindigkeit ergaben sich bei dem größeren Konvoi prozentual etwas weniger Nachzügler. Das Argument für den Konvoi mit mehr als sechzig Schiffen lautete daher: Wenn nach den vorliegenden Daten sechs Geleitfahrzeuge vier Handelsschiffe verloren, würden neun Geleitfahrzeuge nur drei Handelsschiffe pro Konvoi verlieren. Fuhren also 180 Schiffe in drei Konvois mit je 60 Schiffen und wurde jeder dieser Konvois von sechs Geleitfahrzeugen beschützt, mußte man mit dem Verlust von insgesamt 12 Handelsschiffen rechnen. Wenn die gleiche Anzahl von Schiffen dagegen in zwei Konvois mit je 90 Einheiten und neun Geleitfahrzeugen den Atlantik überquerten, würden aus jedem der beiden Konvois 3 Schiffe verlorengehen, zusammen also 6. Der Gesamtverlust wäre halbiert worden.

59 PRO, CAB 86/2, War Cabinet Anti-U-Boat Warfare, Minutes of the Meeting on 3rd March 1943, S. 125.

60 Blackett, *Studies of War*, S. 233; Barley/Waters, *Defeat of the Enemy Attack on Shipping*, Bd. IB, Plan 35; Howard, Grand *Strategy*, Bd. 4, S. 304 und Anm.

61 PRO, CAB 86/3, AU (43)40, Progress of Analysis of the Value of Escort Vessels and Aircraft in the Anti-U-Boat Campaign, Report by Professor Blackett, S. 241–243.

62 Pro, ADM 199/434, »The Commander in Chief, Western Approaches to All British and Canadian Escort Vessels Operated by Western Approaches Including Support Groups, 27th April 1943.« Das taktische Grundverhalten des Kommandos der Western Approaches war unverhohlen offensiv: »Oberstes Ziel der U-Jagd-Einheiten und Geleitkräfte ist die Vernichtung von U-Booten« (DHIST/NDHQ, Admiralty Convoy Instructions, September 1942, Air Operations, S. 201).

Kapitel 4

1 Die ONS-Konvois, deren Bezifferung schon bei ONS. 171 angekommen war, wurden neu gezählt, als die Konvois (einmal wöchentlich) nach Halifax gingen und nicht mehr nach New York. Die wichtigsten Quellen für ONS.5 sind: Captain (D) Newfoundland; PRO, ADM 327/213, »Report on Convoy ONS.5«. Die NARA-Sammlung enthalten das Formblatt S.1203, Meldungen über Angriffe auf U-Boote, Seekarten-Aufzeichnungen, Koppeltisch-Diagramme, ASDIC-Schreiber-Papiere und handschriftliche Sprechfunkkladden des Funkverkehrs zwischen den Schiffen; all dies fehlt in der PRO-Akte. Funksprüche von den Schiffen an Land sind enthalten in: NARA, »Tenth Fleet Convoy and Routing Files«, Box 113, ON 304–ONS 9.

2 Gretton, *Convoy Escort Commander*, S. 108.

3 Ebd. Im Nachruf der *Times* wurde Gretton als rücksichtslos bezeichnet (13. November 1992, S. 21). Einer der Kommandanten von Grettons Eskortgruppe, Lieutenant Robert Atkinson von HMS *Tay*, erzählte dem Autor, daß Gretton jeden Morgen auf See als erstes einen lateinischen Morsespruch an alle Geleitfahrzeuge schickte. Am Ende der Atlantiküberquerung mußten alle Schiffe die aufgenommenen Sprüche dann bei ihm abgeben. Wer Fehler gemacht hatte, mußte im Hafen eine zusätzliche Ausbildung mitmachen (Interview mit Robert Atkinson, Winchester, 2. Juni 1997).

4 Gretton, *Convoy Escort Commander*, S. 120. Die Korvette *Pink* wurde später abgestellt, um hinter dem Konvoi nach Überlebenden zu suchen, aber sie fand keine. Sieben Mann von insgesamt 78 wurden schließlich am 12. April von einer Catalina entdeckt und von dem Rettungsschiff *Zamalek* aufgefischt. Aufgrund von Erfrierungen mußte bei drei Männern die Beine und bei einem vierten die Füße amputiert werden (Gretton, *Atlantik 1943*, S. 122). Die U-Boote, die HX.231 angegriffen hatten, bildeten das Rudel »Löwenherz«. Die meisten von ihnen befand sich auf der ersten Feindfahrt, und nur fünf kamen zum Schuß. Genauso wie Gretton bei der *Shillong* verfuhr während der Gefechte um die Konvois HX.229 und SC.122 vom 16. bis 20. März Lieutenant Commander Gordon John Luther, Kommandant des Zerstörers *Volunteer* und Führer der Eskortgruppe B4, die am Konvoi HX.229 stand. In

474

der Nacht vom 16. auf den 17. März ließ Luther den Konvoi ungeschützt zurück, um Überlebende des Handelsschiffs *William Eustis* zu retten. Im weiteren Verlauf der Nacht befahl Luther jedoch, die Überlebenden eines zweiten torpedierten amerikanischen Schiffes, des Dampfers *Harry Luckenbach*, in ihren Rettungsbooten zurückzulassen, da er den Konvoi nicht ein zweites Mal ungeschützt zurücklassen konnte. Die in ihren Booten Zurückgelassenen starben (Middlebrook, *Konvoi,* S. 146).

5 Gretton, *Convoy Escort Commander,* S. 127.

6 PRO, ADM 223/15, OIC, Special Intelligence Summary, 19. April 1943, S. 195; X-B-Bericht Nr. 20/43, Woche vom 10. bis 16. Mai 1943, Bundesarchiv/Militärarchiv, RM 7/755, Blatt 126v (siehe auch X-B-Bericht Nr. 19/43). Gretton führte in seinem Bericht über ONS.5 aus, daß er am 26. April eine Studie zu den U-Boot-Aufstellungen angefertigt habe (PRO, ADM 237/113, Report of Proceedings – Senior Officer in HMS *Duncan,* S. 1).

7 Franks, *Search, Find and Kill,* S. 14 f. Die Versenkung geschah auf Position 61°25′ N, 19°48′ W, südlich von Island Adams/Lees, *Register of Type VII U-Boats,* S. 40. Der Verlust von U-710 wurde am 28. April vom BdU bestätigt: »U-710 hat sich seit dem Auslaufen aus Kiel am 15. 4. nicht gemeldet ... es muß von dem Verlust durch feindliche Flugzeuge ausgegangen werden« (KTB BdU, 28. April 1943).

8 PRO, ADM 237/113, Commodore's Report.

9 Ebd., Appendix E, Copy of Naval Messages, S. 2.

10 Ebd., Bericht über die Kollision zwischen der *Bornholm* und der *Berkel.* Die *Bornholm* erreichte sicher Reykjavik. Die Kollision ereignete sich um 2355 Uhr.

11 PRO, ADM 237/113, Appendix E, Copy of Naval Messages, S. 3.

12 Auf der Karte mit den Marinequadraten gingen die ursprünglichen Abfangbereiche des Rudels »Specht« von AJ6762 nach AK7791. In derartigen Befehlen zur Bildung einer Abfanglinie legte der BdU die Reihenfolge fest, in der sich die Boote aufzustellen hatten, also zum Beispiel für »Specht«: U-203, U-438, U-706, U-630, U-662, U-584, U-168, U-270, U-260, U-92, U-628, U-707, U-358, U-264, U-614, U-226, U-125. Die »Meise«-Linie lief ursprünglich von AK2386 nach AK0347 und »Amsel« lag von AK2966 nach AK6799 (KTB BdU, 22.–26. April 1943). Die Abfanglinien wurden ständig verändert und neu zusammengestellt.

13 Syrett, *The Defeat of the U-Boats,* S. 58.

14 KTB BdU, 25 April 1943.

15 Ebd., 27. April 1943.

16 PRO, ADM 223/88, Use of Special Intelligence in Battle of Atlantic, Convoy ONS.5, April–Mai 1943, S. 270.

17 Ebd.

18 Geleitfahrzeuge von ONS.4 versenkten zwei U-Boote, U-191 und U-203, letzteres zusammen mit einer Swordfish des Geleitträgers HMS *Biter.* Zwei weitere Boote, U-174 und U-227, wurden in den letzten Apriltagen versenkt, beide von Flugzeugen.

19 PRO, ADM CO 323/1801/13, OIC and Special Intelligence Monographs, S. 10.

20 KTB BdU, 27. April 1943. Zur Gruppe »Star« gehörten: U-710, U-650, U-533, U-386, U-528, U-231, U-532, U-378, U-381, U-192, U-258, U-552, U-954, U-648, U-209, U-413.

21 PRO, ADM 237/113, Convoi ONS.5 8 A.M. Positions British Double Summer Time.

22 X-B-Bericht Nr. 18/43, Woche vom 26. April bis 2. Mai 1943, Bundesarchiv/Militärarchiv, RM 7/755, Blatt 55r; KTB BdU, 27. April 1943.

23 NARA, Roll 3387, KTB U-650, 28. April, S. 7.

24 PRO, ADM 237/113, Convoi ONS.5, Report of Proceedings – Senior Officer in HMS *Duncan*, S. 2. Konvoi SC.127 passierte die »Star«-Linie sicher im nördlichen Viertel.

25 Ebd., S. 2. Die weiter unten gegebenen Beschreibungen der Verfahren »Observant,« »Artichoke« und »Raspberry« entstammen DHIST/NDHQ, 83/761, Bd. II, Atlantic Convoy Instructions (ACI), CB 04234 (2), Operations Section, Articles 101–149, S. 51–62.

26 Ebd.; vgl. Seth, *The Fiercest Battle,* S. 92. Seth hat Peter Gretton persönlich wegen dieser Fragen konsultiert.

27 KTB BdU, 1. Mai 1943.

28 PRO, ADM 237/113, Appendix E, Copy of Naval Messages, S. 4. Der Befehl des Befehlshabers der Western Approaches an die *Oribi* wurde am 28. April um 2333 Uhr übermittelt. Der Befehl an die *Offa* und die Unterstützungsgruppe ging am 29. um 0026 Uhr über den Äther.

29 Oral History Collection of the Royal Naval Museum, Porthmouth, AC 1993/116, Interview mit Sir Robert Atkinson, geführt von Chris Howard Bailey, 11. März 1993.

30 Captain (D) Newfoundland, Report of Proceedings – Senior Officer in HMS *Duncan*, S. 2 f.

31 KTB BdU, 11. Mai 1943; Franks, *Search and Kill*, S. 113–115.

32 PRO, ADM 237/113, ONS.5 – Comments of Senior Officer, Close Escort, S. 1.

33 PRO, ADM 237/113, Report of Proceedings – HMS *Sunflower*, Mai 1943.

34 PRO, ADM 237/113, Narrative of Events During Passage of Convoy ONS.5 by Commanding Officer, HMS *Snowflake*, S. 1. Während der Gefechtsrudergänger und der Posten Maschinentelegraph aussagten, der Ruderbefehl sei durch den Wachhabenden Offizier gegeben worden, war Chesterman überzeugt, daß der Fehler in der Sprachübermittlung lag: Der Wachhabende Offizier wurde mißverstanden, als er durch Sprachrohre Befehle an den Steuerbord-Wabo-Werfer rief (vgl. Gretton, *Escort Commander,* S. 138).

35 NARA, KTB U-532, Roll 2979, 29./30. April 1943; KTB BdU, 1./2. Mai 1943; ADM 237/113, Commanding Officer, HMS *Snowflake*: Narrative of Events During Passage of Convoy ONS.5, 29. April 1943; ebd., Report of Attack on U-Boat, *Snowflake*, Event I, 29. April 1943.

36 KTB BdU, 28./29. April 1943.

37 NARA, RG 38, Chief of Naval Operations, Naval Transportation Services, Armed Guard Files, 1940–1945, Mayfield Victory-Mechanicsville, Box 462. Mässenhausens Meldungen gingen über die wirklichen Ergebnisse hinaus: »Um 0924 Uhr Geleitzug angegriffen, drei Treffer auf vier Schiffen mit je 6000 BRT … Zwei Fangschüsse auf einen 7000 Tonner« (NARA, Roll 2937, KTB U-258, 29. April 1943).

38 PRO, ADM 237/113, ONS.5 – Comments of Senior Officer, Close Escort, S. 1; Report of Proceedings – Senior Officer in HMS *Duncan*, S. 3 f.

39 Ebd., Report of Proceedings – Senior Officer in HMS *Duncan*, S. 4 f.; vgl. Seth, *Fiercest Battle*, S. 99–103. Die Position der Untergangsstelle der *McKeesport* war 61°22′ N, 35°09′ W. Das Verhalten der US Navy bei verlassenen Schiffen und Trümmern ist dargestellt im *McKeesport*-Ordner: NARA, RG 38, Chief of Naval Operations, Naval Transportation Services, Armed Guard Files, 1940– 1945, Box 462. Die Verfolgung eines U-Boots durch die *Tay* ist beschrieben in: Captain (D) Newfoundland, Report of Attack on U-Boat, Form S.1203: 1959, 29 April 1943. Der BdU erwähnt dies am 2. Mai (KTB BdU, 2. Mai 1943).

40 Captain (D) Newfoundland, Report of Proceedings – HMS *Oribi*, 29. April–8. Mai 1943, S. 1.

41 Gretton, *Convoy Escort Commander*, S. 140. Seth berichtet, daß ein weiterer Grund darin lag, daß die *Duncan* ruhig liegen sollte, damit der Schiffsarzt bei einem Besatzungsmitglied eine Blinddarmoperation durchführen konnte *(Fiercest Battle,* S. 105–107).

42 PRO, ADM 237/113, Convoy ONS.5, Report of Proceedings – Senior Officer in HMS *Duncan*, S. 5; Gretton, *Escort Force Commander*, S. 141. Gretton hob hervor, daß dieser Vorfall mit der *Snowflake* der erste Angriff auf einen Konvoi bei Nacht war, dem keine Vorwarnung durch eine HF/DF-Peilung vorausgegangen war. Nach den Ereignissen am Konvoi HX.231 übte Gretton mit seinen Einheiten den Gebrauch der Geschütze gegen ein aufgetauchtes U-Boot vor Londonderry; er nannte diese Übung »Pointblank« (Kernschuß). Es war ein Fall bekannt, bei dem ein U-Boot wegen Beschusses durch eine Korvette in 11000 Metern Entfernung getaucht war (DHIST/NDHQ 81/700, J. D. Prentice, RCN, Captain (D) Halifax, »Hints on Escort Work,« 30. März 1943, S. 3).

43 PRO, ADM 237/113, Brief Narrative of Voyage (ONS.5), 1. Mai 1943.

44 Gretton, *Convoy Escort Commander*, S. 141; Interview mit Robert Atkinson, Winchester, 2. Juni 1997.

45 KTB BdU, 1. Mai 1943. Ein Beispiel für Berichte von U-Booten über Wetterbedingungen, die Operationen fehlschlagen ließen, ist die Meldung von U-954 (Kptlt. Odo Loewe) vom 1. Mai 1943, 1800 Uhr DSZ (NARA, SRGN 16655). Loewe berichtet auch von der Anwesenheit eines Flugzeugs mit »planetenartigem Licht«. Informationen über das Längstwellenfernmeldesystem des BdU erhielt der Autor von Hans Meckel, im Krieg A4 im Stab des BdU (Fernmeldestabsoffizier), in einem Interview am 20. Oktober1987.

46 PRO, ADM 237/113, Convoy ONS.5, Report of Proceedings – Senior Offi-

cer in HMS *Duncan*, S. 6; Gretton, *Convoy Escort Commander*, S. 141–143; Captain (D) Newfoundland, Report of Proceedings – HMS *Oribi*, 29. April–8. Mai 1943, S. 2.

47 Gretton, *Convoy Escort Commander*, S. 144.

48 PRO, ADM 237/113, Convoy ONS.5, Report of Proceedings – Senior Officer in HMS *Duncan*, S. 6. Der Tanker *British Lady* hatte nur hundert Tonnen Kraftstoff verfügbar (ebd., Appendix E, Copy of Naval Messages, S. 7.

49 Continuation Report TAY, S. 144; PRO, ADM 237/113, Naval Messages, 3. Mai 1943. Am 3. Mai um 0805 Uhr wies der Befehlshaber der Western Approaches die Nachzügler des Konvois an: »Wenn Sie keine Verbindung mit einem Geleitfahrzeug haben, gehen Sie direkt auf die Nachzüglerstrecke und von dort nach St. John's. Bleiben Sie dabei so weit im Westen, wie das Eis es zuläßt« (ebd.).

50 Ebd., 4. Mai 1943. Der Befehl an die Erste Unterstützungsgruppe wurde um 0819 Uhr abgesetzt. Um 0800 Uhr war die Position von ONS.5 56°50′ N, 42°22′ W, der Kurs des Konvois war 196° (NHB/MOD, »Convoy Positions 1/5/43–30/6/43 Combined Plot«; der Autor schuldet dem Leiter der NHB, J. David Brown, Dank für den Hinweis auf diese Quelle).

51 Zit. in Pitt, *The Battle of the Atlantic*, S. 95. Ein halbes Jahrhundert lang ging man davon aus, daß U-208 im Dezember 1941 westlich von Gibraltar von der *Bluebell* unter Sherwood versenkt wurde. Laut einer neuen Untersuchung ging diese Versenkung jedoch auf das Konto der *Harvester* und der *Hesperus* (Adam/Lees, *Type VII U-Boats*, S. 11).

Kapitel 5

1 Zit. in »Continuous Service«, Broschüre zur Ausstellung »›Flowers‹ auf See«, Porthmouth, Royal Naval Museum, 1993. Auszüge aus Interviews mit Cyril Stephens und anderen ehemaligen Korvettenfahrern sind enthalten in Bailey, *The Battle of the Atlantic.*

2 David K. Brown, »Atlantic Escort, 1939–1945«, in Howarth/Law (Hg.), *Battle of the Atlantic*, S. 452–475; Elliott, *Allied Ships of World War II*, S. 12–16, 171–199; Ellis, *Famous Ships of World War II*, S. 16, 175–177. Das Tarnmuster des Kommandos der Western Approaches Commander stammte von dem Maler Peter Scott. James Douglas »Chummy« Prentice, Captain (D) Halifax und das kanadische Gegenstück zum Befehlshaber der Western Approaches nannte die Korvette das handlichste U-Jagd-Fahrzeug, das je gebaut wurde (Milner, *U-Boat Hunters*, S. 9). Ab Anfang Juni 1943 bewies Captain Frederic John Walker, daß Geleitboote (Schaluppen) starke Konkurrenten waren.

3 OHC/RNM, AC 1993/174, Interview von Chris Howard Bailey mit Harold G. Chesterman, 26. April 1993; »Captain Harold Chesterman«, in: *The Daily Telegraph*, 13. Februar 1997.

4 OHC/RNM, AC 1993/174, AC 1993/43, Interview von Chris Howard Bailey

mit Howard Oliver Goldsmith, 8. Februar 1993. Eine Darstellung der Schiffs-besatzungen in den Konvois findet der Leser in dem ausgezeichneten Kapitel »Die Geleitzug-Männer« in Middlebrook, *Konvoi,* S. 24–46.

5 KTB BdU, 1. Mai 1943.

6 Der Funkspruch des BdU an die Rudel »Specht« und »Star« ist enthalten in: PRO, ADM 223/88, Use of Special Intelligence in Battle of Atlantic, S. 271. Zum »Specht«-»Star«-Rudel gehörten 30 Boote. Daß U-628 nicht SC.128, sondern EG3 sichtete, behaupten W. A. B. Douglas und Jürgen Rohwer in: »The Most Thankless Tasks Revisited: Convoys, Escorts, and Radio Intelligence in the Western Atlantic, 1941–43«, in Boutilier (Hg.), *The RCN in Retrospect,* S. 229. Sie weisen darauf hin, daß der B-Dienst eine Positions-meldung von SC.128 entschlüsselt habe.

7 KTB BdU, 3. Mai 1943. Die Ausweichbewegung von SC.128 nach Osten bezeichnet Dönitz in seinen Memoiren als »gut ausgeführt« (*Zehn Jahre und zwanzig Tage,* S. 331).

8 KTB BdU, 3. Mai 1943.

9 Ebd., 4. Mai 1943. Ursprünglich sollten die 27 »Fink«-Boote wie folgt von Westnordwest nach Ostsüdost aufgestellt werden: U-438, 662, 584, 168, 514, 270, 260, 732, 628, 707, 358, 264, 226, 125, 378, 192, 648, 533, 531, 954, 413, 381, 231, 552, 209, 650. Die Lagebeurteilung durch das Lagezimmer der britischen Admiralität ist enthalten in: PRO, ADM 223/15, S. I. Summary, week of 3. 5. 43 to 10. 5. 43. Der Autor schuldet seinem Freund und Kollegen Dr. Leonidas Roberts Dank für die Berechnung der Länge der »Fink«-Abfanglinie.

10 Hasenschars Meldung über die Sichtung eines Konvois ist von 2018 Uhr DSZ: B-Signal 2018: Geleitzug Qu AJ 6271 – in NARA, Roll 4185, KTB U-628, 8 April to 19 May 1943; 4 May 1943. Die Koppelwerte sind aus KTB BdU, 4. Mai 1943. Am 4. Mai um 1802 Uhr DSZ funkte der BdU an die sich versammelnden »Fink«-Boote: KONVOI MIT KURS NACH SÜDWESTEN AB MORGEN ZU ERWARTEN (NARA, SRGN 16933). Die täglichen Geschwindigkeiten von ONS.5 sind enthalten in: PRO, ADM237/113, Convoi ONS.5 8 A.M. Positions British Double Summer Time.

11 NARA, KTB U-628, 4. Mai 1943; KTB BdU, 6. Mai 1943. Hasenschar sich-tete »viele Mastspitzen« in rechtweisend 360° von seiner Position aus. Danach gab er als Fühlunghalter regelmäßig Meldungen ab.

12 NARA, Roll 2886–2887, KTB U-264, 8. April 1943 bis 1. Juni 1943; PRO, Adm 233/88, Use of Special Intelligence in Battle of Atlantic, Convoy ONS.5, April–Mai 1943, S. 272. Das KTB des BdU enthält folgende Eintra-gung: »Es operierten *insgesamt 41 U-Boote das Geleit*« (KTB BdU, 4. Mai 1943). Eine gleich große Streitmacht mit 41 Booten hatte vorher schon vom 16. bis 20. März 1943 gegen die Konvois HX.229 und SC.122 operiert.

13 U-Boat Operations, S. 85.

14 *Smith, The Ultra Magic Deals,* S. 105–172. Die Entschlüsselungen von Bletchley Park sind enthalten in: PRO, ADM 223/103, Admiralty Signal Mes-sages, DEFE-3; die Entschlüsselungen der US Marine, einschließlich der

nachträglichen Entschlüsselungen des gesamten Marinefunkverkehrs seit Kriegsbeginn, sind enthalten in: NARA, SRGN I-494668.

15 PRO, ADM 237/113, Naval Messages, 4. Mai 1943. Die HF/DF-Peilungen der *Tay* sind enthalten in: PRO, ADM 237/113, Report on U-Boat Transmissions received by HMS *Tay* on HF/DF ... between 24. 4. 43 and 8. 5. 43.

16 W. A. B. Douglas/Jürgen Rohwer, »The Most Thankless Tasks Revisited: Convoys, Escorts, and Radio Intelligence in the Western Atlantic, 1941–43«, in Boutilier (Hg.), *The RCN in Retrospect,* S. 224; W. G. D. Lund, »The Royal Canadian Navy's Quest for Autonomy in the North West Atlantic: 1941–1943«, in ebd., S. 138–157.

17 W. A. B. Douglas/Jürgen Rohwer, »The Most Thankless Tasks Revisited: Convoys, Escorts, and Radio Intelligence in the Western Atlantic, 1941–43«, in Boutilier (Hg.), *The RCN in Retrospect,* S. 229. Der erfahrene und erfolgreiche U-Boot-Bekämpfer Donald Macintyre folgert in seinem Werk *Battle of the Atlantic*: »Die ›Fink‹-Abfanglinie zu umgehen war unmöglich« (S. 191).

18 Pro, ADM 237/113, Convoi ONS.5, Naval Messages, 4. Mai 1943, Funkspruch von 2005 Uhr; Empfang bestätigt und der *Pink* eine neue Route mitgeteilt um 2244 Uhr: SOFORT KURS ÄNDERN UND 54°01' N, 46°30' W ANSTEUERN, VON DORT WIEDER AUF KONVOIROUTE GEHEN. Die Stationen für die Nachtaufstellung sind enthalten in: Continuation Report TAY, Nr. 3.

19 PRO, ADM 237/113, Report of Proceedings, HMS OFFA, 29. April 1943–8. Mai 1943; 4. Mai 1943, Nr. 27.

20 DHIST/NDHQ, Tenth Fleet Records, Box 44, Royal Canadian Air Force Eastern Air Command, Statistics of Anti Submarine Operations, Mai 1943, S. 3. Schon vorher, am 2. Mai, hatte eine B-17 drei U-Boote vor dem Konvoi angegriffen (W. A. B. Douglas, *The Creation of a National Air Force,* S. 553).

21 DHIST/NDHQ, 181.003 (D1341) RCAF HQ file 28-2-52 RCAF a/c attacks on U-Boats re: Attack by Canso A 9747 of 5 Squadron 4 May 43, U-630, S. 43 ff.; Eastern Air Command, fifty second Attack by RCAF Aircraft (EAC), 4th of May 1943; Fotografien in File 81/520/8280/, Box 7 ONS.5. Noch aus dem Angriffsgebiet meldete Moffitt seinen Angriff über Funkfernschreiben an die *Tay*, aber die *Tay* konnte keinen Funkkontakt herstellen, um zu antworten (Continuation Report TAY, 4. Mai 1943).

22 NBH/MOD, Proceedings of U-Boat Assessment Committee, April–Juni 1943, S. 244.

23 NARA, SRGN 17295; KTB BdU, 23. Mai 1943; R. M. Coppock an den Autor, 13. November 1996.

24 Eine sehr gute Darstellung der Flugabwehrbewaffnung der U-Boote vom Typ VII ist enthalten in Stern, *Type VII U-Boats,* S. 100–109.

25 DHIST/NDHQ, 181.003 (D1341) RCAF HQ File 28–2–52 RCAF a/c attacks on U-Boats, Memorandum No. 5 (BR) Sqdn, 4. Mai 1943; NHB/MOD, Proceedings of U-Boat Assessment Committee, April–Juni 1943, S. 246. Um 2155 Uhr benachrichtigte der kanadische Befehlshaber die *Tay* von dem Angriff (PRO 237/113, Convoi ONS.5, Naval Messages, 4. Mai 1943). Die

Bewertung der NHB/MOD für U-438 ist »leicht beschädigt« (R. M. Coppock an den Autor, 13. November 1996).

26 NARA, SRGN 17055, 17090. Der Angriff fand nach der Meldung von U-438 auf Position Qu AJ6147 (55°51′ N, 44°25′ W) statt. Von U-438 ist kein KTB verfügbar, weil das Boot am 6. Mai von HMS *Pelican* versenkt wurde (siehe unten).

27 NARA, SRGN 16974; U-Boat Operations, S. 89.

28 Das ist auch die Folgerung von Rohwer, *Die U-Boot-Erfolge der Achsenmächte 1939–1945*, S. 165.

29 PRO, ADM 237/113, Convoy ONS.5, Report of Kenneth Brook, Commodore, RNR in MV »RENA« (NOR). Seth spekuliert, daß ein verlassenes Schiff, das am 6. Mai um 1500 Uhr auf Position 55°N, 44°W von dem US-Küstenwachkutter *Manhassett* gesichtet wurde, die *Lorient* war. In der Nähe des Schiffs, dessen Namen übermalt worden war, trieben leere Rettungsboote. Das Wrack sank, bevor es abgeschleppt werden konnte (Seth, *Fiercest Battle*, S. 192–194).

30 NARA, SRGN 17017; KTB BdU, 4. Mai 1943; U-Boat Operations, S. 86.

31 U-Boat Operations, S. 86.

32 NARA, Roll 3377, KTB U-707, 4. Mai 1943.

33 Captain (D) Newfoundland, Form S. 1203, Report of Attack on U-Boat, HMS *Tay*, 4. Mai 1943; vgl. PRO, ADM 237/113, Commodore Brook, ONS.5, Submarine Attack Report for May 4th/May 5th, 1943. Die *Oribi* sichtete um 2130 Uhr ein U-Boot und fuhr gemeinsam mit der *Offa* bis 2230 Uhr in Vormarschrichtung des U-Bootes das Suchverfahren »Observant«. Die *Vidette* zwang um 2230 Uhr ein U-Boot zum Tauchen.

34 NARA, Roll 3377, KTB U-707, 4 May 1943.

35 PRO, ADM 237/113, Report of Survivors from ONS.5.

36 Ebd..

37 NARA, Roll 4185, KTB U-628, 4. Mai 1943.

38 Ebd..

39 Ebd., 5. Mai 1943. Hasenschars Funkspruch an den BdU lautete: KORVETTE VERSENKT. MAGNETZÜNDER, TIEFENEINSTELLUNG 4 METER. KORVETTE ATOMISIERT (NARA, SRGN 17140); vgl. KTB BdU, 5. Mai 1943.

40 Interviews mit Überlebenden, Capt. W. E. Cook, SS *Harbury*, 16. Juni 1943. Nach der Meinung von Jürgen Rohwer wurde das Wrack der *Harbury* von U-264 (Kptlt. Looks) am 5. Mai um 0707 Uhr DSZ versenkt (Rohwer, *Die U-Boot-Erfolge der Achsenmächte 1939–1945*, S. 165). Doch das ist ausgeschlossen, wenn Cook und seine Männer deutlich nach dieser Uhrzeit wieder an Bord gegangen sind; vgl. PRO, ADM 237/113, Report of Survivors from ONS.5, mit der Aussage von Lieutenant J. Downer, Kommandant der *Northern Spray*, daß die Gruppe um 0900 Uhr GMT Richtung *Harbury* losfuhr und um 1000 Uhr GMT zurückkehrte. U-264 hat um 0707 Uhr DSZ zwei und um 0708 Uhr einen weiteren Torpedo geschossen, aber beide Ziele bewegten sich mit sieben Knoten (NARA, Roll 2886–2887, KTB U-264, 5. Mai 1943). Obwohl Looks für die um 0707 Uhr geschossenen Torpedos eine Versenkung

meldete, bleibt festzuhalten, daß keins der Schiffe von ONS.5 zu diesem Zeitpunkt und zwei Stunden 19 Minuten vorher oder bis fünf Stunden und 33 Minuten hinterher von Torpedos oder Artilleriefeuer getroffen worden ist. Syrett, *The Defeat of the U-Boats,* S. 78 und Anm. 55, schreibt U-264 die Versenkung der *Harbury* durch Artilleriefeuer zu, aber weder seine Anmerkung noch das KTB von U-264 erwähnt diesen Vorfall. In letzterem wird statt dessen beschrieben, wie zwischen 0302 Uhr DSZ (0102 Uhr GMT) und 1438 Uhr am 5. Mai Torpedos auf fahrende Ziele geschossen wurden.

41 NARA, Roll 4185, KTB U-628, 5. Mai 1943; vgl. Bundesarchiv/Militärarchiv, GE 14/3, PG 30659, Schußmeldung U-628, 5. Mai 1943, 0243 Uhr, S. 12: »S.1a Dampfer ›Harbury‹ nach 13 Std mit Artillerie versenkt.« Um 2004 Uhr am 5. Mai funkte Hasenschar dem BdU: HABE GERADE MIT ARTILLERIE-FEUER IN QU AJ6543 (55°09' N, 42°35' W) DIE HARBURY VERSENKT, VERMUTLICH EIN SCHIFF, DAS ICH SELBST VORHER BESCHÄDIGT HATTE. ALLE TORPEDOS VERSCHOSSEN ... GEHE ZU MILCHKUH (NARA, SRGN 17156). Für Informationen zur *Harbury* siehe *Lloyd's War Losses,* wo die Schiffe dem Alphabet nach aufgeführt sind. Einige wenige Schußmeldungen sind den KTB als Anlagen beigefügt.

42 NARA, Roll 2886–2887, KTB U-264, 5. Mai 1943. Looks' Meldung an den BdU über diesen Angriff ist enthalten in NARA, SRGN 17039.

43 NARA, RG 38, Chief of Naval Operations, Naval Transportation Services, Armed Guard Files, 1940–1945, Box 684, SS *West Maximus.* Die Versenkungsposition war 55°10' N, 42°58' W (Brief von Thomas Weis, Stuttgart, an den Autor, 26. Februar 1997). Interviews mit Überlebenden, *Harperley,* Captain J. E. Turgoose, 16. Juni 1943; PRO, ADM 237/113, Reports of Survivors from ONS.5. Der Befehl an die *Northern Spray,* nach St. John's zu dampfen, wurde am 5. Mai um 1630 Uhr gegeben.

Kapitel 6

1 Captain (D) Newfoundland, Form S. 1203, Report of Attack on U-Boat, HMS *Tay,* 4 May, 2247; R. M. Coppock an den Autor, 13. November 1996.

2 Seth, *The Fiercest Battle,* S. 123 f.; Roskill, *The War at Sea 1939–1945,* Bd. 2, S. 70 und Anm. 2, 74.

3 NARA, Roll 3067, KTB U-514, 15. 4. 43, 5. Mai, 0230 DSZ; NARA, SRGN 17189, 17343.

4 Captain (D) Newfoundland, Form S.1203, Report of Attack on U-Boat, VIDETTE (VID ONE, VID TWO), 5 May 1943, 0030¹/₂, 0059¹/₂, 0127¹/₂. Die Angaben zu U-732 sind enthalten in: NARA, Roll 3398, KTB U-732, 5. Mai 1943, S. 19 ff. In einem Funkspruch, den das Boot um 0515 Uhr absetzte, behauptete es, mit dem Heckrohr einen Treffer auf einem »5000–6000 Tonner« erzielt zu haben, aber wahrscheinlich war dies Hasenschars Treffer auf der *Harbury.* Wegen der Schäden mußte das Boot die Operationen abbrechen und in den Stützpunkt zurückkehren (NARA, SRGN 17053). Es sei noch ein-

mal betont, daß die ersten Angriffe der *Vidette* am 5. und 6. Mai (VID ONE, VID TWO) an den oben angegebenen Tagen und Zeiten stattfanden. Syrett, *The Defeat of the U-Boats*, S. 77, und Seth, *The Fiercest Battle*, S. 133, stellen es so dar, als seien jene Angriffe der *Vidette* ihre ersten beiden gewesen, die tatsächlich der vierte und fünfte Angriff waren. Diese Angriffe erfolgten dreiundzwanzig Stunden später: VID FOUR 2109 Uhr Konvoizeit (2309 GMT) und VID FIVE 2117 Uhr Konvoizeit (2317 GMT) am 5. Mai 1943. Die richtige Reihenfolge ist in den Formblättern S.1203 und in PRO, ADM 237/113, Nr. 15 and 27, angegeben; das PRO-Dokument enthält eine Zusammenfassung aller durchgeführten und versuchten Angriffe auf ONS.5.

5 Siehe Kap. 4, Anm. 25.

6 PRO, ADM 237/113, Narrative of Events During Passage of Convoy ONS.5, Commanding Officer, HMS SNOWFLAKE, Incident SNOW 5, 4./5. Mai 1943; Captain (D) Newfoundland, Form S.1203, Report of Attack on U-Boat, SNOWFLAKE (Event 5), by Sublieutenant R. E. Bennett, RNVR, 4./5. May 1943.

7 Ebd., Inicident Snow 6 and Event 6; PRO, ADM 237/113, Report of Proceedings, HMS *Oribi*, 29. April-8. März 1943; Captain (D) Newfoundland, Report of Attack on U-Boat, Form S.1203, ORIBI, 1st and 2nd Attacks, 5th May, 1943, by Lieutenant-Commander J. C. A. Ingram. Der zweite Zehner-Teppich der *Oribi* explodierte in der Nähe eines Täuschziels, das U-270 ausgesetzt hatte (R. M. Coppock an den Autor, 13. November 1996; NARA, Roll 2887, KTB U-270, 5. Mai 1943, S. 26 f.). Die von U-270 erlittenen Schäden werden auch in dem Funkspruch vom 5. Mai um 0959 Uhr aufgezählt (NARA, SRGN 17079). Eine zweite Korvette, die *Sunflower*, fuhr in der Nacht um 0220 Uhr zwei Angriffe auf einen ASDIC-Kontakt an Backbord voraus, aber ihr Kommandant kam zu der Überzeugung, daß das Echo nicht von einem U-Boot stammte. Bei beiden Angriffen wurden zwei Wasserbomben geworfen, wobei eine der beiden Wabos des ersten Angriffes nicht detonierte. Solche Munitionsversager kamen bei den über vierzig Angriffen, welche die Geleitfahrzeuge des Konvois ONS.5 zwischen dem 4. und 6. Mai gefahren haben, nur sehr selten vor.

8 NARA, Roll 3044-3045, KTB U-358, 5. Mai 1943.

9 Ebd.

10 Interviews mit Überlebenden, *Bristol City*, Kapitän A. L. Webb, 9. Juni 1943.

11 Ebd., *Wentworth*, Kapitän R. G. Phillips, 24. Juni 1943; *Loosestrife*, Report of Proceedings whilst escorting ONS.5, 5. Mai 1943. Professor Rohwer stellt fest, daß das Wrack der *Wentworth* durch Artilleriefeuer von U-628 versenkt wurde (Rohwer, *Die U-Boot-Erfolge der Achsenmächte 1939–1945*, S. 165). Aber zwei Quellen, Kapitän Phillips und Lieutenant Stonehouse, schreiben die endgültige Versenkung der Korvette *Loosestrife* zu. Was die *Harbury* und den Artillerieeinsatz von U-628 betrifft, paßt alles besser zusammen. Wie im Text erwähnt, identifizierte das U-Boot die *Harbury* am Schiffsnamen und am Reedereizeichen; es hatte gerade die Position 55°14' N, 43°02' W passiert, und die liegt ganz in der Nähe der letzten bekannten Position der *Har-*

bury, 55°01′ N, 42° 59′ W. Die *Wentworth* dagegen wurde bei 53°59′ N, 43°55′ W torpediert. Siehe auch Anm. 40 zu Kap. 5.

12 Captain (D) Newfoundland, Form S.1203, Report of Attack on U-Boat, HMS *Loosestrife*, 5. May 1943, 0527; Report of Proceedings, HMS *Loosestrife*, 5 May, 0517–1550; R. M. Coppock an den Autor, 13. November 1996; NARA, Roll 2940–2944, KTB U-413, 5. Mai 1943.

13 U-Boat Operations, S. 86; NARA, Roll 3398, KTB U-732, 5. Mai 1943; Roll 2887, KTB U-270, 5. Mai 1943; Roll 3387, KTB U-648, 5. Mai 1943; NARA, SRGN 17053 (U-732), 17079 (U-270), 17048 (U-648). In dem Bericht von U-648 meldete Stahl, daß sein Junkers-Kompressor nur mit Ersatzteilen von der Milchkuh, mit der er auf seiner Heimreise nach Brest zusammentreffen sollte, repariert werden könne (er war am 3. April aus Kiel ausgelaufen).

14 U-Boat Operations, S. 86.

15 Der Funkspruch an das »Hasenschar-Geleit« ist in deutschen Wortlaut enthalten in: NARA, Roll 2886–2887, KTB U-264, 5. Mai 1943, 1242 GST (1042 GMT); vgl. auch NARA, SRGN 17067.

16 U-Boat Operations, S. 87.

17 Captain (D) Newfoundland, Form S.1203, Report of Attack on U-Boat, HMS ORIBI, 5th May 1943, 1147, 1243, 1254; PRO, ADM 237/113, Report of Proceedings, HMS ORIBI, 29. April-8. Mai 1943; ebd., Report of Attack on U-Boat, Form S.1203, HMS VIDETTE, 5th May 1943, 1341 (VID THREE); R. M. Coppock an den Autor, 13. November 1996.

18 NARA, Roll 3387, KTB U-638, 4. April-5. Mai 1943 (nachträgliche Rekonstruktion); KTB BdU, 5. Mai 1943 und folgende Tage.

19 Interviews mit Überlebenden, *Dolius*, Kapitän G. R. Cheetham, 15. Juni 1943.

20 Captain (D) Newfoundland, Form S.1203, Report of Attack on U-Boat, HMS SUNFLOWER, 5th May 1943, 1053; Continuation Report TAY, Nr. 13; Report of Proceedings HMS OFFA, Nr. 41, 5. Mai 1943, 1301. Bei ihrer Neubewertung stellt die NHB/MOD fest, daß U-226 (Kptlt. Rolf Borchers) meldete, er sei etwa zu diesem Zeitpunkt angegriffen worden (Brief R. M. Coppock an den Autor, 13. November 1996).

21 PRO, ADM 237/113, Convoy ONS.5, Report of Proceedings, HMS SUNFLOWER, Mai 1943. Die *Dolius* wurde zurückgelassen; es drang immer noch Wasser in das Schiff ein und Plomer sandte einen Funkspruch an Sherwood, in dem er mitteilte, der Kapitäns sei überzeugt, daß die *Dolius* nicht mehr gerettet werden könne.

22 Captain (D) Newfoundland, Narrative of Attack by HMS PINK on U-Boat in Lat 54-56N Long. 43-44W during the forenoon of May 5, 1943 whilst escorting four stragglers from Convoy ONS.5, S. 1.

23 OHC/RNM, AC 1993/116, Interview von Chris Howard Bailey mit Robert Atkinson, 11. März 1993.

24 DHIST/NDHQ 83/761, Vol.II, Atlantic Convoy Instructions (A.C.I.), C.B. 04234 (2), Operations Section, Articles 101–149, S. 55–62.

25 Captain (D) Newfoundland, Narrative of Attack by HMS PINK (siehe Anm. 22), S. 4.

26 NHB/MOD; Proceedings of U-Boat Assessment Committee, April-June 1943 (typescript), Précis of Attack by Pink, 5. May 1943, S. 251.

27 PRO, ADM 234/370, »Battle Summary No. 51, Naval Staff History, Second World War, Convoy and Antisubmarine Reports«, vorgelegt von Admiral Horton am 20. Juli 1943, S. 39.

28 NARA, Roll 3044-3045, KTB U-358, 5. Mai 1943. Handgeschriebene Anmerkung an dem in Anm. 26 erwähnten Dokument. Mankes Funkspruch an den BdU über die Schäden in: NARA, SRGN 17085.

29 PRO, ADM 237/113, Zusammenfassung der Angriffe von Geleitfahrzeugen am Konvoi ONS.5 vom 5. Mai 1943. Der einzige Angriff in diesem Zeitraum war ein einzelner Zehner-Teppich der *Sunflower* um 1253 Uhr im Zentrum des Konvois, wobei vier Wabos geschossen und sechs abgerollt wurden (NARA, Boxes 1718–1719, Captain [D] Newfoundland, Report of Attack on U-Boat, Form S.1203, HMS *Sunflower*, 5. Mai 1943, 1053 GMT). Identität und Schicksal von U-358 sind durch die Neubewertung der NHB/MOD bestätigt worden (R. M. Coppock an den Autor, 13. November 1996).

30 NARA, Roll 4188, KTB U-584, 5. Mai 1943.

31 KTB BdU, 5. Mai 1943; Dönitz, *Zehn Jahre und zwanzig Tage,* S. 330.

32 Blair, *Silent Victory,* S. 877–878.

33 Captain (D) Newfoundland, Narrative of Attack by HMS PINK (siehe Anm. 22), S. 5; PRO, ADM 237/113, Report of Proceedings for ONS.5 (Straggler Portion), 9. Mai 1943, Nr. 4; ebd., Aussage von H. Schroeder, Kapitän der *West Makadet,* über die Torpedierung des Schiffs am 5. Mai 1943. Schroeder sagte aus, daß er persönlich alle Geheimunterlagen außenbords geworfen habe, bevor er das Schiff verließ. Um 1535 Uhr bat die *Pink* die *Tay* um Unterstützung bei der Bewachung ihrer kleinen Gruppe, aber die *Tay* antwortete: »Tut mir leid, das geht nicht, habe hier selbst U-Boote am Hals« (NARA, Boxes 1718–1719, Captain [D] Newfoundland; Funkausgänge, HMS TAY, Konvoi ONS.5, 5. Mai 1943, 1604 Uhr); Interview mit Sir Robert Atkinson, Winchester, 2. Juni 1997.

34 NARA, Roll 2939, KTB U-406, 5. Mai 1943; Roll 3372, KTB U-600, 25. April-11. Mai 1943; NARA, SRGN 17172.

35 NARA, Roll 2887, KTB U-266, 5.-7. Mai 1943 (rekonstruiert); NARA, SRGN 17195, um 2232 Uhr am 6. Mai.

36 Interviews mit Überlebenden, *Selvistan,* C. D. Head, 27. Juli 1943, S. 116 f.; *Gharinda,* Kapitän R. Stone, 17. Juni 1943, S. 122–124. Zu den indischen Besatzungsmitgliedern und der Haltung der Briten ihnen gegenüber siehe Middlebrook, *Konvoi,* S. 25 f.

37 Zit. in Seth, *The Fiercest Battle,* S.153.

38 Zit. in ebd., S 154.

39 Captain (D) Newfoundland, Report of Attack on U-Boat, Form S.1203, HMS OFFA, 5th May 1943, 2042, 2103, 2140, 2153, 2204.

40 Der Schaden an U-266 wird in dem Funkspruch von Jessen an den BdU vom

5. Mai um 2232 Uhr beschrieben: NARA, SRGN 17195; R. M. Coppock an den Autor, 13. November 1996.

41 PRO, ADM 237/113, Report of Proceedings, HMS OFFA, 5. Mai 1943, Nr. 45. Beispiele für den von McCoy vermerkten »starken Funkverkehr« finden sich in: NARA, SRGN 17147–17183, U-267, U-266, U-264, U-621, U-260, U-223, U-575, U-531.

42 Continuation Report TAY, 5. Mai, Nr. 16; Captain (D) Newfoundland, R/T Log, HMS TAY, Convoy ONS.5, 5 May 1943, 2040.

43 PRO, ADM 237/113, J. Kenneth Brook, Commodore RNR, Submarine Report No. 2.

44 DHIST/NDHQ, Tenth Fleet Records, Box 44, Royal Canadian Air Force Eastern Air Command, Statistics of Anti Submarine Operations, May 1943, S. 3 f.; DHIST/NDHQ, 181.003 (D1341) RCAF HQ File 28-2–52 RCAF a/c attacks on U-Boats, Message AFHQ (Air Force Head Quarters) to AFCS (RCAF liaison in Washington, D.C.), 7. Mai 1943.

45 Ebd.

46 Es handelte sich um U-233, U-264, U-266, U-267, U-377, U-504, U-514, U-533, U-575, U-584, U-621, U-650, U-662, U-707 und U-438; letzteres Boot war von der Canso A »E« am 4. Mai beschädigt worden (U-Boat Operations, S. 87).

47 Ebd., S. 87; NARA, Roll 2886–2887, KTB U-264, 5. Mai 1943; NARA, SRGN 17162.

48 U-Boat Operations, S. 87; NARA, Roll 3377, KTB U-707, 5. Mai 1943.

49 Continuation Report TAY, 5./6. Mai 1943, Nr. 17.

50 NARA, Roll 3377, KTB U-707, 6. Mai 1943.

Kapitel 7

1 Captain (D) Newfoundland, Form S.1203, Report of Attack on U-Boat, HMS VIDETTE, 5. Mai 1943, 2326$^1/_2$ (VID FOUR), 2333$^1/_2$ (VID FIVE). Diese Serie von Angriffen der *Vidette* fand in der Nacht des 5. Mai statt, nicht am 4. Mai, wie anderswo behauptet wird (vgl. S.1203 Formblätter; PRO, ADM 237/113, Summary of Attacks and Attempted Attacks on ONS.5, attack no. 27). U-531 wurde als Opfer des Angriffs um 2326_ identifiziert (R. M. Coppock an den Autor, 13. November 1996). Die Position des Angriffs wird mit 52°48′ N, 45°18′ W angegeben. Zu U-707 vgl.: NARA Roll 3377, KTB U-707, 6. Mai 1943, S. 10; die Zeitangaben am linken Rand der Eintragungen sind nicht lesbar.

2 Captain (D) Newfoundland, Form S.1203, Report of Attack on U-Boat, HMS VIDETTE, 6. Mai 1943, 0226 (VID SIX).

3 Ebd., Form S.1203, Report of Attacks on U-Boat, HMS VIDETTE, 6. May 1943, 0408$^1/_2$; Report of Proceedings – ONS.5, HMS VIDETTE, 6. Mai 1943, VID SEVEN; NHB/MOD, Précis of Attack by VIDETTE, 6. Mai 1943, 0406, S. 258; R. M. Coppock an den Autor, 13. November 1996.

4 Captain (D) Newfoundland, Form S.1203, Report of Attack on U-Boat, HMS LOOSESTRIFE, 5/6 May 1943, 2336, 0040; Report of Proceedings whilst escorting ONS.5, HMS LOOSESTRIFE, Night of May 5th and 6th, S. 1 f.; Interviews mit Überlebenden, *Bristol City*, Captain A. L. Webb, 9. Juni 1943. Laut NHB/MOD wurde U-192 auf Position 53°06' N, 45°02' W versenkt (R. M. Coppock an den Autor, 13. November 1996).

5 Captain (D) Newfoundland, Report of Proceedings, HMS ORIBI, 8. Mai 1943; R/T Log HMS TAY, Convoi ONS.5, 6. Mai 1943, 0252: ORIBI an TAY – »Habe U-Boot gerammt«. Das Formblatt S.1203 für diesen Angriff war in den Archiven nicht zu finden.

6 NHB/MOD, Proceedings of U-Boat Assessment Committee, April–Juni 1943, Précis of Attack by ORIBI, 6. Mai 1943, 0252, S. 255; R. M. Coppock an den Autor, 13. November 1996.

7 PRO, DEFE-3, Nr. 552, 6. Mai 1943; U-Boat Operations, S. 88; NARA, SRGN 17231. Der Funkspruch von U-125 wurde abgesetzt, nachdem das Boot um 0252 Uhr von der *Oribi* gerammt worden war, und nicht, wie anderswo behauptet, nach dem Angriff der *Snowflake* um 0400 Uhr.

8 Folkers machte keine weiteren Funksprüche. Die vergebliche Suche nach U-125 kann man anhand der Funksprüche der suchenden Boote verfolgen: NARA, SRGN 17231, 17244, 17249, 17292, 17293, 17302, 17329, 17331, 17332, 17333.

9 Captain (D) Newfoundland, Form S.1203, Report of Attack on U-Boat, HMS SNOWFLAKE, 6. Mai 1943, 0330 to 0415; Narrative of Events During Passage of Convoy ONS.5, 8. Mai 1943, Incident SNOW 11, 6. Mai 1943; R/T Log, HMS SNOWFLAKE. NHB/MOD, Proceedings of U-Boat Assessment Comittee, April–June 1943, Précis of Attack by SNOWFLAKE, 6. Mai 1943, 0330, S. 257; R. M. Coppock an den Autor, 13. November 1996.

10 Captain (D) Newfoundland, R/T Log, HMS SNOWFLAKE – hier sind die Funksprüche enthalten, die während der geschilderten Ereignisse gesendet und empfangen wurden –, EVENT 11, 6. Mai 1943.

11 Captain (D) Newfoundland, HMS OFFA, Report of Proceedings, 29. April-8. Mai 1943, Nr. 47–53; Form S.1203, Report of Attack on U-Boat, HMS OFFA, 6. Mai 1943, 0316; Roll 2937, KTB U-223, 6. Mai 1943, S. 13; NARA, SRGN 17255, hier meldet Wächter: DREI STUNDEN LANG WASSERBOMBEN; R. M. Coppock an den Autor am 13. November 1996; PRO, ADM 237/113, Admiral Horton, CinCWA, to Secretary of the Admiralty, 14. Juni 1943. Dreizehn Minuten vor dem Angriff der *Offa* griff die *Loosestrife* um 0303 Uhr mit einem Zehner-Teppich einen Radar- und ASDIC-Kontakt an. Man nimmt an, daß U-621 (Oblt. Max Kruschka) das Ziel war; das Boot wurde nicht beschädigt. Dreieinhalb Stunden später warf die *Loosestrife* einen weiteren Zehner-Teppich auf einen Radar- und ASDIC-Kontakt, wohl auf U-614 (Kptlt. Wolfgang Sträter) und ebenfalls ohne Ergebnis.

12 Captain (D) Newfoundland, Form S.1203, Report of Attack on U-Boat, HMS SUNFLOWER, 6. Mai 1943, 0450 (mit Zeichnungen); NHB/MOD, Proceedings of the U-Boat Assessment Committee, April-Juni 1943, Précis of Attack by

SUNFLOWER, 6. Mai 1943, 0443, S. 259 (die Neubewertung durch die NHB/MOD kommt zu dem Ergebnis: »leicht beschädigt«); R/T Log HMS TAY, Convoy ONS.5; PRO, ADM 199/2145, Interviews with Survivors, MV *Dolius*, Capt. G. R. Cheetham, 15. Juni 1943.

13 PRO, DEFE-3, Nr. 609, 6. Mai 1943; NARA, SRGN 17270.

14 NARA, Roll 2979, KTB U-533, 6. Mai 1943, 0655–2400 GST; KTB BdU, 7. Mai 1943.

15 Captain (D) Newfoundland, Form S.1203, Report of Attack on U-Boat, HMS PELICAN, 6. Mai 1943, 0608¹/₂, 0615; PRO, ADM 237/113, First Support Group, Report of Proceedings, 4.-12. Mai 1943, 6. Mai, Nr. 4–6; NHB/MOD, Proceedings of theU-Boat Assessment Committee, April-Juni 1943, Précis of attack by *Pelican*, 6. Mai 1943, 0551, S.260; R. M. Coppock an den Autor, 13. November 1996; NARA KTB BdU, 6. Mai 1943.

16 PRO, ADM 237/113, Report of Proceedings, 29. April-8. Mai 1943, HMS OFFA, 6. Mai, Nr. 56–59. Die *Offa* und die *Oribi* liefen am 8. Mai um 1215 Uhr in St. John's ein. Morison, *The Atlantic Battle Won*, S. 75, Anm. 6.

17 PRO, ADM 237/113, Marinefunkspruch vom 6. Mai 1943, TAY an PELICAN um 0800 Uhr: MEIN GELEITSCHUTZ DIREKT AM KONVOI BESTEHT NUR NOCH AUS EINEM ZERSTÖRER, DER NACH ST. JOHN'S N. F. DAMPFEN MUSS, WENN ER HEUTE NICHT MIT KRAFTSTOFF VERSORGT WIRD; EINER KORVETTE, DIE IM GEFECHT STEHT; EINER KORVETTE, DIE KEINE WASSERBOMBEN MEHR HAT; EINER KOR-VETTE, DIE DURCH EINE KOLLISION MIT EINEM U-BOOT SCHWER BESCHÄDIGT IST; UND MEINEM EIGENEM SCHIFF, AUF DEM DAS ASDIC AUSGEFALLEN. ICH BITTE, DEN SCHUTZ DIREKT AM KONVOI ZU ÜBERNEHMEN. Funkspruch Kommandant der SENNEN an Kommandant der PELICAN, 9. Mai 1943. Marinefunkspruch an SENNEN und PINK vom Befehlshaber der Western Approaches: UNTERSTÜTZEN SIE PINK MIT NACHZÜGLERN VON ONS.5. GESCHÄTZTE POSITION 53°10' N, 46°20' W UM 0800 UHR. VERBAND STEUERT RICHTUNG 50°N, 46°W MIT 8 KNOTEN. Der Konvoi stand um 0800 Uhr in Position 52°09' N, 44°24' W.

18 Captain (D) Newfoundland, Form S.1203, Report of Attack on U-Boat, HMS SENNEN, 6 May 1943, 0753¹/₂.

19 R. M. Coppock an den Autor, 13. November 1996.

20 Ebd.

21 Captain (D) Newfoundland, Form S.1203, Report of Attack on U-Boat, HMS SENNEN, 6. Mai 1943, 1255, 1342, 1405, 1436, 1522.

22 Captain (D) Newfoundland, Form S.1203, Report of Attack on U-Boat, HMS SPEY, 6. Mai 1943, 0747, 0802, 0815, 0916; NHB/MOD, Proceedings of the U-Boat Assessment Committee, April-Juni 1943, Précis of Attack by Spey, 6. Mai 1943, 0940, S. 261; R. M. Coppock an den Autor, 13. November 1996; NARA, Roll 3386, KTB U-634, 6. Mai 1943 – hier sind die Schäden und die Verletzung des Kommandanten beschrieben; NARA, SRGN 17310, hier sind die Funksprüche von U-634 zu finden.

23 Der Befehl an die »Fink«-Boote, die Aktion einzustellen, lautete: BOOTE AM HASENSCHARGELEITZUG BRECHEN OPERATION AB. GRUPPEN AMSEL 1 UND AMSEL 2 GEHEN NACH QU BC33 (50°33' N, 39°15' W). DIE ÜBRIGEN BOOTE

LÖSEN SICH IN ÖSTLICHE RICHTUNG VOM GELEITZUG (NARA, SRGN 17278).

24 PRO, DEFE-3, Nr. 512, 6. Mai 1943; U-Boat Operations, S. 88. Mit dem Hinweis auf die besondere Bedeutung der ersten Nacht wiederholte der BdU eine Erkenntnis der OR-Abteilung des Küstenkommandos, die im vorangegangenen März berichtet hatte: »Die Begegnung eines U-Boot-Rudels mit einem Konvoi ist etwas, das die Wissenschaftler als instabiles Gleichgewicht bezeichnen. Wenn die Geleitschutzkräfte gleich zu Anfang erfolgreich sind, kann ein ganzes Rudel ohne Luftunterstützung abgewehrt werden. Wenn jedoch die U-Boote zu Anfang erfolgreich sind, werden sich für den Konvoi schwere Verluste ergeben« (PRO, CAB 86/3, The Value of the Bay of Biscay Patrols, Annex II. Air Operations in Defence of Convoys, S. 370).

25 KTB BdU, 6. Mai 1943; NARA, KTB der Seekriegsleitung, Operationsabteilung, Teil A, Band 44 (Mikrofilm), 5. Mai 1943.

26 KTB BdU, 23. Mai 1943; R. M. Coppock an den Autor, 13. November 1996.

27 PRO, DEFE-3, Nr. 512, 6. Mai 1943.

28 KTB BdU, 6. Mai 1943; Dönitz, Zehn Jahre und zwanzig Tage, S. 331. Dönitz' Stabsoffizier und Schwiegersohn Günter Hessler schreibt in The U-Boat War in the Atlantic 1939–1945: »Der schwere Verlust an U-Booten zwangen uns, diese Operation als Rückschlag anzusehen« (Bd. 2, S. 106).

29 PRO, DEFE-3, NOS. 413, 619, 626, 663; NARA, SRGN 17189, 17291, 17307. Zu den Einschätzungen der U-Boot-Erfolge siehe den Prolog und Kapitel 2. Vgl. Tarrant, Kurs West, S. 160, 207–209. Mulligan, Lone Wolf, S. 221 und Anm. 1.

30 KTB BdU, 6. Mai 1943.

31 Hessler, The U-Boat War in the Atlantic 1939–1945, Bd. 2, S. 106. Der Begriff Metox, benannt nach der ersten französischen Firma, die das Gerät baute, wurde gleichbedeutend mit dem Begriff Funkmeßbeobachtungsgerät (FuMB) benutzt.

32 Dönitz, Zehn Jahre und zwanzig Tage, S. 332.

33 Günter Hessler, The U-Boat War in the Atlantic 1939–1945, Bd. 2, S. 106. Die Eintragung im KTB des BdU lautete: »Als Beweis stärkerer Wabos müssen die in letzter Zeit häufiger aufgetretenen Beschädigungen von Oberdecksbehältern angesehen werden« (KTB BdU, 6. Mai 1943).

34 KTB BdU, 6. Mai 1943.

35 Vgl. Rohwer, Geleitzugschlachten im März 1943, S. 312–314; Rohwer/W. A. B. Douglas, »Canada and the Wolf Packs, September 1943«, in Douglas (Hg.), The RCN in Transition, S. 181 f.

36 PRO, ADM 237/113, Submarine Report No. 2, J. Kenneth Brook. Brook irrte sich in diesem Punkt: Die Gudvor wurde weder am 5. Mai noch an einem anderen Tag torpediert und kam unbeschädigt in St. John's an.

37 PRO, ADM 237/113, Convoy ONS.5, Form S.1203, Report of Attack on U-Boat, HMS JED, 6. Mai 1943, 2367. Als letzte Geleitfahrzeuge unternahmen die Sennen und die Jed einen Angriff, bei dem sie am 19. Mai gemeinsam U-954 (Kptlt. Odo Loewe) versenkten (Continuation Report TAY, 6. Mai 1943, Nr. 18; Report of Proceedings, HMS VIDETTE, 6. Mai 1943, S. 2).

38 PRO, ADM 237/113, Commander in Chief, Canadian North West Atlantic to Secretary, Naval Board, Department of National Defence, Ottawa, Ontario, 9. Juli 1943. Hier wird der ablösende Verband als WLEF bezeichnet, obwohl nach Milner, *U-Boat Hunters*, S. XI, der Name im April im Western Escort Force (WEF) geändert worden ist. Der genaue Ort des WESTOMP änderte sich von Konvoi zu Konvoi leicht (vgl. DHIST/NDHQ, Convoy Reports, ONF.238 – ONS.8, 89/34, Bd. 23, Directory of History and Heritage; der Autor dankt Ms. Gabrielle Nishigushi für den Hinweis auf diese Quelle). Der WLEF-Verband wurde am 8. Mai noch durch den Zerstörer HMS *Montgomery* verstärkt, der die Führung des Verbandes übernahm; vom 7. bis 9. Mai gehörte außerdem noch die kanadische Korvette *Algoma* zu diesem Verband.

39 PRO, ADM 237/113, Convoy ONS.5, Naval Message, CinCWA to PELICAN, 6. Mai 1943, 2357; Report of Proceedings, HMS PELICAN, 6.-12. Mai 1943, Nr. 11–17.

40 Ebd., Convoy ONS.5 Commodore J. Kenneth Brook, RNR, in MV RENA (NOR), Brief Narrative of Voyage, S. 2. Am 15. Mai teilte die Marineleitung in Halifax dem Stab in Ottawa mit, daß der Dampfer *Lorient* (der am 4. Mai von U-125 versenkt worden war) nicht wie geplant eingelaufen sei (DHIST/NDHQ, Naval Message, NCSO Halifax to NSHQ Ottawa, 15. Mai 1943, 1630 [Mikrofilm]). Interessanterweise gibt es einen deutschen Nachrichtendienstbericht über einen entschlüsselten Funkspruch an die *Lorient*: »Der Zielhafen für den Dampfer *Lorient* wurde am Nachmittag des 9. Mai geändert, es ist jetzt Boston« (Bundesarchiv/Militärarchiv, Freiburg im Breisgau, RM 7/755, X-B-Bericht Nr. 22/43, Woche vom 24. bis 30. Mai 1943, Blatt 194r [s. X-B-Bericht 21/43]).

41 DHIST/NDHQ, Naval Message FONF, St. John's, to CinCCNA, Halifax, 9 May 1943, 2225 (Mikrofilm).

42 PRO, ADM 234/370, Convoy ONS.5, Battle Summary No. 51; Continuation Report TAY, S. 36; Gretton, *Convoy Escort Commander*, S. 145.

43 PRO, ADM 237/113, Convoy ONS.5, Report of Proceedings, HMS SUNFLOWER, »Personnel«, S. 5.

44 Ebd., Report of Proceedings, HMS SNOWFLAKE, »Summary«, S. 7 f.

45 Ebd., Report of Proceedings, HMS PENN, 8. Mai 1943.

46 Ebd., CinCCNA to Secretary, Naval Board, Department of National Defence, Ottawa, 9. Juli 1943, copy to CinCWA, S. 2.

47 Ebd., Submarine Report No. 2, Commodore J. Kenneth Brook, S. 2.

48 Gretton, *Escort Force Commander*, S. 145 f.

49 PRO, ADM 237/113, CinCCNA to Secretary, Naval Board, 9. Juli 1943, S. 1.

50 PRO, ADM 237/370, Convoy and Anti-Submarine Warfare Reports, Battle Summary No. 51, Admiral Sir Max K. Horton, KCB, DSO, CinCWA, to the Lords Commisioners of the Admiralty, 20. Juli 1943, S. 28 f.

51 Ebd., S. 38; Captain (D) Newfoundland, ONS.5 – Comments of Senior Officer, Close Escort, ohne Datum; Terraine, *U-Boat Wars 1916–1945*. Terraine stellt richtigerweise fest, daß »dieser Offizier mit zweieinhalb Ärmelstreifen

eine Schlacht gewonnen hat, die einem Admiral oder General zur Ehre gereicht hätte« (S. 598 und Anm. 162).

52 PRO, ADM 237/113, CinCCNA to Naval Board, 9 July 1943, S. 2.

53 Ebd., S. 2–4.

54 PRO, ADM 234/370, Convoy and Antisubmarine Warfare Reports, Battle Summary No. 51, Commodore (D) Western Approaches to CinCWA, Londonderry, 20 June 1943; CinCWA to Lord Commisioners of the Admiralty, 20. Juli 1943, S. 28–30; ADM 237/113, Naval Message, CinCWA to Escorts ONS.5, 6. Mai 1943; ebd., CinCWA to Lords Commissioners of the Admiralty, 20. Juli 1943, wo vorgeschlagen wird, aus diesem »Klassiker« auf der Grundlage der Seekarten und anderen Unterlagen einen Lehrfilm zu machen. Dieser Vorschlag wurde aber am 29. September 1943 von den hohen Herren in der Admiralität abgelehnt. Der Befehlshaber in Halifax, Rear Admiral Murray, schickte den Geleitfahrzeugen am Konvoi ONS.5 ein Glückwunsch-fernschreiben, in dem er davon sprach, daß die ERFOLGE ... BEI MINIMALER LUFTUNTERSTÜTZUNG ERREICHT WURDEN, WEIL DAS WETTER (AUF DEN FLUG-PLÄTZEN?) DEN EINSATZ VON FLUGZEUGEN MEIST NICHT ZULIESS (ebd., Naval Mesasage, 6. Mai 1943). Eine weitere Anerkennung kam am darauffolgen-den Tage vom Hauptquartier der Streitkräfte in Ottawa: DAS BESTE ERGEBNIS BISHER.

55 PRO, ADM 234/370, Convoy and Antisubmarine Warfare Reports, Battle Summary No. 51, Captain J. A. McCoy, RN (SO), EG3, to CinCWA, 9. Mai 1943, S. 44; ADM 237/113, CinCWA to The Secretary of the Admiralty, 14. Juni 1943.

56 Der Artikel der *St. John's Daily News* ist abgedruckt in Bailey (Hg.), *Battle of the Atlantic*, S. 64; vgl.: *The Times*, 13. Mai 1943, S. 4.

57 PRO, ADM 237/113, Naval Message, Churchill to Escort of ONS.5, 9. Mai 1943.

58 PRO, ADM 223/88, Use of Special Intelligence in Battle of Atlantic, Convoy ONS.5, April–Mai 1943, S. 278, ohne Datum.

59 Roskill, *The War at Sea 1939–1945*, Bd. 2, S. 375; *The Sunday Times*, 8. Februar 1959, S. 13. In den zurückliegenden Jahren ist die Sichtweise von Horton, Winn und Roskill von den Marinehistorikern allgemein akzeptiert worden; vgl. zum Beispiel W. A. B. Douglas/Jürgen Rohwer, »Convoys, Escorts«, in Boutilier (Hg.), *RCN in Retrospect*, S. 229; J. David Brown, »The Battle of the Atlantic, 1941 – 1943: Peaks and Troughs«, Runyan/Copes (Hg.), *To Die Gallantly*, S. 156; Philip Lundeberg, »Allied Co-Operation«, in Howarth/Law (Hg.), *Battle of the Atlantic*, S. 360; Syrett, *The Defeat of the U-Boats*, S. 96. Milner zieht den Schluß: »In einer einzigen Nacht wurde der Mythos der Wolfsrudel gebrochen« (*U-Boat Hunters*, S. 38).

60 PRO, ADM 237/113, Convoy ONS.5, Report of Proceedings, Third Support Group (EG3), 9. Mai 1943.

Kapitel 8

1 Der Autor dankt Stephen Raushenbushs Witwe Joan für die Erlaubnis, die Papiere ihres Mannes benutzen zu dürfen. Raushenbush änderte in den zwanziger Jahren seinen Vornamen von Hilmar Ernst und die Schreibweise seines Nachnamens (vorher: Rauschenbusch). Solberg (1894 – 1964) war damals zugleich Chef der Bereitschaftsabteilung der US-Marinekräfte in Europa.

2 Roskill, *The War at Sea 1939–1945*, Bd. 2, S. 263; PRO; AIR 41/48, Peyton Ward, »*RAF in Maritime War*«, Bd. 4, S. 83.

3 RP, »Memorandum for Mr. (Oscar A.) de Lima«, 18. November 1948.

4 Blackett, *Studies of War*, S. 238.

5 RP, Commander Oscar A. de Lima, »Subject: Stephen Raushenbush of the US Navy«, 25. Juni 1961.

6 Zit. in Price, *Aircraft versus Submarine*, S. 116.

7 RP, »Memorandum for Mr. de Lima,« S. 2.

8 KTB BdU, 5. März 1943. Brian McCue hat errechnet, daß sieben weitere alliierte Handelsschiffe verlorengegangen wären, wenn *Naxos-U* schon im April zur Verfügung gestanden hätte *(U-Boats in the Bay of Biscay,* S. 148).

9 PRO, CAB 86/3, AU (43) 86, War Cabinet, Employment of Aircraft against U-Boats in the Bay of Biscay. Dieses Dokument vom 22. März 1943 wurde im Auftrag von Captain T. A. Solberg von Raushenbush verfaßt. In einem Nachrichtendienstbericht vom 14. April wies Raushenbush das US-Marineministerium darauf hin, daß er sich in dem oben genannten Dokument geirrt habe, als er angab, daß jedes der 150 in den Streifen einlaufenden U-Boote im Durchschnitt 2,4-mal angegriffen werden würde. Die richtige Zahl sei 1,8 und nicht 2,4 (NARA, RG 38, Chief of Naval Operations, Intelligence Division, Secret Reports of Naval Attachés, 1940 – 1946, File F – 6 – e, Stack Area 10W4, Box 252, Folder »Anti Submarine Operations, Great Britain, Various 1943 – 1944«, Intelligence Report, Naval Attaché, London, 14. April 1943).

10 PRO, CAB 86/3, AU (43)99, War Cabinet, Anti-U-Boat Warfare, The Bay Patrol, Note by the Paymaster General (Cherwell), 30. März 1943. 1948 meinte Raushenbush dazu: »(Cherwell) schien nicht nachvollziehen zu können, daß die geschätzte Anzahl von U-Boot-Sichtungen durch Flugzeuge plötzlich von dem bisherigen Wert (etwa eine Sichtung pro hundert Starts) auf einen viel höheren Wert ansteigen sollte, nur weil ein neues Radar verfügbar war« (RP, Memorandum for Mr. de Lima, 18. November 1948). Der Historiker der Operations Research im Zweiten Weltkrieg, Ronald W. Clark, fällt ein etwas härteres Urteil über Cherwell (*Rise of the Boffins*, S. 29 f.).

11 Blackett, *Studies of War,* S. 235–239.

12 Der Plan der Admiralität und Raushenbushs Vergleich sind zu finden in: NARA, RG 38, Chief of Naval Operations, Intelligence Division, Secret Reports of Naval Attachés, 1940–1946, File F-6-e, Stack Area 10W4, Box 252, Folder »Anti Submarine Operations, Great Britain, Various 1943–1944«, Intelligence Report, Naval Attaché, London, 11. März 1943. Raushenbush

stellt in seinem Bericht klar, daß der Plan der Admiralität in Wirklichkeit aus der OR-Abteilung des Küstenkommandos stammte. Grund dafür war zweifellos die Tatsache, daß Williams ihn ausgearbeitet hatte, als er noch dort arbeitete. In dem Plan wird zudem auf frühere Untersuchungen der OR-Abteilung des Küstenkommandos Bezug genommen. Darüber hinaus wurde in dem Schreiben, in dem die Admiralität Williams' Vorschlag unterstützte, darauf hingewiesen, daß der Vorschlag aus »früheren Untersuchungen beim Küstenkommando« hervorgegangen sei (PRO, CAB 86/3, AU [43]84, The Value of the Bay of Biscay Patrols, Note by Air Officer Commanding in Chief, Coastal Command). In ihren Plänen benutzten Raushenbush und Williams grundsätzlich die gleichen statistischen Methoden: Sie multiplizierten die U-Boot-Dichte (Anzahl aufgetauchter U-Boote pro Quadratmeile) mit der Suchrate der alliierten Flugzeuge (Quadratmeilen pro Flugstunde), um so die Anzahl der gesichteten U-Boote pro Flugstunde zu erhalten. Dann nutzten sie Erfahrungswerte, um vorauszusagen, wie viele der Sichtungen zu Angriffen führen würden und welcher Prozentsatz der Angriffe zur Beschädigung der U-Boote führen würde. Daraus folgerten sie – auch dies auf der Basis von Erfahrungswerten –, wie viele U-Boote pro Flugstunde vernichtet werden würden. Dann teilten sie die angestrebte Anzahl von zu vernichtenden U-Booten durch die vorher ermittelte Zahl von vernichteten U-Booten pro Flugstunde und erhielten so die Zahl der dafür nötigen Flugstunden. Daraus ließ sich wiederum die Zahl der erforderlichen Flugzeuge ableiten (Brian McCue gegenüber dem Autor, 6. Juli 1997). Der Autor dankt Dr. McCue an dieser Stelle wärmstens für seine fachmännische Erklärung der von Raushenbush und Williams angewandten statistischen Methoden.

13 Slessor, *The Central Blue,* S. 504.

14 Siehe PRO, CAB 86/3, AU(43)84 in Anm. 12.

15 PRO, AIR 41/48, Peyton Ward, »RAF in Maritime War«, Bd. 4, S. 89.

16 Siehe PRO, CAB 86/3 in Anm. 12.

17 PRO, CAB 86/3, AU (43)86; AU(43)84; AU (43)90.

18 RO, CAB 86/2, Minutes of the AU Committee Meeting, 24. März 1943.

19 PRO, CAB 86/3; AU (43)96; AU (43)99; AU(43)98.

20 PRO, CAB 86/2, AU (43) 13th Meeting, Minutes, Anti-U-Boat Warfare Committee, 31. März 1943, S. 152–158; CAB 86/3, AU (43)96; AIR 41/48, Peyton Ward, »RAF in the Maritime War«, Bd. 4, S. 92.

21 Slessor, *The Central Blue,* S. 449. Zwischen Januar und Mai 1943 verlor das Bomberkommando bei Angriffen auf die U-Boot-Stützpunkte über 100 schwere Bomber (Price, *Aircraft versus Submarine,* S. 146).

22 PRO, CAB 86/3, AU (43)98, Memorandum of the First Sea Lord of the Admiralty; CAB 86/2, AU (43) 13th Meeting, Minutes, Anti U-Boat Warfare Committee, 31. März 1943, S. 152–158.

23 Ebd., Minutes.

24 Slessor, *The Central Blue,* S. 524–526. Ohne Slessor beim Namen zu nennen, schrieb Blackett über diese Episode: »In der Hitze der Kontroverse über den Vorschlag, Bomber des Bomberkommandos ans Küstenkommando zu über-

geben, sah sich ein höherer Offizier der RAF angesichts der verwirrenden Vielzahl der Statistiken und Berechnungen der OR-Abteilung veranlaßt, die Wissenschaftler daran zu erinnern, daß ›Kriege mit Waffen und nicht mit Rechenschiebern gewonnen werden‹. In Wirklichkeit konnte keiner mehr ohne die ›Rechenschieberstrategie‹ auskommen« (Blackett, *Studies of War,* S. 228).

25 Waddington, *O. R. in World War 2,* S. XV f.

26 PRO, CAB 86/4, AU (43)152, The Bay Offensive: Comparison of Actual and Estimated Results. Note by the Air Officer Commanding-in-Chief, Coastal Command. 23. Mai 1943, S. 136.

27 PRO, CAB 86/4, AU (43)126, Memorandum (Telegram) by the First Sea Lord, the Commander US Naval Forces Europe and the Air Officer Commanding-in-Chief, Coastal Command, 22. April 1943.

28 Ebd.; Pro, CAB 86/2, AU (43) 15th Meeting, Anti U-Boat Warfare Committee, 14. April 1943, Anhang, Paragraphen 1und 12.

29 Peyton Ward, »RAF in the Maritime War«, Bd. 4, S. 95; vgl. auch: PRO, CAB 105, Bd. 1; *Principal War Telegrams and Memoranda, 1940–1943,* S. 120 f., 134. King bot daraufhin an, ein Catalina- und ein Ventura-Geschwader zusätzlich auf Island zu stationieren, was allerdings nicht zu einer Intensivierung der Patrouillen über der Biskaya geführt hätte (CAB 86/4, AU [43]174, Reinforcement of the Bay Offensive, 21 June 1943).

30 Slessor, *The Central Blue,* S. 532.

31 Zum Rechtsstreit zwischen US Army und US Navy vgl. King/Whitehill, *Fleet Admiral King,* S. 471–472; Wesley Frank Craven/James Lea Cate (Hg.), *The Army Air Forces in World War II,* Bd. 2, Chicago, Illinois, 1949, S. 402–411; H. H. Arnold, *Global Mission,* New York 1949, S. 362–364; Henry L. Stimson/McGeorge Bundy, *On Active Service in War and Peace,* New York 1948, S. 504–517; Slessor, *The Central Blue,* S. 532–538; Norman Polmar, »To Be or Not to Be«, in: *Naval Institute Proceedings,* Bd. 123 (September 1997), S. 62–64.

32 Slessor, *The Central Blue,* S. 536.

33 PRO, AIR 41/48, Peyton Ward, »RAF in the Maritime War«, Bd. 4, S. 96; Franks, *Search, Find and Kill,* S. 108–110; Adams/Lees, *Type VII U-Boats,* S. 19.

34 Die U-Boote hatten zwar noch keine 10-cm-Warngeräte, aber einen ins Metox-Gerät eingebauten neuen Empfänger, der das »magische Auge« genannt wurde. Dieses »Auge« glühte auf, wenn das Boot von einem Meterwellenradar erfaßt wurde, und wenn die Antenne die richtige elektrische Kapazität hatte, glühte es auch, wenn die Oberwellen eines 10-cm-Signals erfaßt wurden. Das gelang aber nur äußerst selten, und das Vertrauen der U-Boot-Fahrer in das »magische Auge« wurde bei der Operation »Derange« schwer erschüttert.

35 Price, *Aircraft versus Submarine,* S. 166 f.; Slessor, *The Central Blue,* S. 465. Roskill nennt Dönitz' Entscheidung »seinen vielleicht größten Fehler im ganzen Krieg« (*The War at Sea 1939–1945,* Bd. 2, S. 371). Der Historiker Philip

Lundeberg bezeichnet die Entscheidung als »historischen taktischen Fehler« (Howarth/Law [Hg.], *Battle of the Atlantic*, S. 361). Peyton Ward beschreibt die Entscheidung als »den ersten einer ganzen Reihe taktischer Fehler« (PRO, AIR 41/48, »RAF in the Maritime War«, Bd. 4, S. 96).

36 PRO, AIR 41/48, Peyton Ward, »RAF in the Maritime War«, Bd. 4, S. 96 und Anhang VII.

37 Brian McCue gegenüber dem Autor, 6. Juli 1997.

38 In seinem Plan erwog Raushenbush sechs Gegenmaßnahmen, die der Feind ergreifen konnte, von der Verlegung der U-Boote in norwegische Bunker und deutsche Stützpunkte bis zur Erschöpfung der Flugausdauer der Flugzeuge durch getauchtes Fahren in spanischen Hoheitsgewässern. Auf die Idee, daß Dönitz anordnen könnte, nachts getaucht zu fahren, kam Raushenbush nicht.

39 Price, *Aircraft versus Submarine*, S. 155, meint, daß Bromet »die nächtlichen Suchflüge aufgab«, um die Leigh-Licht-Maschinen für Tageinsätze benutzen zu können. Doch Peyton Ward gibt für die Leigh-Licht-Maschinen folgende Flugstunden im »Derange«-Streifen an: 777 im April, 688 im Mai, 596 im Juni, 877 im Juli, 1296 im August, 1904 im September und 2167 Oktober (ab Juli jeweils einschließlich der Flugstunden in anderen Transitgebieten) (PRO, AIR 41/48, Peyton Ward, »RAF in the Maritime War«, Bd. 4, Anhang VII). Peyton Ward führt aber auch aus, daß die Leigh-Licht-Geschwader Nr. 172, 210 und 407 nach dem 20. Mai »vorwiegend am Tag« operierten (41/48, Bd. 4, S. 99 und Anm. 4).

40 Terence M. Bulloch gegenüber dem Autor, 4. August 1997; Max Arthur, *There Shall Be Wings. The RAF – 1918 to the Present,* London 1993, S. 189.

41 PRO, AIR 41/48, Peyton Ward, »RAF in Maritime War«, Anhang VI, Coastal Command Anti Submarine Tactical Instruction (CCTI Nr. 41), 12. Juni 1943, S. 1–10; vgl. 41/48, Bd. 4, S. 99.

42 PRO, AIR 27, Royal Air Force Operations Record Book, Form 540, April 1943; NHB/MOD, Assessments, Mai 1943, S. 232. Der Angriff fand auf Position 44°45′ N, 11°57′ W statt.

43 NHB/MOD, Assessments, 1. Mai 1943, S. 235; Franks, *Search, Find and Kill,* S. 110 f.

44 PRO, AIR 27, Royal Air Force Operations Record Book, Form 540, No. 612 Squadron, Mai 1943, S. 1; NHB/MOD, Assessments, 1. Mai 1943, S. 236; Franks, *Search, Find and Kill,* S. 111.

45 KTB BdU, 3. Mai 1943.

46 PRO, AIR 27, Royal Air Force Operations Record Book, Form 540, No. 461 Squadron, RAAF, Mai 1943, S. 1; NHB/MOD, Assessments, 2. Mai 1943, S. 240; Franks, *Search, Find and Kill,* S. 112. Die Position des Angriffs war 44°48′ N, 08°58′ W.

47 PRO, AIR 27, Royal Air Force Operations Record Book, Form 540, No. 58 Squadron, Mai 1943; NHB/MOD, Assessments, 4. Mai 1943, S. 243 und Anm. von R. M. Coppock auf S. 247, 253.

48 NHB/MOD, Assessments, 4 May 1943, S. 247, 248, 253 und Anm. von R. M. Coppock.

49 PRO, AIR 27, Royal Air Force Operations Record Book, Form 540, No. 58 Squadron, Mai 1943, S. 128; NBH/MOD, Assessments, 7. Mai 1943, S. 267 f. und Anm. von R. M. Coppock.

50 PRO, AIR 27, Royal Air Force Operations Record Book, Form 540, No. 10 Squadron, RAAF, 7. Mai 1943, S. 875 f.; NBH/MOD, Assessments, S. 269, 7. Mai 1943, und Anm. von R. M. Coppock.

51 NBH/MOD, Assessments, S. 290, 291, 292, 293, 294, 15. Mai 1943, und Anm. von R. M. Coppock.

52 NBH/MOD, Assessments, S. 291, 292, 293, 294, 295 und Anm. von R. M. Coppock; PRO, AIR 27, Royal Air Force Operations Record Book, Form 540, Mai 1943, S. 12.

53 U-662 durch eine Catalina des Aufklärungsgeschwaders VP-94 der US Navy am 21. Juli 1943 und U-648 durch die britischen Schiffe *Bazely*, *Blackwood* und *Drury* am 23. November 1943.

54 PRO, AIR 27, Royal Air Force Operations Record Book, Form 540, No. 58 Squadron, Mai 1943, S. 13; NBH/MOD, Assessments, S. 296, 297, 298, 299, 300 und Anm. von R. M. Coppock.

55 NBH/MOD, Assessments, S. 302, 313, 315, 317, 318, 319, 320, 321, 323 und Anm. von R. M. Coppock.

56 PRO, AIR 41/48, Peyton Ward, »RAF in the Maritime War,« Bd. 4, S. 98 und Anm. 4 sowie S. 99 und Anm. 1; Franks, *Search, Find, and Kill,* S. 117 f.

57 NBH/MOD, Assessments, S. 325, 328, 329, 330, 333. Seltsamerweise stimmen die Ergebnisse der Befragungen bei U-523, die auf S. 330 abgedruckt sind, nicht mit anderen Angaben über dieses Boot überein. Laut den Vernehmungen war U-523 am 29. aus seinem Stützpunkt ausgelaufen, während im KTB der 22. als Auslaufdatum vermerkt ist. Auch war das Boot, das von der Maschine »A« des 206. Geschwaders angegriffen wurde, nach der Darstellung auf S. 330 auf Kurs 090°, fuhr also Richtung Hafen.

58 Franks, *Conflict over the Bay,* S. 80. Die »gelblich-braune« Farbe des Rumpfs von U-563 ist ungewöhnlich, da die Farbe der U-Boote auf See zumeist als »grau«, »hell-grau« oder »schmutzig grau« beschrieben wurde. Manchmal liest man jedoch von »braunen Flecken« auf der grauen Fläche; in einem anderen Bericht aus dem Mai 1943 wird von einem »khaki-farbenen«, also ebenfalls oliv- oder gelblich-braunen Anstrich gesprochen (PRO, AIR 27, Royal Air Force Operations Record Book, Form 540, No. 58 Squadron, 31. Mai 1943).

59 NBH/MOD, Assessments, S. 331.

60 Ebd., S. 332; Franks, *Conflict Over the Bay,* S. 77 f.

61 Adams/Lees, *Type VII U-Boats,* S. 26.

62 PRO, AIR 41/48, Peyton Ward, »RAF in the Maritime War«, Bd. 4, Anhang VII, »Air Operations against U-Boats in the Bay of Biscay Transit Area«. Peyton Ward spricht für Mai 1943 von 103 Sichtungen und 67 Angriffen auf U-Boote sowie sieben Boote Versenkungen in der Biskaya, schließt in letztere aber auch U-332 ein, das am 29. April 1943 versenkt wurde. Der Luftfahrtminister Archibald Sinclair erklärte, es habe 103 Sichtungen und 68 Ver-

senkungen gegeben (PRO, CAB 86/4, AU [43]161, Aircraft for the Bay Offensive, 5. Juni 1943). Beide Zahlenangaben sind höher als die Zahl der im vorliegenden Buch beschriebenen Angriffe. Der Autor stützt sich auf die Dokumente des Komitees für die Bewertung von Erfolgen gegen U-Boote, das nur solche Angriffe zur Bewertung zuließ, bei denen es einen Erfolg für wahrscheinlich oder zumindest möglich hielt. Verluste der RAF sind dargestellt in: Peyton Ward, Anhang VII, and Franks, *Conflict Over the Bay*, S. 254–259.

63 PRO, Cab 86/4, AU (43)161, Aircraft for the Bay Offensive, 5. Juni 1943; vgl. Anm. 62.

64 PRO, CAB 86/2, AU (43), Minutes of the 18th Meeting, AU Committee, 12. Mai 1943, S. 183.

65 PRO, CAB 86/4, AU (43)152, Note by the Air Officer Commanding-in-Chief, Coastal Command, 23. Mai 1943, S. 134–136.

66 Es ist unwahrscheinlich, daß Raushenbush seine Anonymität störte. Ein Londoner Kollege und Freund in den Jahren nach dem Krieg, Oscar A. de Lima, sagte über ihn: »Stephen Raushenbush war ein sehr zurückhaltender, bescheidener Mann. Er hat noch nicht einmal seinen engsten Freunden erzählt, was er im Krieg gemacht hat« (RP, »Stephen Raushenbush of the US Navy«, 25. Juni 1961).

Kapitel 9

1 Vgl.: *Operation Epsilon: The Farm Hall Transcripts*, Einführung von Charles Frank, Berkeley/Los Angeles, Kalifornien, 1993; Jeremy Bernstein, *Hitler's Uranium Club. The Secret Recordings at Farm Hall*, Woodbury, New York, 1996.

2 Die Abhörprotokolle für den Zeitraum März bis August 1943 sind zu finden in: PRO, WO 208/4145 und 4205. Jedes Protokoll hat eine Seriennummer, vor dieser Nummer steht die Abkürzung S.R.N., was vielleicht »Secret Recording Number« (geheime Aufnahme-Nummer) hieß.

3 Vgl. zum Beispiel: PRO, ADM 86/800, Naval Intelligence Division, Admiralty, »Interrogation of U-Boat Survivors, Cumulative Edition, June 1944«, Ordner 268–330; diese Zusammenfassung wurde aus den Befragungen »und anderen Informationen« erstellt.

4 HERBERT APEL, U-439, Maschinenobergefreiter, gefangengenommen am 4. Mai 1943; BRUNO ARENDT, U-659, Oberbootsmaat, 4. Mai 1943; (ohne Vornamen) BRINE, U-432, Leutnant zur See, 11. März 1943; JOSEF-M. BRÖHL, U-432, Leutnant zur See, 11. März 1943; ROLF ELEBE, U-752, Oberfunkmaat, 23. Mai 1943; KARL-HEINZ FOERTSCH, U-659, Leutnant (Ing.), 4. Mai 1943; FRIEDRICH GASSAUER, U-607, Leutnant zur See, 14. Juli 1943; ERWIN GEIMEIER, U-175, Maschinenmaat, 17. April 1943; FRANZ GRÄTZ, U-187, Funkmaat, 4. Februar 1943; HEINZ KALISCH, U-439, Matrosenobergefreiter, 4. Mai 1943; (ohne Vornamen) KEITLE, U-752, Matrosengefreiter, 23. Mai 1943;

HELMUT KLOTZSCH, U-175, Obersteuermann, 17. April 1943; WALTER KÖH-
LER, U-752, Matrosenobergefreiter, 23. Mai 1943; (ohne Vornamen) KUFF-
NER, U-175, Maschinenmaat, 17. April 1943; ERWIN LINK, U-659, Maschinengefreiter, 4. Mai 1943; ADOLF MARCH, U-175, Funkobergefreiter, 17. April
1943; LEOPOLD NOWROTH, U-175, Oberleutnant (Ing.), 17. April 1943; WER-
NER OPOLKA, U-528, Oberleutnant zur See, 11. Mai 1943; OTTO PHILLIPPS, U-
432, Obermaschinenmaat, 11. März 1943; ERWIN PINZER, U-752, Maschinengefreiter, 23. Mai 1943; WILHELM RAHN, U-301, Oberfähnrich zur See,
21. Januar 1943; (ohne Vornamen) RICHTER, U-752, Maschinengefreiter, 17.
April 1943; (ohne Vornamen) ROSENKRANZ, U-175, Mechaniker-Obergefrei-
ter, 17. April 1943; (ohne Vornamen) ROSS, U-432, Funkgefreiter, 11. März
1943; HEINRICH SCHAUFFEL, U-752, Leutnant zur See, 3. Mai 1943; GER-
HARD SCHMELING, U-439, Maschinenobergefreiter, 4.Mai 1943; RUDOLF
SPITZ, U-444, Funkgefreiter, 11. März 1943; HEINZ STOCK, U-205, Mechani-
kerobergefreiter, 17. Februar 1943; (ohne Vornamen) TILLMANNS, U-752,
Maschinenmaat, 23. Mai 1943; (ohne Vornamen) VOELKER, U-175, Fähnrich
(Ing.), 17. April 1943; (ohne Vornamen) WEISSEFELD, U-444, Maschinengefreiter, 11. März 1943. Der Autor dankt dem Archivar Horst Bredow und seinen Mitarbeitern im U-Boot-Archiv in Cuxhaven-Altenbruch für die Ermittlung der Vornamen der meisten dieser U-Boot-Fahrer.

5 PRO, WO 208/4145, S.R.N.. 1897.

6 Ebd., S.R.N. 1881.

7 Ebd., S.R.N. 1899.

8 Ebd., S.R.N. 1891. Korvettenkapitän Otto von Bülow (U-404) war der Autor
einer besonders interessanten ungerechtfertigten Versenkungsmeldung: Am
25. April 1943 meldete er dem BdU, er habe einen Flugzeugträger versenkt,
den er als »möglicherweise USS *Ranger*« identifizierte. Die Versenkung
geschah angeblich im Quadrat AK 4737 und war mit fünf Torpedos, darunter
zwei FAT, erzielt worden. »Zwei Flammenzungen beobachtet«, fügte von
Bülow hinzu. »Mehrere schwere Erschütterungen, als ich über Wasser ablief«
(PRO, DEFE-3, TOI 1038 GMT, 25. April 1943). Der BdU antwortete: »Gut,
gut. Melden Sie, ob der Flugzeugträger nach Ihrer Einschätzung gesunken
ist« (PRO, DEFE-3, TOI 1237, 25. April 1943). Bülow meldete: »Nehme an,
daß Träger gesunken, da keine Abwehrmaßnahmen nach den Treffern festzustellen waren, obwohl sehr gute Sicht und ohne Frage schwerer Schaden auf
dem Träger. Nachsuche verlief ohne Ergebnis« (PRO, DEFE-3, TOI 1640, 25.
April 1943). Innerhalb von fünf Stunden erreichten Bülow Glückwünsche
von höchster Stelle: »In dankbarer Anerkennung Ihres heroischen Beitrages
zum Kampf um die Zukunft unseres Volkes verleihe ich Ihnen als dem 234.
Angehörigen der Deutschen Wehrmacht das Eichenlaub zum Ritterkreuz des
Eisernen Kreuzes. Adolf Hitler« (PRO, DEFE-3, TOI 2150, 25. April 1943).
Am nächsten Morgen übermittelten Dönitz und Godt ihre Anerkennung
(ebd., TOI 0839, 26. April 1943). Später konnte die Versenkung der *Ranger*
oder eines anderen Trägers jedoch nicht bestätigt werden. Hessler schreibt:
»Der BdU hielt die Meldung nicht aufrecht und war durch die voreilige Ver-

breitung verärgert« (Hessler, *The U-Boat War in the Atlantic 1939–1945*, Bd. 2, S. 103). Auch in den britischen und amerikanischen Unterlagen wird eine solche Versenkung nicht erwähnt. Vielleicht hat von Bülow den in der Nähe stehenden britischen Geleitträger *Biter* gesichtet und angegriffen. Wenn das der Fall war, hat der Träger jedoch von dem Angriff nichts bemerkt.

9 Ebd., S.R.N. 1833.
10 PRO, WO 208/4205, S.R. Draft No.3335.
11 PRO, WO 208/4145, S.R.N. 1834.
12 Ebd., S.R.N. 1831.
13 Ebd., S.R.N. 1832.
14 Ebd., S.R.N. 1807.
15 Ebd., S.R.N. 1801.
16 Ebd., S.R.N. 1734.
17 Ebd., S.R.N. 1758.
18 Ebd., S.R.N. 1738.
19 Ebd., S.R.N. 1768.
20 Ebd., S.R.N. 1739.
21 Ebd., S.R.N. 1796.
22 Ebd., S.R.N. 1778.
23 Ebd., S.R.N. 1566.
24 Ebd., S.R.N. 1868.
25 Ebd., S.R.N. 1864.
26 Ebd., S.R.N. 1861.
27 Ebd., S.R.N. 1860.
28 Ebd., S.R.N. 1862.
29 Ebd., S.R.N. 1854.
30 Ebd., S.R.N. 1848.
31 Ebd., S.R.N. 1531.
32 Ebd., S.R.N. 1823.
33 Ebd., S.R.N. 1835.
34 Ebd., S.R.N. 1847.
35 PRO, WO 208/4205, S.R. Draft No. 1905.
36 Ebd., Draft No. 5470.
37 Ebd., Draft No. 2220.
38 Ebd., Draft No. 3495.
39 Ebd., Draft No. 1977.
40 Ebd., Draft No. 2802.
41 PRO, WO 208/4195, S.R.N. 1777.
42 Ebd., S.R.N. 1857.
43 Ebd., S.R.N. 1728.
44 Ebd., S.R.N. 1896.
45 Ebd., S.R.N. 1799.
46 Ebd., S.R.N. 1782.
47 Ebd., S.R.N. 1888.
48 Ebd., S.R.N. 1878.

49 Ebd., S.R.N. 1850.
50 Ebd., S.R.N. 1805.
51 Ebd., S.R.N. 1826.
52 Ebd., S.R.N. 1821.
53 Ebd., S.R.N. 1822.
54 Ebd., S.R.N. 1779.
55 Ebd., S.R.N. 1732.
56 Ebd., S.R.N. 1865.
57 Ebd., S.R.N. 1900.
58 PRO, ADM 223/120, N.I.D. UC No. 318, 2. April 1943, »Morale Among U-Boat Prisoners of War.« Der Autor dankt W. J. R. »Jock« Gardner von der NHB/MOD dafür, daß er ihm eine Kopie dieses Dokuments zugesandt hat.
59 PRO,WO 208/4145, S.R.N. 1695.
60 Ebd., S.R.N. 1890.
61 Ebd.
62 Ebd., S.R.N. 1842.
63 Ebd., S.R.N. 1710.
64 Ebd., S.R.N. 1803.
65 Ebd., S.R.N. 1800.
66 Ebd., S.R.N. 1802.
67 Ebd., S.R.N. 3495.
68 Ebd., S.R.N. 1800.
69 Ebd., S.R.N. 1732.

Kapitel 10

1 PRO, ADM 237/114, Convoy ONS.6; ADM 199/2020, An Analysis of the Operation of Support Groups in the North Atlantic (Period 5th May – 12 June), 15. Juli 1943; AIR 41/48, Peyton Ward, »The RAF in the Maritime War«, Bd. 4, S. 70.
2 KTB BdU, 7. Mai 1943.
3 X-B-Bericht Nr. 19/43, Woche vom 3. bis 9. Mai 1943, Bundesarchiv-Militärarchiv, Bestand RM 7/755, Blatt 87 f.
4 Ebd. Die Information des B-Diensts über HX.237 lautete: »Funkspruch vom 6. 5. 2230 Uhr [deutsche Zeit] meldete Unbek. aus See die Position des Konvois in 43 56 N 48 27 W.«
5 Ebd., S. 87. Die Information für den 7. Mai 1943 lautete: »Am 7. 5. 1600 Uhr befand sich der Geleitzug mit 38 Schiffen in 42 08 N 48 27 W, Kurs etwa 128 Grad, Fahrt 9 sm.« Vgl. auch: KTB BdU, 8. Mai 1943.
6 KTB BdU, 8. Mai 1943.
7 Ebd.
8 PRO, DEFE-3, S. 448 f., 745.
9 Ebd., Rolle 718, Zeit der Erfassung war 1730 Uhr am 9. Mai 1943, die Entschlüsselung gelang am 21. Mai 1943 (NHB/MOD, Assessments, S. 275).

10David Hobbs, »Ship-borne Air Anti Submarine Warfare«, in Howarth/Law (Hg.), *Battle of the Atlantic*, S. 391 f.

11Ebd., S. 391; vgl. Y'Blood, *Hunter-Killer,* Anhang 1, S. 279–281.

12David Hobbs, »Shipborne Air Anti Submarine Warfare«, in Howarth/Law (Hg.), *Battle of the Atlantic*, S. 389 f.

13KTB BdU, 10. Mai 1943.

14NHB/MOD, Assessments, S. 278.

15KTB BdU, 11. Mai 1943; NARA, SRGN 17844.

16KTB BdU, 12. Mai 1943.

17Werner, *Die eisernen Särge*, Hamburg, 1970, S. 173 f. Werner hat sein Buch, wie er in der Einleitung feststellt, »mit Hilfe von Notizen geschrieben …, die ich mir im Kriege gemacht habe«, aber nach Aussage gegenüber dem Autor keine offiziellen Dokumente, wie zum Beispiel das KTB von U-230, benutzt. Das mag erklären, warum er einige Ereignisse in falscher Reihenfolge erzählt und für manche Vorkommnisse falsche Daten angibt. Nur wenige Erinnerungen an den U-Boot-Krieg beschreiben jedoch so gut die bittere Realität, der die U-Boot-Fahrer im Mai 1943 ins Gesicht sehen mußten. »Ende Mai 1943 waren alle Seeoffiziere in Brest entsetzt«, sagte er dem Autor. »Unteroffiziere und Mannschaften überblickten das Ausmaß unserer Verluste nicht in vollem Umfang. Auf dieser Ebene blieb die Kampfmoral gut. Aber die Offiziere kritisierten jetzt die Marineführung, natürlich nur unter engen Freunden« (Interview mit Herbert A. Werner, Ponte Vedra, Florida, 9. Mai 1995).

18NHB/MOD, Assessments, S. 279 f. und Anm. von R. M. Coppock; »Der Verlust von U-89, U-456 und U-753 im Mai 1943«, von R. M. Coppock dem Autor übergeben, London, 29. Mai 1997; Naval Staff History, *The Development of British Naval Aviation 1919–1945*, Bd. 2, S. 119 f.

19Der Autor dankt Dr. Frederick J. Milford, dem ehemaligen Vizepräsidenten für Spezialprojekte am Battelle Memorial Institute, der ihm seine Datensammlung über den akustischen, zielsuchenden Torpedo zur Verfügung stellte. Ebenso durfte der Autor die ausgewogene Analyse von Dr. Milford benutzen (Frederick Milford an den Autor, Columbus, Ohio, 19. Januar und 6. Mai 1996).

20Fagen (Hg.), *A History of Engineering and Science in the Bell System,* S. 191; vgl. Mark B. Gardner, »Mine Mark 24: World War II Acoustic Torpedo«, in: *Journal of the Audio Engineering Society*, Bd. 22, Nr. 8 (Oktober 1974), S. 614–626; Frederick J. Milford, »More on FIDO«, in: *Submarines Review* (April 1996), S. 119 f.

21Frederick J. Milford an den Autor, 19. Januar 1996; Fagen (Hg.), *A History of Engineering and Science in the Bell System*, S. 191, 193.

22Fagen (Hg.), *A History of Engineering and Science in the Bell System*, S. 195.

23NARA, SRH-367, OEG Nr. 289, »Proctor, A Short History: The Rise and Fall of an Antisubmarine Weapon«, 12. August 1946, S. 5.

24Frederick J. Milford an den Autor, 19. Januar 1997.

25Telefoninterview mit Jeaff Gresswell, Saunderton, Buckinghamshire, England, 28. Oktober 1997; vgl. Price, *Aircraft versus Submarine*, S. 133 f., der diese Geschichte zum ersten Mal berichtet hat.

26 PRO, AIR 41/48, Peyton Ward, »The RAF in the Maritime War«, Bd. 4, S. 63.

27 Ebd.; NHB/MOD, Coppock, »Loss of U-89, U-456 and U-753 in May 1943«, FDS 412.

28 NARA, SRGN 17948.

29 Ebd., 17965.

30 Ebd., 17963, 18031.

31 Ebd., 17980.

32 Ebd., 17975

33 NHB/MOD, Coppock, »Loss of U-89, U-456 and U-753 in May 1943«, FDS 412. Flight Lieutenant Wright erwähnte in seinem Einsatzbericht nicht, daß er einen Mark 24 benutzt hatte (PRO, AIR 27/911, RAF Form 541, No. 86 Squadron, 12. Mai 1943, S. 4). Frühere Darstellungen, denen zufolge U-456 durch die Sunderland »G« des kanadischen 423. Geschwaders und zwei Geleitfahrzeuge versenkt wurde, sind nach Coppocks Auskunft falsch. Er stellt es so dar, daß diese Angriffe am 13. Mai gegen U-753 gingen (siehe unten). Am 14. Mai fand U-448 (Oberleutnant zur See Helmut Dauter) im Quadrat BD 6643 die Leichen von zwei Besatzungsmitgliedern von U-456. Aus der Position, an der sie gefunden wurden, folgert Coppock, daß sie vor der Versenkung außenbords gefallen sein müssen.

34 KTB BdU, 12./13. Mai 1943. Einige frühere Veröffentlichungen gehen davon aus, daß die Torpedos Mk 24 am 13. oder 14. Mai von der Maschine »B« des 86. Geschwaders gegen U-266 und am 14. Mai von einer Catalina des auf Island stationierten 84. Geschwaders der US Navy gegen U-657 erfolgreich eingesetzt wurden. Aber nach Coppock sind diese Angaben falsch. U-266 wurde am 15. Mai durch Wasserbomben der Halifax »M« des 58. Geschwaders und U-657 am 17. Mai von der Fregatte HMS *Swale* versenkt. Mehrere Quellen schreiben die Versenkung von U-954 dem erfolgreichen Einsatz eines Mk 24 durch die Liberator »T« des 120. Geschwaders aus Reykjavik zu. Aber das scheint ausgeschlossen zu sein, und Coppock glaubt, daß am selben Tag die Fregatte *Jed* und der ehemalige US-Küstenwachkutter HMS *Sennen* diesen Erfolg erzielt haben. Nach dem 12. gab es im Mai 1943 nur noch einen erfolgreichen Mk-24-Einsatz, der von der Catalina »F« des Aufklärungsgeschwaders VP-84 der US Navy am 26. Mai gegen U-467 geflogen wurde.

35 NHB/MOD, Coppock, »Loss of U-89, U-456 and U-753 in May 1943, FDS 412; Assessments«, S. 283.

36 PRO, ADM 199/577, 178, Convoy HX.237. In ihrer Zusammenfassung erklärten Dönitz und Godt, die Operation gegen HX.237 sei aufgegeben worden, weil »vom ersten Tage an Trägerflugzeuge [an diesem Geleitzug] ..., später auch einmal der Träger selbst« gesichtet worden seien: »Diese und außerdem angesetzte Landluft behinderten die Operation sehr, so daß auch am letzten Tage [dem 13.] wegen der zu starken Luft [der Einsatz] abgebrochen werden mußte« (KTB BdU, 13. Mai 1943).

37 Während des Tages funkte der BdU an die Boote der Gruppen *Elbe* I und *Elbe* II: BEI DUNKELHEIT MÜSSEN SO VIELE BOOTE WIE MÖGLICH AM GELEITZUG SEIN. MIT MAXIMALER FAHRT OPERIEREN, UM DEN GELEITZUG VORHER ZU ERREICHEN. DIE ERSTE NACHT BIETET DIE BESTEN CHANCEN. SCHON MORGEN WIRD ES SCHWIERIGER SEIN (NARA, SRGN 17836).

38 NHB/MOD, Assessments, S. 25, und Anm. von R. M. Coppock, der betont, daß alle Angriffe, einschließlich der Rammstöße, gegen ein und dasselbe Boot gerichtet waren (PRO, ADM 199/2020, S. 5). Um 1620 Uhr GMT hat Wächter eine Meldung über die Schäden seines Boots an den BdU abgesetzt. Er erwähnte auch die zwei Besatzungsmitglieder, die außenbords gefallen waren, den Tod des Rudergängers und die leichten Verletzungen, die er selbst und die beiden Wachoffiziere erlitten hatten (NARA, SRGN 17989). Förster (U-359) kam Wächter zu Hilfe, brachte ihm ein Besatzungsmitglied zurück, das über Bord gestürzt war, und übergab ihm Verbandsmaterial für die Verwundeten. Die Boote blieben zusammen, bis das gerammte Boot nach Notreparaturen wieder alarmtauchen konnte (NARA, SRGN 17900, 17992, 14243). Förster mußte selbst in den Stützpunkt zurück, weil er wegen eines Wasserbombenschadens eine Ölspur zog (NARA, SRGN 17905, 17943).

39 NARA, SRGN 17938. Der Funkspruch wurde am 12. Mai 1943 um 1031 Uhr empfangen.

40 NHB/MOD, Assessments, S. 27, und Anm. von R. M. Coppock; ADM 199/2020, An Analysis of the Operation of Support Groups in the North Atlantic (Period 5th May – 12 June), 15. Juli 1943, Convoy SC.129, S. 4 f.; PRO, ADM 199/577, 579, 580, 2020, Convoy SC.129.

41 KTB BdU, 14. Mai 1943.

42 Interview mit Herbert A. Werner, Ponte Vedra, Florida, 9. Mai 1995. In der Einleitung zu seinem Buch und auch in dem Interview mit dem Autor hat Werner bestätigt, daß er sein Buch zu politischen Zwecken geschrieben hat: um dagegen zu protestieren, daß »unser Leben durch unzureichende Ausrüstung und durch die unverantwortlichen Vorgehensweisen des BdU aufs Spiel gesetzt wurde« *(Die eisernen Särge,* S. XIX).

43 NHB/MOD, Assessments, S. 287, und Anm. von R. M. Coppock. Wahrscheinlich wurde U-640 schon am Abend zuvor um 2043 Uhr von einer anderen Catalina der US Navy angegriffen. Einige Quellen berichten, daß das Boot drei Tage später das Handelsschiff *Aymeric* torpediert habe und danach selbst von HMS *Swale* versenkt worden sei, aber der BdU, Rohwer und auch Coppock waren beziehungsweise sind überzeugt, daß die *Aymeric* von U-657 versenkt wurde. Coppock hat in einem Schreiben an den Autor (»Loss of U-381, U-640, U-657 und U-258 in May 1943«) festgestellt, daß man nach allen verfügbaren Daten davon ausgehen muß, daß U-640 am 14. durch die Maschine »K« des 84. Geschwaders versenkt wurde. Der Verlust von U-657 wird als Erfolg der *Swale* am 17. Mai angesehen (siehe unten). Am 14. Mai wurden drei Angriffe mit dem Mk 24 ohne Erfolg durchgeführt: durch die Catalina »K« des 84. Geschwaders um 0900 Uhr, durch die Catalina »C« desselben Geschwaders um 1337 Uhr und durch die Liberator »J« des 120.

Geschwaders um 1737 Uhr. Die Liberator »O« des120 Geschwaders flog am 19. Mai um 2159 Uhr ebenfalls einen erfolglosen Mk-24-Angriff.

44 Interviews mit Überlebenden, Kapitän S. Morris, *Aymeric*, 24. Juni 1943, S. 147 f.

45 NHB/MOD, Assessments, S. 32, und Anm. von R. M. Coppock; Coppock, »Loss of U-381, U-640, U-657, U-258 in May 1943«, FDS 442.

46 PRO, ADM 237/203, Report of Proceedings – SC.130, Comments of Senior Officer, Close Escort.

47 Ebd., Report of Attack on U-Boat, HMS *Duncan*, 19. Mai 1943, 0130.

48 X-B-Bericht Nr. 21/43, Woche vom 17. bis 23. Mai 1943, Bundesarchiv/Militärarchiv, Bestand RM 7/755, Blatt 159. Siehe auch KTB BdU, 17. Mai 1943.

49 PRO, ADM 223/15, OIC Special Intelligence Summary, 10.-17. Mai 1943, S. 198.

50 PRO, ADM 237/203, Remarks by Commodore (D), Western Approaches (Simpson), SC.130, 12. Juni 1943.

51 KTB BdU, 17. Mai 1943. Das erste U-Boot, das den Konvoi SC.130 sichtete und meldete, war U-304 (Oblt. Heinz Koch) in Quadrat AK 4675 in den Morgenstunden des 19. Mai.

52 PRO, AIR 27/911, RAF Form 541, No. 120 Squadron, 19. Mai 1943, Liberator III T/120. Gretton war verärgert, weil das Flugzeug die Fernmeldeverbindung mit ihm nicht die ganze Zeit über aufrechterhielt, aber nach dem Einsatzbericht des Piloten hat er jede Sichtung an Gretton durchgegeben.

53 NHB/MOD, Assessments, S. 37 f., 38A und Anm. von R. M. Coppock; Coppock an den Autor, »Loss of U-954 and Others in May 1943«, übergeben in London am 13. November 1996. Die meisten Autoren haben sich auf Peyton Ward gestützt und geschrieben, U-954 sei von der Liberator »T« des 120. Geschwaders am 19. Mai um 0543 Uhr auf Position 55°09′ N, 35°18′ W versenkt worden. Aber Coppock hat nachgewiesen, daß dies unmöglich war, da U-954 am gleichen Tag um 0811 Uhr einen Funkspruch absetzte, der keinen Hinweis auf eine Notlage enthielt – zweieinhalb Stunden nach dem Angriff der Maschine »T« des 120. Geschwaders. Es muß auch beachtet werden, daß die *Kitchener* zur Verstärkung des Konvois ON.184 abgestellt wurde, nachdem die EG1 zum Konvoi SC.130 gestoßen war (PRO, ADM 237/203, Convoy SC.130, Appendix D).

54 Der Verlust von U-954 wird als einfache Tatsache erwähnt in: KTB BdU, 20. Mai 1943. Dönitz' älterer Sohn, Oberleutnant zur See Klaus Dönitz, fiel ein Jahr später, am 14. Mai 1944, als ein Schnellboot, auf dem er als Passagier mitfuhr, von einem Zerstörer der Freien Französischen Streitkräfte versenkt wurde.

55 NHB/MOD, Assessments, S. 308 und Anm. von R. M. Coppock.

56 R. M. Coppock, »Loss of U-381, U-640, U-657 and U-258 in May 1943«, FDS 442.

57 PRO, ADM 237/203, Reports of Attacks on U-Boats, Convoy SC.130.

58 R. M. Coppock, »Loss of U-381, U-640, U-657 and U-258 in May 1943«, FDS 442; NHB/MOD, Assessments, S. 34 und Anm. von R. M. Coppock.

59 NHB/MOD, Assessments, S. 39 f. und Anm. von R. M. Coppock.

60 PRO, ADM 237/203, Convoy SC.130. In dem Bericht über *Zamaleks* HF/DF-Peilungen ist außer der ersten Peilung um 2219 Uhr am 18. Mai nichts erwähnt.

61 NARA; KTB BdU, 19./20. Mai 1943. Ein Suchmuster »Frog« erstreckte sich mehrere Meilen hinter den Konvoi, das Muster »Adder« reichte 8–12 Meilen vor den Konvoi, und bei »Viper« wurden in Sichtweite des Konvois seine vier Seiten abgeflogen. Wenn ein Flugzeug entlang einer HF/DF-Peilung suchte, wurde dies Verfahren »Mamba« genannt.

62 NHB/MOD, Assessments, S. 312, und Anm. von R. M. Coppock; PRO, AIR 27/911, RAF Form 541, Liberator I P/120, 20. Mai 1943.

63 PRO, AIR 27/911, RAF Form 541, Liberator I P/120, 20. Mai 1943; Telefongespräch mit R. M. Coppock am 11. November 1997. Eine Beschreibung der 270-kg-Wasserbombe Mark I ist enthalten in: CAB 86/4, Report on Progress of Development of Anti-U-Boat Weapons, Mai 1943, S. 130.

64 NHB/MOD, Assessments, S. 312, und Anm. von R. M. Coppock. Am Vortag hatte die Liberator »T« des 120. Geschwaders nach Aussage des Piloten, Flight Sergeant S. W. Stoves, zwei 270-kg-Wabos auf U-731 geworfen (PRO, AIR 27/911, RAF Form 541, Liberator III T/120, 19. Mai 1943). Zum Schicksal von U-418 siehe auch: NHB/MOD, Assessments, S. 309 und Anm. von R. M. Coppock; Peyton Ward, »RAF in the Maritime War«, Bd. 3, S. 65. U-418 wurde durch R.P. vernichtet.

65 PRO, ADM 199/2020, Analysis of U-Boat Operations in the Vicinity of Convoy SC.130, 18.-21. Mai 1943, S. 3; PRO, ADM 237/203, SC.130 – Report of Proceedings, S. 3.

66 PRO, DEFE-3, Reel 718, TOI 0337, 20. Mai 1943, entschlüsselt am 20. Mai 1943.

67 PRO; ADM 199/2020, Analysis of U-Boat Oprations in the Vicinity of Convoy SC.130, 18.-21. Mai 1943, S. 2 f.

68 PRO, ADM 237/203, Convoy SC.130.

69 Drei Kommandanten aus der Abfanglinie »Donau« II sind nach der Liste des Verbandes Deutscher U-Boot-Fahrer noch am Leben, aber der Autor und seine Forschungsassistentin in Deutschland waren nicht in der Lage, sie zu aufzufinden.

70 »Erst sind die Winde günstig, dann aber schlecht.«

71 NHB/MOD, Assessments, S. 41 und Anm. von R. M. Coppock. Das britische U-Boot, das von U 123 (von Schroeter) am 18. April versenkt wurde, war P.615, das ehemals für die Türkei gebaute Boot *Uluc Ali Reis*, das von der Royal Navy übernommen worden war (Interview mit Horst von Schroeter, Bonn, 26. Dezember 1995).

72 Vgl. Meigs, *Slide Rules and Submarines*, S. 90–96. Trotz der Entwicklung der »Hunter-Killer«-Gruppen – die erste wurde mit dem unten angesprochenen Träger USS *Bogue* als Kern gebildet – ist Colonel Meigs der Auffassung, daß King nie eine offensive Strategie eingeschlagen hat (S. 92–95). Sein Buch enthält auch eine kurze Darstellung der Anti Submarine Warfare Operational Research Group (ASWORG), des amerikanischen Gegenstückes der

OR-Abteilungen des britischen Küstenkommandos und der britischen Admiralität (S. 58–62, 195, 216 f.).

73 NARA, Modern Military Branch, Action Report USS *Bogue*, 7. Mai 1943, Anlage B; Y'Blood, *Hunter-Killer*, S. 34 f. Die *Bogue* war der erste von 44 in den USA gebauten Geleitträgern, von denen 33 der Royal Navy übergeben wurden (Y'Blood, *Hunter-Killer*, S. 280). Vier weitere US-Geleitträger - *Sangamon, Santee, Suwannee* und *Chenango* - wurden im November 1942 bei der Operation »Torch«, der alliierten Landung in Nordafrika, für die unterschiedlichsten Aufgaben eingesetzt, aber die *Bogue* war der erste US-Träger, der zur Unterstützung von Konvois verwandt wurde (ebd., S. 12–28, 35). David Syrett kritisiert, daß die vier oben erwähnten Träger nicht sofort nach der Beendigung der Operation »Torch« zum Schutz von Konvois eingesetzt wurden (Syrett, *The Defeat of the U-Boats*, S. 17), was seiner Ansicht nach »zumindest das mangelnde Verständnis der Alliierten für die Bedeutung der Schlacht im Atlantik« bewies. Vielleicht hätte er statt von *Alliierten* besser von *Amerikanern* sprechen sollen. Er berichtet weiter, daß die meisten Geleitträger in den Pazifik geschickt wurden.

74 ARA; NARA, Modern Military Branch, USS BOGUE (CVE-9), Report Escort of Concoy ON.184, Anhang A, Discussion of Anti-Submarine-Taktics; Escort of Convoy HX.235, Anhang B.

75 »Wildcats and Avengers: The history of composite squadron nine«, maschinenschriftliches Papier der USS *Bogue* CVE-9 Reunion Association, pp. 3–5; NARA, Modern Military Branch, Action Report USS *Bogue*, Escort of Convoy HX.235 – hier ist die neue, richtige Zahl der eingeschifften Jagdflugzeuge angegeben: 6 Wildcats (Anhang C, S. 1).

76 NARA, Modern Military Branch, Action Report, USS *Bogue*, Escort of Convoy HX.235, Anhang C, S. 1.

77 X-B-Bericht Nr. 21/43, Woche vom 17. bis 23. Mai 1943, Bundesarchiv/Militärarchiv, Bestand RM 7/755, Blatt 158; vgl. KTB BdU, 19. Mai 1943. Die Abfanglinie wurde aufgestellt von AJ 6417 (55°15' N, 44°25' W) nach AK 7559 (52°15' N, 37°35' W) und sollte bis zum 21. Mai um 2000 Uhr eingenommen sein; es war Funkstille zu wahren (NARA, SRGN 18625).

78 Nach der Entschlüsselung des B-Diensts waren die Positionen: 49°28' N, 43°47' W um 1700 Uhr (DSZ) am 20. Mai, 50°27' N, 38°16' W um 1700 Uhr am 21. Mai und 52°12' N, 33°28' W am 22. Mai.

79 NARA, SRGN 18695; Syrett, *The Defeat of the U-Boats*, S. 135. Einige Boote der Gruppe »Donau« wurden auch auf den Konvoi HX.239 angesetzt.

80 X-B-Bericht Nr. 21/43, Woche vom 17. bis 23. Mai 1943, Bundesarchiv/Militärarchiv, Bestand RM 7/755, Blatt 159.

81 PRO, ADM 237/100, Convoy ON.184: Report of Antisubmarine Action by Aircraft, TBF-1 Nr. 11, 21. Mai 1943; NARA, Roll 2938, KTB U-231, 13. April-30. Mai 1943, S. 22 f. Wenzel berichtete, daß die Angriffe durch ein einmotoriges Trägerflugzeug um 2120 Uhr auf Position AK 7936 (53°15' N, 35°30' W) stattfanden.

82 PRO, ADM 237/100, Convoy ON.184: Report of Antisubmarine Action by

Aircraft, TBF-1 Nr. 2, 0635, 22. Mai 1943. Lieutenant Richard S. Rogers, der die F4F4 Nr. 13 flog, sichtete um 0805 Uhr ein U-Boot, das jedoch tauchte, bevor er es beschießen konnte.

83 Ebd., TBF-1 Nr. 6, 1103 22. Mai 1943.

84 Ebd., TBF-1 Nr. 5, 1325 22. Mai 1943.

85 Telefoninterviews mit Captain Frank Fodge, Stuart, Florida, 12. September 1996, und mit Funker James O. Stine, Walnut Grove, Missouri, 22. November 1997.

86 PRO, ADM 237/100, Convoy ON.184, Report of Antisubmarine Action by Aircraft, TBF-1 Nr. 6, 1804, 22. Mai 1943.

87 DHIST/NDHQ, Ottawa, Naval Historical Section Files, 1650-»U-Boats« - U-569, Report on the Interrogation of Survivors from U-569, sunk on May 22, 1943 (Washington, D. C., 1943). Der Autor dankt Dr. Roger Sarty, leitender Historiker am DHIST, für eine Kopie dieses Berichts.

88 KTB BdU, 21. Mai 1943.

89 DHIST/NDHQ, Survivors From U-569, S. 14.

90 PRO, ADM 237/100, Convoy ON.184, Report of Antisubmarine Action by Aircraft, TBF-1 Nr. 7, 1840, 22. Mai 1943. An anderer Stelle des gleichen Berichts sagt Roberts, die weiße Flagge sei zum ersten Mal gezeigt worden, als sein Schütze gerade Munition nachlud.

91 DHIST/NDHQ, Ottawa, Naval Historical Files, 1650-»U-Boats« - U-569, »Delivery of 25 Prisoners ex German U-Boat to US Authorities«. Der Autor dankt Dr. Sarty für eine Kopie dieses Dokuments.

92 »Wildcats and Avengers«, S. 29–33, wo weiterhin festgestellt wird: »Es gab noch einen weiteren Zwischenfall, der die Offiziere von U-860 betraf. Der Erste Offizier der *Salomon* brachte Fregattenkapitän Paul Büchel und seinen IWO in die Offiziersmesse zum Essen, worauf einer oder mehrere jüdische Offiziere aus Protest die Offiziersmesse verließen. Ihre Gefühle wurden auch von den Piloten geteilt, die ihre besten Kameraden bei den Angriffen verloren hatten. Der Erste Offizier erläuterte hinterher lahm, daß man die Gefangenen nur habe gut behandeln wollen, um weitere nachrichtendienstlich bedeutsame Informationen aus ihnen herauszuholen.« Lieutenant Junior Grade Stearns und Ensign Doty fielen beide im Pazifik. Der Autor schuldet den Veteranen der *Bogue* Frank Fodge, Ralph Hiestand, David O. Puckett und James O. Stine Dank für ihre Mitarbeit. Wie schon in Kapitel 2 erläutert, war es das HF/DF, das Chamberlains Erfolg ermöglichte. Captain Short von der *Bogue* formulierte es so, daß das Kurzwellensignal von U-569 um 1727 Uhr »zugleich das Todesurteil für das Boot« war (NARA, Action Report, Box 855, Serial 026, USS *Bogue* [CVE-9]). Die »Hunter-Killer«-Gruppe der *Bogue* gab dem Konvoi ON.184 von Island bis in das Gebiet vor Argentia Luftschutz (Schreiben des Kommandeurs der Sechsten Eskortgruppe an den Befehlshaber der Western Approaches, 29. Mai 1943, S. 3: PRO, ADM 199/358, Report of Proceedings of Convoy ON.184, The Senior Officer, C.I Group in HMS *Itchen* to Captain (D)Newfoundland, 1. Juni 1943).

93 NARA, SRGN 18793: AN DIE GRUPPEN DONAU UND MOSEL: OPERATION IM

NORDOSTEN DES GELEITZUGES ABBRECHEN. NACH WESTEN ABSETZEN; dieser Spruch wurde am 23. Mai um 0934 GMT empfangen (vgl. KTB BdU, 23. Mai 1943).

94 PRO, AIR 15/210, Coastal Command Tactical Memorandum No. 62, Guide to the use of RP against U-Boats; Tactical Notes on U-Boat Attack with Rocket Projectiles by Swordfish Aircraft; A Brief Survey of the Characteristics of the Aircraft Rocket Weapon. AIR 41/48, Peyton Ward, »RAF in the Maritime War«, Bd. 3, S. 61–65, Anhang IV, S. 1–7.

95 Naval Staff History, *The Development of British Naval Aviation 1919–1945*, Bd. 2, S. 123 f.

96 NHB/MOD, Assessments, S. 245 und Anm. von R. M. Coppock.

97 Ebd., S. 276.

98 NARA, Tenth Fleet, ASW Analysis and Stat. Section, Series VI; ASW Assessment Incidents 3177–3257, BOX 102, Folder 3219.

99 NARA, KTB U-182 (rekonstruiert), 6. April- 16. Mai 1943.

100 NARA, Tenth Fleet, ASW Analysis and Stat. Section, Series VI; ASW Assessment Incidents 3177–3257, Box 102, Folder 3219.

101 NHB/MOD, Assessments, S. 305 und Anm. von R. M. Coppock.

102 Franks, *Search, Find, and Kill*, S. 194; Lees, *Type VII U-Boats*, S. 28.

103 NHB/MOD, Assessments, S. 324 und Anm. von R. M. Coppock; Syrett, *The Defeat of the U-Boats*, S. 204, 206. Syrett läßt U-436 im September und Oktober 1943 immer noch in Abfanglinien operieren. Aber Hessler, Coppock, Mulligan und Lees sind sich einig, daß das Boot am 26. Mai und laut Mulligan ganz gewiß nicht später als am 3. Juni versenkt wurde. Der BdU erklärte das Boot am 4. Juni für verloren (KTB BdU, 4. Juni 1943).

104 Mulligan (Hg.), *Records Relating to U-Boat Warfare*, S. 160; Lees, *Type VII U-Boats*, S. 43.

105 PRO, AIR 27/911, Form 541, Liberator III »E« 120 Squadron, 28. Mai 1943; Franks, *Search, Find, Kill*, S. 194 f. Die letzten Boote, von denen bekannt ist, daß sie im Mai 1943 beschädigt, aber nicht versenkt wurden, waren U-552 (Kptlt. Klaus Popp), das am 29. Mai von einer Liberator des 59. Geschwaders mit Wasserbomben angegriffen wurde, und U-621 (Oblt. Max Kruschka), das von der Liberator »Q« des 224. Geschwaders am 31. Mai mit Wabos beworfen wurde.

106 KTB BdU, 24. Mai 1943.

107 NARA, SRGN 18838, 23. Mai 1943.

108 KTB BdU, 24. Mai 1943.

109 Wagner (Hg.), *Lagevorträge des Oberbefehlshabers der Kriegsmarine vor Hitler 1939–1945*, S. 507, 509 f.

110 Horst Boog, »Luftwaffe Support of the German Navy«, in Howarth/Law (Hg.), *Battle of the Atlantic*, S. 308.

111 Ebd., S. 309 ff. Der Autor hat die Differenzen zwischen den Quadratkarten von Kriegsmarine und Luftwaffe in der Kartensammlung des Militärgeschichtlichen Forschungsamtes in Freiburg im Breisgau festgestellt.

112 Dönitz, *Zehn Jahre und zwanzig Tage*, S. 334.

1 Dönitz, *Zehn Jahre und Zwanzig Tage,* S. 397.

2 Ebd., S. 398.

3 Ebd., S. 399; Hessler, *The U-Boat War in the Atlantic 1939–1945,* Bd. 3, S. 8.

4 KTB BdU, 13. August 1942.

5 Jürgen Rohwer, »The U-Boat War Against the Allied Supply Lines«, in H. A. Jacobsen/J. Rohwer (Hg.), *Decisive Battles of World War II. The German View,* New York 1965, S. 310.

6 Hessler, *The U-Boat War in the Atlantic 1939–1945,* Bd. 3, S. 25–27.

7 Ebd., S. 4 f. Das Naxos-U ersetzte einen vorübergehend benutzten Warnempfänger, der *Hagenuk-Wellenanzeiger* oder *Wanze* genannt wurde. Der Vorteil dieses Geräts war, daß es nur geringe Eigenausstrahlung hatte. Nachdem man entdeckt hatte, daß das alte Metox-Gerät hohe Abstrahlungen hatte, befürchtete der BdU, daß die alliierten Flugzeuge diese zum Anflug auf die Boote nutzten. Dieser Verdacht wurde durch einen Kriegsgefangenen der RAF bestätigt, der im deutschen Befragungszentrum in Oberursel seinen Vernehmern erzählt hatte, die Flugzeuge des Küstenkommandos würden die U-Boote auf diese Weise finden. Das war zwar gelogen, verursachte aber große Sorgen und führte dazu, daß Dönitz vom 13. August an Metox-Geräte nicht mehr zuließ. Die an ihrer Stelle benutzte Wanze war nicht in der Lage, 10-cm-Wellen zu empfangen. Auch Naxos-U funktionierte gegen Zentimeterwellen nicht richtig. Ein zuverlässiger deutscher Warnempfänger für diese Wellenlänge stand erst im April 1944 zur Verfügung.

8 Ebd., S. 51. Im Atlantikkrieg hatten die U-Boote bis zum Mai 1943 1140 Feindfahrten mit insgesamt 52 891 Seetagen unternommen und dabei 2155 Schiffe mit 11 551 108 BRT versenkt; im selben Zeitraum endeten 193 Feindfahrten (13,4 Prozent) mit dem Verlust des Boots, wobei 7537 U-Boot-Fahrer starben. In den zwei darauffolgenden Jahren lief die größer gewordene U-Boot-Flotte zu 1027 Feindfahrten mit insgesamt 36 721 Seetagen aus, versenkte aber nur 271 Schiffe mit 1 367 077 BRT; 330 Feindfahrten (32,1 Prozent) führten zum Verlust des Boots, und 14 047 U-Boot-Fahrer kamen ums Leben. Die Hoffnungslosigkeit der U-Boot-Einsätze nach dem Mai 1943 läßt sich auch an der Verstärkung der alliierten U-Jagd-Kapazität ablesen. Hatten die Alliierten im Mai 1943 noch 131 Zerstörer, Geleitboote, Fregatten und Korvetten, deren Herstellungsdaten vom Ersten Weltkrieg bis in die jüngste Zeit reichten, so waren im April/Mai 1945 von den jetzt 191 Schiffen 76 Prozent nach 1943 gebaut worden. Im April 1943 flogen 293 alliierte Flugzeuge 2459 U-Jagd-Einsätze von Land aus; zwei Jahre später kamen 490 Flugzeuge auf 6314 vergleichbare Einsätze. Waren im April 1943 von den 293 für die U-Jagd vorgesehenen Flugzeugen 98 viermotorige Maschinen der Typen Liberator, Fortress und Halifax, so waren im April 1945 von 490 Flugzeugen 254 Liberators. Der Autor dankt Thomas Weis für diese Zahlen.

9 Carl E. Behrens, Operations Evaluation Group Study 533, »Effects on U-Boat Performance of Intelligence from Decryption of Allied Communicati-

ons«, 28. April 1954, Defense Technical Information Center, Defence Logistics Agency, Cameron Station, Alexandria, Virginia, S. 8. Während die U-Boote auf ihren *Zaunkönig* stolz waren, brachten auch die Alliierten in der zweijährigen Periode des Aufräumens nach dem Mai 1943 neue Waffen und Geräte zum Einsatz. Darunter waren der Magnetische Annormalitätendetektor (MAD), der die Veränderungen oder Störungen des Magnetfeldes der Erde erkannte, die sich durch die Anwesenheit eines stählernen U-Boot-Rumpfs ergaben. Das Gerät konnte in ein Flugzeug wie die Catalina oder in ein Luftschiff eingebaut werden. Eine weitere Neuheit waren die Funk-Sono-Bojen, die von Flugzeugen abgeworfen wurden und auf der Wasseroberfläche schwammen. Sie fingen mit Hydrophonen, die an acht Meter langen Kabeln unter den Bojen im Wasser hingen, U-Boot-Geräusche auf und übertrugen sie per Funk. Noch genaueres 3-cm-Radar ersetzte die 10-cm-Geräte. Squid war eine Waffe, die ähnlich wie Hedgehog Projektile nach voraus schleuderte, nur daß die Geschosse Tiefenzünder und nicht Aufschlagzünder hatten. Foxer (britisch) und Cat (kanadisch) waren Geräusche erzeugende Geräte, die im Wasser hinter den Kriegsschiffen hergeschleppt wurden, um die deutschen Zaunkönige anzulocken und sie in sicherer Entfernung vom Schiff zur Detonation zu bringen. Auch die im Mai 1943 eingeführten R.P. und Mark XXIV wurden in den beiden letzten Jahren des Krieges weiter erfolgreich eingesetzt.

10 Zit. in Padfield, *Der U-Boot-Krieg,* S. 421 f.

11 Price, *Aircraft versus Submarine,* S. 165.

12 Slessor, *The Central Blue,* S. 524–525. Ein Beispiel unter vielen, die man für Mut und Können der Flugzeugbesatzungen anführen könnte, ist die Sunderland »O« des 461. Geschwaders der RAAF, die am 28./29. Mai zu Position 47°50′ N, 09°38′ W flog, um dort nach dem Schlauchboot zu suchen, in dem die Besatzung der Whitley »P« des 10. Geschwaders saß, die wegen Motorenausfalls ins Wasser gegangen war. Nachdem das Flugboot das Schlauchboot gefunden hatte, versuchte es eine Wasserlandung, traf aber auf eine Welle der quer laufenden Dünung, setzte hart auf und blieb mit der Nase in einer großen Welle stecken. Bei dem Aufsetzen war der Pilot, Flight Lieutenant W. S. E.»Bill« Dods, zu Tode gekommen und der Kopilot, Flight Officer R. de Gipps, schwer verletzt worden. Die restliche Besatzung schaffte es, durch eine Luke ein Schlauchboot ins Wasser zu bringen, während das Flugzeug sank. Sie retteten Gipps, der sonst abgetrieben wäre. Die zehn Überlebenden der Sunderland und die sechs der Whitley banden ihre Schlauchboote zusammen und trieben die ganze Nacht über in der hohen Dünung. Da das Flugboot nicht zurückkam und sich auch nicht meldete, schickte Pembroke Dock am nächsten Morgen eine zweite Sunderland los, die von Flight Officer G. O. Singleton geflogen wurde. Sie fand die Schlauchboote um 0630 Uhr und landete erfolgreich neben ihnen. Wegen des Gewichts der geretteten Menschen konnte Singleton jedoch nicht mehr abheben. Glücklicherweise führte eine in der Nähe stehende Maschine ein Geleitboot der Freien Französischen Marine, die *La Combattante,* heran. Nachdem dieses alle Überleben-

den sowie einige Besatzungsmitglieder des auf dem Wasser schwimmenden Flugboots an Bord genommen hatte, nahm das Geleitboot das Flugboot in Schlepp. Aber nach viereinhalb Stunden brach die Schleppleine, und Singleton entschloß sich trotz der schweren See, einen Startversuch zu machen. Über drei Meilen krachte das Flugboot immer wieder auf die Wellenberge, die ein zwei mal einen Meter großes Loch in den Rumpf schlugen, doch schließlich hob es ab und flog. Singleton war klar, daß mit einem solchen Leck eine Landung auf dem Wasser glatter Selbstmord gewesen wäre. Also alarmierte er seinen Stützpunkt und teilte mit, daß er das Flugboot auf einem Flugplatz an Land aufsetzen werde. Die Restbesatzung war auf Station für eine Notlandung, und Singleton steuerte die Grasfläche neben der Landepiste an. Der Kiel des Flugbootes pflügte sich durch die Grasnarbe, bis das Flugzeug zum Stehen kam und sich langsam seitlich auf ein Tragflächenende legte. Der Geschwaderbericht stellte fest, dies sei vermutlich das erste Mal gewesen, daß ein Flugboot auf einem Flugplatz an Land gelandet sei (PRO, AIR 27/1913, Operations Record Book, RAF Form 540, No. 461 Squadron, RAAF, Mai 1943; AIR 41/48, Peyton Ward, »RAF in the Maritime War«, Bd. 3, S. 103).

13 McCue, U-Boats in the Bay of Biscay, S. 61.

14 Brian McCue an den Autor, Alexandria, Virginai, 6. Juli 1997.

15 Churchill, Der Zweite Weltkrieg, Bd. 5.1, S. 22; Slessor, The Central Blue, S. 469.

16 Churchill, Der Zweite Weltkrieg, Bd. 5.1, S. 23; Slessor, The Central Blue, S. 468 f., 477.

17 Slessor, The Central Blue, S. 535, 537.

18 Henry Probert, »Support from Skies Was Crucial Factor in the Eventual Victory«, in Heneghan (Hg.), Battle of the Atlantic, S. 92.

19 Roskill, The War at Sea 1939–1945, Bd. 2, S. 448.

20 Henry Probert, »Support from Skies Was Crucial Factor in the Eventual Victory«, in Heneghan (Hg.), Battle of the Atlantic, S. 92.

21 Roskill, The War at Sea 1939–1945, Bd. 3.2, S. 305 und Anm. 2; Roskill, »An Epic Victory«, in: The Sunday Times, 8. Februar 1959.

22 Interview mit Klaus-Peter Carlsen, dem ehemaligen Kommandanten von U-732, Planegg, 5. Juli 1997.

23 Zu Walker vgl. Alan Burn, The Fighting Captain. Frederick John Walker, RN and the Battle of the Atlantic, Barnsley, South Yorkshire, 1993.

24 Naval Warfare, Naval Doctrine Publication-1, 1994, S. 32; vgl. Bruce Linder, »ASW as Pacticed in Birnam Wood«, in: Naval Institute Proceedings, Bd. 122/5/I, 119 (Mai 1996), S. 65 und Anm. 8.

25 In der Zeitschrift Die Zeit vom 4. Juni 1993 wurde die Niederlage des Mai 1943 als »Stalingrad zur See« bezeichnet.

26 Brustat-Naval, Ali Cremer, S. 2.

AUSWAHLBIBLIOGRAPHIE

Der Autor hat sich vorwiegend auf originale Archivdokumente gestützt, die in den Anmerkungen nachgewiesen werden. Sie wurden ergänzt durch Material, das aus Interviews mit noch lebenden Beteiligten und veröffentlichten Werken stammt: aus Dokumentensammlungen, offiziellen Geschichtswerken, technischen Berichten, Autobiographien und Sekundärliteratur. Die benutzten veröffentlichten Werke werden in den Anmerkungen genannt. Diejenigen, die sich als besonders nützlich erwiesen haben, sind im folgenden aufgelistet:

Adams, Thomas A./Lees, David J.: *Register of Type VII U-boats,* London 1990
Bailey, Chris Howard: *The Battle of the Atlantic. The Corvettes and Their Crews. An Oral History,* Annapolis, Maryland, 1994
Baker, Richard: *The Terror of Tobermory. An Informal Biography of Vice-Admiral Sir Gilbert Stephenson, KBE, CB, CMG,* London 1972
Barley, F. W./Waters, D.: *The Defeat of the Enemy Attack on Shipping. A Study of Policy and Operations,* Bd. 1A, London 1957
Barnett, Correlli: *Engage the Enemy More Closely. The Royal Navy in the Second World War,* London 1991
Baxter III, James Phinney: *Scientists Against Time,* Boston, Massachusetts, 1947
Beesly, Patrick: *Very Special Intelligence. Der Geheimdienstkrieg der britischen Admiralität 1939–1945,* Berlin 1978
Blackett, P. M. S.: *Studies of War. Nuclear and Conventional,* New York 1962
Blair, Clay: *Hitler's U-Boat War. The Hunters 1939–1942,* New York 1996
–: *Silent Victory. The U. S. Submarine War Against Japan,* Philadelphia, Pennsylvania/New York 1975
Boutilier, James A. (Hg.): *The RCN in Retrospect, 1910–1968,* Vancouver/London 1982
British Vessels Lost at Sea 1939–45, Cambridge 1948
Brustat-Naval, Fritz: *Ali Cremer: U 333,* Berlin ²1988
Buderi, Robert: *The Invention That Changed the World. How a Small Group of Radar Pioneers Won the Second World War and Launched a Technological Revolution,* New York 1996
Buell, Thomas B.: *Master of Sea Power. A Biography of Fleet Admiral Ernest J. King,* Boston, Massachustetts, 1980

Calvocoressi, Peter: *Top Secret Ultra,* New York 1980
Chalmers, W. S.: *Max Norton and the Western Approaches,* London 1954
Churchill, Winston S.: *Der Zweite Weltkrieg. Memoiren,* 6 Bde., Frankfurt a. M./Berlin/Wien 1985
Clark, Ronald W.: *The Rise of the Boffins,* London, 1962
Cole, Robert Hugh: *Underwater Explosions,* Princeton, New Jersey, 1948
Dönitz, Karl: *Zehn Jahre und zwanzig Tage,* Bonn [10]1991
Douglas, W. A. B.: *The Creation of a National Air Force. The Official History of the Royal Canadian Air Force,* Bd. 2, Toronto 1986
– (Hg.): *The RCN in Transition, 1910–1985,* Vancouver 1988
Elliot, Peter: *Allied Escort Ships of World War II. A Complete Survey,* Annapolis, Maryland, 1977
Ellis, Chris: *Famous Ships of World War 2, in Colour,* New York 1977
Fagen, M. D. (Hg.): *A History of Engineering and Science in the Bell System. National Service in War and Peace (1925–1975),* Murray Hill, New Jersey, 1978
Franks, Norman L. R.: *Conflict Over the Bay,* London 1986
–: *Search, Find and Kill. The RAF's U-Boat Successes in World War II,* London 1995
Gannon, Michael: *Operation Paukenschlag*
Gretton, Peter: *Convoy Escort Commander,* London 1964
–: *Atlantik 1943. Wende im U-Boot-Krieg,* Oldenburg/Hamburg 1975
Hackmann, Willem: *Seek and Strike. Sonar, Anti-submarine Warfare and the Royal Navy 1914–1954,* London 1984
Heneghan, Chris (Hg.): *Battle of the Atlantic. 50th Anniversary (1943–1993),* Liverpool 1993
Herzog, Bodo/Schomaekers, Glinter: *Ritter der Tiefe: Graue Wolfe,* Wels 1976
Hessler, Günter: *The U-Boat War in the Atlantic 1939–1945,* London 1989
Hezlet, Arthur: *Electronics and Sea Power,* New York 1975
Hinsley, F. H., u. a.: *British Intelligence in the Second World War: Its Influence on Strategy and Operations,* 3 Bde., New York 1981–1984
Howard, Michael: *Grand Strategy,* Bd. 4: *August 1942–September 1943,* London
Howarth, Stephen/Law, Derek (Hg.): *The Battle of the Atlantic 1939–1945,* Annapolis, Maryland, 1994
Howse, Derek: *Radar at Sea. The Royal Navy in World War 2,* Annapolis, Maryland, 1993
Kahn, David: *Seizing the Enigma. The Race to Break the German U-Boat Codes, 1939–1945,* Houghton, Michigan, 1991
Keegan, John: *The Price of Admiralty. The Evolution of Naval Warfare,* New York 1989
King, Ernest J.: »Bericht von Admiral Ernest J. King«, in George C. Marshall/Ernest J. King/Henry A. Arnold, *Der Bericht des amerikanischen Oberkommandos,* New York o. J. (1946)
–: Whitehill, Walter Muir: *Fleet Admiral King. A Naval Record,* New York 1952

Lloyd's War Losses. The Second World War, 3 September 1939–14 August 1945, Bd. 1: *British, Allied, and Neutral Merchant Vessels Sunk or Destroyed by War Causes*, London 1989

Love jr., Robert William (Hg.): *The Chiefs of Naval Operations*, Annapolis, Maryland, 1980

Lovell, Bernard: *Blackett. A Biographical Memoir*, London 1976

Macintyre, Donald: *The Battle of the Atlantic*, New York 1961

Mallmann-Showell, Jak P.: *Uboote gegen England. Kampf und Untergang der deutschen Uboot-Waffe 1939–1945*, Stuttgart ⁷1990

McCue, Brian: *U-Boats in the Bay of Biscay. An Essay in Operational Analysis*, Washington, D. C., 1990

Meigs, Montgomery C.: *Slide Rules and Submarines. American Scientists and Subsurface Warfare in World War II*, Washington, D. C., 1990

Middlebrook, Martin: *Konvoi, U-Boot-Jagd auf die Geleitzüge SC.122 und HX.229*, Frankfurt a. M. 1977

Milner, Marc: *North Atlantic Run. The Royal Canadian Navy and the Battle for the Convoys*, Toronto 1985

–: *The U-Boat Hunters. The Royal Canadian Navy and the Offensive Against Germany's Submarines*, Annapolis, Maryland, 1994

Morison, Samuel Eliot: *The Atlantic Battle Won, May 1943–May 1945*, Boston, Massachusetts, 1962

Mulligan, Timothy P. (Hg.): »German U-Boat Crews in World War II: Sociology of an Elite«, in: *Journal of Military History*, Bd. 56, Nr. 2 (April 1992), S. 261–281

–: *Guides to the Microfilmed Records of the German Navy, 1850–1945*, Nr. 2: *Records Relating to U-Boat Warfare, 1939–1945*, National Archives and Records Administration, Washington 1985

–: *Lone Wolf. The Life and Death of U-Boat Ace Werner Henke*, Norman, Oklahoma, 1995

Naval Staff History: The Development of British Naval Aviation 1919–1945, Bd. 2, London 1956

Padfield, Peter: *Dönitz. Des Teufels Admiral*, Berlin 1984

–: *Der U-Boot-Krieg*

Pitt, Barrie: *The Battle of the Atlantic*, New York 1977

Price, Alfred: *Aircraft versus Submarine. The Evolution of the Anti-Submarine Aircraft, 1912–1980*, London 1980

Principal War Telegrams and Memoranda, 1940–1943, Washington, America, United Kingdom and Europe, Nendeln, Liechtenstein, 1976

Report on the Interrogation of Survivors from U-569, Sunk on May 22, 1943, Washington, D. C., 1943

Rohwer, Jurgen: *Geleitzugschlachten im März 1943*, Stuttgart 1975

–: *U-Boote. Eine Chronik in Bildern*, Oldenburg/Hamburg 1962

–: *Die U-Boot-Erfolge der Achsenmächte 1939–1945*, München 1968

Roskill, Stephen W.: *The War at Sea 1939–1945*, Bd. 2: *The Period of Balance*, London 1956

Rössler, Eberhard: *Geschichte des deutschen U-Bootbaus,* München 1975
–: *Die Torpedos der deutschen U-Boote. Entwicklung, Herstellung und Eigenschaften der deutschen Marine-Torpedos,* Herford 1984
Runyan, Timothy J./Copes, Jan M. (Hg.): *To Die Gallantly. The Battle of the Atlantic,* Boulder, Colorado, 1994
Seth, Ronald: *The Fiercest Battle. The Story of North Atlantic Convoy ONS.5, 22nd April–7th May 1943,* New York 1961
Sims, William S.: *The Victory at Sea,* Garden City, New York 1921
Slessor, John: *The Central Blue. The Autobiography of Sir John Slessor, Marshal of the RAF,* New York 1957
Smith, Bradley F.: *The Ultra-Magic Deals. And the Most Secret Special Relationship, 1940–1946,* Novato, Kalifornien, 1992
Stern, Robert C.: *Type VII U-Boats,* Annapolis, Maryland, 1991
Sternhell, Charles M./Thorndike Alan M.: *Antisubmarine Warfare in World War II.,* Washington, D. C., 1946
Syrett, David: *The Defeat of the U-Boats. The Battle of the Atlantic,* Columbia, South Carolina, 1994
Tarrant, V. E.: *Kurs West. Doe deutschen U-Boot-Offensiven 1914–1945,* Stuttgart 1998
Terraine, John: *The U-Boat Wars 1916–1945,* New York 1989
Vause, Jordan: *Wolf. U-Boat Commanders in World War II,* Annapolis, Maryland, 1997
Waddington, F. R. S.: *O. R. in World War 2. Operational Research Against the U-Boat,* London 1973
Wagner, Gerhard (Hg.): *Lagevorträge des Oberbefehlshabers der Kriegsmarine vor Hitler 1939–1945,* München 1972
Weinberg, Gerhard L.: *Eine Welt in Waffen. Die globale Geschichte des Zweiten Weltkriegs,* Stuttgart 1995
Werner, Herbert A.: *Die eisernen Särge,* Hamburg 1970
Williams, Kathleen Broome: *Secret Weapon. U.S. High Frequency Direction Finding in the Battle of the Atlantic,* Annapolis, Maryland, 1996
Williams, Mark: *Captain Gilbert Roberts, R.N., and the Anti-U-Boat School,* London 1979
Y'Blood, William T.: *Hunter-Killer. U.S. Escort Carriers in the Battle of the Atlantic,* Annapolis, Maryland 1983

Dienstgradvergleich

Deutsche Kriegsmarine	*British (U.S.) Navy*
Großadmiral	Admiral of the Fleet (Fleet Admiral)
Generaladmiral	(nicht eingeführt)
Admiral	Admiral
Vizeadmiral	Vice Admiral
Konteradmiral	Rear Admiral

Kommodore (Kapitän zur See in Konteradmiralsstelle)	Commodore
Kapitän zur See (Kpt.)	Captain
Fregattenkapitän	Commander
Korvettenkapitän	Lieutenant Commander
Kapitänleutnant (Kptlt.)	Lieutenant-Senior (Lieutenant)
Oberleutnant zur See (Oblt.)	Lieutenant-Junior (Lieutenant, junior grade)
Leutnant zur See (Lt.)	Sub-Lieutenant (Ensign)
Fähnrich zur See	Midshipman

Abkürzungen und Worterklärungen

Aal:	Spitzname des Torpedos.
ACV:	Auxilliary Aircraft Carrier. Hilfsflugzeugträger.
ASDIC:	Allied Submarine Detection Investigation Committee (Alliiertes Forschungskomitee zum Aufspüren von U-Booten). Die Abkürzung wurde auf das von ihm entwickelte Gerät zum Aufspüren getauchter U-Boote mittels Unterwasser-Schallimpulsen übertragen.
ASV II:	Air to Surface Vessel II. Britisches Meterradar.
ASV III:	Britisches Zentimeterradar.
Ausguck(s):	Brückenwache(n) auf U-Booten.
B-Dienst:	Beobachtungsdienst. Funkaufklärung und kryptographischer Dienst der Kriegsmarine.
BdU:	Befehlshaber der Unterseeboote (Kriegsmarine).
Bletchley Park (BP):	Ein Herrenhaus in Buckinghamshire nordwestlich von London, in dem sich die GC&CS befand, in der man an der Entschlüsselung der aufgefangenen deutschen Funksprüche arbeitete.
Bombe:	Die gängige Bezeichnung für den in Bletchley Park aus mehreren hintereinandergeschalteten, nachgebauten »Enigma«-Maschinen zusammengesetzten elektromechanischen Sortierapparat, eine Art Computer zur Untersuchung der eingegangenen deutschen Funksprüche.
BRT:	Bruttoregistertonne. Volumeneinheit zur Größenangabe von Schiffen, im Gegensatz zur NRT (Nettoregistertonne) einschließlich der Räume für Antriebsanlage, Betriebsstoffe, Schiffsführung und Unterbringung der Besatzung. Die Einheit für beide ist: 1 RT = 2,831684 Kubikmeter. Die äußeren Dieseltanks von U-Booten.
CINCLANT:	Commander in Chief, Atlantic Fleet (Oberbefehlshaber der amerikanischen Atlantikflotte).

516

CNA:	Canadian North West Atlantic Command. Kanadisches Kommando Nordwestlicher Atlantik.
CVE:	Geleitträger.
DEMS:	Defensively Equipped Merchant Ships. Zur Verteidigung ausgerüstete Handelsschiffe.
DSZ:	Deutsche Sommerzeit.
IWO (sprich: Eins We O):	Erster Wachoffizier
EG:	Escort Group. Eskortgruppe.
E-Maschine:	Elektromotor oder Generator.
Enigma:	Englische Bezeichnung für die Schlüsselmaschine M. Das Wort wurde auch auf die verschlüsselten Texte der Maschine angewandt.
ESF:	Eastern Sea Front. Seegrenzgebiet vor der Ostküste der USA (Westatlantik), US Navy.
Eto:	Elektrisch angetriebener, daher blasenloser Torpedo (Typ G7e).
Fächerschuß:	Das gleichzeitige Abfeuern von zwei oder mehr Torpedos.
FAT:	Federapparatetorpedo.
First Sealord:	Chef des britischen Admiralstabs; Amtsleiter der britischen Admiralität (Admiralty Board), einer Abteilung des Verteidigungsministeriums.
Flak:	Flieger- oder Flugzeugabwehrkanone.
FT (F.T.):	Funktelegrafie. Die Abkürzung wurde zur Bezeichnung der einzelnen Funksprüche verwendet.
FuMB:	Funkmeßbeobachtungsgerät zum Erfassen von Funkmeß- bzw. Radarstrahlen.
G7a:	Ein Torpedo-Typ mit Preßluftantrieb mit einer Sprengladung von 300 kg.
G7e:	Ein Torpedo-Typ mit elektrischem Antrieb (manchmal auch T 2 genannt). Er war 1942 der gebräuchlichere Torpedo. Sieben Meter lang, machte er bei sechs Kilometern Laufstrecke 30 Knoten, und (was der Hauptvorteil war) er hinterließ keine Blasenbahn. Er trug eine Sprengladung von 300 kg.
GC&CS:	Government Code and Cipher School. Regierungsschule für Codes und Chiffren (siehe Bletchley Park).
GHG:	Gruppenhorchgerät. Passives Unterwasserhorchgerät.
GMT:	Greenwich Mean Time.
HF/DF:	High Frequency Direction Finder (Hochfrequenzrichtungsfinder), umgangssprachlich »Huff-Duff« genannt. Ein von den Alliierten entwickelter Kurzwellenpeiler zum Einpeilen der Sendestellen von Kurzwellenfunksignalen.

HMS:	His/Her Majesty Ship. Jedes britische Kriegsschiff.
Kabellänge:	1865,2 Meter.
Koppeln:	Berechnung des Schiffsstandorts nach Kursen und Geschwindigkeit und nicht mittels Sextant nach den Gestirnen.
Kryptoanalyse:	Prozeß des Einbrechens in einen Code.
Kryptographie:	Wissenschaft der Verschlüsselungssysteme für geheime Nachrichtenübermittlung.
KTB:	Kriegstagebuch.
LI:	Leitender Ingenieur. Der für die Bedienung der Antriebs- und Stromversorgungsanlagen und der Hilfsmaschinen eines Kriegsschiffs zuständige Offizier.
Main Navy:	Das Hauptgebäude des US-Marineministeriums an der Seventh Street und der Constitution Avenue in Washington, D.C.
Marinequadrat:	Teil der auf der Mercatorprojektion beruhenden Quadratkarten der Kriegsmarine, auf denen die Erdoberfläche von einem System aus Groß- und Kleinquadraten bedeckt ist, anhand deren die jeweilige Schiffsposition mit Buchstaben und Zahlen kodiert werden kann. Torpedomechaniker.
MOMP:	Mid-Ocean Meeting Point. Treffpunkt in der Mitte des Ozeans, südlich von Island, an dem sich die amerikanischen und britischen Geleitschiffe der Atlantikkonvois ablösten. Auch »chopline« (*change of operational control* = Wechsel der operativen Kontrolle) genannt.
NHB/MOD:	Naval History Branch, Ministry of Defence. Marinehistorische Abteilung des britischen Verteidigungsministeriums.
OIC:	Operational Intelligence Centre (Operatives Geheimdienstzentrum) der britischen Admiralität.
OR:	Operations Research.
RAAF:	Royal Australian Airforce. Australische Luftwaffe.
RAF:	Royal Air Force. Britische Luftwaffe.
RCAF:	Royal Canadian Airforce. Kanadische Luftwaffe.
Rudeltaktik:	Von Dönitz entwickelte Taktik, Geleitzüge nicht mit einem einzelnen U-Boot anzugreifen, sondern nach dem Aufspüren der Geleitzüge mit ihnen Fühlung zu halten, andere Boote herbeizurufen und dann in Gruppen vorzugehen.
Schlüsselmaschine M:	Marineversion der von der Wehrmacht benutzten Chiffriermaschine (siehe *Enigma).*
Schnorchel:	Das ausfahrbare Luftrohr zur Frischluftzufuhr und zur Abführung der Auspuffgase (Diesel) auf U-Booten.

Schußmeldung:	Nach jedem Torpedoschuß abzugebende Meldung des U-Boots an den BdU.
Seekuh:	Spitzname der großen Versorgungs-U-Boote vom Typ IX.
Sonar:	Gegenstück zum englischen ASDIC.
Special Intelligence:	In Bletchley Park entschlüsselte deutsche Funksprüche, auch »Z« oder, wenn an Frontkommandeure übermittelt, »Ultra« genannt.
SSS:	Notruf von Schiffen, die von Torpedos getroffen wurden.
Submarine Tracking Room:	U-Boot-Verfolgungsraum. Im OIC eingerichteter (später von der US Navy kopierter) Raum, in dem alle Informationen über die Bewegungen der deutschen U-Boote zusammenliefen und ausgewertet wurden.
TBS:	Talk Between Ships. Sprechfunkverkehr zwischen Schiffen.
Torpex:	Ein hochexplosives Gemisch aus Cyclonite, TNT und Aluminiumsplittern.
TRE:	Telecommunications Research Establishment. Amt für Forschungen in der Nachrichtentechnik.
Trimm:	Gleichgewichtslage des getauchten U-Boots in der Längsrichtung.
T-V:	Torpedo V (siehe Zaunkönig).
USAAF:	United States Army Air Force. Luftwaffe der US Army.
USS:	United States Ship. Jedes Kriegsschiff der USA.
UZO:	U-Boot-Zieloptik. Überwasserdoppelglas mit leuchtendem Fadenkreuz zur Zielerfassung, das auf dem Torpedo-Zielgerät auf der Brücke angebracht wurde und den Vorhaltrechner automatisch mit Richtungs- und Entfernungsangaben fütterte.
VLR:	Very Long Range. Langstreckenflugzeuge.
Vorhaltrechner:	Ein elektromechanischer Abweichungsrechner im Kommandoturm eines U-Boots, der dem Kreiselkompaß-Steuermechanismus der Torpedos im Rohr die Angriffsdaten übermittelte.
Wabo:	Wasserbombe.
WATU:	Western Approaches Tactical Unit. Taktikschule des Kommandos der Western Approaches.
Western Approaches:	Westliche Zufahrten. Das Seegebiet unmittelbar westlich der britischen Inseln, durch das die Seewege zu der Westküste Englands und Schottlands führen.
WESTOMP:	Western Ocean Meeting Point. Westlicher Konvoitreffpunkt.
Wintergarten:	Spitzname für die hinter dem Kommandoturm von U-Booten angebaute(n) Geschützplattform(en).
Zaunkönig:	Zielsuchender Torpedo (T-V).

Zentrale:	Der Raum unterhalb des Kommandoturms, in dem sich sämtliche Steuerungsapparaturen für Kurs- und Tiefensteuerung, Trimmen, Tauchen und Auftauchen u. a. befinden.
IIWO (gesprochen: ZweiWeO):	Zweiter Wachoffizier.

Danksagung

Jedes Buch hat einen Anfang. Bei diesem begann es damit, daß ich im März 1992 einen Brief von Mrs. Stephen Raushenbush aus Sarasota, Florida, erhielt, die mich fragte, ob ich daran interessiert sei, einige der von ihrem verstorbenen Gatten hinterlassene Unterlagen zu sehen, der als Zivilist am britisch-amerikanischen Kampf gegen die deutschen U-Boote im Zweiten Weltkrieg mitgewirkt habe. Ich sagte sofort ja, und bald darauf haben meine Frau und ich Mrs. Raushenbush besucht. Einige Monate später konnte ich in den National Archives in Washington, D.C., noch mehr Dokumente über Stephen Raushenbush auftreiben, die in mir eine seltsame Neugierde auf die Vorgänge im Mai 1943 weckten. Es war allgemein bekannt, daß diese einunddreißig Tage ein Wendepunkt gewesen waren, da die U-Boote in dieser Zeit im Nordatlantik eine verheerende Niederlage erlitten hatten. Besonders interessant fand ich, daß nicht nur das uniformierte Militär der Marinen und Luftwaffen der Alliierten die U-Boote bekämpft hatte, sondern auch ein Team von zivilen Wissenschaftlern und Statistikern durch seine Arbeit in den Monaten zuvor erheblich zum Erfolg der Alliierten beigetragen hatte. Raushenbush hatte diesem Teams angehört.

Andere Verpflichtungen verhinderten, daß ich mich sofort mit der Sache beschäftigte. Im Frühjahr 1995 nahmen Geschehnisse des »Schwarzen Mai« dann während ausgedehnter Forschungsreisen nach Großbritannien und Deutschland Gestalt an. Es wurde schnell klar, daß es erforderlich war, diesen Monat sowohl aus der alliierten als auch aus der deutschen Perspektive zu betrachten, soweit die Dokumente in den Archiven und die Erinnerungen der noch lebenden Beteiligter es zuließen; im besonderen traf dies für den Kampf um den Konvoi ONS.5 zu, der für den Mai von zentraler Bedeutung ist. Mein Dank dafür, daß ich die Mittel an die Hand bekam, die es mir ermöglichten, den »Schwarzen Mai« zu verstehen, gehen in Deutschland an den bekannten Marinehistoriker Dr. Jürgen Rohwer in Weinstadt, der mich mit tiefen Einsichten und hilfreichen Vorschlägen unterstützt hat; an Horst Bredow, den energischen und stets hilfsbereiten Leiter des U-Boot-Archivs in Cuxhaven-Altenbruch; an Thomas Weiß, der mir zwei Tage lang geholfen hat, Landkarten und Fotografien aus dem Marinearchiv der Bibliothek für Zeitgeschichte in Stuttgart herauszusuchen; an die Mitarbeiter des Bundesarchivs/Militärarchivs in Freiburg i. Br. und an Horst Einbrode, den Vizepräsidenten des Verbandes Deutscher U-Bootfahrer e. V. in Hamburg.

Besonderen Dank schulde ich Kathi Michalowski in Barntrup, die wie schon bei *Operation Paukenschlag* auch bei diesem Projekt meine ebenso kompetente wie begeisterungsfähige Forschungsassistentin war. Zusammen haben wir Interviews mit sechs noch lebenden U-Boot-Kommandanten geführt, die im Mai 1943 auf See waren. Für ihre Bereitschaft, mir Rede und Antwort zu stehen, danke ich Horst von Schroeter (U-123), Harald Gelhaus (U-107), Helmuth Pich (U-168), Klaus-Peter Carlsen (U-732), Klaus Popp (U-522) und Herbert Werner (IWO auf U-230 im Mai, später Kommandant von U-415). Dank gebührt auch den beiden Besatzungsmitgliedern Rolf Ebele (U-752) und Kurth Claus (U-552), die ebenfalls zu einem Interview bereit waren.

In London hatte ich das große Glück, in der Dokumentensammlung von J. David Brown, dem Leiter der Marinehistorischen Abteilung des Verteidigungsministeriums, recherchieren zu dürfen. Außerdem konnte ich ihn und seine Kollegen W. J. R. »Jock« Gardner, M. »Mac« McAloon und Robert M. Coppock befragen. Wenn sie mich nicht so vorzüglich geleitet hätten, wäre eine »sichere und zeitgerechte Ankunft« – um das Hauptziel aller Konvois aufzugreifen – für dieses Buch nicht möglich gewesen. Der Leser der Anmerkungen wird feststellen, wie sehr ich Mr. Coppock, der in der NHB/MOD für die Pflege der ausländischen Dokumente zuständig ist, für seine genauen Informationen und Nachforschungen zu Dank verpflichtet bin.

Mein Dank geht auch an die Archivmitarbeiter der ebenso vorzüglichen wie unentbehrlichen Fundstelle für Primärquellen, das Public Record Office in Kew bei London. In diesem Zusammenhang möchte ich zwei Historikerkollegen besonders erwähnen, die mir beim PRO sehr geholfen haben: David Syrett vom Queens College of the City University of New York und den verstorbenen John Costello. Dank gebührt auch Chris Howard Bailey und ihren Kolleginnen in der Oral History Collection im Royal Naval Museum in Porthmouth; den Mitarbeitern des Churchill Archive, Churchill College, in Cambridge; David J. Lees, Forscher bei der Naval Historical Branch; Nigel Turner, Programmleiter beim ITN in London, der mich freundlicherweise mit ehemaligen Soldaten des Küstenkommandos der RAF zusammengebracht hat; Gillian M. Hughes aus Teddington, Middlesex, sowie John Delaney und seinen Mitarbeitern im Fotoarchiv des Imperial War Museum in London.

Zwei Interviewpartnern bin ich in besonderer Weise zu Dank verpflichtet: Professor Sir Harry Hinsley in Cambridge und Sir Robert Atkinson in Winchester. Auch bei drei ehemaligen Piloten des Küstenkommandos der RAF, die mit mir korrespondiert haben, stehe ich tief in der Schuld: bei dem im Oktober 1997 verstorbenen Air Vice Marshall Wilfrid Ewart Oulton, bei AirCommodore Jeaff Gresswell und Squadron Leader Terence Malcolm Bulloch.

In Ottawa, Kanada, erhielt ich bei der Nutzung der Dokumentensammlung der Historischen Abteilung der National Defence Headquarters die fachmännische Unterstützung des Historikers Roger Sarty. Zu Hause in den USA wurde mir im Operationsarchiv, Naval Historical Center, Washington Navy Yard, die großzügige Hilfe des Archivars Michael Walker zuteil. Das gleiche gilt für die Archivare John E. Taylor, Barry Zerby und Sandy Smith in den Archives II der National Archives and Records Administration in College Park, Maryland. Bedanken möchte ich mich auch beim Interlibrary Loan Office der University Libraries der

Universität von Florida, bei den Mitarbeitern der Information der Hauptbibliothek von Alucha County, Florida, und bei der Computerhilfe der University of Florida.

Danken möchte ich auch meinen Kollegen an der Universität von Florida Catherine A. Longstreth, Elizabeth Langland und Robert McMahon, die es mir ermöglicht haben, im Herbst 1996 eine Beurlaubung zum Forschen und Schreiben zu erhalten. Zahlreiche Einzelpersonen haben mir in verschiedenster Weise bei der Niederschrift dieses Buchs geholfen, denen ich an dieser Stelle Dank sagen möchte: Jerry N. Uelsmann, Maggie Taylor, Leonidas Roberts, Florence Goldstein, Roger Thomas, Ken Ekelund Jr., Robert A. Bryan, Raymond Gay-Crosier, Lelen Armstrong, Jim Craig, Larry Savery, Sherrel Brockington, Lewis A. Sussman und den ehemaligen Besatzungsmitgliedern der *Bogue*, die in den Anmerkungen namentlich genannt werden.

Dankbar bin ich auch für die Arbeit von Brian McCue, der bei der Interpretation der Statistiken in Kapitel 8 geholfen hat; das gleiche gilt für die Karten von Paul Pugliese, von denen drei auf Zeichnungen von Jürgen Rohwer und Thomas Weis beruhen. Ein besonderer Dank geht an meinen guten Freund M. S. »Buz« Wyeth jr., den ehemaligen Vizepräsidenten und Ersten Herausgeber bei der Adult Trade Division von Harper Collins. Buz hat immer an dieses Projekt geglaubt und es, bevor er kürzlich in den Ruhestand trat, auf den richtigen Weg gebracht. Bedanken möchte ich mich auch bei dem beratenden Herausgeber Paul D. McCarthy, der das Projektschiff an den verbliebenen Klippen und Untiefen vorbeigesteuert hat. Barbara Smerage aus Gainsville, Florida, hat den endgültigen [Original-]Text in den Computer eingetippt.

Als Zeichen liebevoller Dankbarkeit gegenüber meiner Ehefrau Genevieve Haugen, die beim Tippen der ersten Entwürfe und Anmerkungen geholfen und beim Warten auf die Ankunft dieses Schiffs einsam Wache auf der Pier gestanden hat, ohne jemals ihre Unterstützung für das Projekt aufzugeben, erkläre ich hiermit feierlich, daß ich mein Arbeitszimmer aufräumen werde.

REGISTER

525